인도 힌두신화와 문화

인도 힌두신화와 문화

초판 1쇄 발행 2016년 1월 30일
초판 4쇄 발행 2022년 10월 5일

지은이 류경희

펴낸곳 서울대학교출판문화원
주소 08826 서울 관악구 관악로 1
도서주문 02-889-4424, 02-880-7995
홈페이지 www.snupress.com
페이스북 @snupress1947
인스타그램 @snupress
이메일 snubook@snu.ac.kr
출판등록 제15-3호

ISBN 978-89-521-1764-9 93270

이 저서는 2011년 정부(교육과학기술부)의 재원으로
한국연구재단의 지원을 받아 수행된 연구임(NRF-2011-812-A00074).

인도 힌두신화와 문화

류경희 지음

서울대학교출판문화원

Hindu Mythology and Culture of India

Ryu Kyoung Hee

Seoul National University Press

행차를 위해 마차에 실린 쉬바와 미낙시(쉬바의 아내), 미낙시사원, 마두라이

하리하라(비슈누와 쉬바 합일상), 델리국립박물관

한 가정사당의 쉬바와 두르가, 올드델리

어린 끄리슈나,
한 가정집의 사당, 델리

작은 사당의 신상,
바라나시, 강가 강변

천상의 악사(간다르바),
델리국립박물관

아홉 혹성을 신격화한
신상을 모신 사당,
미낙시사원, 마두라이

수행자의 아침 목욕의례, 바라나시, 강가 강변

슈라다(사후세계로 편히 가도록 치르는 의례), 바라나시

머리말

돌이켜보니, 석사논문을 힌두신화와 관련해 쓰면서부터 신화와 학문적 인연을 맺게 된 것 같다. 하지만 당시 신화에 특별히 관심이 있었던 것은 아니다. 10여 년 전부터 대학에서 신화 관련 강의를 해 오면서 신화가 갖는 힘에 관심을 갖게 되었고 2007년에서 2011년에 걸쳐 인도고전 연구프로젝트를 진행하면서 이 저술을 본격적으로 구상하게 되었다. 이후 2011년부터 3년간 한국연구재단의 저술지원을 받아 본격적인 연구를 진행했고, 2년간의 보완작업을 거쳐 이 책이 나오게 되었다. 그러니까 이 저술은 최근 8년간, 길게는 10년간의 연구결과를 결집한 것으로, 전작 『인도의 종교와 종교문화』(서울대학교출판문화원, 2013)와 함께 그간 학문적 연구의 총결집이라 할 수 있다. 이 책이 학문적 토대나 성과가 미약한 국내 관련 분야에 작은 기여를 하게 되길 기대한다.

이 저술은 두 가지 연구를 제안하고 있다. 하나는 신화의 다양성(특수성)과 보편성을 함께 고려하는, 특히 신화를 사회적·문화적 맥락과 연계하는 연구다. 다른 하나는 텍스트연구에 편중된 기존연구의 한계를 넘어서, 신화와 문화를 연계하여 신화의 사회적·문화적 기능을 파악할 수 있는 연구다. 이러한 두 형태의 연구를 인도 힌두신화연구를 통해 제시하고 있다. 따라서 이 저술은 신화 일반에 대한 학문적 연구의 틀 안에서 특정 지역신화인 인도신화, 그중에서도 인도신화의 중심인 힌두신화를 연구한 저술이라 할 수 있다. 또한 인도신화연구와 관련해서도, 국내외의 기존연구가 주로 자료집의 성격을 띠거나 부분적인 주제에 국한되어 있는 한계를 지적하고, 인도 힌두신화를 구조적이면서도 종합적으로 조망할 수 있는 연구를 시도하고 있다.

이러한 시도는 사실 한 학자의 역량을 넘어서는 것이다. 하지만 다음과 같은 이유로 한번 시도해보고 싶었다. 텍스트 중심의 연구로 그치는 기존 신화연구 동향에 아쉬움을 크게 느껴 왔고, 문화와 연계 짓는 신화연구의 필요성을 인식해 왔기 때문이다. 또한 너무 방대하고 복잡해서 가닥을 잡아 이해하기가 어려운 인도 힌두신화를, 체계적이면서도 종합적으로 파악하여 제시해보고 싶었기 때문이다.

위와 같은 학문적 관심과 목표를 가지고, 이 책을 서문, 본론 3부, 결론, 그리고 에필로그로 구성했다. 서문에서는 신화 일반과 인도신화에 대한 기존의 연구를 검토하고 본 저술의 목적과 연구방법, 그리고 다룰 내용을 기술했다. I부에서는 인도 힌두신화의 주요 텍스트들을 개괄·소개하고 이 텍스트들이 다루는 주제들을 선정·분류한 후에, 힌두신화체계를 구성했다. 이를 토대로 II부에서는 I부에서 선정한 주제들을 중심으로 힌두 세계관과 가치관을 신화분석을 통해 파악했다. III부에서는 신화를 통해 인도의 사회·문화 현상을 이해하고 신화가 행하는 사회적·문화적 기능을 파악하기 위해, 힌두신화와 밀접히 관련되는 주요 관습과 제도를 다뤘다. 결론에서는 위의 연구결과를 종합적으로 정리·분석하고, 끝으로 이 책이 기존연구들과 차별화되는 몇 가지 특징과 관련된 기대효과를 간략히 기술했다. 마지막으로 에필로그에, 이 저술을 마무리하며 신화에 대해 갖게 되는 소감을 담았다.

이 책은 연계성을 갖는 주제들로 이루어져 있으므로 가장 좋은 읽기 방법은 처음부터 읽어 내려가는 것이다. 특히 힌두 세계관과 윤리관을 파악하기 위해 신화주제들을 대·중·소주제로 분류하여 연계적으로 다룬 II부를 순차적으로 읽기를 권하고 싶다. 하지만 특정 주제를 선별적으로 읽어도 핵심 내용을 이해하는 데는 큰 무리가 없을 것이다. Ⅲ부 역시 Ⅱ부와 연결해 읽는 것이 가장 좋다. 하지만 Ⅲ부는 관심 있는 장별로 읽으면서, 관련 신화나 개념, 그리고 사상을 Ⅱ부에서 찾아보며 읽어도 좋을 것이다. 다만 Ⅲ부에서 3개 장에 걸쳐 집중적으로 다룬 여성주제는 순차적으로 읽는 것이 연계적 이해를 위해 바람직하다. 또 결론이 이 책의 내용을 종합 정리·분석한 부분이므로 결론을 먼저 읽어 전체 내용을 파악한 뒤에 읽는 것도 좋은 방법이다. 그리고 전작인 『인도의 종교와 종교문화』에서 개괄적으로 다룬 일부 내용들을 이 저술이 보다 깊이 있게 다루고 있으므로, 두 권의 책을 함께 읽으면 인도 힌두사상과 문화를 이해하는 데 큰 도움이 되리라고 생각한다.

인도어를 우리말로 표기하는 문제는 저술을 할 때마다 고민하게 되는 문제다. 현 우리말 외래어 표기법보다는 개인적으로 선호하고, 또 현 우리나라 인도학계의 전반적인 경향이 현지 발음에 가장 가깝게 표기하는 것이므로 이 경향을 따랐다. 다만 그간 일반 독자들에게 익히 익숙한 일부 용어들은 현행 표기를 따랐다.

이 책의 20% 정도는, 책의 전체 내용을 충실히 하기 위해 기존에 발표했던 논문 4편의 일부 또는 전체 내용을 수정·확대하여 넣은 것이다. 이 기존 발표내용이 들어가는 부분에 기발표 논문제목과 학술지명을 기재하고 수정·보완했다는 점 또한 밝혔다. 사용을 허락해주신 관련 학술지 측(『종교연구』, 『남아시아연구』, 『인도연구』)에 감사한 마음을 전한다. 이 책에 삽입한 그림들은 저자가 직접 촬영하거나 확보한 것들이고 마쯔야(비슈누의 물고기 화신)만 사용이 개방된 인터넷 자료다.

지금은 조금 달라졌지만 돌이켜보면 꽤 긴 기간 인도와 사랑에 빠져 있었던 것 같다. 이 책의 Ⅲ부를 집필하면서 현지조사 연구 때의 열정이 새롭게 되살아났다. 그 열정으로 여러 힘겨움을 뚫고 탐구하고 무엇인가 결과를 이끌어냈던 것 같다. 사실 이 책이 다루려고 시도한 큰 주제를 제대로 소화해내기에는 저자의 역량이나 자료가 부족했음을 시인하지 않을 수 없다. 하지만 다루고 싶은 주제를, 주어진 역량과 조건 아래에서 최선을 다해 다루는 과정은 힘들면서도 즐거운 시간이었다.

자료를 수집·분류하여 읽고 분석하는 과정을 빼더라도, 원고지 2,400매에 가까운 양의 글을 써서 여러 차례 다듬고 인용처와 각주를 확인하고 삽입할 그림을 고르는 등의 작업은, 마치 긴 수행을 하는 것과 같았다. 신화를 포함한 인도의 종교와 종교문화에 대한 국내 연구는 아직은 초기단계라 할 수 있다. 앞선 연구자로서 뒤에 올 연구자들을 위한 토대를 마련해줄 수 있다면, 그것으로 초기 학자로서의 의무를 한 것은 아닐까 싶다. 이제 이 책이 출간되면 '즐거웠던 나의 의무'를 내려놓고 얼마간 학문으로부터도 자유로워지려고 한다. 이 벗어남이 또 다른 새로운 것을 향한 첫걸음이 되리라 믿는다.

끝으로 이 저술계획을 심사하여 선정하고 지원해주신 한국연구재단, 출판선정을 위한 심사에서부터 편집과 교정 등 출판과 관련된 모든 절차를 맡아 좋은 마무리를 해주신 서울대학교출판문화원의 관계자 여러분들, 전작과 이 책에 추천서를 써주셨던 서울대학교 종교학과의 선생님 두 분, 그리고 인도에서 만나 대담하고 좋은 정보를 주셨던 모든 분들께 깊은 감사를 드린다.

2016년 1월
류경희

차례

II부

인도 힌두신화와 세계관

III부

문화 속에 살아 있는 신화

그림차례

서문

신화학과 인도신화연구

—기존연구를 넘어서

1. 신화와 신화연구,
그리고 문화

1. 신화의 특성

'신화(myth)'는 인류가 세계와 삶에 대해 경험하고 인식해 온 것들을 담고 있는 이야기다. 신화를, 옛사람들의 신기하고 재미나는 이야기 혹은 애니메이션이나 영화의 흥미로운 소재 정도로 생각할 수도 있다. 그렇지만 좀 더 진지한 관점에서 신화를 바라보면, 신화는 인류가 근원적 실존상황에 대응해 온 다양한 방식과 세계 여러 문화와 사회의 특성을 담고 있는 중요 자료임을 알 수 있다. 이 책은 신화가 인간의 실존과 문화를 이해하는 주요 도구가 될 수 있다는 관점에서 출발한다. 그리고 지금도 신화가 살아 있는 인도의 주류 신화인 힌두신화에 대한 연구를 통해 신화의 이러한 측면을 구체적으로 제시하고, 신화가 현재도 중요한 의미를 지니는 살아 있는 문화자원임을 확인해보려고 한다.

신화는 종교·철학·문학·문화·예술·사회·정치·역사 등 다양한 측면을 지닌다. 이 가운데 이 책이 주목하려는 부분은 신화의 종교 및 철학적 측면과 문화적 측면이다. 신화는 우주와 모든 존재의 기원, 인간의 근원적 열망과 물음, 그리고 그것에 대한 해답 등을 다룬다는 점에서 종교나 철학과 관련되고, 집단의 산물이라는 점과 신화의 내용이 종교의례나 문화관습으로 구체화된다는 점에서 문화와 불가분의 관계를 갖는다. 이러한 신화의 특성을 좀 더 구체적으로 살펴보면 다음과 같다.

먼저 신화는 이야기 형식을 취한다. 다시 말해 스토리(story) 또는 내러티브(narrative)의 형식을 취한다. 그러나 신화 외에도 소설·설화·동화·영웅담 등 이야기 형식을 취하는 것들은 많다. 그러므로 이러한 이야기들과 신화를 구분하여 신화를 특별히 '성스러운 이야기'로 분류한다. 이 점에서 신화는 종교와 밀접히 연관된다. 전달하려는 내용이나 메시지를 이야기에 담아 제시하는 신화의 강점은 논리적 진술이나 주장보다 훨씬 더 설득력을 갖는다는 점이다.

또 신화는 말로 이야기되고 전승되며, 그 말은 의미전달 매개체인 상징이다. 즉 신화는 단순한 이야기가 아니라 전하고자 하는 의미와 메시지를 상징어와 상징구조에 담고 있는 이야기다. 따라서 신화가 전하려고 하는 메시지나 의미를 파악하려면 그 상징어를 해석하고 상징어로 이루어진 이야기 구조를 파악하는 것이 필요하다. 즉 신화 읽기와 신화의 해석이 중요해진다.

신화는 또 태고나 원초의 시간에 일어난 사건들을 다루며 '모든 것의 시작(기원, 비롯함)'을 말해준다. 즉 모든 존재의 근원과 기원을 설명해준다. 그래서 신화적 시간은 우리의 사실적·경험적 시간을 넘어서는 시간이고, 신화가 다루는 사건과 실재들은 우리가 일상에서 접하는 것들과는 크게 다르다.

또 전통사회에서 신화는 단순히 이야기되고 들리는 데 그치지 않았다. 현재는 의례가 없는 신화나 신화가 없는 의례가 존재하기도 하지만, 전통적으로 신화가 담고 있는 내용 즉 신화적 세계관에 근거한 믿음의 내용들이 의례를 통해 구체화되어 왔다. 다양한 종교의례를 실천하는 것이나 축제를 치르는 것 등이 대표적인 예다. 같은 맥락에서 신화는 인간이 따라야 할 행위의 원형적 모델(paradigm)을 제공하는데, 이로써 신화 속의 신과 영웅의 행위는 그 신화를 사는 사람들의 행위의 전범이 되어 왔다.

이 밖에도 신화는 중요한 두 가지 특징을 더 지닌다. 첫째, 신화는 집단의 산물이자 집단적 공유물이다. 신화는 특정 개인의 산물이 아니라 특정 지역의 전체 세대와 문화 전반에 걸친 집단적 경험과 상상력의 산물이다. 오랜 세월 구전되는 과정에서 수많은 사람들에 의해 다듬어지며 집단적 의미를 지니게 된다. 이런 이유로 특정 지역의 신화와 그 주제들은 그 문화의 세계관을 구성하고 그 문화의 정체성, 그 집단이 추구해야 할 공동체적 이념과 따라야 할 윤리적 가치체계를 담고 있다. 따라서 신화는 특정 문화나 사회의 집단의식과 특성을 이해하는 중요한 통로가 될 수 있다.

둘째, 신화는 지역과 문화에 따라 다양한 모습으로 나타나면서도 시공을 초월하는 인간심리의 기본패턴인 원형들을 지니고 있다. 즉 시공을 초월하는 원형적 구조와 인식체계를 지닌다. 신이나 영웅 같은 등장인물이나 우주창조나 홍수와 같은 신화주제들이 여러 문화에서 공통적으로 나타나는 것이 신화의 이러한 특성을 보여주는 대표적인 예다.

2. 신화학과 신화연구사

이러한 신화를 학문적으로 연구하는 학문분과가 신화학(mythology)이다. 신화의 특성을 파악하고 신화를 만들어내는 인간 정신의 특성과 인간의 신화적 삶을 이해하려는 신화학은 19세기 후반에 서구에서 시작되었다. 물론 이전에도 신화에 대한 연구가 없었던 것은 아니다. 서양에서 중요한 의미의 신화연구는 고대 그리스 사상가들에 의해 시작되었다. 그들은 신화를 비유적으로 설명해서, 신화가 실재나 사건을 시적 이미지로 묘사한다고 설명했다. 예컨대 호메로스의 『일리아드(*Iliad*)』 스토리를 신들이 전쟁에 실제로 개입한 이야기가 아니라 인간내면에 있는 선과 악의 내적 투쟁으로 해석했다. 플라톤도 이 설명 방법을 받아들였고 19세기 자연신화학도 신화가 자연현상을 비유적으로 설명한 것이라고 이해했다(Bolle, 1987: 268).

한편 기원전 3세기의 그리스 철학자이자 신화학자인 에우헤메로스(Euhemerus)는 신화를 합리적·역사적으로 해석해서, 신화의 주역들은 역사적인 영웅들을 신격화한 것이며 따라서 그리스 올림포스의 신들은 역사상실존했던 왕들을 사후 신격화한 것이라 주장했다. 이 신화이론을 흔히 에우헤메리즘(Euhemerism)이라 부른다. 이러한 해석은, 이후 서구에서 신화를 합리적으로 해석한 대표적 두 흐름인 고대 후기철학자들과 그리스도교 호교론자들에게 계승되어, 중세에는 북구신화와 같은 이교신화를 해석하는 중요 이론으로 사용되었다(Bolle, 1987: 268). 또 여러 지역의 신들을 왕이나 영웅적 인물의 신격화로 해석하는 사례는 현재까지도 지속적으로 발견된다. 예를 들어 메소포타미아신화의 주신인 마르둑(Marduk)이 바빌론 제국의 함무라비 왕을 신격화한 것으로 해석되기도 하고, 힌두신화에서 비슈누(Viṣṇu) 신의 화신으로 제시되는 전설적인 왕 라마(Rāma)는 역사적 영웅의 신격화로 이해되기도 한다.

유럽에서 낭만주의(18세기 중반-19세기 중반)가 등장하면서 그 이전까지 유럽인들의 사고를 지배하던 합리주의, 전통주의(혹은 권위주의), 형식적 조화와 같은 신고전주의적 이상 대신에 개인주의·상상력·감정이 강조되기 시작했다. 이런 새로운 오리엔테이션은 18세기 후반에서 19세기 초에 걸쳐 전 유럽에서 나타났다. 이 운동이 신화연구, 역사 언어학, 기타 관련 비교연구 등에 깊은 영향을 주었다(Bolle, 1987: 269).

그러다 19세기 후반에 이르러 신화학이 등장하게 된다. 초기의 비교신화학자(종교학자)들이 인도유럽어족의 신화를 비교연구하고, 역사문헌학자들이 고대문명사회의 신화를, 민속학자나 인류학자들이 '원시신화'를 연구하면서 신화학이 등장했다. 19세기 말에서 20세기 초에 걸쳐 이루어진 이러한 연구의 대부분은 감성보다 이성을 우위에 두는 관점에 입각해 있었다. 그 결과 신화를 지적으로 덜 발달된 미개정신의 산물로 간주하는 경향이 강했다.

예를 들어 19세기 독일의 문헌학자이자 신화학자이며 또 종교학의 창시자이기도 한 막스 뮐러(Max Müller)는, 인도의 『베다(*Veda*)』 문헌 연구에 근거하여 인구어신화를 비교하고, 언어와 신화에 관한 기원과 전개 이론을 내놓았다. 그는 신화의 출발을 자연 앞에서 인간이 느끼는 경외감으로 보고, 고대 인도유럽언어와 문학에 대한 그의 모든 지식을 동원하여 신화가 인간의 잘못된 이해에 의해 형성되었다는 '언어의 질병설'[1]을 제시했다. 또 진화론에 입각해 연구한 프레이저(J. G. Frazer)나 타일러(E. B. Tylor) 같은 종교인류학자들은 신화를 원시인들의 비합리적이고 미개한 사고의 산물, 즉 지적 오류의 산물로 설명했다.

그러나 20세기 중반 이후 이루어진 현대연구에서는 신화를 이전과는 전혀 다른 관점에서 바라보게 되었다. 20세기 중반까지는 주로 문헌학, 고고학, 인류학, 종교학 분야에서 연구되다가, 20세기 중반 이후에는 신화연구가 좀 더 객관적인 방법으로 이루어지기 시작하여, 신화를 미개사고의 산물이 아니라 인간 근원정신의 풍부하고 역동적인 산물로 파악하게 된 것이다. 우리는 흔히 역사(로고스)를 사실(또는 진실)의 진술로 여기고 신화는 거짓 이야기라고 여기는 경향이 있다. 이는 감각적 경험과 합리적 사유만을 사실로 인정하려 하는 근대적 세계관에 근거한 것이라 할 수 있으며, 원시 및 고대, 그리고 전통문화에 대한 평가절하와도 무관하지 않다.

그러나 근대적 세계관의 한계가 노출되고 인간 삶의 근원적 차원에 대한 관심이 일면서 신화가 진지한 연구의 대상으로 떠오르게 되었다. 이전의 문헌학·고고학·인류학·종교학 분야에서의 연구뿐 아니라, 역사학·문학·철학·심리학·언어학 등에서도 연구가 이루어지면서 신화의 다양한 측면들이 드러났다. 예컨대 심층심리학의 무의식, 구조주의의 구조, 현상학이나 해석학의 상징 등이 인간의 근원적 차원을 이해하거나 그것에 도달할 수 있게 해주는 대상으로 떠올랐고, 신화는 이 근원적 차원을 담고 있는 상징체계로 이해되었다. 융(K. G. Jung), 레비스트로스(C. Levi-Strauss), 엘리아데(M. Eliade) 등의 연구가 대표적인 예다. 이들의 신화이론이 현대 신화이해와 연구에 미친 영향이 크므로 좀 더 자세히 살펴보기로 하겠다.

◎ 융의 분석심리학적 신화이론

프로이트(S. Freud)와 융은 각각 정신분석학과 분석심리학(융이 창시한 심층심리학)을 통해 신화를 인간의 심층적 내면(무의식)과 연관 지어 연구하여, 신화연구의 새로운 계기를 마련해주었다. 프로이트와 융은 모두 신화의 기원을 심리적 요인에서 찾았다. 그러나 프로이트가 인간의 삶을 성욕과 연관 지어 신화를 병리학적으로 해석했다면(유아기적 질병), 융은 신화를 인류의 집단무의식의 표상으로서 인류의 정신적 삶에 매우 중요한 요소로 보았다.

융(2000: 78)은 인간의 심층에는 의식적 차원으로는 이해할 수 없는 역설적이고 비논리적인 집단적 무의식이 존재한다고 보았는데, 그는 이 무의식이 주로는 본능적인 경향에 의해 인도되며 이 경향은 그에 상응하는 사고형태인 원형으로 표현된다고 생각했다. 그의 이론에 따르면 원형(인간 삶의 근원적이고 보편적인 경험)은 인류에게 선천적으로 주어진 원초적이고 내재적인 어떤 패턴이며, 집단무의식은 이런 원형들이 담겨 있는 저장소다.

융(2000: 68-69)은 또 특정 원형은 동일 주제의 여러 표상들을 형성하려는 경향을 띠며, 어느 시대 어느 곳에서나 재생이 가능한 것이라고 설명한다. 무의식적 구조인 원형은 역사적·문화적 상황에 따라 다양한 모습으로 표출되는 상징이며, 이런 상징의 가장 대표적인 것으로 꿈과 신화를 든다. 쉽게 말해 인류는 집단무의식을 공유하며, 이 무의식은 꿈과 신화라는 상징을 통해 표출되어 왔다는 것이다. 세계의 다양한 영웅신화가 보여주는 영웅상을 원형의 대표적 예로 들 수 있다.

융(2000)은 무의식세계의 자기(self)와 의식세계의 자아(ego)를 구분해 설명하는데, 그에 따르면 우리의 의식세계는 의식되지 않는 것은 존재하지 않는다고 생각하기 때문에 무의식의 세계를 발견하기가 지극히 어렵다. 하지만 꿈을 통해서는 자아가 자기를 지각할 수 있다. 그렇기 때문에 융은 꿈이나 신화의 상징성을 이해하는 길이 자기를 올바로 이해하는 길이 된다고 말한다.

이러한 설명은 꿈이나 신화가 개인이나 집단이 삶의 근원적이고 보편적인 것들, 즉 원형들을 반복해 경험할 수 있는 통로이며, 인류는 무의식과 접촉할 수 있는 통로를 지속적으로 확보하기 위해 신화를 지속적으로 만들고 유지해 왔다는 것을 의미한다.

하지만 융은, 인간은 신화를 통해 (꿈과 마찬가지로) 자신의 심층적 내면을 경험하고 삶의 근원적 의미를 이해하지만, 원형 자체가 신화는 아니라고 말한다. 원형은 신화를 잉태시키는 이미지나 패턴만을 지니며, 원형이 어떤 특정한 신화로 탄생되기 위해서는 '일종의 투사과정'을 거쳐야 한다는 것이다(김재영, 2003: 79에서 재인용). 이렇게 탄생된 신화가 개인이나 집단에게 의미를 지속적으로 제공해주면 살아 있는 신화가 되고 그렇지 못하면 죽은 신화가 된다고 이해했다. 따라서 융은 상징을 만들어내는 인간의 보편적 심리구조를 파악하고 기술하려 시도하고, 꿈과 신화의 상징분석을 통하여 무의식의 내용을 의식화하는 과정을 중시했다.

또한 융(2000: 79)은 원형을 특히 종교적 신화와 연관 지어 설명한다. 원형들은 어느 시기엔가는 신화와 종교와 철학을 창조하는데, 이러한 것들이 여러 지역과 시기에 영향을 주며 그 특징을 규정한다는 것이다. 특히 종교적 성격의 신화의 경우 인류 공통의 고통과 불안을 정신적으로 치유할 수 있다고 보았다. 다시 말해 지나치게 합리화되고 의식화되어 무의식과 조우하는 통로가 차단된 현대인들의 정신적 문제들을 치유하는 데 신화가 중요한 역할을 할 수 있다고 본 것이다.

✪ 레비스트로스의 구조주의적 신화분석

구조인류학을 확립한 대표적 구조주의자인 레비스트로스는 신화의 구조분석을 통해 신화의 의미를 파악하려 시도했다. 구조주의자들의 기본 주장은, 인간의 마인드에 기본 구조패턴이 있다는 것이다. 언어·문헌·음악·의례 등 문화 경험세계에서 관찰되는 모든 패턴들은 모두가 동일한 마인드 구조의 변형들이고, 메시지 곧 의미는 이 패턴들 간의 관계에서 찾을 수 있다는 것이다. 따라서 레비스트로스는, 이전의 비교역사학파가 신화의 전파 또는 시기 문제를 중시해서 여러 신화판본 가운데 원본에 가까운 것을 찾는 일에 중점을 두었던 것과는 달리, 신화의 다양한 본들을 하나의 원형구조신화의 여러 변형들로 보았다.

이에 따라 레비스트로스는 원시인들의 사고(신화적 사고)가 결코 미개한 사고가 아니며 그들 역시 현대인들과 마찬가지로 지적이라고 주장했다. 이는 신화가 비논리적이고 비합리적인 미개정신의 산물이라는 주장에 대한 정면비판이라 할 수 있다. 그는 신화는 겉으로 볼 때는 비논리적이고 환상적인 이야기지만, 신화 역시 논리를 반영한다고 보았다. 신화에 논리나 지속성이 없다면 어떻게 멀리 떨어진 지역의 신화 사이에 유사성이 있을 수 있냐는 것이다. 즉 접촉이 없었다고 생각되는 신화들 간의 유사성을, 인류가 공유하는 구조의 문화변형적 발현으로 본 것이다.

또 이야기인 신화는 의사소통 수단인 언어(상징어)이고, 이야기의 언어적 구성요소들의 연계성을 이해할 때 신화의 메시지와 의미를 이해할 수 있다고 주장했다. 즉 신화도 언어처럼 구조화되어 있어서 신화연구를 통해 인간사유의 기본구조(심층적 차원)를 밝혀낼 수 있다고 보았다. 그래서 레비스트로스는 변화하는 현상 뒤에 숨겨진 근본적인 '무엇', 즉 야생적 사고와 이성적 사고, 감성적인 것과 이성적인 것 등 대립적인 것들을 뛰어넘어 둘 모두를 포함하는 초합리성을 찾으려 했고, 이것이 인간의식의 심층에 있다고 생각했다.

그는 모든 현상 이면에 선과 악, 문명과 자연, 이성과 본능 등과 같은 이항대립적 긴장구조가 존재하고, 이러한 긴장을 해소하려는 인간 노력의 산물이 신화라고 주장했다. 그리고 신화의 주요 기능을 특정 사회나 부족이 신화가 형성될 당시에 직면했던 문제의 해결로 보았다. 이는 신화를 사회제도적 측면에서 해석하는 관점이다. 레비스트로스는 이러한 관점에서 고대 결혼제도·친족제도·신화들이, 고대 초기 자연상태의 생활과 후기 문명상태의 생활 사이의 차이나 모순을 조정하고 극복하려는 무의식적 집단의지의 표현이라고 보았다.

❂ 엘리아데의 (비교)종교학적 신화분석

비교종교학자인 엘리아데는 레비스트로스와 더불어 20세기의 대표적인 신화연구자다. 레비스트로스가 신화를 만든 주체인 원시정신('야생적 사고')과 신화의 구조(논리)에 주목하여 신화적 사고의 특성을 설명한다면, 엘리아데는 신화를 사는 인간의 존재방식에 주목한다. 그는 신화를 근본적으로 성스러운 이야기로, 즉 종교적 성격을 강하게 띠는 이야기로 보았다. 엘리아데는 신화적 사고의 특성은 신화를 사는 인간의 존재방식에서 가장 잘 드러나며, 이 존재방식은 고대인들의 신화에 잘 반영되어 있다고 보았다. 그는 여러 지역의 고대신화를 비교연구하여 고대인들의 존재론('고대존재론')을 분석해냈고, 이를 통해 신화적 사고의 특성을 설명했다. 그는 신화적 사고와 고대존재론을, 비신화화된 현대 서구의 합리적 사고와 존재방식이 처한 위기를 극복할 수 있는 대안으로 제시한다.

엘리아데(2003)는 근본적으로 다양한 신화를 원형의 모방과 반복으로 파악한다. 그는 신화는 '신적·초자연적 존재들의 태초의 활동과 행위에 관한 이야기이자 창조 이야기'로, 원형적 모델을 제공해준다고 보았다. 그래서 그는 신화를 모든 의미 있는 인간행위의 전범을 드러내주는 신성한 이야기이자 언제나 실재를 다루는 진실한 이야기, 즉 참이라고 믿어지는 이야기로 규정한다. 그래서 이야기의 범주를 신성한 참된 이야기(신화)와 신성성이 결여된 이야기(전설, 민담)로 구분한다. 그의 신화정의를 요약하면 '태초의 성스러운 사건을 통해 사물의 성스러운 기원을 설명해주고 인간이 따라야 할 행위의 원형적 모델을 제시해주는 것'이다.

엘리아데(2003)에 의하면 원형의 세계는 성스러움과 실재의 세계로, 그 세계와의 접촉이 시간의 공포로부터 벗어나게 하는 구원과 치유가 된다. 따라서 고대인은 원형을 반복해 모방하려 했으며 이는 인간행위의 특성이라는 것이다. 그는 몇 가지 사례를 제시한다. 고대 바빌로니아 사람들은 신년의례 때 그들의 서사시 『에누마 엘리쉬(*Enuma Elish*)』에 나오는 창조신화를 낭송하며 우주창조 행위를 반복했는데, 이때 왕의 역할은 태초

신들의 창조행위를 모방하는 것이었다고 지적한다. 또 옛 신화 속의 영웅들을 모범적인 원형모델로 삼아 역사적 인물을 신화화한다는 것이다. 이에 따라 엘리아데는 태초의 신들의 행위를 모방하는 원형의 반복은, 태초의 근원의 시간으로 거슬러 올라가고자 하는 인간의 열망을 보여준다고 이해했다.[2]

엘리아데는 태초의 원형적 존재상태로 회귀하고자 하는 인간의 열망을 '낙원에의 향수'로 지칭하며, 이 원형을 모방하려는 삶의 방식을 '고대 존재론'이라 칭한다. 엘리아데는 인간을 본래적으로 이성을 넘어서는 영적 차원을 지닌 존재로, 그 영적 차원의 요구를 충족시키려는 갈망을 지닌 존재로 파악한 것이다. 엘리아데는 그렇기 때문에 인간을 역사적 존재로 규정하고 역사적인 것에만 의미를 부여하는 서구정신은 20세기에 한계에 봉착했으며, 신화와 종교적 삶이 살아 있는 동양과 제 3세계의 신화·철학·종교와의 창조적 만남을 필요로 한다고 역설했다.

현대 학자인 웬디 도니거 오플래허티(W. D. O'Flaherty)나 조지프 캠벨(J. Campbell)도 근본적으로는 엘리아데 계열의 보편적 관점에 서 있는 학자들이다. 오플래허티(2007)는 신화를 '일단의 사람들이 성스럽게 여기며 공유하고 그것에서 자신들의 가장 중요한 의미를 발견하는 이야기, 과거에 일어난 사건, 또는 더 드물게는 미래에 일어날 사건, 그것이 기억되기 때문에 현재에도 의미를 지속적으로 지니는 사건에 관해 과거에 만들어졌다고 믿어지는 이야기'라고 정의한다. 캠벨(1996)은 신화를 '온갖 시련을 통해 온전한 자아를 찾아가는 이야기'라고 정의한다. 그는 모든 신화의 공통점을 찾아내는 일에 몰두한 결과, 영웅신화에서 그것을 찾아냈다. 즉 모든 신화가 일상세계와의 분리, 모험과 시련을 통한 값진 얻음, 그리고 일상으로의 복귀라는 일정한 구조를 지닌다는 것이다. 그는 영웅을 자기실현을 상징하는 원형의 이미지로 파악했고, 영웅신화를 신화의 전형으로 보면서 개개인의 인격을 성숙시키고 완성하는 데 필수적인 것으로 간주했다.

3. 신화, 문화이해의 주요 도구

위에서 살펴본 현대 주요 신화학자들의 신화이론은 학문 분야에 따라 차이를 보이지만 근본적으로 신화의 보편적 또는 원형적 구조와 모티브, 그리고 기능에 관심을 기울인 이론들이다. 즉 그들의 주 관심은 신화의 보편적 요소를 찾아내는 데 있었다. 레비스트로스는 신화의 심층적 차원을 분석하여 신화의 주요 기능을 특정 사회나 부족이 신화가 형성될 당시에 직면했던 문제의 해결로 보았고, 엘리아데로 대표되는 비교종교학적 분석은 신화를 근본적으로 성스러운 이야기, 즉 종교적 성격을 강하게 띠는 것으로 보았다. 특히 정신분석학 분야의 연구는 신화를 인간의 심층적 내면(무의식)과 연관 지어 연구함으로써 신화연구의 새로운 계기를 마련해주었다.

그러나 신화의 특성 부분에서 언급했듯이, 신화는 집단의 산물, 즉 특정 집단의 세계관과 가치관, 그리고 삶의 방식 등을 반영하는 문화적 산물로, 다양성과 특수성을 띠기도 한다. 보편성과 특수성이라는 신화의 이 두 가지 측면은 신화연구의 초점을 유사성에 둘 것인가 아니면 상이성에 둘 것인가에 대한 논의를 낳아 왔다.

앞에서 살펴보았듯이, 20세기 중반 이후의 신화학자들은 대부분 신화의 보편성에 관심을 기울였던 학자들이다. 그들은 여러 지역의 신화들이 보여주는 유사성에 주목하여 신화의 보편성을 찾아내려 시도했고, 모든 신화를 보편적 형태, 즉 하나의 공통분모로 환원하는 경향이 강하다. 이러한 연구들은 신화연구와 이해에 막대한 영향을 미쳤고 신화의 긍정적 기능을 인식시키는 데 커다란 기여를 했다. 또 신화를 이와 같은 보편적인 관점에서 이해할 때 고대나 과거의 신화가 우리에게도 의미를 지니게 된다. 만약 신화가 단순히 개별 문화적·역사적 차원만을 지닌다면 그 보편적 의미는 크게 줄어들게 될 것이다.

그러나 세계신화의 유사한 주제나 모티브들이, 상호영향 관계와는 상관없이 인류의 보편적이고 유사한 경험에 근거하여 독자적으로 형성된 것인지, 아니면 영향 관계에 의한 것인지는 입증하기가 힘들다. 또 유사한 형태의 신화라 하더라도 그 신화가 담고 있는 메시지나 의미가 동일한 것은 아니다.

예를 들어 영웅은 세계신화에서 보편적으로 나타나는 주제이자 등장인물이다. 여러 지역의 영웅신화에서 영웅 생애의 기본구조는 유사하게 나타날 수 있으나, 문화에 따라 영웅의 덕목과 역할, 그리고 기능 등은 다르게 나타날 수 있다. 예를 들어 중국의 경우 영웅의 덕목이나 역할이 치수와 관련된다면, 인도의 경우는 인도사회의 가장 중요한 윤리규범인 다르마(dharma)의 수호나 보존과 관련된다. 힌두신화의 영웅은 기존의 전통적 가치와 질서를 파괴하고 새로운 질서를 구축하는 혁명적·개혁적 영웅이 아니라 기존 질서체계의 완벽한 수호자다. 인도의 대서사시 『라마야나(*Rāmāyaṇa*)』의 영웅 라마가 바로 이러한 의미의 영웅이다. 또 기독교 신화의 시간관은 직선적 시간관이나 인도신화는 순환적 시간관을 제시하고, 기독교 신화에서 뱀은 악을 상징하지만 힌두신화에서는 풍요를 상징한다. 이러한 현저한 차이는 세계에 대한 경험과 이해의 차이에서 비롯되는 것으로, 신화적 세계관의 다양성은 바로 이러한 다양한 이해에 토대를 둔다.

따라서 신화연구를 보편성에만 초점을 맞출 경우, 여러 지역과 시대의 다양한 신화들을 지나치게 단순한 구조와 논리로 이해·분석·설명함으로써 신화의 다양성이 갖는 풍요로움을 쉽게 단순화해버릴 가능성이 크다. 이러한 형태의 신화연구는 시간과 공간의 차이, 즉 역사적·문화적 배경이 만들어내는 흥미진진한 다채로움과 그 다채로움이 담고 있는 풍부한 의미를 밝혀내기 어려울 뿐만 아니라, 의미를 왜곡하는 결과를 초래할 수도 있다. 이 점은 저자가 신화를 연구하거나 강의해 오면서 가장 안타깝게 느껴 온 점이다. 신화를 문화적 다양성과 상이성에 주목해 이해할 때, 해당 문화의 특성과 함께 전체 신화의 풍요로움을 파악할 수 있을 것으로 본다.

이러한 문제의식에서 이 책은, 신화가 다양성과 보편성 두 측면에서 함께 연구되어야 하며, 특히 신화연구가 문화적 다양성에 보다 비중을 둘 필요가 있다는 점과 신화가 문화이해의 주요한 도구가 될 수 있다는 점을 제시하고자 한다. 이런 작업을 인도 힌두신화연구를 통해 시도할 것이다. 즉 인도 힌두신화를 힌두 세계관과 가치관, 그리고 인도의 사회적·문화적 배경을 토대로 하여 다루려고 한다. 따라서 힌두신화체계의 이해와 신화의 의미해석이 근본적으로는 인도적 맥락에서 이루어지겠지만 필요하고 가능한 부분마다 세계신화와의 비교를 통해 보편적 측면도 언급하게 될 것이다. 이 '인도적 맥락에서 인도 힌두신화 이해하기'에 대해서는 다음 장에서 좀 더 자세히 설명해보기로 하겠다.

2. 인도 힌두신화와 문화의 이해

1. 인도신화의 특성과 기존연구 동향

인도신화연구는 신화학과 관련하여 중요한 의미를 갖는다. 인도신화는 신화학의 출발과 밀접히 연관된다. 19세기 유럽 학자들은 인도신화텍스트와 신화언어에 많은 관심을 기울였고, 이것이 비교신화학의 발전을 가져왔다. 이후에도 인도신화는 신화연구의 주요 분야로 자리 잡았다.

인도신화는 오랜 세월에 걸쳐 전승되어 왔다. 또 인도에는 많은 부족과 종교, 그리고 200여 개가 넘는 언어가 있어 무척 다양한 신화와 전설들이 존재한다. 따라서 인도신화는 주제와 스케일이 다양하고 상상력의 범위도 넓으며 그 신화적 세계가 다채롭고 풍부하다.

인도신화는 구전과 문헌을 통해 전승되어 왔다. 인도문화는 소리 내어 낭송하고 기억해 암송하는 것을 중시해서, 문자가 있었음에도 신화와 전설들이 구전되어 오다가 후에 문자로 기록되었다. 주요 힌두 신화텍스트인 『베다(*Veda*)』(『우빠니샤드(*Upaniṣad*)』 포함), 『라마야나(*Rāmāyaṇa*)』, 『마하바라따(*Mahābhārata*)』, 『뿌라나(*Purāṇa*)』와 그 밖의 방대한 신화텍스트들이 모두 구전과 문헌으로 전승되어 왔다. 이 텍스트들은 인도문화의 다양한 측면들과 연관되나, 가장 중요한 요소는 종교다. 따라서 인도에서 신화텍스트는 대부분이 종교경전이기도 하다. 사실 인도신화는 종교와 불가분의 관계를 갖는다. 이 책이 다룰 힌두신화도 인도인들의 80% 이상이 신봉해 온 힌두교에 토대를 두고 있다. 그리고 '인도신화'는 사실상 '힌두신화'의 의미로 사용되어 왔다.

힌두신화와 관련하여 놀랍게 생각되는 두 가지는, 다양하고 복잡하면서도 어떤 통일성이 있다는 점과 그 생명력이 3,000년 이상의 긴 역사를 거치며 오늘날까지 지속되고 있는 점이다. 힌두신화의 이런 다양성과 통일성의 공존, 그리고 지속성은 인도문화와 종교가 갖는 특성이기도 하다. 무코빠디아이(Mukhopadhyay, 2007: 17)는, 고대 이래로 힌두교와 힌두신화는 여러 단계를 거쳤지만 큰 변화 없이 전통을 유지해 왔다고 지적한다. 무엇보다 힌두신화는 살아 있는 신화로서 인도인들의 의식과 삶에 여전히 영향을 미치고 있다. 대표적인 힌두 신화집인 『라마야나』, 『마하바라따』, 『뿌라나』의 이야기들은 지금도 인도의 다양성을 하나로 통합시키는 사회적·문화적 기능을 훌륭히 하고 있다.

위와 같은 이유로 인도 힌두신화연구는 인도인들의 사유방식과 세계관, 그리고 가치관에 관한 이해의 차원을 넘어, 살아 있는 신화의 사회적·문화적 기능을 알아볼 수 있는 중요한 연구대상이라 할 수 있다. 뿐만 아니라 신화 일반의 이해와 연구에도 기여하는 바가 크리라고 생각한다. 이런 중요성에도 불구하고 아직까지 국내에서는 힌두신화를 체계적이면서도 종합적으로 다루려는 시도가 이루어지지 못했다. 저자가 인도 힌두신화에 대한 체계적이고도 종합적인 연구를 시도하는 것도 이러한 이유에서다.

인도신화에 관한 국내 연구는, 한정된 주제에 국한된 논문이 일부 있고, 저서는 신화를 편집·분류해 소개하거나 신들의 계보 중심으로 약간의 분석을 첨부한 몇 권의 책이 나와 있는 정도다. 인도신화를 심도 있게 분석하고 체계화한 연구는 현재 전무하다. 해외 학계의 경우에도 많은 저서들이 나와 있기는 하지만, 인도신화를 분석적으로 다룬 저서는 극히 일부에 그치고 있다. 이 연구들을 개괄하고 이 연구의 목적과 관련되는 부분에 한하여 그 한계를 간략히 지적해보기로 하겠다.

먼저 서구 학자들의 저술은 대개 인도종교(힌두교)의 신들을 중심으로 신화를 분류하고 약간의 서두 해설을 붙여 설명하는 형태를 취하고 있다. 이 가운데 권위 있는 저술들을 소개하면 다음과 같다. 오플래허티가 번역·편집한 *Hindu Myth*(1975)는 일종의 자료집으로, 힌두교의 주요 신과 여신들, 그리고 데바(deva, 신)와 아수라(asura, 악마)로 주제를 분류하여 관련 신화들을 편집해놓고 있고, 윌킨스(W. J. Wilkins)의 *Hindu Mythology*(1882)는 힌두 신들을 『베다』 문헌의 신들, 『뿌라나』 문헌의 신들, 그리고 하위 신격들로 분류하여 각 신들에 대한 소개와 신화 스토리를 연계해 서술하고 있다. 디미트(C. Dimmitt)와 반 브이튼엔(J. A. B. van Buitenen)이 함께 번역하고 편집한 *Classical Hindu Mythology*(1978)는 『뿌라나』 문헌을 토대로, 주제를 우주론, 주요 신들(비슈누, 끄리슈나, 쉬바, 여신), 성자, 왕, 초자연적 존재로 분류하고 각 주제별로 간단한 서두 설명을 넣어 관련 신화자료를 담고 있고, 라디스(W. Radice)의 *Myth & Legends of India*(2001)도 서문 설명만을 붙인 신화모음집이다. 이들 저서들을 근본적으로는 자료집으로 분류할 수 있다(류경희, 2012b: 554-55). 즉 이들 저서는 인도 힌두신화를 일정한 체계를 가지고 분석한 연구서는 아니며, 신화자료 모음집이라 할 수 있다.

분석적인 연구로는 오플래허티의 「쉬바 신화의 고행주의와 성("Asceticism and Sexuality in the Mythology of Shiva")」(1968년 하버드대학교 박사학위논문), 「힌두신화에서의 이단의 기원("The Origins of Heresy in Hindu Mythology")」(1973, 옥스퍼드대학교 박사학위논문), 그리고 힌두신화의 악의 개념에 관한 저서인 *The Origins of Evil in Hindu Mythology*(1976)가 있고, 짐머(H. Zimmer)의 저서 *Myths and Symbols in Indian Art and Civilization*(1946)이 있다. 이 연구서들은 분석적인 성격이 강하고 연구자의 관점에서 상당히 치밀하고 흥미로운 해석을 제시한다.

하지만 문제는 그들의 분석이 인도사상 및 그 사회적·문화적 배경을 간과하고 있는 점이다. 짐머는 전 생애를 인도에 관한 저술을 쓰며 보냈지만, 인도에 가본 적이 없기 때문에 그가 이해한 인도신화는 상상적으로 재구성된 측면이 있다. 한편 오플래허티는 인도를 방문한 적은 있으나 주로 텍스트 분석과 의미 중심의 작업을 해서, 그녀의 작업 역시 인도 학자들로부터 실제 인도신화에 대한 이해라기보다는 상상적 재구성이란 평가를 받기도 했다. 이처럼 분석적인 몇몇 연구들도 제한된 주제에 국한되어 있고 무엇보다도 인도적 맥락에서의 이해나 분석이 이뤄지지 못한 한계를 보여준다(류경희, 2012b: 555).

인도에는 많은 종의 신화텍스트들이 출간되어 있다. 범어로 된 신화텍스트들, 즉 『베다』, 『우빠니샤드』, 『마하바라따』, 『바가바드기따(*Bhagavadgītā*)』, 『라마야나』, 『뿌라나』의 다양한 본들이 여러 지방어와 힌디, 영어로 번역·출판되어 있고, 이 원본들의 다이제스트들도 수를 세기 힘들 정도로 많이 나와 있다. 그러나 분석적인 저서들은 많지 않고 대부분은 몇몇 신화텍스트의 신화들을 모아 편집해놓은 신화자료집이다. 일례로 굽따(S. M. Gupta)의 *Indian Mythology: Myth and Legend*(2002)는 『마하바라따』와 『뿌라나』에서 발췌한 신화들의 모음집으로, 분석은 거의 없다.

특정 체계나 틀을 가지고 분석하는 저서도 일부 있기는 하다. 예를 들어 무코빠디아이(R. Mukhopadhyay)의 *Indian Mythology*(2007)는 신화자료집이라기보다는 힌두신화의 기본 특성과 주요 신들, 그리고 불교와 자이나교 신화에 대한 해설서라 할 수 있고, 당게(S. A. Dange)의 *Towards Understanding Hindu Myth*(1996)나 아로라(U. P. Arora)의 *Motifs in Indian Mythology—Their Greek and Other Parallels*(1981)는 일부 분석적 내용이 있기는 하지만 인도신화를 종합적이고 체계적으로 조망할 수 있는 연구서는 아니다(류경희, 2012b: 555-56).

저자가 아는 한 인도 힌두신화를 일정한 틀을 가지고 체계적으로 설명하고 분석하는 저서는 근래에 출간된 빠딴에이크(D. Pattanaik)의 *Indian Mythology*(2003)가 현재로선 거의 유일하지 않나 싶다.[3] 이 책은 서문, 신화연구, 신화비교, 신화의 변형, 신화해석의 목차로 구성되어 있고, 인도 힌두신화를 인도문화, 그리고 힌두신화 자체의 맥락에서 이해할 수 있는 매우 중요한 통찰을 준다. 하지만 이 책은 인도신화 자체를 체계적인 구조를 가지고 종합적으로 설명하는 책이라기보다는 근본적으로는 신화연구의 주요 주제들, 즉 세계에 대한 이해의 차이로 인해 나타나는 상이한 신화의 비교 문제, 시간의 흐름에 따른 신화의 형태와 의미의 변화 문제, 그리고 신화연구에서 빼놓을 수 없는 해석 문제를 힌두신화의 여러 사례들을 사용하여 다루는 신화연구서로 분류할 수 있다. 따라서 인도적 맥락에서 힌두신화의 몇몇 주제들을 깊이 있게 이해할 수는 있으나, 힌두신화 전체를 구조적 체계를 가지고 종합적으로 파악하기는 어렵다.

2. 이 책의 목표

앞서 기술했듯이 평소 저자는 신화의 보편적 측면에만 초점을 맞추는 신화연구나 텍스트 중심의 기존연구 동향에 아쉬움을 크게 느껴 왔고, 신화의 다양성과 보편성을 함께 고려하고 또 문화와 연계 짓는 신화연구의 필요성을 인식해 왔다. 또한 너무 방대하고 복잡해서 가닥을 잡아 이해하기가 어려운 힌두신화를 체계적이면서도 종합적으로 파악할 수 있는 분석적인 연구의 필요성도 인식해 왔다. 이러한 기존연구 동향에 대한 문제의식과 저자의 학문적 관심사에서 이 책의 목표를 크게 두 가지로 설정했다.

하나는, 학문적 신화연구라는 큰 틀 안에서 특정 지역신화인 인도의 힌두신화를 힌두교의 신화체계와 사상의 맥락에서 구조적이고 종합적으로 파악해보는 것이다. 다른 하나는, 신화가 문화이해의 유효한 도구가 될 수 있다는 인식 아래, 힌두신화를 현재 살아 있는 문화관습들과 연관 지어 연구함으로써, 살아 있는 신화의 기능을 살펴보고 신화를 통한 문화이해를 시도하는 것이다. 이런 형태의 연구는 앞서 개괄한 기존연구와 차별화되는 연구라 할 수 있다. 이 책이 담을 이러한 목표를 아래에서 좀 더 상세히 설명해보기로 하겠다.

신화개념과 신화학에 대한 성찰: 문화적 다양성과 상이성의 중요성

신화나 신화의 의미에 대한 학자들의 견해는 다양하다. 따라서 합의된 하나의 신화정의를 찾기는 힘들다. 다만 '먼 옛날에 발생한(했다고 주장되는) 사건에 관한 성스러운(성스럽게 받아들여지는) 이야기로, 사실의 기록인 역사와는 구분되는 의미의 역사'라는 점에는 대체로 동의하는 것으로 보인다.

하지만 인도의 경우처럼 신화와 역사를 그다지 구분하지 않는 문화권도 존재한다. 인도에서는, 서구적 의미의 역사에 그래도 가장 가까운 용어인 이띠하사(itihāsa)가 신화와 역사가 뒤섞인 말로 오랫동안 사용되어 왔다. 대표적인 힌두 신화집의 명칭인 뿌라나(purāṇa)도 '아주 오래된 옛 이야기'란 의미와 함께 고대사(연대기)란 의미도 함축하고 있다. 즉 신화와 역사를 엄격히 구분하는 서구식 사고와는 달리 두 개념을 특별히 구분하려 하지 않는다. 따라서 서구 학계에서 정립된 신화개념을 모든 문화권의 신화에 적용하는 것은 무리가 있으며, 연구대상이 되는 문화에서 우리가 '신화'라는 말로 지칭하는 대상이 어떠한 의미를 갖는가에 대한 고려가 필요하다. 이런 의미에서 인도의 신화개념을 통해 서구 학계에서 정립된 신화개념을 검토하고 그 외연을 확장할 필요가 있다.

또 앞에서도 언급했지만 20세기 중반 이후 이루어진 신화연구는, 신화를 보편적인 차원에서 이해한다는 점에서 공통점이 있다. 이러한 신화연구는 시공을 초월하여 인류가 공유해 온, 신화와 상징을 만들어내는 인간의 보편적 특성이나 열망, 그리고 근원적인 문제들을 이해할 수 있는 장점이 있다. 그러나 이것은 하나의 문화현상으로서의 신화를 일괄적으로 들여다보는 틀일 뿐 신화가 갖는 다채로운 모습과 향기를 드러내줄 수 있는 것은 아니다.

저자가 관심을 가지고 중시하는 것은 다양한 신화에 하나의 동일한 옷을 입히는 것이 아니다. 각 신화가 가지는 독특한 빛깔이 발현되도록 하는 것이다. 따라서 이 책은 신화의 보편적 측면을 염두에 두면서 인도 힌두신화가 갖는 상이하고 독특한 측면에 주목할 것이다. 즉 인류가 신화를 제작해 온 인류 보편의 근원적이고 본질적인 열망과 함께 특정한 사회적·문화적·역사적 맥락에 따른 차이에 주목할 것이다.

인도 힌두신화체계과 세계관의 이해: 인도적 맥락에서 인도신화 이해하기

그간 서구의 인도신화연구는, 인도적 맥락 즉 인도 힌두신화체계에 담긴 인도인들의 세계관과 가치관, 그리고 인도의 역사적·사회적·문화적 배경을 토대로 이해되거나 분석되지 못하는 한계가 있었다. 한 예로 오플래허티의 *The Origins of Evil in Hindu Mythology*(1976)는 인도종교 전문가뿐 아니라 종교학을 연구하는 학자들에게도 고전으로 평가받고 있지만, 인도의 일부 학자들은 인도적 맥락을 간과한 연구로 비판하기도 한다. 비나 다스(Veena Das)는 오플래허티의 연구가 시공을 초월한 방대한 텍스트들을 사용함으로써 텍스트의 분석에 있어 인도의 사상적·문화적 특성을 고려하는 진지함을 결여하고 있다고 비판한다(류경희, 2002: 113에서 재인용). 즉 인도의 사상 및 문화적 맥락을 고려하지 않고 너무 쉽게 일반화하고 있다는 지적이다.

사실 힌두신화의 주요 부분들을 합리적이고 기독교적인 세계관에 토대를 두고 있는 서구 학자들이 왜곡되게 해석하는 경우가 적지 않다. 대표적인 예가 데바와 아수라의 투쟁을 절대적인 선과 악의 투쟁으로 해석한 것으로, 대립되어 보이는 개념이나 현상들을 서구식 이분법으로 이해하고 분석한 것이다. 이런 이해와 분석은 인도의 힌두 맥락, 즉 상반되는 개념이나 현상은 형태와 기능상의 차이일 뿐 본질은 동일하다고 보는 힌두사상의 일원론적 관점에서 재조명하여 바로잡을 필요가 있다. 인도적 맥락에서의 선과 악은 어디까지나 상대적인 개념이다.

신화적인 세계이해는 문화에 따라 상이하다. 그러므로 특정 문화의 신화체계나 상징 등은 그 문화의 세계관이나 개념·용어 등의 맥락에서 이해·분석·설명될 필요가 있다. 인도신화를 연구하는 본 저술의 구체적인 목표도 인도신화를 인도적(힌두적) 패러다임으로 이해하고 분석하는 데 있다. 그리고 신화를 통해 인도인들의 세계에 대한 이해와 가치관, 그리고 삶의 방식을 파악하고 이를 통해 인도적 사유와 인도문화의 특성을 제시하는 데 있다.

따라서 이 책은 인도 힌두신화를 관통하고 있는 주요 핵심 주제들을 선정하여 이 주제들 사이에 구조적 연관관계를 설정하고 나름의 힌두신화 체계를 확립할 것이다. 그리고 이를 토대로 힌두신화를 구조적이고 종합적으로 조망하고 인도적 맥락에서 분석하여, 힌두신화의 세계관과 윤리관을 밝힐 것이다. 이는 인도 힌두신화에 대한 종합적이면서도 체계적인 이해와 함께 서구 학자들의 왜곡된 이해나 분석을 수정하는 계기를 제공해 줄 것이다.

저자가 아는 한, 힌두신화의 핵심 주제를 찾아내 주제별로 힌두신화를 분류·분석하고 그것을 하나의 신화체계로 제시한 저술은 아직 발견되지 않는다. 가장 큰 이유는 힌두신화가 너무도 방대하고 다양하다는 데 있는 것 같다. 그럼에도 이러한 형태의 연구는 인도신화의 특성과 인도신화가 담고 있는 세계관과 가치관을 파악할 수 있는 지름길이라는 점에서 매우 중요하다 판단된다.

따라서 이 책은 I부에서, 먼저 인도인들이 그들의 신화적 스토리들을 이끌어내고 있는 주요 자료와 관련 학자들이 사용하는 주요 신화텍스트 가운데, 현 힌두신화 이해에 핵심적인 텍스트를 선정할 것이다. 이어 이 텍스트들에서 힌두신화의 주요 주제들을 추출하고, 이를 힌두 세계관의 구조에 따라 분류하여 하나의 연계적 신화체계로 구성할 것이다. II부에서는 이렇게 독자적으로 구성한 신화체계를 바탕으로, 힌두 세계관과 윤리관을 구성하는 주요 주제들을 관련 신화의 분석을 통해 다룰 것이다. 신화분석은 신화의 보편적 측면을 고려하면서 힌두사상과 사회적·문화적 맥락에서 이루어질 것이다. 이는 힌두 세계관과 윤리관의 핵심 내용과 함께 그것의 인도 사회적·문화적 의미와 특성을 이해하기 위한 것이다.

인도신화와 문화: 신화를 통해 인도문화 이해하기

이 책의 또 다른 특징은 신화연구를 단순히 텍스트연구에 국한하지 않고 문화연구와 이해의 주요 도구(통로)로 활용한다는 점이다. 신화 관련 연구들을 접하면서 아쉬웠던 것은, 신화연구가 신화텍스트 분석에 국한되고 있었다는 점이다. 앞서 언급했듯이 신화는 집단적 산물이자 그 내용이 종교의례나 문화관습으로 구체화된다는 점에서, 문화와 불가분의 관계를 갖는다. 특히 인도와 같이 신화가 살아 있는 지역의 경우 신화는 문화의 다양한 분야에서 기능하며 그 신화적 삶을 살고 있는 이들에게 커다란 영향을 미치고 있다. 따라서 신화가 행하는 기능을 실질적으로 파악하고자 한다면 신화를 문화와 관련지어 이해할 필요가 있다.

우리와 다른 조건에서 살아온 이들의 관습과 제도를 올바로 이해하거나 평가하기 위해서는 그들이 왜 그러한 제도와 관습을 만들어내고 유지해 왔는지, 그 배경과 이유를 먼저 이해해보는 것이 필요하다. 많은 경우, 이 배경과 이유를 신화에서 발견할 수 있다. 특히 종교적 성격이 강한 문화를 유지해 온 인도의 경우는, 주요 관습과 제도들이 신화와 밀접히 연관되어 있다. 이 책이 신화를 인도인들의 문화적 관습과 연관 지어 다루는 이유도 여기에 있다. Ⅲ부에서, 인도의 주요 문화현상과 신화의 밀접한 관계를 살펴보고, 인도 힌두신화가 살아 있는 신화로서 인도인들의 삶에 막대한 영향을 미쳐 왔다는 점과 신화의 이해가 문화이해에 아주 유효한 도구라는 점을 확인할 것이다.

주

1 원시인들이 자연현상을 언어로 표현할 때 추상적인 언어가 없어 달, 태양, 바람 등 구체적인 언어를 사용했고, 이런 표현이 문자 그대로 받아들여지는 오류가 생겨 그 구체적인 대상이 인격화되어 신이 되었다는 것이다.

2 엘리아데(2003)는 원초적인 때에 일어났던 창조적 사건을 회상하는 신화는 인간행위의 모델을 제시하고 살아갈 의미와 가치를 부여하는 성스러운 이야기라고 주장했다. 신화의 노스탤지어는 원초적 창조의 시간을 향해 있으나, 이 성스러운 시간에의 참여는 죽음으로 치닫는 직선적 시간의 공포를 제거하고 인간이 진정으로 의미 있게 살아갈 수 있는 영역을 만들어낸다는 것이다.

3 필자가 모든 관련 서적을 다 알고 있다고 말할 수는 없지만, 20여 년 가까이 매년 인도를 방문할 때마다 주요 출판사의 도서목록을 확인하여 인도 종교·사상·문화 관련 도서를 구입해 왔고, 최근 수년간은 인도신화 관련 텍스트와 분석서를 구입하기 위해 관련 출판목록을 거의 체크해보았기 때문에 이 주장은 어느 정도 타당하다 생각한다.

1부

인도 힌두 신화자료와 신화체계

특정 지역신화에는 그 지역만의 독특한 주제와 인물뿐 아니라, 여러 지역신화에서 발견되는 보편적 주제들도 나타난다. 이렇게 특수하거나 보편적인 주제들을 해당 문화의 신화체계 안에서 이해할 경우, 그 지역 사람들이 공유해 온 세계관과 가치관, 그리고 문화적 특성을 파악할 수 있을 것이다. 그런 의미에서 I부에서는 힌두신화체계를 독자적으로 구성해보려고 한다. 이 신화체계는 힌두신화를 구조적이고 종합적으로 파악하고 신화분석을 통해 힌두 세계관과 가치관을 이해하게 될 II부 작업의 토대로 사용될 것이다.

먼저 인도인들이 사용해 온 신화개념을 검토하고 이어 주요 신화텍스트들을 역사적 전개에 따라 살펴본 후, 이 가운데 현 힌두신화 이해에 핵심적인 『마하바라따』, 『라마야나』, 『바가바드기따』, 『뿌라나』를 분석대상으로 삼을 것이다. 이들 문헌에 공통적으로 나타나는 주제와 등장인물들을 중심으로, 힌두신화의 주요 주제들을 선정하고 이 주제들을 힌두 세계관이 반영된 하나의 연계적 신화체계로 구성할 것이다. 이는 개별신화들을 더 큰 범주의 신화체계 안에 위치시켜 힌두신화를 구조적으로 이해해보려는 시도다.

결론적으로 I부의 목적은, 힌두신화의 핵심 주제와 관련 신화들을 연계성을 갖는 하나의 체계로 구성하여, II부에서 인도인들의 신화적 세계관과 사유구조를 인도의 사회적·문화적 맥락에서 파악할 수 있도록 하는 것이다. 이러한 분석방법은 신화의 보편성과 특수성을 함께 파악할 수 있게 한다는 점에서 유용한 방법이라 판단된다.

1. 인도의 신화개념, 이띠하사와 뿌라나

특정 지역이나 문화의 신화를 보다 잘 이해하려면, 먼저 그 지역 사람들이 사용해 온 신화개념을 이해하는 것이 필요하다. 인도사람들은 신화의 범주에 포함될 수 있는 이야기들을 다양한 말로 표현해 왔다. 고대문헌인 『베다』에서 아띠까(atika), 뿌라나, 이띠하사, 까타(katha)[1]와 같은 용어들이 다양한 형태의 이야기들을 지칭하는 말로 사용되었다. 이 말들은 보통 옛날이야기나 사건 또는 전설을 뜻했고, 그 의미가 비슷해 자주 혼용되었다. 이런 말들로 지칭되는 이야기들의 핵심 특징은 '과거 위대한 왕이나 신들에 관한 이야기'란 점이다(Krishnamachariar, 2004: 2). 이들 용어 가운데 우리가 일반적으로 사용하는 신화용어에 가장 근접한 말은 이띠하사와 뿌라나다. 이 두 용어는 초기 문헌에서는 거의 동의어로 사용되다가 후에 구별되는 용어로 사용되기 시작해서, 이띠하사가 서사시의 의미를, 뿌라나는 우주론이나 신학적 주제들을 설명하는 일련의 내레이션의 의미를 지니게 되었다(Krishnamachariar, 2004: 3). 이 두 용어는 사용자에 따라 별개의 용어로 사용되기도 하고, 뿌라나를 이띠하사에 포함하기도 한다.

많은 학자와 연구들이 보통 이띠하사를 신화로 분류해 다루지만, 보다 정확하게 표현하면 이띠하사는 신화적·철학적·윤리적 이야기들을 다루는 힌두 서사문헌을 집합적으로 지칭하는 말이다. 범어 이띠하사는 이띠(iti), 하(ha), 아사(asa)('so indeed it was') 세 단어가 결합된 말로, 그 의미는 '즉 이것이 그랬었다', '이것이 그렇게 발생했다', '이것이 전통이었다'(Dange, 2001: Introduction 12)이다. 즉 과거사건(purvavritta)을 지칭한다. 쉽게 표현하면 역사적 사건 또는 역사를 의미한다고 할 수 있다.

하지만 우리가 '역사' 하면 떠올리는 사실로서의 역사와는 그 의미가 다르다. 이와 관련하여 당게(Dange, 2001: Introduction 11)는 이띠하사는 『베다』 문헌(『아타르바베다』, 『브라흐마나』 등에 나타남)에서 사실의 기록을 의미하는 역사와는 다른 의미인, 전통적인 구비전승 일화(lore)를 의미하고, 산스끄리뜨 문학에서는 '큰 시'를 의미하는 '마하까벼(mahākāvya)'로 부른다고 지적한다. 베다 시기에 『브라흐마나』에서 과거사건들을 이야기한 부분들이 이띠하사로 알려졌고, 후에 의미가 확장되어 부분적으로는 사실이고 부분적으로는 신화인, '과거사건들과 관련된 모든 이야기들'(과거에 일어난 일들에 대해 이야기하는 종교적 이야기)을 지칭하게 되었다. 그렇다면 이런 특성을 지니는 이띠하사는 '신화화된 역사' 또는 '성스러운 역사'의 성격을 띤다고 볼 수 있다.

저자가 잠시 범어를 배웠던 전 베나레스 힌두대학(BHU)의 범어학부 교수였던 뜨리빠티(K. D. Tripathi) 교수는 이띠하사의 의미를 '과거에 그러했듯이 그것이 지금 여기에서 다시 일어날 수 있다(So it has been, it may happen again in here (right now))'라고 지적하고, 이것이 인도종교나 철학의 핵심이라 말했다. 그리고 인도에서 역사는 죽은 과거가 아니라 살아 있는 역사이며, 따라서 인도의 경우는 서구와는 달리 고대와 현대 사이에 간격이 없으므로 인도고전 해석에 있어 신중해야 한다고 주장했다. 중요한 것은 문헌에 담긴 진리이지 역사가 아니라는 것이다.

이러한 언급은 두 가지를 말해준다. 인도에서 우리가 신화로 분류하는 범주의 이야기들을 '역사'의 의미를 함축하는 이띠하사로 지칭한다 하더라도 여기서의 역사의 의미는 신화적 역사, 성스러운 역사에 가깝고, 또 이러한 의미의 역사로서의 신화가 단순히 과거의 사건으로 남아 있는 것이 아니라 현재도 살아 있는 사건으로 영향을 미치고 있다는 것이다. 이 이띠하사에는 일반적으로 인도의 2대 서사시인 『마하바라따』와 『라마야나』, 그리고 힌두 신화집이라 할 수 있는 『뿌라나』가 포함된다. 고전 인도 시인들은 그들의 시와 드라마의 소재와 주제를 많은 경우 이 이띠하사에서 가져왔다. 그리고 『뿌라나』는 물론 두 서사시도 종교적인 문헌으로, 힌두철학과 깊이 연관되고 현재 힌두교도들이 중시하는 문헌이다.

한편 『뿌라나』는 이띠하사에 포함되기도 하지만 문헌의 성격이 달라 대개는 별도로 다뤄진다. 두 서사시가 신화화된 역사(성화된 영웅사)에 가깝다면, 『뿌라나』는 좀 더 종교적 성격을 강하게 띠고 우리가 일반적으로 생각하는 신화에 보다 가까운 이야기들을 담고 있다. '뿌라나'의 말뜻은 '오래된'이다. 그러나 『뿌라나』가 '오래된 책'을 의미하는 것은 아니다. '오래된' 주제 또는 이야기를 의미한다. 전통적 견해에 따르면 주요 『뿌라나』인 마하(Maha) 뿌라나가 다루는 주요 다섯 주제는 우주창조(sarga), 우주의 주기적인 해체와 재창조, 신과 성자들의 계보, 세계의 시대(yuga, manvantara), 왕조사(태양왕조사(Surya vamsha)와 달왕조사(Chandra vamsha)) 등이다.

그러나 모든 『뿌라나』가 위의 주제만을 다루는 것은 아니다. 『뿌라나』는 매우 다양한 주제들을 다루고 있다. 예를 들어 해탈(mukti 또는 mokṣa), 개별자아(jīva), 우주의 근원적 실재(Brahman), 삶의 네 가치(puruṣārtha), 신들 찬양, 박띠(bhaktī), 세계의 보존, 카스트와 삶의 네 단계 의무(varnaśrama dharma), 화신사상인 아바따라(avatāra)와 같은 여러 다른 주제들도 다루고 있다(Purthi, 2007: 2-3). 또한 시간이 지나면서 예술·건축·점성학·천문학·의례, 기타 여러 학문들에 관한 방대한 자료들이 『뿌라나』에 유입·통합되었다. 이러한 다양성은 인도사에서 문화적 대융합이 이루어지는 시기에 상층카스트 중심의 브라흐만교(Brahmanism, 전기 힌두교)가 여러 토착신앙들을 흡수·통합하여 복합적인 형태의 대중적 종교(후기 힌두교)를 형성하면서 나타났다.

요약하면 인도에서 이띠하사나 뿌라나로 대변되는 신화개념은 역사와 엄격히 구분되지 않으며, 신화와 역사가 공존하는 개념으로 '성화된 역사' 또는 '성스러운 역사'라 할 수 있다. 따라서 신화와 역사를 별개의 개념으로 간주하는 서구적 관점에서 벗어나 힌두신화를 이해할 필요가 있다. 또 인도에서 신화는 뿌라나의 어의나 다루는 주제에서 알 수 있듯이,

먼 과거에 발생한 사건들에 관한 오래된 이야기로, 힌두교의 세계관과 힌두사회의 규범들을 이야기 형태나 성자와 신, 성자와 성자, 제자와 스승인 구루(guru) 사이의 문답 형태를 통해 표현한 것이다. 요컨대 인도에서 신화는 역사이자 신화라고 할 수 있다.

2. 힌두 신화텍스트와 신화체계의 전개

1. 전기 힌두 신화텍스트

이띠하사와 뿌라나는 신화에 대한 힌두용어이지만 일단의 텍스트를 지칭하는 말이기도 하다. 이띠하사는 보통 2대 서사시인 『마하바라따』와 『라마야나』를 지칭하고, 뿌라나는 많은 수의 『뿌라나』 문헌을 총칭한다. 이 문헌들은 현재 힌두신화와 종교는 물론이고 힌두문화와 사회를 이해하는 데도 중요한 문헌들로, 주요 힌두 신화텍스트로 분류된다.

인도 힌두신화의 주요 자료에 대해서는 학자들 사이에 견해가 대체로 일치한다. 예를 들어 레디스(Radice, 2002)는 힌두 신화사를, 『베다』 문헌의 하나인 『리그베다(*Ṛg Veda*)』, 『브라흐마나』, 대서사시(이띠하사), 그리고 『뿌라나』 시기의 신화로 분류한다. 무코빠디아이(Mukhopadhyay, 2007: 16-17)는 힌두신화의 주 자료로 『리그베다』, 『뿌라나』, 『라마야나』, 『마하바라따』를, 굽따(Gupta, 2002)는 『베다』, 『마하바라따』, 『뿌라나』를 든다. 즉 많은 학자들이 『베다』, 『라마야나』, 『마하바라따』, 『뿌라나』 등을 주요 힌두 신화텍스트로 꼽고 있다.

『베다』는 인도의 가장 오래된 문헌이고, 『베다』 이후의 문헌들은 『베다』에 토대를 두면서도 현 힌두신화와 문화이해에 보다 핵심적이다. 이 문헌들은 현재까지도 인도인들에게 폭넓은 영향을 미치고 있고, 많은 학자들이 인도신화의 중심 자료로 분류하는 문헌들이다. 따라서 이 책은 『베다』 이후의 문헌들, 그러니까 『라마야나』와 『마하바라따』(『바가바드기따』 포함), 그리고 『뿌라나』를 주요 분석자료로 삼으려고 한다. 그러나 이들 문헌

그림 I.2.1 『아타르바 베다』, 『쉬바 뿌라나』, (『라마야나』의 북인도본인) 『람차리뜨마나스』 등, 한 힌두교도의 경전들, 바라나시

그림 I.2.2 사원 앞에서 『라마야나』를 낭송하고 있는 힌두교도, 바라나시

의 신화를 이해하려면 이전 문헌들에 나타나는 신화체계나 사상에 대한 연계적 이해가 필요하므로, 여기서 함께 간단히 개괄하기로 한다.

힌두 신화텍스트는 대부분 힌두경전과 거의 일치하고, 신화의 전개 단계 역시 힌두교의 전개와 맞물려 있다. 이 점에서 전기와 후기 힌두교의 전개에 따른 힌두 신화텍스트와 신화체계의 전개를 개괄해보기로 한다.[2] 먼저 전기 힌두 신화텍스트다.

1) 첫 『베다』인 『리그베다』의 다신론체계

인도에서 가장 오래된 문헌이자 신화자료는 『베다』이다. 『베다』는 고대인도의 신화와 종교, 그리고 문화를 알 수 있는 중요한 자료이자 힌두 종교문헌의 근원 텍스트라 할 수 있다. 힌두교도들은 『베다』를 영원한 계시를 담고 있는 신성한 문헌으로, 진정한 지식의 근원으로 3,000년 이상 받아들여 왔다. 이 문헌을 집성한 이들은 고대(기원전 약 15세기 무렵)에 인도 서북부로 유입된 것으로 추정되는 아리아인들이다. 아리아인들은 여러 세기에 걸쳐 정착해 나가면서 『베다』를 방대한 문헌집 형태로 집성했다.[3]

『베다』는 리그(Ṛg), 사마(Sāma), 야주르(Yajur), 아타르바(Atharva) 등 4개의 『베다』로 구성되고 각 『베다』는 또 『상히따(*Saṁhitā*, 本集)』, 『브라흐마나(*Brahmana*, 제의서)』, 『아란야까(*Āraṇyaka*, 산림서)』, 그리고 『우빠니샤드(*Upaniṣad*, 사색서)』로 구성되어 있다. 이를 흔히 행위편(karma kanda: 『상히따』, 『브라흐마나』)과 지혜편(jñāna kanda: 『아란야까』, 『우빠니샤드』)으로 구분한다.[4] 이 가운데 『리그베다』의 『상히따』가 가장 초기 문헌으로 평가된다. 대개 『베다』라 지칭할 때 『리그베다』, 더 좁게는 『리그베다』의 『상히따』를 의미하는 경우가 많다. 인도전통은 기억해 암송하는 것을 중시해서 산스끄리뜨(Sanskrit) 문자가 있었지만 『베다』를 기록하지 않고 오랫동안 구전으로 전승시켜 오다가 후에 문자로 기록했다. 『베다』의 각 부분들이 담고 있는 신화체계와 사상의 특징을 통해 고대 힌두신화 및 사상체계의 변화를 살펴보기로 하자.

『리그베다』의 『상히따』는 아리아인들이 자신들이 신봉하던 신들에게 바치는 찬가를 모아놓은 찬가집이다. 데바(deva)로 불리는 신들은 태양, 폭풍우, 불, 바람과 같은 자연력이나 자연현상을 신격화한 존재로, 지배 영역에 따라 지상계, 공중계, 천상계를 관장하는 세 집단으로 구분되었다.[5] '빛나는 자', 또는 '좋은 것을 주는 자'란 의미의 데바는 인간에게 좋은 모든 것을 주는 존재로, 천상의 음료인 소마(Soma)[6]를 즐겨 마시고 때론 불멸하는 존재로 신봉되었다(Mukhopadhyay, 2007: 20).

사람들은 현세와 사후 천상의 복을 얻기 위해 신들에게 희생제의인 야져(yajña)를 드렸다. 초기에 야져는 사제가 집전하는 간단한 형태였다. 하지만 야져가 신들에게 강력한 영향을 미쳐 사람들이 원하는 바를 얻게 해준다는 믿음이 생겨나면서, 족장과 귀족들이 의례를 관장하는 사제들에게 의존하게 되었고 높은 지위와 영향력을 지닌 상당수의 사제가계가 형성되었다. 이들 사제가문에서 일단의 찬가들이 만들어졌고 이 찬가들은 아버지에서 아들에게로 구전되었다(Kapoor, 2003: 103).

『리그베다』에 나타나는 다신론은 인도유럽어족 신화체계의 특징을 지니면서, 몇 가지 다른 특징을 보여준다. 첫째, 같은 인도유럽어족에 속하는 그리스신화의 신들이 인격성과 개별성을 뚜렷하게 지니는 반면에 『리그베다』의 신들은 인격성과 개별성이 두드러지지 않고 '자연력'이 갖는 기능적 측면이 강조된다. 예를 들어, 새벽의 여신 우샤스(Uṣas)는 '빛난다, 밝아진다'는 뜻의 말에서 유래되었고, 새벽에 이어 나타나는 태양신 수리아(Surya)는 태양 자체의 신격화라기보다는 따뜻함을 가져다주고 빛을 비추는 자라는 의미의 신이다. 이는 『리그베다』의 신들이 자연현상이나 자연력을 신격화한 것이며 신들의 명칭이 신들의 기능에서 비롯되었음을 보여준다.

빈터니쯔(Winternitz, 2003: 67-68)도 『리그베다』에서 찬가가 바쳐지는 대상은 태양, 달, 불의 신이 아니라 빛나는 태양, 비추는 달, 불꽃이 이는 불, 번쩍이는 번개 등이라고 지적하면서, 신들의 명칭이 자연물의 특성에서 유래되었고 그 명칭이 신격화되어 신으로 정착되었다고 주장한다. 이런 관점은 19세기 독일의 문헌학자이자 신화학자인 막스 뮐러가 인도유럽어 신화를 비교하여 종교기원 이론으로 제시한, 언어의 질병설과 유사한 견해로 볼 수 있다.

또 다른 특징은, 『리그베다』의 신들이 세 영역으로 구분되기는 하지만 이 구분이 어떤 위계질서를 의미하는 것은 아니란 점이다. 둘 이상의 세계에 중복해서 속하는 신들이 있기 때문이다. 예컨대 불의 신 아그니(Agni)와 새벽의 신 우샤스는 지상계와 공중계 모두에 속하고, 바루나(Varuna), 야마(Yama), 사비뜨리(Savitri)는 공중계와 천상계 모두에 속한다(류경희, 2013: 27). 막스 뮐러는 『리그베다』의 이러한 신체계에 대해, 여러 신들 사이에 위계질서는 없으나 특정 신에 예배를 드릴 때 그 신이 최고신으로 숭배되는 형태를 취하고 있다고 설명하고 이를 교체신론(Henotheism)이라 지칭했다(Kapoor, 2003: 111).

이와 관련하여 까뿌르(Kapoor, 2003: 111)의 언급은 주목할 만하다. 그는 '우주의 신성한 파워가 어떻게 경우에 따라 하나의 신에서 또 다른 신으로 전이되는 것이 가능한가?' 하는 물음을 던진다. 그리고 이에 대한 답으로, 『리그베다』의 신들이 자연을 인격화한 것이므로, 특성이 뚜렷하지 않고 명백한 개별성을 띠지 않아 서로 간의 명백한 구분이 없으며, 서로 융합되는 경향을 보인다는 점을 강조한다. 여기서 이 책이 집중적으로 다룰 후기 힌두신화에서 중요한 특징으로 나타나는, 하나와 여럿의 관계를 통합적 관점에서 바라보는 경향이 발견된다. 이 관점에서 본다면 신의 숫자나 지위 문제는 그리 중요한 문제가 아닐 수 있다. 이처럼 인도 최고(最古)의 문헌인 『리그베다』는, 고대 인도로 유입된 아리아인들이 인도에 들어와 정착하기 시작한 때의 신앙을 담고 있는 문헌으로, 아리아인들이 인도로 들어와 인도화된 초기의 모습을 보여준다.

2) 『브라흐마나』의 의례중심 체계

『리그베다』 다음으로 주목해야 할 문헌은 제의서인 『브라흐마나』이다. 이 문헌은 『리그베다』의 다신신앙이 의례를 중시하는 의례중심 신앙으로 변모한 모습을 보여준다. 『리그베다』 시기 말엽(기원전 10-9세기)은 동쪽으로 이동하던 아리아인들이 인도 동북부의 강가(갠지스) 강 유역의 평원지대에 정착하기 시작한 시기로 추정된다. 당시 아리아인들의 삶은 이전의 유목생활에서 점차 정착 농경생활로 바뀌었고, 이러한 변화는 종교생활에도 영향을 미쳐서 의례체계가 고도로 정교화되고 복잡하게 변모되었다. 『리그베다』 당시, 신들로부터 바라는 바를 얻기 위해 간단한 형태의 희생제의인 야겨를 드렸지만, 『브라흐마나』에서는 의례가 복잡화·체계화·형식화되고 그 중요성과 의미도 변화되었다. 이 시기에 다양한 목적을 지니는 수많은 종류의 의례들이 생겨나고 그 규모가 커지고 절차도 복잡해졌다. 또 지배계급인 왕들이 자신들의 권력을 얻거나 선언하기 위해 거대한 규모의 희생제의를 행하기도 했다.

이처럼 의례가 복잡·다양해지고 상세하게 규정되게 된 배경에 대해서는, 종교적 차원과 사회적 차원 두 측면에서 설명해볼 수 있다. 일부 학자들은 사제전통의 성장과 전문화, 그리고 의례에서 실수나 부적절함을 피하기 위해 세부사항들을 규정하고 의미를 설명할 필요성 때문으로 해석하고, 또 일부 학자들은 사제들이 자신들의 사회적 지위를 강화하기 위한 장치로 해석하기도 한다.

한편 단데까르(Dandekar, 1979: 23-24)는 이런 제의주의 사상이 등장한 이유를, 의례를 제도화하여 공동체의 유대감을 강화시키려 한 것으로 보고 있다. 여기에 종교사상적인 측면을 덧붙여 분석해보면, 인도인들이 우주의 근원적 질서나 통일적 원리를 탐색하게 되면서 나타난 것으로 볼 수 있다. 어느 경우이든, 『브라흐마나』는 전문 사제들이 의례의 적절한 방법과 절차를 규정하고 그것들의 의미를 설명하기 위해 집성한 문헌으로 추정된다.[7]

무엇보다 『브라흐마나』에서 주목되는 부분은 희생제의(야겨)에 대한 새로운 교리의 발전이다. 『브라흐마나』는 『리그베다』의 다신론체계를 계승하긴 했지만, 희생제의와 관련하여 새로운 교리를 발전시켰고 그에 따른 신들의 권위와 지위의 변화도 보여준다. 앞서도 언급했듯이, 희생제의는 『리그베다』 시기에 간단한 형태와 단순한 의미를 지니고 있었다. 그러나 『브라흐마나』 시기에 새로운 형태와 의미가 부여되면서 신앙의 중심이 신들에게서 의례로 전이(轉移)되는 변화가 일어났다. 이 변화에 토대를 마련해준 관념이 바로 희생제의가 우주적 차원을 지닌다는 관념이다.

『브라흐마나』는 전 우주적 창조과정이 태초의 거대한 희생제의의 수행으로 이루어졌으며, 우주의 질서와 운행을 지속적으로 유지시키기 위해서는 희생제의를 반복적으로 수행하여 우주를 주기적으로 재생해야 한다는 관념을 발전시켰다. 이는 마치 태엽시계가 돌아가게 하기 위해 태엽 감기를 주기적으로 하는 것과 같은 이치다. 이러한 사유는 『브라흐마나』 시기의 인도인들이 우주현상 배후에 존재하는 통합적 원리에 대해 인식하고 있었음을 보여준다.

희생제의의 정확한 수행에 대한 이러한 강조는 더 나아가 희생제의가 인간의 모든 욕망을 충족시킬 수 있다는 주술적인 믿음으로 발전하였다. 즉 의례의 성공적인 수행 여부가 곧바로 의례를 드리는 목적 달성 여부를 결정한다고 믿었다.[8] 따라서 의례가 신들보다 중시되고 신들의 지위가 의례의 단순한 참여자이거나 의존자로 전락하게 되는 신 개념의 변화가 나타나게 되었다(류경희, 2013: 35). 이러한 변화에서 인도인들의 종교적 관심이 신앙의 대상보다는 종교적 목적 달성에 맞춰져 있음을 읽게 된다. 이러한 경향은 인도종교의 이후 전개에서도 빈번히 나타나는데, 힌두교가 유연성과 관용성을 지니게 된 것도 이러한 경향에 기인하는 것으로 추정된다.

이와 같은 변화가 있었다 하더라도 이 두 시기에 인간이 원하는 바를 얻을 수 있는 방법으로 강조된 것은 모두 의례행위였다. 이 시기에 추구되었던 삶의 목표는 현생과 사후에 행복한 삶을 누리는 것이었고, 이를 달성할 수 있는 방법으로 종교적·사회적 행위가 강조되었다. 이는 『리그베다』의 다신신앙이나 『브라흐마나』의 의례중심 신앙이 모두 삶에 대해 긍정적인 관점과 태도를 지니고 있었음을 보여주는 것으로, 고대 인도종교나 신화의 이러한 경향이 이후 의례와 다르마(종교적·사회적 의무)를 중시하는 전통을 통하여 계승되었다고 판단된다.

3) 『우빠니샤드』의 일원론체계와 해탈전통의 등장

전기 힌두 종교문헌이자 신화텍스트로 언급할 마지막 문헌은 『우빠니샤드』다. 『우빠니샤드』는 『베다』 문헌에 포함되기는 하나, 그 사상적 경향은 현세중심적 성격을 띠는 이전의 『리그베다』나 『브라흐마나』와는 달리 탈속적인 경향을 띠고 행위보다는 지혜를 중시한다. 따라서 『베다』의 행위편으로 분류되는 『리그베다』나 『브라흐마나』와 구분하여 『베다』의 지혜편으로 분류된다.

『우빠니샤드』의 작성시기에 대해서는 학자들 사이에 견해차가 있으나 대략 기원전 8세기에서 기원전 3세기로 추정하고(Mukhopadhyay(2007: 21)는 기원전 1000-500년으로 봄), 현존하는 『우빠니샤드』의 수를 200여 개 정도로 보고 있다. 이렇게 『우빠니샤드』의 작성시기가 길고 수도 방대하기 때문에 담긴 사상 역시 다양하다. 하지만 『우빠니샤드』가 다루는 주된 주제는 우주창조의 원리와 과정, 우주의 근원적 실재인 브라흐만과 모든 존재의 본질인 아뜨만(Ātman), 이 양자의 관계, 인간의 존재상황과 추구해야 할 이상, 이것을 달성하는 방법 등이고, 이러한 주제들을 상징과 비유법을 사용하여 운문체와 (대화체를 포함하는) 산문체로 다루고 있다.

기원전 8-7세기 무렵에, 『브라흐마나』의 의례중심 신앙이 사제의 지위를 강화시키는 형식화된 신앙으로 치닫자, 이에 반대하는 일단의 자유주의 사상가들이 등장하여 이전과는 다른 탈속적 가치와 삶의 방식을 제시하기 시작했다. 이러한 경향이 나타나는 초기 문헌이 바로 『우빠니샤드』

이고, 이 경향은 『브라흐마나』의 희생제의 종교가 그 지배적인 위치를 상실해가던 기원전 6세기 무렵에는, 자이나교나 불교 등의 새로운 개혁적인 종교운동들을 통하여 보다 지배적인 사상의 흐름으로 정착되었다(류경희, 2013: 38-39).

『우빠니샤드』에서 무엇보다 주목해야 할 핵심 사상은 일원론(一元論) 사상이다. 『우빠니샤드』의 저자들인 여러 리시(ṛṣi, 성자)들은, 인간의 근원적이고 본질적인 문제들을 진단하고 우주의 근원과 인간의 본질에 대한 진리를 찾아내 그 문제들을 해결하려 했다. 『우빠니샤드』 성자들은, 경험적인 차원에서의 인간은 욕망의 토대이자 생성·소멸하는 물질로 구성된 몸을 지니기 때문에 제약을 받고 자유롭지 못하다고 파악했다. 뿐만 아니라 인간은 업(karma)과 윤회(saṃsāra) 법칙에 따라 몸을 가지고 태어나고 죽는 과정을 되풀이함으로써 지속적으로 제약적인 존재상황에 놓이게 된다고 보았다. 따라서 『우빠니샤드』 성자들은 인간으로 하여금 이러한 제약적인 존재상황에서 해방될 수 있게 하는 진리를 찾으려 했고, 그것이 바로 우주의 근원적 실재와 모든 존재의 본질이 같다는 일원론사상이다.

이 사상의 핵심을 간략히 요약하면 다음과 같다. 궁극적 실재인 브라흐만 또는 아뜨만은 우주의 근원이자 모든 개별존재의 본질을 구성하는 영적 존재로, 모든 제약에서 자유롭고 영원불멸해서 생성·소멸의 변화를 겪지 않으며, 인간은 자신의 본질인 이 아뜨만을 앎으로써 완전한 자유의 경지인 해탈에 이를 수 있다는 것이다. 따라서 『우빠니샤드』 성자들이 추구했던 이상은, 자기수행을 통하여 인간의 본성을 실현함으로써 인간이 경험적인 차원에서 겪게 되는 모든 제약에서 벗어나 완전한 자유를 달성하는 해탈, 곧 목샤(mokṣa)였다. 여기서 자유의 개념은 인간의 모든 제약적인 실존조건에서 완전하게 해방되는 것, 즉 모든 변화와 한계에서 자유롭게 되는 것을 의미한다.

인도에서 이러한 해탈사상의 등장은, 인도인들의 삶의 이상을 바꾸어놓는 중요한 전환점으로 평가된다. 그리고 이후 유물론사상인 짜르바까

(Carvāka)를 제외한 거의 모든 인도종교와 철학체계들이 목샤를 인간 삶의 최종적인 목표이자 추구해야 할 최고의 가치로서 제시해 왔다. 이처럼 『우빠니샤드』는 인도종교와 사상에서 매우 중요한 위치를 차지하는 해탈전통의 출발점이었다는 점에서, 인도 종교사뿐 아니라 인도 사상사에서도 매우 중요한 의미를 지닌다.

위의 설명에서 예상할 수 있듯이, 『우빠니샤드』의 사상은 『리그베다』나 『브라흐마나』와는 달리 세속적인 삶을 오히려 초탈해야 할 대상으로 간주하는 탈속적인 경향을 보여준다. 당시의 사상가들은 인간이 추구해야 할 최고의 이상인 해탈의 달성은, 인간을 세속세계에 묶어두는 인간의 욕망과 그것과 관련된 행위를 버림으로써 가능하다고 보았다. 따라서 욕망과 그릇된 의도를 지닌 행위를 버리는 산야사(saṃnyāsa)를 해탈의 실천윤리로 제시하였다. 요컨대 『리그베다』와 『브라흐마나』 시기에는 인간의 모든 욕망이 충족되는 삶을 이상으로 추구하였다면, 『우빠니샤드』 시기에는 오히려 그러한 욕망으로부터 자유로운 해탈을 삶의 이상으로 추구한 것이다.

이러한 해탈사상은 앞서 살펴보았듯이 인간과 우주의 본질에 대한 새로운 접근을 통하여 제시되었다. 따라서 『리그베다』나 『브라흐마나』가 외부의 현상계에 주로 관심을 기울인 것과는 달리, 인간의 내면세계에 대한 성찰이 주요한 관심사로 떠올랐다. 그 결과 인간이 종교적·철학적 사색의 중심 주제로 떠오르게 되었다.[9] 인도문화의 토대를 연구한 빤데(Pande, 1990: 22)는 이러한 전개를 『베다』 문헌과 사상이 거친, 다음과 같은 세 단계 전개과정, 즉 고대성자들이 신비적으로 표현한 비전의 단계, 사제들이 의례적으로 체계화하고 상징화한 단계, 그리고 성자들이 인식론적으로 추구한 단계로 설명한다. 이러한 단계를 거친, 『베다』에 토대를 두는 전기 힌두교를 흔히 브라흐만교(Brāhmanism)로 지칭한다. 이 브라흐만교의 종교와 신화체계가 변형된 형태로 등장하는 후기 힌두 신화텍스트에서도, 『리그베다』의 일부 신들, 『브라흐마나』의 희생제의개념, 『우빠니샤드』의 일원론, 업과 윤회, 그리고 해탈개념이 핵심 요소로 등장한다.

2. 후기 힌두 신화텍스트

1) 일원론적 다신교의 등장과 후기 힌두문헌

『우빠니샤드』 사상이 이전 의례중심 신앙의 대안으로 등장하긴 했으나, 탈속적 경향을 띠는 데다 상층카스트 중심의 사상이었기 때문에 현세적 경향을 지니는 대중들의 종교적 욕구를 충족시킬 수 없었다. 그리고 『우빠니샤드』가 브라흐만교에서 자리를 잡아갈 무렵인 기원전 6세기경에는 정통 브라흐만교가 약화되고 브라흐만교와 사제계급의 권위에 도전하는 다양한 사상들이 등장하기 시작했다. 이 중 불교와 자이나교를 중심으로 하는 슈라마나(Śramana, 사문) 전통이 점차 그 영향력을 확산시켜 나가자 브라흐만교가 이에 몇 가지 방법[10]으로 대응하게 된다. 그 가운데 가장 성공적이었던 것이 바로 새로운 형태의 다신신앙인 일원론(또는 일신교)적 다신교, 즉 후기 힌두교다.

고대 시기부터 아리아인들의 브라흐만교는 토착부족들의 여러 대중신앙들과 공존해 왔다. 브라흐만교가 지배적이 되면서 일부 부족신앙들은 브라흐만교로 편입되었지만 일부는 그대로 남아 있었다. 이들이 브라흐만교가 약화되면서 부상할 수 있는 기회를 얻었다. 이에 대해 단데까르(Dandekar, 1979)는, 브라흐만교의 지지자들이 『베다』를 다시 부흥시키는 운동(Sutra-Vedanga Revivalism)만으로는 비정통종교들에 효과적으로 대응할 수 없다고 판단하고, 여러 부족신앙들을 『베다』에 대한 충성이라는 얇은 실로 묶어 대중종교와 연합전선을 구축한 결과가 바로 후기 힌두교라고 말한다. 일반적으로는 전기 힌두교를 브라흐만교로, 후기 힌두교를 단순히 힌두교로 지칭하므로 이후에는 힌두교로 표기하기로 하겠다.

이 힌두교는 정통과 비정통 양극단을 피하면서 중도적 종합을 추구했다. 따라서 종교형태와 가치 및 실천체계 등에서 종합적인 성격을 보여준다. 먼저 종교형태면에서는 『우빠니샤드』의 일원론과 대중들의 다신신앙이 결합된 일원론적 또는 일신교적 다신교의 형태를 취하고 있다. 이러한 변화에 따라 『베다』의 신들과는 다른 비슈누(Viṣṇu)나 쉬바(Śiva)와 같은 새로운 인격신들이 주요 신으로 등장한다.

또 삶의 가치 측면에서는, 『리그베다』나 『브라흐마나』의 현세적 종교이념과 해탈전통의 탈속적 종교이념을 균형 있게 결합시키려는 시도가 이루어졌다. 따라서 개인적 차원의 궁극적 가치인 목샤뿐 아니라 사회적 차원의 가치인 다르마(사회와 우주질서의 유지) 역시 강조되었다. 그리고 목샤의 실현도 『우빠니샤드』에서 제시되었던 지혜의 길(jñāna mārga)뿐만이 아니라, 욕망이 제거된 행위의 길(karma mārga)과 신에 대한 사랑의 길(bhaktī mārga)을 통해서도 가능하다고 가르쳤다. 이는 기존의 다양한 신앙들을 힌두교로 통합하고 또 상층계급에게만 허용했던 목샤의 추구를 모든 계급에게 개방하려는 시도로 보인다. 또한 이러한 시도들은, 전통가치와 실천체계들을 새로운 사회적 상황에 적합하게 재해석하여 종합함으로써 사회를 통합하려는 시도였다고 할 수 있다.

기원전 2세기, 마우리아 제국이 몰락하고 힌두왕조인 숭가왕조가 등장하면서 이러한 형태의 힌두교 부흥운동이 활기를 띠게 되었다. 숭가왕조 아래서 새로운 텍스트인 『라마야나』와 『마하바라따』가 등장했다(Kapoor, 2003: 343). 그러나 기원전 73년 숭가왕조가 쿠샨에 의해 몰락하고, 쿠샨은 중앙아시아에서 강가 평원에 이르는 광대한 제국을 형성했다. 이런 사건들이 있은 지 오래지 않아 끄리슈나(Kṛṣṇa)가 비슈누의 완전한 아바따라(화신)이자 『우빠니샤드』의 근원실재인 브라흐만으로 제시되는 『바가바드기따』가 생겨난 것으로 보인다(Kapoor, 2003: 343).

그러다 4세기 초에, 힌두 르네상스 시기를 형성하게 되는 굽따왕조(기원후 320-550)가 등장하면서 힌두교는 융성기에 이르게 된다. 이 시기에 종교관념에 변화가 나타나고 만신전의 규모도 커지면서 4-5세기 무렵 다양한 신들과 관련된 이야기를 종파적으로 체계화하려는 시도가 있었고, 그 결과 방대한 신화집인 『뿌라나』가 나타났다. 굽따시대의 주요 종교·문화활동 중의 하나가 이 『뿌라나』의 최종 편집이다. 따라서 주요 『뿌라나』

는 이 시기의 힌두믿음과 관행이 잘 반영되어 있는 문헌이자 이 시기에 발전한 힌두종파들의 문헌이기도 하다.

이후 힌두교사는 주요 세 종파의 역사라고 할 수 있다. 즉 비슈누와 그의 주요 아바따라인 라마(또는 람, 이후 라마와 람을 혼용할 것임)와, 끄리슈나를 중심으로 하는 바이슈나비즘(Vaiṣṇavism), 즉 비슈누파와 『베다』 이전 기원을 갖는 쉬바를 중심으로 하는 샤이비즘(Śaivism), 즉 쉬바파가 형성되었고, 이 두 주요 신을 중심으로 많은 지역 신들이 힌두 만신전에 흡수되었다. 이 가운데 토착 지역여신들이 이들 남신의 배우자로 힌두 만신전에 편입되거나 독자적인 신앙을 이루어 여신신앙인 샥띠즘(Śaktism), 즉 샥따파가 형성되었다(류경희, 2009: 54). 이들 세 종파가 힌두교의 주요 종파다.

이렇게 『베다』 이후, 새로운 유신론의 등장과 함께 형성되기 시작하여 지속적인 결집과정을 거친 힌두 종교문헌들은 현 힌두신앙과 의례의 준거가 되고 있다는 점에서 매우 중요한 의미를 갖는다. 2대 서사시인 『라마야나』와 『마하바라따』(『바가바드기따』 포함), 그리고 『뿌라나』가 이런 문헌들로, 현 힌두신화와 종교문화를 실질적으로 이해하는 데 핵심적인 문헌들이다. 특히 이 문헌들은 지금까지도 인도인들의 삶에 영향을 미치고 있는 살아 있는 문헌으로 인도인들의 많은 사랑을 받고 있다. 이 책은 바로 이 문헌들을 힌두신화 분석을 위한 주요자료로 사용할 것이다. 그럼 다음에서 이들 문헌의 특징과 의의, 그리고 핵심 내용을 간단히 살펴보기로 하자.

2) 인도의 2대 서사시 『라마야나』와 『마하바라따』

이띠하사로 분류되는 인도의 2대 서사시인 『마하바라따』와 『라마야나』는 『뿌라나』와 함께 힌두신화의 가장 풍부한 자료로 평가되며(Mukhopadhyay, 2007: 21-22), 힌두교의 핵심 믿음에 토대를 두는 다양한 주제와 이야기들을 담고 있다. 인도문헌의 집성시기에 대한 견해는 학자마다 편차가 크다. 따라서 『라마야나』와 『마하바라따』의 집성시기도 정확히 말하기는 어렵지만 『라마야나』의 최종 편찬은 기원전 2세기경으로, 『마하바라따』는 기원전 4세기경 작품이나 최종 편찬은 기원후 4세기경으로 추정된다. 이 두 문헌은 처음에 구전되다가 긴 시기에 걸쳐 확대와 개작과정을 거쳤다.

『라마야나』와 『마하바라따』에서는 위에서 언급했듯이 『베다』의 다신체계와는 다른 일신교적 다신론이 나타나기 시작한다. 『베다』의 다신론과 의례(희생제의)가 유지되기는 하나 그 영향력은 약화되거나 변형된 채 수용되고 있다. 예를 들어 인드라나 아그니 같은 이전 『베다』 신들의 지위가 약화되고, 브라흐마(Brahmā), 비슈누, 쉬바가 새롭게 주요 삼신으로 등장한다. 이 삼신들도 『우빠니샤드』의 근원실재인 브라흐만의 기능적 현현으로 제시된다. 그리고 이들 신에 대해 헌신적으로 봉헌하는 박띠가 새롭게 강조되기 시작한다. 또 두 서사시의 주인공으로 등장하는 라마와 끄리슈나가 비슈누의 아바따라라는 점에서 이 두 서사시는 비슈누파의 문헌이라 할 수 있다.[11] 이 두 문헌을 힌두문학에서는 마하꺄벼, 즉 대서사시로 부른다.

✪『마하바라따』

'위대한 바라따(Bhārata)'를 뜻하는 『마하바라따』는, 현재의 델리 근처인 꾸루끄셰뜨라(Kurukṣetra)에 있던 꾸루(Kuru) 왕국의 왕위계승 문제를 놓고 바라따의 후손들인 까우라바(Kauravas)와 빤다바(Pāṇḍavas) 두 가문이 벌였던 거대한 내전을 다룬 대서사시이다. 그러나 수세기에 걸쳐 저술자인 사제들이 이 기본 이야기에 자신들의 신·신화·철학·율법 등을 삽입하여 자신들의 가르침을 전파하는 도구로 사용해서(Winternitz, 2003: 298) 그 분량이 매우 방대하다. 현재본은 18권(parva, 각 권은 다시 장(adhyaya)으로 나뉘어짐)[12] 10만 송(sloka)으로 되어 있고, 18권 가운데 실제 전쟁과 관련되는 부분은 5권이며 나머지는 우주창조, 성자들의 계보와 역사, 꾸루왕조사, 빤다바 가족사, 윤리규범인 다르마와 신에 대한 봉헌(박띠) 등 다양한 주제들을 다루고 있다. 한마디로 『마하바라따』는 종교서이자 윤리서이며 사회·정치철학서로, 신앙과 함께 인간 삶의 다양한 문제들과 그 해결이 담겨 있는 인도문화의 보고라 할 수 있다. 힌두사상의 정수를 담고 있는 『바가바드기따』는 『마하바라따』의 일부로, 그 구성은 18장으로 되어 있고 비슈누의 아바따라인 끄리슈나가 주요 인물로 등장한다. 『마하바라따』의 방대한 스토리를 그 핵심 줄거리만 정리하면 다음과 같다.

> 먼 옛날, 아리아바르타(Aryavartha, 고귀한 이들의 땅, 고대 인도 명칭)에 있는 (천상의 기원을 갖는) 태양왕조의 두샤얀따(Dushayanta) 왕과 샤꾼딸라(Shakuntala)가 결혼하여 바라따를 낳았다. 그의 후손이 바라따족이다. 그리고 이 계보에 속하는, 꾸루끄셰뜨라에 수도 하스띠나뿌르(Hastinapur)를 둔 꾸루왕조의 산따누(Santanu) 왕이 강가(Ganga) 여신의 환생녀와 결혼하였다. 산따누 왕은 본래 천상의 태양왕조의 왕이었는데, 강가 여신과 관련한 실수를 범해 그와 강가 여신이 모두 지상에 태어났다. 그들은 여덟 아들을 낳았지만 왕비는 아들을 낳을 때마다 강에 던지고 비슈마(Bhishma)만 남긴 채 천상으로 올라갔다. 성장한 비슈마는 아버지가 사랑하는 여인과 혼인할 수 있도록 왕위를 포기하고 성적 순결을 지키는 삶을 택했다. 산따누 왕은 사뜌바띠(Satyavati)와 결혼하여 치뜨라굽따(Chitragupta)와 비치뜨라비르야(Vichitravirya)를 낳았는데, 치뜨라굽따는 전투에서 사망하고 비치뜨라비르야는 암비까와 암바리까와 혼인하였으나 후손 없이 사망하였다.
>
> 그리하여 그의 두 아내는 대를 잇기 위해 전통에 따라 성자 비아사(Vyasa)와 결합하여 자손을 낳았다. 암비까는 드리따라슈뜨라(Dhṛtarashtra)를, 암바리까는 빤두(Pandu)를, 암비까의 하녀는 비두라(Vidura)를 낳았다. 드리따라슈뜨라는 간다하리와 결혼하여 첫째인 두르요다나(Duryodhana)를 포함하는 100명의 아들을 낳았는데 이들이 까우라바 형제다. 빤두는 꾼띠(Kunti)와 마두리(Maduri)와 결혼했으나 그가 금욕적인 삶을 살았기 때문에 두 아내는 신들과 결합하여 빤두의 다섯 형제인 유디슈티라(Yudhishthira), 비마(Bhīma), 아르주나(Arjuna), 나꿀라(Nakula), 사하데바(Sahadeva)를 낳았다. 이들이 빤다바 형제다.
>
> 꾸루족의 장남인 드리따라슈뜨라가 장님이어서 장님은 통치자가 될

수 없는 관례에 따라 왕위가 그의 동생 빤두에게 돌아갔다. 그러나 빤두는 아내와 결합하면 죽게 되는 저주를 받아 금욕적인 삶을 살아야 했기 때문에 왕권을 포기하고 왕위를 형인 드리따라슈뜨라에게 임시로 넘겨준 뒤, 두 아내와 함께 히말라야로 가 은둔생활을 했다. 빤두가 죽자 마두리는 사띠(sati, 과부화장제)를 행하고 꾼띠는 어린 다섯 아들이 드리따라슈뜨라의 100명의 아들과 함께 교육받게 하기 위해 다섯 아들과 함께 하스띠나뿌르로 돌아왔다. 성자 드로나(Drona)가 모든 왕자들을 가르쳤다.

시간이 흘러 빤다바가의 장자, 유디슈티라가 다르마(법)에 따라 왕위 계승자가 되었다. 이는 드리따라슈뜨라의 왕위가 빤두에 의해 임시로 주어진 것이므로 타당한 것이었음에도 까우라바 형제는 빤다바가에서 왕위를 이은 것에 분노하며 빤다바 형제를 살해할 음모를 꾸몄다. 빤다바가의 다섯 형제는 자신들의 생명을 해치려는 음모를 여러 번 물리쳤으나 안전하지 않자 다른 왕국으로 피신하여 이 왕국, 저 왕국을 유랑하게 되었다. 그러던 어느 날, 그들은 빤짤라 왕의 궁정에서 열리는 드로우빠디(Draupadii) 공주의 신랑선택식(swayambara)에 참가하게 되었다. 여기서 아르주나는 천정에 매달려 돌아가는 모형물고기의 눈을 맞추는 활솜씨를 발휘하여 드로우빠디를 아내로 얻게 되었는데, 어머니 꾼띠는 다섯 형제 사이에 분쟁을 피하기 위해서 드로우빠디를 다섯 형제의 공동 아내가 되게 했다. 이 무렵 빤다바 형제들은 그들의 위대한 친구이자 조력자가 되는 야다브(Yādava)의 족장, 끄리슈나를 만났다.

얼마 후 까우라바가의 충실한 조언자인 비두라의 조언으로 드리뜨라슈뜨라는 빤다바 형제를 하스띠나뿌르로 데려오고 왕국을 빤다바 형제와 자신의 아들들에게 나누어주었다. 그리하여 하스띠나뿌르는 까우라바들이 계속 통치하고 빤다바가의 다섯 형제는 현재의 델리에 위치한 인드라쁘라스타(Indraprastha)에 새 수도를 건설했다. 그러나 까우라바 형제는 빤다바들의 왕국을 빼앗기 위해 계략을 꾸미기 시작했다. 두르요다나가 빤다바들을 내기를 건 도박판에 끌어들여 그들의 아내 드로우빠디와 왕국 전체를 잃게 하고, 타협안에 따라 13년간 망명생활을 하되 마지막까지 자신들의 신분이 노출되지 않게 망명생활을 마치면 왕국을 다시 되돌려주기로 했다.

약속대로 빤다바들은 신분을 숨기고 숲 속에서 망명생활을 하게 되고 이때 아르주나는 온갖 종류의 뛰어난 능력을 얻게 된다. 망명생활 말엽에 까우라바들이 빤다바들을 발견하고 전투를 벌였지만 패배하고 하스띠나뿌르로 돌아왔다. 13년의 망명 기간이 끝났을 때 빤다바 형제는 자신들의 신분을 밝히며 약속에 따라 왕국을 되돌려줄 것을 요구했으나, 까우라바들은 자신들이 13년이 끝나는 순간에 빤다바들의 신분을 알아냈으므로 왕국을 돌려줄 수 없다고 고집했다. 끄리슈나가 협상자로 나서 약속한 땅을 주도록 조언했지만 실패하자 빤다바의 다섯 형제는 전쟁을 준비했다. 다섯 형제는 인도의 여러 왕과 친분이 있어 많은 군대를 모았고 까우라바들도 자신들의 군대를 모았다. 이리하여 거대한 두 군대가 꾸루끄셰뜨라의 전쟁터에 집결하여 18일간의 전쟁이 시작되었다.

전쟁 첫날, 아르주나가 적 진영에 있는 스승과 형제, 친척들을 보고는 그들을 살해하여 왕권을 얻는 것에 대해 회의하며 전투에 참여하는 것을 주저하자, 끄리슈나가 아르주나에게 『바가바드기따』의 지혜를 가르치며 설득한다. 그리고 유디슈티라가 적의 수장인 비슈마에게 가서 예를 갖추고 전쟁이 불가피하므로 전쟁을 허락해달라고 청하고, 비슈마가 그에게 전쟁의 승리를 기원하자 전쟁이 시작되었다. 까우라바 쪽의 지휘자인 드로나와 까르나가 17일째까지 전쟁을 이끌다 전사하자 18일째에 샬야(Shalya)가 지휘관이 되지만 같은 날 죽음을 맞았다.

치열한 전투 후에 같은 날 저녁 두르요다나만 남고 모든 까우라바들이 사망하자, 두르요다나는 연못에 숨었다. 빤다바 진영 역시 17,700명만 남고 모두 전사했다. 살아남은 빤다바들이 두르요다나를 찾아내서 거의 사망에 이르게 하면서 마하바라따의 대전투가 빤다바 측의 승리로 끝이 났다. 18일 동안 계속된 전쟁 중에 빤다바 다섯 형제와 끄리슈나를 제외한 중요한 왕들이 모두 사망하고 유디슈티라가 왕위에 올라 형제들과 함께 왕국을 평화롭게 통치했다. 후에 유디슈티라는 왕위를 아르주나의 손자인 빠리끄쉬뜨(Parikshit)에게 물려주고 다른 네 형제와 아내, 드로우빠디와 함께 히말라야 메루(Meru) 산에 올라가 신들의 도시로 들어갔다.

『마하바라따』에서 기술되는 왕의 계보는 왕조사가 중요 주제 중 하나로 등장하는 『뿌라나』 문헌에서도 반복해 나타난다. 그리고 위의 기본 이야기에 힌두사상과 윤리가 담긴, 많은 신화와 전설들이 곳곳에 삽입되어 있다. 이들이 담고 있는 주제, 내용, 모티브들이 『라마야나』와 『뿌라나』 등에서도 변형된 형태로 반복해 등장한다.

『마하바라따』 전체 18권이 다루는 주요 주제와 신화들을 간략히 소개하면 다음과 같다. 날라(Nala)와 다마얀띠(Damayanti), 빠라슈라마(Parashrama), 아슈따바끄라(Ashtabakra), 바이바슈와뜨 마누(Vaivaswat Manu) 이야기, 그리고 깔빠(kalpa, 1회 우주 기간), 쁘랄라야(pralaya, 우주 대해체), 봉헌, 자선, 다르마, 선업과 악업의 결과, 해탈, 끄리슈나 릴라(lila) 등이 다뤄진다. 또 영적 철학, 비슈누의 천 개의 이름, 끄리슈나의 위대함, 비슈마의 죽음, 『베다』와 『우빠니샤드』 철학, 까르마, 갸냐, 요가, 상캬(Sāṃkhya), 따빠스(tapas, 금욕적 고행), 신에 대한 예배, 신실한 왕의 행위, 산야사, 바르나아슈라마 다르마, 악한 행위자의 지옥 고통, 세속적 행복의 무익함, 박띠의 위대함 등이 다뤄지고 우주창조, 세 구나(guṇa, 속성), 빠람아뜨마(Paramātma, 최고실재)에 관한 지식, 버림의 실천, 해탈 달성방법, 유디슈티라의 야슈와메다(aśwamedha), 희생제의, 자선의 위대함, 진정한 브라만의 자질 등도 다뤄지고 있다. 『마하바라따』에서 특히 주목해야 할 부분은 제6권 비슈마 빠르바(권)에 포함된 『바가바드기따』이다.

✪ 『바가바드기따』

『바가바드기따』는, 전쟁이 시작되려 할 때 빤다바 측의 장군인 아르주나가 전쟁 참여를 주저하자, 끄리슈나가 그에게 힌두사상의 정수를 가르치며 전쟁 참여를 독려하는 내용을 18장에 걸쳐 다루고 있다. 『마하바라따』의 일부이지만 흔히 힌두교의 바이블이라 불리며 독립된 문헌으로 다뤄진다.

일부 학자들은 『바가바드기따』를 『마하바라따』에 나중에 첨가된 부분으로 보기도 한다. 까뿌르(Kapoor, 2003: 350)는, 『바가바드기따』의 시기에 대해서는 논쟁이 있으나, 대부분의 현대 학자들은 1세기나 2세기 이전으로는 보지 않는다고 지적하고, 이 기간에 기존의 서사시에 방대한 양의 교훈적 자료들이 첨가되었는데 이 가운데 가장 초기의 것이자 가장 중요한 것이 바로 『바가바드기따』라고 주장한다.

무엇보다도 『바가바드기따』는 힌두교의 신앙체계(형이상학체계, 실천체계, 가치체계)를 종합적으로 잘 대변하고 있다. 『바가바드기따』는 『우빠니샤드』의 일원론과 상캬철학의 이원론, 그리고 대중신앙의 다신론을 결합시켜 일원론적 다신론체계를 확립했다. 즉 여러 인격신들을 『우빠니샤드』의 근원실재인 브라흐만의 여러 인격적 나타남으로 설명한다.

『바가바드기따』는 본래 힌두교의 세 주요 종파 가운데 하나인 바이슈나비즘, 즉 비슈누파의 문헌이다. 바이슈나비즘은 『바가바드기따』를 통해 자신들의 신인 비슈누를 『우빠니샤드』의 브라흐만과 일치시키고, 더 나아가 『마하바라따의』의 영웅인 끄리슈나를 비슈누의 완전한 화신으로 만들어, 최고신을 뜻하는 '바가완(bhagawan)'으로 받아들인다. 문헌의 명칭이 '신의 노래'란 의미의 '바가바드기따'로 붙여진 것도 여기서 연유한다(Kapoor, 2003: 351). 이러한 동일시는 비슈누, 그리고 화신으로서의 끄리슈나를 최고존재이자 인격적 존재로 규정하는 것을 의미하고, 이는 『우빠니샤드』의 일원론에 유신론이 결합한 것으로 볼 수 있다. 『바가바드기따』는 종파와 무관하게 모든 힌두교도들의 핵심 경전으로 사랑을 받아 왔고 많은 언어로 출판되었다.

또한 『바가바드기따』는, 세속의 삶과 사회를 유지하기 위해, 세속의 최고가치인 다르마의 준수와 최고의 종교적 가치인 목샤의 추구가 상충되지 않도록 하는 실천체계를 확립하려 했다. 이를 위해 이전의 해탈과 까르마개념을 재해석하고 각 개인의 자기의무인 스와다르마(swadharma, 좁게는 각 카스트의 의무)를 강조했다. 『바가바드기따』의 목샤개념이 근본적으로 윤회에서 해방되는 것을 의미한다는 점에서는 『우빠니샤드』의 개념과 같다. 하지만 해탈을 존재론적인 전환이라기보다는 평정한 마음의 상태나 태도로 해석하여 현세의 삶을 부인하지 않으면서 해탈을 추구할 수 있는 길을 열어놓은 점은 다르다.

뿐만 아니라 해탈을 달성하는 방법도 다양하게 제시하여 상층 세 카스트만이 아니라 모든 힌두들이 해탈을 추구할 수 있는 길을 열어놓았다. 즉 『바가바드기따』는 이전에 상층카스트의 힌두들에게 국한되어 있던 지혜의 요가 외에도 모든 계급이 택할 수 있는, 신에 대한 절대적인 복종과 사랑의 방법인 박띠 요가와 욕망이나 결과에 대한 집착 없이 의무로 수행하는 행위의 요가를 함께 제시해주었다. 특히 행위의 요가는 삶 속에서 해방을 추구할 수 있는 행위의 철학을 제시한 것으로, 『바가바드기따』에서는 스와다르마에 대한 강조로 나타난다.

이처럼 『바가바드기따』는 당대의 다양한 사상·가치·실천체계들을 적절하게 종합하여 다양한 신앙과 계급들을 통합하려 했고, 또 세속적 가치와 탈속적 가치를 균형 있게 결합시킨 사상과 실천체계를 제시함으로써, 사회적 가치와 종교적 추구 사이에 존재하는 갈등을 해결하려 했다. 이러한 경향이 이후 힌두교의 토대로 지속되었다는 점에서 후기 힌두교에서 『바가바드기따』가 차지하는 중요성을 주목할 필요가 있다(류경희, 2009: 58).

✪『라마야나』

『마하바라따』보다 더 많은 사랑을 받고 있는 『라마야나』는, 신화적 인물인 발미끼(Vālmīki)가 라마의 영웅적 삶에 관한 시를 모아 집성한 대서사시다. 발미끼의 첫 『라마야나』는 5권(Kāṇḍa) 12,000송으로 구성되었으나, 수세기에 걸쳐 내려오는 과정에서 많은 이야기가 첨가되어, 현재의 『라마야나』는 7권 24,000송으로 구성되어 있다. 발미끼가 쓴 부분에는 라마가 정의롭고 이상적인 왕, 영웅, 무사로 부각되었지만, 첨가된 부분에는 비슈누 신의 아바따라로 나타난다. 그리고 라마의 아내 시따(Sita)도 비슈누의 아내 락슈미(Lakṣmi)의 아바따라로 제시된다. 여기서 알 수 있듯이 이 문헌은 정통 힌두종파인 비슈누파의 주요 경전이다.

그러나 『라마야나』는 종파를 초월해 모든 계층의 인도인들, 특히 북부 인도인들의 삶과 문화에 지속적이고도 폭넓은 영향을 미쳤다.[13] 인도학자 우빠디아이(Upadhyay, 2001: 60)가 『라마야나』의 위대함은 그것이 엘리트와 지식계층은 물론 일반 대중에게도 호소력을 갖는 것에 있다고 말하고 있듯이, 이 문헌이 제시하는 삶의 가치와 행동규범들은 일반 인도인들의 의식과 삶 속에 깊이 뿌리내리고 있다. 뿐만 아니라 그 내용이 축제를 통해 주기적으로 재연되고 문학과 예술작품, 그리고 TV드라마[14]와 영화의 끊임없는 소재와 주제가 되어 옴으로써 그 가치와 규범들이 지속적으로 전파·유지되어 왔다.

이렇듯 『라마야나』는 오랜 기간 사랑을 받아 온 작품이고, 또 인도에 지역어가 많은 만큼 시대별·지역별로 많은 판본이 있다. 그리고 판본에 따라 인물의 성격 묘사에 차이가 있는 것도 사실이다. 그러나 주류를 형성해 온 주제는 개인적·사회적 의무를 충실히 수행하는 힌두사회의 이상적 왕 라마와 아내의 의무를 다하는 여성, 시따로 대표되는 힌두사회의 이상적인 남녀상이다. 『라마야나』는 인도 밖으로도 전파되어 인도네시아, 태국, 미얀마, 네팔, 티벳 등지에서도 발견된다. 다음은 『라마야나』의 간략한 줄거리다.

> 아수라들의 왕인 라바나(Ravana)는 오랜 수행 덕에 강력한 힘을 얻었다. 그 힘을 토대로 데바들을 억압하기 시작했다. 세상의 질서가 흔들리자 이를 회복하기 위해 비슈누가 아요디아의 왕 다샤라타(Dasharatha)의 장남 라마로 태어났다. 한편 미틸라의 왕 자나까(Janaka)는 밭고랑에서 여아를 발견하고 시따(밭고랑)라 이름 지어 딸로 삼았다. 시따와 라마는 성장하여 결혼을 했다.

다샤라타 왕이 장자이면서 좋은 자질을 갖춘 라마를 왕위계승자로 삼겠다고 선언하자, 셋째 왕비인 께이께이는 과거에 왕이 자신의 소원을 들어주기로 한 약속을 환기시키며 자신의 아들 바라따(Bharata)를 왕위계승자로 책봉하고 라마를 14년간 숲으로 유배 보내달라고 요청했다. 온갖 설득에도 그녀가 뜻을 굽히지 않자 왕은 약속을 지키기 위해 어쩔 수 없이 라마를 유배 보내기로 결정했다. 라마는 아버지의 뜻을 묵묵히 받아들여 아내 시따와 형제인 락슈마나와 함께 왕국을 떠나 숲으로 가서 성자 발미끼의 수행처 근처에 오두막을 짓고 지냈다. 라마를 떠나보낸 슬픔으로 왕이 세상을 떠나자 바라따는 라마를 찾아가 왕위계승을 간청하지만 라마는 약속한 기간을 지켜야 한다며 사양했다. 바라따는 라마가 적법한 왕이라고 여겼기 때문에 라마의 약속된 망명 기간에만 라마 대신 아요디아를 통치하겠다고 말했다.

한편 라바나는 인도 남단의 섬 랑카를 지배하고 있었다. 그는 라마의 아내 시따를 납치하면 라마의 힘이 약해질 것이라 여기고, 시따를 납치해 랑카로 데리고 갔다. 그리고는 시따에게 자신과 결혼해줄 것을 강요했다. 하지만 시따는 라바나의 온갖 회유와 협박에도 불구하고 그의 요구를 완강히 거절하며 언제나 남편인 라마에게 충실한 아내로 행동했다.

비탄에 잠겨 시따를 찾아 헤매던 라마와 락슈마나는 원숭이들의 왕인 수그리바와 그 부하들의 도움을 받아 시따를 찾아 나섰다. 남쪽으로 간 원숭이 부대의 대장인 하누만이 시따가 랑카로 잡혀간 사실을 알아내자 라마는 하누만을 랑카로 보냈다. 랑카로 간 하누만은 궁정에 갇힌 채 온갖 회유와 협박 속에서도 단호하게 정절을 지키고 있는 시따를 발견하고 그녀에게 은밀히 다가가 시따를 구할 거라는 라마의 말을 전했다.

하누만이 라마에게 돌아가 이야기를 전하자 라마는 부대를 이끌고 랑카로 가서 라바나의 군대와 길고 격렬한 전투를 벌여 승리를 거두었다. 그러나 라마는 시따가 1년간 외간 남자인 라바나의 궁정에서 지냈으므로 받아들이기 어려우니 자신을 떠나 다른 남자를 택하라고 말했다. 남편에 대한 자신의 절대적 사랑과 헌신에도 불구하고 정조를 의심받은 시따는 비탄해하며 자신의 정조를 입증하기 위해 불 제단을 만들어달라 청하고, 불의 신 아그니에게 기원을 드리며 불로 걸어들어 갔다. 이에 신들이 천상에서 내려와 라마가 라바나를 물리치기 위해 화신한 비슈누이며, 시따는 비슈누의 배우자 락슈미임을 확인시켜 주었다. 그리고 아그니 신이 불 속에서 나타나 시따의 순결을 선언했다. 그러자 라마는 의심하는 대중에게 시따의 정조를 입증해 보여야 해서 그리했다고 고백했다.

라마는 유배 기간을 다 마친 후 아요디아로 돌아와 왕이 되었고, 아요디아는 라마의 통치 아래 평화와 번영을 누렸다. 하지만 백성들 사이에서 시따의 정조에 대한 의심이 다시 일자, 라마는 락슈마나에게 시따를 발미끼의 수행처로 데려가도록 명령했다. 당시 임신 중이었던 시따는 숲에서 쌍둥이 아들을 낳았다. 발미끼는 라마가 드리는 말희생제의에 초대를 받자 시따의 두 아들을 데리고 참석했다. 아들의 존재를 알게 된 라마는 가슴 아파하며 발미끼에게 시따를 데려오도록 부탁했다. 시따가 궁정에 도착하자 라마는 시따에게 말희생제의에 참석한 많은 사람들 앞에서 불 시련을 통해 그녀의 정결함을 다시 한번 입증해 보이도록 요청했다.

크게 상심한 시따는 불 시련을 택하는 대신에 자신이 왔던 대지로 돌아가는 길을 택했다. 시따는 지모신에게 자신이 남편만을 사랑하고 섬기는 아내의 다르마에서 결코 벗어나지 않았다면 땅을 열어 쉴 곳을 달라 간청했다. 그러자 지모신이 땅에서 나와 시따를 데리고 땅속으로 사라졌다. 이리하여 시따는 땅에서 태어나 땅으로 돌아갔다. 슬픔에 빠진 라마는 지상에서의 임무를 끝내고 천상의 집으로 올라가 비슈누 신의 형태를 다시 취했다.

『라마야나』에도 위의 기본 스토리에 다양한 신화와 전설들이 첨가되었고 『마하바라따』에 나오는 이야기나 주제들도 등장한다. 하지만 『마하바라따』에 비해 주제나 스토리 라인이 분명하다. 가장 중요한 주제는 다르마로, 신과 인간, 왕을 비롯한 인도사회의 각 계급, 아내와 남편, 형제, 가족, 친구 등 다양한 존재와 사회관계가 지켜야 할 다르마를 여러 등장인물을 통해 전하고 있다. 그런 의미에서 『라마야나』를 다르마서로 규정할 수 있을 것이다.

저자의 관점으로는 두 서사시는 모두 역사적 사실을 신화화한 것으로, 『마하바라따』가 왕권투쟁에서 비롯된 대전투 이야기를 신화적으로 채색한 좀 더 역사적이고 사실적인 이야기라면, 『라마야나』는 가부장적 힌두 이데올로기를 확립하고 전파하려는 명백한 목적에서 영웅이야기를 신화화한 것으로 보인다. 고전 범어문헌사를 쓴 끄리슈나마차리아르(Krishnamachariar, 2004: 64)도 같은 견해를 보여서, 『마하바라따』가 신화적 알레고리가 덜하고 보다 역사적이고 현실적인 성격을 띠고 있다면 『라마야나』는 이상적 가치를 제시하려는 명백한 의도를 보이는데, 이는 전통 브라만 계급의 가부장 이데올로기를 보다 공고히 해야 할 당시의 시대적 상황이나 가치의 필요성을 시사해준다고 지적한다.

3) 힌두신화의 보고 『뿌라나』

후기 힌두 종교문헌 가운데 특히 일반 힌두교도들의 신앙과 그들의 종교문화에 보다 직접적인 영향을 미친 문헌은 『뿌라나』다. 범어 원본과 수많은 지방어본으로 되어 있는 이 『뿌라나』는 현 힌두교의 중요 경전으로 서사시와 함께 모든 계층에서 폭넓게 사랑받고 있다.

『뿌라나』는 문헌상의 작성자가 베다비아사(Vedavyasa)로 제시되고는 있지만 특정 저자가 특정 시기에 작성한 단일 문헌은 아니다. 작자미상의 여러 저자들이 서력기원 초기 세기 이후 작성하여 여러 세기에 걸쳐 수많은 개작과 첨삭이 이루어진 문헌들을 총칭하는 문헌이다. 작성시기는 학자들의 견해가 다양해서 300년에서 1300년에 걸쳐 있는데, 800년대 이후로 보는 견해가 많다(Tagare, 1976, Part 1: Introduction 34). 또 다루는 주제도 종교·역사·사회·정치 등 매우 다양하다. 그러나 기본적으로는 힌두종파의 성립 및 발전과 연관되는 문헌으로, 일반 힌두교도의 종교문화에 보다 핵심적인 영향을 미쳤다. 『뿌라나』에는 3대 힌두종파의 주요 신인 비슈누와 쉬바와 여신들, 그리고 기타 대중들 사이에 널리 퍼져 있던 여러 신들에 대한 이야기와 신들에게 바치는 다양한 종류의 관행들이 담겨 있다.

『뿌라나』의 수는 200여 개에 이르는데, 전통적으로 보다 오래되고 중시되는 마하뿌라나(mahapurāṇa)와 덜 중시되고 시기가 훨씬 뒤인 우빠뿌라나(upapurāṇa)로 분류된다. 우빠뿌라나가 마하뿌라나와 본질적으로 다른 것은 아니나 지역신앙과 개별종파적 성격을 보다 강하게 띠는 점이 다르다. 마하뿌라나에 속하는 『뿌라나』의 수는 18이다(Debroy, 1996: 4). 앞서 언급했듯이 『뿌라나』가 종파적 성격을 띠는 문헌이어서, 18『뿌라나』는 후기 힌두교의 주요 신들인 브라흐마, 비슈누, 쉬바와 관련된 6『뿌라나』로 각각 나뉜다.[15]

800년에서 힌두 왕정통치 말인 1200년까지 18『뿌라나』가 확대되고 새로운 『뿌라나』가 만들어졌다. 힌두왕국이 쇠락하고 무슬림통치가 시작되는 13세기 이후에도 이러한 경향은 지속되었다. 그러나 이 시기에 과장되거나 상충되는 자료들이 상당량 첨가되어 『뿌라나』의 본래 목적이 상실되기도 했다. 또 『뿌라나』와 관련하여 주목해야 할 주요 주제는, 이 문헌이 베다문화와 비베다문화의 융합의 산물로, 후기 힌두교의 대중적 성격을 잘 파악할 수 있는 문헌이란 점이다. 『뿌라나』는 그 작성시기가 긴 기간에 걸쳐 있고, 그 형식과 내용이 다양하지만 나름의 체계를 가지고 기존의 모든 다양한 전통들을 흡수·통합하고 있다.

나트(Nath, 2001: 1)는 『뿌라나』의 이러한 혼합주의가 『뿌라나』의 내적 힘이자 지속성의 요인이라 보고 있다. 또한 그(Nath, 2001: 41)는 굽따와 굽따 이후 시기에 주로 서사시와 『뿌라나』를 통해 전파된 이데올로기가 문화융합 및 변용 과정을 선도했다고 분석한다. 또 『뿌라나』가 메시지 전달 양식으로 택한 신화적 구조 틀은 브라흐만교의 믿음과 전통(이 중 일부는 빠르게 기반을 잃어가고 있었다)을 부족 또는 토착민들의 관행이나 가치체계와 결합하는 데 유효하게 쓰였다고 평가한다. 이 과정에서 『뿌라나』 저자들은 옛 전통을 새로운 모습으로 복원할 수 있었다는 것이다(Nath, 2001: 92).

또 나트(Nath, 2001: 98-99)는 신화적 틀이, 다양한 부족 신들을 힌두 만신전에 수용하는 도구로도 사용되었다고 보고 있다. 기원전 초기 세기에 이미 형성된 삼신 개념이 정교한 만신전 발전에 기본구조가 되었다는 것이다.[16] 또 아바따라 이론의 개념화는 지역신앙들을 『뿌라나』 체계에 통합하는 수단이었고, 문화변용의 실제적 과정을 표현해주는 것이라고 말한다(Nath, 2001: 101).

이처럼 『뿌라나』는 힌두 종파운동의 산물로, 현 힌두 주요 종파의 특성을 파악할 수 있는 핵심 자료다. 인격신과의 신뢰와 사랑의 관계가 강조되는 박띠, 신상숭배 등의 의례절차, 신상과 사원의 건축, 순례지 및 순례의례 규정 등과 같은 현 힌두교의 주요 특성들이 『뿌라나』에서 확립된 종교적 특성들에 토대를 두고 있다. 이 점에서 『뿌라나』는 현 힌두 종교현상들을 이해하는 데 없어서는 안 될 중요한 문헌이라 할 수 있다.

또한 종교문화사적 측면에서 『뿌라나』는 서사시와 마찬가지로 베다문화의 브라흐만교와 비베다문화의 다양한 토착 부족신앙들이 대융합을 이룬 결과로, 복합적이고 대중적인 성격의 후기 힌두문화의 특징을 잘 보여주는 문헌이다. 이와 관련하여 나트(Nath, 2001: 193-95)는 서사시와 『뿌라나』가 토착집단과 부족들을 브라만교화하는 도구였다고 평가한다. 그는 브라흐만교 사제집단들이 토착부족들에 대한 종교적·이념적 주입을 통해 토착집단과 주류문화 사이의 문화적 연대를 보다 진전시켰다고 평가한다. 마우리아왕조 이후부터 토착 부족집단과의 문화적 연대가 시도되었고, 이러한 시도를 시작한 측은 불교와 자이나교 집단이었으나 굽따 시기부터 브라만들이 실제적 조치를 취하기 시작했다는 것이다. 결론적으로 그는 서사시와 『뿌라나』가 엘리트계층보다는 비엘리트 대중계층에 보다 영향을 미친 것으로 평가한다.

3. 인도 힌두신화의 주제와 신화체계

1. 힌두신화의 주제

힌두신화는 오랜 기간에 걸쳐 전승되면서 다양한 첨삭 과정을 거쳤다. 또 지역·언어·종파에 따라 차이가 나서, 그 양과 주제가 방대하고 다양하다. 하지만 다른 한편으로 주요 핵심 주제와 신화소들이 시대·지역·종파에 따라 변형된 형태로 반복해 나타나는 특징을 보인다. 이러한 특징은 방대하고 다양한 인도신화를 구조적으로 파악할 수 있는 핵심 열쇠가 될 수 있다. 따라서 3장에서는 이 책이 다룰 힌두 신화텍스트인 『라마야나』, 『마하바라따』, 그리고 여러 『뿌라나』 문헌에서 공통적으로 반복해 나타나는 주제들을 추출하고, 이를 보다 토대가 되고 근원적인 정도에 따라 대·중·소 주제로 분류한 뒤에, 이 주제들을 중심으로 하나의 연결된 신화체계를 구성해보려고 한다.

1) 두 서사시의 주제

『마하바라따』와 『라마야나』는 다음과 같은 주제들을 주요 주제로 다루고 있다. 다르마, 데바(神)와 아수라(反神) 투쟁, 왕의 계보나 가계(家系), 따빠스(tapas), 성자나 수행자, 인드라의 수행 방해, 신과 성자들의 저주, 일원론 사상, 아바따라 사상, 여성의 다르마, 카스트, 업(까르마), 화장의례, 희생제의(야겨), 박띠, 해탈(목샤) 등이다.

다르마는 두 서사시의 가장 핵심적인 주제로, 우주와 사회의 윤리규범으로 제시된다. 즉 자연과 인간, 인간과 인간, 동물과 인간 사이의 행위규범이라 할 수 있다. 다양한 형태의 인물·사건·상황을 통해 여러 형태의 다르마를 다루는데, 특히 다르마를 보호하고 준수해야 하는 왕의 자질과 의무를 강조하고 있고 여성의 다르마도 특별히 중요하게 다뤄진다. 특히 『라마야나』가 이 주제를 중시해서, 시따를 통해 이상적 아내상인 빠띠브라따(pativrata)를 핵심 주제 중 하나로 다룬다. 이와 관련하여 아내가, 납치 등 여러 이유로 남편과 분리되었다가 다시 결합되는 이야기들이 두 서사시에서 등장하는데, 이런 이야기 전개에서 여성의 성적 순결을 입증하는 과정이 그 비중에 차이가 있기는 하나 필수적으로 나타난다.

데바와 아수라의 투쟁 주제 역시 다르마와 관련된 주요 주제다. 두 서사시의 핵심 스토리는 정의와 선 즉 다르마를 상징하는 데바들이 부정의와 악 즉 아다르마(adharma)를 상징하는 아수라들을 물리치고 승리하는 이야기다. 위 두 주제를 통해 힌두사회가 추구해 온 윤리적·사회적 가치를 확인할 수 있다.

왕의 계보나 가계는 신성한 기원을 갖는 것으로 그려진다. 『마하바라따』의 경우, 천상·성자·신 등 매우 복잡하고 다양한 기원을 갖는 것으로 기술되고, 『라마야나』에서도 라마가 비슈누의 화신으로, 시따가 지모신 또는 락슈미의 화신으로 기술된다. 즉 인도인들의 왕조와 조상을 신화적으로 신성화하고 있다.

따빠스는 종교적 목적이나 바라는 바를 얻기 위해 하는 고행적 수행이다. 두 서사시가 모두 왕이나 왕자들이 일정 기간 망명생활을 하는 것을 중심 스토리로 다루고 있는데, 여기서 망명 또는 유배생활은 수행자들의 고행적 삶과 유사한 형태를 취하고 있다. 두 서사시의 주인공들이 일정 기간 고행적 망명생활을 거쳐 이상적인 왕이 되는 것으로 보아서, 힌두 서사시에서 왕이나 왕자들이 겪는 망명생활은 이상적인 왕이 되기 위해 거쳐야 하는 일종의 통과의례로 판단된다. 즉 그들이 망명 기간에 여러 성자들과 접촉을 하면서 인도전통의 고행주의적 종교 사유·사상·관행들을 접할 기회를 갖게 하고, 이를 통해 세속과 탈속의 양대 가치를 균형 있게 추구할 수 있는 통치자를 육성하려고 한 시도로 파악된다.

성자(수행자, 구루, 리시)와 성자 관련 주제들 역시 주요 주제다. 성자들은 힌두교도들이 추구하는 궁극적인 목표인 해탈을 얻기 위해서 수행의 삶을 사는 수행자들이다. 이들은 자신들의 종교적 목표를 달성하기 위해 수행하는 사람들일 뿐만 아니라 일반인들에게 힌두가르침과 관행을 전승시키는 힌두전통의 전승자들이기도 하다. 성자들의 수행적 삶과 함께 빈번하게 등장하는 주제는 인드라가 아름다운 여성을 보내 성자의 수행을 방해하는 것이다. 이 주제는, 수행과정에서 가장 넘기 어려운 난관이 인간의 욕망, 특히 성적 욕망이라는 관점을 보여준다.

높은 수준의 수행을 한 성자들이 저주를 내리는 주제도 자주 등장하는데, 인간이 수행을 통해 얻는 파워는 신들마저도 두려워할 만큼 강력하다는 것을 보여준다. 서사시나 『뿌라나』 신화에서 뛰어난 수행을 한 성자들은 비범한 능력을 보여주고, 때로는 신도 피할 수 없는 강력한 저주의 힘을 발휘하기도 한다. 힌두신화에서 한번 내려진 저주는 반드시 이루어진다. 이는 사상적 측면에서는 우주를 운행시키는 업 법칙과 관련되는 것으로 보이고, 힌두교 전개의 측면에서는 『리그베다』 신들의 지위가 하락하고 해탈전통이 성장함에 따라 성자와 그의 수행능력이 갖는 파워가 강조된 것으로 보인다.

일원론(一元論), 또는 불이일원론(不二一元論)을 제시하는 베단따(Vedanta, 우빠니샤드의 일원론사상을 체계화한 철학사상)는 힌두사상의 가장 중요한 토대이자 주류사상으로, 여러 이야기 장치나 문답식 기술 내용을 통해 반복해 제시된다. 이 사상의 핵심은 이 세상의 모든 존재들이 하나의 근원실재에서 비롯되었고 이 근원실재와 같은 본질을 공유하고 있다는 것이다. 아바따라 사상도 주요 주제 중 하나다. 아바따라는 특히 비슈누 신과 관련되는 사상으로, 두 서사시의 주요 등장인물인 끄리슈나와 라마가 모두 비슈누의 아바따라로 제시되고 라마의 아내인 시따도 비슈누의 배우자인 락슈미의 아바따라로 제시된다.

이런 주제들 외에도 카스트, 업과 윤회, 죽음과 화장의례, 야가, 박띠, 목샤 등이 주요 주제로 다뤄진다.

2) 『뿌라나』의 주제

앞서 언급했듯이 『뿌라나』는 방대한 문헌집이다. 주요 『뿌라나』인 마하뿌라나로 분류되는 18뿌라나로 한정한다 해도 방대한 분량이다. 따라서 먼저 『뿌라나』가 다루는 주제와 등장인물, 내용 등을 전체적으로 파악하기 위해 18마하뿌라나로 분류되는 『뿌라나』의 축약본들을 사용했다. 이들 축약본을 통해 『뿌라나』 문헌의 주제, 등장인물 등의 전반적 특성을 개괄적으로 파악한 뒤, 이후 신화분석 부분에서는 힌두교의 세 주요 종파 각각이 보다 중시하는 『뿌라나』 원전을 택해 분석할 것이다. 그것은 비슈누파의 『바가바따 뿌라나(*Bhagavata Purāṇa*)』(현재 가장 중요한 『뿌라나』로 평가된다), 쉬바파의 『쉬바 뿌라나(*Śiva Purāṇa*)』와 여신파(샥따파)의 주요 경전인 『데비마하뜸야(*Devi-Mahatmya*)』다.

전통 견해에 따르면 『뿌라나』는 다섯 주제를 주요 주제로 다룬다. 우주창조, 우주의 주기적인 해체와 재창조, 신과 성자들의 계보, 세계의 시대, 왕조사다. 그러나 이는 마하뿌라나의 극히 일부에 해당하는 것이고, 실제로 『뿌라나』가 다루는 주제는 일관되고 통일된 패턴을 찾아내기가 힘들 만큼 광범위하다. 위의 다섯 주제 외에 주요 주제들을 대략 열거해보면, 우주의 근원실재인 브라흐만, 개별자아인 지바(jiva), 삶의 네 가치, 궁극적인 목표인 해탈, 신들 찬양, 박띠, 세계의 보존, 바르나아슈라마 다르마, 아바따라, 비슈누, 쉬바, 여신 등 주요 힌두 신들의 본질·성격·형상과 이들에 대한 예배방법, 죽음과 사후세계, 업과 윤회 등이다.

『뿌라나』의 주요 등장인물은 힌두교의 주요 삼신인 비슈누, 브라흐마, 쉬바 그리고 여신들(『뿌라나』에 따라 이 중 더 강조하는 신은 다르다), 이 신들의 수많은 화신들, 특히 비슈누의 화신, 힌두 삼신의 하위 신격인 데바와 아수라, 신의 수행자, 왕과 성자, 다양한 계급의 사람들, 동물과 자연물, 기타 천상적 존재들이다.

이러한 개괄적 이해를 토대로, 분석할 주요 『뿌라나』의 특징과 다루는 주제들을 살펴보기로 하자. 먼저 비슈누파에 속하는 『바가바따 뿌라나』는 비슈누의 화신(아바따라)인 끄리슈나의 많은 공적을 담고 있는 가장 유명한 초기 『뿌라나』다. 12스칸다(skanda, 부, 각 스칸다는 여러 장(adhyaya)으로 구성됨) 18,000슬로까(sloka)로 구성되어 있고, 서술방식은 학식 높은 힌두경전 전문낭송자인 수따(suta)가 여러 다른 리시들의 요청으로 악의 세계를 제거하기 위해 비슈누가 화신한 끄리슈나의 생애를 전하는 방식이다. 또 『마하바라따』 이야기와 연관 지으며 서술된다.

1부는 저자로 언급되는 비아스(Vyas)가 『바가바따 뿌라나』를 쓴 경위, 신(비슈누)의 활약과 아바따라에 대해 듣는 것의 이점, 2부는 상캬(힌두 주요 철학파 중 하나) 창조이론, 신의 여러 나타남, 3부는 최고 진리, 개별자아의 본성, 상캬, 요가, 박띠(봉헌)에 대한 가르침, 4-9부는 신의 나타남과 고대 왕조에 대한 많은 신화들, 10부는 비슈누의 화신인 끄리슈나의 생애에 대한 긴 설명, 즉 브린다반에서의 소년시절과 고삐(gopi)들과의 에로틱한 놀이, 그리고 끄리슈나가 아수라인 깜사(Kaṃsa)를 이긴 이야기, 그리고 신의 초월과 내재 문제, 11부는 3부의 주제들을 다시 다루고 상캬와 해탈의 세 길을 다룬다. 끝으로 12부는 9부의 왕조사를 다시 서술하고, 『바가바따 뿌라나』가 최고의 『뿌라나』라고 끝을 맺는다.

이러한 다양한 주제들은 인도에서 문화적 대융합이 이루어지는 시기에 상층카스트 중심의 브라흐만교(전기 힌두교)가 여러 토착 부족신앙들을 흡수·통합하여 형성한, 새로운 형태의 대중종교인 후기 힌두교의 제신앙 혼합적 성격을 잘 보여준다.

『바가바따 뿌라나』가 다루는 주제를 다음과 같이 정리해볼 수 있다. 『마하바라따』의 왕 계보와 연계되는 왕의 계보, 순환적 우주관과 시간관, 우주창조론, 끄리슈나의 생애와 공적, 아바따라, 데비와 아수라 투쟁과 선악개념, 지리, 업과 윤회, 그리고 사후운명, 다르마와 해탈, 따빠스(고행, 명상), 희생제의, 박띠, 힌두 뜨리무르띠(Hindu Trimūrti), 즉 삼신일체론(이 문헌이 비슈누파 문헌이므로 여기서는 비슈누 또는 그의 화신인 끄리슈나를 최고신으로 삼는, 비슈누 중심의 삼신일체론으로 제시됨), 신과 성자의 저주, 종말인 깔리 시대(Kali Yuga) 등이다.

6스깐다 23,000슬로까로 구성되어 있는 『비슈누 뿌라나(*Viṣṇu Purāṇa*)』 역시 비슈누파 『뿌라나』로, 그 주제와 내용이 『바가바따 뿌라나』와 상당 부분 중복된다. 다루는 주요 주제는 순환적 우주관, 창조과정, 업, 윤회, 해탈, 박띠, 데바와 아수라 투쟁, 아바따라, 아슈라마다르마, 사후세계, 따빠스, 희생제의, 사띠, 지리, 천문학, 바르나와 삶의 단계, 왕조, 종말인 깔리 시대, 우주해체 등이다.

쉬바파에 속하는 『쉬바 뿌라나』는 학자들의 추정에 따르면 1000년에서 1200년 사이에 작성된 것으로 보인다(Nath, 2001: 4-10 참조). 이 『뿌라나』는 쉬바를 최고존재로 제시하면서 비슈누와 브라흐마, 그리고 그 밖의 신들을 쉬바를 중심으로 설명하고 있다. 『쉬바 뿌라나』의 주요 서술방식은 힌두경전 전문낭송자인 수따가 성자들의 청에 의해 쉬바가 직접 말한 이야기를 문답형으로 전해주는 방식이다.

본래 『쉬바 뿌라나』는 12상히따로 구성되어 있었지만 재구성 및 축소 과정에서 5상히따가 생략되어 현재는 7상히따로 구성되어 있다.[17] 『쉬바 뿌라나』가 다루는 주요 내용들은 쉬바의 위대함에 대한 찬양, 우주창조, 의례(숭배의식에 관한 것)와 철학적 원리들, 가르침, 상징, 특징, 속성, 위업, 화신들에 대한 설명과, 그의 핵심 상징이자 주요 숭배대상인 링가(liṅga)의 기원과 중요성, 쉬바와 여신과의 결혼신화, 쉬바의 아들들에 관한 이야기, 데바와 아수라 간의 전쟁신화, 링가상을 설치하고 성화시키는 것의 장점, 그리고 왕조사 등이다.

여신파인 샥따파의 경전으로는, 『데비 바가바따 뿌라나(*Devi Bhagavata Purāṇa*)』와 『데비마하뜸야』 등을 꼽을 수 있다. 이 중 이 책에서는 『데비마하뜸야』를 주요 텍스트로 선택했다. 『데비마하뜸야』는 본래는 『마르깐데야 뿌라나(*Markandeya Purāṇa*)』의 일부로, 강력한 여신들을 다루고 있는 대표적인 문헌이다. 이 문헌에 대해서는 Ⅲ부의 여신과 여성문제를 다루는 부분에서 상세히 설명할 것이므로, 여기서는 이 문헌이 다루는 주요 주제만을 언급하기로 한다. 이 문헌의 두드러진 특징은 우주의 궁극적 실재 또는 원리가 여성으로 이해되고 있는 점이고, 가장 중심적인 주제는 여신과 악마들과의 반복되는 긴 전투와 여신의 최종적 승리다. 이 외에 우주론, 여신의 명칭, 형상, 본질, 역할, 그리고 예배방법과 예배의 대가로 얻는 것 등의 주제들이 다뤄진다.

2. 힌두신화체계와 주제분류

위에서 간략히 살펴보았듯이, 여러 힌두 신화텍스트들이 다루는 주제와 내용 사이에 상호 연관관계나 공통되는 부분들이 많이 발견된다. 특히 여러 『뿌라나』가 다루는 내용들은 유사한 구성을 지니고 있다. 다루는 주제나 내용의 분량, 강조하는 부분, 그리고 상정되는 최고신에서 차이가 나지만, 동일한 왕조사와 등장인물, 주제, 스토리 등이 중복적으로 나타난다. 예를 들어 왕조사의 경우, 비슈누파의 『뿌라나』가 좀 더 비중 있고 상세하게 다루기는 하나 모든 『뿌라나』가 기본적으로 동일한 왕조사를 공유하고 있다. 그리고 이 왕조사는 『마하바라따』에서 그 기본 계보가 제시된다. 태양왕조와 달왕조가 두 축을 이루고 있고 모두 신성한 기원을 갖는다. 그 기원은 우주창조의 시점으로 거슬러 올라간다.

『마하바라따』에서도 우주창조 신화가 등장하지만 특히 대부분의 『뿌라나』에서는 우주의 창조 이야기가 핵심 주제로 등장한다. 이 우주창조 신화에서 일원론과 유신론이 결합된 우주창조론, 궁극적 실재 및 신관, 그리고 순환적 우주관(시간관)이 제시된다. 이 책은 이러한 힌두 우주론과 신관을, 세계와 우주에 대한 인도인들의 인식을 보여주는 힌두 세계관과 사유

구조의 근원주제로 설정할 것이다.

우주의 근원에 대한 인도인들의 이해(힌두 신관 또는 궁극적 실재관)는 독특한 다신론인 일원론적(또는 일신교적) 다신론으로 나타난다. 그리고 하나의 근원실재인 브라흐만이 우주의 창조, 유지, 해체를 위해 브라흐마, 비슈누, 쉬바로 나타난다는 삼신일체론, 우주적 남녀원리로서의 남녀 신 관념, 신의 화신사상 등을 통해 구체적으로 설명된다. 우주관은 위의 세 주요 신들에 의해 우주의 창조, 유지, 해체의 과정이 끝없이 반복된다는 순환적 우주관으로, 네 개의 유가(yuga), 만반따라(manvantara), 깔빠(kalpa), 대해체인 쁘랄라야(pralaya) 등의 개념을 가지고 설명된다.

이처럼 우주가 무한히 순환한다는 인식에서 파생되는, 인간과 세계에 대한 기본 이해는 다르마, 업과 윤회, 죽음과 사후세계, 신과 인간과 자연의 관계, 그리고 궁극적 목표인 해탈 주제를 통해 다뤄진다. 업과 윤회, 그리고 죽음과 사후세계에 대한 이야기는 순환적 우주관에 근거한, 인간의 삶과 사후운명에 대한 인식을 보여준다. 구체적으로는 인간이 태어나고 현 존재조건으로 살아가게 된 이유를 업(까르마)과 윤회(산사라) 사상으로 설명하고, 인간의 본질과 업과 윤회의 관계, 업과 운명의 관계, 신이나 성자의 저주 등의 주제들을 다룬다. 죽음과 사후와 관련해서는 죽음의 기원과 이유, 죽음의 본질, 사후세계와 윤회의 종류 및 과정 등이 다뤄진다.

인도사회와 종교가 추구해 온 최고의 목표는, 우주와 사회 질서체계의 유지와 종교적·사회적 의무를 의미하는 다르마와 세속을 초월하는 해탈이다. 이 두 목표가 상호 충돌하는 측면이 있음에도 인도전통은 사회적 가치(다르마)와 종교적 가치(해탈)가 빚어내는 갈등을 해결하기 위한 방편으로, 둘 모두를 추구해야 할 최고목표로 제시하고 있다. 특히 『마하바라따』와 『라마야나』는 다르마를 가장 중요한 주제로 다루고 있다.

신화에서 다르마 주제는 보다 구체적인 주제들을 통해 다뤄진다. 즉 위계적 사회제도인 카스트와 카스트의 의무, 삶의 네 가치와 네 단계, 데바와 아수라의 투쟁, 이상적 남녀상과 빠띠브라따 주제 등이다. 또 수행과 성자, 수행자의 수행을 방해하는 신의 시도, 요가, 수행자의 초능력 등의 주제는 모두 해탈과 관련되는 주제들로, 이 책에서는 큰 범주인 '삶의 궁극적 목표, 해탈' 주제의 하부 주제로 다룰 것이다.

마지막 큰 범주로 설정한 주제는 '해탈에 이르는 길'이다. 신화텍스트에 따라 강조점의 차이는 있지만 대체로 해탈을 달성하는 방법으로는 갸냐 요가, 까르마 요가, 박띠 요가가 제시된다. 이 해탈의 이르는 세 가지 길 외에, 인간뿐 아니라 데바와 아수라들이 원하는 바를 얻기 위해 사용하는 방법으로 신화에서 보다 빈번하게 등장하는 것은 따빠스나 희생제의(야겨)다. 그러나 이 주제들은 성격상 해탈 달성을 위한 직접적인 방법이라기보다는 과정적 성격을 띠며 현세적이고 기복적인 목적을 위한 방법이기도 하므로 '해탈에 이르는 길'에서보다는 다른 관련 주제들에서 다룰 것이다.

힌두신화의 다양하고 수많은 개별신화들은 대부분 앞서 언급한 주요 주제 범주들에 속하는 신화들이다. 따라서 이 책은 힌두신화의 주제들을 힌두 세계관을 토대로 대주제, 중주제, 소주제로 범주화하여 아래의 표와 같이 정리하고 힌두신화의 다양한 주요 주제들을 이들 범주에 포함시

표. 힌두신화체계에 따른 주제분류

대주제		중주제	소주제
일원론적 다신론체계(우주의 근원실재 브라흐만, 삼신일체론 뜨리무르띠, 남녀 신, 화신개념인 아바따라)	**우주창조와 순환적 우주관**	우주와 사회의 윤리규범, **다르마(dharma)**	카스트와 삶의 네 단계 의무(바르나아슈라마 다르마), 데바와 아수라 투쟁과 선과 악 개념, 이상적 남녀상, 여성의 다르마
		인간과 삶, 죽음과 사후	인간의 존재상황과 본질, 업과 윤회, 업과 운명, 업보로서의 저주, 죽음의 기원과 죽음 인식, 사후세계
		삶의 궁극적 목표, **해탈**(mokṣa 또는 mukti)과 **해탈에 이르는 길**	해탈, 수행과 수행자의 삶, 수행을 방해하는 신들과 여성, 수행자와 구루 해탈의 세 길(갸냐 요가, 까르마 요가, 박띠 요가) 야겨(희생제의), 따빠스(고행, 명상)

켜 다룰 것이다.

위의 주제들을 대주제, 중주제, 소주제의 순서로 II부에서 9장에 걸쳐 다룰 것이다. 다만 다르마의 소주제 중 카스트와 여성 관련 주제는 사회·문화의 맥락에서 다루는 것이 더 적절하다 판단되어 III부에서 본격적으로 다룰 것이다.

주

1 이야기를 뜻하는 까타의 어원학적 의미는 '어떤 식으로?', '어떻게?'이다. 즉 본래는 질문의 의미를 지녔다. 그래서 초기 『베다』 문헌에서 까타는 이야기가 아닌 '어떤 식으로?'란 의미로 쓰였다. 그러다 후기 베다 시기에 논의, 즉 질의란 의미로 쓰이긴 했으나, 이 말이 이야기란 의미로 인기를 얻게 되자 이 본래 의미가 주목되지 못했다. 서사시 시기에 이 말이 이야기를 의미하게 되면서 모든 종류의 이야기를 의미하게 되었다. 그런데 베다전통에서 전통의 의미를 함축하는 이띠하사가 종종 신화적 이야기들을 지칭하는 말로 사용되었다. 여기서 주목할 점은 특정 이야기가 전통 없이는 신화의 지위를 얻을 수 없다는 점이다(Dange, 1996: 4-6). 이에 근거해 당게(Dange, 1996: 6)는 신화를, 특정 사회나 부족이 충실하게 받아들이는 경이로운 경험 또는 문제적 상황에 대한 인위적이지 않은 표현을 포함하는 전통적 이야기로 정의한다.

2 이 장의 1절 1)항에서 2절 1)항까지는 저자의 논문 「힌두 종교문헌의 역사적 전개와 그 종교사적 의의」(2009, 『남아시아연구』 제15권 1호)의 일부 내용(45-55)을 수정·보완한 것이다.

3 『베다』 집성 시기는 분명치 않고 학자에 따라 편차가 크다. 무코빠디아이(Mukhopadhyay, 2007: 18)는 4개의 『베다』 중 첫 『베다』인 『리그베다』가 현재 형태로 집성된 시기는 기원전 1500년 이전으로, 나머지 3개의 『베다』의 집성은 기원전 1000년 이전으로 보고 있다.

4 무코빠디아이(Mukhopadhyay, 2007: 20)는 『베다』는 완성된 이야기를 담고 있지는 않고 단지 사건의 암시만 제시하고 있으며, 이에 대한 상세한 설명은 후기 힌두 신화집인 『뿌라나』와 서사시에 나타난다고 언급한다.

5 지상계의 아그니(Agni, 불의 신), 소마(Soma, 소마풀의 신격화), 사라스와띠(Saraswati, 강의 여신) 공중계의 인드라(Indra, 뇌우의 신), 바이유(Vayu, 바람 신), 루드라(Rudra, 바람과 폭풍우 신), 여러 마루뜨(Marut, 바람신), 천상계의 디야우스(Dyaus, 우주의 아버지), 태양신들(Surya/Savitri/Pushan), 미뜨라(Mitra, 낮을 주재하는 태양의 측면), 바루나(Varna, 빛과 어둠의 인격화로 편재적 신으로 나타남. 그는 우주적 도덕질서(Ṛta)의 수호자이기도 함.), 비슈누(Viṣṇu, 태양의 나타남, 『베다』에서는 그리 중시되지 않음), 쌍둥이 아슈빈(Aśvin, 신들의 의사, 아마도 아침저녁의 두 별), 우샤스(Uṣas, 아슈빈의 공동아내인 새벽의 여신) 등이다.

6 후기 문헌에서 소마는 불멸의 생명수를 의미하는 아므리따(amṛta)로 등장한다.

7 이런 의미에서 빈터니쯔(Winternitz, 1962: 165)는 『브라흐마나』를 희생제의 학문을 다루는 텍스트로 규정한다. 또 그(Winternitz, 1962: 164)는 『브라흐마나』가 종교연구자, 희생제의 역사나 사제직 역사 연구자에게 매우 중요한 자료라고 강조하고 있다.

8 희생제의의 주술력을 믿는 이러한 기계론적인 희생제의 개념은 뒤이어 나타나는 『우빠니샤드』의 엄격한 우주의 인과법칙인 업(karma) 개념을 예고해준다. 이와 관련하여 다스굽따(Dasgupta, 1969: 22)는 『브라흐마나』에서 희생제의는 우주의 질서와 법칙에 대한 종교 또는 제의적 표현이며, 따라서 희생제의 개념은 『우빠니샤드』 이후 부각되는 업 개념의 씨앗이라고 주장한다.

9 이와 관련하여 데바라자(Devaraja, 1988: 9)는, 인도에서 철학적인 성찰은 고(苦)로서의 인간의 실존상황과 인간 존재의 유한성이 부과하는 한계로부터 벗어나려는 욕망에서 비롯되었고, 따라서 인

도사상은 인간에 대한 지속적인 관심과 인간에 대한 성찰에 중요성을 부여해 왔다고 말하고 있다.

10 이 몇 가지 방법에 대해서는 Dandekar(1979: 25-28) 참조.

11 이와 관련하여 까뿌르(Kapoor, 2003: 349)는 비슈누파의 아바따라 교리는 서사시 이전 힌두사상에는 없으며, 아마도 신격화된 붓다와 일련의 과거불의 예에 영향을 받은 것 같다고 추정한다. 또 서사시는 이후 비슈누파의 경전으로 간주되긴 하나, 비슈누는 아직 최고신의 위치에 오르지는 않아서, 본질상 쉬바, 브라흐마, 기타 신들과 유사한 존재로 인식된 것 같다고 지적한다.

12 아디(Adi), 사바(Sabha), 바나(Vana), 비라따(Virata), 우드요가(Udyoga), 비슈마(Bisma), 드로나(Drona), 까르나(Karna), 샬랴(Shalya), 소우쁘띠까(Sauptika), 스뜨리(Stri), 샨띠(Shanti), 아누샤사나(Anushasana), 아쉬와메디까(Ashvamedhika), 아쉬라마바시까(Ashramavasika), 모우살라(Mausala), 마하쁘라스타니까(Mahaprasthanika), 스와르가로하나(Svargarohana) 빠르바(parva, 권).

13 그 주된 이유는 북인도 출신의 유명한 중세 시인인 뚤시다스(Tulsidas, 1532-1624)가 북인도의 주요 언어인 힌디(Hindi)로 발미끼의 『라마야나』를 개작한 『람차리뜨마나스(*Ramcharitmanas*)』를 썼고 이 작품이 대중적 사랑을 크게 받아 온 데 있다.

14 TV 드라마로 극화된 사례에 대해서는 김주희, 김우조, 류경희, 『인도여성, 신화와 현실』(2005) 3부 3장의 1. TV드라마 '라마야나'와 가부장적 여성 이데올로기 참조.

15 주요 18『뿌라나』 가운데 *Viṣṇu, Narada, Bhagavata, Garuda, Padma, Varaha Purāṇa* 등 여섯 『뿌라나』가 비슈누파로 분류된다. 이 가운데 가장 유명한 『뿌라나』는 『바가바따 뿌라나(*Bhāgavata Purāṇa*)』로 수많은 해설서와 주석서가 나와 있다. 쉬바파의 『뿌라나』로 분류되는 주요 『뿌라나』는 쉬바를 최고의 신으로 찬양하고 있는 *Matsya, Kūrma, Liṅga, Vayu, Skanda, Agni Purāṇa*이다. 『쉬바 뿌라나(*Śiva Purāṇa*)』는 18마하뿌라나에서 제외되어 있지만 대개 주요 『뿌라나』로 인식되고 있다. 그리고 브라흐마 신과 관련된 것으로는 *Brahma, Brahmanda, Brahmavaivarta, Markandeya, Bhavishya, Vaman Purāṇa*가 있다. 또 이 세 범주의 뿌라나를 위 세 신들의 본성과 기능에 따라 비슈누 아바따라를 많이 다루는 비슈누 관련 사뜨비까(sattvika) 뿌라나, 창조를 강조하는 브라흐마 관련 라자시까(rajasika) 뿌라나, 규범과 의례를 강조하는 쉬바 관련 따마시까(tamasika) 뿌라나로 분류하기도 한다(Debroy, 1996).

16 그러나 앞서 종파 부분에서 언급한 바 있듯이, 나트(Nath, 2001: 98-99)도 브라흐마 중심의 신화적 흐름은 주로 창조주제에 한정되어 있었다면, 비슈누파, 쉬바파, 샥따파는 딴뜨라, 불교, 자이나교 같은 비정통 종교에서 토착신앙에 이르는 광범위한 영역에서 수많은 신들을 흡수했다고 지적한다.

17 Vidyeśvara Saṁhitā, Rudra Saṁhitā, Śatarudra Saṁhitā, Kotirudra Saṁhitā, Umā Saṁhitā, Kailasa Saṁhitā, Vāyavīya Saṁhitā이다.

II부

인도 힌두신화와 세계관

I부에서 힌두신화의 주요 주제를 중심으로, 힌두 세계관의 기본구조가 담긴 힌두신화체계를 독자적으로 구성해보았다. II부에서는 이를 토대로 힌두 세계관과 가치관을 구성하는 주요 주제들, 그러니까 신체계, 우주관, 인간과 삶과 죽음에 대한 이해, 윤리관, 그리고 삶의 궁극적 목표와 그 달성방법 등을 관련 신화분석을 통해 다룰 것이다. 힌두사상과 사회적·문화적 배경을 토대로 이루어질 이 신화분석 작업을 통해 신화에 반영되어 있는 힌두 세계관과 가치관의 핵심 내용, 그리고 그것의 인도 사회적·문화적 의미와 특성을 파악하게 될 것이다.

1. 힌두신화의 신체계, 일원론적 다신론

1. 세계신화에 나타나는 신체계

특정 지역신화에는 그 지역 사람들의 세계관이 담겨 있다. 그리고 세계관의 내용은 근원실재나 신이 어떻게 이해되느냐에 따라 달라진다. 따라서 힌두신화의 세계관을 파악하기 위해 힌두신화의 신체계를 첫 번째 주제로 다루려고 한다. 이에 앞서 세계신화에 나타나는 다양한 신체계를 먼저 살펴보는 것이 힌두 신체계의 특성을 이해하는 데 도움이 될 것 같다.

인류는 세상의 근원 또는 세상을 지배하는 신성한 힘이나 존재를 다양한 방식과 형태로 인식해 왔다. 세계신화에 나타나는 몇 가지 주요형태로 다신론(polytheism), (유)일신론(monotheism), 일원론(monism)을 들 수 있다. 다신론은 신성한 힘이나 존재를 다수로 인식한다. 이는 인류종교사에서 널리 나타나는 신체계로, 그리스와 로마 신화, 메소포타미아신화, 이집트신화, 고대 인도신화, 중국신화 등에서 찾아볼 수 있다. 지역적 편차가 있기는 하지만, 이들 지역의 신화에서 신들은 특정 영역을 지배하는 인격적인 존재로 상호 유기적으로 기능하면서 인간에게 영향을 미친다. 경우에 따라 그리스신화의 제우스와 같은 최고신이 있기는 하나 그가 전능한 존재로 인식되지는 않는다.

(유)일신론은 완전하고 전지전능한 하나의 신을 전제로 한다. 이 신은 세계를 창조하고 지배하는 창조주이며, 전지전능하고 인격적인 존재다. 조로아스터교, 유대교, 기독교, 이슬람 등의 신체계가 대표적 예다. 유일신 종교체계에서 유일신은 무에서 우주를 창조한 창조주이자 그 힘과 권위에

제약이 없는 전지전능한 존재다. 인간을 포함한 우주와 신의 관계는 피조물과 창조주의 관계로 주종의 관계다. 종교에 따라 다소 차이는 있지만 유일신 종교전통에서 (우주와) 인간은, 완전한 신이 창조한 본질적으로 불완전할 수밖에 없는 피조물로 이해된다. 따라서 인간은 자신의 존재이유와 의미, 그리고 운명을 신과 분리하여 생각할 수가 없고, 신에게 의존할 수밖에 없는 존재로 파악된다.

일원론은, 우주가 하나의 근원실재(또는 최고신)에서 파생되어 나와서, 인간을 포함하는 모든 존재가 근원실재와 같은 신성한 본질을 지니며 모든 개별존재들이 유기적으로 연계되어 있다고 이해한다. 따라서 인간은 경험적인 차원에서는 나약하고 유한한 존재이지만 본질적인 차원에서는 신성, 즉 완전함을 지닌 존재로 이해된다. 그리고 인간과 자연의 관계를 지배가 아닌 상호조화와 균형을 이루어야 하는 관계로 파악한다. 일원론은 힌두종교와 철학사상에서 가장 잘 나타난다.

2. 힌두교의 신체계, 일원론적(일신교적) 다신론

이 책이 다루는 (후기) 힌두교와 힌두신화의 신체계는 일원론사상을 바탕으로, 하나의 신관념과 다신관념을 동시에 인정하는 일원론적(혹은 일신교적) 다신론으로 나타난다. 현재 힌두교도들이 숭배하는 신이나 신적 존재는 그 종류와 수가 무척 다양하고 많다. 많은 남녀 신, 동식물이나 강과 산 같은 자연물, 태양이나 달 같은 천체, 반신(半神)과 여러 정령이 숭배의 대상이 되고 있다. 따라서 나타나는 모습으로만 본다면 힌두교는 다신신앙이다. 하지만 힌두문헌과 실제 힌두교도들은 이런 다양한 신들이 하나의 근원실재(브라흐만)가 자신을 여러 모습으로 드러낸 것이며, 하위 신격들은 주요 신들과 연관성을 갖는 존재라고 설명한다.

이러한 신체계나 신관념은 사실 우리에게 익숙하지 않다. 인도의 학자들조차도 힌두 신관념이나 체계가 독특하다고 말한다. 한 인류학자는 힌두 신과 같은 신의 성격을 어떤 종교에서도 찾아보기 힘들 것이라 했고, 힌두신화를 연구한 빠딴에이크(Pattanaik, 2003: 70)도 힌두교에서 일신론, 다신론, 범신론, 교체신론, 무신론과 같은 다양한 형이상학체계가 모두 발견된다고 지적한다. 따라서 힌두 신체계와 개념을 이해하려면 먼저 그것을 힌두적 관점에서 바라볼 필요가 있다.

힌두교는 인도에서 발생한 다양한 신앙들이 점진적으로 융합되어 형성된 복합종교다. 그래서 사상과 의례체계가 매우 복합적이고 중층적이다. 다신교이면서도 일신교(또는 일원론)적 성격을 지니고, 자기수행적인 무신론적 성격을 띠는 종교이면서 동시에 유신론적 종교이기도 하다. 이렇게 이질적인 성격을 공유하고 있는 점이 힌두교를 이해하기 어렵게 만드는 주 요인이기도 하다. 하지만 그 이질성과 다양성을 하나로 묶고 있는 구조를 파악한다면 이해가 가능할 수 있다.

힌두교의 일원론적(일신교적) 다신론은 다음과 같은 요소들로 구성된다. 근원실재, 즉 하나의 궁극적 실재개념인 브라흐만, 이 브라흐만의 인격화인 이슈와라(Īśvara), 이 이슈와라의 기능적 분화로 힌두 삼신일체 개념인 뜨리무르띠, 신의 화신개념인 아바따라, 그리고 이슈와라의 남성 및 여성원리가 구체화된 남신과 여신이다. 이들 개념과 사상들을 연계적이고 구조적으로 이해하면 힌두 신체계와 신개념을 이해할 수 있다. 좀 더 자세히 살펴보기로 하자.

힌두사상은 우주의 근원실재이자 최고존재를 브라흐만으로 지칭한다. 이 브라흐만은 두 측면을 지닌다. 속성이 없어 드러나지 않으므로 형태와 이름을 갖지 않고 영원성을 지니는 비인격적인 니르구나(nirguṇa) 브라흐만과, 속성을 지녀 드러나며 형태와 이름을 갖는 인격적인 사구나(saguṇa) 브라흐만이 그것이다. 사구나 브라흐만이 형상과 속성을 지니는 인격신으로 자신을 드러낸 존재가 최고신인 이슈와라다.

이 이슈와라가 우주를 창조, 유지, 해체하는 일을 담당하기 위해 스

그림Ⅱ.1.1 힌두 삼신, 뜨리무르띠

스로를 창조의 신 브라흐마, 유지의 신 비슈누, 해체의 신 쉬바로 드러냈다. 이 사상이 삼신일체론인 뜨리무르띠다. 이 세 신은 최고신 이슈와라의 파워, 즉 우주를 창조, 유지, 해체하는 우주에너지나 우주력을 각각 인격화한 것으로 이해할 수 있다.[1]

또한 이슈와라는 남성원리(또는 에너지)인 뿌루샤(puruṣa)와 여성원리(또는 에너지)인 쁘라끄리띠(prakṛti 또는 śakti), 즉 남성성과 여성성을 공유하고 있는 양성구유적 또는 성초월적 존재이기도 하다. 변화하지 않는 영원성을 지니는 영적 본질인 뿌루샤가 각각 창조, 유지, 해체의 기능을 담당하는 남신인 브라흐마, 비슈누, 쉬바로 형상화되고, 세상의 변화하는 모든 물질적 사물의 토대인 쁘라끄리띠(샥띠)가 여신으로 구체화된다. 대표적인 여신이 지식, 부, 파워가 각각 구체화된 사라스와띠(Sarasvatī), 락슈미, 두르가(Durgā 또는 Kalī)다. 그리고 이 남신과 여신들은 쌍을 이루어 브라흐마는 사라스와띠, 비슈누는 락슈미, 쉬바는 빠르와띠, 움마(Uma), 두르가, 깔리 등과 배우자 관계를 맺고 있다. 힌두신화나 사원에서 대부분 남녀 신이 쌍으로 나타나는 것도 이런 원리에 근거한 것이다.

차뚜르베디(Chaturvedi, 1996a: 15)는 남녀 신의 쌍을 뜨리무르띠 삼신의 역할과 연관 지어 설명한다. 브라흐마의 배우자인 사라스와띠 또는 사비뜨리는 각각 지식과 지혜를 표상하며, 창조를 위해서는 지식과 지혜가 필요하므로 이 두 여신이 브라흐마와 연관되었고, 세상의 유지를 위해서는 자원이 필요하므로 유지의 신인 비슈누는 모든 부와 자원의 상징인 락슈미와 연관되었으며, 파괴의 신인 쉬바는 파괴를 표상하는 깔리 등과 연관되었다는 것이다. 또 무코빠디아이(Mukhopadhyay, 2007: 156)는, 깔리는 파괴적 에너지, 락슈미는 양육하는 것, 사라스와띠는 창조적인 것, 두르가는 보호하는 신성한 어머니를 상징하며, 힌두교에서 남녀 신이 쌍으로 제시되는 것은 여성성을 전체성이나 완전함의 필수 구성요소로 인식하는 데 기인한다고 지적한다.

역사적 관점에서 보면, 남녀 신이 짝을 이루는 관념은 여러 토착부족의 여신들을 주요 힌두남신의 배우자로 만들어 힌두 만신전에 수용하는 도구 역할을 했다. 또 신, 특히 비슈누 신이 세상의 질서가 위기에 처하면 다양한 형상으로 지상에 내려와 신봉자와 질서를 구하고 수호한다는 아바따라 사상 역시 다양한 신앙과 기원의 신을 힌두교로 흡수·통합하는 역할을 훌륭히 해 왔다.

요컨대 힌두사상의 근원실재인 브라흐만은, 비인격적이면서 인격적이고 드러나지 않기도 하고 드러나기도 하며[2] 남성이기도 하고 여성이기도 하다. 즉 모든 상반되는 요소들을 포함하고 있는 통합적 실재라 할 수 있다(류경희, 2013: 123). 결국 힌두 신체계는 하나의 근원실재 개념인 브라흐만, 브라흐만의 인격화인 이슈와라, 이슈와라의 남녀원리인 뿌루샤와 쁘라끄리띠, 이슈와라의 기능적 분화이자 삼신일체 개념인 뜨리무르띠, 이 삼신일체 개념을 확대시키는 도구라 할 수 있는 아바따라 사상, 그리고 신들의 결혼을 통해 다양한 신들을 하나로 통합하고 있다(류경희, 2013: 123). 그리고 이 통합의 이념적 근거는 경험세계의 모든 것들(우주)이 하나의 근원에서 파생된 것으로 그 본질은 같다고 보는 일원론적 관점이다.

이처럼 힌두교의 다양한 신들이 하나의 최고존재가 다양한 형태로 드러난 것으로 이해되듯이, 우주 역시 신이 자신을 드러낸 것으로 이해되어, 최고신은 우주의 모든 것들 속에 내재하며 모든 것의 본질은 신의 본질과 동일하다고 주장된다. 힌두교에서 신이 여러 명칭과 형태로 숭배되는 것은 바로 신의 이 편재성과 내재성에 대한 믿음에 근거하며, 이러한 믿음은 현상계의 다양성 이면에 본질적인 통일성이 존재한다고 보는 일원론적 관점에 토대를 두고 있다. 따라서 힌두 세계관은 창조주인 신과 피조물이 본질적으로 다르다고 보는 기독교나 이슬람과 같은 유일신교의 세계관과는 차이가 난다(류경희, 2013: 214).

3. 힌두신화 속의 일신교적 다신론

힌두 신들에 대한 많은 이야기를 담고 있는 『뿌라나』는 힌두 신개념과 신체계를 잘 반영하고 있다. 『뿌라나』의 신체계는 혼합적 신체계로, 하나의 근원실재와 그것의 기능적 분화인 주요 삼신을 제시하고 『베다』의 신들과 여러 부족신들을 이들 주요 신과 직·간접적으로 연계된 신으로 제시한다. 이는 앞서 언급했듯이, 힌두사상의 일원론적 관점이 반영되어 있는 것이자 힌두교가 전개되는 과정에서 여러 부족이나 지역 신들을 동일 신의 여러 측면이나 형태로 설명하여 힌두 신체계로 동화시킨 결과이기도 하다.

예를 들어 쉬바파는, 여러 지역 여신들을 쉬바의 배우자로, 가네샤(Gaṇeśa)나 까르띠께야(Kārtikeya)와 같은 부족 또는 지역 신들을 쉬바의 아들로 삼아 쉬바의 가계를 넓히고, 야크샤(yakṣa)와 같은 하위 신격들을 쉬바의 수행자로, 풍요신앙에 기원을 두는 것으로 추정되는 남근 형상의 링가를 쉬바의 상징으로 삼는 등 관련 신앙들을 쉬바 신앙에 통합해 왔다. 비슈누파의 경우는 특히 아바따라, 즉 신의 화신 교리를 사용하여 부족 및 지역 신과 신앙들을 흡수하고 또 다양한 애미니즘적 신앙과 토템상징을 비슈누 신앙에 결합시켰다(류경희, 2011: 141). 『뿌라나』 문헌이 담고 있는 이러한 신체계를, 『우빠니샤드』의 일원론을 계승한 베단따의 불이일원론에 다신론이 결합된, 일원론적 다신론으로 규정할 수 있다.

『뿌라나』 문헌에는 주요 힌두 삼신인, 브라흐마, 비슈누, 쉬바 사이의 관계에 대해 언급하는 구절들이 자주 나오는데, 기본적으로 이 삼신은 근원실재인 브라흐만이 우주를 창조, 유지, 해체하기 위해 기능적으로 분화하여 나타난 것으로 설명된다. 그러나 종파에 따라 비슈누파는 비슈누를, 쉬바파는 쉬바를 근원실재인 브라흐만으로 상정한다.[3] 쉬바파의 뿌라나인 『쉬바 뿌라나』의 경우를 살펴보기로 하자.

그림 II.1.2 쉬바의 다섯 기능을 표상하는 쉬바 5면상, 바라나시

> 최고의 브라흐만이자 아뜨만이며 존재, 순수의식, 지복이고 세 구나와 변화에서 자유로운, 사구나이자 니르구나(브라흐만)인 쉬바가 자신의 마야(maya)를 사용하여 자신을 브라흐마, 비슈누, 마헤샤(쉬바의 다른 이름)로 드러내는 것이다.(*Śiva Purāṇa*, Rudra Saṁhita I.4.31-34)

> 쉬바는 자신의 다섯 의무를 창조, 유지, 해체, 제거와 숨김, 그리고 축복(해방)으로 설명하는데, 앞의 네 가지 행위는 세계의 전개와 관련되고 다섯 번째는 구원과 관련된다. 쉬바는 이 다섯 기능을 각각의 신들에게 분배한다. 창조는 브라흐마, 유지는 비슈누, 해체는 루드라(쉬바의 다른 이름), 숨김은 마헤샤(쉬바의 다른 이름), 해방은 쉬바만이 맡는다.(*Śiva Purāṇa*, Vāyavīya Saṁhitā I.10)

『쉬바 뿌라나』가 쉬바파의 문헌이기 때문에 위의 기술에서 세 인격신의 토대로 쉬바가 제시되고 있다. 비슈누파 문헌에서는 쉬바파와 같은 주제와 모티브를 갖는 이야기들을 비슈누를 중심으로 설명한다. 한 예로

비슈누파의 문헌인 『바가바따 뿌라나』에서는 하리(Hari), 즉 비슈누가 최고존재로 제시되고 그로부터 브라흐마, 비슈누, 쉬바가 나온 것으로 기술된다. 이렇듯 세 신의 관계를 브라흐만의 세 가지 기능적 현현으로 설명하는 것이 바로 뜨리무르띠 개념이다.

위와 같은 신학적 설명과는 별도로, 종교사적 관점에서 보면 뜨리무르띠 개념은 여러 종파를 하나로 통합하려는 시도로 볼 수 있다. 뜨리무르띠 교리에 앞서, 두 라이벌 종파인 샤이비즘 즉 쉬바파와, 바이슈나비즘 즉 비슈누파를 통합하려는 시도로, 비슈누와 쉬바를 결합시킨 하리루드라(Harirudra), 하리하라(Harihara) 개념이 등장했고 이 통합적 신개념이 뜨리무르띠 개념으로 발전되었다(Chakravarti, 2002: 55). 힌두 신들이 여러 다양한 이름으로 불리는 것은, 신의 여러 측면을 나타내는 것이기도 하지만, 경우에 따라서는 다양한 신앙대상들을 힌두교로 통합하는 과정에서 형성된 것이기도 하다.

지금까지 힌두교의 여러 신들을 '신'이란 하나의 용어로 표현했다. 하지만 힌두교에서 신을 지칭하는 용어는 여럿이고 의미상의 차이도 있으므로 좀 더 상세히 구분해 이해할 필요가 있다. 최고의 인격신인 이슈와라는 '바가완(bhagawan)'으로도 지칭된다. 힌두교의 세 종파 즉 비슈누파, 쉬바파, 여신파가 각각 최고신으로 숭배하는 비슈누(그리고 비슈누의 화신인 끄리슈나), 쉬바, 최고여신인 두르가나 깔리가 바가완에 해당된다. 데바는 신에 대한 총칭이고 여신에 대한 총칭은 데비인데, 흔히 데바는 바가완보다는 하위 신격인 아그니, 소마, 인드라, 기타 여러 신들을 지칭할 때 사용되고 데비는 대부분의 여신들에 사용된다.

힌두신화를 잘 정리한 책을 저술한 빠딴에이크(Pattanaik, 2003: 70-73)는 힌두교의 복잡한 신개념의 차이를, 신을 지칭하는 영어의 대소문자로 표현한다. 그것은 God/Goddess와 gods/goddesses이다. 전자는 근원실재(사구나 브라흐만)의 인격화이자 형상화로, 이에 해당하는 힌두용어는 바가완 또는 이슈와라다. 후자는 바가완과 관련된 하위 신들로 데바, 데바따

(devata), 데비로 지칭되는 수많은 신이다. 이 하위 신들은 인간과 마찬가지로 업 법칙에 종속되어 있다.

4. 힌두신화의 주요 신들

힌두신화에서 가장 중시되고 중요한 신들은 먼저 힌두교의 주요 삼신인 창조의 신 브라흐마, 유지의 신 비슈누, 그리고 해체의 신 쉬바와 이들과 관련된 배우자 여신들인 브라흐마의 배우자 사라스와띠(사따루빠, 사비뜨리), 비슈누의 배우자 락슈미, 쉬바의 배우자 빠르와띠, 두르가, 깔리 등이다. 비슈누의 아바따라인 라마와 끄리슈나도 비슈누와 동일시되는 주요 숭배대상들이다. 하위 신들로는 앞의 신들의 가계에 속한 신들과 수행자들, 그리고 신격화된 자연물과 수많은 반신과 정령들이 있다.[4]

차뚜르베디가 펴낸 '인도의 신과 여신' 시리즈(*Gods and Goddesses of India* vol.1-14(1996-98))는 현재 힌두교도들이 주요 신으로 숭배하는 신들을 전체적으로 잘 반영하고 있다. 첫 권이 행운과 장애제거의 신으로 믿어져 모든 힌두의례에서 제일 처음 예배를 드리는 코끼리 신 가네샤를 다루고, 이어 나머지 13권에 걸쳐 주요 신들을 다루고 있다. 힌두 주요 삼신인 브라흐마, 비슈누, 쉬바, 이들 남신의 배우자 여신들인 사라스와띠, 락슈미, 두르가, 비슈누의 두 주요 아바따라인 라마와 끄리슈나, 라마의 충복인 원숭이 신 하누만, 그리고 기타 주요 하위 신들인 강의 여신 강가와 야무나, 불의 신인 아그니, 쉬바의 아들 까르띠께야, 그리고 아홉 혹성의 순서로 다루어진다. 여기서는 이 가운데 주요 힌두 삼신, 그들의 배우자 여신, 비슈누의 아바따라, 그리고 몇몇 하위 신에 국한하여 간략히 소개해보기로 한다.

✪ 창조의 신 브라흐마

브라흐마(Brahmā)는 우주의 창조, 유지, 해체의 순환과정에서 창조의 역할을 담당하는 신이다. 서사시나 『뿌라나』 이전 문헌(『브라흐마나』)에서는 창조주 쁘라자빠띠(Prajāpatī)로 나타난다. 브라흐마의 명칭과 관련하여 한 가지 언급해둘 점이 있다. 힌두문헌의 구절에서 궁극적 실재인 브라흐만이 보통 브라흐마(Brahma)로 표기되는 경우가 많아, 힌두사상에 익숙하지 않을 경우 브라흐만과 브라흐마를 혼동하게 된다. 브라흐만은 궁극적 실재를 중성명사로 표기한 것이고 Brahma는 주격으로 표기한 것이다. 그리고 이 궁극적 실재가 창조의 기능을 하기 위해 자신을 드러낸 창조주가 Brahmā다. 끝 '아' 발음에 단음과 장음의 차이가 있다. 따라서 둘을 구분해 인식할 필요가 있다. Brahma가 Brahmā를 통해 창조하는 것이라 할 수 있다.

브라흐마는 보통 네 개의 머리와 팔, 그리고 흰 수염을 가진 모습으로 묘사된다. 그의 탈것은 지식을 상징하는 백조나 거위(또는 공작)다. 신화에 따르면 브라흐마의 머리는 본래 다섯 개였다고 한다. 브라흐마가 자신에게서 나온 딸에게 사랑을 느껴 바라보자 부끄러워진 그녀가 그 시선을 피해 네 방향과 위쪽으로 숨었고, 그때마다 얼굴을 돌려 바라보느라 다섯 개의 머리가 생겼다. 그런데 쉬바의 분노로 위쪽에 있는 다섯 번째 머리가 잘리고 네 개의 머리가 남았다고 전한다. 브라흐마는 우주의 중심 산인 메루 산에 위치한 도시인 브라흐마뿌뜨라(Brahmāputra)에 거주한다.

브라흐마의 탄생 이야기는 우주창조 신화를 다루는 부분에서 언급하겠지만, 주요한 것으로 두 가지 정도를 들 수 있다. 태초에 존재하던 우주알인 황금알(황금 자궁) 히런여가르바(Hiraṇyagarbha) 안에서 1년간 누워 있다가 그 알을 반으로 깨고 태어났다는 이야기(하늘과 땅을 둘로 나누고 그 사이가 허공이 됨)와, 이전 우주가 해체된 후에 비슈누가 대양 위에 떠 있는 뱀 위에서 잠자고 있었고 새로운 창조가 시작되려 할 때 비슈누의 배꼽에서 나온 연꽃 위에 브라흐마가 있었다는 이야기다.

힌두신화의 창조 이야기는 다양하지만, 대부분의 우주창조 신화에서

그림 II.1.3 브라흐마, 미낙시사원 내 박물관, 마두라이

브라흐마가 창조 역할을 담당한다. 신화에서 브라흐마는 낮에는 우주를 창조하고, 밤이 되어 잠에 들면 우주가 해체된다. 이러한 우주의 생성과 해체 과정이 지속적으로 되풀이되다 브라흐마의 생애(100 신년)가 끝날 때 우주는 대해체기로 들어간다. 이후 브라흐마는 다시 태어나 이 우주생성과 해체의 과정은 끊임없이 되풀이된다. 이 신화적 설명에 담긴 힌두사상은 우주의 생성·소멸이 끊임없이 되풀이된다는 순환적 우주관이다.

브라흐마에 의한 우주창조는 우주창조 신화를 다루는 부분에서 별도로 다룰 것이지만, 우선 『마쯔야 뿌라나』의 기술을 간략하게 소개하면 다음과 같다.

> 태초에 어둠 속에 우주의 근원실재인 브라흐만만이 있었다. 창조가 시작되려 할 때 브라흐만은 어둠을 거두어내고 스스로를 세 부분으로 나누어 브라

호마, 비슈누, 쉬바가 되었다. 첫 번째 창조물은 물이었다. 이 물에서 천 개의 태양빛을 갖는 황금알이 나타났다. 알 안에서 브라흐마가 자신을 창조했다. 브라흐마가 스스로(svayam)를 창조했으므로(bhuva) 스와얌부바로도 알려져 있다. 또 그가 황금알 속에서 태어났으므로 히런여가르바로도 알려져 있다. 브라흐마는 알 속에서 천 년을 보낸 뒤에 그 알을 두 부분으로 쪼개고 나왔다. 그 두 부분이 천상(swarga)과 땅이 되었고 브라흐마는 알 속에서 배아(씨앗) 형태로 있던 모든 땅, 바다, 강과 산들이 모습을 드러내게 했다. 태양도 태어났다. 브라흐마는 명상에 들어갔다. 명상하는 동안 『베다』를 비롯한 신성한 경전들이 그의 입에서 나왔다. 그리고 브라흐마의 심리력에서 나온 10명의 아들들이 성자가 되었고 닥샤와 다르마 같은 아들들도 태어났다. 창조를 더 진전시키기 위해 브라흐마는 자신의 몸에서 남녀를 만들어냈고 둘은 결합하여 아들 스와얌부바 마누를 낳았다. 그리고 그와 그의 아내 안안띠를 통해 후손이 이어졌다.(*Matsya Purana*, Debroy, et al. 1995: 11-16)

브라흐마는 신화에서 창조를 담당하는 중요한 신이기는 하나 독자적인 신앙을 형성하지는 못했다. 신화에서도 브라흐마는 창조 역할 외에는 신들이나 인간사에 개입하는 경우가 드물다. 신들이나 인간이 도움을 청할 때도 직접 도움을 주기보다는 비슈누나 쉬바에게 도움을 청하도록 조언하는 역할을 할 뿐이다.

✪ 학문과 지혜의 여신 사라스와띠

브라흐마의 배우자는 지혜와 학문과 예술의 여신인 사라스와띠이다. 사라스와띠는 사따루빠(Satarupa), 사비뜨리(Savitri), 가야뜨리(Gayatri), 브라흐마니(Brahmani)로도 불린다. 사라스와띠는 『베다』에서는 강의 여신으로 정화와 풍요의 기능을 담당하는 신이었다. 그래서 부와 자식, 특히 아들을 기원하는 대상이었다. 지금은 존재하지 않지만, 학자들은 고대에 사라스와띠 강이 실제로 있었고 이 여신이 이 강과 밀접한 연관을 갖는 것으로 추정한

그림 II.1.4 사라스와띠, 축제를 위해 제작한 상, 바라나시

다(Chaturvedi, 1996b: 2-3). 그러나 이후 범어와 글자를 창조하고(『베다』가 그녀의 머리에서 나옴) 브라흐마에게 창조에 필요한 지식을 주는 여신으로 알려지게 되었다(Pandit, 2009: 195).

힌두신화에서 사라스와띠는 브라흐마의 몸에서 나온 그의 딸로 기술된다. 브라흐마는 우주를 창조하는 과정에서 창조를 더 진전시키려 자신의 몸을 남녀로 나누었다. 이렇게 해서 태어난 여성이 사따루빠, 즉 사라스와띠다. 브라흐마는 사라스와띠의 아름다운 모습에 반해 그녀와 결합하기를 원했고, 결혼한 둘은 백 년간 함께 지내면서 아들인 스와얌부바 마누를 낳았다. 이 아버지와 딸의 결합을 오늘날의 성도덕 관념으로 바라볼 필요는 없다. 남녀원리의 결합에 의한 창조를 설명하는 신화적 장치이기 때문이다. 태초 존재의 근친상간 모티브는 세계 여러 창조신화에서 자주 등장하는 주제다.

사라스와띠의 형상은 문헌에 따라 다양하게 묘사된다. 하지만 대개는 네 개의 팔이 있고 그중 한 손은 학문이나 말과 연관되는 책(『베다』), 다른 한 손은 염주를 들고 있고 나머지 두 손은 현악기인 비나를 연주하는 모습이다. 흰 피부에 흰색 옷을 입고 백조나 공작 위에 앉아 있는 아름다운 젊은 여성의 모습으로 묘사된다. 흰색은 순결함 또는 처녀성을 상징하는 것으로 해석된다. 사라스와띠는 『베다』에서는 처녀 신으로, 독자적 신앙대상이었던 것 같다. 인도에서 결혼이 여성의 의무가 되면서 이미지가 변화되어 브라흐마의 배우자로 등장한다(Chaturvedi, 1996b: 5-6).

또한 사라스와띠는 예술, 특히 음악의 신으로, 신화에서는 천상의 악사인 간다르바(gandharva)와 천상의 무희인 압사라(absara)들의 숭배대상이고 예술가들이 중시하는 신이기도 하다. 사라스와띠는 현재 브라흐마와는 달리 학문과 지혜의 여신으로서 숭배의 대상이 되고 있고 성자, 학자, 학생들이 특별히 더 숭배한다. 낭송이나 말을 시작할 때마다 여신에게 혀끝에 오도록 청하여 말이 부드럽고 정확하며 의미 있게 나오도록 한다(Chaturvedi, 1996b: 7). 봄축제인 바산뜨빤차미(Vasantpanchami, 사라스와띠 축제로도 부름) 때 특별히 숭배된다.

◎ 유지의 신 비슈누와 그의 아바따라

힌두 신들 가운데 가장 자비로운 비슈누는 고대 문헌인 『리그베다』에도 나타나나, 주요 신은 아니었다. 서사시와 『뿌라나』 시기에 세상과 우주를 수호하고 보존하는 신으로 자리 잡았고, 그의 화신인 라마와 끄리슈나를 통해 유명해졌다. 오늘날 가장 사랑받는 신 중 하나다.

비슈누는 보통 네 개의 팔을 가지고 있고, 손에 연꽃, 고동, 원반, 철퇴를 들고 몸을 보석으로 치장한, 짙푸른 또는 검은 피부의 잘생긴 남성으로 묘사된다.[5] 비슈누는 반인반독수리인 가루다(Garuda)를 타고 다니고, 그의 거처는 일종의 천상낙원인 바이꾼타(Vaikuṇtha)이다. 비슈누의 역할이 우주의 보존과 유지이므로 그는 세상사에 참여하는데, 우주의 질서가 잘 유지될 때는 대양 위에 떠 있는 뱀 쉐샤(Śeṣa) 위에서 잠을 자고 우주가 무질서해지면 자신의 탈것인 가루다를 타고 카오스 세력과 싸우거나 자신의 아바따라(화신)를 보내 세계를 구한다(Mukhopadhyay, 2007: 84).

그림 II.1.5 비슈누, 델리국립박물관

세상을 유지·보존하는 그의 특징은, 다르마에 대한 강조와 아바따라 사상에서 잘 나타난다. '내려온 자'라는 뜻의 아바따라는 신의 화신(化身) 개념이며, 아바따라 사상은 신이 필요할 때마다, 특히 악을 물리치고 정의(다르마)를 확립하기 위해 물고기, 반인반수, 인간 등 다양한 형태를 취하고 지상에 내려온다는 사상이다. 이 사상은 특히 비슈누와 관련된다. 비슈누는 자신의 신봉자가 위험에 처해 있거나 지상의 진리와 질서가 오염 또는 쇠퇴될 때마다 인류를 구하기 위하여 여러 형태로 지상에 나타난다.

신과 아바따라의 관계에 대해서는 신과 동일하게 보거나 신의 일부가 드러난 것으로 보는 등 여러 해석이 있다. 이와 관련하여 차뚜르베디(Chaturvedi, 1996c: 11)는 인간 형상을 한 아바따라의 경우, 인간의 속성을 지니는 것으로 나타나지만, 실은 스스로 인류에게 메시지를 전하는 신 자신이라 말한다. 또 무코빠디아이(Mukhopadhyay, 2007: 97)는 『베다』의 초인간적 데바나 『우빠니샤드』의 추상적인 브라흐만 개념과는 달리 서사시와 『뿌라나』의 아바따라는 니르구나 또는 사구나 브라흐만으로 표상되는 최고존재와 인간 사이를 중개해준다고 보고 있다.

무코빠디아이(Mukhopadhyay, 2007: 73)는, 보존자로서의 비슈누 관념은 주로 인간이 자기의무를 충실히 행하면 구원받는다는 믿음과, 세상 지배권을 놓고 우주의 선악 세력이 겨루는 지상에서, 악이 선을 압도할 때 아바따라로 나타나 인류와 세상을 구한다는 믿음에 근거한다고 말한다. 또한 보존자로서의 비슈누의 역할이, 지역 영웅이나 신들의 행동을 주요 신들의 행적으로 만들어 힌두 만신전에 동화시키는 관행에서 생겨났을 것으로 보는 학자들의 관점을 제시한다. 비슈누 신앙이 발전하면서 대중적인 신들을 포함하는 몇몇 신들의 속성들이 첨가되었고, 그들이 그의 아바따라 형태로 비슈누 신앙에 흡수되었다고 볼 수 있다. 비슈누는 비슈누파에서는 궁극적 실재로 숭배된다.[6]

✪ 비슈누의 아바따라

문헌에 따라 비슈누의 아바따라 수는 다양하게 제시된다. 그 가운데 힌두교도들은 대표적인 열 아바따라를 비슈누의 주요 화신으로 숭배한다. 그것들은 물고기 마쯔야(Matsyā), 거북이 꾸르마(Kurma), 멧돼지 바라하(Varāha), 반인반사자 나라싱하(Narasiṁha), 난장이 바마나(Vāmana), 도끼를 가진 파라슈라마(Paraśurāma), 전설적 영웅인 라마와 끄리슈나, 불교의 창시자인 붓다(혹은 발라라마), 그리고 우주의 해체 시기에 나타나게 될 깔끼(Kalki) 등이다. 비슈누파 문헌인 『바가바따 뿌라나』에서 기술되는 비슈누의 아바따라를 소개하면 다음과 같다.

> 열여섯 부분(감각기관, 마음, 다섯 요소들)으로 구성된 뿌루샤(인간)의 형상을 취한 신(비슈누)이, 태초에 (새로운) 우주를 창조하려고 원초적 질료인 쁘라끄리띠에서 최초의 것인 마하뜨(mahat, 지성)를 만들어냈다. (우주가 해체된 상태의) 대양 위에 누워 잠자고 있는(사마디 상태) 비슈누의 배꼽에서 연꽃이 나오고, 그 연꽃에서 창조주 브라흐마가 태어났다. 비슈누의 이 형상은 순수하고 탁월하며 사뜨와(sattva, 밝고 정결한 속성)로 가득 차 있다. 거대한 지식을 지닌 이(요기)들이 이 놀라운 형상을, 수천의 다리, 허벅지, 팔, 입, 머리, 귀, 눈, 코, 수천의 왕관과 옷 귀고리로 빛나는 모습으로 형상화한다.

그림 II.1.6 비슈누의 열 아바따라

이것(최고존재의 본래 형상인 아디 나라야나(Adi Narayana))은 파괴 불가하고 다양한 아바따라로 화신하며, 그의 몸체에서 신, 동물, 새, 인간 기타 존재들이 나온다.

처음에 신이 스스로를 젊은이로 드러냈다. 그가 브라만이 되어 실천하기 힘든 지속적인 성적 순결을 지켰다. 두 번째로는, 가라앉는 지구를 들어 올리기 위해 멧돼지(Varāha)의 몸을 취했다. 세 번째로, 신성한 성자 나라다(Narada)가 되어 종교적 가르침을 설파했다. 네 번째로는 다르마의 아내(닥샤 쁘라자빠띠의 딸 무르띠(Murti))에게서 쌍둥이 성자(나라와 나라야나)로 태어나 평정한 마음을 가지고 극심한 고행을 했다. 다섯 번째 화신은, 상캬철학을 설파한 성자 까삘라(Kapila)다.

여섯 번째로는, 아나수야의 요청으로 아뜨리의 아이(성자 아뜨리와 그의 아내 아나수야의 자식) 다따뜨레야(Dattatreya)로 태어나 알아르까, 쁘라흘

라다, 기타 사람들에게 진정한 지식을 주었다. 일곱 번째는 야갸(Yajña)로 태어났고, 여덟 번째는 나비 왕과 마루 왕비의 아들인 리샤바(Rishabha)로 태어나 최고의 학식 있는 이들에게 최고의 명상을 가르쳤다. 아홉 번째는 쁘리뚜(Prithu) 왕으로 화신하여 땅을 키우고 모든 식물과 풀들을 얻어 인간에게 건넸다. 열 번째는 물고기 마쯔야로, 차끄슈사 시대(chakshusha manvantara) 때 대홍수가 났는데 이 시대를 통치하던 바이바스바따(Vaivasvata) 마누가 물고기로 화신한 비슈누의 조언으로 배를 지어 인류를 구했다. 열한 번째는 우유바다(samudra manthana)를 저을 때 거북이 꾸르마의 형태를 취하고 바다 밑으로 가라앉는 산을 떠받쳤다. 열두 번째는 단완따리(Dhanvantari, 모든 의학 지식의 기원), 열세 번째는 모히니(Mohini), 열네 번째는 악마 히런여까쉬뿌를 없애려 나라싱하로, 열다섯 번째는 난장이(Vāmana)로 화신하여 악마 발리를 물리쳤다. 열여섯 번째는 빠라슈라마로 화신하여 브라만에 대한 왕들의 적대감에 분노하여 끄샤뜨리아 계급을 지상에서 축출했고, 열일곱 번째는 빠라샤라와 사따바띠의 아들 베다비아사(Vedavyasa)로 태어나 베다 나무를 여러 가지로 나누었다. 열여덟 번째에서 스무 번째까지가 라마, 발라라마, 그리고 끄리슈나다. 이어 깔리 유가가 도래하려 할 때 스물한 번째 화신인 붓다로 태어났고, 깔리 유가 끝에 세상의 보호자, 깔끼로 태어나 악을 파괴하고 새질서를 확립할 것이다.(*Bhāgavata Purāṇa*, I.3.1-25)[7]

비슈누의 아바따라 가운데 라마와 끄리슈나가 대중적으로 가장 사랑받고 있는 아바따라다. 라마는 서사시 『라마야나』에서, 비슈누의 화신으로 태어나 다르마를 철저하게 준수하는 영웅적인 왕으로 그려진다. 라마와 그의 아내 시따는 인도인들의 이상적인 남녀상이기도 하다. 라마의 남성적 강함과 충실함, 온화함, 변함없는 자질은 남성의 이상적인 자질로서, 시따의 남편에 대한 충실함과 순종은 가장 이상적인 여성의 자질로서 찬양되어 왔다. 끄리슈나는 『마하바하라따』의 일부인 『바가바드기따』에서 비슈누의 아바따라로 등장하는 인물이다. 라마의 이야기는 앞서 『라마야나』

줄거리 요약 부분에서 언급했으므로 생략하고 여기서는 물고기 마쯔야와 끄리슈나 관련 신화를 소개하기로 한다. 먼저 마쯔야다.

✪ 물고기 마쯔야 화신

마쯔야는 물고기 형태의 아바따라로 정확하게는 상체는 인간, 하체는 물고기 형상이다. 『바가바따 뿌라나』(I.3.15)에서 열 번째로 설명되는 아바따라다. 챠끄슈샤 시대(chakshusha manvantara) 때 대홍수가 났는데 이 시대를 통치하던 마누(Vaivasvata Manu)가 물고기로 화신한 비슈누의 조언으로 배를 지어 인류를 구한 것으로 간략히 기술되고 있다. 다른 관련 자료를 보완하여 그 스토리를 정리하면 다음과 같다.

> 새로운 창조가 시작될 무렵, 아버지가 태양 바이바스와뜨(Vaivaswat)인 마누(인류의 조상) 왕이 살았다. 어느 날 마누가 강에서 목욕을 하다 자신의 손에 들어온 작은 물고기 마쯔야를 발견했다. 그 물고기는 자신이 너무 작아 강에 있기 두려우니 작은 그릇에 담아달라고 부탁했다. 마누는 그 물고기를 집으로 가져와 투명한 그릇에 놓아두고 극진히 돌봐주었다. 그런 보살핌 덕에 그 물고기는 빠르게 자랐고, 담긴 그릇이 작아졌다. 그러자 마누는 마쯔야를 좀 더 큰 그릇에 넣어두었다. 그러나 물고기가 점점 더 커지자 연못에, 그것도 작아지자 강가 강에 풀어 놓아주었다. 하지만 강가마저도 좁게 되자, 그 물고기는 마누에게 자신을 대양에 데려다 놓아달라고 청했다. 마누가 그 물고기를 바다에 놓아두자, 사라지기 전, 마누에게 곧 세상이 대해체(pralaya)로 파괴될 것이니 배를 만들어 밧줄로 묶고, 홍수가 오면 일곱 성자와 모든 생명의 씨앗을 배에 태우도록 조언했다. 그리고 또 우주가 대해체될 때 자신이 그들을 안전하게 데려갈 것이니 자신의 머리에 난 뿔로 자신을 찾으라고 말했다. 그리고는 사라졌다. 물고기가 예언한 대로 대홍수가 일어났고 마누는 물고기가 조언한 대로 했다. 그리고 마누는 뿔 달린 물고기가 자신을 향해 오는 것을 보았다. 마누는 그 물고기의 뿔에 배의 밧줄을 묶었다(배를 묶었던

그림Ⅱ.1.7 마쯔야

밧줄이 실은 뱀 아난따(Ananta)였다고 말한다). 그 물고기는 유일하게 드러나 있어 눈에 보이는 땅인 히말라야의 가장 높은 곳으로 배를 이끌고 갔다. 그리고 마누와 성자들에게 배를 그 정상에 단단히 묶도록 지시했다. 그리고 물이 빠질 때까지는 절대 밑으로 내려오지 말라고 했다. 물고기는 헤엄쳐 사라지면서 자신이 물고기 형상을 한 비슈누였음을 드러냈다. 그리고 마누에게 물이 정상상태로 낮아지면 창조과정을 시작하라고 요청했다.(Mukhopadhyay, 2007: 103-104; Wilkins, 1994: 134-36)

❂ 끄리슈나 화신

끄리슈나는 비슈누가 악을 물리치고 선을 수호하기 위해 인간 형상으로 화신한 존재이다. 탄생에서 죽음에 이르는 끄리슈나의 일대기에는 그와 관련한 많은 신화와 설화들이 담겨 있다. 이 이야기들은 신앙의 차원은 물론이고 예술 분야에도 깊은 영향을 미쳤다. 『바가바따 뿌라나』는 그의 탄생에서부터 초기 공적들을 상세히 다루고, 『마하바라따』는 후기 생애를 주로 다룬다. 특히 『마하바라따』의 일부인 『바가바드기따』에서 힌두교의 핵심 가르침을 주는 존재로 그려진다. 끄리슈나에 대해서는 Ⅱ부와 Ⅲ부에서도 언급할 것이므로 여기서는 『바가바따 뿌라나』에서 기술되는 그의 생애를 간략히 소개해보기로 한다.

마투라에 있는 왕국의 사악한 왕자 깜사가 아버지를 축출하고 왕이 되어 폭군정치를 하고 있었다. 그런데 그는 자신의 사촌인 데바끼(Devaki)와 그의

그림Ⅱ.1.8 끄리슈나, 바라나시의 자가나트 사원

그림Ⅱ.1.9 데바끼, 바수데바, 신생아 끄리슈나, 델리국립박물관

남편 바수데바(Vasudeva)가 아들을 낳으면 깜사를 죽일 것이라는 신성한 예언 때문에 그 부부를 감옥에 가두고 그들이 아이를 낳을 때마다 살해했다. 하지만 끄리슈나가 태어났을 때 바수데바는 신들의 도움을 받아 끄리슈나를 고쿨의 목동 난다와 그의 아내 야소다가 낳은 여아와 바꾸어 그들의 아들로 자라나게 했다. 끄리슈나가 살아 있는 것을 알게 된 깜사는 어린 끄리슈나의 잠재력을 두려워한 나머지 그를 없애려고 그 지역의 모든 어린아이를 살해하도록 명령했다. 그는 여러 악마들을 보내 끄리슈나를 찾으려 시도했지만 끄리슈나는 매번 모두를 물리쳤다. 그러자 자신의 부하인 마녀 뿌따나를 보내 끄리슈나가 그녀의 독 있는 젖을 빨게 해 죽이려 했다. 그러나 그녀가 마녀인 줄을 알고 있던 끄리슈나가 그녀의 피를 빨아내 그녀가 오히려 죽게 되었다. 고쿨의 모든 시민들은 어린 끄리슈나의 행동에 놀랐다.

얼마 후 끄리슈나와 난다, 그리고 다른 목동(gopa)들이 더 큰 재앙을 피하고 또 새 목초지를 찾기 위해 근처 브린다반으로 이주했다. 그곳에서 끄리슈나는 매력적인 청년으로 성장했다. 그의 매혹적인 피리소리는 모든 사람과 새와 동물을 사로잡았다. 그러나 깜사가 계속해 보내는 악마들 때문에 브린다반의 평화는 이내 깨지고 말았다. 그러나 끄리슈나는 그들을 모두 물리쳤다. 끄리슈나는 이 밖에도 여러 놀라운 능력을 보여주었다. 특히 유명한 공적은 인드라에 대한 숭배에 대항하고 대신 목동들에게 더 적합한 고바르단 산에 대한 숭배를 확립한 것이다(이는 이전 아리아인들의 신앙과 토착신앙의 투쟁을 상징한다). 이에 분노한 인드라가 자신의 구름군대를 보내 비로 브란다반을 황폐화시키려 했다. 끄리슈나는 인드라의 분노에서 시민들을 구하려고 고바르단 산을 한 손가락으로 우산처럼 들어올려 큰 비로부터 브린다반 시와 시민들을 보호했다. 이 모든 기적적 행동들이 사람들의 마음을 사로잡았다.

끄리슈나와 발라라마는 함께 깜사를 살해하고 마투라를 해방시켰다. 그리고 깜사의 아버지를 복위시켰다. 그러나 깜사의 죽음은 그의 장인이자 마가다의 지배자인 자르산다의 분노를 샀고 그는 마투라를 공격했다. 끄리슈나는 여러 차례 승리했으나 다시 한 번 그의 공격을 받자 마투라 주민들의 큰 고통이 예상되어 자신의 부족과 함께 인도 서북부의 드와르까로 이주해 새 왕국을 세웠다.

이어지는 그의 생애는 마하바라따 전쟁에서 절정에 이른다. 끄리슈나는 친밀관계와 정당성 때문에 빤다바 형제편에 섰다. 마하바라따(꾸루끄세뜨라) 전쟁은 끄리슈나가 자신의 정치철학과 종교사상을 펼치는 기회를 제공했다. 그는 전쟁터에서 아르주나에게 가르침을 주는데 그것이 바로 인도 지혜의 정수인 『바가바드기따』다. 전투 후 정의로운 왕국이 세워지고 끄리슈나는 드와르까로 돌아갔다. 끄리슈나의 말년은 행복하지 않았다. 그 자신의 부족민들이 다르마에서 벗어나 술과 투쟁에 빠졌고 결국 패망했다. 그는 무거운 마음으로 드와르까를 떠나 숲에서 명상을 하다 한 사냥꾼이 사슴으로 착각하여 쏜 화살에 맞아 죽음을 맞았다. 그가 죽었을 때 드와르까 전체가 대양에 잠기고, 아르주나가 그의 아내들과 생존 가족들을 자신의 수도인 하스띠나뿌르로 데려갔다.(*Bhāgavata Purāṇa*, Skandha X.1-44)

무코빠디아이(Mukhopadhyay, 2007: 100-101)에 따르면 주요 아바따라가 숭배대상이나, 실제로 오늘날 숭배되는 아바따라는 라마, 끄리슈나, 나라싱하이며, 대부분의 비슈누 신봉자(바이슈나바)는 끄리슈나를 최고의 아바따라로서 숭배하고 일부파(라마누자와 마드바 추종자들)는 끄리슈나를 비슈누와 같은 최고존재로 간주한다. 하지만 대부분의 힌두교도들은 비슈누와 그의 아바따라 사이에 차별이 없다고 믿는다.

✪ 풍요의 여신, 락슈미

락슈미는 비슈누의 배우자로, 슈리데비(Śridevi)로도 불린다. 가장 인기 있는 여신 가운데 하나다. 부와 번성함, 복지와 행운을 가져다주는 신으로 믿어지고, 정숙함과 덕스러움, 그리고 미를 표상하기도 한다. 락슈미는 보통 네 개의 팔을 지니고 손에는 연꽃을 들고 있는 아름다운 여성으로 묘사되며, 때로는 금화단지를 지닌 모습으로도 그려진다. 코끼리가 그녀의 탈것이다.

서사시와 『뿌라나』 모두에 나오는 유명한 신화인 우유대양젓기 신화에 의하면, 슈리 즉 락슈미는 데바와 아수라들이 우유대양을 젓기 시작할 때 우유대양에서 나온 여러 진귀한 것들 중 하나로, 대양에서 나와 비슈누의 아내가 된 것으로 기술된다.

락슈미는 본래 성장과 풍요의 성격이 강한 여신이었다. 그러나 후기 서사시 시기(4세기) 이후 비슈누의 배우자로 나타나면서부터는, 세상을 유지하는 비슈누의 역할을 돕는 측면이 강화되었다. 비슈누가 세상의 질서, 즉 다르마가 위험한 상황에 놓이게 될 때 다르마를 보호하고 유지하기 위해 다양한 모습으로 자신을 지상에 드러내듯이, 락슈미도 비슈누의 세계유지 역할을 돕기 위해 그가 화신할 때마다 여러 다른 여신의 모습으로 화신

그림Ⅱ.1.10 락슈미와 비슈누,
바라나시의 빤차라뜨라사원

한다. 『라마야나』에서 비슈누가 다르마를 수호하기 위해 라마로 화신할 때 락슈미는 라마의 아내인 시따(Sītā)로 화신한 것이 대표적인 예다.

『라마야나』에서 시따는 어떤 상황에서도 남편에게 충실한 아내의 다르마를 완수하는, 가장 이상적인 여성상으로 제시되고 있다. 또한 락슈미는 비슈누가 세상을 잘 유지시킬 수 있도록 자금이나 필요한 수단을 제공해준다고 한다(Mukhopadhyay, 2007: 84). 이렇듯 락슈미는 부와 풍요를 가져다주는 여신이자, 세상의 질서를 유지하는 비슈누의 역할을 돕는 여신이라 할 수 있다.

락슈미가 모든 힌두교도들의 숭배대상이기는 하지만, 부와 풍요의 여신인 만큼 특히 상인계급의 신앙대상이 되고 있다. 락슈미는 인도에서 가장 큰 축제인 디왈리(Diwali) 때 특별히 숭배되고, 이때가 상인계급들에게는 가장 중요한 축제 기간이다.

✪ 해체의 신, 쉬바

쉬바는 힌두 뜨리무르띠에서 우주의 파괴와 해체의 기능을 담당하는 신으로, 우주의 해체력을 의인화한 존재라 할 수 있다. 현재 인도에서 비슈누와 더불어 가장 널리 숭배되는 신이고, 쉬바파에서는 최고신으로 숭배된다. 즉 근원실재인 브라흐만이자 브라흐만의 인격화인 이슈와라로, 쉬바에게

그림 II.1.11 쉬바, 바라나시의 비슈와나트사원

서 우주의 창조와 유지, 그리고 해체를 담당하는 삼신이 나오는 것으로 설명된다.

힌두교의 다른 신들과 마찬가지로 쉬바도 여러 이름으로 불린다. 주요 명칭으로는 루드라(Rudra, 악과 슬픔의 파괴자), 샹까라(Śankara, 선을 행하는 자), 마하요기(Mahayogī, 大요기), 닐라깐타(Nilakantha, 푸른 목을 지닌 이), 나따라자(Nataraja, 춤의 왕), 빠슈빠띠(Paśupatī, 동물의 주인), 아다나르이슈와라(Adhanariśvara, 반남신 반여신) 등이 있다. 이 외에도 수많은 이름이 있고, 이러한 많은 이름은 쉬바의 성격과 기능이 다양함을 말해준다.

특히 쉬바는 힌두 신 가운데 가장 복합적이고 양면적인 성격을 지니는 신이다. 대표적인 예로, 두렵고 무서운 성격의 파괴의 신인가 하면 창조력과 관련되는 재생과 풍요의 신이기도 하다. 이마에 있는 세 번째 눈에서 나오는 불로 파괴를 하지만, 힌두사상에서 파괴와 해체는 새로운 창조로 이어지기 때문에 파괴자로서의 쉬바는 재창조자이기도 하다.

파괴자로서의 쉬바는 '루드라' 또는 '루드라-쉬바'로 불린다. 루드라는 『리그베다』에 등장하지만 중요한 신이 아니었고 『뿌라나』에서는 파괴자인 쉬바로 자주 등장한다. 차끄라바르띠(Chakravarti, 2002: 2)는 무서운 현상들이 쉬바로 인한 것으로 간주되고 무시무시한 모든 것들이 그와 연관된다고 지적한다. 이는 자연의 무서운 파괴력을 루드라로 의인화한 것으로 볼 수 있다. 반다르까르(Bhandarkar, 1965: 102)도 루드라-쉬바 개념은, 자연의 무섭고 파괴적인 현상을 신의 분노 때문으로 보고 그 신을 달래면 무서운 신이 자비로운 신으로 바뀔 것이라는 고대 인도인들의 믿음에서 생겨났을 것으로 추정한다. 종교사적으로는 아리아인들의 신앙이 비아리아인들의 신앙과 결합되면서 루드라가 쉬바와 동일시된 결과로 보인다.

쉬바의 상반되는 성격은 그의 대표적인 두 상징에서 극명하게 잘 나타난다. 세속에서 초연한 채 해탈을 위해 요가수행에만 몰두하는 마하요기와 우주의 창조와 해체에 적극적으로 참여하는 나따라자가 그것이다. 쉬바 신앙에서 우주의 해체는 초월상태로 들어간 쉬바, 즉 마하요기로 표상된다.[8] 춤의 왕을 뜻하는 나따라자는 링가와 함께 쉬바의 대표적인 상징으로, 두 다리와 네 팔로 역동적인 춤 동작을 하고 있다. 쉬바의 우주적 춤은 그의 창조, 유지, 파괴 행위를 상징한다. 이 춤은, 삶은 본질적으로 상반되지만 상호 의존적인 선과 악, 그리고 삶과 죽음이 역동적으로 균형을 이루고 있다는 관념을 표현하고 있다. 그러므로 쉬바의 춤은 삶과 생명의 춤이라 할 수 있다(류경희, 2013).

특히 쉬바가 다른 힌두 신과 차이가 나는 점은, 신상보다는 링가라 불리는, 알 또는 끝이 둥근 돌기둥 형태로 숭배되는 점이다. 일부 학자들은 이 링가가 본래 토착신앙에서 생식력 또는 풍요를 상징하는 남근상이었을 것으로 추정하기도 하는데, 힌두교에서는 우주의 모체 또는 근원적 생명력으로서의 쉬바, 즉 브라흐만으로서의 쉬바를 상징하는 것으로 해석된다.

무커르지(Mookerjee, 1998: 92)는 『스깐다 뿌라나』에 근거하여, 링가

그림 II.1.12 마하요기, 엘로라의 카일라사사원

그림 II.1.13 나따라자, 마두라이의 미낙시사원

그림Ⅱ.1.14 링가와 요니, 바라나시의 쉬바사원

를 형성과 해체과정에 있는 우주의 실체를 상징하는 것으로, 속성을 지니지 않는 니르구나 브라흐만으로서의 쉬바를 나타내기 위해 알의 형상으로 표상되어 온 것으로 설명한다. 또한 그(Mookerjee, 1998: 92)는 속성을 지니지 않아서 형태가 없는 것은 에테르, 빛기둥, 우주적 알처럼 많은 상징으로 표상되는데, 링가도 이에 해당한다고 보고 있다. 링가는 흔히 요니(yoni)로 불리는 타원형의 돌 위에 놓인 형태를 하고 있는데, 이 링가와 요니의 결합은 쉬바와 그의 에너지이자 여성원리인 샥띠와의 결합을 상징하고 이 결합을 통해 우주가 생성된다.

요컨대 쉬바는 파괴력을 상징하는 파괴의 신임과 동시에 창조력과 관련되는 재생과 풍요의 신이기도 하다. 쉬바의 이러한 양면성과 복합성은 종교문화사적으로는 여러 형태의 신앙이 융합된 결과로 볼 수 있다. 쉬바 자신이 아리아인들의 종교인 브라흐만교에 통합된 토착민들의 신앙대상이라 할 수 있고, 쉬바를 중심으로 확립된 쉬바 신앙도 아리아인들의 신앙과 토착민들의 신앙이 결합한 것이라 할 수 있다.[9]

그림Ⅱ.1.15 바라나시 강가 강변의 링가상

링가 외에도 쉬바의 주요 상징으로는, 흔히 지혜의 눈으로 지칭되는 양 미간 사이에 있는 제3의 눈, 우주의 창조, 유지, 해체를 상징하는 삼지창(Trisula)이 있다. 쉬바는 보통 다므르(Damur)라는 작은 북을 매단 삼지창을 손에 들고 목에는 코브라를 두르고 호랑이 가죽 위에 앉아 있는 모습으로 묘사된다. 쉬바의 탈것은 황소인 난디(Nandi)로 쉬바사원에서 링가상과 함께 쉽게 볼 수 있다.

쉬바와 관련된 예배대상은 그의 가계에 속하거나 그와 관련된 존재들로, 쉬바의 아내 빠르와띠(Pārvatī), 둘 사이에 태어난 두 아들인 까르띠께야(또는 Skanda)와 가네샤, 쉬바의 탈것인 난디와 수행자 꾸베라(Kubera) 등이다. 이 중 가네샤가 가장 중시되는 숭배대상이고 빠르와띠는 독자적인 예배대상은 아니다. 이처럼 쉬바파의 신계보는 비슈누파에 비해 복잡하다. 비슈누파가 주로 아바따라 교리를 통해 여러 부족 및 지역의 신앙대상들을 통합했다면, 쉬바파의 경우는 쉬바의 가족체계를 확장하고 야크샤와 같은 하위 신격들을 쉬바의 수행자들로 흡수하고 또 가장 중요한 예배대상인 링가를 쉬바의 중심 상징으로 만드는 다양한 방법을 통해 여러 부족 및 지역 신들을 쉬바 신앙에 통합했다(류경희, 2012a: 103).

『쉬바 뿌라나』에서 이러한 통합은 신화적으로 묘사된다. 일례로 창조의 시점에 마하데바(쉬바)가 세상을 위해 1주간에 걸쳐 여러 신들을 창조하는 것으로 기술된다. 즉 '첫날은 쉬바가 창조된 쉬바의 날(건강 부여), 2일은 마야의 날(번영 부여), 3일은 꾸마라의 날, 4일은 비슈누의 날(세상 보호), 5일은 브라흐마의 날(장수), 6일은 인드라의 날(세속 즐거움), 7일은 야마의 날(미성숙 죽음 제거)이다(*Śiva Purāṇa*, Vidyeśvara Saṁhitā, 14.13-22). 쉬바를 정점으로 하는 이러한 통합은 일신교적 다신신앙의 특성을 잘 반영하고 있다.

✪ 쉬바의 여러 배우자와 여신신앙

비슈누와 마찬가지로 쉬바도 여러 배우자를 갖는다. 특히 쉬바의 배우자는 그 수도 많고 유형도 상이하게 나타난다. 사띠, 빠르와띠, 두르가, 깔리 등이 쉬바의 대표적인 아내인데, 사띠나 빠르와띠가 쉬바에 헌신적인 배우자 여신이라면 두르가나 깔리는 독립성이 강한 여신에 속한다.

신화에서 사띠는 자신의 아버지가 남편인 쉬바의 명예를 모독한 것에 분노하여, 자기 몸을 희생제의 불에 던져 자신을 희생시킨 여신이다. 일부 학자들은 인도의 전통관습 가운데 과부화장제인 사띠의 기원을 이 신화적 사건과 연관 짓기도 한다. 이 사띠 여신의 화신으로, 히말라야 산의 신 히마반(Himavan)과 천상의 무희(압사라)인 메나(Mena) 사이에서 태어난 딸이, 자애롭고 쉬바에게 헌신적인 아내로 묘사되는 빠르와띠다. 빠르와띠는 힌두전통이 중시하는 여러 덕성, 즉 풍요, 배우자에 대한 헌신, 부부사이의 행복 등을 상징하고 때로 반은 쉬바, 반은 빠르와띠의 형상으로 묘사되기도 한다. 특히 결혼한 여성들이 남편의 건강과 장수를 위해 빠르와띠에게 예배를 드린다(Mukhopadhyay, 2007: 193-94).

이에 비해 깔리나 두르가는 쉬바의 배우자이긴 하나 무적의 여전사로 매우 강력하고 독립적이며 쉬바와 별도로 독자적으로도 숭배된다. 따라서 힌두여신을 쉬바의 아내 사띠나 빠르와띠, 비슈누의 아내 락슈미, 그리고 브라흐마의 아내 사라스와띠 등과 같은 풍요롭고 자애로우며 남신에 종속적인 배우자 여신과, 강력하고 도전적인 두르가나 깔리와 같은 독립성을 강하게 띠는 독립적 여신으로 구분할 수 있다.

인도 여러 지역에 걸쳐 신봉되는 수많은 여신들은 이들 주요 여신과 연관된 신들이다. 배우자 여신이 남신의 사원에 함께 안치되어 숭배되는 것과는 달리 두르가나 깔리는 주로 독자적인 사원을 지니고 독자적인 예배의 대상이 되고 있다. 이들 독립적인 여신에 대한 신앙을 특별히 샥띠즘(Śaktism)이라 지칭하고 힌두교의 주요 세 종파 가운데 하나로 분류한다. 두르가나 깔리에 대해서는 Ⅲ부의 여신 신화와 여성을 다루는 부분에서 상세히 다룰 것이므로 여기서는 이 정도로 간략히 언급하기로 한다.

그림Ⅱ.1.16 쉬바와 빠르와띠

✪ 기타 하위 신들

위에서 다룬 주요 신 외에 이들과 관련된 하위 신들도 신화에 자주 등장하고 또 실제 숭배대상이 되고 있다. 주로 신들의 가족이나 수행자 등이 포함된다. 이들 가운데 주요 신으로는 쉬바의 아들인 코끼리 신 가네샤와 여러 머리를 가진 까르띠께야, 그리고 라마의 충실한 조력자인 원숭이 신 하누만(Hanuman) 등이 있다.

가네샤는 가나빠띠(Gaṇapati), 비나야까(Vināyaka)로도 불리는데, 상체는 코끼리 형상, 하체는 인간 형상을 한 반인반수의 신이다. 쉬바와 빠르와

그림Ⅱ.1.17 가네샤, 바라나시의 델리 비나야까

띠의 아들로, 신화에 의하면 빠르와띠가 목욕하던 중 그녀의 때에서 탄생했다고 한다. 그러나 종파를 불문하고 모든 힌두들의 주요 숭배대상이다. 가네샤는 특히 장애를 제거해주는 신으로 중시되어서 모든 종교의례와 의식에서 그에게 제일 처음 예배를 드린다. 그리고 힌두교도들은 모든 일을 시작하기에 앞서, 가네샤의 축복을 얻기 위해 '모든 곳에 편재하시고 정당함의 화신이신, 늘 미소 짓는 얼굴과 흰 피부, 네 개의 손을 지니신 가네샤께서 모든 장애를 없애주시길 기원합니다'는 예배문으로 그에게 먼저 예배를 드린다(류경희, 2013: 138).

까르띠께야는 쉬바와 빠르와띠의 아들로, 악을 물리치고 다르마를 수호하는 신성군대의 지휘관인 전사 신이다. 꾸마라(Kumara), 스깐다(Skanda), 수브라만야(Subramanya)로도 불리고, 남인도 따밀나두 지역에서는 무루간(Murugan)으로 불린다. 무루간은 따밀나두에서 가장 인기 있는 신으로 까르띠께야와 토착 신이 결합된 것으로 보인다(류경희, 2013: 138).

라마와 관련된 하위 신인 하누만은 『라마야나』의 주요 등장인물로, 충성스럽게 라마를 도와 그가 악마인 라바나를 물리치는 데 큰 역할을 한다. 하누만은 지혜, 박띠, 용맹성, 정의로움, 힘, 흔들리지 않는 정의로움에 대한 헌신, 철저한 의무 준수, 주인에 대한 충실한 봉사의 상징이며, 이러한 자질 때문에 숭배된다(Mukhopadhyay, 2007: 177). 신화에 따르면 하누만은, 본래 천상의 무희였지만 저주 때문에 원숭이로 지상에 태어난 안자나와 그녀의 남편인 케사리 사이에서 태어난 아들이다. 안자나의 저주는 그녀가 쉬바의 화신을 낳아야 풀릴 수 있는 것이어서, 안자나와 케사리가 쉬바에게 큰 봉헌을 바쳐서 이에 대한 축복으로 하누만이 태어났다(Mukhopadhyay, 2007: 178-79).

그림 II.1.18 하누만

이들 외에도 힌두신화에는 반신이나 정령과 같은 많은 신적 존재나 하위 신격이 등장한다. 예를 들어 뱀의 꼬리를 가진 반인반수인 뱀정령 나가(naga), 서력기원 이전에는 널리 퍼져 있었으나 힌두교의 주요 신이 점차 널리 숭배됨에 따라서 그 중요성이 약화된, 물이나 식물과 관련된 정령인 야크샤(yakṣa, 불교의 야차)와 여성 야크샤인 약크시, 또 코끼리, 소, 원숭이, 새, 보리수, 소마 등의 동식물, 강가, 야무나, 히말라야(특히 카일라사)의 강과 산, 그리고 태양, 달, 아홉 혹성 등의 천체 등도 숭배의 대상으로 나타난다.

산들 가운데는 특히 세계의 중심으로 믿어지는 신비의 산인 메루

그림 II.1.19 나가상, 바라나시 강가

그림 II.1.20 야크샤, 델리국립박물관

(Meru, 수미) 산의 기슭인 히말라야 산이 신성시된다. 힌두교도들은 메루 산의 주변, 천상에 이르는 산들 위에 신들이 산다고 믿는다. 그래서 히말라야의 여러 봉우리들이 비슈누나 쉬바의 거처로 믿어져 특히 신성시된다. 쉬바의 산인 카일라사(Kaillasa)는 오랫동안 순례지가 되어 오고 있다. 강들도 신성시되는데 특히 강가(Ganga)가 그러하다. 강가는 비슈누의 발에서 솟아 나와 은하수 형태로 하늘을 흘러서는 쉬바의 헝크러진 머리타래를 타고 땅으로 떨어진다고 믿어진다. 강가는 그 지류인 야무나(Yamuna)와 함께 독자적인 여신으로 신봉된다.

이렇듯 다양한 숭배대상들을 포함하는 힌두신화의 만신전은, 문화적인 관점에서 본다면 힌두교의 긴 역사적 전개과정에서 다양한 신앙 형태들이 융합되어 형성된 결과이고, 힌두사상의 관점에서 설명한다면 다양한 신격과 우주를 하나의 근원적 실재의 자기현현으로 이해하는 힌두사상의 통합적 관점의 산물이라 할 수 있다.

5. 힌두의례

힌두교도들은 많은 신들 가운데 자신이 선호하는 신(ishva devata)을 중심으로 여러 힌두 신들을 신봉한다. 즉 개인, 가정, 마을, 카스트 등에 따라 선호하는 신들이 있다. 그래서 빠딴에이크(Pattanaik, 2003: 83-84)는 모든 힌두교도에게 공통되는 하나의 신은 없다고 지적하기도 한다.

뒤에서 다루게 되겠지만, 힌두교도들이 궁극적으로 지향하는 목표는 생과 사를 되풀이하는 윤회에서 벗어나 해탈의 경지에 이르는 것이다. 하지만 대중에게 이 목표는 달성하기 쉬운 목표가 아니다. 그래서 그들이 실제로 기원하는 것은 현생에서 행복한 삶을 누리고 다음 생에 보다 나은 존재로 태어나는 것이다. 물론 대중의 궁극적인 목표도 수많은 생을 거쳐 해탈에 이르는 것이란 점은 같다.

힌두교도들이 이러한 종교적 목표를 달성하기 위해 실천하는 구체적인 종교행위가 명상과 요가, 그리고 뿌자(puja)와 같은 자기수행이나 의례다. 요가는 넓은 의미로는 해탈을 달성하기 위해 하는 모든 종류의 수행방법을 말하고, 뿌자는 힌두신화의 주요 주제인 박띠 사상이 의례화된 형태로 가장 대중적인 종교의례다. 뿌자는 신에게 하루 두세 차례 드리는 일상의례와 축제 등의 특별의례에서 꽃, 예배문, 등불, 향, 음식, 그리고 물 등을 사용하여 신상 앞에서 예배를 드리는 행위다. 일상의례의 경우는 아주 짧게 행하고 특별의례는 사제의 집전으로 상당히 길게 진행된다. 사실 힌두의례는 매우 다양하고 복잡하며, 수행이나 의례 관련 규정이나 그 긍·부정적 결과들이 신화에서 설명식 서술이나 이야기 형식으로 기술되고 있다.

그림 II.1.21 쉬바사원에서 정규 뿌자를 드리는 사제들, 바라나시

가장 대중적인 힌두의례인 뿌자의 두 핵심 요소는 목욕의례와 신상을 알현하는 다르샨(darśan)이다. 목욕의례는 가정사당이나 사원에 있는 신상을 알현하기 위해서 반드시 거쳐야 하는 일종의 사전 정화의례다. 모든 정식 힌두의례는 목욕의례로부터 시작해야 한다. 그래서 힌두사원들은 강을 끼고 있거나, 아니면 사원 앞에 '꾼드'라 불리는 물탱크가 놓여 있다.

특히 인도인들이 신성시하는 강가 강에서 하는 목욕의례는 힌두교도에게 정화의례의 차원을 넘어 그 자체로 독자적인 중요성을 지닌다. 신성한 물인 강가 물에서 목욕의례를 하면 모든 오염과 죄가 정화된다고 믿기 때문이다. 사당이나 사원에 모셔진 여러 힌두 신의 신상 앞에서 예배를 드리는 일은 목욕의례를 마치고 하는 가장 중요한 의례 절차다. 신상숭배는 뿌자의 핵심 요소로, 이 상 숭배의 핵심은 신상을 알현하는 다르샨이다. '보는 것'을 뜻하는 다르샨은 신상을 직접 보는 행위, 즉 신과의 직접적 대면을 의미하고 이를 통해 신과의 직접적인 교섭이 이루어진다.

보통 힌두사원에서는 크게는 아침, 점심, 저녁에 사원사제가 사원에 모셔진 신상 앞에서 예배를 드린다. 이때 신자들은 신에게 바칠 공물을 들고 신상을 모신 사당의 문이나 신상을 가린 커튼이 열릴 때를 기다리다 문이 열리면 사제를 통해 공물을 바치고 신상을 알현한다. 그리고 사제에게서 신의 축복의 표시인 쁘라사드(prasad)를 받는 것으로 신상참배를 마친다. 여기서 신상을 직접 보는 다르샨과 신의 축복인 쁘라사드가 매우 중요하다.

뿌자는 가정의 사당이나 공공사원에서 행해진다. 힌두교는 제도화되거나 조직화된 종교가 아니어서 사원에서 특정일에 정규적으로 종교집회가 열리는 것은 아니다. 사원은 개인적으로 방문하고 싶을 때 찾아간다. 즉 사원 방문이 의무적이지는 않다. 이처럼 힌두사원은 집단 예배장소가 아니라 신의 거처다.

신은 사원의 중심부(가르바그리하)에 안치된 신상을 거처로 삼는다. 따라서 사원에 신상을 안치할 때 신의 영혼이 신상에 들어오도록 하는 일련의 의례를 거쳐야만 한다. 그래야만 신상에 신과 신의 파워가 존재하게 된다고 믿기 때문이다. 사원에서 사제가 주기적으로 신에게 의례를 바치는 것은 주기적인 의례를 통해 점차 약해지는 신상의 파워를 복원하는 행위다. 의례적으로 정화된 사제만이 신상 접촉이 가능하고 신자들은 신을 알현하는 다르샨을 통해 신의 은총을 받고 그것을 세속 삶으로 가져온다(Pattanaik, 2003: 84). 결국 힌두사원이나 의례가 모두 신자가 신의 파워 또는 은총을 전달받는 통로라 할 수 있다. 여기서 사제의 역할에 주목할 필요가 있다. 신과 인간의 매개자의 측면보다는 오염으로 신의 파워가 상실되지 않도록 정결함을 보존, 회복, 유지하는 역할을 하는 것으로 판단된다.

힌두교도들은 사원보다는 주로 일상의 가정생활에서 종교의례를 행한다. 따라서 힌두교도들의 가정에는 거의 대부분 신상을 모셔놓은 가정사당이 마련되어 있다. 이 점에서 가정은 인도인들의 종교생활이 이루어

그림Ⅱ.1.22 가정사당 1, 바라나시

그림Ⅱ.1.23 가정사당 2, 바라나시

지는 중심지라 할 수 있고, 그만큼 신은 인도인들의 삶과 밀착되어 있다고 할 수 있다.

힌두의례가 어떠한 형태를 취하든 그것의 궁극적인 목적은 종교행위자로 하여금 몸과 마음을 정화시켜 해탈에 이르도록 돕는 데 있다. 따라서 이 목표를 달성할 수만 있다면 달성 방법상의 차이는 인도인들에게 그다지 문제가 되지 않는다. 다양한 종교적 믿음과 관행이 힌두교란 울타리 안에서 관용적으로 수용되고 있는 것도 인도인들의 이러한 의식에 근거한다.

2. 우주창조와 순환적 우주관

1. 신화적 우주창조론과 그 유형

과학이 우주를 합리적으로 설명하기 훨씬 이전부터, 인류는 자신과 주변 세계에 대해 여러 물음을 가지고 있었다. 그리고 다양한 방법으로 그 의문들을 풀어보려 시도해 왔다. 우주와 세계의 기원이나 질서, 그리고 운명에 대한 물음도 이런 물음에 속한다. 세계 여러 지역신화에서 보편적으로 발견되는 우주창조 신화(cosmogonic myth)에는 인류가 우주에 대해 품었던 이러한 의문에 대한 답이라 할 수 있는 우주론(cosmogony)이 담겨 있다.

그리스 신화텍스트인 헤시오도스의 『신들의 계보(신통기)』는 '태초에 카오스(Chaos)가 있었고 (이어) 넓은 젖가슴을 지닌 가이아(Gaia, 대지의 여신, 모든 생명의 모태)가 있었으며 이어 에로스(Eros)가 생겼다'(헤시오도스, 2009: 40)고 서술하고, 이후 우주만물이 결합하여 번식하는 일을 돕는 과정을 묘사한다. 북유럽 신화집인 『에다(*Edda*)』도 거인 이미르(Yimir)의 시신에서 세상이 생겨나는 과정을 기술한다. 기독교의 구약에도 최고신인 하나님이 태초에 우주를 창조하는 이야기가 등장한다. 인도 신화텍스트의 경우도 마찬가지다. 다만 우주창조에 대한 기술이 한 번이 아니라 여러 곳에서 되풀이해 등장하는 차이를 보이는데, 뒤에서 살펴보겠지만 이것은 인도인들의 순환적 우주관 때문이다.

이러한 예에서 알 수 있듯이, 우주창조 신화는 대부분의 세계신화에서 발견되는 주요 주제로, 우주와 인간, 그리고 때론 신의 창조 이야기를 담고 있다. 특정 우주창조 신화에 담긴 우주론은 그 신화를 제작하고 공유해 온 집단의 우주 이해를 보여준다.

인류는 우주를 다양한 방식으로 이해해 왔다. 따라서 세계 여러 지역의 우주창조 신화는 다양한 형태로 나타난다. 그 가운데 주요한 몇 가지 유형으로는, 무(無)로부터 창조주가 창조, 카오스에서 창조, 우주적 알(cosmic egg)에서 창조, 신적 존재의 몸체로 창조, 세계의 부모(world parents) 즉 남녀원리의 결합에 의한 창조 등을 들 수 있다.

창조주가 무로부터 우주를 창조했다는 주제는 주로 근동신화에서 많이 발견된다. 이러한 유형의 우주창조에서 창조주는, 태초에 자발적인 의지를 가지고 아무것도 존재하지 않는 상태에서 우주와 우주의 여러 존재를 완전한 존재 형태로 창조한다. 기독교를 포함하여 조로아스터교, 유대교, 이슬람과 같은 유일신 종교의 창조신화가 이런 유형에 속한다.[10] 여기서 창조주는 대개 하늘(天)이나 천신(天神)으로, 우주와 인간을 창조한 전지전능한 존재로 상정된다.

혼돈 또는 무질서를 뜻하는 카오스에서 우주가 창조되는 유형은 많은 우주창조 신화에서 다른 창조 유형과 함께 나타난다. 카오스 상황은 창조가 이루어지기 이전의 상황으로, 흔히 물, 괴물, 차가움, 딱딱함, 억제 등의 성질로 묘사된다. 그리고 창조의 질서나 창조 에너지가 억제되어 있는 상태를 상징한다. 이 억제된 혼돈 상태 안에 창조의 힘과 가능성이 잠재되어 있다. 이 혼돈 또는 무질서 상태를 질서 잡힌 상태로 전환하는 것이 창조라 할 수 있다.

예를 들어 근동과 인도신화(『리그베다』의 인드라와 브리뜨라 이야기)에서 뱀같이 생긴 괴물이 물(풍요)을 장악하고 억제하고 있어 창조가 이루어지지 못하는데, 이 상황을 카오스 상황이라 할 수 있다. 그리고 이 괴물이 살해됨으로써 우주생성 과정이 이루어지게 된다. 즉 카오스(무질서)의 질서화가 창조다. 또 대표적인 인도 우주창조 신화 중 하나에서 창조가 이루어지기 직전 상황이 우주적 심연 위에 떠 있는 뱀 위에 비슈누가 누워 있는 형상으로 묘사되는데, 여기서 뱀은 우주를 떠받치고 있는 에너지이자 우주의 실체로 해석될 수 있다. 이처럼 많은 신화에서 뱀은 세계의 기원이나 창조와 관련되는데, 이때 뱀은 창조 이전의 분화되지 않은 통합체 또는 원초적 물질이나 존재를 상징하는 것으로 볼 수 있다.

위 유형은 태초의 원인(原人)이나 신적 존재의 시신에서 우주가 생성되는 유형과도 연관성을 갖는다. 이 유형 역시 널리 나타난다. 고대 메소포타미아 바빌로니아 창조신화에서 첫 번째 창조물은 우주다. 창조를 주도하는 신인 마르둑(Marduk)은 뱀과의 바다 괴물인 티아마트(Tiamat)와의 투쟁을 거쳐 승리한 후, 티아마트의 죽은 몸체를 가지고 우주를 만들었다. 이러한 유형의 창조신화는 인도의 뿌루샤신화, 중국의 반고신화와 북유럽의 이미르신화, 그리고 뒤에서 다룰 힌두신화에서도 발견되는 중요한 창조신화소다. 이 주제에 대해서는 뒤에서 좀 더 상세히 다룰 것이다.

우주적 알에서 우주가 창조되는 유형도 매우 일반적인 창조신화소다. 알이 먼저인가 닭이 먼저인가 하는 질문은 사실 우주의 기원을 모든 존재의 발현 가능성을 담고 있는 원초적 질료(알)로 볼 것인가 아니면 창조주에 의해 무로부터 개별존재들이 창조된 것으로 볼 것인가 하는 문제와 관련되는 질문이다. 이 모티브는 인도를 포함하여 여러 지역신화에서 나타난다. 이에 대해서는 힌두 우주창조 신화를 다루는 부분에서 좀 더 자세히 설명하기로 한다.

태초 남녀의 결합에 의한 우주창조도 매우 일반적인 창조 모티브다. 부부이든 아니면 남매나 부녀지간이든, 우주창조 신화에서 태초의 남녀의 성적 결합에 의한 창조는 빈번하게 등장하는 유형이다. 중국의 음양사상과 인도의 쉬바와 샥띠(Śakti), 그 외 수많은 사례에서 이 주제가 나타난다. 이러한 사유는 우주만물이 남녀의 원리가 결합하여 생겨난다는 이해에서 비롯된다.

2. 힌두 우주창조 신화의 우주론

힌두 우주창조 신화에 나타나는 우주론에는 위에서 다룬 주요 창조 유형 가운데 창조주가 무로부터 우주를 창조한 유형을 제외한 거의 모든 유형이 나타난다. 그런 만큼 힌두 우주론은 상당히 복합적이다. 뿐만 아니라 우주창조 과정이 한 곳에서 다 기술되기보다는 여러 곳에서 일부만 설명되거나 특정 과정이 상세히 설명되기도 하고 때로는 다소 상이하게 설명되어서 힌두 우주창조론을 이해하기가 쉽지 않다.

하지만 동일한 몇 가지 구조와 관념이 변형된 형태로 반복해 나타나기 때문에, 이 기본구조와 관념들을 파악하면 이해가 가능할 수 있다. 그러면 『뿌라나』 문헌에 나타나는 전형적인 힌두 우주창조 신화들을 통해 인도인들의 우주 이해를 살펴보기로 하겠다.

종파를 초월해 설명한다면, 힌두 우주론은 대개 근원실재인 브라흐만이 우주의 창조, 유지, 해체 기능을 위해 자신을 창조주 브라흐마, 유지자 비슈누, 해체자 쉬바로 드러내는 것으로 기술한다. 그리고 대부분 창조주인 브라흐마가 창조의 중심적인 역할을 담당한다.[11] 그러나 종파에 따라 각 파의 주신에게 브라흐만의 지위를 부여하고 그로부터 세 주요 신들이 나와 위의 세 기능을 하는 것으로 설명한다.

예컨대 쉬바파의 문헌들은 쉬바에게서 브라흐마, 비슈누, 루드라(해체자)[12]가 나온 것으로 설명한다. 『쉬바 뿌라나』는 이를 다음과 같이 기술한다.

> 브라흐만으로서의 쉬바가 우주의 창조, 유지, 해체 기능을 담당하기 위해 자신을 셋으로 나누었고 창조주 브라흐마는 사뜨와(sattva)와 라자스(rajas)를 지니고, 해체자 깔라(Kala, 즉 루드라)는 따마스(tamas)와 라자스, 유지자 비슈누는 싸뜨와만 지닌다. 마헤스와라(쉬바)가 이들 삼신에게 창조, 유지, 해체의 기능을 부여한다.(*Śiva Purāṇa*, Vāyavīya Saṁhitā, I.10)

또한 비슈누파에 속하는『비슈누 뿌라나』에서는 비슈누가 우주의 근원적인 존재로 제시된다. 다음은 성자 마이뜨레야가 우주의 창조주에 대해 알고 싶어 하자 성자 빠라샤라가 해주는 이야기의 서두 부분이다.

> (새로운 창조가 이루어지기 전인) 태초에 우주는 물로 가득 차 있었다. 거기서 거대한 알(anda)이 나타나 점점 커졌다. 그 안에 비슈누가 있었다. 그리고 그 안에 산, 땅, 대양, 바다, 신, 악마들, 인간, 별들이 있었다. 이 알은 다섯 요소로 둘러싸여 있었다. 알 안에서 비슈누가 브라흐마 형상을 하고 우주창조를 전개시켰다. 그리고 우주가 파괴될 때가 되면 비슈누는 쉬바 형상을 하고 파괴의 역할을 수행한다. 그러므로 위대한 신 비슈누께 경배드리자.(*Vishnu Purana*, Debroy, et al. 2003: 8)

이러한 설명은, 각 종파가 자파의 주신을 최고존재로 상정한다는 점에서는 차이를 보이지만, 근본적으로는 신들의 형태나 기능은 다양해도 그 근원과 본질은 하나라고 보는 일원론사상을 공유하고 있다. 다음에서는『쉬바 뿌라나』에 나타나는 주요 우주창조 신화를 중심으로 힌두 우주론을 살펴볼 것이다. 다른 문헌들의 창조신화도 관련 부분에서 삽입해 설명하고, 또 이해가 쉽도록 여러 곳에 나오는 신화들을 연계해 두 단계의 창조과정으로 나누어 제시해보도록 하겠다.[13]

1) 1단계 창조

우주가 해체되어, (기존에 존재하던) 우주의 모든 드러난(현상적) 존재들이 소멸되고 우주가 드러나지 않는 원초 상태로 돌아가면, 완전한 공허 속에 (우주의 근원실재) 브라흐만인 쉬바만이 존재한다.[14] 브라흐만은 아무런 속성과 형상도 지니지 않는 절대적으로 초월적인 니르구나 측면과, 속성과 형상을 취하는 사구나 측면을 함께 지니는 절대존재다. 이 브라흐만이 자신 이외의 두 번째 존재를 갈망하여 자신의 사구나 측면에서 이슈와라(즉 Sadāśiva)

를 내어놓았다. 이 이슈와라가 자신의 몸에서, 모든 것을 낳는 신의 파워인 마야(māyā)로 여러 형태로 현현하는 샥띠, 즉 쁘라끄리띠를 만들어냈다.[15] 최고의 뿌루샤인 사다쉬바가 샥띠와 함께 우주를 창조, 유지, 해체하는 역할을 담당할 존재로 브라흐마, 비슈누, 루드라(Rudra, 즉 쉬바 자신)를 창조했다. 쁘라끄리띠는 사뜨와, 라자스, 따마스 세 구나(속성)로 구성되어 있는데, 세 구나가 균형을 이루면 우주가 해체되고 그 균형이 깨지면 브라흐마에 의해 쁘라끄리띠로부터 우주가 전개(창조)된다. 쁘라끄리띠에서 우주적 지성인 마하뜨(mahat)가 나오고 이것이 동요하면 에고의식인 아함까라(ahaṃkāra)가 나온다. 아함까라는 사뜨와가 우세하면 다섯 감각기관[16]과 다섯 행동기관[17]이 나오고, 따마스와 관련되면 (모든 존재의) 몸을 구성하는 기본요소인 다섯 요소, 즉 에테르, 바람, 불, 물, 흙이 순서대로 나온다. 이리하여 24원리로 구성된 우주알(virat)이 나온다.(*Śiva Purāṇa*, Rudra Saṁhitā, I.6; Vāyavīya Saṁhitā, I.9-13)

위에서 기술한 1차 우주전개에서 먼저 주목한 부분은, 태초의 묘사가 앞선 우주가 해체되고 '새로운' 우주의 창조가 이루어지기 전인 우주 대해체 상태에 대한 기술로 시작된다는 점이다. 같은 『뿌라나』의 다른 곳에서도 '세상에 (존재하던) 모든 것이 용해되는 대해체 시기에 모든 것이 어둠에 싸인다. 달, 낮, 밤, 바람, 땅, 불, 소리, 냄새, 감촉 등이 없는, 하나의 완전한 공허만이 남는다. 어둠만이 있을 때 브라흐만만이 존재한다(*Śiva Purāṇa*, Rudra Saṁhitā. I.6.4-7).'와 같은 표현으로 기술된다.

이렇게 태초의 묘사가 우주의 대해체 상태에서 시작하는 것은 힌두 창조신화의 특징을 보여주는 것으로, 여기에는 힌두사상의 순환적 우주관 또는 시간관이 반영되어 있다. 고대로부터 인도인들은 우주가 창조, 해체, 재창조과정을 무한히 반복한다고 인식해 왔다. 즉 시간을 시작도 끝도 없이 무한히 지속되는 흐름으로 인식해 왔다.

『쉬바 뿌라나』 비데슈와라 상히따(Vidyeśvara Saṁhitā, 10)는 쉬바의 다섯 가지 의무에 대한 언급을 통해 우주의 이 영원한 순환을 설명하고 있다. 이 설명에 따르면 쉬바는 창조주 브라흐마의 형상을 하고 흙으로 우주를 창조하고, 비슈누의 형상을 하고 물로 유지하며, 루드라의 형상을 하고 불로 해체를 하는데, 그 후에는 마헤샤(Maheśa)의 형상을 하고 바람으로 우주를 감춘다. 즉 우주는 휴지기에 들어간다. 휴지기가 끝나면 브라흐마에 의한 창조가 다시 이루어지고 같은 과정을 반복한다.

결국 쉬바의 네 가지 의무는 우주를 순환시키는 것이고 나머지 한 가지는 자신의 신봉자를 이 순환에서 해방시키는 것이다. 따라서 힌두 우주론에 따르면 우주가 창조되는 태초의 시점은 과거에만 존재했던 일회적인 것이 아니라 과거에도 존재했고 미래에도 존재할 반복적인 것이다. 그래서 창조와 관련된 힌두신화나 철학적 서술이 이전의 우주가 해체된 상태에서 시작되고, 창조를 서술하는 이야기의 서술 시제도 과거가 아닌 현재로 표현되는 경우가 많다.

우주의 해체 상태에 대한 묘사에 이어 근원실재인 브라흐만에서 우주가 전개되어 나오는 과정이 기술된다. 이 브라흐만을 앞의 인용구절처럼 쉬바파의 문헌에서는 쉬바로 상정한다면 비슈누파에서는 비슈누로 상정한다. 앞서 언급했지만 브라흐만은 어떤 속성이나 형상도 취하지 않는 니르구나와 속성이나 형상을 취하는 사구나 측면을 지니는 절대존재다. 니르구나로서의 브라흐만에 대한 묘사는 그것이 세상 모든 존재의 근원인 만큼 드러난 세계와는 다른 것임을 설명하는 방식으로 기술된다. 즉 이름, 빛깔, 형태, 속성, 시작과 끝, 발전, 변화가 없고, 두껍지도 얇지도, 짧지도 길지도, 늘지도 줄지도, 가볍지도 무겁지도 않은 것으로, 그리고 지식이자 영원이며 지극한 기쁨으로 우주에 편재해 있는 것으로 묘사된다(*Śiva Purāṇa*, Rudra Saṁhitā, I.6.9-13).

이렇게 니르구나와 사구나 두 측면으로 이루어져 있는 브라흐만이 두 번째 것을 원하여, 자신의 사구나 측면에서부터 자신의 파워이자 놀이이기도 한 마야로 형상 있는 존재이자 최고의 뿌루샤인 사다쉬바(이슈와라)

를 드러냈다. 이 이슈와라로부터 우주의 원초적 질료인 쁘라끄리띠 또는 샥띠가 나오고, 이 둘이 접촉하여 쁘라끄리띠로부터 우주가 전개된다. 여기서 브라흐만은 베단따(Vedanta)학파의 궁극적 실재 개념이고, 뿌루샤와 쁘라끄리띠, 그리고 그 둘의 접촉으로 인한 우주전개 이론은 상캬학파의 우주론이다. 따라서 쉬바파의 우주론은 『우빠니샤드』의 일원론을 체계화한 베단따사상을 바탕으로 상캬사상의 이원론을 결합시키고 있음을 알 수 있다.

힌두 창조론과 관련하여 저자가 또 주목한 점은 창조행위가 '욕망'에서 비롯된다는 점이다. 앞의 창조 기술에서 근원실재인 브라흐만이 우주전개의 토대가 되는 이슈와라, 즉 사다쉬바를 자신에서 내어놓은 것은 스스로 두 번째 존재를 갈망했기 때문이다. 힌두사상에서 '존재의 원인'은 바로 이 '욕망'이다. 이 점은 힌두사상을 이해하는 중요한 단서다. 힌두 존재론에 따르면 욕망 때문에 행위하고 욕망에서 생겨난 행위는 업을 낳으며 그 업보로 존재의 윤회가 이루어진다.

여기서 하나인 근원실재가 왜 애초에 두 번째 존재를 갈망했는지는 명확히 드러나지 않는다. 다만 근원실재 개념으로서의 브라흐만이 처음 등장하는 일부 『우빠니샤드』에서 이유가 다음과 같이 설명된다.

> 태초에 이 세상은 인간의 형상을 한 아뜨만(즉 브라흐만)뿐이었다. (중략) 그는 두려웠다. 그래서 사람들은 혼자인 것을 두려워한다. 그는 '나 이외엔 아무것도 없는데 뭐가 두렵지?'라고 생각했다. 두려움이란 두려워할 대상이 있어야 생기는 것인데, 아무리 둘러보아도 자기 자신밖에 없었다. 이를 인지하니 두려움이 사라졌다. 그러자 이번엔 홀로인 것이 외롭고 즐겁지가 않았다. 그래서 사람들은 혼자일 때 즐겁지 않다. 그는 자신의 짝이 될 두 번째 것을 갈망했다. 그래서 그가 남녀가 껴안고 있는 크기로 커졌고 이를 둘로 쪼개어 남편과 아내가 나왔다. (중략) 그가 아내와 결합하여 거기서 인간이 나왔다.(*Bṛhādaraṇyaka Upaniṣad*, I.iv.1-3)

이후 남녀원리의 결합에 의한 세상의 창조과정이 이어진다. 여기에서 알 수 있는 것은, 홀로인 근원실재가 즐겁기 위해 둘이 되고자 갈망하여 남녀 양성원리로 쪼개지고 이 양성원리의 결합으로 세상만물이 존재하게 되었다는 것이다. 이처럼 세상은 근원실재가 외롭지 않고 즐겁고자 하는 욕망에서 존재하게 된 것으로 기술된다.

이슈와라, 즉 사다쉬바도 자신의 몸에서 (모든 것을 낳는 우주력이자 에너지인 마야로) 여러 형태로 자신을 드러낼 수 있는 두 번째 것인 샤띠(쁘라끄리띠)를 만들어내는데, 최고의 뿌루샤인 사다쉬바가 이 샤띠와 함께 쉬바로까(쉬바의 거처인 카시 또는 아비묵따, 현재의 바라나시)를 창조하고 그곳에서 둘이 구원 문제에만 관여하기 위해 창조, 보호, 해체 일을 담당할 존재로 비슈누를 창조했다. 이어 상캬철학의 우주론인 쁘라끄리띠의 전개과정이 나오는데, 비슈누의 등장과 쁘라끄리띠 전개 간의 연계가 잘 설명되지 않은 채 그 둘을 '한편' 이란 말로 연결시키고 있을 뿐이다. 이러한 한계는 넓게는 힌두교 전체, 좁게는 쉬바파의 형이상학체계가 상이한 사상체계들을 혼합시켜 형성된 데 기인하는 것일 수 있다.

다음에서는 우주알에서 세상의 모든 것, 즉 세 주요 신, 천체, 많은 생명체, 데바, 아수라, 인간, 하부 신, 자연물 등이 나오는 2단계 창조과정을 살펴보기로 하자.

2) 2단계 창조

브라흐마가 창조하기를 갈망하여 이미 창조된 물에 물 한 줌을 바쳤다. (거기서) 24원리로 구성된 거대한 우주알이 나왔다. 마음에 혼동이 인 브라흐마는 비슈누에 대해 명상하며 12년간 극심한 고행인 따빠스를 행했다. 이에 비슈누가 나타나 원하는 것을 축복으로 주겠다 하니 브라흐마는 우주알에 감각성을 달라 청했다. 이에 비슈누가 우주알에 들어가니 그것이 감각력이 있게 되었고, 브라흐마가 쁘라끄리띠를 가지고 주요 창조를 했다. 다섯 종류의 창조(지각 없는 움직이지 않는 대상, 신성존재, 인간, 다섯 요소들, 천상계 사르가(sarga)와 세 유형의 창조(마하뜨, 미세요소, 바이까리까(vaikarika)) 총 여덟 종류의 창조를 했다. 그리고 아홉 번째로 꾸마라 사르가(Kumara sarga)를 창조했다. (중략) 그러나 리시인 다섯 아들들이 창조에 관심이 없자 브라흐마는 극심한 고행을 했다. 이에 쉬바가 자신을 반은 남자, 반은 여자로 드러냈다. 이어 브라흐마가, 태어나고 죽으며 두려움으로 고통받는 모든 존재들을 창조했다. 먼저 에테르(gross ether), 바람, 물, 불, 흙 등 다섯 가지 핵심 요소가 전개되어 나왔고, 이 기본 요소들로 산, 바다, 나무, 시간, 기타 다른 많은 것들을 창조했다. 그러나 이에 만족할 수 없어 쉬바가 자신의 아내에 대해 명상하고 큰 뜻을 품은 이들(aspirants)을 창조하고 자신의 몸에서 여러 성자들을 창조했다. 브라흐마의 개념작용(conception)에서 다르마를 창조했고, 다르마가 마누 형상을 취하고 활동했다. 브라흐마의 몸에서 아들들, 수라(sura), 아수라(asura)를 창조했다. 브라흐마가 자신의 몸을 둘로 쪼개 남(Svayambhuva Manu)과 여(Shatarupa, 요기니) 형태를 취했고, 그가 그 여성과 결합해 존재들을 창조하여 두 아들, 세 딸, 아들 자손이 세상에 퍼졌다. 닥샤(Daksha, 브라흐마의 아들 중 하나)의 딸들에게서 태어난 성자, 아수라, 나무, 새, 곤충으로 일곱 세계가 가득 찼다. 이리하여 우주알(우주 자체가 거대한 알)이 가득 찼고 브라흐마에 의해 창조가 완수되었다.(*Śiva Purāṇa*, Rudra Saṁhitā, I.15-16)

이러한 창조과정은 『쉬바 뿌라나』, 움마 상히따(Umā Saṁhitā)에서 다음과 같이 좀 더 간단하고 쉽게 기술되고 있다.

스스로 태어난 존재가 여러 가지를 창조하기를 원하여 처음에 물을 창조하고 물에 정액을 한 방울씩 떨어뜨렸다. 황금알이 물에 떠 있고 그곳에서 브라흐마가 태어났다. 브라흐마가 그곳에서 1년을 머문 뒤에 그 알을 둘로 쪼개 하늘과 땅을 창조했다. 그리고 위와 아래를 포함하여 14계를, 그리고 사이 공간에 에테르를 창조했다. 그리고 물 위에 떠 있는 지구, 10방위, 마음,

말, 사랑, 분노, 성적 즐거움, 일곱 아들, 성자, 루드라, 천둥, 번개, 붉은 구름, 무지개를 창조했다. 또 입에서 데바를, 가슴에서 조상을, 임신을 통해 인간을, 허리에서 아수라를 창조했다. 그의 수족에서 높고 낮은 생명체들이 태어났다. 창조된 존재들이 늘어나지 않게 되자 그가 자신의 몸을 둘로 나누어 남녀가 되었다. 그의 위대함으로 우주를 설득하여 사람들을 창조했다. 비슈누가 (우주적 존재인) 뿌루샤 비라뜨를 창조했다. 그는 시대를 시작한 또 다른 마누였고 그 뿌루샤가 바이라자(Vairaja)에서 모든 존재들을 창조했다.(*Śiva Purāṇa*, Umā Saṁhitā, 29.10-27)

다음은 바야비야 상히따(Vayaviya Saṁhitā)의 기술이다.

브라흐마는 처음 네 아들을 창조했다. 요기인 그들은 창조에는 관심이 없어 세속을 떠나갔다. 브라흐마는 창조를 더 진전시키기 위해 고행(따빠스)을 하기 시작했다. 그럼에도 아무런 일도 일어나지 않은 채 오랜 시간이 흐르자, 그의 힘겨움이 화로 바뀌어 분노한 눈에서 눈물이 떨어졌다. 여기서 악귀들이 나왔다. 분노로 기절할 지경이 된 브라흐마가 숨을 내뱉자 그의 입에서 생명 유지에 꼭 필요한 숨의 주인인 루드라가 나왔다. 그가 자신을 열한 개의 아뜨만으로 쪼갰다. 생명 유지에 필수적인 숨인 이들이 소리를 지르며 사방으로 달려가 루드라로 불리게 되었다. 브라흐마의 아들인 루드라가 브라흐마에게 숨을 주어 소생시키자 브라흐마는 루드라를 찬양했다. (중략) 그리고 그의 허락을 받아 사람들을 창조했다. 브라흐마는 마음으로 열한 명의 아들을 창조했다. 쉬바(루드라)를 포함하여 열두 아들이다. 그리고 나서 얼굴에서 데바를, 허리에서 아수라를, 옆구리에서 삐뜨리(pitṛ, 조상)를, 생식기관에서 인간을 창조했다. 음부에서 락샤사, 뱀, 야크샤, 부타, 간다르바가 태어나고 몸 각 부위에서 여러 동물들이 태어났다. (중략) 머리카락에서 약초, 과일, 구군이, 그리고 몸 각 부위에서 기타 여러 가지가 태어났다. (중략) 또 브라흐마의 머리에서 천상, 빼꼽에서 하늘, 눈에서 태양과 달, 귀에서 사방, 다리에서 땅, 전 생명체의 제조자에서 영혼이 나왔고, 입에서 브라만이, 가슴에서 끄샤뜨리아가, 허벅지에서 바이샤가, 발에서 슈드라가 나왔다. 이 모든 카스트가 그의 몸에서 나왔다.(*Śiva Purāṇa*, Vāyavīya Saṁhitā, I.12.19-77)

비슈누파의 문헌인 『바가바따 뿌라나』에도 비슈누의 몸체가 우주임을 묘사하는 부분이 있다.

비슈누의 위대한 형상은 모든 곳에 있다. 그것은 과거, 현재, 미래의 시작이다. 그 형상은 다섯 요소와 에고에 덮여 있다. 모든 요가의 목적인 그 존재가 그 형상 안에 있다. 지하세계는 이 존재의 발에, 지구는 허벅지 근처에, 하늘은 배꼽에 있다. 천상은 가슴 근처에 있다. 전 우주는 열네 영역으로 구분된다. 인드라와 신들은 팔, 귀는 네 방향, 코는 두 아슈빈, 입은 불, 태양은 눈, 속눈썹은 낮과 밤, 미소는 마야다. 그의 겨드랑이는 대양, 산은 뼈대, 강은 정맥, 나무는 몸의 털, 바람은 숨, 구름은 그의 머리털, 브라만은 그의 입 근처, 끄샤뜨리아는 팔 근처, 바이샤는 허벅지 근처, 슈드라는 발 근처에 각자의 자리를 지닌다. 이렇게 비슈누의 형상이 모든 곳에 있다. 요가과정에서 집중해야만 하는 것이 바로 이 비슈누형상(Vishwarupa)이다.(*Bhagavata Purana*, Debroy, et al. 2000: 20-21)

이러한 묘사는 앞서 다룬 신화에서 브라흐마의 몸에서 우주가 전개되어 나온 모티브와 같다. 이어서 창조 이야기가 다음과 같이 기술된다.

비슈누에서 세 구나가 나왔다. 사뜨와는 지식과 신, 라자스는 활동과 감각, 따마스는 물질과 다섯 요소와 관련된다. 우주가 시작될 때에 거대한 알만이 있었다. 수천 년 동안 그 알이 물 위에 떠 있었다. 그 알에서 비슈누가 나왔다. 그는 수천 개의 팔, 다리, 얼굴을 지녔다. 하반신이 지하세계의 일곱 영역, 상반신이 지상세계의 일곱 영역 총 열네 세계를 구성했다. 이 비슈와루빠, 즉 비슈누의 형상이 전 우주로, 심지어는 우주를 넘어서까지 퍼져나갔다. 그리고 브라흐마와 쉬바가 비슈누의 은총으로 창조, 해체 역할을 위해 나타났다. 매 우주 시기마다 비슈누가 처음에 자신을 창조하고 이어 다른 존재들을 창조하고 그들을 보존한 후 파괴시킨다.(*Bhagavata Purana*, Debroy, et al. 2000: 22-23)

3. 힌두 우주창조 신화의 특성

위에서 살펴본 『뿌라나』 문헌의 창조신화들은 힌두 우주창조론의 몇 가지 특징을 보여준다. 먼저 힌두 주요 종파들의 우주창조 신화는 동일한 창조 관념·구조·과정을 지니고 있다. 창조는, 근원실재인 브라흐만의 인격화인 최고신이 창조 역할을 맡기 위해 현현한 창조주 브라흐마가 담당한다. 다만 종파에 따라 최고신이 쉬바나 비슈누 또는 여신으로 상정되는 점이 다르다.

힌두 우주창조 신화에서 브라흐마가 창조주로 기술되고는 있지만 무(無)에서 유(有)를 창조해내는 전형적인 창조주 개념과는 다르다. 힌두 우주론은 하나의 근원실재에서 우주가 전개되어 나오는 전개론 또는 유출론에 해당한다. 차뚜르베디(Chaturvedi, 1996a: 68)도 힌두 창조신화의 창조과정은 창조이기보다는 점진적 전개와 방출(evolution)이라 말한다.

앞서 살펴본 『쉬바 뿌라나』의 우주창조 신화에서 창조주 브라흐마는 창조행위를 하는 에이전트이자 그의 몸체 자체가 그곳에서 전 우주가 전개되어 나오는 원초적 질료다. 이 모티브는 『바가바따 뿌라나』에도 나타나서 이 문헌은 비슈누의 몸체가 우주의 토대임을 묘사하고 비슈누의 몸체 각 부위와 우주의 각 요소, 그리고 사회계급이 상응하는 것으로 묘사한다.

이러한 형태의 우주창조 신화는 메소포타미아의 마르둑과 티아마트 신화[18], 중국의 반고신화[19], 그리고 북유럽의 이미르신화 등 세계 여러 지역의 우주창조 신화에서도 발견되는, 신적 존재의 몸에서 우주가 전개되어 나오는 우주창조 신화의 계보에 속한다(류경희, 2012a: 91). 우주를 왜 몸체로 인식했고 왜 신적 존재의 몸체로 상징화하는지 궁금하지 않을 수 없다. 이를 힌두 우주창조 신화를 통해 살펴보기로 하자. 힌두신화에서 이 창조 모티브는 역사적 전개에 따라 등장해 온 신화텍스트들인 『베다』, 『우빠니샤드』, 『뿌라나』 등을 관통하며 변형된 형태로 계승되어 온 모티브다. 이 중 가장 앞선 것은 『리그베다』 10만달라의 뿌루샤 수끄따에 나오는 우주창조 신화이다. 그 원문 내용을 이해하기 쉽게 정리해보면 다음과 같다.

> 태초에 오직 하나의 존재인 뿌루샤는 1,000개의 손과 눈과 발을 가지고 있었다. 모든 피조물과 땅이 그의 1/4에 해당했고, 신들과 그들의 불멸성이 그의 3/4을 차지했다. 그로부터 (달걀 형태의) 비라즈가 태어났고 다시 비라즈에서 뿌루샤가 태어났다. 그가 태어나자마자 동쪽과 서쪽으로 퍼져 나갔다. 신들이 그 원초적 인간인 뿌루샤를 그들의 제물로 삼아 희생제의를 드렸다. 희생제의를 통해 새, 동물, 말, 소, 염소 등이 생겨났다. 또 신들이 그 원초적 인간을 제물로 삼아 희생제의를 드릴 때, 그것의 기름은 봄이었고 신성한 제물은 가을이었으며 연료는 여름이었다. 그들이 그 인간을 쪼개었을 때, 그들은 얼마나 많은 부분으로 그를 나누었을까? 그의 입, 그의 팔, 그의 허벅지와 그의 발이 어떻게 불렸나? 브라만은 그의 입이었고, 끄샤뜨리아는 그의 팔로 만들어졌고, 그의 허벅지는 바이샤가 되었고, 슈드라는 그의 발에서 태어났다. 또 그의 배꼽에서는 공기가 나왔고, 그의 머리로부터는 하늘이 나왔고, 그의 발에서는 땅이, 그의 귀에서는 네 방향이 나왔다. 그의 마음에서 달이, 눈에서 태양이, 입에서 인드라와 아그니가, 그의 숨에서 바이유가 생겨났다. 이리하여 그들이 세상을 이루었다.(*Ṛg Veda*, 10: 90.6.1-13)

이 찬가는 전 우주에 고루 퍼져 있고 우주를 넘어서는 원초적 인간 뿌루샤를 상정한다. 뿌루샤는 태초의 우주알인 비라즈에서 나온 존재로,

이 뿌루사를 희생제물로 바치는 희생제의를 통해 세상의 여러 존재와 현상들, 그리고 인간 사회의 분화를 포함하는 창조가 이루어졌다. 창조과정에서 모든 창조물들은 거대한 뿌루샤의 몸체에서 나온 것으로 묘사되는데, 이러한 묘사는 앞서 기술한 브라흐마에 의한 우주창조 신화의 서술 내용과 아주 흡사하다. 사실상 창조주 브라흐마는 『리그베다』의 뿌루샤(『브라흐마나』에서는 쁘라자빠띠)를 계승하고 있음을 보여준다.

또 우주알에 대해서도 언급할 필요가 있다. 『베다』에 나타나는 이 우주창조 모티브는 힌두문헌들에서 계속해 나타난다. 첫 번째 『베다』인 『리그베다』에서는 황금알인 히런여가르바로 기술되고, 이 우주알 개념이 후에 브라흐만 개념으로 발전했다. 또 『마하바라따』에서도 어둠 속에서 알이 나타나고 여기서 창조주인 브라흐마가 태어나 창조행위를 한다(Arora, 1981: 4-5). 이러한 창조 묘사는 위에서 살펴본 『뿌라나』 문헌에서도 그대로 발견된다.

위와 같은 우주창조 모티브들과 더불어, 후반에 창조주가 자신을 남녀로 나누고 그 남녀원리의 결합으로 창조가 이루어지는 모티브가 언급되는데, 이 모티브 역시 『브라흐마나』 문헌에서는 창조주 쁘라자빠띠로, 이후 힌두문헌에서는 브라흐마로 계승된 것이다. 이들과 관련된 창조신화에서 여성은 창조주에게서 나온 존재로, 흔히 딸로 묘사된다. 여기서 추정할 수 있는 것은 근원적 존재로서의 창조주가 양성구유적 존재라는 점이다. 신화를 살펴보기로 하자.

> 창조주 쁘라자빠띠가 자신의 딸을 보고 욕망이 일어났다. 부끄러움을 느낀 딸은 여러 동물 형태로 변신하며 도망을 갔다. 그러자 쁘라자빠띠도 그녀가 변신하는 동물의 수컷으로 변신하며 쫓아갔다. 다른 신들이 딸을 탐내는 그의 행동이 옳지 않다고 보고 그를 벌하기로 결정하고, 신들 가운데 벌을 내리는 역할을 맡을 신으로 루드라를 뽑았다. 루드라는 성공하면 빠수(paśu, 짐승)들의 주인인 빠슈빠띠(Paśupati)가 된다는 조건을 달아 그 일을 맡았다.

> 루드라는 딸을 쫓는 쁘라자빠띠를 추적하여 화살을 쏘았다. 쁘라자빠띠가 딸을 덮치려는 순간에 화살을 맞아 그의 정액(물)이 땅에 떨어졌다. 이것이 강처럼 흘러 호수가 되었다. 신들은 이 정액의 호수(생명력의 저장고)를 보존하기 위해 불의 신 아그니를 불러 호수 주위를 둘러싸게 했다. 아그니의 힘만으로는 충분치 않자 바람과 폭풍우 신인 마루뜨들을 불렀다. 이들이 힘을 합쳐 호수를 불타게 했다. 여기서 태양과 대양의 신 바루나가 나왔다. (중략) 그리하여 쁘라자빠띠가 비록 딸에게 잘못된 시도를 하기는 했지만 그로 인해 새로운 신들, 성자, 동물들을 낳았다.(Radice, 2002: 4-5)

이 신화는 욕망 모티브와도 관련된다. 1차 우주창조 단계를 설명하는 부분에서 짧게 언급했지만 2차 창조 단계에서도 우주창조 또는 전개의 원인으로 작용하는 것은 하나인 근원실재가 여럿이 되고 싶어 하는 욕망 또는 창조주가 창조하고자 하는 욕망이다. 이 욕망을 실현시키기 위해 사용되는 것이 따빠스, 즉 극심한 고행이다. 창조신화에서 따빠스는 창조를 진행시키는 동력이 된다. 힌두문헌이나 힌두신화들에서 따빠스는 그에 대한 대가가 반드시 주어지는 것으로, 성자 또는 신들마저도 원하는 바가 있을 때 그것을 얻는 가장 중요한 방법으로 따빠스를 사용한다(류경희, 2012a: 91-92).

또 다른 특징은 인간창조가 특별하게 다뤄지지는 않고 다른 존재들과 마찬가지로 여러 우주존재들 가운데 하나로, 같은 비중으로 언급된다는 점이다. 즉 인간에 중심을 두는 우주론이라기보다는 모든 우주적 존재를 같은 관점으로 바라보는 우주론으로 파악된다.

위에서 살펴본 힌두 우주창조 신화에는 앞서 언급했듯이 다양한 창조 유형들이 복합적으로 등장한다. 그러나 창조주에 의해 무에서 우주를 창조한 모티브는 나타나지 않는다. 브라흐만의 기능적 현현으로서의 창조주 브라흐마가 등장하지만, 그는 근동신화의 창조주와 같지는 않다. 이 점이 자주 힌두 우주론과 힌두 신에 대한 이해에 혼돈을 유발한다.

빤디뜨(Pandit, 2009: 32)에 따르면 창조에 해당하는 범어는 스리슈띠(srishti)다. 이 말은 미세한 실체(substance)에서 거대(gross) 현상이 나오는 것을 뜻한다. 따라서 비존재에서 존재가 나오거나 무에서 무언가를 창조하는 것이 아니다. 힌두 우주론은 비존재가 창조의 근원일 수 없다고 선언한다. 그래서 우주는 창조라기보다는 최고존재의 투사라고 말한다. 이러한 관념은 우주의 근원실재의 본질에 대한 이해와 관련되는 것으로, 인도신화에서 우주의 근원실재는 『우빠니샤드』 이래 브라흐만으로 지칭되어 왔고 이후 문헌들에서는 브라흐만과 브라흐만의 인격화로 제시되는 비슈누, 쉬바, 여신 등으로 제시되고 있다. 이 근원실재 개념 역시 힌두 실재개념의 독특성과 복합성을 보여준다. 결론적으로 힌두 우주창조론은 하나의 근원적 실재에서 전 우주가 파생되어 나오는 우주 전개론과 양성원리의 결합에 의한 창조론이 결합된 형태라 할 수 있다.

4. 창조신화에 나타나는 순환적 시간관과 네 유가

앞서 다룬 우주창조 신화에서 인도인들이 우주와 시간을 순환적인 것으로 인식해 왔음을 알 수 있었다. 계절과 시간의 순환에 대한 인식은 인도 외에도 고대 농경문화에서 쉽게 만날 수 있다. 그러나 오늘날 서구화되고 현대화된 이들에게 친숙한 시간관은 직선적이고 진보적인 시간관이다. 단 한 번의 우주와 삶이 존재하며, 우주와 시간은 창조의 시점에서 존재하기 시작하여 종말의 시점에서 영원히 끝이 난다고 생각한다. 기독교나 이슬람 등 유일신교의 우주관 또는 시간관이 이에 해당한다.

이와는 달리 인도인들은 시간은 시작도 끝도 없이 무한히 흐르는 흐름이며 우주와 인간의 삶은 무한히 되풀이된다고 여겨 왔다. 즉 우주는 창조, 유지, 해체의 과정을 끊임없이 되풀이한다는 것이다. 이 순환적 시간관은 유물론사상을 제외하면 인도에서 발생한 모든 주요 종교와 철학들이 공유해 온 사상으로, 인도인들의 세계관을 이해하는 데 핵심적인 사상이다. 힌두신화는 이 순환적 시간관을 나름의 체계를 가지고 설명하고 있다.

힌두신화에 따르면 창조주인 브라흐마는 잠에서 깨어나 있는 낮에는 우주를 창조하고, 밤이 되어 그가 잠이 들면 우주가 해체되어 전 우주가 그의 몸으로 흡수된다. 이때는 우주가 구체적 형상으로 드러나지는 않지만 잠재력으로 존재한다. 그러다 브라흐마가 다시 잠에서 깨어나 새로운 우주를 창조한다. 이 창조와 해체의 과정은 브라흐마의 생애인 100년 동안 되풀이되다 대해체기가 오면 브라흐마는 죽음을 맞는다. 이후 브라흐마가 다시 태어나 또다시 우주창조와 해체의 순환과정이 반복된다.

여기서 우주의 창조와 해체과정은 우주적 에너지 또는 질료가 드러났다 사라지고 또다시 드러났다 사라지는 과정의 반복이라 할 수 있다. 힌두사상에서 이 에너지 또는 질료는 신화적으로는 신의 몸체로 묘사되는데, 이것이 신을 구성하는 물질적 요소로 우주의 원초적 질료가 되는 쁘라끄리띠다.

시간은 쁘라끄리띠로부터 우주가 생성되어 나오는 출발점부터 존재하기 시작한다. 이 과정을 힌두신화와 사상에 따라 설명해보면 이렇다. 신의 순수의식인 뿌루샤가 속성을 갖는 자신의 또 다른 본질이자 우주의 원초적 질료인 쁘라끄리띠와 접촉하면 쁘라끄리띠를 구성하고 있는 세 속성(구나)의 평정상태가 깨지면서 동요과정이 시작된다. 그러면서 우주가 전개되어 나오기 시작하는데 이 시점이 시간의 시작이다.

시간을 뜻하는 인도 말은 깔라(kāla)다. 힌두사상에서 깔라는 기본적으로 무한히 지속되는 흐름이나, 그 안에 여러 크고 작은 시간 단위가 존재하고 그 단위들의 순환이 무한히 되풀이된다. 우선 브라흐마의 하루, 즉 1신일(神日)은 낮과 밤으로 구성되고 낮과 밤의 길이는 같다. 낮이 한 회의 우주가 존속하는 기간이고 밤이 우주가 해체되어 있는 기간이다. 낮, 그러니까 1회 우주가 존속하는 기간을 인간의 시간으로 환산하면 43억 2천만 년이며 이것을 깔빠(kalpa)로 부른다. 또 1깔빠는 1,000번의 마하유가

(mahayuga)로 구성된다. 그리고 각 마하유가는 432만 년(12,000신년(神年), 1신년이 36,000년)에 해당한다.

이를 이해하기 쉽도록 다시 요약·설명하면 이렇다. 브라흐마의 낮이 시작되어 우주가 창조되면 이 우주는 1깔빠, 즉 브라흐마의 하루 낮인 43억 2천만 년 동안 유지된다. 이 기간에 네 유가의 기간인 마하유가가 1,000번 반복된다. 브라흐마의 낮이 끝나고 밤이 시작되면 자연재앙 등으로 우주가 해체되고 브라흐마는 잠이 들어 우주가 1회 우주 기간인 1깔빠와 같은 기간 휴지기에 들어간다. 이때 우주는 잠재적으로만 존재한다. 즉 세상의 모든 존재들이 파괴되나 우주의 실체 자체가 파괴되는 것은 아니어서 밤이 지나면 새로운 우주가 창조된다. 이런 순환이 지속되다가 브라흐마의 생애인 100년(311,040억 년)이 지나면 최종적 대해체가 이루어지는데, 이때 우주를 구성하는 기본 요소들이 본래의 쁘라끄리띠로 돌아가고 새로운 브라흐마가 태어나 이 순환을 되풀이한다.

이 우주의 순환에서 네 유가에 주목해보고자 한다. 앞서 다루었듯이 한 회의 우주는 네 유가로 구성되는 마하유가가 1,000번 순환하는 기간인데, 이 마하유가를 구성하는 시간 단위인 네 유가는 끄리따 유가(Kṛta yuga, 4800신년), 뜨레따 유가(Tretā yuga, 3600신년), 드와빠라 유가(Dvapara yuga, 2400신년), 깔리 유가(Kali yuga, 1200신년)로 이 네 시대는 점진적인 쇠퇴의 기간이다.

진리의 시대라 할 수 있는 끄리따 유가는 삶에서 부정적이고 고통스러운 것이 전혀 없는 축복의 시대다. 뜨레따 유가와 드와빠라 유가를 통해 다르마, 곧 정의가 점점 줄어들어 드와빠라 유가에서는 선이 쇠퇴하고 질병, 욕망, 재앙이 엄습한다. 깔리 유가는 암흑의 시대로 고통, 근심, 기아, 공포가 만연한다. 이 시대 말기가 되면 세상이 홍수와 불로 파괴된다고 한다. 이 네 유가의 순환이 1,000번 되풀이되는 1깔빠가 지나면, 우주가 해체되어 같은 기간 휴지기가 지속된 후 브라흐마는 또 다른 우주를 창조한다(류경희, 2013: 158). 우주창조와 해체의 순환과 시간에 대한 이러한 이해를

『바가바따 뿌라나』의 설명을 통해 좀 더 자세히 살펴보기로 하자.

> 시간 순환의 기본 단위인 네 유가는 각각 시작될 때 전이기간(sandya)이 있고 끝날 때도 전이기간(aṁśa)을 갖는다. 첫 유가인 끄리따 유가는 4,000신년에 시작과 끝의 전이기간 각 400신년을 합해 4,800신년이고, 둘째 유가인 뜨레따 유가는 300신년에 전이기간 각 300신년을 합해 3,600신년이고, 셋째 유가인 드와빠라 유가는 2,000신년에 전이기간 각 200신년을 합해 2,400신년이다. 그리고 넷째 유가인 깔리 유가는 1,000신년에 전이기간 각 100신년을 합해 1,200신년의 기간이다. 그래서 네 유가의 기간은 12,000신년이다. 유가마다 각 유가에 규정된 다르마가 있다.(*Bhāgavata Purāṇa*, Ⅲ.11.18-20)

여기서 신의 하루는 인간의 360일에 해당하고 1회의 우주가 1,000마하유가이므로 1회 우주의 기간이 432,000만 년으로 계산된 것이다. 계속해 이 『뿌라나』의 기술 내용을 살펴보자.

> 끄리따 유가 때 다르마는 네 개의 다리(고행, 정결함, 자비, 진리)로 인간을 동반한다. 그러나 다르마에 반대되는 아다르마가 증가하면서 각 유가마다 다르마의 다리 하나씩이 줄어든다. 낮은 네 유가가 1,000번 되풀이되어 이루어지고 창조주가 잠을 자는 밤도 같은 기간이다. 밤의 끝에 세계창조가 시작되어 열네 마누 기간에 해당하는 브라흐마의 하루 낮 동안 전개된다. 각 마누는 71마하유가보다 조금 더 긴 기간 지배한다. 각 마누 시대에 그 마누의 후손 왕들이 태어나고 성자(수행자), 신, 신들의 왕, 그들의 수행자들도 태어난다. 이것이 브라흐마의 일상의 창조이며 이로써 삼계가 기능하게 되고 그 삼계에 새, 짐승, 인간, 조상인 삐뜨리, 신들이 각자의 까르마에 따라 태어난다. 각 마누 시대에 최고의 신은 그의 사뜨와 구나를 유지하고 여러 마누나 다른 인간 형상으로 화신하여(아바따라) 우주를 보호한다. (브라흐마의) 낮 끝에 그는 약간의 따마스 구나를 띠고 자신의 능력을 자제하고 다른 모든 것

과 함께 깔라 즉 시간의 힘 때문에 자신 안으로 퇴거한다.(*Bhāgavata Purāṇa*, Ⅲ.11.21-27)

달도 태양도 없는 밤이 되면 삼계가 그 안에 감춰진다. 그의 파워인 상까르사나(Saṅkarṣaṇa, 즉 뱀 쉐샤(Śeṣa))의 입에서 나오는 불로 삼계가 사라질 때 브리구와 다른 존재들이 열로 고통을 받아 마하르 로까에서 자나 로까로 간다. 그러는 사이 쁘랄라야로 대양이 삼계를 뒤덮는다. 그 물 위에 뱀 쉐샤를 침대 삼아 하리(비슈누)가 누워 잠자고 자나 로까에서 성자들이 그를 찬양하는 노래를 부른다.(*Bhāgavata Purāṇa*, Ⅲ.11.28-31)

이런 낮과 밤의 과정이 브라흐마의 생애 100년이 지나면 끝이 난다. 브라흐마의 생애 전반을 빠라아르다(parārdha)로 부르는데, 첫 빠라아르다(브라흐마 깔빠)는 지나갔고 나머지 빠라아르다(빠드마 깔빠)를 통과 중이다. 두 번째 빠라아르다의 현 깔빠는 하리가 이 깔빠에서 멧돼지 형태를 취하므로 바라하로 알려진다. 드위 빠라아르다로 불리는 이 시기는 우주영혼이 윙크하는 시간으로 간주된다. 이 깔라(시간의 가장 낮은 단위인 빠라마누(paramāṇu)에서 시작하여 드위 빠라아르다 끝까지, 즉 브라흐마의 생애)는 집 등에 집착하는 이들을 통제할 수 있다. 그것은 최고신에 대해서는 파워를 갖지 못한다. 16비까라(vikāra, 마음, 10인지 및 행동기관, 5요소)와 (땅의 7덮개로 들러싸인) 8쁘라끄리띠(쁘라끄리띠, 마하뜨, 아함까라, 요소들의 5특성)로 구성된 이 우주알은 넓이가 5억(50 crore)이다. (우주를 싸고 있는) 이 각 덮개는 (이전 것보다) 열 배씩 더 크다. 이 우주가 그에게 녹아들 때 하나의 아톰으로 나타난다. 수천만의 그런 우주들이 그에게 있다. 그것은 위대한 뿌루샤인 비슈누의 최고의 핵심 형상이다. 그것이 모든 원인 중 원인인, 소멸시킬 수 없는 '브라흐만'으로 불린다.(*Bhāgavata Purāṇa*, Ⅲ.11.32-41)

이러한 신화적 설명에서 나타나듯이, 힌두사상에서 특정 시간 단위의 시작과 끝은 있지만, 시간 자체는 시작도 끝도 없는 무한히 이어지는 흐름이다. 그래서 인도에서 시간은 창조와 해체를 되풀이하는 수레바퀴로 상징되고, 이 시간을 초월하는 것이 모든 인도 정신전통의 목적이다. 시간의 흐름은 변화의 과정이며, 쇠퇴의 진전을 의미하고, 시간의 흐름 속에 존재한다는 것은 굴레 속에 존재하는 것을 의미하기 때문이다. 목샤는 바로 이 시간으로부터의 해방을 의미하며 시간의 최종적 해체라 할 수 있다.

3. 우주와 사회의 윤리규범, 다르마

1. 다르마의 의미

인간이 삶을 살아가면서 추구해야 할 최고의 선은 무엇일까? 이에 대한 답은 개인이나 사회의 가치관에 따라 유사할 수도, 다를 수도 있다. 시공을 초월하여 인류가 공유해 온 인간 삶의 조건들이 있다는 점에서 인류가 보편적으로 추구해 온 가치가 있기도 하고, 시대와 환경, 그리고 사회적·문화적 차이로 인해 상이한 가치가 최고선으로 추구될 수도 있다.

고대 이래 인도전통(사회)은 우주와 사회의 질서와 규범을 보존하고 유지하는 것을 가장 중요한 가치로 추구해 왔다. 이는 개별성보다는 총체성, 개인보다는 집단을 중시하는 관점으로, 우주나 사회의 모든 구성원들이 상호 의존적으로 연계되어 있다는 인식에 토대를 둔다. 그리고 이러한 인식에 근거하여 사회구성원, 더 나아가 자연 속의 모든 존재가 각자의 본분과 역할을 수행할 것을 강조해 왔다. 이러한 인도인들의 가치관과 윤리규범을 담고 있는 힌두 가치가 다르마다. 그런 만큼 다르마는 힌두 세계관 이해에 핵심적인 개념이자 힌두신화의 가장 중요한 주제 가운데 하나다. 인도의 2대 서사시 『라마야나』와 『마하바라따』가 다양한 주제들을 다루고 있지만 핵심 주제는 다르마이며, 힌두 신화집 『뿌라나』도 다르마를 주요 주제로 다루고 있다.

다르마는 '함께 묶는다', '유지하다'는 뜻의 범어 어근 dhṛ에서 파생된 명사로 맥락에 따라 여러 의미를 갖는다. 단데까르(Dandekar, 1979: 69)는 다르마란 말은 여러 맥락에서 여러 의미를 지녀서 베다 의례, 종교, 윤리,

카스트규범, 시민법 등을 의미한다고 지적한다. 또 다르마는 넓은 의미로는 종교를 뜻해서 인도의 여러 종교들이 힌두다르마, 붓다다르마, 시크다르마, 자인다르마와 같이 다르마로 불려 왔다(Frawley, 1992: 26-27). 사실 힌두교의 정확한 명칭은 '영원한 가르침' 또는 '영원한 진리'를 의미하는 사나따나 다르마(Sanatana Dharma)이고 이 사나따나 다르마를 단순히 다르마로도 부른다. 하지만 다르마를 힌두사상과 윤리의 영역에 국한시켜 보면 그 의미를 크게 두 차원으로 구분해 설명할 수 있다.

우주적 차원에서는 우주를 하나로 묶어주고 보존하는 우주통합과 유지의 법칙이고, 사회적 차원에서는 사회를 통합하고 유지하는 도덕규범이자 의무, 즉 옳고 정의로운 행동규범이다. 말하자면 자연과 사회 모두의 이면에 있는 신성한 법칙이다. 힌두신화는 이런 다르마의 중요성을 가르치고 전파하는 데 중요한 역할을 해 왔다. 구체적인 신화를 통해 힌두 다르마사상과 그 안에 담긴 윤리적 가치관을 살펴보기로 하자.

2. 우주통합과 유지의 법칙

힌두신화는 이야기 또는 이야기 속의 신이나 성자의 설명을 통해 다르마사상을 전달한다. 『라마야나』에 나오는, 람(라마, 이후 람으로 표기)과 바다 신의 다음 대화는 우주적 차원의 다르마사상을 전달하려는 의도를 보여준다.

> 비슈누의 화신으로, 아요디아 왕국의 장자로 태어난 람은 왕위계승에서 밀려나 아내 시따와 동생 락슈만과 함께 숲 속에서 유배생활을 하고 있었다. 그러던 어느 날 인도 남쪽 끝에 있는 섬인 랑카를 지배하는 악마 왕 라바나가 시따를 납치해 가는 일이 벌어졌다. 람은 시따를 구하기 위해 원숭이 부대의 장군인 하누만의 도움을 받게 되고, 그들은 군대를 모아 인도 남단의 해변에 이르렀다. 하지만 바다를 건너야 하는 어려움에 부딪쳤다. 람의 군대는 바다를

건널 방법을 궁리하다 바다 신(바루나)에게 도움을 청하기로 했다. 람은 대양에 대한 존경의 표시로 바닥에 신성한 쿠샤 풀을 깔고 그 위에 누워 3일간 바다 신에게 도움을 청했다. 하지만 대양은 자신의 형상(모습)을 드러내지 않았다. 이에 분노한 람이 락슈만에게 "대양이 내게 자신의 모습을 드러내지 않는 자만심을 보이는구나. 인내와 용서와 정중한 말과 같은 고귀한 덕목들이 약함의 징표로 오해되고 있으니 내가 바다를 마르게 하겠다. 활과 화살을 가져오라."라고 말했다. 그는 바다를 겨냥해 활을 쏘았고 화살이 바닷물 깊숙이 들어가 큰 물결이 빈드야나 만다라 산같이 높이 솟아올랐다. 그리고 람은 바다 신에게 바다를 말려버리겠다고 위협했다. 그러자 태양이 거대한 산 뒤에서 떠오르듯이 바다 신이 바다 가운데서 올라왔다. 그는 두 손을 합장하고 이렇게 말했다.

"흙, 공기, 에테르, 물과 불은 (자연을 지배하는 자연의) 영원한 법칙을 지키면서 자신들의 본성을 지켜야 합니다. (그러므로 저는 자연의 법칙에서 벗어나서는 안 되는 요소들 중 하나입니다.) 저의 본성은 깊이를 측정할 수 없을 만큼 깊고 헤엄쳐 건널 수 없는 그런 것입니다. 이 법칙을 벗어나는 것은 제 자연상태를 벗어나는 것입니다. 그러나 (저를 건널) 방책을 알려드리겠습니다. 탐욕이나 갈망 또는 두려움 때문이 아닙니다. 어떤 경우이든 공고히 하기 위해(제 본분을 지키기 위해) 제 물에 악어들이 떼 지어 모여들게 할 것이나 당신이 저를 건널 수는 있도록 하겠습니다. 당신의 군대가 해안 저편에 도달할 때까지 악어들이 공격하지 않을 것입니다. 원숭이들이 건널 수 있도록 발판을 마련토록 애쓸 겁니다." 바다 신은 람의 군대에 있는 관련 전문가인 날라에게 다리를 놓도록 하라고 조언하고 사라졌다. 수천의 원숭이들이 언덕과 바위를 날라 5일 만에 두 대륙을 연결하는 길이 만들어지고, 람의 군대는 땅과 바다와 하늘을 통해 랑카로 진입했다.(*Rāmāyaṇa*, yuddha kāṇda, canto 21-22)

이 이야기에서 바다 신은 예를 갖춘 람의 간절한 요청에도 반응을 보이지 않고 람의 분노에 찬 위협 앞에서도 자기 본분을 저버리지 않는다. 즉 어떤 경우에도 자신에게 주어진 본분을 지킨다. 『라마야나』는 이러한 바다 신의 태도를 통해 자연의 질서와 법칙을 존중하고 지키는 것이 무엇보다도 중요한 가치임을 보여주려 한다.

우주 또는 자연에는 일정한 질서체계가 존재한다는 관념은, 가장 초기 문헌인 『리그베다』의 리따(ṛta)에서 처음 나타나고 이후 문헌에서는 다르마를 통해 나타난다. 대부분의 학자들은 다르마 개념의 기원을 『리그베다』의 리따에서 찾는다.[20] 리따는 우주를 지배하는 법칙으로, 우주가 마치 기계처럼 규칙적이고 역동적으로 운행되도록 하는 원리다. 『리그베다』에서 리따를 수호하는 존재는 신들이다. 특히 바루나(Varuṇa)가 리따를 주재하는 신으로 나타나는데, 후기 힌두교의 문헌에서는 이 신화에서처럼 바루나가 바다 신으로 나타난다. 바다 신 바루나가 자연의 질서체계인 다르마를 지키는 것을 강조하는 것에는 리따의 주재 신으로서의 바르나의 잔영이 담겨 있는 것으로 생각된다.

하지만 여기서 주목할 점은 힌두사상에서 우주는 신들이 아니라 법칙들, 즉 리따 또는 다르마, 그리고 까르마법칙에 의해 작동(운영)된다는 점이다. 다시 말해 힌두사상에서 우주를 작동하게 하고 운행시키는 것은 신들이 아니라 신들보다 우위에 있는 법칙 또는 원리들이다(Khan, 1983: 26). 우주의 질서를 유지시키는 이 원리들은 물리적 세계뿐 아니라 인간의 세계와 행동도 지배하는 법칙으로, 도덕 질서를 의미하기도 한다.

힌두전통 안에서 이 법칙을 지칭하는 용어나 관념은 시대에 따라 변해 왔다. 『리그베다』에서는 리따와 사뜨야(satya, 진리)가 함께 사용되다가, 『브라흐마나』 문헌에 이르러 리따보다는 희생제의인 야겨가 선호·중시되고, 사뜨야 의미도 변하여 도덕적 원리보다는 희생제의를 올바로 수행하는 것을 의미하게 되었다. 이어 『우빠니샤드』에서는 '자기 앎(自己知)'이 구원으로 인식되었다(Khan, 1983: 30-34).

이렇게 희생제의와 자기 앎이 최고가치로 등장하면서 도덕적 행동은 수단의 지위로 떨어졌다. 『브라흐마나』나 『우빠니샤드』에 도덕적 요소가 없는 것은 아니지만 『브라흐마나』에서는 의례가, 『우빠니샤드』에서는 존재론적 해방이 중시되면서 부차적인 것이 된 것이다. 『우빠니샤드』에서 아뜨만과 아뜨만을 아는 해탈자는 선악을 넘어서는 존재로 제시되었다. 이들 문헌에 이어 등장한 다르마샤스뜨라(Dharmaśāstra)나 서사시 같은 (세속) 문헌들에서는 다르마가 중시되고 공동체의 삶(사회, 경제, 성, 도덕 등)을 통제하는 행동원리들이 만들어짐으로써 다르마 원리가 보편적 법칙이 되었다.

칸(Khan, 1983: 34-35)은 다르마 개념을 '인간에게 요구되는, 정해진 사물의 질서에 부합하는 모든 활동, 즉 우주규범에 부합하는 행동'으로, 다르마에 반대되는 아다르마(adharma)를 '이 질서와 규범에 반하는 행위'로 규정한다. 다시 말해 다르마는 우주질서 유지와 세상을 위한 인간 행동규범으로, 그 작동은 세상(산사라)에 국한되는 것으로, 아다르마는 질서를 위협하는 규칙 없는 것으로 설명한다.

이처럼 인도인들은 우주의 운행이 일정한 법칙에 의해 질서 있게 운행되고 있다고 인식하고, 우주에 질서와 조화를 부여하는 원리이자 법칙으로 리따나 다르마를 제시해 온 것이다. 그러나 다르마에 담긴 질서 관념은 창조주가 자신의 계획에 따라 이끌어가는 그런 질서와는 다르다. 우주가 창조된 시점부터 존재하게 되는 질서로, 우주의 각 구성존재가 우주가 기능적 균형을 유지하도록 각자의 위치에서 자기 행위법칙에 따라 기능해야 하는 질서다(Heimann, 1964). 즉 우주의 구성요소들인 물질계·동물계·인간계가 서로 상응하며 균형을 이루고 있으므로 인간과 자연과 사회가 투쟁하는 것이 아니라 서로 조화롭게 행위해야 한다는 것이다. 따라서 힌두 전통은 이 신성한 법칙을 범하는 것을 죄 또는 악인 아다르마로 규정해 왔다. 다음의 일화는 자신에게 주어진 다르마, 곧 자기본분을 지키는 것이 중요함을 강조하고 있다.

한 성자가 강변의 아슈람에서 제자들과 수행을 하고 있었다. 어느 날 성자가

> 목욕의례를 하기 위해 강으로 가다가 물로 기어가는 전갈을 보았다. 전갈이 헤엄을 치지 못한다는 것을 아는 성자는 오른손으로 그 전갈을 집어 높은 바위에 놓았다. 그러자 전갈이 그의 오른손을 물었다. 목욕의례를 하고 돌아가던 성자가 전갈이 바위에서 내려와 강으로 기어가는 것을 또 발견했다. 성자는 전갈의 생명을 살리려고 이번에는 왼손으로 잡았다. 그러자 전갈은 또 그의 왼손을 물었다. 이 광경을 지켜보고 있던 제자들이 의아해하며 스승에게 왜 두 손을 다 물려가며 계속해서 전갈을 구해주려 하셨느냐고 물었다. 스승은 "전갈은 전갈의 다르마를 따랐고 나는 나의 다르마를 따랐을 뿐이다. 위협을 느낄 때 무는 것은 전갈의 본성이고 인간의 진정한 본성은 생명체를 구하는 것이다."라고 대답했다.(류경희, 2003a에서 재인용)

이처럼 힌두사상은 자연과 인간의 세계가 같은 질서의 지배를 받으며 상호 균형관계를 맺고 있다고 보고 있다. 따라서 인간이 인위적으로 이 관계를 깨거나 자연을 지배하는 것을 부정적으로 인식하고, 인간과 자연이 상호 의존적으로 조화를 이루는 삶, 즉 세상의 모든 존재들을 하나로 묶고 유지시키는 법칙인 다르마를 지키는 삶을 바람직한 삶으로 제시해왔다. 그런 의미에서 다르마는 인도전통에서 가장 중요한 윤리적 개념이라 할 수 있다.

3. 사회적·윤리적 규범이자 의무

힌두신화는 다르마를, 이 세상 사람들이 사회의 질서와 조화를 이루며 살아가게 하는 행동규범으로도 제시한다. 이러한 행동규범은 종교율법과 윤리적 의무이자 옳고 정의로운 보편적 도덕률로 제시된다.[21] 2대 서사시인 『라마야나』와 『마하바라따』는 이런 종교적·윤리적 규범이자 의무로서의 다르마를 가장 중요한 중심 주제로 다루고 있다. 다르마와 아다르마 세력의 투쟁과 다르마 세력의 승리 주제를 중심축으로 하여, 다양한 종류와 차원의 다르마를 여러 등장인물을 통해 보여준다.

1)『라마야나』와『마하바라따』의 다르마

✪『라마야나』의 람, 다르마의 상징

『라마야나』는 이야기 형식을 취한 다르마서라 할 만큼 다르마를 가장 핵심적인 주제로 다루고 있다. 이 서사시에서는 여러 형태의 다르마가 제시되나, 가장 핵심적인 것은 주인공인 람과 그의 아내 시따를 통해 제시되는 이상적인 왕과 아내의 다르마다. 또한 다르마와 관련된 논쟁이나 이러한 논쟁이 일어날 수 있는 사건을 통해 힌두사회가 추구하는 다르마를 보여준다.

칸(Khan, 1983: 1-6(서문))은 발미끼가『라마야나』를 쓴 이유를, 선하고 영적인 삶을 살았던 인물들의 족적을 보여주려는 것, 특히 람의 삶과 그가 세운 도덕기준을 보여주려는 것이었다고 지적하고, 발미끼『라마야나』의 두드러진 점을 실제 삶과 사회에 적용될 수 있도록 시공에 따라 유연하게 적용되는 실용적 도덕원리를 제시하는 것이라고 지적한다. 이를 구체적인 상황과 인물들을 통해 보여주고 있다는 것이다.[22]

발미끼의『라마야나』에서 힌두사회가 추구하는 다르마를 가장 완벽하게 보여주고 있는 인물은 주인공 람이다. 이야기의 도입부인 발라 칸다(Bala kāṇda)에 보면 아요디아 왕국의 왕인 다샤라타는 장남이자 모든 자격을 갖춘 람에게 왕위를 물려주려 한다. 하지만 셋째 왕비인 께이께이가 왕에게 예전에 자신이 왕을 구해준 것에 대한 감사 표시로, 왕이 자신의 소원을 들어주겠다고 한 약속을 환기시킨다. 그리고 람을 14년간 유배 보내고 자신의 아들인 바라따를 왕위 계승자로 책봉해달라고 주장한다. 왕과 왕국의 주요 인사들은 물론 백성들까지도 람이 계승자가 되어야 한다고 생각하고 있었음에도 람은, 자식은 어떤 경우에도 부모(아버지) 뜻에 따라야 하며 아버님이 약속을 지키도록 해드리는 것이 다르마를 따르는 것이라며 묵묵히 자신의 상황을 받아들인다.

람은 동생인 락슈만이 이러한 처사가 부당하다며 투쟁할 것을 권하지만, 분노는 인간의 적이며 아들은 부모의 뜻을 따라야 한다며 그를 달랜다. 그리고 어머니에게도 아버지가 약속을 지키실 수 있게 해달라고 간청한다. 여기서 가장 우선적으로 강조되는 가치는, 약속을 지키는 것과 부모님의 뜻에 따르는 것이다. 특히 약속을 지키는 것은 『라마야나』 이야기 전체를 통해 강조되는 가치다. 이들 가치에 대한 강조는 다르마에 대한 람과 락슈만의 논쟁에서도 잘 나타난다.

『라마야나』 아요디아 칸다(Ayodya kāṇda)에서 락슈만은 람과는 반대로 다샤라타 왕의 조치를 다르마에 위배되는 것으로 본다. 그는 운명보다는 노력의 우위성을 강조하며 람에게 왕위계승을 위해 반기를 들 것을 촉구한다(canto 23). 이는 다르마와 아다르마, 운명과 도전에 대한 논쟁으로, 람과 락슈만을 통해 같은 상황에 대한 두 다른 대응을 보여준다. 락슈만은 이 사태를 아버지인 다샤라타와 께이께이가 애초부터 이기적으로 의도한 것으로 파악하여 이런 부정의에 람이 대응하지 않는 것, 더구나 바로잡을 수 있음에도 하지 않는 것에 이의를 제기한다(canto 9-12).

또 운명이라 하더라도 간과해서는 안 된다고 강조한다. 힘없는 겁쟁이나 운명을 믿지 강한 마음을 지닌 용감한 자는 결코 운명에서 피난처를 찾지 않으며, 자기노력으로 운명을 이겨낼 수 있는 이는 자신의 목적이 운명으로 좌절되었다 해도 결코 낙담하지 않는다고 말하면서, 인간의 용감함이 운명을 이길 수 있음을 입증해 보이겠다는 의지를 표명한다(canto 15-20). 이에 람은 락슈만을 위로하며 부모의 명령에 따르는 것이 정의로운 자가 밟아야 하는 길임을 강조한다(canto 41).

께이께이의 아들이지만 정의로운 성품을 지닌 바라따와의 논쟁도 힌두사회가 추구하는 다르마의 성격을 잘 보여준다. 바라따 역시 철저하게 다르마를 추구하는 인물이다. 다만 람이 다소 교조적인 입장을 취한다면 바라따는 좀 더 현실적인 관점으로 다르마를 추구하는 인물로 그려진다.

아요디아 칸다에서 람과 바라따 사이의 논쟁은 이를 잘 보여준다.

다샤라타 왕은 슬픔으로 결국은 세상을 뜨고 말았다. 아요디아를 떠나 있다 돌아와 모든 것을 알게 된 바라따는 어머니에게 분노하며 자신이 람을 찾아 떠날 것이고 람이 왕위에 복귀할 때까지 돌아오지 않을 것이며 아들로서의 관계도 끊겠다고 선언했다. 그는 왕의 장례식을 치른 뒤 람의 은둔처로 향했다. 은둔처인 치뜨라 꾸따에서 락슈만은 바라따 일행이 오는 것을 보고 공격하러 오는 줄 알고 그를 먼저 차단하겠다고 람에게 허가를 구하나, 바라따를 신뢰하는 람은 그를 말렸다. 도착한 바라따를 통해 왕의 사망소식을 전해 듣고 모두가 슬픔에 잠겼다. 그들이 강으로 가서 아버지의 평화와 안녕을 위한 의식을 치른 뒤에 람과 바라따가 왕위계승 문제를 놓고 토론을 벌인다. 주장점을 중심으로 이 논쟁을 요약해보면 다음과 같다.

바라따 형님이 아요디아의 합당한 지도자이십니다.

람 부모님의 뜻을 따라 나는 금욕적 삶을 살 터이니 너도 그분들의 뜻을 따라 왕위 계승자가 되거라.

바라따 제 어머님이 아버님으로 하여금 장자가 왕위를 계승하는 전통을 깨시게 했습니다. 이런 옳지 못한 처사를 받아들일 수 없습니다.

람 아들의 의무는 부모에 복종하는 것이지 의문을 제기하는 것이 아니다.

바라따 하지만 부모님이 전통과 옳은 길에서 벗어났을 때는 어찌합니까?

람 자식은 심지어 부모가 옳지 않다고 생각되는 경우에도 부모의 뜻을 따라야 한다.

바라따 그렇다면 자식에게 누군가의 재산을 약탈하도록 시켜도 따라야 합니까?

람 아니다. 아들에 대한 모든 명령은 다르마의 범위 안에서 주어져야 한다.

바라따 어머님은 당신의 경험이 부족한 것과 아버님이 공공의 책임을 지셔야 한다는 점을 생각하지 않으셨고, 아버님은 어머님에 집착하신 나머지 제대로 대응하지 못하신 것이므로 저와 형님이 잘못을 바로잡아야 합니다.

람 금욕주의는 모든 의무 중에 최고다. 아버님이 그것을 나에게 주신 것이고 사람들은 왕좌를 즐거움을 누리는 기회로 보지만 현자는 그것을 공적 책무(public trust)로 여긴다.(*Rāmāyaṇa*, Chidbhavananda, 1989: 55-58)

이 대화에서 아버지 다샤라타의 처사에 대한 람과 바라따의 평가는 전혀 다르다. 바라따는 아다르마로 본다면 람은 다르마, 즉 옳은 처사로 받아들인다. 바라따는 람이 아버지의 처사에 무조건적으로 순종하는 것으로 이해해 이러한 태도에 문제를 제기하나, 람은 모든 행동과 선택의 기준이 사회적·윤리적 규범으로서의 다르마여야 한다는 점을 지적하고, 아버지의 처사가 이 범위에서 벗어나는 것이 아님을 함축해 언급한다. 그 이유 중 하나로, 14년간의 망명생활을 통해 자신이 힌두문화에서 중시되어 온 고행적·수행적 삶을 살 수 있는 기회를 갖게 된 것을 든다. 이와 관련하여 둘의 논쟁은 당시 이슈가 되고 있던 세속적 가치와 탈속적 가치 사이의 갈등을 보여주는 것이기도 하다. 이런 상황에서 사제 자발리가 유물론적 관점에서 해결책을 제시하지만, 람이 이 견해를 거부하자 바라따가 다른 제안을 한다.

바라따 자식은 부모에게 모두 귀하며 할당된 의무도 같으므로 제가 14년간 망명생활을 할 테니 형님은 돌아가 아요디아를 통치하세요.

람 그것은 사회나 정치적 측면에서 사용하는 수단이지 진실을 실천하기 위한 것이 아니다. 내게는 아버님을 진실되게 해드리는 것이 기준이 된다.

바라따 그러면 죽을 때까지 단식을 하겠습니다.

람 그러한 행동은 영웅의 길이 아니니 쟁점을 알고 그것을 남자답게 대면해라. 나는 아버지가 약속을 깨시게 할 수 없다. 아버지가 약속을 지키셔서 진실한 분이 되실 수 있도록 14년간 망명생활을 하겠다.

바라따: 그리하시겠다면 저도 결코 왕위에 오르지 않겠습니다.

(*Rāmāyaṇa*, Chidbhavananda, 1989: 57-58)

이에 가족사제인 바시슈타(Vasishtha)가, 바라따가 왕좌에 앉지 않으면서 람의 섭정으로 왕국을 통치하면 부모의 맹서도 지켜진다고 대안을 제시했다. 바라따가 이 제안을 받아들여, 자신이 람의 대리인이 되어 왕국을 통치하되 람의 상징인 그의 신발을 놓아둘 것이고 자신의 어머니에게 람과 함께가 아니라면 아요디아에 돌아가지 않겠다고 선언했으므로 아요디아 외각에서 자신의 의무를 수행하게 해달라고 제안했다. 람은 이 제안을 수용하고 자신의 나무신발을 주었다. 바라따가 14년 후에 람이 돌아오지 않으면 자신은 불에 몸을 던지겠다 말하자, 람은 돌아갈 것을 약속하며 께이께이에게 나쁜 감정을 갖지 말도록 부탁했다(*Rāmāyaṇa*, Chidbhavananda, 1989: 58).

이 논쟁은 결국은 어떤 행동이 옳은 것인가에 관한 논의다. 바라따가 보다 현실적인 관점에서 다르마를 논하고 있다면 람은 진실과 진리의 관점에서 다르마를 추구하려는 자세를 보인다. 이렇게 다르마를 무엇으로 볼 것인가에 대한 관점은 다소 다르지만, 각자가 생각하는 다르마를 철저히 지키려는 자세는 같다고 할 수 있다.

또 논의과정에서 당시의 여러 관점들이 드러나고 있고, 논의를 통해 서로 다른 견해를 조정하면서 최선의 해결책을 찾아가는 모습을 보여준다. 또한 이러한 논쟁은 전통 힌두사회가 사회적 의무로서의 다르마를 확립하는 과정에서 있었던, 서로 다른 관점 사이의 논쟁을 보여주는 것이기도 하다.

❂ 『마하바라따』에 반영된 인간 삶의 다르마

『마하바라따』의 바나 빠르바(Vana Parva)에서는, 빤다바 형제가 같은 혈족인 까우라바 형제에게 왕국을 빼앗기고 숲에서 망명생활을 하는 이야기가 그려진다. 이 망명 시기에 빤다바들은 많은 모험을 하고 난관을 극복하며, 여러 성자들과 만나 힌두사상과 관행을 습득하게 된다. 빤다바 형제의 이런 망명생활은 람의 망명생활을 떠오르게 한다. 두 서사시에서 왕이 되기 전에 이런 시기를 거치는 이야기들이 자주 등장하는데, 이는 힌두전통이 통치자가 되기 전에 일종의 고행적 수련 시기를 거치는 것을 이상적인 절차로 권장해 왔기 때문인 것 같다. 즉 다르마의 수호자로서의 왕은 세속과 세속을 초월하는 가치를 균형적으로 추구할 수 있어야 한다는 점을 제시하려는 의도로 보인다. 『마하바라따』의 빤다바 형제와 『라마야나』의 람의 경우가 대표적인 예고, 이들의 생애를 통해 가장 강조되는 주제가 바로 다르마다.

『마하바라따』의 주인공들인 빤다바 형제 가운데 특히 첫째인 유디슈티라는 어떠한 상황에서도 다르마를 철저히 지키는 다르마의 화신으로 그려진다. 이 서사시에서 그는 '다르마의 왕'이란 뜻의 다르마라자(Dharmaraja) 또는 다르마뿌뜨라(Dharmaputra)로도 불린다.

『마하바라따』 사봐 빠르바(Sabha Parva)에 나오는 이야기를 보면, 빤다바 형제의 왕국이 번성하자 까우라바 측이 그 왕국을 빼앗기 위해 빤다바들을 도박에 끌어들이는 음모를 꾸민다. 그래서 까우라바 형제의 아버지이자 빤다바들의 큰아버지인 드리따라슈뜨라가 빤다바들을 초대해 도박에 참여하도록 명령한다. 빤다바 형제의 맏형인 유디슈티라는 도박이 악이라는 걸 알면서도 부모나 집안어른의 말이나 뜻에 순종해야 하는 다르마를 지키기 위해 도박에 참여한다. 그리고 도박에 져서 왕국을 빼앗기고 숲에서 망명생활을 하게 된다. 이 사건과 관련하여 바나 빠르바 부분에서 유디슈티라와 다섯 빤다바 형제의 공동 아내인 드로우빠디 사이에 다르마에 대한 논쟁이 벌어진다. 이 부분도 『라마야나』에서 람과 락슈만이나 바라따와의 논쟁을 떠올리게 한다.

드로우빠디는 숲 생활에 큰 어려움을 느끼지는 않았다. 하지만 사촌들의 부당한 행동과 처사에 적극 대응하지 않고 수동적으로 받아들이는

그림 II.3.1 빤다바 다섯 형제와 드로우빠디, 바라나시, 쉬브뿌르

남편들의 태도를 이해할 수가 없었다. 악에 저항하는 것이 끄샤뜨리아의 다르마이고 분노가 끄샤뜨리아가 꼭 갖추어야 할 무기이거늘 그들에겐 그 힘이 보이질 않았다. 그래서 드로우빠디가 유디슈티라에게 그 이유를 묻자 유디슈티라는 이렇게 대답한다.

"나 때문에 우리가 이런 고통을 겪고 있다는 걸 아오. 하지만 아버님이 살아 계시다면 아버님께 복종해야 하는 것처럼 큰아버님인 드리따라슈뜨라의 말씀도 따라야 하오. 그분이 내 약점(도박)을 이용하여 우리를 이런 어려움에 빠뜨렸지만 내가 13년 동안 숲에서 추방생활을 하라는 그분의 말에 이미 동의를 했소. 이제 와서 내가 행동을 바꾼다면 그것은 진리에서 벗어나는 것이 될 것이오. 그런 일은 생명을 바쳐서라도 하지 않을 것이오. 추방생활이 끝나면 당신이 원하는 대로 하도록 해주겠소. 고통과 고행을 통해 내가 지은 도박의 죄를 정화시킬 것이오." 이러한 그의 말에 다른 형제들과 드로우빠디 도 그의 결정을 따랐다.(*Mahabharata*, Vana Parva, Chidbhavananda, 1987: 97)

위 내용에서 알 수 있는 것은 부당함으로 표현되는 악에 대항해 그것을 물리치는 것이 끄샤뜨리아 계급의 의무 즉 다르마라는 점, 때론 부당하다 하더라도 아버지와 집안어른의 말씀을 따르는 것—주로 남성 중심으로 기술된다—이 자식과 후손의 다르마라는 점, 그리고 부당한 약속이라도 약속을 지키는 것이 다르마라는 점이다.

이 세 가지 형태의 다르마는 다르마와 관련된 힌두신화를 통해 자주 나타난다. 그러나 여기서 부모나 어른의 말이나 명령이 부당해도 따르는 것이 다르마일 수 있나 하는 의문이 제기된다. 이 문제는 『라마야나』에서 람과 락슈만의 다르마 관련 논쟁에서도 나타난다. 이처럼 위계질서를 보존하고 약속을 철저히 지키는 것을 강조하는 것은 가정과 사회 질서체계의 보호와 보존을 중시하는 힌두사회의 성격을 보여준다.

또 다른 형태의 다르마를 바나 빠르바에서 찾아보기로 하자.

한 브라만 순례자가 빤다바 형제의 큰아버지인 드리따라슈뜨라에게 빤다바 소식을 전하자, 그의 아들들인 까우라바 형제의 첫째인 두르요다나는 빤다바들이 머물고 있는 숲을 방문하여 그들에게 모욕을 줄 계획을 세웠다. 까우라바들이 도중에 깨끗한 물이 있는 연못에 이르러 목욕을 하려 하자 먼저 와 있던 천상의 악사인 간다르바들이 자리를 내주질 않았다. 그리하여 양측 간에 전투가 벌어지고 까우라바들이 패배를 했다. 이 소식이 빤다바들에게 알려졌다. 그러자 비마는 기뻐하며 그것을 그들에게 복수할 기회로 생각했다. 그러나 유디슈티라는 그의 태도를 꾸짖으며 "우리가 같은 친족과 싸우기는 해도 낯선 이들이 우리 친족을 방해하는 것을 허용할 수 없다. 우리의 여성들도 포로가 되어 있기 때문이다. 그들을 방어하는 것이 우리를 방어하는 것이다."라고 말했다. 그리고 두르요다나가 도움을 청하는 소리가 들리자 "위험에 처해 있는 누구든 달려가 구해야 한다. 그들이 우리 친척이라면 더 말할 것이 없다. 내가 희생제의를 하고 있는 중이어서 무기를 만져서는 아니 되니 너희 넷이 어서 가 우리 사람들을 구하거라."라고 말했다. 동생들은 형의 말에 복종하여 무기를 들고 가서 간다르바들을 물리치고 까우라바 형제를 구해주었다. 유디슈티라는 자신들에게 모욕을 주러 온 두르요다나에게 옳지 않은 행동을 하지 말고 돌아가 평화롭게 살라고 말하고 돌려보내 주었다.(*Mahabharata*, Vana Parva, Chidbhavananda, 1987: 110-14)

유디슈티라가 상황에 대처하는 태도와 말을 통해, 위험에 처한 이들을 구하는 것, 심지어는 자신들의 적임에도 불구하고 자신의 종족을 보호하고 지키는 것이 끄샤뜨리아의 다르마임을 알 수 있다. 유티슈티라는 철저하게 다르마를 지키는 인물로 그려지고 그가 보여주는 관대함 역시 다르마에 포함된다는 점을 알 수 있다.

또 웃드요가 빠르바(Udyoga Parva)에서는 전쟁이 시작되는 배경이 그려지는데, 여기서도 다르마와 관련된 내용이 나온다. 빤다바들이 약속한 추방 기간인 13년이 끝났을 때, 빤다바들은 까우라바들에게 사람을 보내 자신들의 신분을 밝히고 약속한 대로 자신들의 왕국을 되돌려줄 것을 요구했다. 그러나 까우라바들은 자신들이 13년이 끝나기 직전에 빤다바들의 신분을 알아냈으므로 왕국을 돌려줄 수 없다고 주장했다. 끄리슈나가 협상자로 나섰지만 실패하자 양측은 전쟁을 준비한다. 그들이 양편으로 나뉘어 거대한 두 군대가 꾸루끄셰뜨라의 전쟁터에 집결했다. 이 과정에서 까우라바 측의 두르요다나는 아다르마의 상징으로 묘사되는데, 전투를 피해보려는 논의에 반영된 다르마를 살펴보기로 하자.

서로 대립하고 있는 까우라바 측의 첫째인 두르요다나와 빤다바 측의 아르주나가 모두 끄리슈나의 지원을 받기 위해 그에게 갔다. 끄리슈나는 중립적인 입장에 서서 양측 모두에게 반반씩 도움을 주겠으니 두 가지 제안, 즉 비무장한 자신과 완전무장한 자신의 군대 중 하나를 택하도록 했다. 이에 아르주나는 비무장한 끄리슈나를, 무기를 최고로 여긴 드로요다나는 무장한 군대를 택했다.

하지만 그래도 전쟁을 막아보기 위해 빤다바 측이 드로우빠디의 사제를 전령으로 보내, 까우라바 측에 빼앗은 왕국을 약속대로 돌려줘야 하며 이 전쟁이 정당하지 않다고 주장했다. 까우라바 측에 있던 비슈마도 빤다바 측 견해를 지지했으나 까우라바 측의 장군인 까르나가 강력 반대했다. 드로요다나 측은 빤다바 측에 산자야를 전령으로 보내 요구를 들어줄 수 없다고 전했다. 유디슈티라는 그 전령에게 자신은 전쟁을 원치 않으나 전쟁이 자신에게 부과된다면 피하지 않을 것이며 무엇보다 끄리슈나의 결정을 따를 것이라 말했다. 끄리슈나는 양측 모두의 복지에 관심이 있음을 밝히고, 양측 모두에 도움이 될 평화적 해결을 위해 하스띠나뿌르에 갈 것이며 이것이 실패하면 재앙이 될 것이라 말했다. 한편 비슈마는 아르주나와 끄리슈나를 사악한 이들을 파괴하고 정의로운 이들을 보호하기 위해 지상에 온 성자 나라와 나라야나(즉 비슈누)라 언급한다.

두르요다나는 중재자로 간 끄리슈나를 오히려 가둘 음모를 꾸민다. 이에 까우라바 측 장로들이 전령에 대한 부당한 행위라고 반대했다. 중재에 실패한 끄리슈나가 결국 빤다바 측에 서자 두르요다나는 그 이유를 묻는다. 이에 끄리슈나는 이렇게 대답한다. "빤다바 형제는 결코 다르마에서 벗어나지 않았다. 그들은 덕 있는 이들이다. 너는 그들을 파괴하려는 나쁜 의도를 가지고 있다. 정의로운 이의 적은 나의 적이기도 하다." 두르요다나의 아버지인 드리따라슈뜨라 역시 전쟁을 원치 않았으나 아들인 두르요다나가 강경하게 말을 듣지 않았다. 끄리슈나는 그에게 탐욕은 낮은 출신의 특성이니 버리고 부모의 뜻을 따르고 덕 있는 사촌을 우애로 대하면 권력과 영광이 늘어날 것이라 말했다. 하지만 그는 강경 입장을 고수했다.(*Mahabharata*, Udyoga Parva, Chidbhavananda, 1987: 153-64)

위의 이야기에서 다르마는 정의로움을 고수하고 지키는 행위를 의미한다. 그리고 두르요다나는 부모의 뜻을 거역하고 탐욕스럽고 약속을 어기는 등 다르마에 반하는 행동을 하는 아다르마의 상징으로 제시된다. 이 밖에도 『마하바라따』 곳곳에서 다르마에 대한 강조가 나타나는데 아래에서 언급할 내용이 그 대표적인 예다.

산띠 빠르바(Shanti Parva, *Mahabharata*, Chidbhavananda, 1987: 241-46)에서 (전쟁이 끝난 후) 유디슈티라는 적이었던 까우라바 측 영웅 까르나가 어머니 꾼띠와 태양신 사이에서 태어난 자신의 형이란 사실을 알고는 왕위를 버리고 숲에 은거하는 삶을 택하려 한다. 그러자 성자들이 지상에서는 전쟁과 그것에 수반되는 모든 것들이 불가피하니 이를 기피하는 것은 삶에 적합하지 않다고 말하면서, 왕의 의무는 백성을 위해 공공의무를 수행하는 것이므로 개인적 슬픔을 감추도록 권고한다.

이런 설명을 듣고 유디슈티라는 평정을 찾긴 했으나, 끄리슈나가 화해를 위해 마련해준 비슈마와의 대화에서 다시 한 번 갈등하며 왕위를 사양한다. 유디슈티라는 비슈마에게 피의 대가로 얻은 왕위에 오르고 싶지 않으며 숲으로 가서 속죄의 고행을 하겠다고 말한다. 이에 비슈마는 유디슈티라가 전쟁을 원한 것이 아니라 전쟁이 그에게 부과된 것이며, 그가 전쟁으로 악을 씻어낸 행위는 끄샤뜨리아의 덕목이지 죄가 아니라고 말한다. 비슈마는 이어서 자신이 사악한 편에 있긴 했지만 이기적인 목적이 없었으므로 오염되지 않는다고 말한다. 이러한 내용이 아래와 같은 대화로 표현된다.

유디슈티라 전 피로 물든 왕좌에 오르고 싶지 않습니다. 숲으로 가 수행하며 속죄하겠습니다.

비슈마 네가 전쟁을 원했던 것은 아니다. 전쟁은 네게 부과된 것이었다. 네가 한 것은 죄가 아니라 끄샤뜨리아의 덕목이었다. 내가 사악한 자들을 위해 싸웠고 게다가 그들은 이기지 못했다. 지도록 되어 있었다. 내가 그

> 들 편에 있긴 했어도 내가 이기적 동기를 가지고 있지 않았기 때문에 나는 오염되지 않는다. 개인적 권력를 위해서가 아니라 공공의무를 수행하기 위해 왕위에 오르거라. 숲에 은거하는 것보다 책임을 떠안는 것이 더 위대한 고행이다. 이로운 왕이 되거라. 이것이 내가 네게 주는 명령이다. 유디슈티라는 복종의 뜻으로 절을 하고 왕위계승을 받아들였다.(*Mahabharata*, Shanti Parva, Chidbhavananda, 1987: 244)

여기서 이기적 동기가 없이 전쟁에 참여했으므로 자신이 오염되지 않는다는 비슈마의 말은 힌두사상의 '니스까마(niskama) 까르마' 개념을 담고 있다. 즉 욕망이 부재하는, 또는 의무로 행하는 까르마는 행위의 결실인 업보를 낳지 않아 우리를 속박하지 않는다는 것이다. 업보를 산출하는 것은 욕망이 내재하는 행위이며 이것이 우리를 속박한다는 것이다. 그리고 책임을 떠안는 것이 더 위대한 고행이라는 설명은, 해탈을 얻기 위해 세속을 떠나 세속사에 무심한 채 고행적 수행에만 몰두하는 것보다 세상사에 참여하여 다르마를 지키는 것이 더 중요하고 의미 있는 태도임을 강조하는 것으로 해석할 수 있다.

이러한 유디슈티라의 갈등, 그리고 성자와 비슈마의 조언과 유사한 내용이 『바가바드기따』에서 전쟁을 앞두고 갈등하는 아르주나와 전쟁 참여를 독려하는 끄리슈나의 대화에서 보다 본격적으로 나타난다. 이에 대해서는 뒤에서 다룰 것이다.

이어서 유디슈티라와 비슈마 사이에 질의응답이 이루어지는데, 비슈마의 답에 『마하바라따』가 전하려 하는, 삶에서 지켜야 할 규범이 잘 나타난다. 요약해보면 이렇다.

1) 운명은 강력한 힘을 지니나 자기노력으로 그것을 완화시킬 수 있다.
2) 진리는 매우 강력하다. 진리를 고수하는 이는 삶에서 결코 실패하지 않는다.

3) 삶에서 성공하고자 하는 이는 자제, 겸손함, 정의로움을 실천해야 한다.
4) 사람은 너무 부드럽지도 너무 완고해서도 안 된다. 상황에 자신을 적응시켜야 한다.
5) 나약함은 덕이 아니다. 그것은 많은 악을 키운다.
6) 자비심은 엄격한 수련과 결합되어야 한다.
7) 불규칙적인 관용은 몰락을 촉진시킨다.
8) 삶은 게으름에서 부식되고 근면에서 빛난다.
9) 증오는 독을 낳는다.
10) 사랑은 건설적이고 강력하다. 타락한 이들을 개심시킨다.

(*Mahabharata*, Shanti Parva, Chidbhavananda, 1987: 245-46)

✪ 동물과의 관계에서의 다르마

지금까지 주로 인간 삶에서의 다르마를 다루었다. 하지만 힌두신화와 사상에서 다르마는 인간관계에 국한된 윤리체계는 아니다. 넓게는 우주의 모든 존재들과의 관계에도 그대로 적용된다. 대표적인 예가 동물과의 관계에서 적용되는 다르마다. 한 예로 『마하바라따』 끝 부분에서 다르마 신이 유디슈티라의 다르마에 대한 충실함을 시험하는 이야기가 나온다.

빤다바 형제가 아내 드로우빠디와 함께 지상의 삶을 끝내고 히말라야의 메루 산에 올라 천상으로 올라가는데, 모두 삶에서 행한 이런저런 오점으로 오르다 떨어지고 유디슈티라와 동행한 개 한 마리가 남았다. 이때 천상에서 마차를 탄 인드라가 그를 안내하려 내려와 마차를 타도록 권유하나 유디슈티라는 여러 이유로 주저한다. 이때 나오는 대화다.

유디슈티라 형제와 아내가 도중에 떨어졌는데 그들을 두고 천상에 오를 수 없습니다.

인드라 그러면 왜 뒤돌아 그들을 구하지 않았는가?

유디슈티라 그 경우, 나도 떨어졌을 것이기 때문입니다. 완전함을 향해 나아가는 이는 포기한 것을 뒤돌아봐서는 아니 됩니다. 육신은 떨어지고 불멸하는 자아만이 재생하게 되어 있습니다. 내가 찾는 것은 그들의 진정한 자아입니다.

인드라 당신의 형제들과 아내는 불멸의 자아로서 이미 천상으로 갔소. 우리는 당신에게 경의를 표해, 신체를 지닌 상태로 당신을 천상으로 모시길 원하오.

유디슈티라 (마차에 오르려 할 때 동행한 개가 꼬리를 치자) 이 개를 데리고 가고 싶습니다.

인드라 신성하지 못한 생물은 버리시오. 천상에 그것을 위한 장소는 없소.

유디슈티라 내겐 모든 생물이 신성합니다. 내게 의존해 온 이 개를 버릴 수는 없습니다.

인드라 천상에 들어가려면, 또 형제들에게 가려면 이 개를 피해야 하오.

유디슈티라 내게 의존하고 있는 존재를 버리는 것은 다르마가 아닙니다. 이 개를 버리지 않을 것입니다.

그러자 그 개가 빛을 내며 다르마 신으로 바뀌었다. 그러면서 이렇게 말했다. "자랑스러운 나의 아들아, 전에 네게 네 형제와 의붓형제에 대한 너의 공평심을 시험했었는데 이번에는 미물에 대한 너의 자비심을 시험했다. 너는 나를 아주 기쁘게 했다. 인드라와 천상으로 가거라."(*Mahabharata*, Mahaprasthanika Parva, Chidbhavananda, 1987: 260-61)

이렇게 힌두신화와 사상에서 다르마는 인간관계에 국한된 윤리체계가 아니다. 넓게는 우주 속의 모든 존재들과의 관계에도 그대로 적용된다. 위에서 살펴본 동물과의 관계가 대표적인 예다. 앞서 다룬 우주의 질서체계이자 법칙으로서의 다르마 개념을 떠올리면 이러한 관점을 쉽게 이해할 수 있다. 우주 속의 모든 존재들은 다르마의 법칙 아래 상호 의존적인 관계를 맺고 있다고 이해되기 때문이다. 따라서 상호 조화와 공존의 윤리를 강조하는 것으로 볼 수 있다.

2) 『바가바드기따』의 다르마

『마하바라따』의 일부이나 흔히 별도의 힌두경전으로 다뤄지는 『바가바드기따』에서도, 다르마는 힌두교의 최고목표인 해탈만큼 중시된다. 『바가바드기따』는 힌두사상의 핵심을 담고 있는 문헌으로 '어떻게 사는 것이 좋은 삶인가?'에 대한 인도적 답을 제시한다. 그래서 인도인들의 삶의 지침서로 많은 사랑을 받아 왔다.

『바가바드기따』에서 해탈을 달성하는 방법이 다변화되어 세 가지로 제시되는데, 여기서도 다르마의 측면이 강조되는 경향을 보여준다. 해탈과 그 달성방법에 대해서는 뒤에서 별도의 장으로 다룰 것이지만, 독자들이 여기서 다뤄지는 내용을 좀 더 잘 이해하도록 『기따』(이후 『바가바드기따』를 때로 줄여 『기따』로도 표기할 것임)가 제시하는 해탈의 세 길에 대해 먼저 아주 간단히 언급하기로 하겠다.

힌두종교와 철학은 인간의 실존상황을, 제약된 존재상황 즉 고(苦, 두카)의 존재상황으로 인식해 왔다. 그리고 이 고의 원인을 인간의 완전하고 자유로운 본질을 모르는 무지 때문에 생겨나는 욕망과 집착으로 파악한다. 따라서 완전한 자유의 경지인 해탈을 달성하는 방법으로 모든 세속적인 집착과 욕망을 버리는 삶의 방식을 제시해 왔다. 『기따』는 이것의 구체적인 방법으로 세 가지 요가를 제시하고 있다. 자기본질에 대한 추구를 통해 우주와 인간의 본질을 깨닫는 갸냐 요가(Jñāna Yoga, 지혜의 요가, 『기따』에서는 상캬 요가로 표현됨), 결과에 집착하지 않고 욕망 없이 하는 행위를 통한 까르마 요가(Karma-Yoga, 행위의 요가), 신에 대해 대가를 바람이 없이 헌신적인 믿음과 사랑을 바치는 박띠 요가(Bhaktī-Yoga)가 그것이다. 이 세 가지 해탈의 길들은 접근방법에서는 차이가 나지만 그 핵심 목표는 모두 욕망의 토대가 되는 에고(자기중심성 또는 자기의식)를 없애고 인간의 진정한 본질(자아)을 실현하는 것이다.

『마하바라따』에서 『기따』 부분은, 빤다바 측의 적군인 까우라바 측의 드리따라슈뜨라 왕이 보좌관인 산자야에게 양측의 전쟁에 대한 설명을 요청하자 산자야가 그간의 전쟁상황을 보고하는 것으로 시작된다. 주 내용은, 빤다바 측의 아르주나가 전쟁을 목전에 두고 전투 참여를 주저하자, 그의 마부 역할을 하는 끄리슈나가 힌두사상의 핵심을 가르치면서 자기의무, 즉 스와다르마(swadharma)의 준수를 강조하는 것이다. 여기서 스와다르마는 자기에게 주어진 본분으로서의 의무다. 다음에서 『바가바드기따』가 전하려는 이 메시지를 네 가지 주요 주제로 구성해 다뤄보기로 한다.

✪ 아르주나의 갈등: 전쟁에 참여할 것인가, 참여하지 말 것인가?

18장으로 구성된 『기따』의 1장은 '아르주나의 주저함의 요가(아르주나비샤다요가)'라는 제목이 붙여져 있다. 양 군대가 전쟁을 막 시작하려는 상황에서, 빤다바 측의 장군인 아르주나가 친족을 대상으로 전쟁을 하는 것에 깊은 회의와 슬픔을 느껴 전쟁 참여를 주저한다. 이에 끄리슈나가 그를 설득하며 참여를 독려하는 내용을 다룬다.

아르주나는 상대 진영에 있는 친족, 친지, 스승을 바라보고, 전쟁이 가져올 참혹한 결과를 생각하며 온몸에 기운이 빠진다. 아르주나는 다음과 같은 이유를 들며 전쟁 참여를 주저한다. 첫째, 전쟁을 벌여 친족(스승, 친척 등)을 살해하는 일은 악일 뿐이며 어떤 좋은 것도 없다는 것(*Bhagavadgītā*, I.31. 이후 *Bhagavadgītā* 인용 표시는 약어 BG로 표기할 것임), 둘째, 왕국, 즐거움, 심지어는 삶 자체가 자신에게는 큰 의미가 없으므로 자신은 승리도 왕국도 즐거움도 탐하지 않는다는 것(BG, I.32), 그리고 셋째, 자신은 삼계의 지배권을 위해서도 그들을 죽이고 싶지 않으며 하물며 지상의 지배권을 위해서 그들을 죽이는 일은 결코 하지 않겠다는 것이다(BG, I.35). 이러한 아르주나의 태도는 커다란 고통의 순간에 세상과 세속사에 참여하기보다는 세속의 가치 또는 세상을 초탈하는 관점을 보여준다.

심지어 아르주나는 적군인 까우라바 측이 탐욕에 눈이 먼 사람들이어서 친족과 친구를 살해하는 행위를 악이나 죄로 인식하지 못한다 하더라도, 그것이 악이고 죄임을 인식하는 자신이 왜 그 악과 죄에 개입되어야 하는가를 끄리슈나에게 묻는다(BG. I.38-39). 이는 상대 세력이 무지로 인해 사악하다 해도 지혜를 지닌 이가 왜 세속사에 개입해야 하는지 이의를 제기하는 것이다. 결국 아르주나의 갈등은 당시 힌두종교와 사회가 당면하고 있던 딜레마인, 세상사에 참여하는 것과 세상을 초탈하는 것 사이의 갈등을 상징한다고 볼 수 있다.

아르주나는 위의 이유와 함께, 전쟁의 궁극적 결과로 '가족전통의 상실'이 가져올 폐해를 자신이 전쟁 참여를 거부하는 이유로 든다. 아르주나는, 전쟁으로 가족전통과 그 규범이 파괴되면, 악이 만연해 여성이 오염되고 카스트 혼합이 이루어져 종족이 파멸되고, 그로 인해 조상도 파괴된다고 말한다(BG, I.40-44). 그리고 상대편이 전투에서 자신을 살해하는 것이 더 나을 것이라며 무기를 내려놓는다(BG, I.46-47). 즉 아르주나는 개인적 욕심보다 가족전통과 그 규범을 지키는 것을 중시하고 있는데, 이는 전통적 관점이자 현실 삶의 관점에서 이해하고 있는 것이라 할 수 있다. 결국 아르주나가 드는 이런 이유들은, 삶 초탈과 삶 참여 사이에서 갈등하고 있는 그의 모습을 보여준다.

전쟁에 참여해 싸워야 할 것인가, 참여하지 말아야 할 것인가? 『바가바드기따』가 서두에서 던지는 이 화두는 『바가바드기따』가 집성될 당시의 종교적·사회적 배경을 토대로 이해될 필요가 있다. 당시 인도에서는 해탈(목샤)을 추구하는 고대 힌두교의 일부 전통과 불교와 자이나교 등의 탈속적 종교이념 및 윤리가 융성하면서, 삶과 사회의 유지가 위협받고 있었다. 이런 상황에서 사회의 통합과 유지를 위해 다르마(우주와 사회의 질서법칙 및 규범이자 그것을 지킬 의무)를 강조할 필요가 있었다. 즉 『기따』는 삶 초월(목샤)과 삶 참여(다르마) 사이의 갈등을 풀 수 있는, 대안적 종교이념과 윤리를 제시하려 했다. 따라서 아르주나의 갈등은 당시 인도사회가 직면했던 문제를 반영하고 있다. 이 갈등은 『기따』에서 계속 논의되는 주제인 '행위해야 할 것인가, 행위하지 말아야 할 것인가?'에 대한 논의로 이어지며 '삶에 참여할 것인가? 삶을 초탈(월)할 것인가?'에 대한 갈등을 보여준다.

그런데 이 물음과 이에 대한 답을 왜 전쟁이라는 상황에서 제시하고 있는 것일까? 먼저 경전이나 고전의 표현들은 비유와 상징이란 점을 고려할 필요가 있다. 1장에서 대치하고 있는 양 군대는 정의와 부정의, 선과 악과 같은 이 세상과 삶에 존재하는 상반되는 두 세력을 상징한다. 전쟁은 이 양 세력 사이의 겨룸이며 이 겨룸은 삶에선 필연적이다. 따라서 전쟁터는 위와 같은 상반되는 이원적 현상과 경험이 존재하는, 그로 인해 고통이 존재하는 우리의 현실 삶을 의미한다고 볼 수 있다. 이 점에서 아르주나가 전쟁을 하는 것에 깊은 회의와 슬픔을 느껴 참여를 주저하고 거부하는 것은 현실의 삶과 인간사에 개입하는 것을 주저하거나 포기하는 태도라 할 수 있다.

그렇다면 아르주나의 슬픔과 고통의 의미는 무엇일까? 칫드봐반안다(Chidbhavananda, 1987: 5-6)는 『마하바라따』를 관통하는 주제를, 끊임없이 소유하려는 탐욕이 인류를 사악함으로 이끌며, 종국엔 덕 있는 이들이 탐욕스런 이들을 물리친다는 것이라고 말한다. 그리고 지상의 모든 존재는 자기 안과 밖의 적을 가지며 그 적과 대면하는 것을 회피할 수 없고 그 적에 어떻게 효과적으로 대면하느냐 하는 것이 서사시의 교훈이라 지적한다. 결국 여기서의 전쟁은 인간이 삶을 살아가며 만나게 되는 내외적 투쟁이라 할 수 있고, 이 투쟁은 고통스러운 것이기는 하나 불가피한 것이다.

한편 라다크리슈난(Radhakrishnan, 1976: 95)은 그의 『기따』 주석서에서 아르주나의 갈등과 깊은 고통을, 진리추구에 나선 사람이 겪는 고통으로 이해한다. 쁘라브빠다(Prabhupada, 1976)도 그의 『기따』 주석서 머리말에서, 자신이 겪는 고통에 대해 묻지 않는 한 그는 완전한 인간이 아니며, 마음속에 이 물음이 일어날 때 휴머니티가 시작된다고 말한다.

실존과 삶의 문제에서 생겨나는 고통은 여러 근본적인 물음을 묻게 한다. 그리고 그 답을 찾는 과정은 진리를 추구하는 여정이라 할 수 있다. 그래서 『기따』는 이렇게 말하는 듯하다. '고통과의 대면을 두려워하지 말라!'

『기따』의 나머지 부분(2장부터 18장까지)은 전쟁 참여에 대한 아르주나의 회의와 의문 제기에 끄리슈나가 참여해야 할 이유와 의미를 설명하며 전쟁 참여를 설득하는 부분이다. 그리고 이 부분에 힌두사상의 핵심이 담겨 있다.

◎ 끄리슈나의 설득: 의무로써 전쟁에 참여하라!

『바가바드기따』의 II장. 상캬 요가에서 끄리슈나는 힌두교의 세 가지 해탈의 길 가운데 지혜의 요가를 설명하며 아르주나의 전쟁 참여를 촉구한다. 이 장에서 행위의 요가가 다뤄지기도 하나 주요 주제는 지혜의 요가다.

끄리슈나는 아르주나에게 나약한 마음을 떨쳐내고 전쟁에 나서라고 촉구한다(BG, II.2-3). 그러나 아르주나는 적 진영에 있는 존경할 만한 분들(집안 어른 비슈마와 구루인 드로나)에게 어찌 무기를 겨눌 수 있냐고 반문하고, 전쟁에 이긴다 해도 자신에게는 의미가 없다며 계속해 비탄해한다(BG, II.3-6). 이 부분은 두 가지를 보여준다. 우선, 아르주나가 전사로서 전쟁에 참여해 싸우는 것, 즉 자신의 의무에 대한 정확한 이해와 확신이 없다는 것. 그리고 그의 관심사가 세속적인 부귀영화나 즐거움이 아니란 것. 즉 아르주나의 고통은 가야 할 길을 알지 못해 생겨나는 좌절이다. 그래서 아르주나는 끄리슈나에게 이렇게 묻는다. "진실로 무엇이 좋은 것인지 말해주십시오."(BG. II.7) 결국 이 질문은 삶의 길을 묻는 이의 물음, 즉 삶에서 추구해야 할 진정한 가치에 대한 물음이다.

이에 끄리슈나는 아르주나가 진리에 다가갈 수 있는 상태가 되었다고 보고 가르침을 주기 시작한다. 그는 아르주나에게 전사의 의무인 전쟁에 임하라고 촉구한다. 끄리슈나는 전쟁에 참여해야 하는 이유를 두 가지로 든다. 그것은 모든 존재의 본질인 영혼 또는 자아(아뜨만)의 불멸성과, 자기의무 즉 스와다르마(여기서는 끄샤뜨리아의 의무)를 준수해야 할 필요성이다. 먼저 "지혜로운 이는 삶과 죽음에 대해 슬퍼하지 않는다."(BG, II.11)는 말로 가르침을 시작하면서 영혼의 불멸성과 소멸 불가성에 대해 이렇게 설명한다.

> 영혼은 늘(과거, 현재, 미래) 존재하고 불멸하는 것이어서 무엇으로도 누구도 그 영혼을 파괴할 수 없다. 변화하고 소멸하는 것은 영혼을 담고 있는 몸이다.[23] 그러므로 몸의 소멸인 죽음에 두려움을 갖지 말고 전장에 나가 싸워라.(BG, II.11-18)

> 영혼은 살해하지도 살해되지도, 태어나지도 죽지도 않는다(BG, II.19-20). 죽는다는 것은 영혼이 낡은 몸을 버리고 새 몸으로 들어가는 것이며(BG, II.22), 탄생 이전은 우리 감각에 드러나지 않은 상태이고 탄생은 드러난 상태이며 죽음은 다시 드러나지 않은 상태로 되돌아가는 것이다(BG, II.28). 영혼은 결코 소멸하지 않으니 슬퍼해서는 아니 된다(BG, II.30).

힌두사상에 따르면 모든 존재의 본질인 아뜨만(아뜨마, 영혼, 순수자아 또는 순수의식)은 생성·소멸을 초월하여 영원성과 실재성을 지닌다. 그러나 영혼을 담고 있는 몸은 생성·소멸되는 일시적이고 비실재적인 것이다. 그리고 탄생과 죽음은 생명 에너지가 드러났다 사라지는 것으로, 생과 사의 순환은 영혼이 몸이란 옷을 계속해 갈아입는 과정이다. 그러므로 몸의 소멸인 죽음에 두려움을 갖지 말고(변하고 소멸하는 세상사의 것들에 집착하거나 영향을 받지 말고) 나가 싸우라는 것이다.

그런데 여기서 한 가지 생기는 의문은, 왜 아뜨만의 불멸성과 몸의 소멸성 및 윤회에 대한 가르침을 전투 참여의 필요 이유로 제시하는 것일까? 하는 것이다. 아마도 진리가 이러하니 변하고 소멸하는 세상사의 것들에 집착하거나 영향을 받지 말고 참여하라는 것, 즉 까르마 요가를 전하려는 의도로 보인다. 그렇다 해도 또 의문이 생긴다. 왜 참여해야 하나? 이에 끄리슈나는 두 번째 이유로 자기 카스트의 의무를 지킬 필요성을 강조하고 촉구한다(BG, II.31-37).

> 끄샤뜨리아 계급의 남자에게 정의로운 전쟁보다 더 환영할 만한 것은 없다(BG, II.31). 정의로운 전쟁에 참여하는 것은 끄샤뜨리아에게는 사후 천상에 이를 수 있는 행복한 기회이며, 그 의무를 저버릴 경우 명예를 잃고 죄를 짓게 된다(BG, II.32-36). 그러니 일어나 단호히 싸워라(BG, II.37).

이러한 끄리슈나의 독려는 넓게는 세속 삶에 참여할 것을 강조하는 것이고 좁게는 인도사회의 카스트 체계를 복원하고 수호하기 위한 것이다. 따라서 이 가르침의 결론은 그러하니 '삶'에 참여하여 자기에게 주어진 의무를 다하라는 것이다.

또 끄리슈나는 최고의 선을 얻을 수 있는 하나의 길을 말해달라(BG, III.1-2) 청하는 아르주나에게, 지혜의 길(상캬 요가)과 행위의 길(까르마 요가)을 언급하고(BG, III.3) (존재함에 있어) 행위의 중요성과 불가피성을 이렇게 지적한다.

> 행위하지 않고 행위에서 자유로울 수 없고, 단순히 행동하지 않는 것으로 완전함에 이를 수 없다. 누구도 행동하지 않고 한 순간도 있을 수 없으며, 타고난 본성으로 모두가 행위하지 않을 수 없다(BG, III.4-5). 너에게 부여된 의무를 수행하라. 행위가 무행위보다 나으니라. 행위하지 않는다면 네 몸조차도 유지할 수 없느니라(BG, III.8).

이러한 설명에는 바로 앞에서 설명한, 세속 삶에의 참여와 다르마의 수호를 중시하는 사상이 담겨 있다. 『바가바드기따』의 여러 곳에서 스와다르마(자기의무)의 준수가 강조되는데, 여기서 '스와다르마의 준수'는 자기에게 주어진 본분으로서의 의무를 다하는 것으로, 우주적 차원에서는 우주의 질서 유지와 복지를 위해 우주의 한 구성원으로서 의무를 행하는 것이고, 사회적·윤리적 차원에서는 인도사회의 질서 유지와 복지를 위해 자신에게 할당된 사회적 의무, 곧 카스트 의무를 준수하는 것이다.

✪ 까르마 요가: 욕망을 내려놓고 행동하라!

그렇다면 어떤 자세로 정의를 위한 전쟁에 임할 것인가? 즉 삶에서 자신의 의무를 어떻게 실천할 것인가? 이에 대해 끄리슈나는 '욕망을 내려놓고 행동하라!', '결과에 집착하지 말고 삶이 자신에게 부여한 역할을 행하라!'라고 답한다. 쉽게 그 의미를 표현해본다면 '삶에 열심히 참여하되 삶에 집착하지 말라!'이다. 이것이 『바가바드기따』의 가장 중요한 가르침 중 하나인 '까르마 요가'의 메시지이다.

끄리슈나는 먼저 승패, 얻고 잃음, 즐거움과 고통을 똑같이 여기면서 전투를 준비하면 죄를 짓지 않게 된다고 말하고, 이런 마음의 태도가 갸냐 요가의 관점임을 전한다(BG, II.38-39). 이어 2장 40-50절까지 까르마 요가의 관점에서 설명한다.

특히 3장은 까르마 요가를 상세히 다루는 장으로, 첫째, 카스트와 삶의 단계에 따라 개인의 의무를 수행해야 하는 이유, 둘째, 수행으로 얻는 것과 미수행시 폐해, 그리고 셋째, 속박이나 해탈로 이끄는 행위에 대해 설명한다.

아르주나는 끄리슈나에게 왜 전쟁이라는 무서운 행위를 부추겨 자신을 혼돈에 빠지게 하는지 물으면서, 자신이 최고의 선을 얻을 수 있는 하나의 길을 말해달라 청한다(BG. III.1-2). 이는 지혜의 길과 행위의 길의 관계 또는 우월 순위에 대한 질문이라 할 수 있다. 이에 끄리슈나는 두 종류의 사다나(영적 수행), 즉 지혜의 길(상캬 요가)과 행위의 길(까르마 요가)을 언급하고(BG, III.3) 행위의 중요성과 불가피성을 지적한다.

> 행위하지 않고 행위에서 자유로울 수 없고, 단순히 행동하지 않는 것으로 완전함에 이를 수 없다. 누구도 행동하지 않고 한 순간도 있을 수 없으며, 타고난 본성으로 모두가 행위하지 않을 수 없다.(BG, III.4-5)

그리고 이어서 겉으로는 감각기관과 행동기관을 통제하고 있는 듯이 보여도 마음이 감각 대상에 머물고 있는 수행자는 위선자이나, 집착함이 없이 그 기관들을 의지력으로 통제하는 이는 그 기관들을 통해 행위의 요가를 한다고 지적하고(BG, Ⅲ.6-7), "그러므로 너에게 부여된 의무를 수행하라. 행위가 무행위보다 나으니라. 행위하지 않는다면 네 몸조차도 유지할 수 없느니라."(BG, Ⅲ.8)라고 행위의 중요성을 강조한다.

그러나 『기따』가 제시하는 행위, 즉 까르마는 『우빠니샤드』에서 윤회의 원인이 되는 까르마가 아니라 니스까마(niskama) 까르마다. 즉 욕망이 부재하는 행위, 다시 말해 성패 결과에 집착하지 않는, 이기적 동기 없이 평정한 마음으로 의무로써 행하는 행위를 의미한다.

> 행위에서 무행위를, 무행위에서 행위를 보는 이는 현자이고 요기다. (조화로운 마음으로) 그는 모든 행위를 한다(BG, Ⅳ.18). 행위와 그 결과에 전혀 집착하지 않는 이는 더 이상 세상에 의존하지 않고 늘 만족하며 행위에 충분히 개입하나 아무것도 하지 않는다(BG, Ⅳ.20). 상반되는 모든 쌍들을 초월하고 성공과 실패에 균형을 이루는 까르마 요기는 행위에 속박되지 않는다(BG, Ⅳ.22).

결과를 기대하는 욕망이 내재된 행위가 우리를 오염시키고 속박하며 업을 쌓게 만드는 것과는 달리, 성공과 실패, 얻고 잃음과 같은 결과에 집착하지 않고 하는 행위는 마치 무행위와 같아서 오염시키지도 속박하지도 업을 낳지도 않는다는 것이다.

『기따』는 당시 해탈을 위해 (업보를 낳는 행위를 버리고) 세상을 등지려 하는 경향이 확산되는 상황에서, 세속의 삶을 부인하지 않으면서 해탈을 추구할 수 있는 길을 열어놓고자 했다. 즉 삶 속에서 해방을 추구할 수 있는 길을 제시하고자 했다. 그것이 바로 행위의 의미를 재해석한 (니스까마) 까르마, 즉 결과에 집착하지 않는 행위, 욕망이 내재되지 않은 행위의 길이다. 『기따』는 이런 행위는 결실이나 속박을 낳지 않으며, 오히려 해탈에 이르게 한다고 가르친다. 즉 우리를 속박하는 것은 행위 그 자체가 아니라 행위에 내재된 욕망이라고 본 것이다.

끄리슈나는 "평정한 마음으로 행위의 결과에 집착하지 않는 성자는 태어남의 굴레에서 벗어나 지고의 최고상태(해탈의 경지)를 얻는다."(BG, II.51)라고 말하고 II장 51-53절에 걸쳐 그 상태를 묘사한다. 까르마 요가는 『기따』에서 새롭게 제시되는 해탈의 길로, 세속 삶에 행위를 통해 참여하는 것과 세속 삶을 초월하는 것을 균형 있게 결합시킨 해탈의 방법이다. 『기따』는 까르마 요가를 반복해 강조하고 있는데, 이 까르마 요가의 핵심이 자기 다르마, 특히 카스트 의무의 준수다.

끄리슈나는 또 자기 다르마(의무)로서의 행위를 희생제의 개념과 연관해 설명한다. 즉 자기의무를 희생제의로써 수행하도록 촉구한다.

> 희생(제의)을 위한 행위를 제외하면 인간은 자신의 행위에 의해 속박된다(즉 업보를 쌓아 윤회한다). 그러므로 아르주나야 집착에서 자유롭게 되어 희생(제의)만을 위해 네 의무를 수행하라.(BG, III.9)

이는 전통적으로 중시되어 왔던 희생제의 개념을 자기의무를 수행하는 형태로 변형시킨 것이고, 이는 기복적 목적을 지니는 외형적 희생제의를 이기심을 배제한 내면적 희생행위로 변형시킨 것이라 할 수 있다.

끄리슈나는 시초에 창조주 브라흐마(쁘라자빠띠)가 희생정신으로 인류를 창조했다는 점을 지적하고, 희생제의를 통해 신과 상호 돌봄관계를 맺을 것을 언급한다. 즉 신에게 희생제의를 바치면 신은 인간이 바라는 모든 것을 준다는 것이다(BG, III.10-12). 그러면서 "받은 선물을 되갚음 없이 즐기기만 하는 사람은 도둑이다."(BG, III.12), "자기 몸을 찌우려고 요리하는 죄 있는 자는 죄만을 먹는다."(BG, III.13)라고 말한다.

『기따』는 "집착 없이 너의 의무를 행하라, 그러면 최고의 경지를 얻을 것이다(BG, III.19).", "세상 유지를 위해서도 행위해야 한다."(BG, III.20)라고 강조한다. 그리고 "신인 나도 의무도 필요도 없음에도 모든 존재에 대한 자비에서 세상의 질서 보존과 유지를 위해 계속해서 일한다. 세상의 질서유지를 추구하는 현자로서 집착 없이 행동하라."(BG, Ⅲ.22-25)라고 촉구한다.

『기따』는 또 희생제의를 드리는 정신으로 행하는 것이 까르마 요가임을 여러 희생제의 형태(신 숭배, 신과 자아의 일치, 감각통제, 요가, 고행, 경전연구를 통한 지혜 등)를 통해 설명한다(BG, Ⅳ.23-32). 자기희생으로서의 행위, 즉 에고이즘을 버리는 행위는 속박도 업도 낳지 않는다는 것이다. 끄리슈나는 "그러므로 아르주나야, 무지에서 생겨난 마음속의 미혹을 지혜의 칼로 잘라내고 평정한 마음으로 까르마 요가에 자신을 세우고 일어나 싸워라."라고 촉구한다(BG, Ⅳ.42).

이는 집착이나 이기심 없이 세상의 질서유지를 위해 자기의무를 실천할 것을 강조하는 것이고, 이 역시 봉사로서의 자기희생적 성격의 행위(자기중심적 행위가 아닌 우주 전체를 위한 행위)에 대한 강조다. 이 모두는 결국 우주 및 사회·윤리 규범으로서의 다르마를 강조하는 것이다. 그리고 자기희생적 행위를 강조하는 것은 세상 모든 존재가 상호 의존적인 관계를 갖는다는 인식을 전제로 한다.[24]

끄리슈나는 이 지혜를 가리는 것이 욕망임을 선언한다(BG, Ⅲ.38). 그렇다면 『기따』는 욕망의 실체를 어떻게 이해하고 있을까? 『기따』는 감각, 마음, 지성(즉 몸)이 욕망의 자리라고 말한다(BG, Ⅲ.40). 즉 힌두사상은 몸을 욕망의 토대로 본다. 『기따』는 몸의 구성요소를 24요소로 설명한다(BG, XⅢ.1-6). 신체를 구성하는 5물질요소(물, 불, 공기, 흙, 에테르), 에고(아함까라), 이성(붓디), 드러나지 않은 것, 10기관(인지 및 행동기관), 마음(마나스), 5감각대상(소리, 맛, 냄새, 색, 접촉)으로 제시한다(BG, XⅢ.5). 그리고 이 몸 구성요소들이 변형되어 신체, 지성(의식), 욕망, 증오, 즐거움, 고통, 확고함이 생겨난다고 본다(BG, XⅢ.6). 5물질요소가 변형된 것이 신체이고 욕망, 분노, 질투, 즐거움, 고통 등은 모두 마음이 변형된 것이다.

욕망의 토대인 몸(물질인 쁘라끄리띠)은 생성·소멸하는 것으로 변화하고 영원하지 않다. 그러나 이 몸 안에 존재하는 영혼(순수의식, 자아, 뿌루샤)은 불멸하고 영원한 것으로 모든 존재의 본질이다. 그러므로 자아를 아는 일에 몰두하고 진리를 아는 것의 목적을 이해하는 것이 앎이며 이 외의 것들은 무지다(BG, XIII.11). 『기따』가 말하는 진정한 앎(지혜)이란 몸과 영혼이 다름을 아는 것이다. 욕망은 바로 이 지혜를 가려 우리를 속박 상태 속에 가두는 요인으로 이해된다. 그렇기 때문에 자유로워지기 위해 욕망을 버리고 행동하라고 말한다. 그렇다면 욕망을 어떻게 버릴 것인가?

❂ 버림의 요가: 어떻게 욕망을 버릴 것인가? 어떤 사람이 욕망을 버린 성자인가? - -
욕망은 존재의 불가피한 요소일 수 있다. 문제는 욕망이 우리를 속박한다는 데 있다. 이 때문에 인도의 종교와 철학은 욕망을 인간의 자유를 방해하는 가장 커다란 적으로 인식하고 자유로워지기 위해 '욕망을 버리라'는 가르침을 제시해 왔다. 하지만 욕망에 토대를 두는 현실의 삶에서 어떻게 욕망을 버릴 수 있을 것인가? 그리고 세속에 대한 욕망과 집착을 버린 성자란 과연 어떤 사람일까?

『바가바드기따』는 먼저 세상사에 평정심을 가지고 임하라고 말한다. 이 마음의 평정함은 고통과 즐거움을 똑같이 여기는 것을 뜻하는 '사마두카수캄(samaduhkhasukham)'(BG, II.15)이란 구절에서 잘 나타난다. 즉 성공과 실패, 얻고 잃음, 즐거움과 고통을 똑같이 여기는 마음의 태도(BG, II.38-39), 여러 형태의 사람들(BG, VI.9), 인간과 동물(BG, V.18), 모든 존재(BG, VI.32)에 대해 똑같은 마음을 유지하는 것을 강조한다.

또 신의 경지에 이른 사람의 특징을 설명(BG, II.55-72)할 때도, 모든 상황에서 '평정한 마음 상태'를 유지하는 것을 두드러진 특징으로 든다. 즉 '평정한 마음 상태'가 해탈의 경지이자 해탈자의 표징이기도 한 것이다. 『기따』는 이러한 마음의 상태에 이르기 위해 마음과 감각을 완전하게 통제하는 것이 중요함을 역설한다. 모든 요가의 핵심이 이 마음과 감각을 제어하는 자기절제의 수행이라 할 수 있다.

『기따』는 마음과 감각을 다스린 사람과 다스리지 못한 사람을 비교해 설명한다. 마음과 감각을 다스리지 못한 사람은 "감각 대상에 집착해 그 집착에서 욕망이 일고 (충족되지 않은) 욕망 때문에 분노가 일어나며 분노에서 좌절(미혹), 좌절에서 기억의 혼돈이 생기며 이로 인해 이성(분별력)을 잃게 되어 멸망하게 된다."(BG, II.62-63)는 것이다.

이에 비해 마음과 감각을 다스린 사람(자기절제자)은 감각이 단련되고 호불호에서 자유로워 감각대상들과 접촉하면서도 마음의 평정함을 얻는다는 것이다(BG, II.64). 『기따』에 따르면 마음의 모든 갈망을 버린 사람(BG, II.55), 슬픔 속에서도 마음이 흔들리지 않고 즐거움에 대한 갈망이 사라지고 열정, 두려움, 분노에서 자유로운 사람(BG, II.56), 좋은 것을 만나거나 나쁜 것을 만나도 기뻐하거나 위축되지 않는 사람(BG, II.57), 감각을 다스린 사람(BG, II.61)이 바로 평정한 마음을 지닌 사람이다.

힌두사상은 인간이 낮은 자아(변화하고 소멸하는 몸)와 높은 자아(변화하지 않고 불멸하는 영혼)로 구성되어 있다고 보고, 평정한 마음을 지닌 사람을 높은 자아를 실현한 성자로 본다.

> (몸, 즉 마음, 감각, 신체로 이루어진) 낮은 자아를 정복하여 마음의 평정에 이른 이는 차가움과 뜨거움, 즐거움과 고통, 명예와 불명예 같은 상반되는 것들에 완전히 평정한 마음 상태를 유지하며 어떤 상황에서도 흔들림이 없다. 흙, 돌, 금을 똑같이 여기며 친구와 적, 정의로운 자(덕자)와 정의롭지 못한 자(죄인)를 똑같이 여긴다.(BG, VI.7-9)

이 인용 구절의 마지막 부분이 도덕성을 간과한다는 것을 의미하지는 않는다. 마음의 평정을 달성한 사람은 도덕성조차도 초월한다는 것, 즉 세상과 삶의 모든 이원적 구분을 초월한다는 것을 의미한다. 사실 욕망은 대부분 이원성을 구분하는 의식에서 생겨난다. 따라서 『기따』가 설명하는 평정심은 구분의식을 사라지게 함으로써 욕망이 일어날 토대를 제거해준다고 볼 수 있다.

이를 위해 까르마 요가의 실천이 요구된다. 앞서 설명했지만 『기따』에서 까르마는 업을 쌓아 윤회의 원인이 되는 까르마가 아니라 해탈의 방법으로 재해석된 니스까마 까르마다. 즉 욕망이 부재하는, 성패 결과에 집착하지 않는, 평정한 마음으로 의무로써 행하는 행위를 의미한다. 『기따』는 이러한 행위를 실천하는 까르마 요기를 진정으로 욕망을 버린 성자로 기술한다.

> 평정한 마음으로 행위의 결과에 집착하지 않는 성자는 태어남의 굴레에서 벗어나 지고의 최고상태(해탈의 경지)를 얻는다(BG, II.51). 증오도 갈망도 하지 않는 (까르마) 요기는 (늘 버림의 정신을 지닌) 산야시(모든 욕망을 버린 이)로 간주되어야 한다. 상반되는 이원성에서 자유로운 이는 굴레에서 쉽게 해방되기 때문이다(BG, V.3). (까르마) 요기는 행위를 해도 행위의 영향을 받지 않는다(BG, V.7). (단지 희생제의나 모든 행위를 버린 이가 산야시가 아니라) 행위의 결과를 기대하지 않고 자신의 의무를 수행하는 자가 산야시다(BG, VI.1).

> 몸을 버리기 이전인, 현생에서 욕망(까마, 몸과 마음의 욕망)과 분노(끄로다, 반감으로 마음에 일어나는 동요)를 이겨낼 수 있는 이가 요기이며 그가 행복한 사람이다(BG, V.23). 자신 안에서 행복을 발견하고 기쁨을 향유하고 내적 빛(영혼의 빛)으로 빛나는 그런 요기(상캬요기, 산야사요기)가 해탈의 경지(Brahmanirvana)를 얻는다(BG, V.24). 욕망과 분노에서 자유롭고 마음을 통제하여 자기지를 얻은 이의 주변에는 영원한 평화가 있다(BG, V.26).

인도종교와 철학은 인간을 두 차원에서 이해해 왔다. 그것은 경험적이고 사실적인 차원과 본질적이고 당위적인 차원이다. 경험적이고 사실적인 존재로서의 인간은 몸과 에고의식을 지닌, 한계적이고 속박된 개별존재다. 이와 달리 본질적이고 당위적인 존재로서의 인간은 불멸성과 무한성을 지니는, 완전하게 자유로운 보편적 존재다. 인도종교와 철학의 주 관심사는 속박된 개별존재의 차원에서 벗어나 어떻게 본질적이고 보편적인 존재의 차원, 즉 해탈의 경지에 이를 것인가 하는 문제다. 다양한 해탈의 방법은 이 물음에 대한 다양한 답이라고 할 수 있다.

『바가바드기따』 역시 근본적으로는 동일한 관심사에서 출발한다. 다만 『기따』의 독특성은 제약성을 지니는 현실의 삶을 부정하지 않으면서 그 현실 삶의 제약성을 초월할 수 있는 길을 제시한 점이다. 그것은 '사마두카수캄', 즉 모든 대상과 상황을 똑같이 여기는 평정한 마음을 가지고 '니스까마 까르마', 곧 욕망이 부재하는, 결과에 집착하지 않는 행위를 하는 것이다. 이러한 행위는 개인의 욕망을 충족시키는 행위가 결코 아니다. 에고이즘이 없이 자기희생 정신으로 하는 행위, 즉 우주와 공동체 전체의 복지와 행복에 기여하는 행위를 의미한다.

저자의 지인이었던 범어학자 뜨리빠티 교수는 공물을 바치는 희생제의의 진정한 의미는 바치는 대상에게 무엇인가 대가를 바라는 것(흥정이나 교환)이 아니라 에고이즘을 버리는 행위라고 말한다. 그는 이러한 정화된 행위는 자신을 전 우주로 확대시킬 때 가능하다고 지적한다. 전체성을 향한 행위가 희생제의라는 것이다. 그는 또 이렇게 말한다. "창조는 최초의 희생제의에 의하여 이루어졌다. 모든 창조행위는 두 요소를 필요로 한다. 창조하려는 욕망과 고행(tapas), 즉 일종의 자기버림의 행위인 희생제의다. 하나인 존재가 스스로를 많은 것으로 만든 것이 창조이고 이것은 전체성의 상실이다. 희생(제의)은 전체성의 회복행위다. 그러므로 자신만을 위해 집착을 가지고 하는 행위는 부분적 행위지 전체성의 행위가 아니다."

이러한 까르마 요가의 길을 걸은 대표적인 현대의 인물이 바로 『바가바드기따』를 자신의 삶의 지침서로 삼았던 마하뜨마 간디다. 간디는 비폭력을 실천하며 그가 진리라 부른 신에게 자신의 삶을 봉헌한(희생제물로 바친) 인물이다. 여기서 진리는 공동체 전체의 복지와 행복으로 바꾸어 말할 수 있다. 그의 모든 정치적·사회적 활동은 개인의 영화가 아니라 인도, 더 나아가 세계의 복지와 행복에 초점이 맞추어져 있었다. 일생을 비폭력과 진리를 추구하다 폭력적 암살로 삶을 마감한 간디의 삶은 세속적 관점으로 보면 행복한 삶이었다고 말하기 어렵다. 하지만 간디 자신은 고통을 겪는 시기에도 비폭력과 진리를 추구하는 삶을 자신이 수행해야 할 의무로 받아들였다. 그리고 이러한 의무를 수행하는 것을 행복으로 여겼다. 이 점에서 간디는 진정한 까르마 요기로 평가된다. 이처럼 다르마를 중시하고 강조하는 힌두 윤리관에는 개인보다는 집단을 중시하는 가치관이 담겨 있다.

4. 인도사회의 윤리규범, 바르나아슈라마 다르마

1. 바르나(카스트) 다르마

사회 윤리규범으로서의 다르마 가운데, 인도전통이 가장 핵심적인 것으로 중시해 온 것이 바르나아슈라마 다르마(varṇāśrama dharma)다. 따라서 이 주제 역시 힌두신화에서 자주 등장한다. 인도사회는 사회구성원을 네 범주의 바르나(varna, 카스트), 즉 계급으로 구분하고 각 계급별로 수행해야 할 의무를 엄격히 규정해 왔다. 또 해탈 추구가 사회에 위협이 되지 않도록 아슈라마(āśrama), 즉 삶의 네 단계를 거쳐 추구하도록 권장해 왔다. 이 바르나 다르마와 아슈라마 다르마를 합친 사회 윤리규범이 바르나아슈라마 다르마다. 카스트의 의무는 모든 계급이 따라야 할 무조건적 의무였지만, 삶의 네 단계는 상층카스트에게만 허용된 선택적 의무였다.

1) 바르나와 그 기원신화

흔히 카스트로 불리는 바르나는 고대에서 현재까지 지속되고 있는 인도의 신분제다. 사회제도로서의 카스트에 대해서는 III부에서 별도로 다룰 것이므로, 여기서는 신화 상의 바르나에 대해서만 간략히 다루려고 한다. 고대 인도인들은 의례적 차원에서 사람들마다 정결한 정도가 다르다고 생각했다. 그래서 사회구성원을 혈통의 정결 정도나 출생에 따라 네 계급으로 나누고, 계급별로 지위와 역할을 부여했다. 이것이 바르나다.

바르나의 네 계급은 사제나 교육자와 같이 정신 관련 일을 담당하는 브라만(brahman), 왕이나 군인과 같이 통치나 수호의 일을 담당하는 끄샤뜨리아(kshatrya), 농·공·상업 등의 생산 관련 일을 하는 바이샤(vaishya), 그리고 서비스 일을 담당하는 슈드라(śudra) 계급이다. 앞의 세 계급을 재생계급인 드위자(dwija)로 부르는데, 여기서의 '재생'은 이 세 계급의 소년들이 일정 나이가 되면 일종의 통과의례인 우빠나야나를 통해 상층카스트로 다시 태어나는 것을 의미한다. 그리고 바르나 네 계급에 속하지 못하는 이들을 아웃카스트 혹은 불가촉천민으로 분류한다. 이들은 오염도가 높은 일들을 한다.

신화는 이 바르나제도의 기원을 창조의 시점인 태초의 시간으로 이끌어간다. 카스트의 기원에 대한 신화적 설명은, 앞서 우주창조를 다루는 부분에서 언급했던 『리그베다』의 뿌루샤 찬가에서 처음 나타난다. 이 찬가는, 우주 전체에 내재하면서도 우주를 초월해 있는 뿌루샤를 희생제물로 바친 태초의 희생제의에서 세상이 만들어졌고, 인간사회의 네 계급도 이 과정에서 생겨난 것이라고 설명한다. 관련 부분만을 다시 언급하면 다음과 같다.

> 그들이 그 인간(뿌루샤)을 쪼개었을 때, 그들은 얼마나 많은 부분으로 그를 나누었을까?
> 그의 입, 그의 팔, 그의 허벅지와 그의 발이 어떻게 불리었나?
> 브라만은 그의 입이었고, 끄샤뜨리아는 그의 팔로 만들어졌고,
> 그의 허벅지는 바이샤가 되었고, 슈드라는 그의 발에서 태어났다.(*Ṛg Veda*, 9.10)

우주창조 신화를 다루면서 언급했듯이, 뿌루샤 찬가는 우주의 근원인 태초의 인간, 뿌루샤를 제물로 바친 희생제의에서 모든 현상계와 존재들이 생겨났다고 설명한다. 뿌루샤 몸의 각 부분이 전 우주를 구성하고 있다는 신화적인 설명을 통해, 우주가 하나의 유기체로 우주의 모든 존재가 근원적 통일성을 이루고 있다는 관념을 보여준다. 사회에 대해서도 같은

관념이 적용되고 있다.

위의 신화소는 이후 힌두문헌들에서 변형된 형태로 반복해 나타나서 『뿌라나』 문헌의 경우 뿌루샤가 창조주인 브라흐마로 대체되어 브라흐마의 몸체에서 바르나가 나온 것으로 기술한다. 예를 들어 비슈누파에 속하는 『뿌라나』인 『꾸르마 뿌라나』에서는, 비슈누의 몸에서 나온 창조주 브라흐마의 몸체에서 네 계급이 나오는 과정과 각 계급의 역할, 그리고 각자의 역할을 잘 지켰을 때 그 대가로 사후에 가게 되는 세상을 다음과 같이 기술한다.

> 비슈누가 말하길, 창조가 시작되기 전에 우주에는 물만이 있었고 비슈누가 물 위에서 잠을 자고 있었다. 창조를 시작할 시점이 되자 비슈누의 몸에서 브라흐마가 나왔다. 그리고 쉬바는 비슈누의 노여움에서 나오고 락슈미도 비슈누의 몸에서 창조되어 비슈누 옆에 자리를 잡았다.[25] 브라흐마가 비슈누에게 말하길, "여신을 활용하여 내가 창조한 존재들을 미혹되게 해주세요. 그녀에게 그들 마음속에 미망의 씨를 뿌리라 말해주세요. 정의로운 번성을 하도록 말해주세요." 그래서 비슈누는 락슈미에게 "곧 창조될 신, 악마, 인간들을 미혹시켜 파괴하되, 정의로운 자들은 남겨 번성케 하세요. 정의로운 이들을 어찌 알 수 있는지 말해주겠소. 그들은 바르나아슈라마 다르마를 따르는 이들이오."[26]라고 말했다. 브라흐마는 그의 정신력으로 아홉 아들을 창조했는데, 그들은 성자가 되었고 첫 브라만(브라흐마나)이기도 했다. 그들은 브라흐마의 입에서 창조되었다. 그들의 여섯 가지 의무는 희생제의 드리는 일(야겨), 희생제의 사제 일, 다나(보시), 선물을 받는 일(pratigraha), 공부하는 일(adhyapana)이다. 이런 임무를 잘 수행한 브라만은 브라흐마로까(브라흐마의 세계, prajapatya)를 얻는다. 끄샤뜨리아는 브라흐마의 팔에서 창조되었다. 그의 의무는 다나, 아댜야나, 야겨이나 주요 의무는 무기를 들고 싸우는 것이다. 악을 벌하고 선을 보호하는 것도 그들의 일이다. 이런 의무를 잘 수행한 끄샤뜨리아는 인드라로까(인드라의 세계)를 얻는다. 바이샤는 브라흐마

> 의 허벅지에서 창조되었다. 그들도 다나, 아댜야나, 야겨를 할 수 있으나 주요 의무는 농업이다.[27] 이런 의무를 잘 수행한 바이샤는 바람의 신, 바이유와 함께 살게 된다. 슈드라는 브라흐마의 발에서 태어났다. 그들의 주요 의무는 위 세 계급에 봉사하는 것이다. 덧붙여 장인직업을 가질 수 있다. 이런 의무를 잘 수행한 슈드라는 간다르바(천상의 악사)와 함께 살게 될 것이다. 네 계급 모두 『베다』에 규정된 종교를 준수해야 하고 반베다 경전에 규정된 종교는 따르지 말아야 한다. 오직 죄인만이 그런 종교를 따르고 영원한 벌을 받게 된다.(*Kurma Purana*, Debroy, et al. 1995: 12-14)

『리그베다』와 『뿌라나』 문헌에 나타나는 바르나, 즉 카스트 기원신화의 구체적인 내용은 다르지만 신화의 기본구조와 핵심 내용은 동일함을 알 수 있다. 그것은 사회제도인 카스트의 기원을 창조의 시점에 두는 것, 뿌루샤나 브라흐마로 표현되는, 우주가 발생되어 나온 하나의 실체에서 카스트의 각 계급이 나왔다고 보는 것, 그 하나의 실체를 인간의 몸체로 비유하는 것 등이다. 이는 힌두 사회관과 관련된다. 그것은 우주와 사회를 하나의 유기체로 인식하는 관념, 즉 사회 역시 인간 신체의 유기적 구조와 마찬가지로 다양한 구성요소들이 서로 연계되어 작동하는 하나의 유기체라는 인식이다.

2) 바르나의 의무

위에서 사회계급의 큰 범주인 네 바르나의 의무에 대해 간단하게 언급했는데, 힌두문헌들은 이에 대해 상당히 구체적으로 기술하기도 한다. 문헌마다 상세 내용에서는 다소 차이가 있으나 핵심적 의무 내용은 동일하다. 여기서는 『비슈누 뿌라나』와 『나라다 뿌라나』에서 설명되는 네 계급의 의무를 정리해보기로 한다.

먼저 브라만은 신에게 희생제의를 드리고 수행자들에게 보시를 하며 『베다』를 낭송하고 연구하며 가르친다. 모든 생명체를 존중하고 누구도,

그림 II.4.1 학생들을 가르치는 구루, 브라만 계급

어떤 것도 해치지 말아야 한다. 타자에 대한 우정이 브라만이 지닐 수 있는 가장 중요한 부다. 끄샤뜨리아는 브라만에게 보시를 하고 신[28]에게 희생제의를 드리는데, 그들의 가장 중요한 의무는 공동체를 통치하고 보호하는 것이다. 무기로 공동체를 지키며 악을 벌하고 선을 보호할 책임이 있다. 『나라다 뿌라나』에서는 『베다』 연구도 포함시킨다. 바이샤 역시 보시를 하고 희생제의를 드려야 하고, 주요 의무는 농업, 경작, 상업을 하는 것이다. 역시 『나라다 뿌라나』에서는 『베다』 연구도 포함시킨다. 마지막으로 슈드라의 의무는 위 세 계급들에게 봉사하는 것이다. 이것으로 생계유지가 어려울 경우에는 상업이나 수공업으로 살아갈 수도 있다.

모든 계급에 공통적으로 요구되는 것은 진실됨, 청결, 근면, 친절함, 우정, 어려움을 인내하는 능력이다. 특별한 사정으로 브라만이 브라만 계급에 규정된 의무를 통해 생계를 유지하는 것이 어려울 경우, 무기를 들고 끄샤뜨리아의 의무나 바이샤의 의무를 수행할 수 있고 끄샤뜨리아도 바이샤의 일을 할 수 있다. 하지만 두 계급 모두 슈드라의 일을 해서는 안 된다. 이것은 큰 위험이나 다른 길이 전혀 없을 때만 허용된다. 네 계급의 의무를 뒤섞어서는 안 되기 때문이다.

이러한 설명은 사회의 통합과 유지를 위해 사회구성원이 해야 할 역할을 계급을 나누어 할당하면서, 각 역할이 뒤섞이지 않도록 상호 역할이동을 금지하는 것이다. 이동 금지의 이념적 근거는 각 바르나의 정결도 유지다. 그래서 바르나 규범은 바르나 간 접촉과 교류를 금하고 있다. 다만 위의 신화적 설명이 말하고 있는 것처럼 불가피한 상황을 대비하여 상층 세 계급 간에는 어느 정도의 이동을 열어놓는다. 그러나 하층계급이 상층계급의 일을 하는 것이나 상층 세 계급이 슈드라의 일을 하는 것은 허용되지 않는다. 즉 상·하층계급 사이에 이동이나 접촉을 철저히 통제하는 체계다.

3) 바르나의 토대에 대한 논쟁

서사시와 『뿌라나』에는 위에서 다룬 바르나의 기원이나 의무 외에도 바르나, 즉 카스트와 관련된 다양한 규범이나 논쟁, 그리고 재해석 시도 등이 담긴 이야기도 많이 등장한다. 먼저 『마하바라따』에 나오는 까우라바 측의 영웅인 까라나의 이야기다.

> 처녀인 꾼띠는 태양신의 감응을 받아 까라나를 낳았다. 처녀가 아이를 낳은 사실이 밝혀질까 두려웠던 군띠는 아이를 내다 버렸는데, 한 마차꾼 부부가 그 아이를 발견하여 양자로 키웠다. 배움과 무술에 관심이 많던 까라나는 훌륭한 구루로 명성이 나 있던 드로나에게 가서 배움을 얻으려 했다. 하지만 바르나 율법을 철저히 지켜 온 드로나는 까라나가 마부의 아들임을 알고는 제자로 받아들이지 않았다. 그래도 배움에 대한 열망을 지울 수 없던 까라나는 자신을 브라만으로 속이고 드로나의 제자가 되었다. 그러던 어느 날 스승

이 까라나의 무릎을 베고 잠이 들었는데, 벌레가 까라나의 넓적다리를 물어 피가 흘렀다. 하지만 까라나는 스승의 잠을 방해하지 않으려고 참고 있었다. 그러나 피가 그만 스승의 얼굴에 떨어져 스승이 깨고 말았다. 스승은 이러한 고통을 참을 수 있는 이는 끄샤뜨리아뿐이라며 까라나의 계급을 캐물었다. 이에 까라나는 자신의 신분을 고백하고 사죄하며 제자로 받아줄 것을 눈물로 호소했다. 그러나 성품보다 바르나를 더 중시했던 드로나는 분노하며 '이제껏 배운 무기 사용법이 네가 그것을 필요로 할 때 오히려 너를 패배시킬 것'이라고 저주했다. 이후 까라나는 까우라바 형제 중 첫째인 두르요다나와 가까워졌다. 이후 아르주나와 대결하는 무술경기에서 까라나의 참여자격 문제를 놓고 비슈마와 두르요다나 사이에 논쟁이 일었다. 비슈마는 태생에, 두르요다나는 자질에 초점을 맞추어 논쟁했다. 두르요다나는 까라나가 용맹스러움으로 자격이 있다고 주장했으나, 이 경기에서 결국은 아르주나가 승리를 거두었다.(*Mahābhārata*, Adi Parva, Chidbhavananda, 1987: 40-45)

여기서 바르나를 구분하거나 결정하는 근거에 대한 논쟁이 나타나고 있다. 즉 바르나가 출생에 의해 결정되는 것인지 아니면 자질에 의해 결정되는 것인지에 대한 논쟁이다. 『마하바라따』에 나오는 비마와 뱀의 이야기에서도 바르나의 근거에 대한 대화가 나온다. 유디슈티라가 뱀에게 잡힌 비마를 구하러 갔다가 뱀과 영적인 문제를 놓고 대화를 나누게 된다. 이 뱀은 천상에 살던 왕이었지만 성자 아가스띠아(Agastya)의 저주를 받아 뱀 형상으로 지상에 살게 되었고 아가스띠아가 그를 구원할 때까지 뱀으로 지내야 할 운명이었다. 둘 사이에 바르나와 베단따사상에 대해 질의응답이 이루어지는데, 뱀이 바르나는 태생에 의거한 것인지를 묻자 유디슈티라는 이렇게 대답한다.

모두가 슈드라로 태어나며 정신적 고양 정도에 따라 바르나가 상승한다. 지상적 즐거움을 모두 버린 이, 브라흐만에 자신을 세운 이, 모든 인간을 고양

> 시키고자 하는 이가 브라만이 된다. 사회통합을 유지시키는 이가 끄샤뜨리아다. 공동체의 물질적 부를 증대시키는 이는 바이샤다. 개인적 안녕을 추구하는 이가 슈드라다. 사회의 진보는 브라만의 수에 의존한다.(*Mahābhārata*, Vana Parva, Chidbhavananda, 1987: 108-109)

이러한 기술은 당시 인도사회에 카스트를 결정하는 토대를 출생으로 볼 것인가 아니면 자격이나 자질로 볼 것인가에 대한 논쟁이 있었음을 시사해준다. 이러한 논쟁은 서사시 시기 이후에도 지속되어 왔고, 카스트에 대한 재해석이 필요할 때마다 카스트의 토대를 혈통보다는 자질과 능력, 그리고 성향에 따른 것으로 재해석하려는 시도가 이어져 왔다. 카스트제도는 인도사회를 통합시키고 유지시키는 데 중심적 역할을 하기도 했으나, 인도사회가 정체된 사회로 고착하는 주 요인이기도 했다.

2. 아슈라마(삶의 네 단계) 다르마

1) 인도사회의 삶의 네 가치와 단계

힌두사회는 전통적으로 삶에서 추구해야 할 가치를 네 가지로 제시해 왔다. 인간의 본능적 욕망인 까마(kama)의 충족, 풍요로운 삶인 아르타(artha)의 향유, 우주와 사회 질서체계를 유지하기 위한 종교적·사회적 의무인 다르마의 수행, 해탈인 목샤의 추구가 그것이다. 이 네 가치를 뿌루샤아르타(purṣārtha)라 부른다. 이 네 가치는 카스트의 네 계급과도 관련된다. 본능적 가치인 까마는 슈드라, 경제적 가치인 아르타는 바이샤, 사회적 가치인 다르마는 끄샤뜨리아, 그리고 영적 가치인 목샤는 브라만 계급이 추구해야 할 가치로 제시된다. 힌두사회는 이러한 삶의 네 가치를 삶의 단계를 밟아 추구하도록 규정했다. 그것이 삶의 네 단계인 아슈라마다. 아슈라마는 상층 세 카스트의 남성에게 요구되는 이상적 삶의 형태다.

그림Ⅱ.4.2 브라흐마차리아 아슈라마의 학생들

삶의 첫 단계는 학생기인 브라흐마차리아 아슈라마(brahmacharya āśrama)다. 상층카스트에 속하는 소년들이 일정한 나이가 되면 힌두사회의 구성원이 되는 데 필요한 전반적인 지식을 배우기 위해 집을 떠나 스승(guru)의 집에 머물면서 장래 직업, 가정 및 사회적 책임, 종교적 의무 등과 관련된 교육을 받는다. 힌두사회의 유능한 구성원이 되기 위한 준비단계라 할 수 있다.

둘째 단계는 가장기(家長期)인 그리하스타 아슈라마(gṛhastha āśrama)다. 결혼을 하고 자식을 낳아 가정을 이루는 시기로, 가족을 부양하고 공동체의 복지를 위해 헌신하는 단계다. 이 단계에서 까마, 아르타, 다르마 가치를 추구한다. 이 시기의 다르마는 주로 바르나 의무다. 이 시기는 힌두사회의 구성원으로서 모든 종교적·사회적 의무를 수행하는 시기다.

그림 II.4.3 그리하스타 아슈라마의 가장(중앙)과 가족

셋째 단계는 임처기(林處期)인 바나쁘라스타 아슈라마(vānaprastha āśrama)다. 대개 50세가 지나면 아들에게 가장의 의무를 물려주고 가정과 사회구성원으로서의 모든 임무를 내려놓고 숲에 은둔하며 모든 종류의 (물리적·사회적·물질적·성적) 즐거움을 버리는 삶을 사는 단계다. 은둔지에서 사나 사회와의 관계는 유지한다.

마지막 단계는 수행자기(修行者期)인 산야사 아슈라마(saṁnyāsa āśrama)다. 세속적인 욕망을 모두 버렸다고 판단될 때 해탈을 추구하며 수행에만 몰두하는 단계로 들어간다. 생존에 필요한 최소한의 것들만을 지니고 홀로 명상과 수행생활을 한다. 이 단계의 수행자인 산야시(saṁnyasi) 또는 산야신(saṁnyasin)은 세속에서 완전히 초월해 있어야 하고 거의 신의 경지에 이른 것과 같아서 신에 대한 숭배가 꼭 필요하지는 않게 된다. 이러한 네 단계를

그림Ⅱ.4.4 바나쁘라스타 아슈라마에 든 수행자, 바라나시

그림Ⅱ.4.5 산야사 아슈라마의 산야신, 바라나시

밟아 삶의 네 가치를 추구하며 살아가는 삶이 전통 힌두사회가 이상적으로 여기는 삶이었다.

2) 신화 속의 삶의 네 단계

힌두문헌들은 이러한 삶의 형태와 그 단계별 의무와 행동규범을 구체적으로 기술한다. 먼저 『바가바따 뿌라나』의 기술 내용을 살펴보자.

> 산야신이 따라야 할 핵심 행동규범은 자기통제와 비폭력이고, 바나쁘라스타(임처기의 수행자)의 규범은 규정된 고행을 하고 영적 지식을 얻는 것이다. 그리고 그리하스타(가장) 행동규범의 핵심은 여러 존재들을 보호하고 신과 조상에게 공물을 바치고 가르침을 주는 스승과 손님에게 음식을 바치는 다섯 가지 의례를 행하는 것이다. 브라흐마차린(brahmacharin, 학생기의 학생)의 의무는 스승에게 봉사하는 것이다. 그리고 나(신)에 대한 봉헌은 모든 이에게 신성한 의무다.(*Bhāgavata Purāṇa*, 18.42-43)

이러한 삶의 각 단계별 의무와 행동규범을 몇몇 『뿌라나』 문헌(『비슈누 뿌라나』, 『나라다 뿌라나』, 『꾸르마 뿌라나』)의 기술을 토대로 좀 더 상세히 정리하면 다음과 같다. 첫 번째 브라흐마차리아 아슈라마는 상층 세 계급의 남자아이가 일정한 나이에 이르면 배움을 얻기 위해 시작하는 학생기다. 구루(스승)를 찾아가 입문식인 쁘라나야마(pranayama) 의식을 치르고 학습을 시작한다. 학습 기간은 상층카스트일수록 길어서, 이 단계로 들어가는 나이가 대개는 브라만 8세, 끄샤뜨리아 11세, 바이샤 12세다.

학생기에 접어든 소년은, 사회구성원이 되는 데 필요한 전반적인 지식을 습득하기 위하여 스승(구루)의 집에 머물면서 배움을 얻고 스승에게 헌신적으로 봉사한다. 걸식을 해서 생활해야 하고 꿀, 고기, 소금, 자극적인 음식을 먹지 말며 낮에 잠을 자면 안 되고(공부해야 하므로) 도박, 노래, 춤 등을 금해야 한다. 즉 금욕적인 생활을 하며 배우는 일에만 몰두해야 한다. 이 첫 단계가 끝이 나면, 두 가지 선택이 가능하다. 대개는 다음 단계인 가장기로 넘어가나 드물지만 평생 공부하고 명상하며 살기도 한다.

두 번째 아슈라마인 그리하스타는 결혼하여 가정을 이루고 공동체의 일원으로 모든 종교적·사회적 의무를 수행하는 가장기다. 이 단계는 가정을 책임지는 가장으로 까마와 아르타를 추구하고, 무엇보다 가정과 사회의 복지를 위한 다르마를 수행하는 시기다. 신화적 설명에 따르면 이 단계에서 해야 하는 의무는 다음과 같다.

> 이 단계의 사람은 신께는 희생제의로, 손님에게는 음식으로, 리시(성자)에게는 『베다』 낭송으로, 브라흐마께는 아이를 낳아, 모든 세상에 진실됨으로 봉사드린다. 또 손님접대, 보시, 희생제의 수행, 신 숭배, 집에 신성한 불을 늘 유지하는 일 등을 하고 매일 『베다』를 공부한다. 두 종류의 가장, 즉 사다까(sadhaka, 가족과 친지를 만족시키는 데 몰두하는 가장)와 우다시나(udasina, 세속과의 유대에서 자유로워지고 싶어 하는 가장)가 있다.(*Viṣṇu Purāṇa*, *Narada Purāṇa*)

여러 면에서 그리하스타는 다른 아슈라마보다 중시된다. 가장기를 제외한 나머지 단계의 사람들은 가장이 주는 보시로 살아가도록 되어 있었기 때문이다. 즉 가장이 하는 보시가 그들의 생계유지 수단이었다. 인도는 특히 손님 대접을 매우 중시하는 전통을 지니고 있는데, 그것은 손님이 만족하지 못하면 그 집 주인의 뿐야(puṇya, 덕 쌓은 것)를 가져가고 손님의 빠빠(papa, 나쁜 것)를 주인에게 남겨놓게 된다는 믿음이 있어, 반드시 대접해야 한다고 여겼기 때문이다. 다르마를 중시하는 힌두전통은 그만큼 가장기와 가정 삶을 잘 유지하는 것을 특별히 중시하고 숭고한 것으로 강조한다. 『마하바라따』에 이와 관련된 이야기가 나온다.

> 한 젊은 수행자가 숲으로 가서 여러 해 동안 금욕적인 수행을 하고 있었다.

어느 날 그가 나무 밑에 앉아 있는데 마른 나뭇잎들이 머리 위로 떨어졌다. 올려다보니 나무꼭대기에서 까마귀와 두루미가 싸우고 있었다. 화가 난 수행자가 분노의 눈길로 그 새들을 응시하자 그의 이마에서 불이 뿜어져 나와 그 새들을 재로 만들어버렸다. 수행자가 고행을 하여 생겨난 초능력 때문이었다. 이런 자신의 능력을 확인한 수행자는 무척 기뻤다. 다음 날 아침, 그는 여느 때와 같이 음식을 보시받으러 길을 나섰다. 한 부인네의 집에 들러 보시를 구하니 잠시 기다리라는 대답이 나왔다. 이에 화가 난 젊은 수행자는 "감히 내게 기다리라고 말하는 것이오. 내 능력을 모르는군요."라고 응수했다. 그러자 그 부인은 "너무 당신을 과신하지 마시오. 여기는 까마귀도 두루미도 없다오."라고 대답했다. 이 대답에 수행자의 자만심은 사라지고 말았다. 음식을 주러 나온 부인에게 그는 어찌 모든 것을 아느냐고 물었다. 그러자 그 부인은 "나는 당신의 능력을 모르오. 난 단지 한 가정의 아내로 아픈 남편을 시중들고 있어서 잠시 기다리라 했을 뿐이오. 나는 평생 남편에 대한 의무를 충실히 수행해 왔고 이것이 내가 행한 모든 요가라오. 이 때문에 깨달음을 얻었고 당신의 생각을 읽을 수 있었다오."라고 대답했다.(Singh, 1984: 88-90에서 재인용)

가장의 삶을 충분히 살고 나면 아들에게 가장의 의무를 물려주고 모든 사회적 의무에서 벗어나 숲으로 가 은둔생활을 하는 세 번째 아슈라마인 바나쁘라스타로 들어간다. 출발 시점은 경전상 규정으로는 50세로 되어 있는데 "머리카락이 잿빛이 되고 피부에 주름이 생길 때"(*Narada Purana*)로 표현하기도 한다. 아들이 있어야 택하고 아닐 경우 권고되지 않으며 아내의 의사에 따라 아내를 동반할 수도 있고 안 할 수도 있다. 생활은 숲에서 과일, 구근, 잎 등으로 살기도 하고 보시를 받기도 한다. 땅에서 자고 머리카락과 수염을 자르지 않는다(*Viṣṇu Purāṇa*).

이 단계에서 『베다』 공부를 하고 따빠스(금욕적 고행) 수행을 하며, 종교의례를 준수해야 한다. 극심한 고행이 요구되기 때문에 마음의 준비가 되어 있지 않으면 절대로 시작하지 말아야 한다. 바나쁘라스타에는 두 유형이 있다. 주로 신 숭배와 종교의례 수행에 몰두하는 따빠사(tapasa, tapasya를 행하므로)와 명상에 전적으로 몰두하는 산야시까(sannyasika, 산야시와 거의 다르지 않아서 이렇게 불림)다(*Kūrma Purāṇa*).

모든 세속적인 욕망을 버렸다고 판단될 때 해탈의 추구에 몰두하는 네 번째 아슈라마인 산야사 단계로 들어간다. 이때가 되면 생존에 필요한 최소한의 것들만을 지니고 홀로 명상과 수행생활을 한다. 『비슈누 뿌라나』와 『꾸르마 뿌라나』는 이 단계를 다음과 같이 기술한다.

> 아들, 아내, 모든 물질적 소유를 버릴 수 있을 때 또는 마음이 세상에서 완전히 초연해질 때, 이 단계에 들어갈 준비가 된 것이다. 모든 생명체가 그에게는 친구이고 어떤 생명체도 해치지 않는다. 혼자 살면서 요가를 행한다. 마을에서는 하룻밤 이상을, 도시에서는 다섯 밤 이상을 보내지 않는다. 산야시는 보시를 받아 살아가는데, 집을 방문하여 보시를 청할 경우 그 집 식구들이 모두 식사를 마쳤다고 확신한 후에만 가서 청해야 한다.(*Viṣṇu Purāṇa*)

> 모든 시간을 명상으로 보낸다. 그리고 정의로운 삶을 살기 위해 요구되는 다른 특징으로는 용서, 동정심, 시기하지 않는 것, 자기이해를 희생할 준비, 비폭력 실천, 감각제어, 띠르타(순례성지) 방문, 결실 낳는 행위를 하지 않는 것이 있다. 모든 행위는 브라흐만이 하는 것이고 개인이 하는 것이 아니며 개인은 단지 도구일 뿐이다. 이런 깨달음을 갖지 못하여 무지한 채로 남아 있는 한 세상의 굴레에 속박되게 된다. 두 유형의 산야시가 있다. 아뜨만의 본질을 실현하려 노력하고 모든 다른 존재를 자신처럼 대하는 요기와 최고지혜를 얻기 위해 깊은 명상에 몰두하는 빠라메쉬띠까(parameshitika)다.(*Kūrma Purāṇa*)

힌두 신화자료는 삶의 네 단계에 대해 위와 같이 서술식으로 설명하기도 하지만 이야기 형식을 빌려 쉽게 전달하기도 한다. 『데비바가바타』에 기록된 『마하바라따』의 다르마브야다(Dharmavyadha) 이야기를 예로 들어 보기로 하겠다.

> 슈까는 감각과 마음이 만들어내는 저항할 수 없는 유혹을 떨쳐내기 위해, 고행자의 삶을 선택하기로 마음먹고 아버지께 그 뜻을 말씀드렸다. 그러자 그의 아버지인 바이샤는 젊어서는 아내를 얻고 늙어서는 고행의 삶을 사는 것이 필요하다고 알려주었다. 슈까는 가정 삶이 집착을 더 낳고 해탈에 장애가 된다고 생각했지만 아버지의 계속된 권고로 일단 마음을 접고 가장의 삶을 살면서 거대 왕국을 통치했다. 하지만 수행자의 삶을 살고 싶은 마음을 버릴 수가 없었다. 그래서 살아 있는 해탈자, 즉 지반묵따(jivanmukta)인 미틸라의 자나까 왕을 방문했다. 자나까 왕이 완전하게 집착을 벗어난 사람만이 산야사 단계에 적합하며 세속사에 집착이 남아 있는 이는 적합하지 않다고 말하자 슈까의 의혹이 사라졌다. 삶의 네 단계 중 앞의 세 단계는 넷째 단계를 위한 준비다. 야망과 욕망이 여전히 남아 있는 사람이 금욕적 수행의 삶을 산다면, 욕망이 다시 그를 방해할 때 어찌 그것을 만족시킬 수 있겠는가? 마침내 수까는 가장기의 중요성을 확신하게 되어 돌아와 가장이 되었다. 그는 결혼하여 아들 네 명과 딸 하나를 두었다. 그는 가장의 의무가 모두 끝나자 집을 떠나 산야시가 되어 고행을 했다.(*Devī-Bhāgavata*, I.14-15, 18, 20: Jena, 2003: 89-90에서 재인용)

이 이야기는 가장기를 거치고 나서 세속을 떠나 해탈을 추구하는 삶을 살도록 권장하고 있다. 제나(Jena, 2003: 88)는, 『뿌라나』가 이론적 교리를 살아 있는 인물들이 등장하는 이야기로 제시함으로써, 사람들이 유랑 수행자가 되기보다는 가정 삶에서 보다 높은 영적 삶을 추구할 수 있도록 하는 데 큰 역할을 했다고 평가한다. 바르나아슈라마 다르마와 가장의 삶을 찬양하는 많은 교훈적인 이야기들을 『마하바라따』와 『뿌라나』에 삽입한 것도 이런 목적에서라고 보고 있다. 즉 출가 중심의 자이나교와 불교의 가르침에 대응하려는 시도였다는 것이다.

3. 바르나아슈라마 다르마의 사회적 배경과 의미

힌두신화에서 바르나아슈라마 다르마 주제가 반복해 등장하는 것은, 인도 전통이 신화를 통해 이 윤리체계를 전파·확산시키려는 의도를 보여준다. 카스트와 삶의 네 단계를 강조하게 된 배경을 살펴보면 이 점을 이해할 수 있다.

불교와 자이나교의 성장으로 탈속적인 종교사상, 가치, 그리고 행위규범이 확산되자 정통 힌두교는 사회의 통합과 유지를 위해 세속 삶을 부정하지 않으면서 탈속적인 종교가치를 추구할 수 있는 중도적 가치체계와 삶의 방식을 확립하려 했다. 그 결과 바르나아슈라마 다르마를 강조하게 되었다. 바르나아슈라마 다르마는 세속을 초탈하는 해탈의 추구가 사회의 유지와 통합에 위협이 되지 않도록 개인의 사회화와 영성화를 단계적으로 추구하도록 하는 장치였다.

제나(Jena, 2003: 87-91)는 아슈라마체계에서 가장 중요한 단계는 가장기이고 가장이 가장 핵심적인 역할을 한다고 지적한다. 그는 아슈라마를 다루는 힌두신화들이 보여주는 것은 자이나교나 불교와 같은 비정통파의 세계부정적 태도에 일격을 가하는 것이라고 말한다. 또 『뿌라나』 문헌에 있는 아슈라마 개념과 그에 근거하는 이야기들은, 다르마를 강조해 온 브라흐만교(고대 힌두교)의 윤리체계를 부활시키는 데 핵심적인 역할을 했다고 주장한다.

사실 삶의 네 단계에서 가장기만이 사회적 성격을 띠고 나머지 셋은 개인수련의 성격이 강하다. 이러한 삶의 단계를 밟는 삶은 슈드라 계급과 여성들에게는 허용되지 않았다. 상층 세 카스트의 남성에게만 국한되었을 뿐만 아니라 허용된 사람들의 경우도 네 단계를 모두 지키기는 힘들어서 실제로는 일부 브라만 계급에 국한된 것이었다. 심지어는 최상계급인 브라만들 중에서도 소수만이 네 단계를 따랐다.

진그란(Jingran, 1989)은 고대(우빠니샤드 시기)에 산야사는 드물었던 것 같고 이 관행이 권위를 얻게 된 것은 불교와 자이나교의 영향 때문이라고 보고 있다. 그리고 첫째 단계는 12-15년으로 축소되어 왔고 둘째 단계는 50세 훨씬 넘어서까지 지속되었으며 대부분 일생 동안 지속되었다고 지적한다. 현재는 여러 계급에 개방되어 있지만 극소수만이 셋째와 넷째 단계까지 거치고 있다.

이러한 삶의 단계가 보편적인 것이 아니라 상층 세 카스트, 실제로는 일부 브라만 계급에 국한된 이상적인 삶이었다고는 해도, 여기서 저자가 주목하는 점은 이와 같은 삶이 사람들이 따라야 할 행위의 전형으로 기능했다는 점이다. 이는 해탈의 추구가 사회의 유지와 지속에 위협적인 요인이 되지 않도록 유도하는 역할을 어느 정도 이끌어낼 수 있었다고 본다. 결국 삶의 네 단계는 삶의 네 가치와 함께 인간과 삶에 대한 양극적인 이해와 그것에 근거한 양극적 삶의 방식을 피하고, 상충되는 세속적 가치와 탈속적 가치, 그리고 욕망의 충족을 통해 행복을 추구하는 삶의 방식과 욕망의 버림을 통해 해탈을 추구하는 삶의 방식을 균형 있게 결합시키려는 힌두사상과 사회의 의도를 보여준다. 힌두사회의 이러한 의도는 다음 이야기에서도 잘 나타난다.

> 한 왕이 자신을 방문하는 이들에게 세상을 버린 이와 가장 가운데 누가 더 위대하냐고 물었다. 누구에게도 만족스런 대답을 듣지 못하던 중에, 한 수도승에게서 "모두가 똑같이 위대하다"는 대답을 들었다. 왕이 증명해보라 하니 그는 왕이 자신과 며칠만 함께 지내본다는 약속을 하면 그리하겠다 답했다. 그래서 두 사람은 여행을 떠났다. 그들이 한 왕국에 도착했을 때 마침 그 왕국 공주의 신랑선택식이 열리고 있었다. 여러 왕과 왕자들이 모여 있었

으나 공주의 마음에 드는 이가 없었다. 그러던 중 공주는 그곳에 있던 한 수행자의 모습에 마음을 빼앗겨, 그의 목에 선택한 신랑감에게 관행상 걸어주게 되어 있는 화환을 걸어주었다. 그러자 수도승은 결혼엔 전혀 관심이 없는 수도승에게 무슨 말도 안 되는 짓이냐며 화를 냈다. 이에 왕이 달려와 자신이 죽으면 왕국 전부가 딸의 것이 될 거라며 화환을 다시 걸어주었다. 그 수도승은 다시 화가 나 화환을 다시 벗어던지고 숲으로 향했다. 공주는 그를 따라 숲까지 갔다. 함께 여행 중이던 왕과 수행자도 공주를 따라갔다. 수도승이 숲에 몸을 숨기자 그를 찾아 헤매던 공주는 지쳐 나무 그늘 아래 앉아 울기 시작했다. 수행자와 왕은 공주를 위로하며 다음 날 아침 숲에서 나가는 길을 알려주기로 약속하고 나무 밑에서 하룻밤을 보내기로 했다. 그런데 그 나무에는 작은 새 부부와 새끼 세 마리가 있었다. 그 새들이 나무 밑의 사람들을 바라보다 남편 새가 아내 새에게 "이 추운 날 이 손님들을 따뜻하게 해줄 불이 없다"며 마른 잎을 주어와 불을 피웠다. 그뿐 아니라 손님에게 대접할 음식이 없다며 걱정하고 손님을 대접하는 것이 가장의 의무라며 스스로 불에 들어가 먹이가 되려 했다. 그러자 아내 새도 남편을 따라 불에 뛰어들었다. 새끼 세 마리도 그 음식이 손님 수에 비해 부족하다 여겨 하나씩 불에 뛰어 들었다. 물론 그들이 그 새를 먹지는 않았지만 새들의 희생정신은 숭고한 것이었다. 다음 날 그들은 공주에게 왕국으로 가는 길을 알려주었다. 수행자가 왕에게 말했다. "왕이시여, 이제 각자가 각각의 입장에서 위대하다는 것을 보셨습니다. 왕께서 이 세상에서 가장으로 살기를 원하신다면, 새가족처럼 필요할 때마다 자신을 희생할 각오를 하십시오. 또 세상을 떠나길 원하신다면 가장 아름다운 공주도 번성하는 왕국도 아무것도 아니었던 젊은 수도승처럼 되십시오. 이 세상의 어떤 것도 수도승의 길을 막을 수 없었습니다. 각각이 위대하며 한 단계의 의무가 다른 단계의 의무가 아닙니다."(Singh, 1984: 92-94에서 재인용)

결국 이 이야기는 각 단계의 의무와 삶이 모두 그 나름의 의미와 가치가 있다는 점을 강조함으로써 각 단계의 의무를 지킬 것을 권장하고 있다. 그리고 세속적인 삶의 방식과 탈속적인 삶의 방식을 조화롭게 결합시킨 삶의 네 단계 사회체계를 유지하려는 의도를 보여준다.[29]

5. 데바와 아수라 투쟁신화와 힌두사상의 선과 악 개념

1. 데바와 아수라 투쟁신화

힌두사상의 선과 악 개념을 파악할 수 있는 가장 좋은 신화자료는, 흔히 신과 악마로 지칭되는 데바와 아수라의 투쟁신화다. 이미 언급한 바 있지만, 힌두신화는 종파, 지역, 언어, 그리고 시대에 따라 상당히 다양하면서도 몇 가지 주요 주제와 신화소가 변형된 형태로 반복해 나타나는 특징을 보인다. 데바와 아수라의 투쟁 주제도 이런 특징을 보이는 대표적인 주제다. 이 주제는 『리그베다』에서 『뿌라나』에 이르기까지 지속적으로 등장해 왔다. 이러한 사실은 힌두신화가 동일신화소의 여러 변형을 통해 전달하려는 사상이나 규범을 지속적으로 전승시켜 왔음을 보여준다. 이런 맥락에서 데바와 아수라 투쟁 주제도 인도전통이 중시해 온 사상과 규범을 담고 있을 것으로 추정할 수 있다. 그것은 선과 악, 즉 윤리적 가치에 대한 힌두 관점과 태도다.

선악의 투쟁관념이나 주제는 세계신화와 종교의 보편적 주제다. 하지만 종교적 세계관이나 사회적·문화적 배경에 따라 선과 악에 대한 관점과 태도는 다르게 나타난다. 가까운 예로, 인도처럼 아리아인들이 이동해 갔다고 추정되는 고대 이란(페르시아)의 유일신교인 조로아스터교는 선악의 이원론으로 유명하다. 이 이원론에 따르면 선과 악은 본질적으로 엄격히 구분되고, 우주는 선과 악의 투쟁터이며, 종말이 되면 선한 세력이 악한 세력을 전멸시키고, 이후 선만이 존재하는 낙원이 영원히 이어진다.

반면에 힌두신화에서 데바와 아수라의 투쟁은, 어느 한쪽의 최종적인 승리나 패배로 끝나지 않고 계속해서 반복된다. 투쟁은 대개 아수라가 극심한 고행이나 희생제의를 하여 창조주 브라흐마에게서 강력한 힘을 얻고 그 힘이 점점 강해져 우주와 사회의 질서체계인 다르마를 지키는 데바들을 위협할 때 발생한다. 두 집단 사이의 겨룸은 늘 데바의 승리로 끝이 나지만 그렇다고 아수라가 완전히 사라지는 것은 아니다. 다르마를 지키기 위해 강력한 아수라가 일시적으로 파괴되는 것일 뿐, 또다시 새로운 강력한 아수라가 등장하여 데바와 아수라의 투쟁이 반복해 이어진다.

또 데바와 아수라는 적대세력으로 등장하지만 같은 기원을 지니고 때로는 협력관계를 맺기도 한다. 뿐만 아니라 항상 데바가 선하고 아수라가 악한 것이 아니라 때로는 데바가 교활하고 아수라가 선하기도 하다. 이러한 데바와 아수라, 그리고 선과 악의 관계구도는 양자를 절대 선과 절대 악으로 엄격히 구분하여 악의 완전한 제거를 지향하는 관점으로는 이해하기가 쉽지 않다.

힌두신화가 악을 상징하는 아수라의 완전한 제거가 아니라 데바와 아수라의 반복적 투쟁을 그리고 있는 이유는 무엇일까? 힌두사상에는 절대 선과 절대 악 개념이 존재하지 않는 것인가? 그렇다면 데바와 아수라로 상징되는 힌두사상의 선악 개념은 무엇인가? 그리고 이 주제가 전하려고 하는 메시지와 의미는 무엇일까? 이런 물음들에 대한 답을 관련 신화를 통해 힌두 세계관과 윤리관을 바탕으로 찾아보려고 한다.

그간 서구의 인도신화연구는 때로 인도적 맥락에서 이해되거나 분석되지 못하는 한계가 있었다. 힌두신화의 주요 부분들이 기독교적 세계관에 토대를 두는 서구 학자들에 의해 곡해되는 경우가 적지 않았기 때문이다. 대표적인 예가 데바와 아수라의 투쟁을 주로 절대 선과 악의 대립적 투쟁이라는 관점으로 해석하여 대립되어 보이는 개념이나 관념들을 서구식 이분법으로 이해하고 분석한 것이다.[30] 이런 이해와 해석은, 다양성과 상이성을 형태와 기능상의 차이일 뿐 그 기원과 본질은 같다고 보는 힌두 세계관의 관점에서 재조명될 필요가 있다. 사실 신화적 세계이해는 문화에 따라 상이하다. 그러므로 특정 문화의 신화체계나 상징은 그 문화의 세계관을 토대로 이해되고 분석될 필요가 있다. 따라서 여기서는 데바와 아수라 투쟁과 교활한 데바와 선한 아수라 주제를 중심으로 관련 신화를 힌두 세계관과 윤리관을 바탕으로 분석하고, 이를 토대로 힌두사상의 선악 개념과 그 의미를 살펴볼 것이다. 이를 통해 인도적 사유의 특성을 이해하게 될 것으로 기대한다.

2. 데바와 아수라

힌두신화에 자주 등장하는 데바와 아수라는 일반적으로 우리말로는 '신'과 '악마'로, 영어로는 소문자 'god'과 'demon(devil)'으로 번역되곤 한다. 하지만 이러한 번역어는 두 용어의 본래 어의를 정확히 전달하기 어렵고 때론 부정확한 이해로 이끌기도 한다. 힌두신화에서 데바는 수라(sura)로도 지칭되는데, 아수라는 수라 앞에 부정접두어(a)가 붙어 아수라(asura), 즉 수라에 대적하는 자를 의미한다(Wilkins, 1994: 439; Radice, 2002: Introduction). 수라(데바)는 신을, 아수라는 반신(反神)을 의미한다고 할 수 있다.

바따차리야(Bhattacharyya, N., 2001: 36)는 아수라의 어원을 조로아스터교의 경전 『아베스타(*Avesta*)』의 최고신 아후라 마즈다(Ahura Mazda)를 지칭하는 아후라에서, 그리고 데바의 어원을 'devil'을 의미하는 'daeva'에서 찾고 있고, 인도 초기 문헌에서는 아수라가 부정적 의미를 갖지 않다가 점차 이후 문헌들에서 부정적 의미로 사용되게 된 것으로 보고 있다. 따라서 그는 데바와 아수라의 투쟁을 데바를 숭배하는 인도인들과 아수라를 숭배하는 고대 이란인들 사이의 문화적 충돌로 본다.

윌킨스(Wilkins, 1994: 440)는 아수라의 기원을 『사따빠타 브라흐마나(*Satapatha Brahmana*)』에 나오는 이야기를 토대로 다음과 같이 설명한다. 창조주 쁘라자빠띠의 자손인 수라들과 아수라들이 쁘라자빠띠에게서 진리와 거짓을 얻었는데, 수라 즉 데바들은 진리를, 아수라들은 거짓을 택했다. 데바들은 진실만을 말해 약해졌지만 결국에는 더 번성해지고, 아수라들은 거짓만을 말해 부자가 되었지만 결국 약해졌다. 신들이 아수라들의 방해에도 불구하고 희생제의를 성공적으로 수행하여 아수라들보다 우월해졌다는 것이다.

그런데 이 이야기의 기본 틀은 선악의 이원론을 주장하는 조로아스터교의 선한 정령(Spenta Mainyu)과 악한 정령(Angra Mainyu)의 기원신화와 아주 유사하다. 태초에 창조주 아후라 마즈다가 두 정령을 창조하고, 진리와 거짓 중에서 자유의지로 선택하게 했는데, 진리를 선택한 정령은 선한 정령, 거짓을 선택한 정령은 악한 정령이 되었고 이들로부터 세상의 모든 선과 악이 나왔다고 설명한다(노스, 1986: 168-70; Mistree, 1982: 13-15). 이 역시 고대 이란인들과 인도인들 사이의 연관성을 보여준다.

한편 바따차리야(Bhattacharyya, N., 2001: 37)는 인도 2대 서사시에 등장하는 아수라들의 상당수가 『베다』 배경을 지니고 있다고 지적하고, 서사시의 경우 데바와 아수라 사이에 명백한 경계가 없고, 일부 아수라들이 꽤 높은 자질을 지니기도 하지만 범주로서의 아수라는 신과 대적하는 악마들이라 규정한다. 그리고 『뿌라나』에 이르러 『베다』와 서사시에 나타나는 아수라들에 여러 차원이 덧붙여졌고, 쉬바와 비슈누, 그리고 그의 아바따라들이 아수라를 물리치는 이야기가 많이 등장한다고 보고 있다. 라디스(Radice, 2002)도 아수라는 베다 시기에는 주(Lord) 또는 최고신을 의미하기도 했으나 브라흐마나 시기에 데바와 아수라의 대립적 구분이 생겼다고 지적하고, 아수라 범주에 락샤사(rakshasa), 다나바(danava), 다이띠아(daitya)를 포함시킨다.

결국 데바와 아수라의 어원은 고대이란인들의 어원과 밀접히 연관되며 두 집단이 서로 대립하는 점은 같다. 그러나 그 의미는 서로 다르게 사용되어서, 이란의 경우 조로아스터교의 최고신 아후라 마즈다에서 나타나듯이, 아수라(아후라)가 최고의 신을 의미한다면 인도의 경우 데바가 긍정적 세력으로, 아수라가 부정적 세력으로 인식되게 되었다고 할 수 있다. 또 인도에서 초기에는 두 세력 간의 구분이 그렇게 엄격하지 않다가 점차 적대관계가 강해지면서 아수라가 악마의 의미를 더 지니게 된 것으로 보인다.

따라서 여기서는 데바와 아수라 용어를 주로 그대로 사용하되, 데바는 신, 아수라는 반신(反神)의 의미로 사용하고 필요한 부분에 한하여 신과 악마로 표현할 것이다. 또 다소 의미상 차이가 있긴 하나 힌두신화에서 악마적 존재로 자주 등장하는 락샤사, 다나바, 다이띠아를 아수라의 범주에 포함시킬 것이다. 이제 이 두 집단 간 투쟁신화가 담고 있는 상징적 의미를 살펴보고, 이를 토대로 양 집단의 관계구도를 파악해보기로 하자. 데바와 아수라 투쟁의 상징적 의미는 여러 각도에서 다양하게 해석될 수 있을 것이다. 저자는 힌두 세계관과 가치관의 측면에서, 아래 세 가지를 그 핵심적 의미로 추출해보려고 한다.

3. 데바와 아수라 투쟁의 상징적 의미

1) 우주에 존재하는 상반되는 두 힘의 충돌

선과 악, 신과 악마를 본질적이고 절대적인 대립관계로 이해하는 관점에서 본다면, 힌두신화의 데바와 아수라 관계를 이해하는 데 있어 가장 혼돈스러운 점은, 힌두신화가 둘의 관계를 언제나 대립적인 것으로만 보는 것이 아니라 때로는 협력하고 더 나아가 같은 부모에게서 태어난 존재로 기술한다는 점이다. 이러한 데바와 아수라의 관계 설명 이면에 자리하고 있는 힌두사상과 관점은 무엇일까? 이 물음에 대한 답을 양 집단의 협력관계와 동일기원 문제에 초점을 맞추어 찾아보기로 한다.

❂ 데바와 아수라의 협력

협력관계를 보여주는 대표적인 신화는 '우유대양을 저어 불멸의 생명수를 얻는 신화(Amrtamanthana)'다. 이 신화는 『마하바라따』와 『라마야나』, 그리고 여러 『뿌라나』에 나오는 유명한 이야기로, 대양을 젓는 동기, 대양을 저어서 나오는 것들의 수나 이름, 기타 작은 부분들에서 차이가 나지만 『마하바라따』에 나오는 이야기의 핵심 구조나 주요 특징이 다른 문헌에도 그대로 나타난다. 『마하바라따』에서 이 신화는 우주창조 과정의 하나로 기술되고 있지만, 저자는 이 신화가 창조의 측면보다는 데바와 아수라의 순환적 투쟁주제를 통해 힌두사상의 순환적 우주관과 데바와 아수라의 관계구조를 보여주고 있다고 본다. 따라서 이 신화를, 창조신화라기보다는 데바와 아수라의 투쟁신화로 분류해 분석해보려고 한다.[31] 여기서는 『마하바라따』에 나오는 이야기를 중심으로 정리·분석해보기로 하겠다.

◎ 우유대양을 저어 불멸의 생명수(아므리따)를 얻는 신화

(아수라에 밀려 힘이 약해진) 데바(신)들이 메루 산의 높은 봉우리 하나에 가서 어떻게 아수라를 이길 수 있는 아므리따(amṛta, 불멸의 생명수)를 얻을 수 있을지 궁리하기 시작했다. 신들이 불안해하자 나라야나(Narayana, 비슈누)가, 아수라의 도움을 받아 대양(kalasa)을 저으면 아므리따가 나올 것이라고 조언했다. 비슈누는 브라흐마와 함께 뱀들의 왕인 안안따(Ananta)에게 가서 만다라(Mandara) 산을 뽑도록 시켰다. 데바들이 그 산을 가지고 대양으로 가서 대양에게 아므리따를 얻기 위해 당신 물을 저을 것이라고 말하자 물의 신은 자기 몫의 불멸수를 준다면 휘저어지는 힘겨움을 참아낼 것이라고 대답했다. 신들이 이에 동의하고 아수라와 함께 거북이 왕에게 산의 버팀대가 되어달라 청했다. 그가 요청을 받아들이자 인드라가 바다 기슭에서 만다라 산을 눌렀다. 만다라 산을 젓는 막대로, 바수끼(Vasuki)를 젓는 줄로 해서, 아수라들은 뱀 바수끼의 입에, 데바들은 나라야나가 있는 곳인 꼬리에 서서 대양을 젓기 시작했다. 바수끼의 머리를 잡아 위아래로 반복해 흔들자 바수끼의 입에서 연기와 맹렬한 바람이 계속해서 나왔다. 산꼭대기에서는 꽃들이 신과 아수라 위로 쏟아져 내렸다. 바다에서 거대한 소리가 일었다. 다양한 종

의 바닷속 수생동물들이 거대한 산으로 분쇄되어 파괴되었다. 산으로 계속 저으면서 산의 나무들이 그곳에 서식하는 새들과 함께 바다로 떨어졌다. 서로 부딪쳐 생긴 불이 산을 에워싸고 산에 있는 모든 동물들을 태워버렸다.[32] 그러자 인드라가 비로 불을 잠재웠다.

그림 II.5.1 모히니(비슈누의 유일한 여성 아바따라)

다양한 나무에서 나온 수액과 여러 약효가 있는 액이 바닷물로 흘러들었다. 그러자 대양물 전체가 가장 좋은 여러 주스와 섞인 우유가 되었다. 그리고 우유에서 기히(ghee, 정제 우유)가 나왔다. 데바와 아수라들이 계속해 저으니 대양에서 달이, 기히에서 락슈미, 수라, 흰 말이 나왔고, 보석(Kaustubha)이 기히에서 나와 빛을 내며 나라야나의 가슴으로 들어갔다. 슈리, 수라, 말, 달이 마음으로 변하여 태양길을 통해 신들에게 갔다. 그리고 나서 단완따리(Danvantari)가 아므리따가 든 하얀 단지를 들고 나왔다. 이 놀라운 광경을 보고 다나바들(아수라)이 서로 제 것이라 소리를 치며 가져갔다. 이어 거대한 코끼리인 아이라와따가 나오고 이어 강력한 휘저음 때문에 독(Kalakuta)이 나와 갑자기 전 세상을 감싸고 연기를 뿜어내는 불처럼 탔다. 그 냄새로 삼계가 정신을 잃었다. 쉬바가 그것을 목에 담았다. 그래서 쉬바가 푸른 목을 지닌 이(Nilakantha)로 불리게 되었다. 그러자 나라야나가 아름다운 여성 모히니(Mohini) 모습을 하고 다나바들에게 갔다. 그들이 그녀의 아름다움에 매료되어 그녀의 마음을 사려고 아므리따를 그녀에게 주었다.

그러자 다이띠야와 다나바들이 신들을 공격했다. 이때 비슈누가 아므리따를 낚아채 데바들에게 가져가 아므리따를 마시게 했다. 그런데 이때 다나바인 라후가 신의 모습으로 가장하고 아므리따를 마셨다.[33] 아므리따가 라후의 목에 이르렀을 때 태양과 달이 사실을 비슈누에게 알렸다. 그러자 비슈누는 라후의 머리를 자신의 원반으로 잘랐다. 머리 없는 그의 몸이 땅 위에 구르자 지구가 흔들렸다. 이후 라후는 태양과 달에 대한 적대감으로 그들을 영원히 어둡게 했다.[34] 그리고 이어 데바와 아수라 사이에 아므리따 쟁탈전이 벌어졌는데 데바들이 마침내 승리를 거두었다. 승리를 거둔 데바들이 만다라 산을 제자리에 가져다 놓았고, 데바들의 왕인 인드라는 아므리따를 안전하게 지키도록 나라에게 그것을 건냈다.(*Mahabharata*, I.17-19, Dange, 1997: 233-36에서 재인용)

힌두사상의 순환적 우주관에 따르면, 우주는 창조, 유지, 해체의 순환과정을 밟는다. 때문에 우주가 해체될 때 모든 것이 사라지는 것이 아니다. 우주가 재생성될 수 있게 하는 생명의 씨앗이 남아 있게 되는데, 아므리따는 바로 이것을 상징한다고 볼 수 있다. 위 신화에서 지상과 바다의 모든 생명체가 파괴되고 불타는 모습은 우주해체 상황을 상징적으로 묘사한 것이고, 데바와 아수라들이 힘을 합쳐 우유바다에서 아므리따를 얻어내는 것은 우주를 다시 생성시키는 과정의 일부라 할 수 있다. 아므리따는 우주가 해체되고 나서 우주가 다시 생성될 때 앞선 우주의 해체 뒤에 잠재적으로만 존재하던 생명의 싹(기원)을 상징하고, 아므리따를 되살리려는 노력이 이루어지는 것은 생명의 씨앗에서 우주를 다시 생성시키는 과정을 상징하기 때문이다. 여기까지는 힌두 우주창조론의 관점에서 쉽게 이해할 수 있다.

그런데 주목되는 대목은, 비슈누의 조언으로 대양을 저어 생명수를 얻기 위해 신들이 적대세력인 아수라들과 협력해야 하는 신화적 상황과 설명이다. 최고신인 비슈누는 생명수를 얻으려면 상호 적대세력인 데바와 아수라가 힘을 합쳐야 한다고 조언한다. 두 세력은 힌두 신화사를 통해 세상의 지배권을 두고 대립해 투쟁하는 집단이고, 이 신화에서 불멸의 생명수를 두고 겨루는 세력이다. 그럼에도 최고신 비슈누는 데바들에게 상호 협조를 조언한다. 이는 언뜻 보기에 모순처럼 보인다. 데바와 아수라가 적대세력이면서 동시에 서로 의존해야 하는 존재로 제시되기 때문이다.

✪ 데바와 아수라의 동일 기원

힌두신화는 두 세력의 협력관계에서 더 나아가, 두 집단 또는 선한 존재와 악한 존재의 기원이 같은 것으로 기술한다. 이는 선과 악에 대한 인도인들의 관점을 보여주는 것으로, 이 주제를 좀 더 깊이 파고 들어가면 힌두사상의 선악 개념을 파악할 수 있을 것으로 생각된다. 예를 들어 『브리하다란야까 우빠니샤드(*Brihadranyaka Upanishad*)』에서 데바와 아수라는 창조주 쁘라자빠띠의 아들들로, 세상의 패권을 놓고 겨루는 관계로 기술된다.[35] 또 II부 2장에서 다룬 바 있는 『쉬바 뿌라나』의 우주창조 신화에서도 데바와 아수라가 모두 창조주 브라흐마의 몸체에서 우주가 창조될 때 나온 것으로 다음과 같이 기술된다.

> 브라흐마가 창조하기를 갈망하여 이미 창조된 물에 물 한줌을 바쳤다. (거기서) 24원리로 구성된 거대한 우주알(virat)이 나왔다. (중략) 브라흐마가 쁘라끄리띠를 가지고 주요 창조를 했다. (중략) 이어 브라흐마가, 태어나고 죽는 두려움으로 고통받는 모든 존재들을 창조했다. (중략) 먼저 에테르, 바람, 물, 불, 흙 등 핵심 다섯 요소들이 전개되어 나왔고 이 기본 요소들로 산, 바다, 나무, 시간, 기간, 기타 많은 것들을 창조했다. (중략) 브라흐마의 개념작용에서 다르마를 창조했고 다르마가 마누형상을 취하고 활동했다. 브라흐마의 몸에서 아들들, 수라, 아수라를 창조했다. 브라흐마가 자신의 몸을 둘로 쪼개 남(Svayambhuva Manu)과 여(Shatarupa, 요기니) 형태를 취했고, 그가 그 여성을 위해 성적인 결합을 통하여 존재들을 창조하여 두 아들, 세 딸, 아들

자손이 세상에 퍼졌다. (중략) 이리하여 우주알이 가득 찼고 브라흐마에 의해 창조가 완수되었다.(*Śiva Purāṇa*, Rudra Saṁhitā, I.15-16)

이 외에도 같은 『뿌라나』의 다른 부분에서도 데바와 아수라가 창조 시에 창조주 브라흐마의 몸체에서 나온 것으로 되풀이해 기술된다. 예를 들어 "얼굴에서 데바, 허리에서 아수라, 옆구리에서 삐뜨리, 생식기관에서 인간을 창조했다."(*Śiva Purāṇa*, Vāyavīya Saṁhitā, I.12), "입에서 데바, 가슴에서 조상, 임신을 통해 인간, 허리에서 아수라들을 창조했다."(*Śiva Purāṇa*, Umā Saṁhitā, 29.10-17)와 같은 기술이다.

이러한 신화적 기술은 만물이 하나의 근원실재에서 전개되어 나왔다고 보는 힌두사상의 일원론적 세계관에 근거한 것으로, 데바와 아수라의 기원이 동일함을 말해줄 뿐만 아니라 이 세상의 모든 존재와 현상이 하나의 근원에서 파생되었다는 것을 보여준다. 따라서 데바와 아수라로 대변되는 우주의 상반되는 두 힘 또는 현상 역시 동일 기원을 갖는다고 보는 것은, 힌두 세계관의 맥락에서는 자연스런 이해라 할 수 있다.

여러 『뿌라나』 문헌에 나오는 베나(Vena) 왕과 쁘리투(Pṛthu) 이야기[36]에서도 선과 악의 기원이 같고 선과 악이 명확히 구분되지 않는 주제를 찾아볼 수 있다. 다음은 『바가바따 뿌라나』에 나오는 내용이다.

두르바에게는 우뜨깔라란 아들이 있었다. 그는 선왕인 두르바가 (삶의 세 번째 단계에 들어가기 위해) 숲으로 떠난 뒤에 왕위에 오를 것을 요청받았지만 왕위에는 관심이 없고 브라흐만 지식(우주의 근원실재에 대한 지식)을 얻길 원했다. 그래서 동생인 바짜라(Vatsara)가 왕위를 계승했다. 그의 후손인 앙가(Anga) 왕은 아들이 없었다. 그가 희생제의를 드리기 위해 사제들을 보내 신들을 초대했지만 신들은 앙가 왕이 아들이 없다고 거절하며 아들을 얻기 위한 희생제의를 먼저 하도록 조언했다. 앙가 왕이 희생제의를 드린 후 왕비가 임신을 하여 베나가 태어났다. 베나는 외할아버지인 므리띠유(Mrityu)를 잘 따랐는데, 그는 사악한 사람이어서 베나는 악을 쫓는 사람으로 키워졌다. 그는 숲으로 가서 사슴을 죽이곤 했는데 자신과 노닐던 사슴까지도 죽였다. 사람들은 그를 두려워하여 그를 보면 도망치곤 했다. 앙가는 아들을 가르치려 애썼으나 허사였다. 그를 통제할 길이 없었다. 절망한 앙가 왕은 어느 날 밤 왕국을 떠나 숲으로 가서 이후 발견되지 않았다. 왕의 자리를 비워둘 수는 없었으므로 베나가 왕위에 올랐다. 백성들은 그를 원치 않았으나 선택의 여지가 없었다. 그는 억압정치를 했다. 성자들은 자신들의 실수를 깨달았다. 무정부 상태를 막기 위해 그를 옹립했는데 그보다 못한 상황이 일어나고 있었다. 성자들의 설득도 소용이 없었다. 그는 신들에게 바치는 희생제의를 모두 금했다. 신들은 그를 살해하기로 결정하고 자신들의 분노의 힘으로 살해했다.

그런데 베나가 자손이 없어 누가 왕국을 통치할 것인가 하는 문제가 생겼다. 그래서 성자들은 그의 허벅지를 주무르기 시작했다. 그리고 그의 허벅지에서 짧은 기둥같이 보이는 난쟁이가 나와 "무얼 할까요?"라고 물었다. 성자들이 앉으라고 대답했고 그 말로 해서 니샤다(Nishada, 앉다의 의미)로 불리게 되었다(베나의 사악한 기질이 그에게 들어가 그와 후에 그의 자손들이 왕국에서 쫓겨나 숲으로 가 살며 사냥꾼이 되었다). 성자들이 이어서 베나의 오른손을 주무르기 시작하자 빛이 나는 남자가 나왔다. 그가 쁘리투다. 그가 태어날 때 하늘에서 신성한 활, 화살, 갑옷과 투구가 떨어져 내렸다. 그가 태어나자 모두가 기뻐했다. 아들이 없이 죽으면 지옥으로 가야 하는데 베나는 아들이 생겼으므로 지옥으로 가지 않게 되었다. 강과 대양이 물과 보석을 가지고 쁘리투의 대관식을 위해 도착했다. 신들과 브라흐마가 대관식 전에 쁘리투를 목욕시키기 위해 왔다. 브라흐마는 쁘리투의 오른손에 (비슈누의 무기인) 차끄라 표식이 있는 것에 주목했다. 신들조차 대적할 수 없는 (최고)신만이 손에 이 표지를 지닌다. 그것은 쁘리투가 비슈누의 화신임을 의미하는 것이므로 좋은 징조였다. 이렇게 사악한 베나의 몸체에서 사악한 니샤다와 세상을 구하는 쁘리투가 모두 나왔다.(*Bhāgavata Purāṇa*, IV.13-15)

사악한 베나의 몸에서 사악한 니샤다와 세상을 구하는 비슈누의 화신인 쁘리투가 모두 나왔다는 것은, 앞서의 『우빠니샤드』의 구절과 마찬가지로, 선과 악의 기원이 동일함을 보여준다. 다만 베나라는 악한 존재에서 선하고 악한 존재가 모두 나온 것으로 그려지는 차이점이 있다. 그러나 데바와 아수라 또는 선과 악의 관계가 상호 밀접한 연관성을 지니는 관계임을 보여주고, 힌두사상에서 선과 악은 엄격하게 배타적으로 구분되는 절대 선과 절대 악의 개념이 아님을 시사해주는 점은 같다. 데바들의 왕인 인드라가 쁘리뚜의 희생제의를 훼방하는 존재로 등장하는 것도 같은 맥락으로 이해할 수 있다. 따라서 데바와 아수라를 본질적인 선과 악의 이분법으로 나누는 것은 적절치 않아 보인다.

그렇다면 같은 기원을 가지면서 대립하거나 협력하기도 하는 이 두 세력 또는 집단의 관계를 어떻게 해석해야 할까? 양 세력은 본질적으로 엄격히 구분되는 범주라기보다는 본질과 기원을 공유하면서 서로 달리 기능하는 두 힘, 즉 생명과 죽음, 질서와 무질서, 지혜와 무지, 빛과 어둠, 진리와 비진리, 정의와 부정의와 같은, 이 세계를 구성하고 있는 상반되는 두 힘 또는 자연과 삶에 있는 긍·부정적인 두 힘을 상징한다고 볼 수 있다.

오플래허티(O'Flaherty, 1980: 57-58)는 양자 간 동족관계를 언급하면서, 양자는 본질적으로는 유사하지만 기능 면에서 차이가 나며, 양자가 구별되는 때는 전투를 할 때뿐이라고 지적한다. 또 두 집단 간 투쟁이 지속되는 것을, 구체적인 원인이 없어 구체적인 해결이 있을 수 없기 때문이라고 지적하는데(O'Flaherty, 1980: 60), 이는 적절한 이해라 생각되지 않는다. 바로 앞에서 언급했듯이, 두 세력이 우주를 구성하는 상반되는 요소이므로 힌두 우주관에 따르면 우주 또는 세상이 존재하는 한 필연적으로 두 세력이 존재할 수밖에 없고, 이런 우주는 생성·소멸을 되풀이하기 때문이다. 데바와 아수라로 표현되는 양극성이 우주와 인간 삶을 구성하고 있는 긍·부정적 힘이라면 현상계에 이 양자의 존재는 불가피하다. 문제가 되는 것은 양 세력 사이에 균형과 조화가 깨지는 상황이다. 이것이 신화에서 아수라의 힘이 증대되어 데바들을 위협하는 상황이고, 이때 양 세력 사이에 투쟁이 발생하게 된다.

그런데 데바와 아수라가 투쟁을 벌이고 신들이 승리를 거두는 과정이 되풀이해 반복되는 이유는 무엇일까? 인도인들의 순환적 우주관 또는 순환적 시간관에 의하면 우주는 한번 생겨났다 영원히 소멸하는 것이 아니라 생성·소멸과정을 끊임없이 반복한다. 그리고 우주 속에 살고 있는 모든 생명체들도 마찬가지로 태어나고 죽고 다시 태어나는 과정을 끝없이 되풀이한다. 이 순환을 작동시키는 법칙이 인도인들의 중요한 사상인 업(까르마)과 윤회사상이다. 따라서 우주가 순환하는 한, 우주를 구성하는 상반되는 두 세력도 끊임없이 되풀이해 존재하게 되고 양자 간의 대립 역시 반복하게 되어 있다. 이러한 우주적 현상을 상징화한 것이 바로 데바와 아수라 사이에 되풀이되는 투쟁이고, 이를 이야기 형태로 담아낸 것이 데바와 아수라 투쟁신화라 할 수 있다.

따라서 데바와 아수라 투쟁은 우주와 자연, 그리고 삶에 존재하는 상반되는 두 힘, 달리 표현하면 우주를 구성하고 있는 양극적인 두 힘 간의 충돌을 의미하며, 이 두 세력 사이에 투쟁이 되풀이되는 것은 힌두사상의 순환적 우주관을 보여주는 것이라 할 수 있다.

2) 다르마와 아다르마의 투쟁

앞서 다룬 의미가 데바와 아수라 사이의 대립을 힌두 우주관에 근거하여 본질적인 차원에서 해석한 것이라면, 다음으로 다룰 의미는 힌두 가치관 또는 윤리관과 관련되는 보다 사회적인 차원의 의미라 할 수 있다.

3장에서 살펴보았듯이, 우주와 사회를 통합하고 유지하는 법칙이자 도덕규범인 다르마를 보존하는 일은, 인도사회와 문화가 추구해 온 중요한 가치다. 힌두전통은 이 신성한 법칙을 어기거나 깨는 것을 아다르마, 즉 악 또는 죄로 규정해 왔다. 이러한 힌두 가치 및 윤리관에 근거하여 양자 간의 대립을 해석하면, 그것은 다르마와 이에 반하는 아다르마의 투쟁으로 볼 수 있다.

힌두신화에서 데바가 다르마를 지키는 존재라면, 아수라는 데바와 적대관계에 서서 이 세계의 질서와 안녕을 위협하는 아다르마 세력으로 나타난다. 즉 데바와 아수라는 다르마와 아다르마를 대변하는 존재들로, 이 세상과 사회에 존재하는 두 가지 가치와 규범을 상징한다고 볼 수 있다. 따라서 인도에서 데바와 아수라 간의 투쟁은 다르마와 아다르마 간의 충돌을 의미하며 다르마를 지키기 위한 투쟁이라고 할 수 있다.

인도의 2대 서사시인 『라마야나』와 『마하바라따』는 이런 종교적·윤리적 규범이자 의무로서의 다르마를 가장 중요한 중심 주제로 다루고 있고, 다양한 종류와 차원의 다르마를 여러 등장인물들을 통해 제시하고 있다.[37] 이런 측면은 특히 『라마야나』에서 두드러진다. 『라마야나』의 중심 스토리는 다르마 수호의 상징인 라마와 아다르마의 상징인 아수라 왕 라바나의 전투와 라마의 승리 이야기다. 이 이야기 서두에서 라마는 라바나를 물리치기 위해 화신한 비슈누로 기술된다.

> 아들이 없어 고민하던 다샤라타 왕이 왕국 사제의 조언에 따라 아들을 낳기 위한 희생제의를 드리기로 했다. 희생제의 장소에 브라흐마와 데바, 간다르바(gandharva, 천상의 악사), 성자들이 모였고 모두가 등급에 따라 브라흐마에게 가서 바라는 바를 말했다. 데바들은, 아수라 왕 라바나가 고행으로 브라흐마의 축복을 받아 강력해져서 자신들이 물리칠 수 없으니 도움을 달라 청했다. 이에 브라흐마는 자신이 라바나의 소원을 들어줄 때 라바나가 데바, 간다르바, 야크샤 등이 자신을 죽일 수 없게 해달라고 청하고 인간은 언급하지 않았으므로 인간만이 그를 죽일 수 있다고 말했다. 그러자 신과 리시들이 기뻐했다. 이때 비슈누가 그 장소에 도착하자 신들이 그에게 다가가 다샤라타 왕의 아들로 태어나 자신들의 적인 라바나를 물리쳐줄 것을 간청했다. 이에 비슈누는 자신을 네 인격으로 쪼개 다샤라타 왕의 네 아들로 태어났다.(*Rāmāyaṇa*, Bala Kanda, canto 15)

이후 이야기 전개과정에서 신들 또는 리시들을 위협하는 악마를 물리치기 위해 비슈누가 여러 아바따라로 등장하는 스토리가 여러 곳에 삽입되어 있고, 궁극적으로 라마가 라바나를 살해하고 승리를 거두는 이야기가 이어진다. 하지만 여기서도 아수라가 모두 소멸되는 것은 아니다.

위 이야기에서 데바와 아수라에 대한 브라흐마의 태도는 언뜻 납득되지 않을 수 있다. 그는 양측 모두에게 그들이 합당한 과정을 통해 도움을 요청하면 도움을 준다. 이 점에서 브라흐마는 데바와 아수라 가운데 어느 편이라고 말할 수 없다. 어찌 보면 기계적으로 누구든 희생제의나 고행을 한 이에게 그것에 대한 보상으로 원하는 바가 이뤄지게 한다. 하지만 브라흐마는 세상의 창조를 담당하는 창조주로서 세상을 구성하는 두 세력 모두와 밀접히 연관되며 우주가 업 법칙에 의해 작동된다는 점을 고려한다면 이해가 가능해진다. 브라흐마는 업 법칙이 작동하게 해주는 일종의 관리자라고 볼 수 있다. 이에 비해 세상의 유지를 담당하는 비슈누는 무엇보다도 다르마 수호를 중시하여 궁극적으로는 언제나 데바 편에 서며, 다르마나 데바들이 위기에 놓일 때마다 여러 형태로 화신한다. 이런 이유로 데바들은 그에게 다샤라타의 아들로 태어나 라바나를 살해하도록 요청하고, 비슈누는 이 요청을 받아들이고 있다. 이처럼 『라마야나』는 서두에서부터 다르마와 아다르마의 투쟁 이야기임을 밝히고 있다.

또 악마가 고행의 대가로 축복을 받을 때 미처 인지하지 못하는 허점이 있는데, 이는 힌두 세계관의 관점에서는 우주 또는 세계의 본질 자체가 불완전하다는 것을 의미하며 우주와 세상의 순환의 관점에서 보면 필요한 장치라 할 수 있다. 완전하다면 데바와 아수라의 힘의 순환적 변화가 일어날 수 없기 때문이다. 그리고 우주나 세상이 존재하는 한 다르마와 아다르마의 대립 역시 존재할 수밖에 없다.

홀리(Holi) 축제로 매년 경축되는 끄리슈나가 아수라인 깜사를 물리친 이야기 역시 윤리적 측면에서의 데바와 아수라, 즉 다르마와 아다르마의 투쟁 이야기라 할 수 있다. 이 이야기는 1장에서 비슈누의 아바따라를 다루면서 이미 다루었는데, 이 신화에서 끄리슈나는 비슈누가 다르마를 지키고 아다르마를 물리치기 위해 화신한 존재다. 즉 끄리슈나는 다르마, 깜사는 아다르마의 상징이고 둘 사이의 대립과 투쟁은 다르마와 아다르마의 대립을 의미한다. 비슈누로서의 끄리슈나는 데바와는 구분되는, 최고신인 바가완이다. 비슈누의 중심 역할은 우주를 유지하는 것, 즉 데바와 함께 다르마를 수호하는 것이므로 끄리슈나와 깜사의 투쟁은 다르마와 아다르마의 투쟁이라 할 수 있다.

힌두사상에서 다르마와 까르마(업)는 세계를 지배하는 법칙으로 제시된다. 싱(Singh, 1984: 15-16)은, 세상의 모든 영적 존재는 근원적 영적 존재인 브라흐만 또는 뿌루샤의 변형이며, 다르마는 모든 영적 존재들이 공유하는 영적 결정법칙이고, 모든 물리적 존재는 원초적인 물리적 존재인 쁘라끄리띠의 변형으로, 까르마는 모든 물리적 존재들이 공유하는 물리적 결정법칙이라 설명한다. 우주의 영적·물리적 두 영역이 각각의 법칙 아래 작동하는 한, 우주에는 완전한 조화가 존재한다는 것이다. 그(Singh, 1984: 17)는 힌두사상에서 최고신(뿌루샤)[38]은 완전한 영적 존재로 다르마가 그의 신성한 법칙이며 최고신과 그의 몸체(쁘라끄리띠)인 세계는 분리할 수 없는 상호 협동의 관계라고 설명한다.[39] 그리고 다르마 정신을 구현하는 것을 선으로 이해한다.

싱(Singh, 1984: 17)은 또 위와 같은 세계이해에서 인간 역시 영적 요소와 물리적 요소의 결합체로, 위의 두 법칙의 지배를 받으며 도덕과 윤리는 두 법칙의 일관되고 지속적인 상호작용에서 생겨난다고 보고 있다.[40]

결국 다르마는 우주와 사회에 조화와 질서를 부여하고 그것을 유지시키는 보편법칙으로 제시된다. 그렇다면 다르마는 모든 형태의 의무의 바탕에 깔린 근본원리고 인간의 여러 의무는 이 다르마를 여러 구체적인 상황에 적용한 것이라 할 수 있다. 따라서 힌두사회에서는 전통적으로 인간의 모든 추구가 다르마의 조건 안에서 추구되어야 하는 것으로 인식되어 왔다. 힌두사회가 삶의 네 가치인 다르마, 아르타(artha), 까마(kama), 목샤(영적 가치) 중에, 아르타(물질적 가치)와 까마(생물학적 가치)를 다르마(사회적·윤리적 가치)를 지키는 범위 안에서 추구하도록 규정해 온 것도 이런 배경에서다. 그리고 인도인들이 매년 홀리, 디왈리, 더쉐라(Dushera) 같은 여러 축제를 통하여 데바가 아수라를 이긴 신화적 사건을 주기적으로 경축하는 것도, 다르마 수호를 위해 아다르마를 지속적으로 극복하는 것의 중요성을 주기적으로 환기시키려는 시도라 할 수 있다.

3) 종교 및 종파 간의 갈등

역사적 차원에서 보면 데바와 아수라 투쟁 주제를 서로 경쟁관계에 있는 종교나 종파 또는 집단 사이의 투쟁을 표현한 것으로도 해석할 수 있다. 예를 들어 『리그베다』에 나오는 데바인 인드라와 아수라인 브리뜨라의 투쟁은 고대에 인도로 유입된 아리아족과 토착민들 사이의 전투를 상징한 것이기도 하고, 이후 힌두문헌들에서 나타나는 데바와 아수라의 투쟁은, 쉬바파와 비슈누파, 힌두교와 불교와 같은 서로 경쟁관계에 있는 종파나 종교 사이의 갈등을 신화적으로 묘사한 것으로 볼 수 있다.

『바가바따 뿌라나』에 나오는 뿐드라까(Poundraka) 왕과 끄리슈나의 전투 이야기에서는 비슈누파와 쉬바파의 갈등이 나타난다. 뿐드라까 왕이 끄리슈나에게 전투를 선언하고 쉬바의 도시 카시(Kashi)의 왕과 동맹을 맺자 끄리슈나가 카시로 가서 뿐드라까를 살해했다. 카시 왕이 보복을 하려 쉬바에게 기원을 드리자 쉬바가 희생제의를 드릴 때 사용하는 제의용 불이 끄리슈나를 살해할 것이라 말했다. 그러자 불이 악마의 형상을 하고 끄리슈나가 사는 도시인 드와라까(Dwaraka)로 갔다. 하지만 끄리슈나의 차끄라가 그 불을 카시로 되돌려 보내 오히려 카시를 불태웠다(*Bhagavata Purana*, Debroy, et al. 2000: 101-03).

이 이야기의 상징적 의미를 이해하기 위해 먼저 염두에 두어야 할 점은 『바가바따 뿌라나』는 비슈누파의 문헌으로 비슈누의 화신인 끄리슈나의 일대기를 담고 있다는 점이다. 따라서 비슈누파의 입장에서 그가 악한 세력을 물리치는 이야기를 통해 끄리슈나의 여러 공적을 제시하고 있다. 카시(현 바라나시)는 힌두신화에 따르면 쉬바가 세운 도시로, 모든 힌두교도들의 성지이기도 하나 특히 쉬바파의 성지다. 그리고 드와라까는 끄리슈나가 통치하는 도시다. 따라서 이 이야기는 비슈누파와 쉬바파와의 대립을 보여주고 있고 비슈누파의 입장에서 끄리슈나의 승리를 이야기하고 있다.

한편 『쉬바 뿌라나』의 '세 도시 파괴 이야기'에서는 불교와 쉬바파의 갈등이 잘 나타난다. 데바들이 쉬바에게 강력한 아수라인 따라까(Taraka)를 살해할 아들을 낳아달라 청하자, 쉬바는 빠르와띠와 결혼하여 스깐다를 낳았고 그가 따라까를 살해하여 온 세상과 신들이 행복을 찾았다. 하지만 따라까의 살해가 아수라의 완전한 소멸은 아니다. 단지 세상의 이로움을 위해 강력한 아수라가 잠시 파괴된 것이다. 또 다른 아수라가 등장하여 데바와 아수라의 투쟁은 다음과 같이 이어진다.

> 악마 따라까는 (쉬바에 의해) 살해되었지만 그의 세 아들은 살아남아 있었다. 그들은 극심한 고행을 하여 브라흐마로부터 쉬바를 제외하고는 어떠한 신도 파괴할 수 없는 훌륭한 세 도시를 선물 받았다. 세 도시는 데바들의 도시보다도 훨씬 더 융성했고 쉬바의 가르침에 따라 잘 다스려지고 있었다. 하지만 아수라들의 이러한 융성이 신들을 불행하게 만들어 신들은 쉬바에게 세 도시를 파괴해줄 것을 간청했다. 그러나 그들이 쉬바의 충실한 숭배자들이어서 파괴할 수 없다는 대답을 듣고 신들은 비슈누에게 가 간청을 했다. 비슈누의 첫 시도가 아수라들의 쉬바에 대한 충실한 예배로 실패로 끝이 나자 비슈누는 그들을 타락시킨 후 파괴하기 위해 아라한(arahan, 불교 수도승을 지칭)을 창조하고 그를 성자로 가장시켜 세 도시로 들여보냈다. 그 아라한은 세 도시에 들어가 아수라들에게 이단적 가르침을 주어 그들이 『베다』와 쉬바에게서 멀어지게 만들었다. 아수라들은 카스트와 삶의 네 단계(아슈라마)를 기피하고 불살생을 강조하며 스스로 신이라고 주장하기에 이르렀

다.[41] 이리하여 타락이 시작되고 악행이 행해지게 되었다.[42] 상황이 이렇게 되자 바슈누는 쉬바에게 아수라들이 붓다의 종교와 철학에 의존하고 쉬바에 대한 숭배를 버렸으므로 세 도시를 파괴해야 한다고 요청했다. 쉬바도 마침내 세 도시를 파괴할 마차와 활을 준비하도록 명령을 내렸고, 비슈와까르만이 세상의 모든 것들로 이루어진 마차를 만들었다. 모든 신이 동물로 변신하여 끄는 마차를 그들의 주인(빠슈빠띠, 짐승들의 주인)이 된 쉬바가 몰고 나가 (불)화살로 세 도시를 태워버렸다. 신들에 맞섰던 아수라들은 살해되고 신들의 적이 아니었던 아수라들은 파괴에서 구원되었다. 그리고 신들은 만족했다.(*Śiva Purāṇa*, Rudra Saṁhitā, Yuddhakhanda, V.1-10)

이 신화에서는 '아라한', '붓다', '불살생'과 같이 아수라를 불교의 신봉자와 동일시하는 뚜렷한 표현들이 나타난다. 그리고 불교의 가르침을 이단으로 지적하고 있다. 즉 불교가 힌두교의 적대세력으로 분명하게 표현되고 있다. 또한 비슈누가 세 도시를 파괴하기 위해 아라한을 창조했다는 이야기는, 비슈누파에서 붓다를 비슈누의 아홉 번째 화신으로 흡수한 역사적 사실과 관련된다. 불교는 인도에서 발생되었지만 인도에서는 거의 소멸되는 과정을 밟았는데, 붓다가 비슈누의 주요 화신으로 흡수된 것도 그 주요 이유 중 하나다. 따라서 이 신화에서 비슈누가 창조한 아라한은 비슈누의 화신으로서의 붓다를 의미한다고 볼 수 있다.

이 세 도시 신화는 데바와 아수라 투쟁 주제가 정통과 이단의 투쟁이라는 종파적 차원으로 변형되어 사용되고 있는 사례를 보여준다. 이것은 신화에 역사적 사실을 투영시킨 예로 볼 수 있다. 이처럼 힌두신화에서 데바와 아수라의 투쟁은 종파적 의미를 띠기도 한다.

4. 교활한 데바와 선한 아수라

지금까지 힌두신화에 자주 등장하는 데바와 아수라의 투쟁이 우주를 구성하는 두 파워, 다르마와 아다르마, 그리고 대립하는 종교나 종파 간의 충돌을 상징한다는 점을 살펴보았다. 이러한 충돌은 윤리적 차원에서는 흔히 선과 악의 충돌로 이해될 수 있다. 그런데 다소 이해하기 힘들고 주목을 끄는 부분은, 두 적대세력의 관계가 단순한 선과 악의 대립구도가 아니라 상당히 복합적인 형태로 나타난다는 점이다. 앞서 다루었듯이, 힌두신화에서 데바와 아수라는 주로 적대세력으로 등장하지만 때로는 양자 간에 협력관계가 형성되기도 하고 혈연관계가 있기도 하다. 뿐만 아니라 데바가 항상 선하고 아수라가 항상 악한 것도 아니다. 선한 아수라도 등장하고 신들은 승리를 위해 덕 있는 아수라에게 속임수를 쓰는 등 부도덕한 모습을 보이기도 한다. 신이 속임수를 쓰는 모티브는 데바와 아수라의 갈등과 투쟁신화에서 자주 나타나는데, 신들은 흔히 선한 아수라들을 속이거나 그들의 약점을 이용해 패배시킨다.

이는 힌두사상이, 선과 악을 본질적으로 다른 두 범주로 인식하는 일반적인 관점과는 다르게 둘을 엄격하게 구분되는 범주로 보지 않는다는 사실을 시사한다. 우리에게 다소 낯선 이런 관점은, 힌두사상에서 이해되는 선과 악 개념을 파악해야 이해할 수 있다. 몇몇 신화들을 통해 이 주제를 살펴보고 분석해보기로 하자. 먼저 『바이유 뿌라나』에 나오는 아수라들의 구루와 교활한 데바들의 이야기다.

✪ 아수라들의 구루와 교활한 데바들

데바와 아수라들은 오랫동안 투쟁해 왔는데, 한 전투에서 아수라들이 데바, 즉 신들에게 패했다. 크게 낙담한 아수라들이 자신들의 스승인 슈끄라차리아에게 가서 한탄하자, 슈끄라차리아는 위로하며 "신들의 스승인 브리하스빠띠가 아그니 신에게 기원하여 놀라운 힘을 얻어 신들이 그 힘으로 번창하고 있는 것이니, 나는 쉬바에게 기원하여 그에 대응할 수 있는 힘을 얻을 것이다. 그러니 내가 돌아올 때까지 참고 무기를 내려놓고 은둔자로 살거라." 라고 말했다. 악마들은 스승의 조언에 따라 신들에게 자신들이 무기를 내려놓고 은둔자가 되어 싸우지 않을 것이라 전했다. 슈끄라차리아가 쉬바에게 예배를 드리기 시작하자 쉬바가 나타나 천 년간 묵언명상을 하도록 조언했다.[43] 그래서 그는 수행과정에 들어갔다. 상황을 파악한 신들이 이때를 이용해 아수라들을 공격했다. 아수라들이 스승의 아버지인 성자 브리구의 아내에게 도망쳐 보호를 요청하자 그녀는 자신이 가진 능력으로 신들의 왕인 인드라를 움직이지 못하게 만들었다. 이를 본 신들이 도망을 치자 비슈누가 인드라에게 자신의 몸에 들어가도록 하여 비슈누가 그를 데리고 그 장소를 벗어났다. 이에 화가 난 브리구의 아내는 인드라와 비슈누 모두를 태워버리겠다고 협박했다. 그러자 비슈누가 자신의 차끄라로 그녀의 목을 잘랐다. 이에 브리구는 여성을 죽이는 것은 죄라고 말하며 비슈누가 지상에 여러 차례 태어날 것이라 저주했다.[44]

그리고 자신의 능력으로 아내를 소생시켰다.[45] 두려워진 인드라는 슈끄라차리아가 돌아오면 악마들을 제어할 방도가 없을 거라 생각해서 자신의 딸 자얀띠에게 슈끄라차리아의 명상을 방해하도록 시켰다. 자얀띠가 슈끄라차리아에게 가서 봉사를 하니 슈끄라차리아는 원하는 바를 말하라고 했다. 이에 자얀띠는 10년 동안 남편이 되어달라 청했고 슈끄라차리아가 이 청을 받아들여 둘 사이에서 딸 데바야니가 태어났다. 한편 신들의 스승인 브리하스빠띠는 슈끄라차리아의 모습을 하고 악마들과 살기 시작했다. 10년이 지나 슈끄라차리아가 돌아와 보니 악마들이 브리하스빠띠를 따르고 있었다. 그리고 서로 자기가 슈끄라차리아라는 언쟁이 일었다. 악마들은 누가 진짜 자신들의 스승인지 판별할 수가 없었다. 마침내 악마들은 10년간 자신들과 함께 지낸 이가 자신들의 진짜 구루일 거란 결론을 내렸다. 분노한 슈끄라차리아는 악마들을 떠나갔다. 후에 자신들의 실수를 깨달은 아수라들은 스승에게 사죄를 하고 다시 돌아오게 했으나 이미 벌어진 일을 돌이킬 수는 없었다.[46] 그리하여 악마들은 슈끄라차리아가 얻은 파워의 도움을 받을 수 없었다.(*Vayu Purana*, Debroy, et al. 1995: 90-93)

이 이야기에서 인드라는 아수라들의 구루인 슈끄라차리아의 수행을 방해하기 위해(수행을 통해 파워를 얻으므로) 딸을 보내 슈끄라차리아가 수행을 중단하고 10년간의 결혼생활을 하게 만들고 후손까지 낳게 한다. 또 이 결혼 기간에 데바 측 구루인 브라하스빠띠는 자신을 아수라들의 구루로 변장하여 아수라들을 속이는 속임수를 쓴다. 결국 여기서 교활한 측은 데바로 보인다. 다음에서 다룰 『바가바따 뿌라나』에 나오는 인드라와 브리뜨라 이야기에서는 신의 부도덕함이 더욱 강하게 나타난다.

◎ 인드라와 브리뜨라 이야기

데바(신)들의 왕인 인드라가 신들의 구루인 브리하스빠띠에게 (구루에게 제자가 갖춰야 할) 예를 갖추지 않자 화가 난 브리하스빠띠가 신들을 떠나버렸다. 이로 인해 신들에게 구루가 없게 되자 이 기회를 이용해 아수라들이 데바를 공격했고 데바들은 브라흐마에게 가서 도움을 청했다. 브라흐마는 비슈와루빠에게 가서 구루가 되어달라 청하라고 조언했다. 비슈와루빠는 (아수라인) 다이띠야 여성과 결혼한 뜨바슈따의 아들이어서 신들의 청을 받아들이기가 어려웠다. 하지만 신들의 계속된 청에 못 이겨 수락을 했고, 신들은 비슈와루빠의 조언으로 아수라들을 물리쳤다. 그러나 신들은 아수라 혈통을 지닌 스승을 의심해 배은망덕하게도 스승의 머리(세 개의 머리)를 잘랐다. 이에 분노한 스승의 아버지 뜨바슈따가 신들이 벌을 받도록 기원하는 희생제의를 드리자 희생제의 불에서 무시무시한 아수라인 브리뜨라가 나왔다. 신들은 온갖 무기로 브리뜨라를 공격했으나 브리뜨라는 그것들을 다 삼켜버렸다. 이에 신들이 비슈누에게 도움을 청했다. 비슈누는 성자 다디치에게 가서 청하면 따빠스로 강력해진 그의 몸의 뼈로 만든 무기인 바즈라[47]를 줄 거라 말했다. 바즈라를 얻은 인드라는 브리뜨라 측 부대와 대전투를 벌여(길게 서술) 마침내 브리뜨라를 살해했다. 그러나 인드라는 브라만인 스승을 살해한 죄를 지었기 때문에 속죄로 연못에 있는 연꽃 줄기에 들어가 수천 년을 지냈다. 인드라는 죄가 제거되어 돌아온 후 속죄의 마무리로 말희생제의인 아슈와메다를 행했다.(*Bhagavata Purana*, Debroy, et al. 2000: 61-65)

이 이야기에서 오류를 범하거나 신의를 저버리는 쪽은 아수라가 아니라 데바들의 왕인 인드라다. 인드라는 구루에게 예를 갖추지 않아, 즉 스승 이름으로 행해야 할 희생제의를 하지 않아 구루가 떠나가는 바람에 세력이 약해져 아수라들의 공격을 받을 빌미를 만든다. 또 브라흐마의 조언으로 새로운 구루(비슈와루빠)를 스승으로 모시지만, 스승이 아수라와 혈연관계가 있다는 점 때문에 스승을 의심해 살해하는 배은망덕한 패륜을 범한다. 이에 분노한 아수라들이 인드라를 살해할 브리뜨라를 나오게 해 그가 인드라와 대적한다. 즉 이 이야기에서 데바와 아수라 사이의 지속되는 대립과 투쟁의 근본 원인은 인드라에게 있다.

모순처럼 보이는 것은 이뿐만이 아니다. 브라흐마는 데바들에게 그들과 적대관계에 있는 아수라들과 관련된 인물의 도움을 받도록 조언하고, 비슈와루빠는 아수라 혈통임에도 데바들의 구루로 아수라들을 패배시키는 데 도움을 준다.[48] 다시 말해 좋은 측과 나쁜 측의 구분이 데바와 아수라의 구분과 반드시 일치하지는 않는다. 따라서 이 신화에서 데바와 아수라의 관계를 선과 악의 절대 대립관계로만 볼 수는 없다. 양자 간의 관계가 복잡하고 단순 구분이 불가능하기 때문이다.

또 이 신화에서도 데바와 아수라 간의 투쟁은 한 번으로 끝나지 않고, 신들은 대부분 비슈누의 도움으로 끝내는 승리를 거둔다. 비슈누가 이처럼 궁극적으로는 언제나 데바 편에 서 있다면, 브라흐마는 데바나 아수라를 구분하지 않고 고행이나 희생제의와 같은, 그들의 공덕에 대한 대가로 축복을 내려준다. 데바와 아수라에 대한 브라흐마와 비슈누의 태도에 차이가 나는 것은, 두 신의 기능 차이, 즉 비슈누의 세상유지 기능과 브라흐마의 창조 기능과 관련되는 것으로 보인다. 세상의 창조를 담당하는 브라흐마는 세상을 구성하는 두 세력 모두와 밀접히 연관되기 때문이다.

또 데바들이 아수라 세력을 물리치고 그들이 살해한 두 번째 스승이 그들의 적대세력인 아수라임에도 그가 브라만이라는 이유 때문에 인드라가 브라만을 살해한 죄에 대한 속죄로 수천 년의 고행과 희생제의를 행해야만 하는 부분은, 브라만을 정점으로 하는 힌두 사회규범을 보여준다. 그리고 앞서도 언급했지만, 힌두신화에서 따빠스와 희생제의가 원하는 바나 초월적 능력을 얻는 방법으로 사용되는 사례가 자주 등장하는데, 이 신화에서도 목적하는 바나 원하는 것을 얻기 위한 수단으로 또는 속죄의 수단으로 사용되고 있다. 그리고 위의 두 신화에서 데바뿐 아니라 아수라도 구루나 성자가 될 수 있고 성자에는 데바 편 성자와 아수라 편 성자 두 부류가 있다는 점을 알 수 있는데, 이 역시 데바와 아수라를 단순한 선과 악의 이분법으로 나눌 수 없음을 보여준다.

인드라의 부도덕한 모습은 다음에 인용할 『라마야나』에 나오는 아수라들의 어머니 디띠(Diti)와 인드라 이야기에서 더 극적으로 나타난다.

❂ 아수라들의 어머니 디띠와 데바들의 왕 인드라

(우유대양을 저어 아므리따를 만들어낸 후 데바와 아수라들의 싸움에서 져서) 죽은 아수라들의 어머니인 디띠는 인드라를 살해할 아들을 얻기 위해 고행을 하기로 마음먹고 성자인 남편 까샤빠에게 허락을 구했다. 아내의 의도를 알게 된 까샤빠는 "모든 것이 잘될 것이오. 아들을 낳을 때까지 정결함을 꼭 지키시오. 천 년을 다 채울 무렵 나를 통해 인드라를 살해할 아들을 낳을 것이오."라 말하며 허락을 했다. 디띠는 극심한 고행을 시작했다. (천 개의 눈을 가진) 인드라가 전통에 따라 그녀에게 봉사를 했다. 인드라는 그녀가 바라는 모든 것을 가져다주었다. 십 년만 있으면 천 년을 채울 무렵 인드라의 봉사에 매우 만족된 디띠가 인드라에게 "이제 십 년만 남았다. 당신께 번영 있으라. 당신을 정복하려 할 내 미래의 아들에게 당신에 대해 우호적으로 말할

> 것이다. 그래서 당신은 모든 불안에서 자유롭게 되어 내 아들과 함께 삼계의 정복을 즐기게 될 것이다."라고 말했다. 디띠는 이렇게 말하고 잠이 쏟아져 드러누웠는데 머리를 두어야 할 곳에 발을 두고 눕고 말았다. 이런 정결하지 못한 자세를 본 인드라가 웃으며 자신의 요가력으로 디띠의 외음부(생식기) 구멍으로 들어가 자신의 무기인 천둥번개로 (임신 3개월째의) 태아를 일곱으로 자르기 시작했다. 태아가 비명을 지르자 디띠가 깨어났다. 인드라는 태아가 일곱 부분으로 나뉠 때까지 계속 잘랐다. 디띠는 태아를 죽이면 안 된다고 말했다. (중략) 디띠의 자궁에서 나온 인드라는, 자신이 디띠에게 공격을 가한 것은 디띠가 불결한 자세, 즉 머리를 다리에 닿게 하고 잤기 때문이라 말했다.(*Rāmāyaṇa*, Bala Kanda, canto 46)

이 신화에서 데바와 아수라의 관계는 우리에게는 더 모순적으로 보인다. 인드라는 자신을 공격할 아들을 낳을 여성이 극심한 고행을 하자 공격이 아닌 봉사를 한다. 신화는 '전통에 따라'라고만 묘사하고 있어 신화적·문화적 맥락을 좀 더 파악해야겠으나 이 신화적 기술만 놓고 보면 좀 더 설명이 필요한 모순적 상황이다. 아마 브라만 스승을 살해한 죄에 대한 속죄행위일 수도 있다. 앞에서도 언급했지만 인도사회에서 전통적으로 브라만을 살해하는 것이 가장 큰 죄 중 하나였기 때문이다.

또 인드라를 살해할 아들을 낳으려고 고행을 하는 디띠는 인드라가 자신에게 하는 봉사에 만족하여 오히려 축복을 내려준다. 그럼에도 인드라는 디띠의 약점을 노려 그녀를 공격한다. 그리고 그 공격을, 정결함을 유지하지 못한 탓으로 돌린다. 이 신화에서도 데바인 인드라가 오히려 교활하고 사악하다. 이처럼 데바와 아수라 투쟁신화에서 신들은 아수라들을 속이거나, 타락하게 만들거나, 그들의 허점을 노려 공격하여 패배하게 한다.

여기서도 힌두전통에서 고행력 또는 수행력은 신들도 어찌할 수 없다는 점이 나타난다. 강력한 고행이나 수행 또는 신에 대한 예배의 결과는 반드시 주어진다. 이는 우주의 엄격한 법칙인 업 법칙에 따른 것으로 이해할 수 있다. 그 과정에 개입할 수 있는 것은 허점이 존재할 때뿐이다. 이 신화에서 허점은 정결함을 유지하지 못한 점이다. 유사한 힌두신화에서 많은 경우 늘 무언가 허점이 존재한다. 이는 경우에 따라 엄격한 업의 법칙에 개입할 수 있음을 시사해주고, 업 완화 개념으로 볼 수도 있을 것 같다.

오플래허티(O'Flaherty, 1980: 14)는 인도사상에서 악이 신, 인간, 악마 누구의 잘못도 아니고 영원한 순환의 일부로 정당화된다고 이해한다. 그리고 죄짓는 신 개념은 업 교리보다 앞선 것으로 업 이론에도 불구하고 계속 퍼졌을 가능성이 크다고 보고 있다(O'Flaherty, 1980: 19). 그러나 인도사상에서 악이 신, 인간, 악마 누구의 잘못도 아니고 영원한 순환의 일부로 정당화된다는 그녀의 이해는 힌두적 맥락에서 보면 정확한 이해로 생각되지 않는다. 먼저 그녀는 '신' 개념을 비슈누나 쉬바와 같은, 각 종파의 최고신으로서의 바가완과 인드라와 같은 하위 신격으로서의 데바를 구분하지 않고 모두 신(god)으로 지칭하고 있는데, 이것이 오해와 오류를 낳고 있다. 바가완으로서의 신은 선악을 초월하고 업 법칙에 종속되지 않으나 데바, 인간, 아수라들은 모두 업 법칙에 종속되어 있다. 그리고 업 법칙이 작동을 계속하는 근거 자체가, 이론적으로는 위 세 범주 존재의 불완전함에서 비롯된 업보 때문이므로 악, 죄, 잘못 등은 위 세 범주의 존재들에 귀착된다.

그러나 그녀의 다음과 같은 분석은 상당히 흥미로운 통찰이라 생각된다. 오플래허티(O'Flaherty, 1980: 63-64)는 힌두 신, 즉 데바가 선행이나 자비보다는 힘의 성격을 지닌다는 점을 지적하고, 덕 있는 악마(아수라)를 자애로우나 강력하지 않은 힘으로, 사악한 신을 강력하나 자애롭지 않은 힘으로 이해한다. 그리고 악마의 힘이 강해지면 그들이 때론 선한 경우라 하더라도 속임수를 써서라도 파괴해야만 하는 것은 데바와 아수라의 충돌이 구조적 대립이기 때문이라고 보고 있다. 동일한 힘을 얻기 위해 기능적으로 대립한다는 것이다. 또 그녀(O'Flaherty, 1980: 9)는 신과 악마는 인간 상황에 대한 은유로, 덕 있는 악마와 사악한 신의 문제는 야망 있는 낮은 카스트 사람들과 사악한 왕의 문제라고 분석하기도 한다.

한편 빤디뜨(Pandit, 2009: 273)는 『마하바라따』 이야기에서 끄리슈나가 빤다바 형제 편에 서서 그들이 승리하게 하기 위해 여러 속임수를 쓰는 것을, 더 큰 악과 겨뤄 이기기 위해 작은 잘못을 수용하는 것으로 해석한다. 이 주제에 대해 저자는 아직까지는 명확한 답을 찾아내진 못했다. 다만 지금까지의 논의에 근거하여 힌두사상이 제시하는 선과 악 개념을 다음과 같이 추출해보려고 한다.

5. 힌두사상의 선과 악 개념

1) 데바와 아수라의 구분이 반드시 선과 악의 구분은 아니다

지금까지 살펴보았듯이 힌두신화에서 데바와 아수라의 관계가 늘 대립적이거나 본질적으로 확연히 구분되는 관계는 아니다. 때론 협력하고 때론 대립하면서 그 관계가 유지·존속되고, 때론 아수라들이 오히려 도덕적으로 우월하고 신들이 부도덕하고 기만적이기도 하다. 따라서 데바와 아수라를 윤리적 측면에서 언제나 좋고 나쁜 또는 선하고 악한 두 범주로 확연히 구분하기는 어렵다. 세상과 삶을 구성하고 있는 두 상반되는 힘인 데바와 아수라는 서로 대립관계에 있기는 해도, 둘 사이의 투쟁이 반드시 본질적으로 엄격히 대립되는 선과 악의 투쟁은 아니다. 그렇다면 힌두사상의 선악 개념은 무엇일까?

이와 관련하여 빠딴에이크(Pattanaik, 2003: 95)는, 인간에게 이로움을 주는지의 여부에 따라 데바가 신이고 아수라가 악마로 분류되는 것일 뿐, 아수라가 악의 존재는 아니며 삶의 과정에서 아수라가 (세계를 구성하는 두 힘 중 하나로) 필요하긴 하나 바람직하진 않다고 분석한다. 이런 관점에서 『라마야나』의 라마와 라바나의 대결도, 선과 악이 아닌 문화와 자연의 대결로 파악한다.

이 관점에 따른다면, 사람에게 이롭고 바람직한 것이 선이 되고 이롭지 않고 바람직하지 않은 것이 악이 된다. 그런데 빠딴에이크(Pattanaik, 2003: 88)는 더 나아가 바람직하지 않은 것을 설명하기 위해 모든 문화가 반드시 악 개념을 필요로 하는 것은 아니라고 말한다. 그(Pattanaik, 2003: 79)는 아수라를 악마로 이해하게 된 것은, 유럽의 초기 힌두신화 번역자들이 힌두 신과 그리스 신의 유사성과 아수라가 데바의 적으로 나타나는 것에 주목하고, 아수라를 그리스신화의 타이탄이나 북유럽신화의 거인과 같은 '데몬(demon)'으로 지칭한 데서 비롯되었다고 말한다. 그러나 그가 여기서 언급한 '악' 개념은 서구적 의미의 절대 악 개념을 지칭한다고 봐야 하고 힌두사상에 악 개념이 없다는 의미는 아니다. 다만 사람에게 이롭고 바람직한 것을 구분 기준으로 하는 그의 선과 악 개념 구분에서 이롭고 바람직한 것이 무엇이냐에 대한 논의는 이루어져야 할 것이다. 표면적으로 언급되지는 않았지만 다르마일 것으로 추정된다.

한편 칸(Khan, 1983: 46-48)은 『라마야나』에 반영된, 저자 발미끼가 이해한 데바를, 인간보다는 우월하나 업 법칙에 종속된 존재로 인간이 따빠스를 행하여 축복을 주도록 강제할 수도 있고 강력한 힘을 지닌 인간이 그들과 전투를 벌여 패배시킬 수도 있는 존재로 파악한다. 그리고 힌두사상에서 도덕성의 근원이 다르마법칙이기 때문에 사람들이 데바(신)의 도덕성이나 비도덕성에 별달리 영향을 받지 않는다고 주장한다. 즉 도덕성의 근원이 세상과 사회의 보편법칙으로서의 다르마여서 신이 중심에 없어도 건강한 도덕성이 가능했다는 것이다(Khan, 1983: 46-48). 이는 힌두사상에서 우주는 데바들이 아니라 원리와 법칙으로 작동되며, 데바와 도덕성이 반드시 연결되는 것은 아님을 시사해준다.

이처럼 힌두신화에 반영된 힌두사상의 선과 악 개념은 우리가 선과 악에 대해 가지고 있는 일반적 이해와는 차이가 있어, 힌두 세계관의 맥락에서 파악하지 않으면 이해하기 어렵거나 잘못 이해하기 쉬운 개념이다. 따라서 힌두신화의 데바와 아수라의 관계를 올바로 이해하기 위해서는, 앞서 언급했듯이, 이 양 집단이 우주를 구성하고 있는 상반되는 두 힘을 상징한다는 점을 먼저 이해할 필요가 있다. 이런 분류는 힌두 점성학이 아홉 천체 중에 둘을 아수라(Rahu, Ketu)로, 다섯(달, 태양, 화성, 수성, 토성)을 데바로, 그리고 나머지 목성과 금성을 각각 신들의 구루와 아수라의 구루로 분류하는 것에서도 잘 나타난다(Pattanaik, 2003: 80).

결국 데바와 아수라는 우주를 구성하는 두 상반되는 힘으로 상호 보완관계에 놓여 있다고 할 수 있다. 그렇기 때문에 힌두 관점에서 보면 우주가 존속하는 한 이 두 세력 간의 투쟁이 필연적이며, 어느 한편의 영원한 승리나 패배로 끝나지 않고 끊임없이 되풀이되는 것은 자연스런 현상이다.

여러 학자들 역시 세상과 사회에서의 '악의 필연성(필요성)'[49]을 인정하는 힌두 관점을 인식하고 있다. 빠딴에이크(Pattanaik, 2003: 92-93)는 데바와 아수라의 관계 구조는, 아수라의 존재가 세상에 필요하며 그들 없이는 세상이 균형을 잃게 된다는 것을 시사해준다고 말한다. 즉 둘 사이의 적대가 우주에 필요하다는 분석이다.[50]

한편 오플래허티(O'Flaherty, 1980: 49)는 악의 필요성(또는 필연성)을 다소 다른 관점에서 분석해서, 신은 강력하고 선하기 때문에 우주에 악이 존재하는 것은 신이 업 법칙에 강요되거나 악해서가 아니라 우주에 선과 악이 필요하기 때문이라고 주장한다. 또 그녀(O'Flaherty, 1980: 55-56)는 신이 악을 창조하고 관용하는 데는 악의 필요성과 함께 인간이 신에게 의존하도록 하려는 의도가 있다(그래서 악을 절멸시키지 않는다)고 분석한다.

우주에 선과 악이 필요하다는 오플래허티의 분석은 힌두 세계관에 부합되는 이해라 할 수 있다. 하지만 악의 필요성에 대한 힌두적 이해를 굳이 신의 강력함이나 선함, 그리고 의도와 연관 짓는 설명은, 신의 전능성과 악의 존재 사이의 모순 문제에 대한 서구 학자들의 관심에서 비롯되는 것으로, 신과 악의 관계에 대한 힌두적 이해엔 혼선을 줄 수 있다. 그녀가 여기서 사용하고 있는 '신' 개념은 데바가 아니라 쉬바나 비슈누와 같은 최고신 개념이라 할 수 있고, 앞서 다루었듯이 힌두사상에서는 신과 악의 존재가 모순관계에 있지는 않다. 그렇다면 힌두사상의 선과 악 개념이나 윤리관은 어떤 성격을 지니는 것일까?

2) 선악의 구분기준으로서의 다르마와 상대적 의미의 선악 개념

앞서 힌두사상에서 다르마는 세계와 사회의 질서체계이자 윤리규범을 의미하며, 이에 반하는 것이 아다르마라고 지적한 바 있다. 또 힌두사상과 사회에서 선과 악의 구분은 데바와 아수라의 구분이기보다는 바로 다르마와 아다르마의 구분이며, 선과 악은 절대 선과 절대 악 개념이 아니고 선과 악이 객관적 실체로 존재하는 것도 아니라고 지적했다. 그렇다면 힌두사상의 선악 개념이나 윤리관은 어떤 성격을 지니는 것일까? 결론부터 말한다면 놓인 상황이나 관점에 따라 달라지는 상대적인 것으로 이해되고 있다. 『마하바라따』에 나오는 다음 이야기는 좋은 예를 제공해준다.

> 까우라바와 빤다바 형제의 스승인 드로나가 각 형제의 첫째인 두르요다나와 유디슈티라에게 시험으로 과제를 주었다. 두르요다나에겐 세상에 나아가 선한 사람을, 유디슈티라에게는 악한 이를 찾아 데려오도록 했다. 두르요다나는 세상 이곳저곳을 돌아다닌 후에 세상에 선한 이는 없다고 혼자 돌아왔고, 유디슈티라는 세상에서 악한 사람을 찾을 수 없었다며 혼자 돌아왔다. 둘은 같은 왕족의 왕자들로, 같은 스승에게서 가르침을 받았고 같은 세상을 돌아다녔지만 그들이 가져온 결과는 전혀 달랐다. 그렇다면 선과 악은 어디에 있는 것일까? 그것은 인간의 마음에 있다. 악한 마음은 모든 곳에서 악을 보고 선한 마음은 모든 곳에서 선을 본다. 자신의 성향과 기질에 따라 세상을 보는 것이다.(*Mahābhārata*, Adi Parva, Chidbhavananda, 1987: 36-37)

여기서 선과 악은 실체적인 것이 아니라 마음에서 생겨나는 것으로 제시된다. 즉 좋고 나쁜 것은 전적으로 바라보는 이의 관점에 달렸다고 보고 있다. 이는 선과 악, 즉 윤리나 도덕적 가치를 절대적이 아닌 상대적인 관점에서 바라보는 것이라 할 수 있다. 또 『바가바따 뿌라나』에서 끄리슈나는 해탈에 이르는 세 길을 따르는 것, 경전이 규정한 자기의무 즉 자기 다르마의 수행이 선이고 이에서 벗어나는 것이 악 또는 죄라고 규정한다.[51] 즉 힌두사상과 사회에서는 다르마가 선이자 덕목이고 아다르마가 악 또는 죄를 의미한다.

윤리적 가치체계로서의 힌두다르마에 따르면 개인을 다르마에서 벗어나 죄를 짓게 하는 일곱 가지 악이 있다. 그것은 갈망(trishna), 분노(krodha), 탐욕(lobha), 집착(moha), 자만(mada), 질투나 시기(matsarya), 자기의식(ahamkara)이다(Pandit, 2009: 138). 여기서 이 일곱 가지 악은 죄의 원인이 되는 '악한 마음작용이나 상태'로, 구체적인 행위를 통해 죄로 나타나게 된다. 선과 악을 이렇게 마음 상태나 관점에 따라 달라지는 것으로 보는 것은 선과 악이 마음에서 생겨나는 것이라고 본 상대적 관점과 연관된다.

여러 학자들 역시 힌두 윤리관을 상대적인 것으로 파악한다. 진그란(Jhingran, 1989: 74)은 다르마는 사회질서를 안정시키고 조화롭게 보존하는데 도움이 되는 개인의 의무를 강조한다고 지적하고, 힌두 도덕관념은 시간과 장소에 따라 상대적이어서 한 시대와 지역의 다르마가 다른 시대와 지역에 적용되기 힘들고, 다르마는 계급과 삶의 단계 그리고 성별[52]에 따라서도 다르다고 말한다.

사실 다르마에는 개인, 가족, 종족, 민족, 국가, 세계와 우주와 관련된 다르마 등 여러 층위가 있다. 힌두윤리의 기본 방향은 보다 큰 공공선을 지향한다고 판단된다. 그래서 개인의 다르마는 공공 다르마의 범위 안에서 추구되도록 권장되어 왔다. 예를 들어 『라마야나』에서 라마가 왕세자 책봉 문제로 숲으로 추방당하는 자신의 상황을 묵묵히 받아들이자, 그의 형제 락슈마나는 그런 태도는 운명에 순종하는 것으로 다르마에 위배된다고 지적한다. 하지만 라마는 더 큰 범주의 다르마를 지키기 위해 자신에게 내려진 운명을 따르는 모습을 보여준다.

빤디뜨(Pandit, 2009: 137) 역시 힌두윤리는 그 토대를 선과 악, 천국과 지옥 같은 독단적 개념이 아니라, 지상에서 조화로운 삶을 살고 궁극적으로는 자아실현을 이루기 위해 개인의 욕망, 정서, 야망 등을 조화시킬 필요성에 둔다고 지적한다. 그리고 이러한 관점에서 제시된 것이 삶의 네 가치(dharma, artha, kama, moksha)를 추구하는 삶이며, 이 가치체계에서 개인적 가치인 까마와 아르타의 추구는 세계적·국가적·사회적 선인 다르마에 근거한 행위와 조화를 이루어야 한다고 지적한다.[53] 즉 모든 개인은 다르마의 범위 안에서 행위해야 한다는 것이다.

사실 힌두전통은 종교적 목표인 목샤와 사회적 가치인 다르마 사이의 긴장을 해결하고 두 가치를 균형 있게 추구할 수 있는 장치를 마련하려 애써 왔다. 이러한 노력이 반영되어 있는 가치체계 중 하나가 힌두전통이 오랫동안 제시해 온 인간이 삶에서 추구해야 할 네 가지 가치다. 다르마는 여러 의미를 지니지만 윤리문제와 관련될 때는 도덕적 가치체계이자 규범으로 제시되어 왔고, 네 가치 가운데 아르타와 까마는 물론 목샤까지도 공공선인 다르마를 해치지 않는 범위 안에서 추구되도록 권장되어 왔다.

빤디뜨(Pandit, 2009: 253) 역시 힌두들의 상대적 윤리개념을 다음과 같이 설명한다. 『라마야나』에서 라마가 선을, 라바나가 악을 상징하지만, 라마가 언제나 선하고 라바나가 항상 악한 것은 아니다. 힌두사상에서 우주의 근원인 브라흐만 혹은 최고신은 선과 악을 초월해 있는 존재이나, 우리가 살아가는 경험세계에서 절대 선이나 절대 악은 존재하지 않으며 선과 악 개념은 현상세계에서 상대적으로만 타당하다고 지적한다. 현상계 자체가 상반되는 힘들(선과 악, 사랑과 증오, 지식과 무지, 삶과 죽음 등) 간의 섬세한 균형에 의존하고 있기 때문이라는 것이다. 이 상반된 세력 간의 균형을 보호·유지하는 것이 선이고 이 균형을 방해하는 것이 악이며 이 균형의 방해자는 균형이 다시 회복될 때까지만 악으로 간주된다는 것이다. 이는 『라마야나』에서 라바나가 우주의 균형을 방해할 때는 악으로 간주되나, 그의 다른 선행으로 사후 그의 영혼이 라마에게로 합치된 것에서 잘 나타난다고 보고 있다.

빤디뜨(Pandit, 2009: 267)는 『마하바라따』의 경우도 힌두 윤리가치들을 다루고 있고 상대적 윤리관을 보여주고 있다고 분석한다. 예를 들어 『마하바라따』에서 비슈마는 선과 악, 옳고 그름이 시공에 따라 변하기 때문에 그것을 범주적으로 정의하지 않으며 다만 모든 피조물에 해를 끼치지 않는 것을 선으로, 해를 끼치는 것을 악으로 강조한다는 것이다.

빤디뜨(Pandit, 2009: 254)는 또 힌두 선악 개념의 상대적 성격으로 인해 선과 악이 상황과 조건에 따라 달라질 수 있다는 것을, 『라마야나』 인물들의 예를 들어 설명한다. 즉 왕비 께이께이가 라마를 추방하게 만든 행동이, 개인의 수준에서는 악으로 간주되나, 사회나 우주의 수준에서는 그녀의 그런 행동으로 라마가 숲으로 추방되어 우주질서를 방해하는 라바나를 살해할 수 있게 했다는 점에서 선으로 간주된다고 지적한다. 또 라마가 백성들 사이에 시따의 정절에 대한 의혹이 일자 시따를 숲으로 다시 보낸 행위도, 개인 수준에서는 악이지만 백성의 의견을 존중해야 하는 왕으로서의 의무를 지킨 것이므로 사회적 수준에서는 선이라고 주장한다. 백성의 이해를 위해 개인의 이해를 희생했다는 것이다. 개인의 다르마보다는 집단의 다르마가 우선시되는 윤리관이라 할 수 있다. 그리고 이러한 이해에 함축된 선악 개념은 결과론적인 선악 개념으로 보인다. 그러나 이 이면에는 모든 사건의 진행이 업의 법칙에 따라 예정되어 있다는 관념이 자리 잡고 있다.

한편 싱(Singh, 1984: 4)은 절대윤리 개념으로서의 절대 선은 인류가 추구해 온 궁극적인 이상이자 목표이며, 힌두들에게 실제 도덕적 의무는 유한한 삶의 조건들에 따라 상대적인 것이라 말한다. 즉 윤리에 대한 힌두 관점은 절대 선은 완전함의 차원인 이상의 영역에서나 가능하며 불완전한 현실의 삶에서는 윤리는 상대적일 수밖에 없다는 관점이다. 싱(Singh, 1984: 4-5)은 힌두 형이상학이 세계를 실재하는 본질적 차원과 실재하지 않는 비본질적 차원으로 구성되어 있는 것으로 이해한다고 지적하고, 이것을 자아(self)와 비자아(non-self)로 지칭한다. 힌두사상에서 이 둘은 형이상학적으로는 구분되나 존재론적으로는 보완적이며, 각각은 자연질서에서처럼 도덕질서에서도 자신의 능력을 유지하며 기여해야 한다는 것이다.

이러한 이해는 앞서 지적한 바대로, 선과 악이 당위성과는 별도로 이 세계와 현실 삶에서는 공존할 수밖에 없는 두 요소로 이해되고 있다는 것을 뒷받침해 준다. 싱(Singh, 1984: 4-5)은 또 궁극적 이상으로서의 절대 선은 오직 본질이자 실제인 자아와 관련해서만 가능하며, 비자아가 다르마(선)와 아다르마(악) 모두의 모체라고 설명한다. 여기서 자아는 브라흐만, 아뜨마, 뿌루샤 등으로 지칭되는 영원성을 지니는 세계의 본질적이고 영적인 요소라 할 수 있고, 비자아는 생성·소멸의 변화를 겪는 우주의 근원적 물질요소인 쁘라끄리띠로 모든 비자아적 존재는 이 쁘라끄리띠의 전개물 또는 변형들이라 할 수 있다.

이렇듯 힌두 가치관에 따르면 영적 요소는 완전하나 물질적 요소는 본질상 불완전하다. 따라서 쁘라끄리띠의 전개물인 물질세계는 완전하지 않으며, 이 물질세계를 지배하는 상반되는 원리로서의 다르마와 아다르마 역시 절대적인 것이 아니라 상대적인 것이라 할 수 있다. 이처럼 힌두사상에서 이해되는 선악 개념은 상대적 개념이다.

그런데 힌두사상의 선과 악 개념을 이해하기 어려운 것은, 선과 악이 엄격히 구분되는 개념이 아니라 상대적 개념이란 점 외에도, 선과 악을 구분하는 기준이 되는 다르마 개념이 여러 의미로 사용되어 와서 죄와 속죄 개념 역시 다양하다는 점에 기인하기도 한다. 이와 관련하여 힌두신화에서 죄는 무엇으로 이해되고 속죄의 방법은 어떻게 제시되고 있는지, 『아그니 뿌라나』에 나오는 죄와 속죄에 대한 구절을 통해 살펴보기로 하자.

> 죄를 짓는다면 속죄를 해야 한다. 속죄하지 않을 경우 죄인을 처벌하는 것이 왕의 의무다. 동물의 시신이 떠다니는 우물물을 마셨을 경우, 3일은 단식을 해야 한다. 가장 큰 죄는 브라만 살해, 음주, 그리고 도둑질이다. 다른 죄는 『베다』 비판, 거짓증언, 친구살해, 암소살해, 부모나 아들을 버리는 것, 여성

매매, 살인, 거짓말, 동물살해, 그리고 가축사료를 위해 나무를 절단하는 것 등이다. 브라만을 살해한 자는 숲에 오두막을 짓고 12년간 살아야 하고 구걸해 연명하고 자신의 모든 소유를 다른 브라만에게 주어야 한다. 암소살해자는 한 달 동안 조악한 곡물로 연명하고 동물들과 살며 낮 동안 그들을 따라다녀야 한다. 가진 모든 것을 브라만에게 주고 한 달 동안 암소오줌으로 목욕해야 한다. 브라만이 금을 훔치면 왕에게 가서 이를 알려야 한다. 왕은 그를 때린다. 이것이 속죄가 된다. 끄샤뜨리아를 죽인 죄는 브라만 살해죄의 1/4, 바이샤 살해죄는 1/8, 슈드라 살해죄는 1/16이고, 고양이, 개, 몽구스, 개구리, 까마귀 살해죄는 슈드라 살해죄와 같다.(*Agni Purana*, Debroy, et al. 1996: 52-53)

위 인용구에서 나타나는 죄의 종류와 그 처벌에 대한 규정은 정과 부정을 구분하는 관념과 철저하게 카스트에 근간을 두는 힌두사회의 가치체계에 근거하는 규정이다. 모든 처벌과 속죄의 대가가 최고계급인 브라만에게 유리하게 되어 있다. 같은 살해죄에 대한 처벌 정도도 계급에 따라 다르며 심지어 슈드라는 동물처럼 취급되고 있음을 알 수 있다. 뿐만 아니라 죄가 주로 외적 차원의 것으로 기술·제시되고 있다.

이와 관련하여 진그란(Jhingran, 1989: 60-62)은 악 또는 죄 개념이 명확하지 않은 것은, 다르마가 명확한 구분 없이 의례적 관념과 도덕적 관념 모두로 쓰이기 때문이라고 지적한다. 그리고 그 이유와 관련해 세 가지 사실을 언급한다. 첫째, 『브라흐마나』의 의례주의는 죄를 의례적 오류의 결과로 이해해서, 죄를 외적 수단(의례)으로 없애야 한다고 믿음으로써 비도덕적인 죄 개념을 초래했다. 둘째, 법전들은 위의 관점을 어느 정도 수정하여, 죄를 어떤 초도덕적(amoral) 행동을 하거나 의례행위를 하지 않은 결과로 여겼다. 다르마샤스뜨라 문헌들에서 가장 중요한 논의 주제 중 하나는 따빠스인데 그것은 죄를 제거하기 위해 자발적으로 하는 극심한 고행이었다. 법전 저자들은 이 방법이 극히 소수에게만 가능한 것이라는 사실을 깨닫고 대안으로 의례행위를 규정했는데, 마누는 『베다』 공부, 일상 희생제의, 단식, 다나(선물, 보시), 요가, 만뜨라 반복낭송 등을 제시했다. 물론 법전 저자들이 도덕적 의무도 똑같이 강조하긴 했으나, 죄를 제거하는 방법으로 도덕과는 무관한 많은 의례행위를 규정한 것은 결과적으로 대중의 도덕적 책임의식을 약화시키고 그들의 도덕적 관점을 왜곡시켰다고 지적한다. 셋째, 서사시와 『뿌라나』 저자들도 자신들의 의례, 특히 성지순례가 죄를 제거할 수 있다고 주장했고, 더 나아가 일부 『뿌라나』와 『마하바라따』에서는 바라나시에서 죽음을 맞이하면 가장 큰 죄를 진 사람이나 인간 이하의 존재(동물 등)도 자동적으로 윤회에서 해방된다고 선언된다는 것이다. 또 강가에서의 목욕의례처럼 신성한 강의 성수에 몸을 담그면 죄가 제거될 수 있다 여겼다고 지적한다. 이처럼 죄가 어떤 외적 행위에 대한 대가이고, 그것을 의례로 제거할 수 있다면 죄는 몸과 관련된 것이지 내적 존재를 포함하지 않는다는 견해는, 행위의 도덕적 질을 결정하는 것은 내적 태도라는 도덕적 관점과는 상충된다고 말한다.

결론적으로 진그란(Jhingran, 1989: 73-74)은 『브라흐마나』의 도덕성이 제의 중심적이라면 다르마샤스뜨라와 서사시는 사회중심적 도덕성을 제시하며 그 접근방법은 상대주의적인 것이라 보고 있다. 그리고 두 경우 모두 주 관심은 사회조직의 안정과 사회 도덕성을 지지하는 것이라 말한다. 그리고 그 이면의 에토스는 세상을 실제적이고 의미 있는 것으로 인식하는, 삶과 세상을 긍정하는 에토스이며 이것이 제의를 수행하고 의무를 행하게 하는 토대가 되는 인식이라는 것이다.

결국, 힌두사상에 따르면 우주와 세상과 자연, 더 나아가서는 인간 자체가 상반되는 두 힘으로 구성되므로 두 힘 중 어느 하나의 완전한 제거는 불가능하며, 필요한 것은 모두의 질서체계를 유지하는 데 필요한 양자 간 균형이다. 이 균형을 깨는 것이 악이 되고 이 균형의 유지와 회복이 선이 된다. 이는 본질적으로 불완전함의 소산이며, 상반되는 파워로 이루어져 있는 현상세계에서는 절대 선과 절대 악은 존재할 수 없으며 선과 악은 어디까지나 상대적인 개념임을 시사해준다.

그리고 힌두사상과 사회에서 선과 악을 나누는 구분기준은 우주와 사회의 질서체계이자 규범인 다르마의 준수 여부이며, 이 다르마 규범은 시대·계급·성별 등에 따라 달라질 수 있는 것이므로 힌두 윤리관은 상대적 윤리관이라 볼 수 있다. 즉 본질적이고 절대적인 차원이 아니라 기능적인 차원에서 구분되는 선악 개념에 토대를 두는 윤리관이라 할 수 있다. 또 궁극적인 도덕가치를 다르마의 보존 및 유지를 통한 전체 공동체의 보존과 유지에 둔다는 점에서, 개별존재보다는 보다 큰 집단의 가치를 우선시하는 집단중심적 윤리관이라 할 수 있다.

6. 인간과 삶에 대한 신화적 이해

1. 업과 윤회

인간은 왜, 어떻게 존재하게 되었을까? 그리고 어떻게 현재의 존재조건 속에서 살아가게 된 것일까? 인간의 본질은 무엇이고 어떻게 사는 삶이 바람직한 삶일까? 죽음이란 무엇이고 사후 우리의 운명은 어떻게 되는 것일까? 인간의 기원, 본성, 존재조건과 운명, 행위규범, 그리고 죽음과 사후세계 등에 대한 물음은 인류가 오랫동안 답을 찾으려 애써 온 것으로, 세계 신화와 종교의 핵심 주제가 되어 왔다. II부의 6장과 7장에서는 이 물음들에 대해 힌두신화와 사상이 제시하는 답을 살펴보려고 한다. 먼저 인간의 탄생 이유와 존재상황을 설명해주는 업과 윤회사상을 살펴보자.

인도신화와 종교는 인간이 존재하게 된 이유와 현 존재조건의 원인을 업과 윤회사상으로 설명한다. 즉 인간은 업의 결과로 태어나고 삶은 업보에 따라 무한히 윤회한다는 것이다. 인도인들은 먼 옛날부터 우주가 창조와 해체과정을 끝없이 되풀이하듯이, 우주 속에 살고 있는 모든 존재들도 태어나고 죽고 다시 태어나는 과정을 되풀이해 경험한다고 믿어 왔다. 생과 사의 끊임없는 이 순환을 설명하는 사상이 바로 업과 윤회다.

업, 즉 까르마는 행위에 토대를 두는 우주의 인과법칙이다. 구체적으로는 우주를 운행시키는 자연법칙이자 인간의 도덕적 행위에 대해 엄격한 상벌을 분배하는 도덕률이기도 하다. 산스끄리뜨 동사어근 '행위하다(kar)'에서 유래된 까르마의 핵심 원리는, 모든 행위는 반드시 그에 상응하는 결실을 낳는다는 것으로, 행위가 원인이 되어 자동적으로 그 결과를 생산하는 일종의 기계적 인과법칙이라 할 수 있다.

업 사상에 따르면 각 개인은 자신이 한 행위에 따라 각자가 쌓은 업을 지니고 있고 또 그 결실을 반드시 경험하게 되어 있다. 따라서 각 개인이 놓인 삶의 조건이나 사회적 지위, 그리고 삶에서 겪게 되는 기쁨과 슬픔, 행복과 불행과 같은 다양한 경험은 자신이 쌓은 업의 필연적 결과가 된다. 또 모든 개별존재가 쌓은 업의 결과는 하나의 생에서 다 나타나는 것이 아니고 여러 생을 통해 나타나므로 자신의 업보에 따라 수많은 생을 살게 된다는 것이 윤회다. 따라서 현생에서 한 개인의 삶의 조건이나 상황은 그의 과거 업의 결과이고, 현생에서 한 행위의 결과와 아직 발현되지 않은 과거의 업은 그의 미래 운명을 결정한다는 것이다.

그렇다면 윤회는 어떤 방식으로 이루어지는 것일까? 힌두 윤회사상에 따르면 개별존재는 몸과 영혼인 아뜨만으로 구성되어 있다. 윤회과정은 영혼이 이전 몸을 버리고 새로운 몸을 갖게 되는 과정이다. 몸은 육신(sthula-sharira), 미세신(suksuma-sharira), 그리고 인과신(karana-sharira) 세 형태의 신체로 구성되어 있는데, 아뜨만은 이 세 신체를 통해 외부세계를 경험한다. 죽음으로 사라지는 것은 육신이고 미세신은 윤회의 매개체다. 따라서 업과 윤회를 믿는 인도인들에게 죽음은 삶의 끝이 아니라 영혼이 자신의 업보에 따라 몸이라는 새로운 옷을 갈아입는 전이과정이라 할 수 있다. 다음의 신화들은 업과 윤회에 대한 이러한 인도인들의 사유를 담고 있다.

1) 두르바 이야기

(창조주인) 브라흐마의 몸에서 (인간들의 조상인) 마누가 만들어지고 마누의 아들과 딸들에게서 모든 인간이 나왔다. 마누의 두 아들 중 하나인 웃따나빠다 왕에게 두 명의 아내가 있었는데 그들이 각각 웃따마와 두르바라는 아들을 낳았다. 그 가운데 웃따마가 더 많은 사랑을 받았고 웃따마의 어머니는 두르바가 왕위계승을 못하도록 온갖 애를 다 썼다. 마음의 상처를 받은 두르

바는 어머니에게 달려가 하소연을 했다. 그러자 두르바의 어머니는 이렇게 말하며 아들을 위로했다. "사람은 자신이 과거 생애에 행한 것에 따라 고통을 받기도 하고 부귀영화를 누리기도 하는 것이란다. 과거 생애에 선행을 많이 한 사람이 현생에 왕이 되어 영화를 누리는 법이니, 아마도 웃따마와 그의 어머니는 전생에 많은 선행을 한 것이 틀림없다. 너와 나는 분명 많은 악행을 했을 것이니 불행하다 생각지 마라. 지혜로운 이는 자신이 가진 것에 만족해한단다."

어머니의 위로에 마음의 평온을 찾은 두르바는 어머니에게 왕위계승에 대한 욕심을 버리고 모든 것 가운데 최고의 자리를 얻을 수 있도록 수행의 길을 떠나겠다고 말을 했다. 두르바는 집을 떠나 근처 숲으로 가서 일곱 성자를 만났다. 두르바가 자신이 왕자이며 행복하지 않아서 배움을 얻으려 왔다고 말하자 성자들은 어린 왕자가 행복해하지 않는 것에 놀라워했다. 두르바가 자신이 원하는 것이 부나 왕국이 아니라 누구도 가본 적이 없는 곳에 가는 것이라고 설명하자, 성자들은 비슈누에게 예배를 드리도록 조언하고 필요한 예배문(만뜨라)을 가르쳐주었다.

두르바는 야무나 강둑으로 가서 신에게 헌신적으로 예배를 드리는 수행을 했다. 그러자 그 예배를 중단시키기 위해 아수라, 자칼, 유령이 그를 공격했다. 하지만 두르바는 이에 조금도 흔들리지 않고 비슈누만을 생각하고 비슈누만을 바라보았다. 신들이 두르바가 수행을 통해 얻은 힘으로 자신들을 패배시킬까 두려워하자 비슈누는 두르바가 원하는 것이 그런 것은 아니라고 신들을 안심시켰다.

두르바의 신실한 수행과 예배에 감동한 비슈누는 두르바 앞에 나타나 축복을 내려주려 했다. 두르바는 눈을 뜨고 비슈누를 바라보았다. 두르바는 언제나 비슈누에게 예배드리는 것처럼 느끼는 것을 원했으므로 비슈누를 본 것만으로도 더 이상 바랄 것이 없었다. 하지만 비슈누는 매우 만족하여 축복을 내려주고 싶었다. 그래서 두르바는 세상에서 가장 높은 곳에 있게 해달라고 요청했다. 비슈누는 두르바가 원하는 바를 얻을 것이라 하고 그의 전생에 대해 이야기해 주었다.

두르바는 전생에 비슈누에 충실한 브라만이었다. 그리고 그의 친구는 부유하고 아름다운 왕자였다. 그 브라만은 비슈누의 축복을 받아 다음 생에 왕자로 태어날 것을 갈망했다. 그래서 두르바가 왕자로 태어나게 된 것이다. 하지만 지금은 두르바가 왕국이나 부를 더 이상 원하지 않으므로 그를 하늘의 중간에 두어 모든 별이 그의 주위를 돌도록 했다. 그리하여 두르바는 일곱 성자의 큰곰자리 근처에 있는 북극성이 되었다.(*Visnu Purana*, Debroy, et al. 2003)

이 이야기는 업과 윤회사상을 두르바의 어머니와 비슈누 신의 말을 통해 설명한다. 두르바의 어머니가 두르바를 위로하기 위해 하는 말에는 업 사상이 담겨 있다. 현생에서의 좋거나 나쁜 상황이나 조건이 자신이 전생에 쌓은 선업이나 악업의 결과라는 것이다. 또 이야기의 끝 부분에 나오는 비슈누의 말은 두르바가 왕자로 태어난 것도 전생의 업보이며 삶이 윤회한다는 점을 보여준다.

또 두르바가 부나 왕국과 같은 세속의 영화에 대한 욕망을 버리고 '모든 것 가운데 최고의 자리'를 얻기 위해 수행자가 되는데, 이 최고의 자리는 인도인들이 삶의 최고 목표로 추구해 온 해탈의 경지로 볼 수 있다. 수행을 하여 다시 태어나지 않고 일곱 성자(북두칠성)의 큰곰자리 근처에 있는 북극성이 된 것은 북극성의 기원을 말하고도 있지만, 전달하려는 핵심 의미는 윤회하는 삶에서 벗어난 것, 즉 해탈로 볼 수 있다.

그리고 이 신화는 해탈을 달성하는 여러 방법 중에, 특히 신에게 신실한 봉헌을 드리는 박띠를 강조하고 있다. 두르바의 수행 의도를 들은 성자들이 비슈누에게 예배를 드리도록 조언하고 필요한 예배문(만뜨라)을 가르쳐준다든가 두르바가 어떤 내·외적 방해에도 흔들림 없이 비슈누만을 생각하며 예배드리는 수행을 하는 것 등은, 힌두교가 제시해 온 해탈을 얻는 세 가지 방법, 즉 까르마 요가, 갸냐 요가, 박띠 요가 가운데 자신의 이기심을 내려놓고 신에게 헌신적으로 자신을 바치는 박띠의 수행법이다.

이 신화는 박띠를 통해 두르바가 얻은 신의 최고의 축복을 두 가지로 보여주고 있다. 하나는 두르바 앞에 나타난 신의 현현이다. 신을 직접 보는 다르샨은 박띠의 주요 목표로, 위 신화에서 두르바는 자신 앞에 모습을 드러내고 축복을 주려는 비슈누에게 신을 본 것만으로 더 바랄 것이 없다고 말한다. 다른 하나는 더 큰 상위의 목표인 해탈로, 이 이야기에서는 윤회에서 벗어나 북극성이 되어 세상에서 가장 높은 곳에 있게 된 것으로 표현된다.

끝으로 한 가지 간단히 더 언급하면, 신들이 두르바가 수행을 통해 얻은 힘으로 자신들을 패배시킬까 두려워하자, 비슈누가 두르바가 원하는 것이 그런 것은 아니라고 신들을 안심시키는 대목은, 수행중심의 힌두전통이 등장하면서 이전 전통의 신들을 수용하는 모습과 힌두전통에서 수행자의 따빠스의 파워가 데바의 파워를 능가할 수 있다는 것을 보여준다. 다음은 윤회사상을 보여주는 이야기다.

2) 바라따의 환생 이야기

바라따 왕은 왕국을 아들들에게 넘겨주고 은둔생활을 하는 수행자가 되었다. 그는 강둑의 아슈람(수행처)에 혼자 기거하면서 해탈을 얻기 위해 여러 가지 수행을 하며 비슈누에게 기도를 드렸다. 어느 날, 새끼를 밴 암사슴이 강에 물을 마시러 왔다가 근처에 있던 사자가 포효하자 놀라 물속으로 뛰어들었다. 그리고 그곳에서 새끼를 낳았다. 새끼사슴은 그만 물에 휩쓸려 내려가고 어미사슴은 강둑으로 어찌어찌 올라왔으나 놀라고 힘이 소진하여 죽고 말았다. 이 광경을 보게 된 바라따가 물속에 뛰어들어 아기사슴을 구해냈다. 그는 그 사슴을 아슈람으로 데려와 돌보기 시작했다. 그러다 점점 자신의 수행(요가)을 완전히 잊을 만큼 사슴에 애착을 갖게 되었다. 그는 사슴을 잠시라도 보지 못하면 걱정이 되어 늘 곁에 두곤 했다. 심지어는 그가 죽을 때도 계속 사슴만을 생각했다. 이리하여 그는 다음 생에 사슴으로 태어났다. 그런데 그가 전생의 일들을 기억할 수 있는 존재인 자띠스마라(jatismara)로 태어났기 때문에 전생에 자신이 실수로 요가의 길에서 벗어난 것을 깨닫게 되었다. 그래서 전생에 자기 아슈람이 있던 곳으로 가서 그곳에서 살았다. 그 사슴이 된 바라따는 죽은 뒤 한 브라만의 아들로 다시 재생되었다.(*Bhāgavata Purāṇa*, V.7.1-14, 8.1-31)

바라따는 전생의 일을 다 기억하는 자띠스마라로 태어났기 때문에 인간관계가 속절없다는 것을 깨닫고 있었다. 그래서 인간관계에 집착하지 않으려 했다. 그는 누구도 자신과 접촉하고 싶은 생각이 나지 않도록 일부러 미친 척, 어리석고 귀머거리에 벙어리인 척 가장을 했다. 바라따의 부모가 사망하자 그의 형제가 그를 마구 다루기 시작했다. 그들은 바라따에게 가장 나쁜 음식을 주었다. 그러나 바라따는 감각을 만족시키기 위해서가 아니라 오직 생존을 위해서만 음식을 먹었다. 그럼에도 그는 아주 건강했고 땅에서 잠을 자고 옷은 한 벌뿐이었고 목욕도 결코 하지 않았다. 사람들은 그를 아웃카스트(불가촉천민)로 취급하기 시작했다.

한 슈드라 집단의 지도자가 깔리 여신에게 바칠 희생제물로 한 사람을 잡았는데, 죽이려는 날 밤에 그가 도망치고 말았다. 다른 희생자를 찾고 있던 슈드라들이 들판에 앉아 있는 바라따를 발견했다. 그들은 그를 붙잡아서는 자신들의 지도자에게 데려갔다. 그는 바라따에게 음식을 먹이고 목욕을 시키고 새옷을 입게 했다. 그리고는 바라따를 제물로 바치려고 칼을 들어올렸다. 그러나 이런 일이 일어나게 할 수 없었던 깔리는 신상에서 나와 모든 슈드라들을 살해했다.[54] 바라따는 아무런 동요 없이 자신의 들판으로 돌아갔다.(*Bhāgavata Purāṇa*, V.9.1-20)

어느 날 라후가나 왕이 가마를 타고 지나가고 있었는데, 가마꾼이 하나 더 필요했다. 하인들이 바라따를 발견하고는 그를 왕에게 데려왔다. 왕은 그가 강하고 건강해 보이자 그가 가마 메는 일을 하도록 했다. 그러나 바라따는 생명체를 밟아 죽이지 않도록 조심스럽게 걷느라 다른 가마꾼들과 보조를 맞추지 못했다. 그래서 가마가 제대로 움직이질 못했다. 화가 난 왕이

가마꾼들을 나무라자 그들이 바라따 때문이라고 말했다. 그러자 왕은 바라따에게 "피곤하냐? 긴 거리를 여행한 적이 있느냐? 아니면 네가 약한 것이냐. 내게는 아주 튼튼해 보이는데."라고 소리쳤다. 이에 바라따는 조용히 미소 지으며 "저는 피곤하지 않습니다. 긴 여행을 해본 적도 없습니다. 그리고 약하지도 강하지도 않습니다. 저는 저의 아뜨만입니다. 어찌 아뜨만이 지치거나 약하거나 강하겠습니까? 어찌 아뜨만이 긴 거리를 여행할 수 있겠습니까?"라고 대답했다.

왕은 그의 지혜로운 말에 놀라고 말았다. 그는 바라따의 발에 엎드려 용서를 빌었다. 그는 바라따에게서 지혜의 말을 더 배우고 싶었다. 바라따는 그에게 브라흐만, 그리고 브라흐만과 아뜨만이 같다는 것에 대해 가르쳐 주었다. 그는 왕에게 신체는 일시적인 것일 뿐이며 영원한 것은 아뜨만이다, 삶은 도처에 미망의 위험과 물질에 대한 집착이 가득 찬 숲과도 같다, 깨달음이 많은 이는 이 함정들을 피하도록 조심스럽게 걷는 법을 알고 있다고 말했다. 그리하여 왕은 바라따에게 진정한 지식을 배우게 되었다.(*Bhāgavata Purāṇa*, V.10.1-25)

인도에서 신화는 비유적 이야기 형태를 빌려 힌두사상을 쉽게 이해시키는 도구 역할을 훌륭히 해 왔다. 이는 이 신화에서도 잘 나타난다. 신화의 앞부분에서는 윤회사상이, 뒷부분에서는 주요한 힌두사상 중 하나인 베단따사상이 이야기 형태로 제시되고 있다.

바라따 왕이 왕의 임무를 다하고 해탈을 얻기 위해 수행자가 되었지만 해탈하지 못하고 사슴으로 재생된 것은, 사슴에 대한 지나친 애착 때문이다. 여기서 사슴에 대한 애착은 힌두사상이 윤회의 원인으로 제시하는 세속의 삶과 세상사에 대한 집착을 상징한다. 인도사상에 따르면 업을 낳는 행위를 유발하는 것은 우리의 욕망과 집착이다. 그리고 이 욕망과 집착으로 인간은 자유롭지 못하고 속박된 실존상황에 놓이게 된다. 인도사상은 이런 실존상황을 두카(duhkha), 즉 고(苦)로 지칭해 왔다. 우주와 인간의 본질을 깨달아 이 고의 존재상황에서 해방되어 완전한 자유의 경지에 이르는 것이, 인도의 종교와 철학이 지향하는 궁극의 경지인 해탈이다. 욕망과 집착이 존재하는 한 행위하게 되고 행위는 업보를 낳으므로 계속해 윤회하게 된다는 것이다.

그래서 사슴으로 재생한 바라따는 또 브라만으로 환생한다. 여기서 재생의 형태가 다양한 종으로 이루어질 수 있다는 걸 보여준다. 또 사슴이 높은 지위의 인간인 브라만으로, 게다가 전생을 기억하는 자인 자띠스마라로 환생한 것은, 사슴이었지만 이전 삶에서 수행의 삶을 통해 좋은 업을 쌓은 결과로 볼 수 있다.

브라만으로 환생한 바라따는 세속에 대한 관심과 욕망을 끊기 위해 천민과 같은 고행의 삶을 사는데, 이는 해탈을 추구하기 위해 세속을 떠나 금욕적인 삶을 사는 수행자의 면모를 보여준다. 앞서 삶의 네 단계에서 살펴보았듯이, 세속의 모든 욕망과 집착을 끊어내기 위해 금욕과 고행의 삶을 사는 임처기나 욕망을 끊고 해탈만을 추구하는 수행자기에 들어간 것으로 볼 수 있다. 다만 이 경우는 가장기를 거치지 않고 있다.

위의 두 신화는 업과 윤회사상을 이야기 형식을 빌려 개괄적으로 쉽게 설명하고 있지만 텍스트에 따라서는 체계적인 이론으로 설명하기도 한다. 따라서 업과 윤회에 대한 좀 더 자세한 내용을 살펴본 후 관련 신화를 더 다뤄보기로 한다.

2. 인간의 본질과 업과 윤회

사람이 죽어 다시 태어난다는 재생, 곧 윤회에 대한 믿음은 몇몇 고대종교에서도 발견되는 믿음이다. 힌두교가 그것들과 다른 것은, 단순한 믿음의 차원에 머물지 않고 잘 정비된 형이상학적·윤리적 설명체계를 갖추고 있는 점이다.[55]

업과 윤회를 이해하기 위해서는 인도인들의 인간이해를 좀 더 살펴볼 필요가 있다. '바라따의 환생 이야기' 마지막 부분에서 브라흐만과 아뜨만이 잠시 언급되는데, 힌두사상에 따르면 인간은 신체와 마음으로 구성된 몸과, 영혼에 해당하는 아뜨만으로 구성되어 있다. 바라따 왕 이야기의 끝 부분에서는 인간의 본질이 모든 제약을 뛰어넘는 아뜨만임을 역설한다. 왕이 가마를 잘 지고 가지 못하는 이유를 바라따에게 묻자 바라따는 "저는 피곤하지 않습니다. 긴 여행을 해본 적도 없습니다. 그리고 약하지도 강하지도 않습니다. 저는 저의 아뜨만입니다. 어찌 아뜨만이 지치거나 약하거나 강하겠습니까? 어찌 아뜨만이 긴 거리를 여행할 수 있겠습니까?"라고 대답한다. 이는 자신을 본질의 측면에서 소개한 것이다.

힌두사상에서 아뜨만은 어떤 속성도 형태도 없고 생사를 초월하며 변화하지 않고 영원불멸하는 모든 존재의 근원적 본질이다. 또 바라따는 왕에게 우주의 근원실재인 브라흐만, 그리고 브라흐만과 아뜨만이 같다는 것, 신체는 일시적이고 아뜨만은 영원하며 삶은 도처에 미망의 위험과 물질에 대한 집착이 가득 찬 숲과도 같다는 것, 깨달음이 많은 이는 이 함정들을 피하도록 조심스럽게 걷는 법을 알고 있다는 것을 말하는데, 이는 중요한 힌두사상인 베단따사상의 핵심을 말하고 있는 것이다.

힌두사상에서 아뜨만은 불멸, 순수, 편재, 전지, 영원한 실재로 모든 개별존재의 본질이 되는 보편요소다. 따라서 생명체들의 본질은 동일하며, 차이는 몸의 차이가 된다. 앞서 언급했듯이 인간의 몸은 세부적으로는 육신, 미세신, 인과신으로 구성되고, 아뜨만은 이 세 몸을 통해 외부세계를 경험한다. 육신은 깨어 있을 때의 의식이 있는 곳으로 외부세계와 관련된 모든 경험을 한다. 죽으면 이 몸만 사라져 물질로 돌아간다. 미세신은 미세물질로 구성되고 꿈꾸는 상태의 의식과 정신 및 지적 기능이 있는 몸으로 윤회의 매개가 된다. 죽을 때 이 미세신은 소멸되지 않고 그래서 개별성도 유지된다. 인과신은 아뜨만의 최종집(sheath 또는 덮개)으로, 육신과 미세신의 35요소(idea-matrix)로 구성된다. 육신과 미세신이 잠정적으로 기능을

멈추는 때인 깊은 잠 상태에서 이 인과신의 존재가 인식된다(Pandit, 2009: 117-18).[56]

개별 생명체의 영혼(아뜨만)은 해탈에 이르기 전까지는 업보에 따라 계속해 윤회한다. 『가루다 뿌라나』에 따르면 재생되는 존재에는 위계가 있다. 생명체에는 840만 종이 있고 이 모든 생명체는 네 범주로 구분된다. 그것은 알에서 태어난 존재집단, 땅에서 태어난 존재집단, 풀과 식물(씨앗)에서 태어난 존재집단, 모체발아(인간포함)에서 태어난 존재집단이다. 각 아뜨만은 지상에서 쌓은 전생의 업보, 즉 악업인 빠빠 까르마(papa karma(kukarma))와 선업인 뿐야 까르마(punya karma(sukarma))에 따라 이 네 부류 중 어느 하나의 존재 형태로 태어나며, 지상에서 84,000번의 삶을 보내야 한다. 포유동물 중에는 인간이 가장 우월하고, 아뜨만이 인간으로 태어나는 것은 많은 뿐야를 쌓아야 가능할 만큼 아주 힘들다. 모든 요소 중에 생명체가 최고이고 생명체 중에는 지성을 지닌 생명체가 최고이며 이 중 인간이 최고다. 그리고 인간 중에는 브라만이 최고이고 브라만 중에는 학식 있는 브라만이 최고이며 이 중에는 브라만 지식을 아는 이가 최고다(*Garuda Purana*, Debroy, et al. 1995: 90).

또 『가루다 뿌라나』는 인간의 업보에 따른 재생의 종류를 아주 구체적으로 기술하고 있기도 하다. 이 『뿌라나』에 따르면, 사람이 죽으면 지옥인 나라까에서 자기 죄의 일부 값을 치르고(1차 응보) 나머지 죗값(즉 업보, 2차 응보)을 치르기 위해 재생한다. 브라만 살해자는 개, 낙타, 당나귀, 개구리, 올빼미순으로 재생하고 금 도둑은 벌레나 곤충, 거짓말쟁이는 귀머거리, 기름 훔친 자는 바퀴벌레, 푸른채소 도둑은 공작, 곡물 도둑은 쥐, 과일 도둑은 원숭이, 동물 도둑은 염소, 우유 도둑은 까마귀, 고기 도둑은 독수리로 각자의 업보에 합당하게 재생된다(*Garuda Purana*, Debroy, et al. 1995: 51).

그렇다면 재생의 조건을 결정하는 업보는 구체적으로 어떠한 것인가? 힌두사상은 이와 관련하여 업을 여러 종류로 구분한다. 가장 핵심적인 구분은 선업과 악업이다. 이 두 형태의 업의 정도가 재생조건을 결정한다. 선과 악을 나누는 기준은 다르마 부분에서 언급한 바 있다. 또 업의 결과가 발현하는 시점에 따라 세 유형의 까르마로 구분된다. 그것은 아직 발현되지 않은 과거 까르마로 내생에서 결실을 낳을 까르마인 산치따 까르마(sanchita karma), 산치따 까르마의 일부로 현생에서 경험하는 업(현생에서 결실을 낳는 과거 까르마)인 쁘라랍다 까르마(prarabdha karma), 현재 쌓고 있는 까르마로 일부는 그 결과가 현생에 나타나고 나머지는 미래에 나타나는 끄리야마나 까르마(kriyamana karma)다. 또 변경 가능 여부에 따라 부모, 태어날 가정, 몸 형태, 자라날 사회적·종교적 환경 등을 결정하는 변경 불가하고 고정된 업과, 산스까라(samskara, 버릇, 기질) 형태로 잠재적으로 내재되어 있고 자유의지로 극복할 수 있는 변화 가능한 업으로 구분된다(Pandit, 2009: 122-23).

업과 윤회사상에 따르면 인간의 모든 행위는 두 가지 효과를 낳는다. 첫째, 행위의 도덕적 질, 즉 선업과 악업에 따라 그에 적합한 결실이 현생이나 내생에 주어진다. 둘째, 행위가 그 개인의 마음에 산스까라를 남기고 이들 산스까라가 개인의 성격을 결정한다. 이처럼 행위에 근거하는 원인과 결과의 연계적인 순환으로 인간은 생사의 순환에 묶여 있으며 이로부터 해방되는 것이 목샤다(Pandit, 2009: 123).

3. 업과 운명

힌두신화는 업을 자주 운명과 연관 지어 설명한다. 앞서 언급했듯이 기질이나 버릇 형태로 발현되는 업보는 어느 정도 변경할 수 있다 하더라도, 전반적으로 업의 결과인 업보는 고정되어 있어 바꿀 수 없는 것으로 제시된다. 업은 근본적으로 우주의 엄격한 법칙으로 작동하는 것이므로 삶의 과정에서 발생하는 여러 사건들이 업보에 의해 예정되어 있다고 이해하기 때문이다. 이러한 측면의 업보는 그리스신화의 '신탁' 개념과 아주 유사하다. 그리스신화에서 신탁은 반드시 이루어진다. 인간은 물론이고 신들의 신탁을 피해보려는 어떠한 시도도 성공하지 못한다. 자신의 의도와는 전혀 달리 사고로 자신의 할아버지를 살해하게 되는 페르세우스나 아버지를 살해하고 어머니와 결혼하게 되는 오이디푸스의 경우처럼 신탁은 필연적인 운명처럼 실현되고야 만다. 마찬가지로 힌두신화에서 업의 결실, 즉 업보는 결코 피할 수 없다는 관점이 강하게 나타난다. 『라마야나』의 다음 일화는 이런 관점을 잘 보여준다.

아요디아 왕국의 다샤라타 왕은 장남인 람을 왕위계승자로 정하려 한다. 하지만 셋째 왕비 께이께이가 왕이 자신의 청을 들어주기로 한 예전 약속을 들어 람을 숲으로 추방할 것을 요구하자 약속을 지키기 위해 어쩔 수 없이 람을 숲으로 귀양 보내기로 결정한다. 이때 람은 자신에게 벌어진 상황을 섭리이자 운명으로 받아들인다. 또 다샤라타 왕은 람을 망명 보낸 지 6일째 되는 밤에 자신의 고통을 야기한 과거를 떠올리고 람의 어머니인 첫째 왕비 꼬우샬라에게 한탄하며 "행위자는 행위의 결실을 반드시 거둬들인다."라고 이야기한다(*Rāmāyaṇa*, Ayodhya kāṇda, canto 6-7). 이는 업 사상과 관련된 것으로 인간사의 모든 일들이 우주의 운행법칙(업과 다르마)에 따른 것임을 시사한다. 다음 람의 말에서도 업이 섭리로 기술된다.

람은 께이께이의 욕심으로 자신의 왕위계승이 박탈되고 유배까지 가는 것을 묵묵히 받아들이고 그리된 것을 섭리(까르마, 즉 업)로 받아들인다. 그는 "섭리가 아니라면 어찌 께이께이 어머니의 마음속에 나를 유배 보낼 생각이 들어가겠는가?"(*Rāmāyaṇa*, Ayodhya kāṇda, canto 22, 15-16)라고 말한다. 또 "기쁨과 슬픔, 두려움과 분노, 얻음과 잃음, 태어남과 죽음 같은 여러 경험을 하게 되는데 이것은 의문의 여지없이 섭리(까르마)의 작용이다."(*Rāmāyaṇa*, Ayodhya kāṇda, canto 22, 22), "우리의 셋째 어머니인 께이께이나 아버님이 나의 왕세자 책봉을 방해하신 것으로 의심받아서는 안 된다. 두 분 모두 섭리(까르마)에 따르실 수밖에 없다. 너(동생 락슈만)도 알듯이, 섭리(업, 운명)에서 결코 벗어날 수는 없다."(*Rāmāyaṇa*, Ayodhya kāṇda, canto

22.30)라고 말한다.

람의 아내인 시따 역시, 하누만이 람의 군대가 라바나에 이긴 승전보를 알리러 와서 자신을 괴롭히던 락샤사 여성들을 벌하려 하자, 그들이 도구였을 뿐이니 자비를 베풀라 말하고 또 자신의 고통은 섭리에 따른 것이니 누구도 비난되어서는 안 된다고 말한다(*Rāmāyaṇa*, Yuddha kāṇda).

여기서 섭리는 예정된 운명, 즉 업의 결과로 볼 수 있다. 람은 자신이 놓인 상황을 운명으로 돌린다. 정확하게는 자신이 악마를 살해하는 임무를 수행하기 위해 자신에게 예정된 과정으로 받아들인다. 람은 모든 사건의 진행을 정해진 운명, 인도 맥락에서는 업보에 따라 이루어지는 것으로 보고 있다. 즉 모든 인물이 각자의 업보에 따라 각자가 맡아야 할 역할을 하는 것으로 보는 것과 같다. 그렇다면 우리 모두는 업보에 의해 정해진 각본에 따라 자기 역할을 연기하고 있는 연기자와 같은 것인가? 그러나 여기서 운명을 부여하는 주체는 초자연적 존재나 힘이 아니라 바로 자기 자신이다.

그런가 하면 람과는 반대로 락슈만은 아버지 다샤라타의 조치를 다르마에 위배되는 것이라 주장하고 운명에 따르기보다는 그것을 바꾸려는 노력을 더 중시하며 왕위계승을 위해 반기를 들 것을 촉구한다(*Rāmāyaṇa*, Ayodhya kāṇda, canto 23). 락슈만의 이러한 태도는 업의 법칙에 순응하기보다는 그에 맞서 자신의 운명을 개척해 나가는 태도를 대변한다. 이 입장은 업 사상과는 배치되는 것이나 현실적으로 존재하는 가능한 관점과 태도이므로 업 법칙과 다르마를 따르고 고수하려는 람의 태도와의 대비를 통해 업 사상을 보다 중요하게 부각시키고 있다. 이렇게 『라마야나』는 람과 락슈만을 통해 업보에 대처하는 두 가지 서로 다른 관점과 태도를 보여준다.

4. 업보로서의 저주의 실현

힌두신화에서 성자나 신 또는 아수라, 심지어는 평범한 인간들도 저주를 내리는 이야기가 많이 등장한다. 이러한 이야기들은 업 법칙과 관련되는 것으로, 행위의 필연적인 결과인 업보를 저주 형태로 보여주는 신화들이라 할 수 있다.

인도신화에서 한번 내려진 저주는 그리스신화의 신탁과 같이 반드시 실현되는 운명처럼 나타난다. 칫드봐반안다(Chidbhavananda, 1987: 253)는, 저주는 까르마 효과에 힘을 부여하고 더 나아가 저주나 축복 등 긍·부정적 형태로 나타나는 예견으로 사람들 행동의 전후관계를 시사해준다고 말한다. 저주뿐 아니라 축복도 업의 결과이나 여기서는 저주에 국한하여 다뤄보려 한다. 먼저 『마하바라따』에 나오는 몇 개의 신화들이다.

> 빤두는 사냥을 좋아해 많은 시간을 사냥하는 일로 보내곤 했다. 그러던 어느 날 아무 생각 없이 교미 중이던 암수 사슴 한 쌍을 화살로 쏴 치명타를 입혔다. 사슴들은 이에 대한 저주로 빤두가 아내와 사랑을 나누면 죽게 될 것이라 예언했다. 이로 인해 빤두는 이후 아내와 사랑을 나눌 수 없었고 금욕적인 삶을 살면서 아이를 낳지 않았다.(*Mahābhārata*, Adi Parva, Chidbhavananda, 1987: 23-24)

여기서 빤두가 아내가 있음에도 아이를 낳지 못하고 금욕적인 삶을 산 것은, 스스로의 의지적 선택이 아니라, 자신의 업보로 아내와 사랑을 나누면 죽을 수밖에 없는 운명이었기 때문이다. 여기서 사슴의 저주로 표현된 것은 실은 빤두 자신의 행위의 결과인 업보로 볼 수 있다. 역시 『마하바라따』에 나오는 다음 이야기도 저주 형태로 기술되는 업보다.

> 까우라바 측의 속임수로 도박에 빠져 왕국을 잃은 빤다바의 첫째인 유디슈

티라는 자신에게 운명적으로 주어진 불운을 묵묵히 받아들이고 깜야까 숲으로 가서 정착했다. 성자와 여러 사람들이 그의 은둔처를 방문했고, 그들을 대접하는 일은 보통 일이 아니었다. 그래서 그는 생명을 보존해주는 수리아 신에게 이 문제를 해결해달라고 기원했다. 그러자 신은 이에 응답하여 그에게 소진되지 않는 단지를 주었다. 아내인 드로우빠디가 매일 음식을 요리해 그 단지 안에 담아두면 하루 손님을 다 대접하고 자신들도 모두 먹을 수 있었다. 그러면 그 단지가 비었다. 이렇게 빤다바 형제의 12년 망명생활 동안 이 단지가 충분한 음식을 제공해주었다.

한편 까우라바 형제의 첫째인 두르요다나가 숲 속에서 망명생활을 하고 있는 빤다바들을 살해하려는 음모를 꾸미고 있었다. 이를 알아챈 비야사, 마이뜨레야 같은 성자들이 그에게 그 음모를 중단하도록 조언을 했다. 마이뜨레야가 조언하자 두르요다나는 그의 허벅지를 치며 조롱했다. 이에 마이뜨레야는 분노하여 두르요다나가 전투에서 허벅지가 철퇴로 박살 나 죽을 것이라 저주했다. 그리고 그 저주는 빤다바들과의 전쟁에서 실현되었다. 한편 드와라까에 있던 끄리슈나가 빤다바들의 추방 소식을 전해 듣고 그들을 찾아 나섰다. 드로우빠디를 만난 끄리슈나는 그녀에게 사악한 까우라바들이 까르마의 법칙을 벗어날 수 없음을 인식시켰다.(*Mahābhārata*, Vana Parva, Chidbhananda, 1987: 93-96)

여기서도 두르요다나는 그에게 모욕을 받은 성자가 내린 저주대로, 즉 자신이 성자를 모욕한 방법과 관련된 방식으로 죽음을 맞이한다. 이런 이야기 방식을 통해 업보는 반드시 이루어진다는 점을 강조한다. 다음에서 『마하바라따』의 야다브족의 파멸과 끄리슈나의 죽음 이야기를 통해 좀 더 상세히 이 주제를 다뤄보기로 하자. 이 이야기는 『마하바라따』의 끝 부분(Mausal Parva)에 나오는 이야기로, 야다브족의 파괴와 끄리슈나와 비슈마가 신성한 거처로 올라가는 내용을 다루고 있다.

빤다바와 까우라바 양측의 전쟁이 끝난 뒤, 까우라바 형제의 어머니인 간다하리는 폐허가 된 전쟁터를 둘러보며 끄리슈나가 이 재앙을 막지 않은 것을 원망했다. 그러면서 똑같은 운명이 드와르까 지역의 야다브족에 속하는 끄리슈나의 가문인 브리쉬니(vrishni)들에게도 일어날 것이라고 저주했다.

한편 브리쉬니들은 다른 부족에 대해 우월감을 갖기 시작했다. 그 무렵 세 명의 리시, 즉 성자가 드와라까를 방문했다. 성자들을 존경심과 예를 갖춰 대접하는 것이 손님, 특히 성자를 맞이하는 관습이었다. 그럼에도 브리쉬니들은 성자들의 능력을 시험하고 싶어 했다. 그들은 젊은 영웅 삼바를 여장을 시키고 아이와 함께 성자들에게 데려갔다. 그리고는 이 여성이 여자아이를 낳을지 남자아이를 낳을지 물었다. 그러자 성자들은 "당신들의 종족을 파괴시키는 원인이 될 막대기를 낳을 것이다."라는 저주를 내리고 그 장소를 떠났다. 젊은이들은 놀랐고 삼바는 성자들의 저주대로 철막대를 낳았다. 이에 두려움을 느낀 젊은이들이 발라라마와 끄리슈나에게 가서 도움을 청했다. 발라라마는 그 막대를 가루로 만들어 그 가루를 바다에 던지라고 조언했다. 젊은이들은 발라라마의 지시대로 했다. 하지만 막대를 자르면서 한 조각이 해변이 떨어진 것을 모른 채 그들은 위험이 사라졌다고 생각하고 잊고 지냈다. 끄리슈나만이 그것을 잊지 않았고 그 결과를 예견했다. 끄리슈나는 드와라까를 꾸루끄세뜨라 전쟁 후 36년간 통치했다. 그러나 끄리슈나는 지상에서 자신의 삶이 끝나가고 있다는 것을 인지하고 있었다. 그가 해야 할 일을 완수하고 세속존재를 떠날 때가 온 것이다.

브리쉬니들의 도덕적 삶은 급속히 퇴보했고 리시들이 말한 저주가 실제로 이루어졌다. 바다에 뿌린 철 가루가 갈대 싹으로 바뀌어 크게 자랐다. 그리고 한 사냥꾼이 해변에 남았던 철 조각을 우연히 발견하여 그것을 화살촉으로 만들었다. 그리고 운명의 시간이 왔다. 브리쉬니들이 소풍을 가서 만취해 말다툼이 벌어졌는데 그 다툼이 점점 심해져 대학살이 일어났다. 분노한 이들이 갈대의 뿌리를 뽑아 서로 쳤는데 성자들의 저주 때문에 그 갈대들이 치명적인 무기로 바뀌어 전체 야다브족이 멸망했다.

이런 와중에 발라라마는 명상하고 앉아 몸을 버리고 자신의 본래 모습인, 마하비슈누의 침상이 되는 쉐샤(뱀)로 돌아갔다. 조용히 살육 현장을 지켜보던 끄리슈나도 숲으로 가서 그의 본래 상태에 대한 생각에 몰두해 있었다. 그는 현상존재를 끝낼 때가 왔음을 느끼고 요가의 초월적 상태로 풀밭에 누웠다. 좀 떨어진 곳에서는 그 모습이 휴식을 취하는 사슴처럼 보였다. 끄리슈나는 발바닥을 빼면 몸 전체가 취약하지 않았는데, 그의 발바닥은 마치 사슴머리처럼 보였다. 앞서의 사냥꾼이 누워 있는 끄리슈나가 사슴인 줄 알고 철 화살촉을 단 화살로 쏘았고, 그 화살이 그의 몸을 관통했다. 끄리슈나는 죽음을 맞이하고 신성상태로 돌아갔다.

뒤늦게 도착한 아르주나가 발라라마와 끄리슈나의 시신을 찾아 화장했다. 아르주나는 살아남은 여성과 아이들을 데리고 드와라까를 떠나 하스띠나뿌르로 향하고 드와라까는 바닷물이 삼켜버렸다. 아르주나 일행이 도중에 도둑 떼를 만나 그들에게 대응하려 했지만 이제 아르주나는 위대한 전쟁의 뛰어난 영웅이 아니라 평범한 궁사가 되어 있었다. 아르주나는 일부 여성들만을 보호할 수 있을 뿐이었고 많은 이들이 잡혀갔다. 아르주나는 너무도 고통스러웠다. 그는 바이사에게 가서 브리쉬니들이 서로를 파괴해 모두 죽고 발라라마와 끄리슈나가 이 세상을 떠나서 자신은 텅 빈 것 같으며 신성한 무기가 사라지고 자신에게 힘이 남아 있지 않아 피난민들을 온전히 보호할 수 없었다고 자신의 고통스러운 이야기를 털어놓았다. 이에 바이사는 말했다. "이제 지상에서의 당신의 임무는 끝이 났다. 끄리슈나도 마찬가지다. 무기들은 본래 자리로 되돌아갔다. 이제 당신과 당신의 형제가 떠날 때다."(*Mahābhārata*, Mausala Parva, Chidbhavananda, 1987: 253-57)

여기서도 저주는 실현되고 있다. 저주가 실현되는 것을 막으려고 발라라마가 칼 막대를 가루로 만들어 뿌리는 방책을 썼지만, 철 조각이 하나 떨어진 것을 모르고 남겨놓는 실수를 범해 저주는 실현되고 만다. 이야기가 이런 빈틈을 설정하는 것은, 업의 결과가 피할 수 없는 운명이라는 인식을 보여주기 위한 이야기 장치라 할 수 있다.

또 이 이야기에서 그리스신화와의 유사성이 하나 더 발견된다. 그것은 끄리슈나의 죽음과 일리아스의 영웅 아킬레우스의 죽음과 관련된 것이다. 아킬레우스의 어머니는 그가 태어나자마자 그를 절대적으로 강한 존재로 만들기 위해 그를 스틱스 강에 담구었는데, 이때 그의 발목뼈를 잡고 담그는 바람에 그 부분만 취약했다. 그런데 트로이 전쟁에서 적장인 페리스가 이 사실을 알고 독화살을 그의 발목에 쏴서 아킬레우스는 그만 죽고 말았다. 이 신화에서 유래된 '아킬레스건'이 '치명적 약점'을 의미하게 되었다. 이 치명적 약점이 끄리슈나에게는 발바닥이었다. 성자 두르바사가 끄리슈나의 극진한 대접에 크게 만족하여 자신이 먹다 남은 음식(kheer)으로 끄리슈나의 몸을 문지르라 일렀다. 끄리슈나는 그의 지시대로 했으나 발바닥은 닿지 않은 채 남아 있어 그 부분만 취약했다. 그를 사슴으로 오인한 사냥꾼이 화살을 맞춘 부분이 바로 그의 아킬레스건인 발바닥이었다.

한편 다음 신화는 저주는 되돌릴 수 없는 것이어서 반드시 실현되는 것이기는 하나 수정될 여지가 있다는 것을 보여준다.

> 아슈따바끄라라는 브라만이 물에 서서 여러 해 동안 수행을 하며 명상을 하고 있었다. 이에 앞서 데바따(신)들이 전투에서 다이띠야들을 이기고 승리를 경축하는 축제를 메루 산 정상에서 열었다. 압사라들이 이 축제에 가는 도중에 수행 중인 그 성자를 보았다. 그는 목까지 물에 잠겨 있었고 뒤엉킨 그의 머리카락만이 물위에 떠 있었다. 압사라들은 그에게 절을 하고 그를 찬양하는 노래를 불렀다. 이에 성자는 만족하여 무엇이든 원하는 것이 있으면 아무리 어려워도 들어줄 테니 말하라고 했다.
>
> 대부분의 압사라들이 성자가 만족했으면 그것으로 충분하다 대답했으나, 일부는 최고의 남성이자 브라만인 남성을 남편으로 달라고 요청했다. 그렇게 되리라고 말하고 성자는 물에서 나왔다. 그는 흉하게 생겼고 여덟 군데가 구부러져 있어 이름이 아슈따바끄라였다. 그를 보자 압사라들이 웃기 시

> 작했다. 이에 성자는 화가 나서 그들을 저주하며 너희들은 최고의 남성을 남편으로 얻을 것이나 내 저주의 결과로 후에 도둑들의 손에 놓이게 될 것이라고 말했다. 이에 압사라들은 저주를 거두도록 그를 달랬다. 그러나 한번 선언된 저주는 결코 되돌릴 수 없고 수정될 수는 있어 압사라들이 이를 간청했다. 성자는 이를 받아들여 지상에서의 생활이 끝나면 신들의 영역으로 되돌아갈 것이라고 말했다.(Gupta, 2002: 3-4)

또 비슈누의 문지기 이야기는 저주와 관련된 흥미로운 주제를 보여준다.

> 성자들이 비슈누에게 경의를 표하기 위해 비슈누의 천상의 거처인 바이꾼타에 도착해 들어가려 하니, 두 문지기가 비슈누가 휴식 중이니 기다리라 말했다. 이에 화가 난 성자들이 그 문지기들이 아수라로 지상에 태어나도록 저주를 내렸다. 이 모든 것을 알게 된 비슈누는 문지기들이 자신의 의무를 지키다가 그리되었으므로 그들을 지상존재에서 해방시키겠다고 약속했다. 두 문지기는 성자들의 저주에 따라 지상에서 형제로 태어났고 그들이 아수라였기 때문에 비행을 행했다. 비슈누는 그들의 이 비행으로 그들이 살해되도록 만들었고 사후 바이꾼타에서 이전 위치로 돌아가게 했다.(*Bhāgavata Purāṇa*)

여기서 성자들이 비슈누의 문지기들에게 저주를 내리는 것은 성자들이 지닌 힘이 매우 강력하다는 점을 보여준다. 문지기들이 자신들의 의무를 다하다가 성자들의 저주를 받은 것임에도 비슈누 신도 그 저주를 바꾸지는 못한다. 다만 저주가 일단 실현된 다음에 그들을 구원해주는 것으로 나타난다. 이것은 최고신도 일단 내려진 저주는 어쩌지 못할 만큼 업 법칙이 엄격함을 시사하는 것으로 보인다. 즉 신이 자신의 뜻대로 원하는 바를 실행하는 것이 아니라, 업 법칙에 따른 사건의 진행을 위배하지 않으면서 그 법칙에 따라 원하는 바를 실현하는 길을 택하는 것이다. 빠딴에이크

(Pattanaik, 2003: 77-78)는 이와 관련하여, 재생한 문지기인 아수라가 과거 생에선 데바였고 최고신이 아수라를 죽이는 것은 처벌이 아닌 해방시켜주는 행위로 신의 처벌이 해방행위가 된다고 해석한다.

우유대양을 저어 불멸의 생명수를 찾아내는 신화에서도, 데바들의 왕인 인드라가 수행으로 비범한 능력을 갖게 된 성자에게 무례를 범해 그의 저주로 힘을 상실하게 되는 부분은, 성자와 (비슈누, 쉬바 등에 비해 하위인) 인드라 간의 갈등과 신에 대한 성자의 저주를 보여준다. 뛰어난 수행을 한 성자들의 비범한 능력과 신도 피할 수 없는 강력한 저주는 서사시나 『뿌라나』 신화에서 흔하게 등장하는 주제다.

이처럼 힌두신화에서 저주와 관련된 이야기들은 세상만사가 업보에 따라 철저하게 짜인 각본대로 운영된다는 관념을 담고 있다. 이는 그리스신화의 '신탁' 개념과 유사하다. 다른 점은 그리스신화의 신탁이 운명을 드러내기는 하지만 그 이면에 작용하는 법칙에 대해서는 분명한 설명을 제시하지 않는 데 비해 힌두신화의 저주 개념은 업 사상이라는 체계적인 이론으로 설명되고 있는 점이다.

7. 죽음과 사후에 대한 신화적 이해

1. 세계신화의 죽음 기원 이야기

죽음은 왜 생겨났을까? 죽음이란 무엇이고 죽고 나면 어떻게 되는 것일까? 죽음과 죽음 이후에 대한 의문은 인류의 중요하고도 오랜 관심사였다. 따라서 인류는 이에 대한 답을 찾으려 애써 왔고 그 답을 다양한 방식으로 발견해 왔다. 그 결과 여러 문화에서 죽음과 사후세계에 대한 다양한 형태의 믿음이 등장하고, 그 믿음의 내용을 담은 신화가 만들어졌다. 이 죽음과 사후세계를 다룬 이야기 속에서 죽음과 사후에 관한 다양한 인식과 반응을 만나게 된다.

죽음이 생겨나게 된 이유, 즉 죽음의 기원은 여러 지역신화에서 다양하게 제시된다. 메소포타미아의 『길가메시 서사시(*Epic of Gilgamesh*)』에서는, 신들이 길가메시와 그의 친구 엔키두가 신들의 황소를 죽인 것에 분노하여 회의를 열어 엔키두의 죽음을 결정한다. 그 결과 엔키두는 죽을 수밖에 없는 운명을 맞이하게 된다. 여기서 죽음은, 신에 저항한 인간에게 신들이 내린 벌이라 할 수 있다. 친구의 죽음을 직면한 길가메시는 커다란 슬픔에 빠지고, 죽음을 극복하여 불멸할 수 있는 방법을 찾으려 험난한 모험의 길을 나선다. 온갖 위험을 무릅쓰고 젊어지는 풀을 힘겹게 얻게 되지만 그것을 그만 뱀에게 빼앗기고 만다. 결국 길가메시는 죽을 수밖에 없는 인간의 운명을 받아들이게 된다.

하늘과 땅의 분리 신화에 나타나는, 하늘에 이르는 탑을 쌓는 모티브 역시 인간의 유한성을 어쩔 수 없이 받아들이는 신화적 사고를 보여준다.

신과 인간, 하늘과 땅의 분리로 인해 고통과 죽음을 경험하게 된 인간이 이를 극복하려는 시도를 부단히 하지만 이 시도는 실패로 끝나게 되고, 인간은 결국 자신의 유한성을 인식하지 않을 수 없게 된다.

신이 인류에게 영생을 주려 했으나 전령의 실수로 신의 메시지가 제대로 전달되지 않아 죽음이 존재하게 되었다고 설명하는 신화들도 있다. 전령은 보통 허물을 벗는 동물인 뱀 또는 도마뱀으로 제시된다(Baaren, 1987: 255). 이런 형태의 신화는 아프리카에서 많이 발견된다.

동아프리카의 우트족(the Wute)의 신화에 따르면, 신이 카멜레온을 인간에게 보내 인류는 (부활을 통해) 영원히 살 것이라고 전하도록 했다. 그런데 카멜레온은 서두르지 않고 가다가 멈춰 서서는 머리 장식을 사고 여유가 있는 듯 느릿느릿 걸어갔다. 그러느라 2주 후에나 목적지에 도착했다. 한편 인류에게 부여된 선물(영생)을 알게 된 뱀이 먼저 도착해, 인류는 부활하지 않고 죽게 될 것이라는 메시지를 거짓으로 전해버렸다. 그래서 인간은 죽을 운명을 지니게 되었고, 신은 두 동물 모두에게 저주를 내려 사람들이 그들을 보면 죽이려 한다는 것이다(Baaren, 1987: 255).

이 죽음 기원신화는 영생할 수도 있었던 인류가 신이 보낸 전령의 실수로 죽게 되었다고 설명한다. 그리고 우트족이 죽음 이후의 상황에 대해 두 가지 가능한 추론을 했다는 점을 시사해준다. 죽음이 존재의 끝이란 것과 죽은 후에 다시 재생된다는 추론이다. 이 가운데 우트족이 받아들인 답은 죽음은 존재의 끝이며 죽음은 회피할 수 없는 것이란 인식이다. 또 애초에 인류에게 부여된 재생을 통한 불멸을 뱀이 훔쳤다는 신화적 설명은, 허물을 벗고 젊음을 갱생시키는 뱀의 특성에서 불멸을 생각해내고 이에 견주어 인간의 운명을 죽을 수밖에 없는 것으로 인식하고 있음을 보여준다. 이 모티브는 길가메시가 모험과정을 거쳐 얻은 불로초를 뱀이 훔쳐간 이야기에서도 그대로 나타난다. 허물을 벗는 뱀의 속성에서 불멸을 보는 신화적 사고는 솔로몬군도의 다음 신화에서도 나타난다.

본래 인간과 뱀은 늙게 되면 피부를 바꿔서 되풀이해 젊음을 재생시켰다. 그러던 어느 날, 한 여성이 어머니에게 아이를 맡기고 일하러 나갔다. 그런데 그 어머니가 아이가 잠든 사이에 강으로 가서 목욕을 하고는 피부 허물을 벗은 후 돌아왔다. 잠에서 깬 아이는 젊어진 할머니를 알아보지 못하고 울어댔다. 어떤 방법으로도 달랠 수가 없자 화가 나고 절망한 그녀는 강으로 다시 가서 벗어 놓았던 예전의 피부를 입었다. 그리고 아이에게 이제부터 모든 인간은 늙을 것이고 뱀만이 갱생 능력을 지니게 될 것이라 말했다.(Baaren, 1987: 255)

이 신화가 우간다의 차가족 신화에는 다소 다른 형태로 나타난다. 차가족 신화에 따르면 태초에 인간은 늙으면 뱀이 허물을 벗듯이 허물을 벗어 다시 젊어지는 과정을 계속했다. 어느 날 엄마가 허물을 벗고 젊어지려고 아이를 냇가로 보냈는데, 아이가 생각한 것보다 일찍 돌아와 허물을 벗으려는 엄마를 놀라게 했다. 그래서 엄마는 젊음을 되찾지 못하고 허물을 입은 채 죽고 말았다(발리, 2001: 81-82).

신에 대한 인간의 불복종이 죽음을 초래했다는 주제 역시 보편적이다. 가장 대표적인 예가 성서(창세기)의 아담과 이브 이야기다. 불복종 주제의 또 다른 변형은 그리스신화의 판도라의 상자 이야기에서 발견된다. 판도라가 제우스에게서 단지를 하나 받았는데 제우스는 그것을 열지 말도록 그녀에게 엄중히 경고했다. 그런데 그 명을 어기고 그녀가 단지를 열자 모든 종류의 불행과 악이 세상으로 나왔다. 여기서 죽음이 명백하게 언급되고 있는 것은 아니지만 분명히 함축되어 있기는 하다(Baaren, 1987: 257-58).

그런가 하면 인간 자신이 영생을 짐으로 느껴 죽음을 원한 것으로 설명하는 신화도 있다. 아프리카신화들에 따르면, 인간은 질병의 만연과 늙음의 고통, 그리고 삶의 지루함 때문에 죽기를 원했고 죽음을 요청하게 되었다. 카메룬 뭄족(the Mum)의 신화는 노인과 고통받는 사람들이 존재에서 해방되기를 어떻게 외치고 있는가를 보여주고, 또 다른 부족(the Ngala)신화는 인간이 세상에 너무나 많은 악과 불행이 있어서 죽음을 요청했다고 설명한다(Baaren, 1987: 258).

이처럼 여러 죽음 기원신화가 본래 불멸하는 존재였던 인류가 여러 가지 다양한 이유로 죽음을 맞이하게 된 것으로 설명한다. 즉 신의 결정, 인간(흔히 여성) 또는 동물의 의도적이거나 우연한 실수, 신에 불복종한 죄에 대한 처벌 또는 인간 스스로의 선택의 결과 등이 그것이다. 이 외에도 죽음의 기원은 다양하게 추정되고 상상되어 왔다.

이러한 신화적 사유는, 미지의 영역이어서 두려움과 공포의 대상인 죽음을 이해하여 수용하려 한 인간 노력의 결과라 할 수 있다. 죽음의 이유가 설명되거나 납득되지 않은 채 죽음이 카오스(무질서)로 남아 있을 경우, 죽음은 인간의 실존에 위협적인 것이 되기 때문이다. 그렇다면 인도의 신화는 죽음이 어떻게 비롯되었다고 설명하고 있고 또 거기에 담긴 죽음의 존재 이유에 대한 인식은 어떤 것일까?

2. 인도신화의 죽음 창조 이야기

『마하바라따』 드로나 빠르바에서, 빤다바 형제의 첫째 유디슈티라는 까우라바들과의 전투에서 조카인 아비만유(Abimanyu, 동생 아르주나의 아들)가 죽자 그의 죽음을 자신의 책임으로 여겨 큰 슬픔에 빠진다. 이때 비아사가 그를 위로하기 위해 성자 나라다에게 들은 죽음 탄생에 관한 이야기를 다음과 같이 들려준다. 그리고 삶과 죽음을 모두 평정한 마음으로 받아들이며 전쟁에 임하도록 권고한다.

> 창조주인 브라흐마가 우주와 우주의 모든 것을 창조했다. 그 우주는 무한히 팽창하더니 그 끝을 볼 수가 없게 되었다. 모든 피조물도 끝없이 성장했다. 브라흐마는 자신이 만들어낸 우주가 감당하기 어려울 만큼 포화상태가 되리

라고 생각했다. 브라흐마는 이내 낙담했다. 그러자 분노가 그의 마음을 사로잡았고 그 분노에서 불이 만들어져 사방으로 퍼져나갔다. 브라흐마는 그 불로 우주를 태우기 시작했다.

그러자 쉬바(마헤샤 또는 루드라로도 표현됨)가 나타나 우주를 파괴하지 말라고 요청했다. 이에 브라흐마는 자신은 파괴할 의도가 없으나 대지의 여신이 감당할 수 없는 부담을 줄여달라고 자신에게 요청해 어쩔 수 없다고 대답했다. 이에 쉬바는 이렇게 말했다. "당신이 창조한 이 세계는 일시적인 것이며 결국 이 모두는 소멸하게 되어 있소. 하지만 얼마간 이 세상이 존재하도록 그리고 이 세상 모든 존재가 좀 더 나은 삶을 향유하도록 당신의 분노의 불을 당신 안으로 거둬들여 가시오. 더구나 우주해체의 임무는 나의 것임을 기억해야만 하오. 때가 되면 내 의무를 할 것이오." 이에 브라흐마는 자신의 에너지인 불을 거둬들였다.

그런데 브라흐마의 피부 털구멍에서 거대한 검은 구름이 나오더니 한 젊은 여성의 모습을 취했다. 그녀의 빛깔은 검고 붉고 노랬고, 혀, 입, 눈이 빨갰다. 브라흐마는 이 새로운 존재를 므리띠유(Mṛtiyu), 즉 파괴자(죽음)라 부르며 이렇게 말했다. "네가 나의 분노에서 태어났으니 내 피조물을 파괴하는 일을 너의 의무로 주겠다."

이 말을 들은 므리띠유는 조용히 서 있더니 눈물을 흘리기 시작했다. 브라흐마는 손을 뻗어 그 눈물을 손바닥에 받았다. 그 소녀는 "어찌 이유 없이 생명체를 파괴할 수 있겠습니까? 제가 그리한다면 사랑하는 이들을 잃은 모든 이들이 저를 저주하지 않겠습니까? 모두가 슬픔의 눈물을 흘릴 것입니다. 그래서 그런 사악한 사명으로 야마의 영역으로 가는 것이 아주 주저됩니다. 오히려 길고 긴 고행을 하겠습니다. 진정 당신 피조물의 생명을 훔쳐서 많은 이들이 슬퍼하는 것을 보고 싶지 않습니다. 이 부도덕한 임무를 사양하고 싶습니다."라고 말했다.

그러자 브라흐마는 "오 죽음아, 내가 이 목적으로 널 만들었으니 내 바람을 수행해야 한다. 내가 지시한 대로 이 피조물들을 파괴하거라. 누구도 이에 대해 널 비난하지 않을 것이다.(다른 판본에서는 브라흐마가 "세상의 혼잡함을 완화시키고 대지의 여신이 감당해야 할 짐을 가볍게 하려 죽음을 세상에 가져온 것이니 너의 일은 죄가 아니라 다르마를 지키는 것이 될 것이다."라고 말하는 것으로 기술된다.) 그러자 므리띠유는 그 무서운 임무의 모든 결과에 대해 다시 생각하고는 다시 한 번 죽음으로 인한 모든 고통에 대한 속죄가 될 고행을 생각했다. 그리고 고행이 감각을 적절히 통제하고 평정한 마음으로 비극을 직면할 수 있는 길을 보여줄 수 있을 것 같은 생각이 들었다. 이런 생각에 감동을 받아 아주 한적한 곳으로 가 고행을 시작했다. 무한히 긴 기간 고행을 했다.

브라흐마는 므리띠유의 고행에 만족되어 그녀를 불러와 "내 말은 언제나 진실이다. 너는 자궁, 땀, 흙에서 태어난 생명체의 죽음만을 맡을 것이고 야마가 네 임무를 도울 것이다."라고 말했다. 므리띠유는 창조주에게 절을 하며 "이 임무가 다른 누구에게도 적절치 않으니 제가 받아들이겠습니다. 그럼에도 당신 피조물의 물리적 해체의 진정한 이유는 그들의 욕망, 분노, 미혹, 탐욕, 상호 언쟁에 있는 것으로 정해지도록 당신께 간청드립니다."라고 말했다. 브라흐마는 그리될 것이라 말하고 손에 담은 눈물방울을 가리키며 "이 눈물이 내 피조물의 치명적인 질병이 되게 할 것이고 더구나 너는 덕이 없는 자, 진실되지 못한 자를 데려갈 것이므로 너 자신은 늘 진리와 덕의 완전한 예로 남아 있을 것이다."라고 말했다.(브라흐마는 자신이 모은 그녀의 눈물이 여러 질병으로 변하여 끝없이 커지고 있는 세계를 파괴할 것이라 말했다. 그리고 이제부터는 파괴의 책임이 자신에게 있다고 여겨서는 안 되고 질병이 사람들을 약하게 만들 때 그들의 생명을 가져가야 한다고 말했다.) 죽음은 "좋습니다."라고 말하고 사라졌다.

성자 나라다는 유디슈티라에게 다음과 같은 말로 이야기를 마무리했다. "조카의 죽음을 슬퍼하지 마세요. 피조물과 인드라 같은 신들도 죽고 다시 태어난답니다. 태어날 때 쁘라나(prana)가 신체에 소리울림으로 들어가며 그 움직임은 영원합니다. 모든 생명체가 자기파괴의 원인이며 야마나 그의 사자가 파괴하는 것이 아닙니다. 그래서 죽음이 창조주의 창조임을 아는 현자는 결코 죽음을 슬퍼하지 않습니다."(*Mahābhārata*, Drona Parva, Ghosh, 1989: 2-4; Dange, 2002: 183-84에서 재인용)

죽음 기원 이야기는 『마하바라따』 뒷부분, 전쟁이 끝난 후 유디슈티라가 전쟁에서 많은 살상이 이루어진 것을 괴로워하는 부분에서 다시 나온다. 이때 비슈마는 다르마를 행한 이는 잘못이 없으므로 후회하지 말아야 하고, 더구나 모든 죽음은 예정되어 있어 불가피한 것이었다고 설명해준다.

3. 힌두신화에 나타나는 인도인들의 죽음 인식

위의 신화는, 죽음을 세상의 지속을 위해 불가피한 법칙으로, 질병을 죽음의 전조로 제시한다. 창조주 브라흐마가 우주를 창조했던 태초에는 죽음이 존재하지 않았다. 이로 인해 우주가 팽창하고 세상이 포화상태가 되어 세상을 유지하는 것이 어렵게 되자, 파괴와 해체를 담당하는 쉬바가 나타나 전체 생명체의 파멸을 막으면서 세상을 유지할 수 있는 방안을 조언해준다. 그것이 죽음의 창조다. 즉 이 신화에서 창조주는 우주의 팽창으로 인해 통제할 수 없는 상황을 막고 우주를 유지하기 위해 불가피하게 생명체를 파괴하는 죽음을 도입한다. 우주 전체 생명의 유지는 개별존재의 생과 사의 지속적 순환을 통해 이루어진다고 보기 때문이다.

당게(Dange, 2002: 184)는 이 이야기의 목적을 다음과 같이 제시한다. 그것은 유디슈티라가 죽음에 대해 느끼는 슬픔을 완화시키는 것, 죽음이 두려운 것이 아니라 온화하다는 점을 시사하고 죽음을 두려움 없이 감내하며 당연한 것으로 받아들이도록 준비시키는 것, 그리고 죽음에 주어진 파괴의 임무는 지속적인 창조를 위해 필요한 행위이므로 거기엔 어떤 잔인함도 없다는 관념을 제시하는 것 등이다.

이 신화에서 또 흥미로운 대목은 질병의 탄생에 대한 설명이다. 이 신화적 설명에 따르면, 브라흐마가 죽음의 여신인 므리띠유를 창조했지만 죽음의 여신은 눈물을 흘리며 생명을 거둬들이는 고통스러운 임무를 어떻게 하든 피하려 한다. 그러한 죽음을 설득하기 위해 브라흐마가 제안한 방안이 질병이다. 그리고 이 질병은, 므리띠유가 자신에게 주어진, 생명체에게 죽음을 가져다주는 역할을 고통스러워하며 흘린 눈물에서 만들어졌다. 즉 질병은 죽음의 전조이자 죽음의 고통과 슬픔을 완화시키기 위한 완충·절충자로 등장한다. 질병을 죽음의 사자이자 전조로 보는 관점은 다음 이야기에서도 유사하게 나타난다.

> 먼 옛날에 한 거인이 여행을 하는 중에 갑자기 한 남자가 앞에 나타나더니 멈추라고 했다. 거인이 그에게 누구냐고 물으니 죽음이라 대답했다. 그러자 거인은 누구도 자신을 저지할 수 없으며 죽음도 자기 명령에 복종해야 한다고 말했다. 죽음이 이를 거절하자 거인은 죽음을 단방에 쓰러뜨렸다. 약해진 죽음은 쓰러져 있다가, 이리 구석에 누워 있으면 세상에 누구도 죽지 않을 것이고 세상은 포화상태가 되어 서로 옆에 서 있을 공간도 없게 될 것이라 생각했다. 그러는 동안에 한 건장한 젊은이가 길을 가다가 길가에 누워 있는 약한 남자, 즉 죽음을 보고는 동정심이 생겨 그에게 물을 좀 마시게 해주었다. 죽음은 일어나 자기 신분을 밝히고 자신의 임무가 생명을 끝내는 것이어서 자신을 도운 이에게도 예외를 둘 수 없다고 말했다. 하지만 그를 갑자기 데려가지는 않을 것이고 자신의 사자인 질병을 보내 죽음을 맞게 할 것이라고 말했다. 젊은이는 기뻐하며 자기 길을 갔다. 시간이 지나 젊은이가 아프게 되자 죽음이 다가와 그를 데려가겠다고 말했다. 젊은이는 동의하지 않고 죽음에게 이전에 한 약속을 상기시켰다. 하지만 죽음은 그에게 이미 자신의 사자인 질병을 보냈다고 말했다. 젊은이는 어쩔 수 없이 죽음을 따라가야 했다.("Death messengers", *Household Tales*, vol.2, Dange, 2002: 185-86에서 재인용)

그림Ⅱ.7.1 죽음을 기다리는 장소인 묵띠바반(해탈의 집), 바라나시

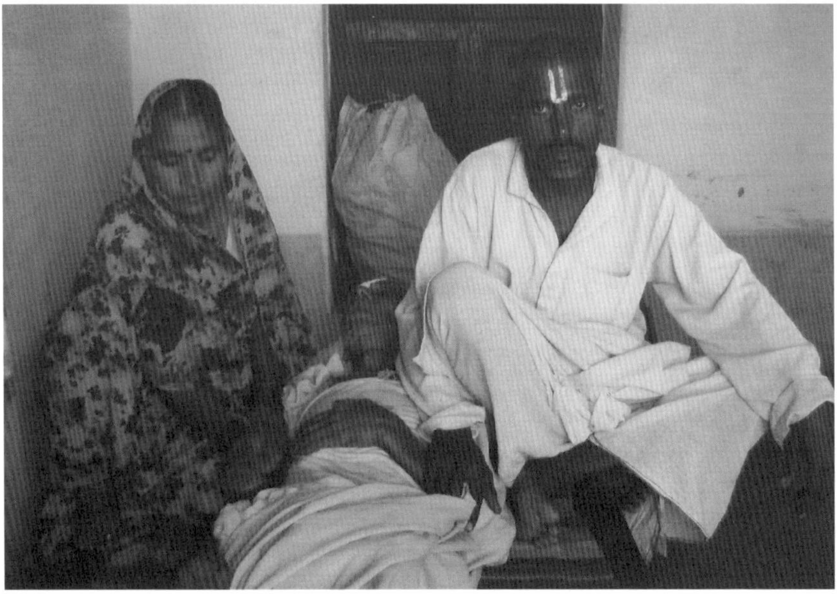

그림Ⅱ.7.2 묵띠바반에서 죽음을 기다리는 노인과 그의 가족

여기서 질병은 죽음의 필연적인 전조로 설명된다. 위 두 신화에서 질병을 죽음의 전조이자 사자로 기술하는 것은, 질병이 생명체를 죽음으로 이끄는 가장 일반적이고 중요한 요인이라는 인식에서 나온 것으로 보인다. 또한 질병은 죽음이 진 무거운 짐을 덜어주는 것으로 이해된다. 죽음이 모든 생명체에게 필연적인 것이고 질병이 죽음의 전조 단계라면, 질병은 죽음의 가장 직접적인 원인이 되기 때문이다.

개인적으로는, 죽음과 질병의 관계에 대한 이런 방식의 이해가 질병, 특히 노년의 질병을 적어도 심리적 차원에서 보다 수용적으로 받아들일 수 있게 하여 질병의 고통을 완화할 수 있을 것으로 보인다. 죽음에 이르는 과정에서 질병의 과정은 필수적으로 거쳐야 하는 단계가 되기 때문이다.

힌두 죽음 기원신화에서 죽음은 인간의 죄에 대한 벌도, 인간의 잘못된 선택이나 실수의 결과도 아니다. 죽음은 우주와 세상의 질서를 유지하는 법칙이 작동하는 과정의 일부일 뿐이다. 그런 만큼 죽음이 분명 슬픈 일일 수는 있으나 죽음 자체를 부정적인 관점으로 보지는 않는다.

신화는 죽음의 일을 맡은 므리띠유가 악신이 아님을 전달하려 애를 쓴다. 이는 므리띠유가 생명체를 파괴하는 자신의 임무를 슬퍼하며 계속해 회피하려 하자, 브라흐마가 그녀의 고통과 슬픔을 완화시키고 죽음의 책임이 죽음의 여신인 므리띠유에게 돌아가지 않도록 하는 부분에서도 잘 나타난다. 브라흐마는 완충 역할을 할 질병을 창조하고 더 나아가 죽음의 궁극적인 책임이 죽음을 맞이하는 개별존재 자신의 업보에 있다고 설명한다. 이처럼 힌두신화에서 죽음은 우주의 질서체계에 따른 불가피하고 자연스러운 과정으로 그려지고 근원적으로는 자기 업의 결과로 제시된다.

4. 힌두신화의 사후세계

사후 인간의 운명 역시 인류의 가장 큰 관심사 가운데 하나다. 인류는 다

그림 II.7.3 화장의례, 바라나시, 하리슈찬드라 가트

양한 형태와 방식으로 사후 인간의 운명을 상상하고 추정하며 나름의 대답을 찾아 왔다. 그것이 사후관이다. 그렇다면 힌두교의 사후관은 무엇이고, 그것은 신화에서 어떻게 그려지고 있을까?

앞선 장들에서 살펴보았듯이 힌두사상은 순환적 시간관과 업과 윤회사상을 가지고 있다. 그래서 우주의 생성과 소멸, 생명체의 탄생과 죽음이 반복되는 일련의 과정으로 이해된다. 이러한 이해에 따르면 죽음은 존재의 끝이 아니다. 죽음은 윤회를 통해 또 다른 탄생으로 이어진다. 이처럼 힌두사상을 포함한 인도사상은 삶과 죽음을 대립하는 것으로 보지 않는다.

힌두사상은 태어남과 죽음을 하나의 '생명 에너지(우주력, 우주의식)'의 두 측면으로 이해한다. 즉 삶은 생명 에너지가 드러난 밝은 상태로, 죽음은 드러나지 않은 어두운 상태로 이해된다. 사람의 일생을 두고 이 변화과정을 설명해보면, 생명 에너지는 태어나서 소년기를 거쳐 젊을 때 최고조에 달했다가 이후 쇠퇴과정을 밟게 되는데, 노년기를 거쳐 죽을 때 최저 상태가 되며 사후 드러나지 않는 상태로 바뀐다. 즉 죽은 상태에서 생명 에너지는 드러나지 않은 상태로 존재한다. 그러므로 죽음은 생명 에너지가 보이지 않는 상태로 변하는 것이자 비물질 상태로 존재하는 것이라고 할 수 있다.

힌두 업 사상에 따르면, 개별존재가 사후 자신의 업보에 따라 사후세계를 거쳐 재생할 때 이 에너지는 다시 드러난다. 태어남과 죽음은 마치 잠을 깨고 다시 잠드는 것과 같으며, 죽어서 재생될 때까지의 과정은 꿈을 꾸는 과정에 해당한다. 따라서 인도인들에게 사후세계는, 해탈하지 않는 한, 죽은 이의 영혼이 재생하기 전에 거치는 장소를 의미한다. 이 사후세계를 『나라다 뿌라나』는 다음과 같이 묘사하고 있다.

> 야마(염라대왕)의 거처는 아주 먼 곳에 있다. 이곳은 선행과 덕을 많이 쌓은 이들에겐 두려운 곳이 아니나 악행을 많이 하고 죄를 지은 이들에게는 무시무시한 곳이다. 덕을 많이 쌓고 정의로운 이들은 야마의 세계까지 가는 동안 편안하고 즐겁게 여행을 하므로 전혀 두려워할 이유가 없다. 음식을 기부한 이는 여행 중에 맛있는 음식을 먹고, 물을 보시한 이는 우유로 갈증을 해소하고, 옷을 기부한 이는 좋은 옷을 입으며, 땅과 집을 기부한 사람은 걸을 필요가 없다. 그들은 공중을 나는 탈것을 타고 천상의 무희인 압사라들의 시중을 받는다. 말, 마차, 곡물을 보시한 이도 이런 대접을 받는다.
>
> 하지만 죄인들은 굶주림과 갈증 속에서 야마의 하인들에게 계속 채찍을 맞으며 가야 한다. 길에는 진흙, 불, 뜨거운 모래가 놓여 있고, 우박, 돌, 무기들이 쏟아져 내린다. 어떤 경우에는 매서운 바람이 불기도 한다. 길의 어떤 곳은 어둡고 날카로운 가시가 있는 뻣뻣한 털들이 있다. 그들은 산을 오르고 동굴 속을 기어가야 한다. 죄인들은 여행 내내 고통을 당한다. 야마의 하인들은 죄인들을 계속해서 뾰족한 막대기로 찌르고 목에 올가미를 씌워 끌고 가고 또 몸에 무거운 짐을 지워 여행을 더 어렵게 만들기도 한다. 죄

인들은 때로 눈가리개가 씌워져 앞을 볼 수가 없거나 구덩이에 빠지기도 한다. 이 여행을 하는 동안 죄를 뉘우치지만 때는 늦어버려 소용이 없다.

야마 왕국에 이르게 되면 죽은 이들은 야마 앞으로 가게 된다. 야마는 네 개의 손을 가지고 있는데 그중 세 개의 손에는 고동, 차끄라, 철퇴를 들고 있다. 정의로운 이들은 야마의 환영을 받고 야마의 기분 좋은 모습을 본다. 그리고 그들이 쌓은 덕의 결실을 향유할 수 있는 곳으로 보내진다. 그러나 죄인들은 야마의 위엄 있는 얼굴 앞에서 두려움에 떨게 된다. 야마는 왕의 지팡이로 그들을 위협하는데, 이때의 야마는 천둥 같은 목소리로 말하고 22개의 팔, 붉은 눈, 무시무시한 이를 가진 모습으로 보인다.

야마의 동료인 치뜨라굽따가 죽은 이의 모든 선행과 악행을 설명하는데, 죄인들에게는 "너는 악하다. 너는 많은 죄를 지었다. 지옥에서 고통을 당하라. 이제 후회해도 아무런 소용이 없다."라고 말한다. 이후 죄인들은 지옥인 나라까로 가서 죗값을 치른 후에 재생한다. 처음에는 나무, 허브, 풀, 덩굴식물로, 그리고 나서 벌레로, 다음에는 동물로 재생한다. 인간으로 다시 태어나는 것은 대여섯 번의 삶을 산 이후다. 그러나 인간 삶에도 등급이 있다. 죄인은 무두장이 제혁업자에서 아웃카스트, 사냥꾼, 세탁부, 도공, 대장장이, 세공인, 섬유직조공, 상인에 이르기까지 점진적으로 재생한다. 어떤 이들은 부자로, 어떤 이들은 가난하게, 또 어떤 이들은 건강하게, 어떤 이들은 질병을 가지거나 기형으로 태어난다. 이처럼 각 생이 이전 생들의 업보로 결정된다.(*Narada Purana*, Debroy, et al. 2003: 63-65)

또 『바가바따 뿌라나』도 여러 욕망으로 금지된 행위를 한 이들이 경험하는 지옥을 묘사하고 있는데, 지옥은 땅 밑 남쪽에 있고 야마가 저승사자들이 데려온 죽은 이의 영혼에게 죄의 무게에 따라 처벌을 내린다. 28개의 지옥이 있고, 이곳에서 죄의 정도와 종류에 따라 다양한 종류의 고통을 당한다고 한다.

위의 신화 내용을 보면 인도인들의 사후관은, 재생 관념에 우리에게 일반적으로 익숙한 낙원과 지옥 관념이 결합되어 있는 것으로 보인다. 죽은 후에 일차적으로 생전의 행위 결과에 따라 상벌을 받고, 궁극적으로는 업보에 따른 재생조건을 통해 보다 결정적인 상벌이 주어지는 형태다. 여기서 낙원이나 지옥은 영원한 상벌 장소가 아니라 재생되기 이전까지 머무는 중간 장소의 의미만을 지닌다.

고대 메소포타미아인들은 죽음을 실질적인 삶의 끝으로, 사후세계를 어두운 그림자 나라로 보았다. 고대 이집트인들은 죽음과 죽음 이후의 과정을 영원한 세계로 넘어가는 전환기로 보았다. 한국의 전통적 사후관에서 사후세계인 저승은 이승과 단절된 별도의 공간이 아니라 이승의 확대공간이었다. 앞서 살펴보았듯이 인도인들은 탄생과 죽음을 무한히 반복되는 연결과정으로 이해하여 죽음은 새로운 재생으로 이어진다고 믿었다. 따라서 이러한 인도인들에게 죽은 뒤에 거치는 과정과 사후세계는 새로운 재생으로 가기 위한 중간과정이자 장소라 할 수 있다.

인류에게, 회피할 수 없는 죽음과 죽음 이후의 세계는 지속적인 두려움과 호기심의 대상이었다. 그렇기 때문에 인류는 죽음의 본질과 원인을 밝혀보려 끊임없이 노력해 왔고, 죽음을 극복하기 위한 여러 가지 장치들을 고안해냈다. 죽음의 기원과 사후세계를 설명하는 신화는 이러한 장치 중 하나라고 할 수 있다.

8. 삶의 궁극적 목표, 해탈과 수행자

1. 수행자 소우바리 이야기

인도 하면 떠오르는 이미지 가운데 하나가 보통 '사두(sādhu)'라 부르는 수행하는 성자들이다. 이들은 여러 성지를 유랑하거나 수행처인 아슈람(ashram)에 머물며 수행을 한다. 유랑하는 수행자들은 대개 음식을 보시받는 그릇과 기본 필수품이 든 헝겊 가방을 들고 다닌다. 사원이나 성지 입구에서 보시를 기다리며 앉아 있는 유랑 수행자들의 모습은, 때로는 걸인과 잘 구분되지 않기도 한다. 수행자들은 대개 주황색 옷을 입지만 옷을 거의 걸치지 않거나 온몸에 흰 재를 바르기도 하고, 많은 장신구로 치장을 하고 있는 수행자들도 있다. 이들은 세상에 대한 집착과 마음의 욕망을 버리기 위해 가정과 사회를 떠나 스스로 고행의 삶을 살아가는 사람들이다. 이들 중에는 높은 계급 출신이나 좋은 직업을 가졌던 사람들도 적지 않다. 이들은 왜, 스스로 힘겨운 고행을 택하면서 세상에 대한 집착에서 벗어나려 하는 것일까? 신화 속의 한 성자 이야기에서부터 그 궁금증을 풀어나가 보도록 하자.

옛날에 연못 속에서 12년 동안이나 수행을 하던 소우바리라는 성자가 있었다. 그는 수행을 하면서 물고기 왕이 자손들과 즐겁게 노니는 모습을 바라보곤 했다. 그러다 물고기 왕이 하고 있는 즐거운 생활이 부럽게 느껴지기 시작했다. 더 이상 명상에 집중할 수 없게 된 소우바리는 결혼을 해야겠다고 마음먹고 50명의 딸들을 가진 만다하따 왕을 찾아갔다. 그리고 왕에게 왕의

그림 II.8.1 사두(수행자), 바라나시, 라즈 가트

딸들 가운데서 아내를 맞아들이고 싶다는 뜻을 전했다.

왕은 몸이 불편한 나이 든 노인에게 딸을 주고 싶지가 않았다. 그렇지만 소우바리가 수행을 통해 얻은 성스러운 능력(싯디)을 가진 성자여서 거절을 하면 혹 저주를 받게 되지 않을까 두려워 곧바로 거절할 수가 없었다. 왕은 기지를 발휘하여 자기 가문에서는 신부가 신랑감을 선택하게 되어 있다고 말했다. 소우바리는 병든 늙은이에게 딸을 주고 싶지 않은 왕의 속내를 알아채고는, 딸들을 만날 기회를 한 번만 주고 한 명이라도 자기와 결혼하려는 딸이 있다면 그때 결혼을 하겠다고 청했다. 이 제안이 아주 합리적이라고 여긴 왕은 그렇게 하기로 했다.

소우바리는 강력한 능력을 지닌 성자였다. 그래서 딸들을 만나기 전에 멋진 남성으로 변신을 했다. 그의 모습이 너무도 멋져 모든 딸들이 그와 결혼을 하고 싶어 했다. 그리하여 소우바리는 50명의 딸들과 결혼하고 그들을 자신의 수행처인 아슈람으로 데려왔다. 아슈람으로 돌아온 소우바리는 모든 것을 만드는 신성한 건축가인 비슈바까르마를 불러 아내들을 위한 별궁을 짓고, 각 궁전마다 연꽃과 백조가 있는 연못, 정원, 아름다운 침대, 의자, 보석 등을 두게 했다.

얼마가 지나 딸들이 어떻게 지내는지 궁금해진 만다하따 왕은 수행자의 아슈람으로 가서 한 딸을 만나 어떻게 지내는지 물었다. 그 딸은 "저는 훌륭한 궁전에서 살아요. 이 아름다운 정원과 새들과 연못을 보세요. 좋은 음식을 먹고 멋진 옷과 보석을 걸쳐요. 저는 매우 행복합니다. 한 가지 불만이 있다면 남편이 언제나 저에게만 붙어 있고 다른 여형제들을 소홀히 대하는 것입니다."라고 대답을 했다. 왕은 그 궁전을 나와 다른 궁전에 살고 있는 딸들에게도 가보았다. 놀랍게도 모든 딸들이 똑같은 말을 하는 것이었다. 수행으로 특별한 능력을 지니게 된 성자가, 50명의 아내가 모두 자신과 함께 지내도록 자신의 모습을 50명의 소우바리로 만들었기 때문이다. 이런 모습을 어디서도 본 적이 없는 왕은 소우바리의 발에 엎드려 용서를 구했다.

소우바리는 자신이 바라던 대로 150명의 많은 아들을 갖게 되었고, 그들에게 큰 애착을 가졌다. 그러나 시간이 흐르면서 그러한 애착이 가져오는 위험을 깨닫기 시작했다. 무엇보다 그 애착(집착)이 그를 수행의 길에서 벗어나게 만들었다. 그는 물고기 왕의 삶을 본 이후로 자신이 살아온 삶이 헛된 미망이었음을 깨달았다. 그리하여 소우바리는 아내와 자식들과 지내던 생활을 떠나, 여생을 비슈누에 바치는 수행자의 삶으로 되돌아갔다.(*Visnu Purana*, Debroy, et al. 2003: 58-60)

결혼한 성자 소우바리는, 자신이 물고기 왕을 보며 부러워하던 행복한 삶을 얻었지만 세속에서의 행복한 삶도 결국은 덧없는 미망임을 깨닫는다. 그래서 다시 해탈을 추구하기 위해 수행자의 삶으로 되돌아간다. 소우바리 성자 이야기는, 수행자가 궁극적으로 추구해야 할 가치가 감각적

그림 II.8.2 옷을 입지 않는 나가사두, 바라나시

으로 즐거움을 누리는 삶이 아니라 세속의 욕망을 초월하여 해탈의 경지에 이르는 것임을 보여준다.[57] 해탈은 인도인들이 오랫동안 추구해 온 궁극적인 삶의 목표다.

인도종교와 사상에서 해탈의 가장 일반적이고 공통된 의미는, 윤회에서 해방되는 것이다. 하지만 여기에 함축된 의미는, 모든 속박에서 해방되어 완전한 자유의 경지에 이르는 것이다. 모든 욕망과 집착을 버리고 자기 안에 존재하는 신성을 실현함으로써 이 경지에 이를 수 있다고 설명된다. 그렇다면 해탈은 구체적으로 무엇이고 해탈을 얻기 위해 수행자들은 어떤 수행을 실천해 왔으며 이러한 인도인들의 사유와 행동규범을 신화는 어떻게 담아내고 있을까?

2. 인도인들의 삶의 목표, 해탈

위의 질문에 답하기 위해서는, 앞서 다룬 주제인 삶에 대한 인도인들의 관점을 좀 더 설명할 필요가 있다. 인도종교와 사상은 인간의 근원적인 문제를 진단하고 그것에 대한 처방을 제시해 왔다. 인도인들은, 산다는 것은 신체와 마음으로 이루어진 몸을 지니는 것이며, 몸은 모든 욕망이 생겨나는 토대이고 욕망은 인간을 속박하는 주요 요인이라 생각해 왔다. 인도종교와 사상들은 인간의 이러한 속박된 존재상태를 인간이 풀어야 할 근본문제인 고(苦)로 지칭해 왔다. 인도인들에게 생과 사의 순환인 윤회는 이 제약적인 고의 존재상태가 지속되는 것을 의미한다. 따라서 인도인들은 윤회의 굴레에서 해방되어 완전하게 자유로운 상태에 이르는 해탈(힌두교의 moksha 또는 불교의 nirvana 등)을 삶의 궁극적인 목표로 추구해 왔다.

사실 인도에서 진정한 의미의 종교적·철학적 성찰은 이와 같은 실존적 제약에서 자유로워지려는 열망에서 비롯했다고 볼 수 있다. 우빠니샤드 사상을 비롯하여 뒤이어 등장한 불교와 자이나교, 그리고 힌두종파와 철학파들은 모두 인간의 제약적인 실존상황을 인간이 해결해야 할 본질적인 문제로 진단하고 이와 같은 존재상황에서 자유로워질 수 있는 방법을 제시하려 한 사상들이었다.

하지만 인도인들이 해탈을 삶의 궁극적 목표로 추구해 왔다고 해서 세속의 삶과 가치들을 모두 부정한 것은 아니다. 인도인들은 현실의 삶을 부정하지 않으면서 초월적 가치인 해탈을 추구할 수 있도록 필요한 장치들을 마련해 왔다. 인간이 몸(신체와 마음)과 영혼으로 구성되어 있으므로, 영혼이 요구하는 해탈만이 아니라 몸이 요구하는 본능적 욕망(까마)을 충족시키고 풍요로운 삶(아르타)을 영위하며 사회적 의무(다르마)를 준수하는 것 등도 주요한 가치로 인정해 왔다. 이것이 삶에서 추구해야 할 네 가지 가치인 뿌루샤아르타다. 또 세속의 삶과 사회 유지에 위협이 되지 않도록 삶의 네 단계(야슈라마)를 거쳐 해탈을 추구하도록 권장해 왔다.

그리고 인간이 자유롭지 못한 보다 근원적인 원인은 욕망이므로 욕망에서 자유롭게 되어 평정한 마음 상태를 유지할 수만 있다면 몸을 지니고도 해탈의 경지에 이를 수 있다는, 해탈의 또 다른 의미를 제시했다. 이 상태는 어떠한 상황에서도 '마음의 평화와 평온'을 유지하는 것이다. 이것이 바로 '윤회에서의 해방'과 함께 대다수 인도인들이 열망하는 해탈의 의미이자 그들 종교 행위의 궁극적 지향점이다.

그렇다면 해탈을 어떻게 얻을 수 있는 것일까? 인도전통은 이 이상을 달성하는 방법으로 욕망을 버리는 삶을 제시한다. 요가와 명상은 이러한 수행의 대표적인 예다. 해탈을 추구하는 수행자들은, 수행을 통하여 전 우주가 하나임을 자각하면 자기의식 곧 에고의식을 버리게 되고, 자기의식에서 벗어나면 모든 욕망과 집착에서 자유롭게 되어 두려움이 전혀 없고 지고의 기쁨으로 가득 찬 평정상태에 도달한다고 믿는다. 이러한 해탈의 경지에 이르기 위해 하는 것이 수행이며, 수행의 삶을 사는 이들을 사두라 부르는 것이다. 신화가 그리는 수행자의 삶은 해탈을 달성하는 방법을 구체적으로 보여준다.

3. 해탈을 위한 수행과 수행자의 삶

해탈전통의 여러 문헌들은 수행자가 따라야 할 의무사항을 자세하게 규정하고 있다. 물론 모든 수행자가 문헌상의 규정들을 완벽하게 지키는 것은 아니다. 하지만 이 규정들을 통해 수행자의 삶과 그 안에 담긴 목적을 이해할 수 있다. 힌두문헌에 나타나는 규정을 살펴보기에 앞서 내용 이해를 위해 먼저 앞서 4장에서 다루었던 삶의 네 단계(아슈라마)를 간략히 다시 한 번 요약·설명하기로 한다. 인도전통은 해탈 추구가 사회에 위협이 되지 않도록 삶의 네 단계를 밟아 추구하도록 규정해 왔다. 그것이 아슈라마 다르마다.

삶의 첫 단계는 힌두사회의 구성원이 되는 데 필요한 전반적인 지식을 습득하기 위하여 학습하는 '브라흐마차리아' 단계(학생기)고, 둘째 단계는 결혼하여 가정을 이루고 공동체의 일원으로 모든 종교적·사회적 의무를 수행하는 '그리하스타' 단계(가장기)다. 셋째 단계는 대개 50세가 지나면 아들에게 가장의 의무를 물려주고 모든 사회적 의무를 떠나 숲으로 가서 수행생활을 시작하는 바나쁘라스타 단계(임처기)다. 그리고 세속적인 욕망을 다 버렸다고 판단될 때 해탈 추구에 몰두하는 산야사 단계로 들어간다. 이때가 되면 생존에 필요한 최소한의 것만을 지니고 홀로 명상과 수행생활을 한다. 이 네 단계 중, 수행자의 삶을 실질적으로 시작하는 단계는 세 번째 단계다. 이 단계에서 수행자의 삶과 의무가 어떻게 그려지고 있는지 신화의 내용을 살펴보기로 하자.

> 바나쁘라스타의 삶을 시작하려는 사람은 (가정과 종교와 관련된 자신의 모든 의무를 아들에게 물려주고) 집을 떠나 숲에서 (75세까지) 지내게 되어 있다. 음식(구근, 열매 등)과 옷(나무껍질, 풀, 잎으로 짠 옷이나 사슴 가죽 옷 등) 등을 모두 숲에서 구하고 생존을 위해 필요한 모든 것을 스스로 조달해야 한다. 여름에는 해가 아주 뜨거울 때 사방에 불을 피워놓고 몸을 노출시키는 수행(빤챠그니 사다나)을 하고, 우기에는 비가 심하게 올 때 몸을 흠뻑 적시고 겨울에는 목까지 물에 잠겨 지내야 한다. 이러한 방식으로 고행을 해야 한다. 그리고 숲에서 구할 수 있는 물건을 사용하여 규정된 의례를 준수해야 한다.(*Bhāgavata Purāṇa*, 18.1-8; 2.6)

이 시기는 모든 가정적·사회적 의무에서 벗어나 자신의 개인적인 영적 목표를 추구하기 시작하는 때다. 따라서 이론적으로는 사회로부터 배제된다기보다는 모든 사회적 의무로부터 해방되어 개인의 영적 열망, 즉 자기완성을 추구할 수 있는 단계로 들어가는 시기를 의미한다. 힌두사회의 전통 관점으로는 세 번째 단계부터를 노년으로 볼 수 있다. 세 번째 단

그림Ⅱ.8.3 빤챠그니 사다나를 하고 있는 수행자, 바라나시

계의 삶의 형태는 상당히, 어찌 보면 극단적으로 금욕적이다. 이는 종교적 측면에서 보면 욕망을 없애 완전한 자유에 이르기 위한 과정으로 볼 수 있다.[58]

위의 고행 가운데 빤챠그니 사다나를 2006년에 힌두성지인 바라나시에서 볼 기회가 있었다. 연구를 위해 한 사두와 인터뷰를 했는데, 그는 신체의 가장 핵심적인 부분만을 가린 채 거의 알몸상태로 전통적인 수행을 하고 있었다. 그 사두는 정오가 지나자 따가운 햇볕에 노출된 곳에 앉아 주변에 말린 소똥으로 불을 피우고는 2-3시간 동안 명상을 했다. 그 장소에서 2-3미터 떨어진 곳에서도 단 몇 분을 머무르기가 무척 힘들었는데, 그는 매일 그 수행을 한다고 했다.

외부인의 시각으로는 이해하기 어려운 고행이 아닐 수 없다. 하지만 오랫동안 해탈과 수행전통을 유지해 온 인도에서는 경전이 규정하고 있는 수행자의 의무를 지키는 것이어서 그리 놀랍게 받아들여지진 않는다. 인도 수행전통은 몸과 마음이 만들어내는 감각적·심리적 욕망을 극복하기 위해 이런 수행법들을 의무로 규정하고 있다.

세 번째 단계의 수행자들이 스스로 욕망을 거의 떨쳐냈다고 판단하고 다음 단계로 들어갈 마음이 생기게 되면, 마지막 단계인 산야사기로 들어간다. 『바가바따 뿌라나』는 최종 단계의 수행자인 산야신이 행해야 할 의무를 다음과 같이 기술하고 있다.

> 세상과 심지어 (죽은 후 재생하기 전까지 머무는 최고의 장소인) 천상의 삶까지도 버리려는 감정이 일면 산야사기로 들어간다. 산야신은 생명체를 해치는 일이 없도록 정결한 땅만을 밟고 물은 헝겊에 걸러 마시고 스스로 진실하다 여기는 말을 하며 양심에 따라 행동해야 한다. (아웃카스트를 제외한) 네 카스트에 속하는 어떤 집이든 방문하여 보시를 청할 수 있고, 감각과 마음을 통제하여 완전히 집착을 버리고 영혼의 해탈을 위해 홀로 유랑하는 생활을 해야 한다.
>
> 자신의 진정한 자아를 실현하는 일에 몰두하는 산야신은 모든 것을 똑같은 눈으로 봐야 한다. 한적하나 안전한 곳에서 머물고 나(신)에 대한 사랑과 헌신(박띠)으로 마음을 정결히 하는 성자는 자신의 자아가 나와 하나임을 깊이 명상해야만 한다. 영적인 지식을 사용하여 속박과 영혼 해방의 본질을 살피고, 감각의 산란함이 속박이며 감각의 통제가 목샤, 곧 해방임을 이해해야 한다. 감각을 통제하고 나에 대해 명상하며 성지를 순례해야 한다.
>
> 또한 볼 수 있는 모든 것은 소멸하게 되어 있으므로, 이 세상 그리고 다음 세상의 모든 대상에 집착하지 않는 사람은 그러한 것들을 얻기 위한 행동을 멈추어야 한다. 이 세상의 모든 것과 우리의 몸이, 우주와 모든 것의 근원이자 본질인 아뜨만에 부과된 마야(미망)일 뿐임을 깨닫고 마야를 버리고 세상을 기억하지 말며 자신의 본질인 자아(아뜨만)에 집중해야 한다. 세상에 집착하지 않고 어느 것도 갈망하지 않는 나의 신봉자는 이전에 자신에게 주

그림 II.8.4 산야신, 리시케쉬

어진 의무와 그 표징들 모두를 버리고 어떤 규율의 지배도 받지 않고 살아야 한다.(*Bhāgavata Purāṇa*, 18.12-28)

이 신화적 설명에서 해탈을 추구하는 수행자가 따라야 할 가장 중요한 의무로 제시되는 것은 신체적·심리적 욕망을 통제하는 것이다. 그리고 이것이 요가수행의 핵심 요소이다. 인도인들은 인간이 속박된 삶을 살아야 하는 까닭을, 자신의 자유로운 본질을 자각하지 못하는 무지 때문에 야기되는 욕망과 집착으로 파악했다. 따라서 자유로운 경지에 이르기 위해서는 모든 세속적인 집착과 욕망을 버리라는 무집착의 삶의 태도(산야사)가 권고되었다. 이 신화가 제시하고 있는 수행자가 지켜야 할 규율들도 이러한 무집착과 무욕망의 정신에서 비롯되고 있다. 이러한 정신이 인도인들의 삶과 문화에 미친 영향은 매우 커서, 무집착의 정신을 실천할 수 있는 다양한 종

그림 II.8.5 산야신, 바라나시 강가

교적·사회적 관행과 제도들이 확립되어 긴 기간 실천되어 왔다.

이 신화에 나오는 "모든 것을 같은 눈으로 봐야 한다"는 표현은 산야사기의 수행자는 모든 상반되는 감정과 상황에 흔들림 없는 평정함을 유지해야 한다는 것을 의미하고, "자신의 자아가 하나이며 그것이 나와 같음을 깊이 명상해야만 한다"는 표현은 우주의 근원인 신과 수행자의 본질, 즉 아뜨만이 하나임을 깨닫는 것, 다시 말해 자기 안의 신성을 실현하는 것이 해탈임을 이야기하고 있다. 또 "나의 신봉자는 이전에 자신에게 주어진 의무와 그 표징들 모두를 버리고 어떤 규율의 지배도 받지 않고 살아야 한다"는 구절은 삶의 네 번째 단계에 들어선 수행자(산야신)의 중요한 특징이 모든 종교적·사회적 의무에서 자유롭게 되어 오직 해탈만을 추구하며 수행하는 것임을 보여준다.

수행자의 이러한 특징들은 인도에서 저자가 범어를 배웠던 비물라 박사가 일반 수행자와 산야신, 특히 경지가 높은 스와미(swami)를 구분하는 다음 설명에서 잘 요약되고 있다. "수행자를 지칭하는 인도용어가 다양한데 그중 많이 사용되는 용어는 사두와 스와미다. 스와미는 엄격한 수련을 하는 수행자들이다. 그들은 세속적인 것들을 완전히 떠나야 한다. 그들은 즐거움이나 맛을 위해서가 아니라 오직 생존만을 위해 음식을 먹고, 또 거처를 정해놓지 않고 성스러운 장소들을 유랑한다. 하지만 오늘날은 한 장소에 머물기도 한다. 이러한 변화가 있다 해도 과거나 현재 모두에서 중요한 것은, 스와미는 왕이나 대통령, 정부 등 어떤 세속인이나 세속체제의 통제를 받지 않는다는 점이다. 그들은 사는 법과 스스로를 다스리는 법을 안다. 즉 스와미는 스스로를 통제할 수 있는 이들이다. 그리고 어떤 색의 의상을 입어도 무방하다. 주로 주황색의 옷을 입는 사두는 스와미 이외의 수행자들을 지칭하는 말이다."

4. 수행을 방해하는 신들과 여성

수행자와 관련된 이야기들에서 반복해 나타나는 흥미로운 주제가 있다. 신들이 수행하는 성자가 두려워 아름다운 여성을 보내 수행을 중단하게 만드는 주제다. 흔히는 인드라가 수행자의 수행을 방해하려고 천상의 무희인 압사라를 보내 수행자의 성적인 욕망을 시험하는 이야기가 많이 등장한다. 먼저 대표적 사례로 『마하바라따』에 나오는 천상의 무희(압사라) 메나까와 우르바시의 이야기, 그리고 『쉬바 뿌라나』에 나오는 인드라가 브라흐마의 아들 나라다의 수행을 방해하려 까마데바(Kamadeva)를 보낸 이야기를 살펴보자.

✪ 성자 비슈와미뜨라와 천상의 무희 메나까

왕이었던 비슈와미뜨라(Vishwamitra)는 해탈을 얻기 위해 왕위를 버리고 숲으로 가 수행자가 되었다. 그는 고도의 수행(요가와 명상을 하고 신들을 달래기 위한 희생제의를 행함)을 통해 몸과 마음이 모두 강해졌다. 그러자 신들의 왕인 인드라는 비슈와미뜨라의 힘이 자신의 능력을 능가하여 자신을 권좌에서 몰아낼까 두려워졌다. 그래서 성자의 수행을 멈추게 하려고 천상의 무희인 압사라 가운데 미모가 뛰어난 메나까를 불러 성자를 유혹하도록 지시했다.

이에 메나까는 그토록 수행력이 큰 성자를 어찌 바라볼 수 있겠느냐고 반문하면서도 인드라의 명령이니 어떻게든 성자에게 접근해보겠다고 말했다. 그리고 자신을 보호하기 위해 두 가지를 요청했다. 자신이 성자에 다가갈 때 바람 신 마루뜨(Marut)가 강한 바람을 보내 자신의 옷이 벗겨지도록 해주고, 사랑과 욕망의 신인 까마가 사랑의 화살을 성자인 비슈와미뜨라에게 쏘도록 해달라는 것이었다. 그리하여 메나까는 수행하고 있는 성자에게 다가가 그를 유혹했다. 성자는 강한 욕망이 일어나 둘은 오랜 시간을 보내게 되었다. 그 결과 둘 사이에서 딸이 태어났다. 메나까가 아이를 성자에게 건네자 성자는 메나까와 사느라 수행 생활을 잊은 것을 깨닫고 화가 나 아이를 받아들이지 않았다. 그러나 성자의 수행을 멈추게 하는 자신의 임무를 마친 메나까는 강둑에 아이를 버리고 인드라의 세계로 가버렸다. 깐와라는 성자가 그 아이를 발견하고 그 아이를 딸로 삼았는데, 샤꾸니(Shakuni) 새들이 아이를 보호해서 '새의 보호를 받는 이'란 뜻의 샤꾼딸라(Shakuntala)로 이름을 지었다. 한편 비슈와미뜨라는 다시 수행을 시작했다. 이에 다시 불안해진 인드라가 또 다른 압사라인 람바를 보내 다시 수행을 방해하려 했다. 그러나 이번에 성자는 람바의 유혹에 넘어가지 않았고 오히려 성자의 저주로 람바가 돌이 되었다. 이를 본 인드라는 성자의 분노가 자신에게도 미칠 것을 두려워하여 새로 변신해 인드라의 세계(Indra loka)로 돌아갔다.(Gupta, 2002: 7-11)

✪ 인드라와 성자 나라다

브라흐마의 아들로 뛰어난 성자인 나라다가 은둔처인 히말라야의 동굴에서 오랫동안 수행을 했다. 이에 신들의 왕인 인드라가 나라다가 자신의 왕국을 탐낸다고 여겨 크게 동요되었다. 그래서 사랑의 신인 까마에게 "당신의 강력한 지원으로 많은 고행자들의 자만심을 파괴하고 내 왕국의 안정을 유지해 왔다. 나라다가 대단한 능력으로 고행을 하여 브라흐마에게 내 왕국을 달라 청할까 두려우니 그에게 가서 고행을 방해해달라."라며 도움을 청했다. 까마는 아내 라띠와 친구 마두(Madhu, 봄)를 대동하고 가서 자신들의 모든 능력을 발휘해보았으나 실패하고 말았다. 나라다의 수행처는 이전에 쉬바가 자신의 명상을 방해하던 까마를 재로 만들었던 곳이어서, 쉬바의 통제력 때문에 어떤 영향도 미칠 수 없었기 때문이다. 하는 수 없이 까마는 인드라에게 가서 이 사실을 알리고 돌아갔다. 쉬바의 마야에 미혹된 인드라는 진실을 모른 채 아주 놀라워하며 나라다에게 감탄을 했다.(*Śiva Purāṇa*, Rudra Saṁhitā, I.2.11)

위의 신화들은 수행과 관련하여 두 가지 중요한 관념을 제시하고 있다. 하나는 금욕적 수행(따빠스)이 인드라와 같은 하위 신들도 두려워할 만큼 강력한 파워를 만들어낼 수 있으며 이 파워는 신의 파워를 능가할 수 있다는 관념이다. 또 이 관념의 이면에는 인간이 수행을 통해 진리를 깨달고 해탈의 경지에 이르게 되면 비슈누나 쉬바 신과 같은 완전한 존재가 될 수 있다는 관념이 자리하고 있다. 그래서 힌두신화에는 극심한 수행을 통해 얻은 성자의 강력한 힘을 묘사하는 이야기가 많다.

다른 하나는 본능적 욕망을 극복하는 것이 최고 경지에 도달하는 주요 방법이라는 관념과 그토록 강하고 오랜 수행도 감각적인 욕망, 보다 구체적으로는 성적인 욕망에 쉽게 무너진다는 관념이다. 그만큼 감각적인 욕망을 극복하는 일이 어렵다는 것을 시사해준다. 여기서 아름다운 여성들인 압사라[59]의 유혹이나 사랑의 신 까마는 인간 속에 내재한 감각적인 욕망을 상징하는 것이라 볼 수 있다. 이런 이유로 실제로 규율을 엄격히 지키는 수행자들은 완벽하게 욕망을 통제할 수 있는 경지에 이르지 않는

한, 여성과의 접촉을 극도로 금기시해 왔다.

이러한 경우를 여성인 저자도 여러 차례 경험한 바가 있다. 수년 전, 인도 서북부에 있는 힌두성지인 나식(Nasik)에서 한 수행자 단체를 방문했을 때의 일이다. 그곳의 젊은 수행자와 인터뷰를 하게 되었는데, 그는 저자와 최소한 2미터 정도의 간격을 유지하려 애를 썼고 어쩌다 그 거리가 좁혀지면 당황해하며 뒤로 물러나곤 했다. 또 힌두교의 최대 성지인 바라나시에서 여러 해 전에 현지조사를 하던 전통 범어학교에서 한 젊은 수행자를 만났는데, 그가 들고 있던 지팡이가 너무도 특이해서 호기심에서 그것을 만져보려 하자 깜짝 놀라며 물러섰다. 그의 반응에 저자가 더 놀라워하자 주위에서 여성이 수행자의 지팡이를 만져서는 안 된다고 조언을 해주었다.

굽따(Gupta, 2002: 1)는 수행자와 여성의 관계와 관련하여 다음과 같은 분석을 내놓는다. "신, 인간, 다이띠야 모두가 여성을 갈망해 왔으나 성자들은 여성이 명상과 희생제의를 방해한다는 이유로 기피해 왔다. 여성에게 유혹되지 않을 수 있는 누구든 마하뜨마(위대한 영혼)로 간주되어 왔다. 즉 자신의 열정을 제어하고 아름다운 여성을 보고도 자극되지 않는 남자는 성자였다. 사원 벽에 에로틱한 이미지가 새겨진 것도 부분적으로는 이런 이유에서다. 욕망은 사람을 세상에 묶어두고 그의 영적 진보에 장애가 된다. 요기(요가수행자)가 에로틱한 조각에 자극받지 않는다면 그는 영적으로 성숙해진 것이어서 사원의 핵심부인 성소에 들어갈 수 있었다."

또 굽따(Gupta, 2002: 1)는 이렇게 설명한다. 여성은 남성의 감각을 자극시키는가 하면 남성이 세상을 완전히 떠나게 하는 상반된 매력을 지니고 있다. 여성은 남성의 가장 큰 약점으로 간주되어 왔으며, 남성을 이 세상과 영속적으로 연결시키는 덫이자 환영이며 도구다. 수행하는 남성은 항상 두 가지 두려움을 가졌다. 그것은 자신들의 희생제의가 악령에 의해 방해받는 것과 여성 때문에 순결맹세를 지키지 못하는 것이었다. 이 약점을 아는 인드라가, 리시들이 영적인 힘을 얻어 자신의 왕좌를 위협하지 않도록 아름다운 처녀들(압사라)을 활용해 리시들을 유혹하게 하고 또 상당히 자주 성공한다.

굽따의 분석에서, 그리고 인도사회에서 여성은 세속을 상징한다고 볼 수 있다. 그러나 엄밀히 말하면 수행하는 남성의 적은 그들의 욕망이지 여성 자체가 아니다. 힌두전통에서 해탈의 경지에 이르는 데 있어 세속적인 것에 대한 집착과 욕망은 가장 커다란 장애로 인식된다. 특히 인도전통이 가장 강력한 욕망으로 인식해 온 것은 성적 욕망이다. 문제는 여성을 세속적인 것, 특히 성적 욕망의 상징으로 활용해 온 점이다. 실제로 여성이 수행자의 수행을 방해하는 중요한 금기 대상이라는 이러한 사고는 인도에서 여성의 지위를 낮추는 데 영향을 미치기도 했다.

5. 수행자와 구루

인도문화가 오랫동안 해탈을 삶의 궁극적인 목표로 제시해 온 만큼 인도에서 해탈을 추구하는 수행자와 수행자 전통이 일반인들의 삶과 문화에 미친 영향은 실로 크다. 특히 인도문화와 전통을 보존하고 전파하는 데 큰 역할을 해 왔다.

수행자는 보통 유랑하는 수행자와 수도원과 같은 종교조직에 속해 있는 수행자로 구분된다. 그리고 성지는 세속에 있으면서도 세속을 초월해 있는 공간으로 이 두 종류의 수행자들을 모두 만날 수 있는 최상의 장소다. 대개 힌두성지에는 수행자가 수행을 하며 제자들을 가르치는 수행처인 아슈람이나 특정 종파에 속하는 수행자들이 집단으로 거주하며 수행하는 마트(math) 등의 종교조직이나 기관 등이 있다. 이들 기관은 힌두교의 세 종파 중 하나와 관련이 있고, 정신적 스승인 구루가 각 파의 사상과 전통을 제자나 평신도에게 가르치고 일반인에게도 유포하는 일을 한다.

구루는 제자가 해탈의 경지에 이르도록 이끌어주는 영적인 안내자

그림Ⅱ.8.6 집단 수행처인 마트의 수행자들, 바라나시

(스승)로, 이 말의 뜻은 '우리의 어둠을 가져가고 빛을 비춰주는 이'다. 유랑을 하거나 종교기관에서 머물며 수행하는 많은 수행자가 세속의 사람들을 영적인 삶으로 이끄는 이러한 구루의 역할을 해 왔다. 그리고 이 구루 제도를 사용하는 인도의 전통교육은 전통사상과 문화를 전승하고 유지시키는 데 있어 중요한 역할을 해 왔다. 하지만 아래의 신화는, 특정 구루가 아니더라도 일상에서 쉽게 접하는 자연만물을 통해서도 깨달음을 얻을 수 있으므로 자연만물이 구루가 될 수 있음을 보여준다.

야다브족의 조상인 야두가 한 학식 있는 젊은이를 만나 그에게 이 모든 것을 어디서 배웠고 구루가 누구냐고 물었다. 이에 젊은이가 이렇게 대답했다.

꼭 어떤 특정한 구루가 필요한 것은 아닙니다. 땅을 보세요. 땅은 모든 생명체의 발자국으로 계속해서 상처를 받지만 그들 모두를 용서합니다. 이런 땅에게서 용서하는 법을 배울 수 있습니다. 공기를 보세요. 공기는 모든 살아있는 것들을 생명으로 채워주면서도 누구에게도 집착하지 않습니다. 공기에게서 집착하지 않는 법을 배울 수 있습니다.

하늘을 보세요. 하늘은 구름이 가로질러 움직이지만 그것으로 방해받지는 않습니다. 하늘에게서, 아뜨만(인간의 본질인 진정한 자아)은 우리의 감각이 만들어내는 변화무쌍한 감정으로도 자극받지 않는다는 것을 배울 수 있습니다. 물을 보세요. 물은 모든 것을 깨끗이 해줍니다. 물에서 정화의 덕을 배울 수 있습니다.

불을 보세요. 그것은 너무도 많은 다른 형태를 취합니다. 불처럼 빠람아뜨만(우주의 근원인 우주적 자아)도 여러 형태를 취할 수 있다는 것을 배울 수 있습니다. 달을 보세요. 달은 찼다가 기우는 것으로 보입니다. 하지만 어떤 것도 실제로 일어나는 것은 아닙니다. 아뜨만에게는 어떤 것도 발생하지 않는다는 것을 달에게서 배울 수 있습니다.

우리를 잘못된 길로 이끄는 이 모든 나타남들은 모두 환영(마야)입니다. 태양을 보세요. 여름에는 물을 거두어 갔다가 우기에는 되돌려 줍니다. 태양처럼 학식 있는 이는 감각을 만족시키는 것을 버리고 그것을 지니지 않습니다.(*Bhagavata Purana*, Debroy, et al. 2000: 114-15)

9. 해탈에 이르는 세 길

앞서 살펴보았듯이 인도종교와 철학은 해탈을 달성하는 방법으로 욕망을 버리는 삶을 제시해 왔다. 인간이 본래 자유로운 본질을 지니고 있음에도 속박된 삶을 살게 되는 원인을 욕망과 집착으로 파악했기 때문이다. 욕망이 우리를 자신의 본질을 자각하지 못하는 무지한 상태에 묶어둔다고 본 것이다. 따라서 자유로운 경지에 이르기 위해서는 모든 세속적인 집착과 욕망을 버리는 무욕망의 삶의 태도(sannyāsa)가 권고되었다. 이러한 무집착과 무욕망의 삶의 태도는 인도인들의 삶과 문화에 큰 영향을 미쳐서, 무욕망의 정신이 반영된 다양한 종교적·사회적 관행과 제도가 만들어져 오랜 기간 실천되어 왔다.

힌두사상에 따르면 욕망을 버리는 실천을 통해 자신의 본질을 자각하게 되면 전 우주가 하나임을 깨닫게 되어 자기의식(에고의식, 개별자의식)이 사라진다. 이 자기의식에서 벗어나면 모든 욕망과 집착에서 자유롭게 되어 두려움이 전혀 없고 지고의 기쁨으로 가득 찬 평정상태에 도달한다. 이것이 바로 해탈의 경지다. 이러한 해탈의 경지에 이르기 위해 하는 것이 수행이며, 이러한 수행의 삶을 사는 이들이 수행자다.

힌두교에서 해탈을 달성하는 방법은 개인의 다양한 종교적 욕구와 기질에 맞게 다양하게 제시되어 왔다. 가장 중요한 것으로 다음의 세 가지 길을 들 수 있다. 첫째는 갸냐 요가(Jñāna Yoga, 지혜의 요가, Jñāna Mārga로도 부름)다. 해탈에 관한 고전적인 이론들은, 위에서 설명했듯이, 인간이 본래 완전한 본질을 지니고 있음에도 이를 모르는 무지 때문에 세상의 모든 불완전성이 생겨나므로 자신의 참 본질을 깨닫게 되면 모든 불완전성에서 벗어나 완전함의 경지인 해탈에 이를 수 있다고 생각했다. 따라서 그들이 제시하는 해탈의 방법은 우주와 인간의 본질을 깨닫는 지혜의 요가, 즉 갸냐 요가였다. 이 요가의 가장 기본적인 실천은 자기 본질에 대한 물음과 추구를 통해 자신의 '참' 본질을 아는 것이다. 그러나 여기서 말하는 앎은 지적 지식이 아니라 실제적인 경험을 통하여 체득되는 체험적인 자각, 즉 영적 통찰을 의미하고, 이를 위해서는 명상과 요가수행이 요청된다.

힌두사상은 지식을 낮은 지식(apara vidya)과 높은 지식(para vidya)으로 구분한다. 낮은 지식은 감각과 이성을 통해 얻은 정보를 토대로 세상의 대상들을 인식하고 그들을 사용하는 방법을 배우는 지식이고, 높은 지식은 절대 실재와 인간의 본질에 관한 지식이다. 낮은 지식이 외적 사물에 대한 관찰에 토대를 둔다면 높은 지식은 자기 관찰에 근거하는 의식 자체에 관한 지식이다.

갸냐 요가는 이 높은 지식을 통해 해탈에 이르려고 한다. 지혜의 요가가 추구하는 높은 지식을 얻기 위해서 먼저 모든 이기적인 추구를 버리고 평정함, 절제, 무집착, 명상, 신앙 등의 덕목을 개발하고 구루(스승)의 지도 아래 힌두경전들을 배운다. 이어 그 경전들을 연구하고 깊은 명상을 한다. 이러한 점진적인 과정을 거쳐 진리를 직관적으로 깨달아 해탈상태에 이르게 된다는 것이다. 이 지혜의 요가는 전통적으로는 브라만, 끄샤뜨리아, 바이샤 등 상층 세 카스트에게만 허용되고 여성과 낮은 카스트에게는 허용되지 않았다. 그러나 후기 힌두교는 이들까지도 포용할 수 있는 보다 대중적인 해탈의 길을 제시하였는데, 그것이 바로 박띠 요가와 까르마 요가다.

까르마 요가(Karma-Yoga, 행위의 요가)는 세속적인 삶과 행위가 부인되지 않으면서 해탈을 추구할 수 있도록 행위를 재해석한 해탈의 길이다. 본래 모든 행위는 업을 낳기 때문에 인간을 윤회의 굴레 속에 묶어두는 요인으로 인식되었다. 그러나 (후기) 힌두교는 새로운 해석을 통하여 인간을 속박하는 요인은 행위 그 자체가 아니라 행위의 유발 요인인 욕망과 집착이라 보고, 결과에 집착하지 않고 욕망 없이 하는 행위는 업을 낳지 않을 뿐만 아니라 해방에 이르는 도구가 될 수 있다고 제시했다.

이러한 재해석된 까르마 개념이 사회윤리체계에 적용된 것이 바르나아슈라마 다르마다. 앞서도 언급했지만 이것은 사회구성원 각 개인이 힌두사회의 계급제도인 카스트에 근거하여 자기의무를 성실히 수행하고 또 사회에 위협이 되지 않도록 삶의 네 단계를 밟아 해탈을 추구하도록 규정한 사회 윤리체계다. 그중에서도 특히 바르나, 곧 카스트 의무의 수행이 핵심적이다. 즉 결과에 대한 욕망이 없이 자신에게 주어진 자기 카스트의 의무를 행하는 것, 이것이 까르마 요가의 핵심이자 해탈의 방법으로 제시된다.

셋째는 박띠 요가(Bhaktī-Yoga)다. 박띠 요가는 신에 대한 열렬하고도 헌신적인 믿음과 사랑을 통해 신과 신뢰와 사랑의 관계를 맺고 신과의 합일을 추구하는 길이다. 앞서 언급했듯이 힌두교는 일원론적 다신신앙 형태를 취해서, 힌두교도들은 다양한 신들이 실은 하나의 신이 자신을 다양한 형태로 드러낸 것이라고 주장한다. 이 '하나의 신의 다양한 나타남'에 대한 인식은 성별과 나이, 계층과 무관하게 아주 확고하고도 폭넓게 자리 잡고 있다. 많은 신들 가운데 비슈누와 쉬바, 그리고 여신들이 주요 신들로 숭배되고 있는데, 박띠는 이들 신에게 정서적으로 다가갈 수 있는 용이한 해탈의 길로, 대중들의 종교적 욕구를 가장 잘 충족시킬 수 있는 해탈의 방법이다.

박띠는 특히 현 힌두사상과 신앙에서 핵심적인 위치를 차지한다. 박띠의 목표는 신에 대한 헌신적이고 열렬한 사랑을 통해 신을 직접적으로 체험하고 신과 하나가 되는 경험을 하는 것이다. 이 박띠에서 가장 핵심적인 요소는 '대가를 바람이 없이 신에게 헌신하는 것', 달리 표현하면 '이기심 없는 사랑'이다. 이런 박띠 정신이 궁극적으로는 힌두사상이 모든 문제의 원인으로 파악하는 에고의식을 제거해준다고 보고 있다. 요컨대 박띠는 비슈누나 쉬바 등 인격신에 대한 절대적인 봉헌과 사랑이라는 좀 더 수월하고 직접적인 방법을 통해서 해탈을 달성할 수 있도록 제시된 것이다.

박띠와 관련하여 또 한 가지 주목할 점은 구루의 역할이다. 앞서 언급했듯이 구루는 해탈 추구자를 영적으로 안내하는 정신적 스승으로, 엄격한 수행과 경전 공부를 통해 지혜를 얻고 자신이 깨달은 지식과 지혜를 해탈을 추구하는 이들에게 주어 그들이 종교적인 삶을 살도록 이끌어주는 존재다. 비슈누나 쉬바와 같은 신도 최고의 구루다. 구루는 대중들에게 박띠를 가르치고 지도하는 중요한 역할을 한다.

이 세 가지 해탈의 길은 목표에 접근하는 방법상의 차이를 보이지만, 핵심 목표는 모두 에고이즘의 제거, 다시 말해 자기중심성이나 자기의식을 제거하여 욕망을 제거하고 이를 통해 해탈의 경지에 이르게 하는 것이다. 그러나 대중 힌두교의 종교수행 양태는 기복적인 성격을 띠는 경우가 많다(류경희, 2013). 힌두신화는 이야기 형태나 신이나 성자들의 설명방식을 통해 이 해탈의 길들을 다루고 있다.

주

1 차뚜르베디(Chaturvedi, 1996a: 12)는, 이 뜨리무르띠는 이슈와라를 구성하고 있는 세 구나(속성), 즉 밝고 선한 성질인 사뜨와, 역동적이고 열정적 성질인 라자스, 어둡고 둔한 따마스가 드러난 것으로, 창조신인 브라흐마는 사뜨와 구나의 표상이며 이것으로 세계를 존재하게 한다, 유지의 신인 비슈누는 라자스의 표상으로 이것으로 세상을 보존하고 유지시킨다. 해체(파괴)의 신인 쉬바는 따마스의 표상으로 이것으로 우주를 해체한다고 설명한다.

2 차뚜르베디(Chaturvedi, 1996c: 9)는 이를 전기와 전구 관계에 비유한다. 전기는 전 우주에 퍼져 있으나 전구를 통해 그 현존을 드러낼 때 인간은 그것을 인지한다고 비유적으로 설명한다.

3 그러나 힌두종파들은 다른 종교의 종파들과는 달리 경쟁적이거나 대립적이진 않다. 각 파의 주요 신을 최고존재인 브라흐만으로 상정하고 나머지 주요 신들을 그 신의 기능적 현현으로 설명하는 정도의 차이가 있고 서로 존중하는 관계를 유지한다.

4 또 사후 재생을 기다리는 조상들인 삐뜨리(pitri)도 의례를 드리는 대상이다. 후손들이 사후 의례인 슈라다(śurada)를 드리면 후손들이 의례에서 바치는 삔다(pinda)란 쌀떡으로 사후세계로 갈 수 있는 몸을 만들고 사후세계에서 일정 시간을 보낸 뒤에 재생할 수 있지만, 후손이 없거나 있다 해도 슈라다를 드리지 않을 경우 굶주리고 재생하지 못하는 유령이 되어 문제를 일으킨다고 믿는다.

5 무코빠디아이(Mukhopadhyay, 2007: 83)는 비슈누의 형상과 그 여러 요소들이 갖는 상징적 의미를 다음과 같이 설명한다. 네 팔(전능, 편재적 본질 묘사)을 지니고 보석(Kaustubha)과 귀고리(창조에 있는 지식과 무지, 행복과 불행 같은 내적 상반성 표상)로 치장하고 왕관(최고 권위 상징)을 쓰고 목에 화환(Vanamālā)을 두르고 안안따 가리개(불멸하고 무한한 뱀)를 지닌, 푸른 피부색(편재적 본성 시사)의 남성으로 묘사된다. 네 손에는 고동(Panchajanya, 물, 불, 공기, 흙, 스카이(공간) 다섯 요소가 나온 곳. 고동을 불어 나온 소리가 창조의 첫 소리인 옴), 차끄라((Sudarshana, 마음 상징. 에고를 파괴하고 진리를 보도록 해주는 무기), 철퇴(Kaumodaki, 개별존재 표상. 모든 정신적·물리적 힘이 나오는 원초적 힘 상징), 해방을 표상하는 오른쪽 아래 손이 쥐고 있는 연꽃(padma, 우주를 나오게 하는 상징. 진리, 지식 상징)을 들고 있다.

6 아드바이따(Advaita) 철학을 따르는 스마르타(Smartha)파는 비슈누와 쉬바를 궁극적 실재인 브라흐만의 여러 형상으로 간주하나, 비슈누파인 바이슈나비즘은 비슈누를 궁극적 실재로 간주한다. 즉 비슈누가 모든 인격적 특성을 초월하면서도 신봉자에 대한 은총으로 인격성을 띨 수 있다고 생각한다(Mukhopadhyay, 2007: 72).

7 『바가바따 뿌라나』가 24아바따라를 언급하나 실제로는 22아바따라를 기술하고 있다.

8 아리아인들 이전 하랍빠 문명의 유물인 원형적 쉬바(Proto-Shiva)는 요기의 모습을 하고 있는데, 일부 학자들은 이에 근거하여 쉬바 신앙과 요가의 기원을 아리인들 이전 시기로 보면서 쉬바 신앙과 요가가 서사시 시기 이후에야 중요한 역할을 하게 된 이유를 설명한다. 『베다』 종교가 주로 희생제의와 연관되나 서사시 시기에 따빠스나 요가, 즉 금욕주의가 보완되어서 후기의 루드라-쉬바는 『베다』의 루드라와 달리 고행자인 마하요기로 등장한다고 설명한다(Chakravarti, 2002: 32).

9 차끄라바르띠(Chakravarti, 2002: 64)는 쉬바 신앙의 제신앙 융합 측면을 인도인들을 구성하는 네

종족, 즉 드라비디아족, 몽골로이드, 아리아인들, 오스트로 아시아어족(Austro-Asiatics, 남아시아어족)과 연관 지어 설명한다. 요가와 뿌자, 박띠는 드라비디아와 오스트로 아시아어족에서, 모신은 드라비디아족에서, 남근, 황소와 뱀신앙, 루드라는 오스트로 아시아어족에서 유래한 것으로 추정한다.

10 한 예로 기독교의 창조신화는 이렇게 시작된다. "태초에 하나님이 천지를 창조하시니라 땅이 혼돈하고 공허하여 흑암이 깊음 위에 있고 하나님의 신은 수면에 운행하시니라 하나님이 가라사대 빛이 있으라 하시매 빛이 있었고 그 빛이 하나님이 보시기에 좋았더라. 하나님이 빛과 어둠을 나누사 빛을 낮이라 칭하시고 어둠을 밤이라 칭하시니라 저녁이 되며 아침이 되니 이는 첫째 날이니라(구약 창세기 1장)." 이어 하늘과 땅과 바다, 즉 자연 만물을 만드는 과정이 기술된다.

11 브라흐마가 여러 신화에서 자주 등장하기는 하나 창조 역할을 제외하면 그다지 중심적인 역할을 하지는 않는다. 신화에서 하위 신들이 그에게 도움을 청하면 대개 비슈누나 쉬바의 도움을 청하도록 조언하는 역할을 하는 정도다. 이것은 그의 지위 약화 때문일 수 있고, 그의 역할이 창조이므로 창조가 이루어진 이후 세계의 유지나 해체 기능에 있어서는 그 중요성이 약할 수밖에 없어서일 수도 있다.

12 여기서 루드라는 해체 기능을 담당하는 쉬바라 할 수 있다. 흔히 루드라-쉬바로 지칭한다.

13 이후 다뤄지는 창조의 두 단계 내용은 류경희, 2012, 「쉬바파 『뿌라나』에 나타나는 종교사상과 의례의 성격」, 『남아사아연구』 제17권 3호, 한국외국어대학교 남아사아연구소, 87-91쪽의 내용을 수정·보완한 것이다.

14 『쉬바 뿌라나』가 쉬바파의 문헌이므로 근원실재인 브라흐만을 쉬바로 기술하고 있다.

15 이것은 남녀원리로 나눠지는 것과 같다.

16 미세 원리인 지각 기관, 즉 귀(청각), 피부(촉각), 눈(시각), 혀(미각), 코(후각).

17 거대(gross) 요소인 입(말하기), 손(잡기), 다리(움직이기), 성기(생식) 등과 마인드(지식 및 행동기관).

18 메소포타미아 우주창조 신화에서 마르둑은 자신과 겨뤄 패배한 티아마트의 몸체로 우주(하늘, 땅, 심연)를 만들고, 신들의 노역을 덜어주기 위해 티아마트의 두 번째 남편인 킹구를 살해해 그의 피로 인간을 만들었다. 이는 인류와 자연계가 모두 같은 신적 재료로 만들어졌음을 보여주고, 인간은 신에게 봉사하기 위해 창조된 것임을 보여준다.

19 중국의 창조신화에는 도, 태극과 오행, 자발적 생성과 관련된 우주론이 있고 반고신화는 자발적 생성, 즉 변화, 소멸, 재생성의 창조관을 담고 있다. 반고신화를 간략히 정리하면 다음과 같다. 아득한 옛날에 알 같은 우주 속에 거인 반고가 잠들어 있었다. 긴 잠(18,000년)에서 깨어나니 어둠뿐이었다. 그리고 반고를 감싸고 있던 우주 내부의 기운들(음과 양)이 움직이기 시작하더니 그것이 둘로 갈라져 땅과 하늘이 되었다. 반고는 땅과 하늘이 다시 붙지 않도록 땅을 누르고 하늘을 떠받치고 섰다(18,000년간). 그 사이 둘 사이가 멀어지며 반고의 키가 커졌고 둘은 다시 붙지 않게 되었다. 이리되자 지친 반고는 기력이 다하여 죽게 되었다. 반고가 죽은 후 그의 시체로부터 세상 만물이 나왔다. 숨결에서 바람과 구름이, 목소리에서 천둥이, 양 눈에서 해와 달 등이. 또 원초적 상태인 혼돈(混沌 hun-tun, primordial chaotic monad)이 (원초적 하나에서 천지의 이원적 구조로 쪼개지는) 자발적인 분화과정 또는 (원초적 동물조상의 하나의 몸에서 우주의 여러 다양한 부분이 변형되어 나오는) 전환과정을 통해 현상계의 다양성을 낳았다. 이 혼돈은 반고(盤古)로도 묘사된다. 혼돈 창조 시나리오 밑에 깔린 구조와 논리는 음양 우주론 체계와 천지 두 사물 간의 중개 원리 개념(예: 氣)과 관련된다. 이 신화를 분석해보면 하늘과 땅은 자발적인 생성이고, 반고는 티아마트와 달리 살해되는 것이 아니라 스스로 힘이 다해 죽는다. 인도 『리그베다』의 뿌루샤 찬가는 자발적 생성과 소멸, 그리고 재생성의 창조관이다.

20 한 예로 *The Concept of Dharma in Valmiki Ramayana*(1963)의 저자인 칸(Khan, 1983: 24-25)은

모든 다르마의 근원을『베다』의 리따 개념에서 찾고 있다.

21 칸(Khan, 1983: 373-78)은, 각자의 사회적 위치에 따른 의무로서의 다르마에 해당하는 행위로, 정해진 의무, 옳은 것, 종교적 의무, 카스트 의무, 국가의 세속법, 관습 등을 들고 있다. 또 칸(Khan, 1983: 40)은 다르마가 상대적임을 지적한다. 종교인에겐『베다』의 가르침, 윤리적 인간에겐 좋고 나쁜 것을 구별하게 해주는 양심의 소리, 일반인에겐 관습과 전통, 율법학자에겐 세속법, 철학자에겐 모든 것을 결합시켜주는 형이상학적 원리라는 것이다.

22 예를 들어 전형적인 선과 악의 인물들(람은 타자에 대한 봉사에 헌신하는 인물, 락슈만은 이상적 형제이자 현실철학을 지닌 행동가, 바라따는 자기희생과 봉헌의 구현, 께이께이는 권력욕으로 모든 것을 파괴하는 인물, 라바나는 여러 죄를 짓는 인물)을 통해 보여준다고 지적하고 덧붙여 라바나가 간혹 선을 행하기도 해서 시따에게 "강제로 여성을 납치하는 것이 (아수라로서의) 우리의 다르마이나 당신은 바람기 있는 여성이 아니므로(즉 다르마를 충실히 지키는 여성이므로) 당신 동의 없이 강제로 범하지는 않겠다."라고 한 말을 언급한다(Khan, 1983: 1-6).

23 몸과 몸에 있는 감각이 대상과 접촉하면 여러 감정이 생겨나게 되는데, 이 감정들은 변하고 사라지고 일시적이며 실제로는 존재하지 않는다.

24『기따』의 주석자인 고얀드까(Goyandka, 1992: 144)는『기따』의 야겨(희생제의) 개념을 다음과 같이 설명한다. 즉 야겨가 주로 5대 희생제의 의미로 사용되기는 하나『기따』에서 경전이 규정하는 행위, 인간봉사를 위해 이루어지는 모든 인간활동을 포함하는 모든 선행과 좋은 활동을 의미한다고 지적한다. 세계질서의 효율적인 작동과 모든 존재의 적절한 유지와 성장이 다섯 존재인 신, 리시, 조상, 인간, 기타 피조물들의 상호작용에 의존하며 모두가 상호작용을 통해 자신들의 유지와 영향을 얻는다는 것이다. 신은 모든 존재가 바라는 즐거움을 제공하고, 리시는 지혜로 그들을 깨닫게 하며, 조상은 자손의 복지에 관심을 기울이고 그들을 돌보며, 인간은 행동으로 모든 존재에 봉사하고, 짐승, 새, 식물 등도 다른 존재들에 봉사한다. 즉 모든 존재가 각자의 몫을 지닌다는 것이다. 이 중 인간이 능력, 자격, 자원 등으로 해서 전 존재를 돌보아야 할 책임이 있으며, 이것이 경전이 규정하는 행위를 통해 전 존재에 봉사해야 할 이유라는 것이다.

25 비슈누가 우주의 근원실재로서의 브라흐만임을 시사한다.

26 바르나아슈라마 다르마가 힌두사회의 윤리기준임을 시사한다.

27 다른『뿌라나』에서는 교역, 동물 관련 일 등을 첨가한다.

28 여기서 사용한 두 문헌이 비슈누파의 문헌이기 때문에 여기서 신은 비슈누로 제시된다.

29 이 삶의 단계는 사회적 측면 외에 인간의 생체심리학적 측면도 지닌다고 생각된다. 생체적으로는 인간의 신체적 성장과정에 따라 삶의 네 가치를 추구하며 살기에 적합한 삶의 형태와 방식을 제시해주는 것이고, 심리적으로는 인간의 욕망과 마음의 제어가 단번에 이루어질 수 있는 것이 아니므로 단계적으로 해나가도록 하는 체계라고 할 수 있다. 이와 관련하여 제나(Jena, 2003: 91)는 욕망의 끈은 쉽게 가라앉힐 수 없고 마음도 통제하기 힘들다, 훈련되지 않은 마음은 갑작스런 욕망을 정복할 수 없다, 그래서 뛰어넘기보다는 단계적으로 살아가는 것이 좋다고 말하면서 아슈라마체계를 이렇게 단계적으로 이끄는 체계로 보고 있다.

30 한 예로 미국의 종교학자이자 신화학자인 오플래허티의 *The Origins of Evil in Hindu Mythology*(1976)는 인도종교 전문가뿐 아니라 종교학을 연구하는 학자들에게도 고전으로 평가받고 있지만, 인도의 일부 학자들은 인도의 사상적·문화적 특성을 고려하지 못한 문제, 즉 인도신화의 역사적·문화적 맥락을 고려하지 않고 너무 쉽게 일반화하고 있다는 문제를 지적한다(류경희, 2002: 113).

31 당게(Dange, 1997: 231)는 이 신화에서『리그베다』의 천상수 방출 관념(adris가 kalasa에서 소마즙을 만들어내는)과 세계창조와 비의 도래와 관련된 대중의 관념이 결합되어 나타난다고 보고 있다.

32 지상과 바다의 모든 생명체가 해체되는 상황에 대한 묘사라 할 수 있다.

33 아므리따를 쟁취하기 위해 양측이 서로 속임수를 쓰는데, 여기서는 아수라가 속임수를 쓰는 경우로 비슈누조차도 이 속임수를 알아채지 못하고 있다. 오히려 달과 태양이 이를 알아채고 알려주고 있는데, 이는 비슈누가 최고신으로 제시되나 전지한 존재는 아님을 보여준다.

34 이는 개기일식과 개기월식에 대한 신화적 묘사라 할 수 있다.

35 쁘라자빠띠에게 데바와 아수라 두 범주의 아들들이 있었다. 아수라의 수가 데바보다 많았고, 이들은 세상의 주인이 되려고 서로 겨루었다. 신들이 희생제의로 아수라들을 능가하자고 말했다 (*Brihadranyaka Upanishad*, I.3.1).

36 이 신화에서는 선과 악 주제 외에도 힌두신화에서 중요한 여러 주제들이 다뤄지고 있다. 비슈누와 락슈미의 아바따라, 앞서 다룬, 창조주(쁘라자빠띠나 브라흐마)가 창조를 위해 암소나 자신의 딸을 추적하는 모티브와 같은 쁘리투가 땅을 추적하는 모티브, 바라는 바를 얻는 수단으로서의 희생제의, 아내가 남편이 사망하면 함께 화장되는 관습인 사띠 등이 등장하고 있다. 이 밖에도 땅의 풍요력 상실과 그 회복 주제가 나오는데, 이는 그리스신화의 데메테르 이야기를 생각나게 한다. 『비슈누 뿌라나』에 나오는 이 이야기를 정리하면 다음과 같다.

(비슈누의 화신인 아들) 쁘리투는 (락슈미의 화신인 딸) 아르치와 결혼을 했다. 쁘리투는 강력한 왕이었다. 대양 물이 그가 지날 때면 흔들렸고 산은 그를 위해 길을 내어주었다. 그의 깃발은 결코 내려지지 않았고 땅은 경작하지 않아도 곡물을 생산했다. 암소는 많은 우유를 주고 꽃들은 풍부한 꿀을 주었다(태평성대 묘사). 쁘리투는 태어나자마자 야겨(희생제의)를 행했다. 이 야겨에서 수따와 마가다가 태어났다. 그러나 선대의 사악한 왕인 베나가 죽고 쁘리투가 태어난 사이의 짧은 기간 중에 땅에는 왕이 없었다. 그래서 땅이 번성하지 않았다. 식물이 지상에서 사라지고 사람들은 굶주렸다. 사람들은 쁘리투에게 가서 식물의 복원을 청했다. "저희를 구원해주십시오. 땅이 모든 곡물과 식물의 씨를 삼켜버렸고 곡물이 자라지 않습니다. 기근을 막아주세요." 그러자 쁘리투는 식물을 얻기 위해 활과 화살을 땅에 겨누었다. 땅이 달아나자 활을 들고 땅을 따라가기 시작했다. 그러자 땅은 암소로 변해 달리기 시작했고 쁘리투는 땅이 어디로 가든 쫓아갔다. 쁘리투는 마침내 땅을 잡고 곡물과 식물을 부활시키도록 요청했다. 그러자 땅은 "나를 파괴하지 마세요. 내가 그리되면 당신과 당신의 백성은 어디서 살 건가요? 당신이 바라는 것은 무엇이든 주겠습니다."라고 말했다. 쁘리투는 땅이 정상으로 되돌아와 다시 비옥하게 되게 산을 자신의 활로 평평하게 만들었다. 초기 창조 시에는 없던 도시, 마을, 곡물, 동물, 농경, 교역 등이 쁘리투로 해서 존재하게 되었다. 이것이 땅이 쁘리티비(Prithivi)로 불리는 이유다. 쁘리투는 100번의 아슈와베다를 하기로 결정했다. 이것이 인드라를 방해해서 그 자신이 100번의 아슈와베다 야겨를 행해 샤따끄라뚜(Shatakratu)란 명칭을 얻었다. 이제 쁘리투가 같은 영광을 얻을 상황이었다. 인드라는 질투심이 생겨서 희생제의의 핵심 요소인 말을 몰래 훔쳤다. 이를 눈치챈 성자 아뜨리가 쁘리투의 아들에게 이를 알렸고 그는 인드라를 추적하여 말을 되찾았다. 그러나 인드라가 말을 훔치고 그것을 아들이 되찾는 일이 되풀이되자 쁘리투는 크게 분노하여 인드라를 살해하기로 했다. 하지만 브라흐마가 그 일이 바람직하지 않다고 확신시켰다. 인드라는 신들의 왕이었다. 쁘리투는 이미 99번의 아슈와메다를 마쳤고 남은 한 번의 아슈와메다가 뭐 그리 큰 문제가 될 것인가? 후손들이 쁘리투를 인드라보다 더 위대한 인물로 기억할 것이다. 쁘리투는 브라흐마의 말을 받아들여 인드라와 친구가 되었다. 또 쁘리투는 네 명의 브라흐마 리시의 조언을 받아들여 그 조언에 따라 통치했다. 여러 해가 지난 후 왕위를 아들에게 물려주고 금욕수행을 행하려 숲으로 갔다. 그는 죽어서 비슈누로까(바이꾼타)로 갔다. 그의 아내 아르치도 남편의 화장식 때 화장되어 바이꾼타로 갔다.(*Vishnu Purana*, Debroy, et al. 2000, 19-21)

37 이와 관련하여 올리벨(Olivelle, 2009: 233-34)은 일부 학자들이 『마하바라따』는 다르마의 본질을 확립하는데 필요한 문제들을 탐구하고 『라마야나』는 모든 올바른 노력과 추구에서 다르마가 가장 중요하다는 점을 강조하는 것으로 파악하고 있다고 지적한다.

38 싱은 'god'으로 표현하고는 있지만 데바로서의 신이 아니라 비슈누나 쉬바 등 최고신으로서의 바가완을 의미하는 것이므로 구분을 위해 저자가 '최고'란 용어를 덧붙였다.

39 이는 상캬이론에 근거한 설명이다.

40 또 그(Singh, 1984: 22-23)는 인간상황(조건)에서는 우리의 도덕 인지력과 결정력이 부족하여 선이 완전하게 구현될 수 없음을 지적하며 아르주나의 예를 든다. 아르주나가 마하바라따 전투 초기에 동족을 살해해야 하는 상황을 마주하고 비탄에 잠겨 전쟁에 참여하길 거부하는 상황에 대해, 그것이 아르주나가 도덕적 인식력과 도덕적 결정력이 적절하게 조화를 이룰 수 있도록 윤리적 동기를 완전히 재정향시키지 않았기 때문이라고 분석한다.

41 불교의 가르침을 의미한다.

42 신이 신실한 아수라를 고의적으로 타락시켜 파괴하는 것은 아수라의 파괴가 신의 의지나 마음대로 되는 것이 아니라 어떤 조건을 갖춰야 가능하다는 사실을 보여준다.

43 고행, 즉 따빠스를 행하도록 조언한 것이라 할 수 있다. 힌두신화에서 따빠스는 희생제의와 함께 원하는 것을 달성하는 방법이자 초월적 능력을 갖추게 해주는 방법이기도 하다.

44 이 구절은 비슈누 역시 업 법칙에서 자유롭지 못함을 시사해주는데, 일반적으로는 비슈누나 쉬바 같은 바가완, 즉 최고신은 업 법칙에 종속되지 않은 것으로 설명된다.

45 죽은 이를 살리는 능력 역시 따빠스를 통해 얻은 능력이다.

46 이는 행위의 결실은 없앨 수 없다는 업보 관념을 드러낸다.

47 강한 따빠스에 의한 무기를 상징한다.

48 이 신화는 구루의 존재가 힘을 얻거나 잃는 데 있어 핵심적인 역할을 한다는 점을 보여주는데, 이는 인도문화와 사회가 구루와 구루의 역할에 부여하는 중요성을 말해준다.

49 학자들이 '악의 필요성'으로도 사용하고 있고 또 이 표현이 적합성이 없는 것은 아니나, 힌두 세계관에 근거하여 엄밀히 말한다면, 악이 우주를 구성하는 두 세력 가운데 하나이므로 우주가 존재하는 한 악은 필연적으로 존재할 수밖에 없다는 점에서 '악의 필연성'으로 표현하는 것이 더 적절하다고 생각된다.

50 또 빠딴에이크(Pattanaik, 2003: 91)는, 데바와 아수라 투쟁신화에서 비슈누나 쉬바 또는 두르가나 깔리 같은 각 종파의 최고신들이 개입하는 모티브는 이 신화소의 고대본(『베다』)에선 없었으나 유신론이 다시 부상하면서 나타나기 시작했고, 또 각 유신론 종파가 자파 신의 우위성을 확립하기 위해 이 주제를 많이 사용하게 된 것이라 설명한다.

51 "내가 설파한(그리고 내게로 이끌어주는) 봉헌과 영적 지혜와 정의로운(욕망 없는) 행위의 길(즉 해탈에 이르는 세 길)을 버린 이는 감각적 즐거움을 추구하고 세상에서 다양한 종으로 계속해 배회한다(재생한다). 경전이 자격 있는 것으로 규정한 자신의 의무를 잘 수행하는 것이 덕 있다 기술되고 그 반대의 것(예를 들어 자격 없이 타인의 의무를 행하는 것)은 잘못이다. 사물(또는 행동)이 유사하다 해도 이들에 대한 경향을 제어할 수 있도록 하는 지침으로 정결함과 부정함, 덕과 흠(결점), 길함과 불길함 같은 구분이 이뤄진다."(*Bhagavata Purana*, skandha XI.21.1-3)

52 여성 전체가 별도의 계급, 즉 슈드라로 분류되고 여성의 의무와 덕목이 남성의 그것과 다르다.

53 빤디뜨(Pandit, 2009: 137-38)에 따르면 삶의 네 가치 또는 목표에서 다르마가 먼저 오는 것은 다르마 준수 없이 다른 세 가치가 달성될 수 없기 때문이고, 목샤가 끝에 오는 것은 앞의 세 가치를 달성해야만 그 달성이 가능하기 때문이다. 그(Pandit, 2009: 138)는 또 다르마는 개인이 사회, 국가, 세계에 대한 의무를 수행하면서 아르타와 까마를 달성할 수 있도록 돕는다고 지적하고, 이 점에서 힌두 윤리는 개인의 욕망과 정서를 억압하는 것이 아니라 모든 에너지가 낭비되지 않도록 통제된 방식으로 그것들을 만족시키도록 하는 것이라고 주장한다.

54 슈드라 집단이 깔리 여신에게 희생제의를 드렸음에도 깔리가 그들을 살해한 것을 어떻게 이해해야

할까? 깔리 신앙이 동물 희생제의 전통(예전에는 일부 인신공희도)을 지녔던 것과는 달리 비슈누 신앙은 살생이 따르는 공물을 금지하는 종파다. 따라서 이 부분에 깔리 신앙의 동물 희생제의 관행을 타파하려는 비슈누파의 의도가 담긴 것으로 볼 수 있다.

55 인도 학자 빤디뜨(Pandit, 2009: 117)에 따르면 힌두 윤회이론은 네 가지 기본원리에 토대를 둔다. 즉 아뜨만(영혼)의 영원성, 마야(원초적 무지)의 존재, 까르마 법칙, 아뜨만의 해방이다.

56 위의 세 몸은 아래와 같은 다섯 집(sheath, body cells)으로 구성된다. 1. 육신 집(annamaya kosha), 2. 감각들이 기능하게 하고 생명을 유지시키는 쁘라나 집(pranamaya kosha), 3. 인지, 인식, 기억, 이해의 토대가 되는 멘탈 집(manamaya kosha), 4. 지성, 에고이즘, 상상 관련 기능의 토대인 지적 집(vijnanamaya kosha), 5. 영혼의 집인 아뜨만의 집(anandamaya kosha). 육신, 쁘라나, 멘탈 집들은 죽음으로 소멸되고 새로운 삶에서 다시 성장한다. 반면에 지적 집과 영혼의 집은 윤회하는 몸이다. 아뜨만이 해탈을 달성하면 뱀이 허물을 벗듯이 모든 몸을 떨어뜨린다. 이것이 빤챠 꼬샤(pancha kosha) 이론이다(Pandit, 2009: 118-19).

57 이 신화 끝에 나오는 '비슈누 신에 바치는 수행자의 삶'이란 표현은 소우바리가 힌두교의 해탈에 이르는 주요 방법들 가운데 신에게 지극한 사랑과 헌신을 바치는 수행법인 박띠, 그중에서도 비슈누에 대한 박띠를 통해 해탈을 추구하는 수행자임을 보여준다.

58 하지만 경제적 측면에서 해석해본다면 많은 인구에 식량과 물자가 부족했던 인도사회의 경제사정이 작용한 것으로 볼 수도 있지 않을까 싶다.

59 힌두교에서 압사라는 신들과 천상에 거주하는 무희들로 그 수가 수천을 넘는다. 주사위놀이를 좋아하고 행운을 가져다준다고 한다. 뛰어나게 아름다운 외모와 신체를 지니고 있고, 보통 옷을 걸치지 않은 모습으로 묘사된다(Bunce, 2000: 48). 특히 우루바시는 가장 아름다운 압사라로 신이든 인간이든 그녀의 매력에 빠져든다. 힌두신화에서 압사라들은 데바와 아수라들이 아므리따를 얻기 위해 우유대양을 저을 때 나온 존재다. 그런데 데바와 아수라들이 모두 그들과 결혼하기를 거부해 그 두 집단 모두의 공동 자산이 되어 그들을 즐겁게 해주는 여성들이 되었다. 압사라는 『리그베다』에서부터 등장한다. 천상의 악사인 간다르바의 아내들로 신들을 위해 춤추고 노래를 하는 일을 하는데, 이들과 사랑에 빠지는 것은 위험한 일로 묘사된다. 또 『뿌라나』에서는 닥샤의 딸들로 등장하고 불교에서는 따바띵사(Tavatiṃsa) 천에 살면서 아침에 신과 여신들을 깨우고 춤과 노래로 신들을 즐겁게 해주는 인물로 등장한다. 힌두신화에서처럼 사까(Sakka, 제석)는 때로 수행자들을 유혹하도록 이들을 지상으로 내려보낸다(Bhattacharya, N., 2001: 28-30). 압사라는 34명의 세속(loukika) 압사라와 10명의 신성한(daivika) 압사라 두 부류로 나뉜다. 신성한 성자의 수행을 방해하는 압사라는 후자다. 그들은 천상의 악사들인 간다르바와 놀기를 좋아하고 그들 중 34명은 대기하고 있다가 인드라의 명령을 수행한다(Gupta, 2002: 2).

III부

문화 속에 살아 있는 신화

신화가 살아 있는 지역에서는, 신화가 문화의 다양한 분야에서 기능하며 사람들의 삶에 영향을 미친다. 따라서 신화의 사회적·문화적 기능을 파악하고자 한다면 신화를 문화와 연계해 이해하는 것이 필요하다. 인도는 대표적인 사례가 될 수 있다. 인도는 종교적 성격이 강하고 지금도 신화가 문화 속에 살아 있는 나라다. 그런 만큼 인도의 주요 관습과 제도는 신화와 밀접히 연관되어 있다. 신화적 사유와 관념이 사회제도나 문화관습의 근저에 자리하고 있고 신화적 주제와 사건들이 여러 문화 분야에서 활용되고 있다. III부에서는 신화와 관련되는 이러한 인도의 주요 관습과 제도를 신화의 사회적·문화적 기능의 관점에서 파악해보려고 한다. 이를 위해 인도사회의 계급제도인 카스트제도, 대중적인 신앙 형태인 박띠, 인도문화의 주요 요소인 축제, 그리고 여성 관련 관습과 제도를 신화 자료와 현지조사 연구를 사용해 다룰 것이다. 이 과정을 통해 신화가 문화이해에 유효한 도구임을 확인하게 되리라 기대한다.

1. 신화, 문화이해의 통로

낯선 문화를 접하거나 낯선 곳을 여행하다 보면, 그곳 사람들의 관습이나 제도를 이해하기 어려울 때가 많다. 이 어려움은, 여행자가 그곳 사람들의 사고나 행동양식에 친숙하지 않은 데다 그들의 제도와 관습이 갖는 사회적·문화적 의미를 모르는 데서 생겨나는 것 같다. 말하자면 문화적 차이가 이해의 장벽을 만들어낸다. 이런 이해의 장벽 문제를 생각할 때마다 떠오르는 영상물이 하나 있다. 인도 북부 히말라야 지역에 사는 한 티벳 부족의 삶을 다룬 다큐멘터리다. 이 영상물에 과거 우리의 고려장과 비슷한 풍습이 나오는데, 관련 장면에서 낯선 관습을 이해하는 문제에 대해 깊은 생각을 하게 된 적이 있다.

다큐멘터리 속의 티벳 부족은 유목민으로, 새로운 주거지를 찾아 떠날 채비를 하고 있었다. 그런데 고령의 한 노인을 산악지대의 황량한 벌판에 남겨둔 채 떠날 준비를 하는 모습이 의아하게 비춰졌다. 간단하게 천막을 치고, 노인이 숨질 때까지 필요하다 예상되는 한 달 치가량의 식량과 화덕을 노인 곁에 놔두고는 떠나려 했다. 거동이 불편한 점을 빼고는 모든 것이 정상인 노인을, 죽음을 재촉할 상태로 방치하고 떠나는 그들의 행동이 처음에는 쉽게 납득되지 않았다.

그러나 이어지는 몇 컷의 장면이, 아무런 설명이 없는 영상만으로도 그 풍습을 이해하게 해주었다. 떠나는 날, 노인의 아들과 손자는 작별인사를 하기 위해 그 노인에게로 다가갔다. 그들은 노인에게 절을 하다가, 차마 일어나지 못한 채 얼굴을 땅에 대고는 울음을 터뜨렸다. 오히려 남겨질 노인이 평온한 표정으로 자신도 아버지를 그리했고 그렇게 하는 것이 관습이니 섭섭하지 않다며 그들을 위로했다. 어쩔 수 없는 인간의 한계적 생존

상황이 가슴 아프게 다가왔다. 자식들이 노인을 버리고 싶어서가 아니었다. 새로운 거주지를 찾아 한 달 간격으로 이동해야 하는 유목민들로서는 거동이 불편한 노인과 동행할 수 없었기 때문이다. 이렇게 그들 관습의 문화적 배경, 즉 유목민의 생존을 위해 어쩔 수 없이 생겨난 풍습이라는 점을 알고 나니 그들의 관습을 이해할 수 있었고, 더 나아가 인간에게 주어진 삶의 조건이 풍습과 문화에 얼마나 커다란 영향을 미치는가를 좀 더 깊이 이해할 수 있었다.

이처럼 다른 문화나 사회의 관습이 생겨나게 된 역사적·문화적 배경을 알지 못하면 그것을 올바로 이해하기 어려울 수밖에 없다. 게다가 우리에게는 우리의 기준과 잣대로 성급하게 이해하거나 평가하는 경향이 적지 않게 있다. 문제는, 이러한 태도가 자기 문화 우월주의와 결합될 때 그 결과는 단순한 오해나 곡해에 머물지 않고 때로는 폭력적이고 파괴적일 수 있다는 점이다.

그렇다면 다른 사람들의 낯선 제도나 관습을 어떤 관점과 태도를 가지고 이해해야 할까? 보이는 현상을 그저 우리의 관점과 잣대로 이해하고 판단할 수도 있다. 그러나 이러한 이해 방식으로는 우리와 다른 조건에서 살아온 이들의 관습을 올바로 이해하거나 평가하기 어렵다. 그들이 왜 그러한 제도와 관습을 만들어내고 유지해 왔는지, 그 배경과 이유를 먼저 이해해보려는 태도가 필요하다. 이 책이 인도인들의 관습과 신화를 연결해 다루는 이유도 여기에 있다.

개인적으로는, 요즈음 자주 언급되는 세계화나 지구화가, 세계가 하나의 체계 아래 놓여 있다는 의미로 받아들여지지 않기를 바라고 있다. 세계화는 오히려 세계 여러 지역의 문화적 다양성을 인정하고 그 다양성이 공존할 수 있는 방향으로 나아가는 것이 바람직하다는 생각이다. 그런 의미에서 다른 문화의 관습이나 제도를 이해하는 일은 중요한 의미를 갖는다고 할 수 있다.

여행을 좋아하고 또 연구 때문에 낯선 문화와 관습을 접할 기회가 종종 있었다. 그러면서 특정 지역에 살고 있는 사람들의 사고와 가치관과 풍습이, 이방인의 눈에 때론 유치하거나 저급한 것으로 보일 수 있다 하더라도 그들에게는 소중한 문화라는 사실을 깨닫는 경우가 많았다. 문화란 어떤 절대적 기준을 설정해 고급과 저급으로 재단할 수 있는 대상이 아닌 듯하다. 모든 문화는 그 문화를 지니는 이들에게 소중한 것이며 또 존중되어야 할 가치를 지니기 때문이다.

이와 관련하여 신화는 다른 문화의 관습이나 풍습을 이해하는 데 큰 도움을 줄 수 있다. 서문에서 언급했듯이, 신화는 인류가 세계와 인간의 실존상황을 이해하고 삶의 지혜를 얻어 온 다양한 방식과 내용을 담고 있는 인류문화의 귀중한 정보원이다. 그렇기 때문에 세계의 다양한 문화와 사회의 특성을 파악할 수 있는 중요한 자료이기도 하다. 따라서 신화, 특히 삶과 문화 속에 살아 있는 신화는 문화연구와 이해의 주요 도구가 될 수 있다. 신화가 사람들의 삶 속에서 여전히 살아 있는 인도의 경우는 더욱 그렇다.

인도에서 신화는 과거의 이야기이자 동시에 현재의 이야기다. 그만큼 신화와 신화적 사유가 풍부하게 살아 있고 많은 수의 인도인들이 여전히 신화적 삶을 살아가고 있다. 이 점에서 힌두신화는 인도사회와 문화를 이해할 수 있는 좋은 자료가 된다. 무엇보다 힌두신화는 인도전통을 보존하고 사회체계를 유지하는 데 필요한 사상과 가치관과 사회규범을 쉬운 이야기 형태로 대중들에게 전달하는 역할을 훌륭히 해 왔고, 여러 관습과 제도의 토대가 되어 왔다.

신화가 카스트와 같은 사회제도에 권위와 이념을 제공하고 정당성을 부여하는가 하면, 그 스토리가 많은 축제를 통해 주기적으로 재연됨으로써 신화를 통해 전달하고자 하는 사상과 윤리규범이 전승되고 주기적으로 환기된다. 또한 다양한 신화적 스토리가 사람들의 대화, 문학작품, 종교적 메시지가 담긴 만화, TV드라마와 영화 속에서 빈번하게 등장하고, 신화 속 인물이 인도인들의 롤모델이 되고 있다.

이러한 방법으로, 인도인들은 과거 신화 속의 사건들을 끊임없이 현재의 것으로 만들어 신화에 담긴 메시지를 계속해서 인식하고 신화를 살아 있는 것으로 만들어 왔다. Ⅲ부에서는 신화가 인도인들의 삶과 문화에 미치는 이러한 영향을 사회적·문화적 관습이나 제도와 관련지어 다루려고 한다.

힌두신화를 문화, 특히 관습이나 제도와 연관해 다루면서 부딪치는 한 가지 난점은 국내는 물론이고 인도에도 관련 자료들이 극히 적다는 점이다. 따라서 저자가 지금까지 해 온 오랜 현지 경험과 연구를 바탕으로 독자적인 시도를 해보려고 한다. 다음에서 다룰 인도의 사회제도나 문화 관습들은 인도사회와 문화를 이해하는 데 중요한 것이면서, 신화와 관련지을 때 보다 잘 이해할 수 있는 것들이다. 그것들은 인도의 사회계급제도인 카스트, 가장 대중적인 힌두신앙 형태인 박띠, 인도사회와 문화의 여성 관련 관념과 관습, 힌두 여신신앙과 여성정체성, 그리고 힌두신화의 재연인 축제 등이다.

2. 카스트,
신화적 이상과 현실의 그늘

1. 카스트와의 대면, 그리고 물음

사각형의 큰 물탱크, 바로 그 옆에 빨래를 들어 올렸다 내리쳐 빠는 돌 빨래판, 그리고 알루미늄으로 된 원통형의 작은 탈수기가 있는 빨래터. 이런 빨래터가 다닥다닥 붙어 있는 인도 뭄바이의 공동세탁장에서, 불가촉천민 계급에 속하는 세탁부인 도비(dhobi)들이 빨랫감을 모아다가 세탁을 하고 있다. 빨래터의 여건은 열악하고 그들의 노동은 고돼 보인다. 그리고 그들이 고된 노동의 대가로 얻는 소득은 아주 적다. 이곳을 취재하던 리포터가 아버지 옆에서 일을 돕고 있는 어린 소년에게 다가가 묻는다. "너는 커서 무엇이 되고 싶니?" 아이는 수줍은 듯 웃기만 할 뿐 말이 없다. 리포터가 다시 묻는다. "변호사나 교수가 되고 싶니?" 미소를 지으며 또 고개만 젓는다. "그럼 영화배우나 스포츠 스타가 되고 싶니?" 여전히 소년은 고개를 젓는다. "그럼 도비가 될 거니?" 그 아이는 얼굴에 미소를 가득 띄우며 그때서야 고개를 끄덕인다.

꽤 오래전, 한 국내 방송이 방영했던 인도 관련 다큐멘터리의 한 장면이다. 인도 뭄바이에 있는 공동세탁장에서 일하는, 최하층계급에 속하는 도비와 그 아들을 통해 카스트의 단면을 보여준다. 카스트와 관련된 강의를 할 때 가끔 이 영상물을 보여주곤 했는데, 그때마다 학생들이 보인 반응과 질문들은 외부인들이 카스트제도에 대해 갖고 있는 의문들을 잘 대변해주었다. 학생들은 인도 카스트제도의 실상을 실감하며 충격적이라는 반응을 보이곤 했다. '꿈과 희망에 한껏 부풀어 있을 어린 나이에 어떻게 아버지의 천민계급을 저렇게 웃으면서 따르겠다고 할 수 있는 것일까?' '저런 차별적이고 억압적인 계급제도가 자유와 평등이 일반적 가치가 되고 있는 20세기와 21세기까지 어떻게 존속될 수 있단 말인가?' '도대체 인도인들은 저런 부당한 사회제도에 저항하지 않는단 말인가?'

5분여의 짧은 영상이 불러일으킨 묵직한 물음들이었다. 그만큼 카스트는 외부 사람들에게 인도와 관련하여 가장 큰 의문을 불러일으키는 제도이자 관습이다. 이 의문을 풀기 위해, 카스트가 어떤 제도이고, 인도의 종교와 신화는 이 제도에 어떤 영향을 미쳤으며, 관련 신화가 반영하고 있는 인도의 사회관은 무엇인지, 그리고 카스트는 어떠한 변화를 밟아 왔는지 살펴보기로 한다.

2. 인도의 신분제, 카스트

카스트는 고대부터 지속되어 온 인도의 위계적 계급제도다. 인도에서 종교는 일상의 삶을 강력하게 규제해 왔다. 특히 종교의례는 바라는 것을 얻을 수 있는 핵심 수단으로 믿어져 의례적 정결함이 중시되었다. 더 나아가 의례상으로 정결한 정도에 따라 사람들의 등급을 나눌 수 있다고 믿었다. 이런 관념을 근거로, 의례적 정결도 또는 출생에 따라 사회구성원을 크게는 네 계급, 즉 브라만, 끄샤뜨리아, 바이샤, 슈드라 계급으로 나누어, 계급별로 지위·역할·직업·의무·권한을 주고 관련된 생활방식을 따르도록 했다. 그리고 오염되는 것을 막고 각 카스트 집단의 정결도를 유지하기 위해 계급 간 접촉과 결혼, 특히 상·하층 계급 간의 접촉을 철저히 금지해 왔다. 각자의 카스트는 일생 동안 변하지 않았지만, 카스트의 규율을 어길 경우 자기 카스트 집단에서 추방되어 그 지위가 상실되었다. 요컨대 카스트는, 의례적 또는 혈통의 정결도에 따라 사회적 지위를 위계적으로 나누고 계급별로 고정된 직업·지위·의무·권한을 부여하여 사회적·문화적 규범을 공유하게 하고 계급 간의 이동과 교류를 차단하는 사회체계라고 할 수 있다.

◎ 카스트, 바르나, 자띠

인도의 신분제를 지칭하는 용어가 카스트만 있는 것은 아니다. 바르나와 자띠(jati)라는 전통 용어가 있다. 사실 카스트(caste)란 말은 16-17세기에 인도로 들어온 포르투갈 상인들이 당시 인도에 있던 계급제도인 바르나에 붙인 명칭이다. 바르나는 '빛깔'을 뜻하는 말로 피부색을 의미한다. 사회체계로서의 바르나는 사회 전체를 네 개의 커다란 직능(노동)에 따라 구분한 것이었고, 처음부터 위계가 있었던 것은 아니다. 하지만 점차 위계화 과정을 밟았다.

인도 사회체계를 연구한 아후자(Ahuja, 1993: 233)는, 베다 시기 사회는 노동 형태에 따라 네 개의 바르나로 나뉘어 있었지만, 바르나 사이에 위계는 없어서 결혼이나 사회적 관계에는 제한이 없었고, 시간이 지나면서 위계화되었다고 주장한다. 또 그(Ahuja, 1993: 233)는 바르나가 빛깔을 의미한다는 점에서, 바르나 구분의 근거를 피부색과 연관 지어 분석하기도 한다. 흰 피부의 아리아인이 검은 피부를 한 원주민인 다샤들을 구분했고, 후에 네 바르나에 각각의 빛깔, 즉 브라만에 흰색, 끄샤뜨리아에 붉은색, 바이샤에 노란색, 슈드라에 검은색을 부여했다는 것이다.

이렇게 위계화된 네 계급이 담당하는 일과 직업을 II부 4장에서 설명한 바가 있지만 다시 한 번 정리하면 다음과 같다. 브라만은 정신과 관련된 일을 담당해서 사제, 성자, 학자, 교육자와 같은 직업을, 끄샤뜨리아는 집단의 통치나 수호의 일을 맡아서 왕이나 군인과 같은 직업을, 바이샤는 생산 관련 일을 맡아서 농·공·상업과 관련된 직업을 갖도록 규정하고 있다. 슈드라는 위 세 계급에 각종 서비스를 제공하는 일을 담당한다. 앞의 세 계급을 '드위자'라 부르는데 이는 '재생'계급을 의미하고 이들이 소위 상층카스트다. '재생'은 학생기 입문식인 우빠나야나를 통해 상층카스트로 다시 태어나는 것을 의미한다.

그림 Ⅲ.2.1 브라만 사제(purohit), 바라나시

이 네 계급에 속하지 못하는, 다시 말해 카스트의 범위에 들어오지 못하는 아웃카스트를 불가촉천민이라 부른다. 그들은 오염도가 가장 높은 이들로 분류되어 철저히 접촉을 기피당해 와서 마을과 떨어진 곳에서 집단으로 거주하며 오염도가 가장 높다고 인식되는 시신 처리, 세탁, 청소와 같은 일들을 해 왔다.

그러나 바르나는 인도사회의 구성원을 크게 네 계급 범주로 분류한 것이어서 바르나만으로는 인도인들의 위계적 사회체계를 제대로 이해하기 힘들다. 인도인들의 사회적 삶을 실질적으로 규정하는 것은 자띠라 부르는 수많은 하부카스트다. 각 자띠는 네 바르나나 불가촉천민 중 어느 한 계급에 속하는데, 카스트에 대한 실제적인 이해는 이 자띠를 통해서 가능하다. 그래서 베누고빨(Venugopal, 1998: 83)은, 바르나는 개념적 틀이고 지역과 구조 등에 구체적으로 연관되는 것은 자띠라고 말한다. 그

(Venugopal, 1998: 37)는 바르나가 기능적으로 직능을 할당한 체계지만, 이는 이상적인 체계이고 많은 예외가 있었다고 지적한다. 베다 시기 이후 많은 카스트가 등장했는데, 이는 농업이나 수공업과 관련된 직업의 산물이었다는 것이다.

각 자띠는 같은 혈통에 같은 언어와 이름을 쓰며 같은 문화를 공유하는 집단이다. 같은 지역에 거주하면서 같은 직업을 가지며 직업을 세습하고, 같은 자띠 집단 안에서만 혼인을 한다(카스트내혼 또는 족내혼). 카스트 규율에 따르면 힌두들은 같은 카스트 안에서(그러나 다른 고뜨라와) 결혼하게 되어 있다. 그런데 여러 지역에서 보다 낮은 카스트의 여성이 보다 높은 카스트의 남성과 혼인하는 관행(hypergamy(anuloma))이 생기면서 이 동족결혼(endogamy) 형태가 변화했다. 예를 들어 라자스탄에서 일부 왕들은 더 낮은 카스트의 여성이나 부족의 여성들과 결혼했고, 이러한 관행은 마하라스트라 주의 마라타, 구자라트 주의 빠띠다르(patidar) 사이에서도 발견된다(Venugopal, 1998: 33). 베누고빨(Venugopal, 1998: 34)은 이런 혼인형태는 상·하 카스트를 결합시키고 이 연계를 통해 여성 집안의 사회적·경제적 지위가 개선되었다고 지적하면서, 이는 카스트 구조 안에서 결혼을 통해 위로의 신분이동이 가능했다는 것을 보여준다고 말한다.

자띠는 기본적으로 직업에 따른 분류로, 직능이 다양하고 세분화되어 있는 만큼 그 수가 매우 많다. 그리고 지역에 따라 다양해서 규모가 아주 작은 지역이라 하더라도 10-30개 정도의 자띠가 있다. 또 자띠는 모든 지역에서 같은 것은 아니어서, 이발사가 어떤 주에서는 슈드라지만 다른 지역에서는 불가촉천민인 것처럼 지역에 따라 차이가 나기도 한다(류경희, 2013: 360-61).

각 카스트 또는 자띠의 직업은 고정되고 세습되었지만 특정 상황에서 일부 직업 변경이 허용되기도 했다. 예를 들어 인도 북부의 웃따르쁘라데시 주의 백정 카스트인 카띠끄(Khatik)에는 동물 도살뿐 아니라 석공 일, 밧줄 만드는 일, 과일 파는 일 등 네 개의 하부카스트가 있다. 즉 카스트가 지위 변화와 연관되지 않는 한 직업 변경이 카스트의 변화로 연결되는 것은 아니다. 산업화 이후 직업 변경에 대한 제약이 약화되고 직업적 이동이 유연하게 되었다(Ahuja, 1993: 247-48).

✪ 카스트의 경제적·정치적 측면

카스트제도는 직업이나 직능과 직결되어 있기 때문에 경제적으로 중요한 의미를 지닌다. 경제적인 측면에서 카스트 체계를 정의한다면, 분업에 의해 카스트 사이에 상호 의존적인 경제관계가 형성되는 노동(직업)분업 체계라 할 수 있다. 대표적인 예가 주로 촌락 단위로 이루어지는 현물거래식 경제활동인 자즈마니(Jajmani) 체계다. 자즈마니 체계는 지주이자 농업종사자인 자즈만과 장인과 목수, 대장장이, 토기공, 직조공, 이발사, 세탁부, 청소부 등의 서비스업 카스트 사이에 이루어지는 상호 의존적인 교환체계다. 구체적으로는 자즈만이 서비스 카스트에게 규정된 양의 곡물을 제공하고 그 대가로 그들에게서 규정된 물품과 서비스를 제공받는 현물거래식 경제활동이다. 일부 학자들은 자즈마니를 극심한 경쟁을 통제할 수 있는 직업분업체계로 보는가 하면, 또 다른 학자들은 상층카스트가 하층카스트를 착취하는 체계로 본다. 즉 안정된 노동력을 확보하기 위하여 상층카스트가 정치적·경제적 파워를 바탕으로 유지시키는 강압적 교환체계라는 것이다(류경희, 2013: 261-62).

카스트 체계에는 또한 정치와 법제도의 기능을 하는 빤차야뜨(Panchayat, 카스트 장로회의)라는 것이 있다. 이 빤차야뜨는 각 카스트의 규범과 관련된 제재나 유지를 자치적으로 합의·결정하는 기능을 해 왔고 최근까지도 큰 힘을 행사해 왔다.

베누고빨(Venugopal 1998, 34-35)은, 상층카스트의 경우 대개 빤차야뜨가 상대적으로 약하고 보통 수행자들의 기관인 마트가 빤차야뜨의 역할을 해서 마트의 구루나 산야신이 사법권을 행사해 왔다면, 낮은 카스트의 경우는 빤차야뜨가 강하다고 지적한다. 이런 예로 서부 웃따르쁘라데시의 중산카스트인 자뜨(jat)의 경우를 들면서, 카스트 규율을 어기면 빤차야뜨를 통해 처벌받게 되는 것에 대한 두려움이 그들을 카스트 규범 속에 묶어둔다고 지적한다. 이 점에서 그(Venugopal, 1998: 35)는 카스트가 계급(class)과는 달리 규범적이거나 의례적 고려에 의해 지배되기 때문에 부나 정치력이 일정 부분 역할을 하기는 해도, 가치·규범·의례와 관련짓지 않고는 카스트 구조를 이해하는 것이 불가능하다고 지적한다.

최근까지 빤차야뜨가 제제를 가한 경우를 일부 살펴보면, 접촉이 금지된 다른 카스트와 먹고 마시는 일, 다른 카스트의 여성을 첩으로 갖는 것, 결혼한 여성과 간통하는 것, 빚을 갚지 않는 것, 관습을 깨는 것 등이 있다(Ahuja, 1993: 248). 제재는 주로 일시적이거나 영구적인 추방 형태를 취했는데, 빤차야뜨의 판결을 거부할 수 없었다. 말하자면 빤차야뜨는 일종의 사법 및 집행기관이라 할 수 있다.

인도인들에게 가장 견디기 힘든 처벌은 자기 카스트 집단에서 추방되는 것이었다. 이는 자신이 속한 사회에서 전적으로 고립되고 소외되는 것을 의미했다. 가족들마저도 함께 먹거나 마시는 것을 피하고, 그의 자식들과는 누구도 결혼하지 않으려 했다. 그보다 낮은 카스트의 사람들도 그를 받아들이지 않았으며 그는 아웃카스트로 간주되었다. 예를 들어 (자기 카스트에서 추방되어 천민이 된) 빠리아(pariah)[1]가 다른 카스트의 집에 들어가 그들과 음식을 함께 먹다 신분이 발각되면, 그는 그 자리에서 살해되고, 함께 음식을 먹은 이들은 자기 카스트 집단에서 추방되었다. 브라만들의 의례 모임에 슈드라가 브라만이라 주장하고 참석했다 발각이 되면 브라만들은 모두 아웃카스트가 되고, 힘겨운 의례절차 과정과 상당한 대가를 치르고 나서야 복귀할 수 있었다(Dubois, 2006: 41-43). 또 카스트 지위가 상실된 사람은 종종 다른 지역으로 이주하여 직업을 바꾸어 살아가기도 했다(Venugopal, 1998: 33).

이러한 사례들은 인도에서 카스트 규율이 얼마나 엄격하게 강조되어 왔는지, 또 카스트 간 이동이나 교류가 얼마나 힘들었는지를 보여준다. 이런 엄격한 규율은 카스트 체계를 유지하기 위한 장치로 볼 수 있다. 빤차야뜨는 현재 도시에서는 약화되었으나 마을 단위에서는 여전히 영향력을 행사하고 있다.

3. 카스트를 정당화하는 신화적·종교적 원리들

그렇다면 평등과 인권을 중시하는 현대의 관점으로는 도무지 납득하기 어려운 이러한 계급제도가 어떻게 현재까지 존속할 수 있었을까? 그리고 신화는 이와 어떤 관계가 있을까? 계급이나 신분제도가 인도에만 있었던 것은 아니다. 근대 이전까지 여러 지역에 카스트와 유사한 계급이나 신분제도가 존재했다. 하지만 카스트제도가 다른 지역의 계급제도와 다른 점은, 오랜 지속성을 유지하며 현재까지 존속되고 있다는 점과 종교원리들에 토대를 두고 있다는 점이다.[2] 이 원리들은 힌두교에 토대를 둔 것으로, 카스트제도가 오랫동안 그 생명력을 유지할 수 있었던 주요 요인이다. 다음에서 이 주요 원리들을 살펴보기로 한다.

1) 카스트 기원의 신성화와 기원신화에 반영된 사회관

카스트제도를 뒷받침해 온 첫째 원리는, 카스트 기원에 대한 신화적·종교적 신성화다. 역사적으로는, 고대에 인도로 들어온 아리아인들이 자기 혈통의 순수성을 지키고 원주민들을 통제하기 위한 수단으로 카스트제도를 만들어냈다고 보고 있다.[3] 하지만 신화적·종교적 설명은 카스트의 기원을 우주창조의 시점에 둔다. II부 1장에서 다루었듯이 고대 이래로 힌두 우주창조 신화는 태초에 창조주의 몸체 여러 부분에서 우주만물과 사회제도인 카스트가 나온 것으로 기술한다.

힌두교도들이 중시해 온 주요 문헌들, 그러니까 『베다』, 서사시(『바가바드기따』 포함), 『뿌라나』등을 통해, 바르나(카스트)의 기원·규범·규율과 그

규범을 어길 경우에 주어질 처벌사항 등이 지속적으로 강조되어 왔는데, 이 중 『베다』가 가장 오래되고 가장 신성시되는 문헌이다. 『베다』 가운데 가장 오래된(기원전 12세기경) 문헌인 『리그베다』에 '뿌루샤 수끄따(*Ṛg Veda*, 10: 90)'가 나온다. 이 신화에 대해서는 II부의 우주창조 신화를 다루는 부분에서 이미 언급한 바 있지만, 이해를 위해 다시 한 번 언급하기로 한다. 이 찬가는, 최초의 거대한 인간인 뿌루샤의 몸체를 제물로 바치는 희생제의에서 우주가 생성되고, 카스트의 네 계급 역시 세계가 창조될 때 그의 몸체로부터 만들어진 것으로 서술한다.

> 태초에 오직 하나의 존재인 뿌루샤는
> 1,000개의 손과 눈과 발을 가지고 있다.
> 모든 피조물은 그의 1/4이고 3/4는 천상에서 영생한다.
> 그로부터 비라즈(달걀 형태)가 태어났고 다시 비라즈에서 뿌루샤가 태어났다.
> 그가 태어나자마자 동쪽과 서쪽으로 퍼져 나갔다.
> 신들이 그 원초적 인간을 그들의 제물로 삼아 희생제의를 드릴 때,
> 그것의 기름은 봄이었고 신성한 제물은 가을이었으며 연료는 여름이었다.
> (중략)
> 그들이 그 인간을 쪼개었을 때, 그들은 얼마나 많은 부분으로 그를 나누었을까?
> 그의 입, 그의 팔, 그의 허벅지와 그의 발이 어떻게 불리었나?
> 브라만은 그의 입이었고, 끄샤뜨리아는 그의 팔로 만들어졌고,
> 그의 허벅지는 바이샤가 되었고, 슈드라는 그의 발에서 태어났다.
> 그의 입에서 인드라(천둥과 뇌우의 신)와 아그니(불의 신)가,
> 그의 숨에서 바이유(바람의 신)가 생겨났다.
> 그의 배꼽에서는 공기가 나왔고, 그의 머리로부터는 하늘이 나왔고,
> 그의 발에서는 땅이, 그의 귀에서는 네 방향이 나왔다.
> 이리하여 그들이 세상을 이루었다.(*Ṛg Veda*, 10: 90)

이 신화에서 뿌루샤는 우주가 비롯된 근원이자 토대로 제시된다. 이 신적 존재의 몸체에서 온 세상과 사회구조가 생겨나는 신화소는 이후 힌두 우주창조 신화의 기본 틀로 사용되어서, 후기 힌두문헌에서는 창조주인 브라흐마의 몸체에서 우주와 사회제도인 카스트가 나오는 것으로 기술된다.[4]

이러한 설명은 카스트의 기원을 인도인들이 신성시하는 문헌에 서술된 창조의 시점에 두는 것인 동시에, 카스트가 인간의 산물이 아니라 우주가 신적 몸체에서 자연법칙에 따라 생성되었듯이 사회조직도 자연법칙에 따라 존재하게 된 것으로 제시하는 것이라 할 수 있다. 이렇게 본다면 카스트는 인간의 필요에 따라 만들거나 수정하거나 없앨 수 있는 것이 아니다. 우주가 존재하는 한 필연적으로 존재하는, 세상을 구성하는 필수요소가 된다. 이러한 신화적 설명과 인식을 통해 계급제도에 신성성을 부여하고 있다.

그리고 우주의 근원실재의 신체 각 부분이 우주와 사회를 구성하고 있다는 신화적 사유에는, 우주와 사회를 하나의 유기체로 인식하는 사상과 모든 존재의 근원적 통일성에 대한 관념이 담겨 있다. 즉 '브라만은 그의 입이었고, 끄샤뜨리아는 그의 팔로 만들어졌고, 그의 허벅지는 바이샤가 되었고, 슈드라는 그의 발에서 태어났다.'는 신화적 표현이 전달하고자 하는 것은, 사회가 인간신체의 유기적 구조와 마찬가지로 다양한 구성요소들이 서로 연계되어 작동하는 하나의 유기체라는 인식이다.

이러한 인식은 고대 이래 인도에서 지속되어 온, 이 세계와 사회가 일정한 법칙(즉 다르마)에 의해 질서 있게 운행·유지되고 있다는 인식에 근거한다. 이러한 인식이, 인도전통이 다르마의 수호를 삶에서 지켜야 할 가장 중요한 가치로 제시하고 각 사회구성원의 종교적·사회적 다르마를 강조하게 만든 주된 요인이라 할 수 있다. 이 다르마가 사회에 적용된 것이 바로 카스트제도다. 하이만(Heimann, 1964)은 모든 힌두사상에 살아 있는 유기체의 기능적 협동관념이 전제되어 있다고 지적한다. 그리고 카스트제도를, 그 본질에 있어서는 사회구성원들의 성향과 능력에 따른 노동분화와 축적되고 심화된 기능에 토대를 두는 건강한 생물학적·경제적 법칙이라고 평가한다.

다르마로서의 카스트는 인도사회에서 매우 중시되는 사회적 규범이었고, 신화는 카스트를 설명하고 강조하는 기능을 훌륭히 해 왔다. 앞서 언급했듯이 시대에 따라 등장해 온 여러 종교문헌들을 통해 카스트의 신성한 기원과 의무를 지속적으로 강조해 왔다. 힌두교의 바이블이라 할 수 있는 『바가바드기따』가 각 개인이 자기 카스트의 의무, 즉 스와다르마(자기의무)를 충실히 행하도록 강조하고 이를 통해 해탈에 이를 수 있다고 가르치는 것이 대표적인 예다.

그런데 여기서 한 가지 생각해볼 문제는, 이와 같은 신화적 서술과 인식이 존재한다 하더라도 그러한 신화적 사유와 믿음이 사람들 사이에 살아서 작용하지 않는다면 결코 그 힘을 발휘할 수 없다는 점이다. 그러나 신화와 종교가 살아 있는 인도의 경우, 신화적 사유와 믿음이 지속적으로 영향을 미쳐 왔고 카스트의 이 신성화가 카스트의 지속에 큰 역할을 했다.

실제로 저자는 오랜 인도 현지조사 과정에서 이 점을 확인할 수 있었다. 이 중 한 사례에서 카스트의 신성한 기원과 유기체적 사회관에 대한 믿음을 확인할 수 있었다. 오랜 기간 매년 인도 현지조사 연구를 해 왔는데, 한때 연구보조원 역할을 해준 청년이 있었다. 그는 현대의학을 전공하다 삶의 방향을 바꾸어 인도의 전통학문을 공부하고 있었고, 자기 전통에 대한 애정이 아주 컸다.

그는 카스트에 대한 외부인들의 비판을 접할 때면, 카스트의 기본정신을 설명하려 애를 쓰곤 했다. 그는 카스트에 대해 "브라만은 사회의 얼굴로 교육이나 가르침 등 사회에 사상을 제공해주고, 끄샤뜨리아(챠뜨리아로 발음)는 사회의 팔로 사회와 사람들과 다르마(사회의 질서 및 가치체계)를 보호하며, 바이샤는 사회의 위장으로 수집·분배·비즈니스를 한다. 그리고 슈드라는 사회의 발로 봉사하는 일을 한다. 이 네 집단은 기능적으로만 연

그림 Ⅲ.2.2 연구보조원이던 인도청년과 당시 그의 구루

계되고 상호 교류는 이루어지지 않는다."라고 설명했다. 카스트의 네 계급에 대한 그의 이러한 설명은 위의 신화적 관점을 재확인시켜 준다.

하지만 많은 경우 신화는 이상을 담고 있기 마련이다. 카스트에 반영되어 있는 유기적 사회관이 규정과 규율대로만 작동한다면 무척 건강하고 이상적인 사회가 될 수 있을 것이다. 하지만 이상적인 사회관이 현실로 오게 되면 굴절된 모습을 보인다. 사회를 구성하는 집단 사이에 교류와 접촉이 차단됨으로써 사회가 경직되었고, 카스트의 사회적·윤리적 규범이 약화되면서 상층카스트 사람들이 자신들의 이익과 기득권을 유지하기 위해 카스트 규범을 하층카스트의 사람들을 억압하고 착취하는 용이한 수단으로 이용하는 폐해가 생겨났다.

그 대표적인 예가 하층카스트, 특히 '억압받는 계급'인 불가촉천민들의 삶에서 발견된다. 이들은 네 카스트에도 포함되지 않는 아웃카스트로,

그림Ⅲ.2.3 하층민 가족과 거리 한쪽의 그들의 집, 바라나시

태생적으로 오염된 존재로 인식되어 철저하게 접촉이 기피되는 대상이었다. 그래서 다른 카스트들의 주거지에서 멀리 떨어진 곳에서 살아야 했고, 정결함이 유지되어야 하는 장소인 사원에 출입할 수 없었다. 또 마을의 공동 우물도 사용할 수 없었다. 이들이 하는 일은 시신 처리, 청소, 세탁과 같이 오염도가 높다고 인식되어 다른 카스트들이 기피하는 것들이다.

이들은 인도가 1947년 독립한 이후 법적 지위가 향상되었고 현재 공식적으로는 '지정카스트(scheduled caste)'로 불리며 여러 가지 정책적으로 혜택을 받고 있기는 하다. 하지만 그들 자신은 스스로를 '핍박받는 자'란 뜻의 '달리뜨(dalit)'라 부르면서 권익향상을 위한 투쟁을 해 오고 있다. 때로는 달리뜨와 상층카스트 집단 사이에 참혹한 유혈충돌이 일어나기도 한다.

2) 정과 부정 구분 관념과 업과 윤회이론

두 번째 원리는, 종교의례와 관련되는 것으로 정결하고 정결하지 못한 것을 구분하는 관념이다. 카스트는 이 의례적 관념을 사회조직에도 그대로 반영하여 사회계급을 위계적으로 구분하는 기준으로 사용해 왔다. 이 구분의식은 선과 악을 구분하는 윤리의식보다 더 중시된다 할 만큼 인도인들의 의식과 문화를 지배해 왔다. 삶이 종교와 밀착되어 있는 인도에서 종교의례가 매우 중시되어 왔고, 문화와 사회의 여러 영역에서도 정결하고 정결하지 못한 것을 엄격히 구분하는 의례적 관념이 큰 영향을 미쳐 왔다. 그래서 종교문화는 물론이고 음식문화, 의복문화, 주거문화 등 일상생활 전반에 걸쳐서 정결함을 유지하고 부정한 것을 피하려는 경향이 매우 강하다.

예를 들어 매일 아침에 일어나 목욕을 하는 것은 예배와 식사하기 전에 정결하게 하기 위함이다. 또 집안에 출생과 사망이 있은 직후는 오염 가능성이 큰 기간이어서 정화의례를 한다. 여성이 월경을 할 때 역시 오염 가능성이 크므로 예배나 요리를 절대 하지 말아야 한다. 그리고 잘 알려져 있다시피, 인도인들에게 오른손은 정결하고 왼손은 부정한 것으로 인식된다. 그래서 왼손은 화장실에서 일을 본 후 물을 사용하여 닦는 등 주로 부정한 일을 처리하는 데 사용한다. 반면에 정결함이 반드시 유지되어야 하는 종교의례와 관련된 일들을 할 때나 음식을 먹을 때는 반드시 오른손을 사용한다. 그러므로 인도인들에게 왼손으로 악수를 하거나 무언가를 내미는 행동은 큰 실례가 된다.

베누고빨(Venugopal, 1998: 33)은 이런 믿음과 관행들 중 많은 것이 지금도 힌두가정에서 지속되기는 하지만, 과거에는 친족집단의 대가족으로 살아서 정과 부정을 구분하는 영향이 컸지만 지금은 이주 등으로 친족집단과의 관계가 약해 적용 범위가 훨씬 제한적이라고 말한다.

카스트 계급을 구분하는 기준이 바로 이 정결함의 정도다. 브라만 계급이 가장 정결하고, 아래 계급으로 갈수록 정결도가 떨어진다고 믿는다.

따라서 정결함을 유지해야만 하는 의례를 담당하는 사제는 물론 영적인 일들을 다루는 구루와 학자 등도 브라만 계급이 담당하도록 규정되어 있었다. 슈드라는 정결하지 못한 계급이고, 어떤 카스트에도 들지 못하는 아웃카스트인 불가촉천민들은 이름 그대로 접촉을 피해야 하는 오염된 사람들로 규정된다. 이 정과 부정을 구분하는 관념을 근거로 카스트 간 접촉을 철저히 금지하고 음식 공유와 결혼 등을 자기 카스트 범위 안으로 제한한 것이다. 그만큼 이 원리는 인도문화와 사회를 규정해 온 매우 강력한 원리라 할 수 있다.

현재 정과 부정 구분 관념은 과거보다는 약화되었지만 종교생활은 물론 일상생활의 여러 부분에서 여전히 강하게 작동하고 있다. 이에 덧붙여 경제적 부나 정치적 파워와 같은 새로운 요인들도 사회적 위계에 영향을 미치고 있다. 그러면 정결하고 부정하다는 규정은 도대체 무엇에 근거하여 내려지는 것일까? 여기서 셋째 원리로 카스트제도를 도덕적으로 정당화하는 중요한 토대인 업과 윤회사상이 제시된다.

II부의 업과 윤회에 관한 논의에서 살펴보았듯이, 인도사상에서 업과 윤회는 우주의 신성한 질서이자 도덕률이다. 이 이론에 따르면 모든 존재의 존재 여건이나 삶에서 일어나는 모든 일들은 과거에 각자가 쌓은 자기 업의 결과가 나타난 것이다. 현재의 카스트로 태어난 것은 각자가 과거에 쌓은 업의 결과라는 것이다. 이는 카스트의 궁극적인 결정요인을 자신의 업보로 제시하는 것으로, 모든 원인이 결국은 당사자에게 돌아가도록 하는 설명이다.

실제로도 인도인들은 자신이 처한 삶의 조건과 상황을 자신의 업보로 여기고, 묵묵히 보다 나은 내세를 희망하는 모습을 보여 왔다. 따라서 카스트와 관련해서도 높은 카스트로 태어나 특권을 누리는 것이나 낮은 카스트로 태어나 힘겨운 삶을 사는 것 모두를 각자가 전생에 쌓은 업보로 받아들여 왔다. 이 점에서 업과 윤회사상이 카스트제도가 지속되는 데 핵심적인 역할을 해 왔다고 할 수 있다(류경희, 2013: 365).

그렇다면 좋고 나쁜 업보를 가르는 기준은 무엇일까? 그것은 우주 및 사회의 윤리규범인 다르마의 준수 여부다. 힌두사상과 신화는 다르마 규율을 잘 지키면 높은 카스트로, 잘 지키지 못하면 낮은 카스트로 다음 생에 태어난다고 설명하는데, 여기서 다르마 규율을 잘 지키는 것의 핵심은 자기카스트의 규범과 의무를 철저히 지키는 것이다. 즉 업이 카스트의 결정요인이라면 다르마 규범의 준수 여부는 선업과 악업의 결정요인이라 할 수 있다. 이러한 설명은 사회체계를 종교적 구원의 문제와 결합시킨 것이라 할 수 있다.

결국 종교와 삶이 밀착되어 있는 인도에서 카스트제도는 단순한 사회제도로 그치지 않는다. 위에서 언급한 종교적 관념들로 강력하게 뒷받침되면서 신성하고 도덕적으로 정당한 보편적 규범으로 자리 잡아 왔다. 이는 종교적 관념이 사회제도에 신성성과 도덕적 정당성을 부여하는 사례로 볼 수 있다.

4. 카스트제도의 전개와 변화

카스트 계급 간의 위계가 처음부터 확고히 확립되거나 계급 간 교류가 경직되어 있었던 것은 아니다. 하지만 점차 위계화 과정을 밟았다.[5] 카스트제도의 역사적 전개와 변화과정을 아후자(Ahuja)와 몇몇 학자들의 설명을 토대로 정리해보기로 한다.

리그베다 시기 초에는 아리아인들 사이에 상층카스트인 브라만, 끄샤뜨리아, 바이샤 계급이 있었다. 그러다 점차 아리아인들이 원주민들을 자신들과 분리하기 위해 그들을 별도의 계급인 슈드라로 범주화했고, 후기 베다 시기(브라흐마나, 우빠니샤드 시기인 기원전 1000-600년)에 이르러 위계적 형태의 네 바르나 체계가 확립되었다. 이어 브라만의 특권이 현저히 성장하고 국가의 규모가 커지면서 끄샤뜨리아의 파워도 증가했다(Ahuja,

1993: 269-70). 기원전 6세기 무렵, 불교와 자이나교를 중심으로 하는 종교·사회 개혁운동인 슈라마나 운동이 『베다』의 권위와 카스트제도를 부정하며 등장했지만 카스트 구조를 바꾸지는 못했다.

서사시 시기(기원전 600-323년)에 계급분화가 많이 이루어지고 끄샤뜨리아들 사이에 전쟁이 잦아지자, 이 기회를 이용해 브라만 계급이 자신들을 독점적 계급으로 조직했다. 그러다 후기 서사시 시기에 사제직이 세습되고 브라만들은 자신들의 혈통을 정결하게 유지하는 문제에 주목하기 시작했다. 그들은 『그리하수뜨라』, 『다르마샤스뜨라』와 같은 종교·사회 율법서를 만들어 사람들의 사회적 삶을 카스트 체계에 맞추어 조직하려 했다(Ahuja, 1993: 271).

불교에 우호적이었던 마우리아 왕조 시기(기원전 322-184년)에는 카스트가 경직된 제도로 발전하지는 않았다. 그러다 브라만인 숭가가 이전 왕을 살해하고 숭가 왕조를 세우면서 브라흐만교가 부활하고 카스트가 발전하게 되었다. 그러나 진정한 발전은 브라흐만교가 (후기) 힌두교 형태로 부활한 굽타 시기(300-500년)에 이루어졌다. 하지만 이후 시기만큼 경직된 형태는 아니어서 카스트 간 결혼도 없지 않았고 슈드라는 상인, 장인, 농부가 될 수 있었다. 그러나 불가촉천민 관행은 존재했다(Ahuja, 1993: 272).

라즈뿌뜨 시기(700-1200년)에 인도가 다시 여러 소왕국들로 해체되고 라즈뿌뜨 통치자들이 이 소왕국들을 지배하면서, 사회가 정체되고 카스트체계가 경직되었다. 브라만들은 자신들에게 특권을 더 부여했고 그들의 삶은 호화로워졌다. 많은 수의 새로운 카스트와 하부 카스트가 생겨났다. 전체적으로 각 카스트 집단이 자기 카스트의 이해관계에만 관심을 기울여 전체 사회적·정치적 삶에 폐해를 끼쳤다. 그래서 무슬림 도래 직전의 인도사회의 상황은 카스트의 분화와 수가 늘어나고 카스트 규율을 경직되게 준수하는 상황이었다(Ahuja, 1993: 274).

무슬림 시기(1200-1757년)에 이르면 카스트는 더욱 경직된다. 종교가 크게 다른 힌두와 무슬림들은 화합이 어려웠고, 무슬림들이 종교적 박해와 개종을 시도하자 브라만들은 힌두를 방어하기 위해 카스트 체계를 더 공고히 하면서 힌두들에게 많은 제약을 부과했다. 이 시기에 박띠 성자들이 박띠 신앙을 전파하며 우상숭배, 과도한 의례주의, 카스트에 저항했으나 카스트를 해체할 수는 없었다(Ahuja, 1993: 275).

그러나 베누고빨(Venugopal, 1998: 84-85)은 박띠의 종교·사회 개혁적 측면이 미친 영향을 긍정적으로 평가한다. 박띠 운동을 통해 인도사회에 도입된 발전들로, 신자 간의 의례적 평등, 봉헌이나 창조성 측면에서의 남녀평등, 그리고 지방어의 사용을 든다. 그리고 그 예로 북인도의 사뜨상(satsang)이나 인도 여러 지역의 바잔(bhajan) 프로그램 같은 박띠 종교모임에서 참여자들이 신분상의 차이에도 불구하고 같이 행동하고 느끼는 평등 참여가 나타나는 현상을 지적한다. 또 북인도의 미라바이(Mirabai), 남인도의 아까 마하데비(Akka Mahadevi)와 같은 박띠 성자들이 지방어로 박띠 시와 노래를 지어 전파함으로써 일반인들이 종교문헌과 사상을 이해할 수 있게 한 사례를 든다.

종교와 사회 분야에서 브라만들이 지도력을 가질 수 있었던 요인 중 하나는 종교·교육·정치·문화 영역에서 그들이 갖는 사회 통제력이다. 브라만들은 무슬림과 무슬림을 위해 일하는 힌두들을 낮은 계급(malachh)으로 취급하면서 카스트 구별을 더 공공히 했다. 그래서 금 세공인(sunar), 대장장이(luhar), 이발사(nai), 세탁부(dhobi), 목수(khati) 등을 낮은 카스트로 취급했다. 이에 따라 『뿌라나』가 다시 서술되고 새로운 계율이 규정되었다(Ahuja, 1993: 275).

위에서 살펴보았듯이 인도사에서 불교나 자이나교를 중심으로 하는 고대 슈라마나(사문) 운동이나 중세 박띠 운동 등과 같이 카스트에 반대하는 개혁적인 운동들이 없었던 것은 아니다. 그러나 카스트는 영국 식민지배 이전까지 큰 변화 없이 존속되어 왔고 근·현대에 이르러서야 카스트제도를 개혁하려는 노력들이 이어졌다.

영국 식민지배 시기(1757-1947년)가 시작되면서 영국 식민정부에 의해 카스트를 개혁하려는 일부 조치들이 취해지고, 종교·사회개혁운동들이 카스트를 철폐하거나 재해석하려 했다. 19세기 말과 20세기 초, 힌두 종교·사회 개혁자들은 카스트를 평등 관념에 근거해 다시 해석하거나 카스트에 종교적 이념을 제공해 온 힌두교와 카스트의 관계를 단절시킴으로써 카스트의 문제를 해결하려 했다. 한 예로 마하뜨마 간디는 카스트 문제를 해결하기 위해 모든 사람은 신의 자식이란 점에서는 동일하다며 불가촉천민을 '신(비슈누)의 아이들'이란 뜻의 '하리잔(harijan)'으로 불렀다. 이러한 시도들로 일부 구조적 특징들이 영향을 받긴 했으나 카스트의 경직성이 제거되지는 못했다.

그러나 2차 대전 후 인도가 산업화·도시화 과정을 밟으면서 카스트 구조에도 변화가 일어나기 시작했다. 산업화로 여러 산업이 성장하면서 옛 수공업이 파괴되고, 생계를 이어갈 수 있는 여러 다른 길들이 열리면서 직업과 거주지의 이동이 이루어지고 이로 인해 카스트 규범이 깨지기 시작했다. 또 기차와 버스 같은 새로운 수송수단의 등장은 의례적 정결함을 유지하기 어렵게 했다(Ahuja, 1993: 279). 여러 카스트 출신의 산업노동자들이 같은 곳에서 함께 일하면서 음식과 물 관련 금기들이 점차 약화되기 시작했다. 산업화가 결혼관습이나 카스트 규범에 대한 믿음에 영향을 미치진 못했으나 카스트 구조에 영향을 미친 것은 분명해 보인다(Ahuja, 1993: 280).

도시화와 수송 및 소통 수단의 발달도 영향을 주었다. 영국 식민지배 기간에 직업 변화가 대규모로 발생했다. 교육받은 계층 모두에게 공무, 사법 관련 업무, 군 관련 업무가 개방되었다. 또 카스트는 경제 프로세스와 밀접히 연관되는데, 특히 직물공, 금속공, 농부들이 카스트 기반을 강하게 지녔다. 그런데 상당수 무슬림들이 직물직조공, 금속공 등으로 일을 했고 이들 역시 위계적 토대 위에서 일했다. 또 소작할 땅이 없는 상황과 수공업상실, 제분업 경쟁으로 많은 이들이 마을을 떠나 일자리를 구하러 도시로 모여들었다(Venugopal, 1998: 37-38). 도시가 성장하고 도시로의 이주가 이루어지면서 공동으로 거주하며 음식을 공유하는 거주 방식, 브라만의 권위, 음식 관련 규율 등이 약화되었다(Ahuja, 1993: 280).

이러한 변화는 독립 이후에 더 가속화되어서, 산업화와 도시화 외에도 세속헌법 제정, 여러 개혁적 법안 입법, 교육확대, 토지개혁 조치, 낮은 카스트들의 자각 등이 영향을 미쳤다. 독립 후 초대 총리가 된 네루를 중심으로 인도의 새로운 지도자들은 참정권에 토대를 두는 의회민주주의를 통하여 인도사회를 카스트와 봉건사회로부터 계급 없는 사회로 변모시키려 했다. 그들은 이러한 비전을 실현시키기 위해 독립 이후 인도에 세속국가를 건립하고 새로운 헌법을 제정하여 모든 차별을 금지했다. 이는 인도의 경제·사회·문화에 근본적 변화를 가져올 수 있는 혁명적인 결정이었다. 모든 성인에게 참정권과 시민권을 부여하고 불가촉천민제를 법으로 금지했다. 이에 따라 불가촉천민들의 사원출입을 금지하는 관행과 같은 카스트와 관련된 부당한 관행들도 금지되었다. 또 낮은 카스트의 사회·경제·정치적인 지위를 향상시키기 위해 그들을 지정카스트로 지정하여 국회와 마을의회의 의석 수, 정부관료직에 할당제를 적용하고, 특별교육이나 경제적 지원 등의 적극적인 지원 프로그램을 사용하는 보상적 차별우대 정책도 실시해 왔다(류경희, 2013: 368).

이러한 조치들은, 독립 후 인도정부가 사회 후진계급의 지위를 향상시켜 평등사회를 구현하려는 목적에서 잠정적으로 채택한 것이었다. 하지만 평등성을 확보하려는 이러한 조치들이 상층과 하층 또는 선진과 후진 카스트 간의 갈등과 이로 인한 폭동과 소요사태라는 또 다른 문제를 불러오고 있다. 슈드라에 속하는 카스트 집단이 할당제의 혜택을 받으려고 지정카스트(불가촉천민)로 지정해줄 것을 요구하며 시위와 폭동을 일으킨다든가 상층카스트들이 할당제 반대시위를 한다든가 하는 예(류경희, 2013: 372)는 카스트 문제의 심각성을 잘 보여준다.

또 독립 이후 토지개혁은 주로 중산카스트들에게 이익을 주었고, 달리뜨를 포함한 낮은 카스트들은 경작할 땅이 없었다. 만달보고서가 기타 후진계급(OBC)에 27% 직업 할당을 했는데, 기타 후진계급 가운데 땅을 소유한 집단이 포함되어 있어 논쟁이 일었다. 그런가 하면 선진카스트들은 토지소유 폐지로 경제적 어려움에 직면했다. 이와 관련하여 1990년대에 많은 정치적 논쟁이 있었다(Venugopal, 1998: 38).

오늘날 도시에서 카스트 체계는 약화되고 있다. 하지만 일부 카스트 조직은 강화되어 왔다. 특히 정치 분야는 카스트의 영향을 많이 받아서 더 큰 사회적·정치적 파워를 얻기 위해 자기 카스트 집단을 공고히 하고 있고, 카스트주의(castism) 감정이 증가해 와서 일부 주에서는 카스트 간 충돌이 늘어났다(Ahuja, 1993: 282). 비하르 같은 주에서 상·하층카스트 사이에 참혹한 유혈충돌이 발생하기도 했다.

이러한 변화의 배경에는 하층카스트들의 자각이 작용했다. 식민지배 동안 많은 후진 및 박탈 카스트 사이에 정치적 자각이 확산되었다. 1930-40년대에 남부에서 일어난 비(非)브라만 운동은 정치 분야의 주요 발전으로, 그 흐름은 현재까지 지속되고 있다. 독립 전 많은 카스트 연합이 전면에 등장했고 그들의 후원으로 학교, 대학, 호스텔 등이 세워져 사회복지와 정치활동이 연대를 했다(Venugopal, 1998: 38).

정치세력을 확대시키기 위해 카스트 집단 간 연합이 이루어지면서 정치 분야에서는 상층카스트, 슈드라가 중심이 되는 하층카스트, 그리고 불가촉천민 집단 사이에 갈등이 존재한다. 이로 인해 주요 선거의 경우 유혈사태가 일어나는 등 정치 분야에서 카스트가 강화되는 양상을 보이고 있다(류경희, 2013: 372). 현재 카스트 집단이 보트 뱅크(vote bank)의 역할을 해서 정당이 카스트 자원을 활용하고 있다. 카스트와 정치 사이의 연대는 중앙에서는 약하지만 주 차원에서는 아주 강하고, 이 연대가 여러 방식으로 이루어지고 있다. 여기서 작동하는 두 유형의 보트 뱅크가 있다. 수평유형은 같은 카스트 사람에게 표를 주는 유형인데, 낮은 카스트 집단에서 강하다. 수직유형은 상층카스트의 지도자가 그들을 지지하는 낮은 카스트 사람들에게서 표를 얻는 유형이다. 그래서 카스트 내·외부 이동이 나타난다. 정치 이동에 따른 카스트 이동도 있다. 인도국민당과 인도국민회의가 이런 카스트 유대를 이용해 온 주요 정당들이다(Venugopal, 1998: 38-39).

아후자(Ahuja, 1993: 282-83)는 현 카스트의 상황을 다음과 같이 정리한다. "카스트는 폐지된 것은 아니나 현대적 변화에 적응하고 있다. 종교적·의례적 토대는 흔들리고 있고, 사회적 지위가 카스트에 여전히 의존하고는 있지만 직업을 규정하지는 않는다. 낮은 카스트에게 평등성을 부여하려는 진지한 노력들이 이어지고 자즈마니 체계는 약화되었다. 의례적 지위보다는 파워를 얻으려는 카스트 간 투쟁이 증가하고 일부 카스트 조직은 강화되었다. 그러나 상당수 카스트는 집단적 유대성을 상실해 왔다. 카스트는 더 이상 사회진보에 장애가 되지 않는다."

이처럼 아후자는 상당히 희망적이다. 오늘날 인도에서 카스트가 변화와 와해의 과정을 밟고 있는 것은 분명한 것 같다. 하지만 과연 오늘날 카스트가 인도사회 진보에 더 이상 장애가 되지 않는다고 선언할 수 있을지는 의문이다. 할당제로 인한 논쟁과 충돌, 카스트 집단 간 충돌로 인한 유혈사태의 지속적 발생, 정치 영역에서의 카스트주의의 강화 등의 현상에서 볼 수 있듯이, 카스트는 현재에도 인도사회가 해결해야 할 큰 과제로 남아 있다.

3. 힌두교의 박띠와 정서

1. 박띠와 종교정서

인도 현지조사 연구를 할 때 힌두교의 성지 바라나시를 자주 방문했다. 바라나시 강가 강변에 머물며 아침저녁으로 강변을 걷다 보면 다양한 종교현상들을 만날 수 있었다. 목욕의례 하는 이들, 순례자들의 의례를 도와주는 순례사제나 사원의례를 집전하는 사제들, 사원의 신상 앞에서 예배를 드리거나 사원 앞에서 경전을 낭송하는 이들, 아침명상과 요가를 하는 이들, 유랑하는 사두들과 수도원의 수행자들, 그 밖의 여러 종류의 의례를 하고 있는 힌두교도들….

강가 주변에서 이루어지고 있는 이런 일상풍경을 지켜보다 보면, 마치 다양한 형태의 신앙이 공존하는 복합 종교문화를 보고 있는 것 같았다. 그리고 이런 다양하고 때론 신기한 힌두교도들의 종교행위를 지켜보면서 '이들에게 종교란, 종교적 행위란 무엇일까?' 하는 의문이 들곤 했다. 이러한 의문은 저자의 연구를 보조해주던 크리샨 씨의 일과를 들으면서 다소 풀렸다. 브라만 계급인 그는 신실한 힌두교도로, 외국 연구자들의 현지연구를 돕는 일을 하고 있었다.

크리산 씨가 말해준 그의 일과는 이랬다. 새벽에 일어나 간단히 필요한 일을 하고 강가로 와서 해가 뜨기 전에 목욕의례를 한다. 해가 뜨면 강가 물을 담는 그릇인 강가 잘(Ganga Jal)에 물을 담아 태양을 향해 세 번 들어올렸다 물을 붓는다. 세 번 하는 것은 그것이 우주의 세 영역, 즉 천상, 지상, 지하를 상징하기 때문이라고 했다. 그리고 강가 잘에 새로운 물을 담아 근처 사원에 가서 신상 앞에서 예배를 드리는 뿌자를 한다.

그림Ⅲ.3.1 바라나시 강가 강에서의 목욕의례

그림Ⅲ.3.2 연구보조원을 했던 크리샨 씨

뿌자를 드리면서 무엇을 기원하느냐고 물으니, 그는 오랜 세월 신께 계속해 봉헌드릴 수 있게 해달라 빈다고 했다. "그것이 바로 힌두교의 박띠군요."라고 했더니 바로 그렇다고 대답했다. 신에게 대가 없이 끝없는 사랑과 봉헌을 드리는 것, 그것이 종교의례의 목적이라는 것이다.[6] 이것이 앞서 II부에서 해탈에 이르는 세 길 중 하나로 다루었던, 그리고 오늘날 대중 힌두교에서 가장 강조되는 '박띠'다.

오늘날 박띠는 힌두교, 특히 대중 힌두교의 주요 요소로 자리 잡고 있다. 그리고 박띠를 구체적인 종교의례로 실천하는 것이 가장 일반적인 힌두의례인 '뿌자'다. 그런 만큼 인도의 현재 종교문화를 이해하기 위해서는 박띠에 대한 이해가 필요하다. 박띠의 핵심이 신에 대한 헌신적인 사랑이라는 점에서, 박띠는 본질적으로 정서적 측면에서 신에게 다가가는 방법이다. 박띠에서 정서는 최고의 종교 목표를 달성하는 데 핵심적인 역할을 한다.[7]

종교의 핵심을 무엇으로 볼 것인가는 관점에 따라 견해가 다를 수 있다. 하지만 종교경험이 종교나 신앙인의 종교생활에서 매우 중요한 요소라는 점에는 이의가 없을 것이다. 정서 또는 감정과 직결되어 있는 종교경험은 새로운 종교나 신앙의 출발계기가 되기도 하고, 인간이 열망하는 다양한 형태의 최고가치나 상태의 실현과도 밀접히 관련된다. 그런 점에서 종교의 정서적 측면은 종교와 종교인, 그리고 종교문화를 이해할 수 있는 중요한 요소라 할 수 있다.

종교와 정서의 관계를 연구하는 주요 목표 중 하나는 '종교에서 정서가 하는 역할을 이해'하는 것이다. 종교와 정서의 관계를 연구해 온 대표적 학자인 코리건(Corrigan, 2002: 275)은, 이 분야에서 관련 연구 수가 많고 깊이 있는 분석이 이루어지고 있는 주요 주제 중 하나로 힌두교의 박띠를 꼽는다. 또 그(Corrigan, 2002: 275-78)는 연구대상이 되어 온 구체적인 감정들로, 신과 성자의 분노, 최후의 심판에 대해 기독교도들이 갖는 것과 같은 두려움, 『우빠니샤드』의 해탈경지에서 경험하게 되는 것과 같은 지복, 기독교, 이슬람 수피즘, 그리고 힌두교 박띠의 사랑, 이 외에도 부끄러움, 죄의식, 증오, 질투 등을 들고 있다. 이 가운데 이 책이 다룰 주제는 힌두교 박띠의 사랑이다.

정서 또는 감정[8]을 무엇으로 규정할 것인가는 관점에 따라 다소 차이가 날 수 있다. 정서나 감정은 마음의 상태와 밀접한 관계를 맺고 있고, 이 마음의 상태는 역동적으로 변화하며 이런 변화에 따라 개인의 경험과 인식과 행동이 영향을 받는다.

인도종교와 철학전통에서는 이러한 정서에 대한 두 가지 관점이 공존해 왔다. 하나는 인도종교와 철학의 최고목표인 해탈의 달성과 관련하여 변화하는 마음의 상태, 곧 정서를 제거의 대상으로 인식하는 고행주의 전통의 관점이고, 다른 하나는 정서를 통해 해탈에 이를 수 있다고 보는 봉헌주의 전통의 관점이다. 전자는 모든 정서에는 근본적으로 에고이즘에서 비롯되는 욕망이 작용을 한다고 보아 에고이즘의 산물로서의 정서를 부정적으로 보는 반면에, 후자는 극단적으로 고조된 정서 또는 감정을 최고의 종교적 상태에 이르는 통로로 중시한다.

박띠는 봉헌주의 전통의 대표적 예다. 박띠는 현 힌두교, 특히 인격신에 대한 정서적 신앙이 중심이 되는 대중 힌두교의 주요 형태로, 힌두교에서 정서와 종교의 관계는 박띠에서 가장 잘 드러난다. 물론 모든 종교가 기본적으로 종교경험에 토대를 둔다고 본다면, 종교경험의 핵심은 정서적인 것이므로 박띠 이외에도 요가나 명상에서의 의식의 흐름이나 변화 역시 종교정서에 포함시킬 수도 있다. 그러나 엄밀히 말하면 요가나 명상은 정서와는 구별되는 의식과 더 밀접히 관련되고 본질적으로는 정서의 차원을 뛰어넘는 초월의식을 지향한다. 이에 비해 박띠는 정서적 차원에서 신과 사랑의 관계를 맺음으로써 최고의 종교목표에 도달하려는 사상이자 방법이다. 그런 만큼 힌두교와 정서의 관계를, 이 박띠 관련 신화를 통해 알아보려고 한다.

박띠의 역사는 아주 길다. 짧게 잡아도 기원전 2-3세기 전부터 지속되어 온 것으로 보인다. 따라서 박띠 안에도 다양한 파가 존재한다. 신을 속성과 형상 있는 존재로 인식하는 사구나 박띠와 속성과 형상 없는 존재로 인식하는 니르구나 박띠, 남인도와 북인도의 박띠, 샤이비즘(쉬바파) 박띠와 바이슈나비즘(비슈누파) 박띠, 또 바이슈나비즘 박띠는 람 박띠와 끄리슈나 박띠로 나뉜다.[9] 이 가운데 사구나 박띠, 그중에서도 끄리슈나 박띠에 초점을 맞추어 힌두교의 박띠와 정서의 관계를 신화와 연관 지어 살펴볼 것이다. 구체적으로는 박띠의 의미와 본질, 기원과 전개, 그리고 종류와 정서의 단계, 구체적 실천방법 등을 살펴본 뒤, 정서적 측면이 보다 강한, 끄리슈나 박띠의 주요 경전인 『바가바따 뿌라나』를 분석 텍스트로 삼아, 신화가 박띠 사상을 어떻게 전달하고 있고 또 박띠에서 정서가 갖는 의미와 기능이 무엇인지 인도 종교문화의 맥락에서 분석할 것이다.

2. 박띠의 의미와 본질: 에고가 제거된 사랑

박띠는 현 힌두교의 주요 문헌들인 『라마야나』, 『마하바라따』, 『바가바드기따』, 그리고 『뿌라나』의 핵심 요소 중 하나다. 박띠는 이 문헌들에서 다양한 의미와 표현으로 기술되고는 있지만, 핵심 의미는 신에게 대가를 바라지 않으면서 오직 신을 즐겁게 하기 위해 지극한 사랑의 감정으로 드리는 봉헌이다.

박띠는 범어 동사 바즈(bhaj)의 명사형이다. 바즈의 사전적 의미는 나누다, 분배하다, 향유하다, 경험하다, 느끼다 등이고, 『마하바라따』 등의 문헌에서는 봉사하다, 존경하다, 사랑하다, 숭배하다 등의 의미를 갖는다(Macdonell, 1965: 201; Williams, 1990: 743 참조). 그러니까 박띠의 사전적 의미는 분배, 나눔, 경험, 그리고 존경, 사랑, 예배 등으로 정리할 수 있고, 후자가 이 책이 다루는 박띠의 사전적 의미라 할 수 있다.

그리고 박띠 개념이 등장하는 문헌들, 즉 『우빠니샤드』 중 유신론적 성격을 띠는 『슈베따슈베따라 우빠니샤드』, 그리고 봉헌주의 전통의 문헌인 『바가바드기따』와 『뿌라나』에서 박띠는 인격신에 대한 강한 애착이나 열망, 헌신 또는 봉헌, 예배, 깊은 신앙 등을 뜻한다(Williams, 1990: 743). 또 산띠데바는 『바가바드기따』에서의 박띠를 '어떤 이기적인 동기도 없이 신에게 진심으로 사랑을 바치는 것'(Santideva, 1999b: 140)으로, 『바가바따 뿌라나』에서의 박띠를 '동기도 이유도 없이 감각이 신에게로 향하는 것'(Santideva, 1999a: 25-27)으로 정리한다.

따라서 힌두교에서 박띠가 다양한 용어와 방식으로 정의되고 표현되지만 그 중심 의미는 '대가를 바라지 않고 또는 이기심 없이 신에게 바치는 헌신적이고 절대적인 사랑'이며, 특히 '신이 완전한 하나의 실재임을 느껴보려는 깊은 열망이자 신에 대한 진실하고 절대적인 사랑'이다. 그러므로 기본적으로 박띠는 '신을 느끼고 경험하고 실현할 수 있는 감정이자 정서'다. 힌두교가 해탈에 이르는 세 가지 길 중 하나로 제시하는 박띠 요가는 이러한 박띠를 통한 신 실현의 길이라 할 수 있다.

힌두전통은 이 사랑의 감정을 낮고 높은 발전적인 단계로 구분한다. 감각적인 즐거움이나 아름다움에 이끌리는 세속적인 사랑의 감정이나 이기적인 목적의 사랑의 감정은 낮은 단계의 박띠로, 대가를 바라지 않는 이기적이지 않은 사랑을 높은 단계의 박띠이자 박띠의 핵심으로 제시한다. 박띠가 이렇게 높고 낮은 단계로 제시되는 것은 박띠 정서가 발전적으로 형성되는 것임을 뜻하기도 하고, 힌두교가 다양한 신앙 형태들을 융합시켜 하나의 종교체계를 형성한 데 기인하는 것이기도 하다.

한편 박띠의 본질에 대해, 박띠와 관련한 유명한 설명자인 나라다와 샨딜야는 박띠를 다음과 같이 설명한다. 나라다는 박띠를 신에 대한 깊은 사랑, 즉 세속 대상에 대한 집착에서 자유로운, 신에 대한 분리되지 않은 사랑으로 정의했고, 샨딜야는 높은 수준의 박띠인 빠라 박띠(para bhakti)를 신에 대한 가장 완전한 애착으로 정의했다(Shinha, 1993: 148에서 재인용).[10] 여기서 애착(집착)은 세상의 것들에 대한 집착이 아니라 최고의 종교적 목표를 달성하기 위한 집착을 의미한다. 따라서 우리를 세속에 묶어두는 그런 집착은 아니다. 신하(Shinha, 1993: 148-49)에 따르면 후기 박띠 문헌은 박띠와 깊은(신성한) 사랑(preman)을 구분하는데, 전자는 갈망하는 대상인 신에게 저절로 집착하여 신에게 완전 몰입하는 것이고, 후자는 신에 대한 가장 집중된 사랑으로 가장 강렬한 집착이고 마음을 완전히 정화시킨다. 후자를 전자의 완성으로 본다. 그리고 사르마(Sharma, R. N., 1996: 14)는, 이런 박띠 감정은 해방에 대한 열망마저도 없애주는 것이라고 언급한다.

결국 박띠의 목표는 신에 대한 헌신적이고 열렬한 사랑을 통해 신을 직접적으로 체험하고 신과 하나가 되는 경험을 하는 것이다. 이 경험은 때로 해탈에 대한 열망마저도 소멸시키는 그런 경험이다. 이 경지를 달성하는 박띠의 가장 핵심적인 개념을 '대가를 바람이 없이 신에게 헌신하는 것', 달리 표현하면 '이기심 없는 사랑'으로 표현할 수 있다. 즉 박띠가 추구하는 종교적 정서의 핵심은 '에고(자기중심성, 이기심)가 제거된 사랑의 감정'이라 할 수 있다.

3. 박띠의 기원과 전개

박띠의 기원에 대해서는 여러 가지 견해가 제시되고 있지만,[11] 대부분의 인도 학자들은 인도기원을 주장하고 이 견해가 인도 내에서 일반적으로 받아들여지고 있다.

사르마(Sharma, R. N., 1996: 5-9)는 인도에서 가장 오래된 문헌인 『리그베다』에서 신들에게 바치는 찬가(sukta)가 박띠의 좋은 예고, 또 『베다』에 '박띠'라는 말이 나타나는데 이 말의 여러 의미 가운데 '온 마음을 다한 신에 대한 봉헌'의 의미가 있다는 점을 들어 인도기원을 주장한다. 또 일원론사상을 제시한 『우빠니샤드』에도 궁극적 실재(Brahman)나 자아(Atman)에 대한 완전한 봉헌의 사상이 담겨 있으며, 현재와 같은 의미의 박띠는 유신론적 성격을 띠는 『슈베따슈베따라 우빠니샤드』에서 처음 나오므로 『우빠니샤드』에도 박띠가 나타난다고 말한다.[12]

그러나 이라퀴(Iraqi, 2009: 102)는 박띠의 기원을 베다 신들에 대한 숭배보다는 바수데바(Vasudeva)를 신봉하던 바수바따파에서 찾고 있다. 그에 따르면 베다 시기에 브리쉬니(vṛṣṇī)들 사이에 바수(Vasu)란 인물이 있었는데 그가 사후 바수데바로 숭배되었고, 이 집단의 신앙이 2세기부터 바가바따(Bhagavata)신앙으로 이어졌다. 후에 바수데바는 『마하바라따』에서 비슈누와 동일시되고 바수데바의 또 다른 이름이라 할 수 있는 끄리슈나가 비슈누의 화신으로 받아들여지게 되었다는 것이다.

이후 박띠는 『마하바라따』의 일부인 『바가바드기따』에서 처음으로 공식적인 승인을 받았고, 종파적 성격의 문헌인 모든 『뿌라나』에 박띠가 나타난다. 특히 박띠의 기본 자료로 간주되는 『바가바따 뿌라나』에서 강조된다. 이 문헌에 나타나는 바수데바·끄리슈나 박띠는 정서적 성격을 보다 강하게 띤다. 강한 만족감을 느끼게 하는 이 끄리슈나 박띠는 특별한 흥분으로 말을 막히게 하고 눈물을 흘리게 하며 머리카락을 쭈뼛하게 만드는 격정적인 정서로 기술된다(Iraqi, 2009: 102). 산띠데바(Santideva, 1999a: 23-24)는 『바가바따 뿌라나』에서 『바가바드기따』에서는 발견되지 않는 신에 대한 정서적 사랑이 추가되어 가장 중요하게 강조되는 것으로 본다. 『바가바드기따』에서 신봉자가 박띠를 통해 신과 친구·부자·연인관계의 친밀감은 느끼지만, 로맨틱한 사랑의 감정은 나타나지 않는다는 것이다.

요컨대 위에서 언급한 학자들의 견해는 박띠가 인도에서 발생하여 성장해 왔다는 것이다. 저자 역시 박띠는 근본적으로 인도문화에 그 뿌리를 두고 있고 인도의 사회적·문화적 콘텍스트 안에서 발전되어 온 종교적 경향이라고 생각한다.

박띠가 하나의 본격적인 종교적 흐름으로 출발한 것은 6세기 인도 남부에서의 일이다. 남인도의 초기 박띠 성자들은 여러 신들에게 바치는 찬가를 노래하며 추종자들을 모았다. 그러다 7세기에서 11세기 사이에 유랑하는 성자 시인들(Alvar[13], Nayanar, Nayanmar)의 정서적 열정을 통해 박띠 신앙이 현저한 발전을 이루었다. 이들은 쉬바나 비슈누(또 그의 화신인 람과 끄리슈나)를 숭배하는 박따(bhakta), 즉 박띠 성자들로 각자의 방식으로 남인도 박띠 사상의 발전과 오늘날 힌두교의 두 주요 종파인 샤이비즘과 바이슈나비즘의 성장에 기여했다.

박띠 사상의 초기 단계에서는 샤이비즘이 우세했으나 후기 단계에서는 바이슈나비즘이 박띠 사상을 완성시켰다. 촐라 시기(10-12세기)에 지배자들이 바이슈나바(비슈누파 신봉자)들에 대해 호의적 태도를 보이면서 비슈누파와 쉬바파 간의 적대관계가 형성되었지만, 12세기 초엽 등장한 라마누자(Ramanuja)에 의해 종파 간 갈등을 극복하고[14] 박띠는 새로운 단계로 접어들었다. 라마누자는 박띠는 모든 계급에 열려 있다고 믿어 자신의 교단(Sri Sampradaya)에 브라만과 함께 낮은 카스트의 알바르들도 받아들였다(Iraqi, 2009: 103-04).

그러나 박띠는 남인도에서 쇠퇴하기 시작하고, 북부 인도에서 14세기 이후 보다 대중적이고 진보적인 운동으로 발전하기 시작했다. 박띠 운동은 당시 의례를 중시하는 사제 중심의 형식적인 신앙 형태와 상층 계급이 특권을 독점하고 있는 사회구조(카스트)에 저항하며 평등주의적이고 개혁적인 운동으로 전개되었다. 박띠 성자들은 개방화된 종교 관념과 간소화된 의례를 제시하며 박탈 계층(낮은 카스트와 여성)이 그들의 종교생활에서 주체가 될 수 있는 용이한 통로를 마련해주었다. 말하자면 박띠 운동은 종교개혁적 성격을 띠는 운동으로, 민주적이고 대중적인 신앙으로서의 박띠 신앙을 제시했다. 그리고 이슬람 문화와의 접촉은 이 운동이 탄력을 받게 해주었다.

박띠는 박띠 운동이 등장하기 이전에도 인도종교의 궁극적 목표인 해탈을 달성하기 위한 세 주요 길들, 즉 행위를 통한 해탈의 길인 까르마 요가, 지혜를 통한 해탈의 길인 갸나 요가, 그리고 신에게 헌신적인 봉헌과 사랑을 바치는 길인 박띠 요가 가운데 하나로 자리 잡고 있었다. 하지만 중세 당시에 박띠는 갸냐 요가와 까르마 요가의 보완적인 방법 정도로 인식·실천되고 있었다. 박띠 운동 초기의 두 유명한 브라만 사제인 라마누자와 마드바(Madva)는, 힌두의례가 까르마 요가와 갸냐 요가에 과도하게 의존함으로써 엘리트 수행자와 브라만 사제들에게 모든 권한과 권위를 주고 대중에게 부정의와 착취를 부과하는 많은 사회적 악을 만들어냈다고 주장하며 저항운동을 전개해 나갔다.

초기 박띠 성자들은 박띠 요가를 중심적인 힌두의례로 채택해 사용하고, 종교의례와 문헌에 브라만들을 중심으로 하는 상층 계급의 독점적 언어인 범어 대신에 대중의 언어인 각 지방어를 사용함으로써 종교의 주요 영역에서 배제되어 있던 낮은 계층의 사람들과 여성들에게 종교에 쉽게 접근할 수 있는 용이한 통로를 열어주었다.[15] 그리고 10세기 이후 박띠가 힌두의례의 지배적인 형태로 등장하는 데 기여했다.

한편 박띠 종교관념은 사랑 신비주의의 두드러진 특징을 보이는데, 사랑 신비주의에서 신은 남성이고 인간은 여성으로, 신과의 결합은 신성한 결혼을 모델로 하는 사랑의 결합으로 상징된다. 이 사랑 신비주의는 8세기부터 등장하기 시작한 이슬람의 수피즘과 중세 말엽 이후 기독교에 퍼지기 시작한 신에 대한 인격적 사랑을 강조하는 영적 운동으로, 박띠 신앙에서도 나타나고 있다. 차이가 있다면 박띠의 사랑 신비주의가 훨씬 더 에로틱한 성격을 띠는 점이다. 따라서 중세 박띠 운동은 수피즘(Sufism)이나 수피(sufi)와도 연관성을 갖는다. 수피즘 역시 이슬람의 경직된 율법이나 지적인 교리보다는 개인의 정서적인 종교체험을 통하여 신과 하나가 되려고 하는 종교형태라는 점에서 박띠와 유사하다. 박띠와 수피즘의 이러한 유사성이 중세에 박띠가 꽃필 수 있는 여건을 마련해주었다고 볼 수 있다.

이슬람이 인도에 오랜 기간 머무는 동안에 인도환경이 이슬람에 깊은 영향을 미쳐 왔다면 이슬람도 마찬가지로 힌두교와 인도인들의 삶에 영향을 미쳤다. 1000년에서 1400년까지 400년 동안 인도는 이슬람 세력의 영향을 받았다. 이 기간에 많은 수의 이슬람 수피들이 인도로 들어왔다. 사실 이슬람이 진정으로 힌두교와 접촉하고 힌두인들의 가슴에 효과적으로 들어갈 수 있었던 것은 수피즘을 통해서였다. 하지만 힌두교에 대한 이슬람의 영향이 주목되는 때는 이슬람통치가 본격화되는 15세기 후반이다. 이 시기는 북인도의 위대한 박띠 개혁자들로 시작되었다. 따라서 북부 인도에서 박띠 운동이 활발하게 전개될 수 있었던 주요 요인으로, 당시 북부 인도의 종교적 상황과 이슬람문화, 특히 수피즘과의 관계, 그리고 이슬람 정치세력의 확립이 박띠 운동의 활성화에 미친 영향 등을 들 수 있다.[16] 결국 근본적으로 박띠는 인도문화에 그 뿌리를 두고 있고 인도의 사회적·문화적 콘텍스트 안에서 발전되어 온 문화적 경향이지만, 박띠가 운동으로 확산되게 된 계기는 중세에 힌두-무슬림 접촉과 무슬림의 인도지배라고 볼 수 있다.

4. 박띠의 종류, 단계, 그리고 실천방법

박띠는 정서의 종류나 단계에 따라 여러 형태로 분류된다. 가장 크게는 정서 발전의 단계에 따라 둘로 나뉜다. 힌두 신체계를 다루는 부분에서 언급했듯이, 힌두사상에서 근원실재인 브라흐만은 속성을 지니지 않는 비인격적 존재(니르구나 브라흐만)이면서 속성을 지니는 인격적인 존재(사구나 브라흐만)이기도 하다. 브라흐만의 비인격적 측면에 대해 명상하는 니르구나 박띠(또는 빠라(para) 박띠)를 최고 수준의 박띠로, 인격적 측면인 신에게 봉헌을 드리는 사구나 박띠(또는 아빠라(apara) 박띠)를 낮은 단계의 박띠로 제시한다. 그러나 벵갈 박띠 전통과 같은 일부파에서는 인격신에 대한 박띠를 더 높은 단계로 본다.

힌두사상에 따르면 모든 물질세계는 세 구나(속성)인 따마스, 라자스, 사뜨와로 구성되어 있다. 따라서 모든 존재의 기질, 성향, 감정도 세 구나로 구성되며 이들의 구성비율에 따라 사구나 박띠는 세 형태의 박띠로 나

된다.[17]

따마사(tamasa) 박띠는 어둠의 원리이자 둔한 성질인 따마스에 지배되는 감정인 악의, 자만, 질투, 분노 감정을 가지고 남을 해치기 위해 신에게 봉헌을 드리는 박띠다. 신이 자신과는 분리된 외부적 존재라고 인식해서 사원, 사당, 성지 등에서 신에게 물질적·정신적 선물을 기원하며 예배드린다. 즉 기복적인 성격을 띤다.

라자사(rajasa) 박띠는 활동성 원리인 라자스에 지배되는 박띠로, 세속적 즐거움, 즉 명예, 부, 즐거움에 대한 욕망에서 신을 숭배하는 박띠다. 이 박띠에서도 신봉자는 신과 자신을 분리된 관계로 인식한다. 따라서 신봉자는 자신이 선호하는 신을 선택하여 열정적으로 봉헌한다. 강력한 봉헌이 마음을 정화시키고 죄를 없애주어 영적 성장을 이루게 한다고 믿는다.

사뜨비까(sattvika) 박띠는 밝음의 원리인 사뜨와가 지배하는 박띠 형태다. 정결하고 높은 수준의 박띠다. 신에게 대가를 바람이 없이 오직 신에게 봉사할 목적으로, 자기의무로 행하는 봉헌이다. 이 박띠에서는 신에 대한 모든 행위를 성화시키고 신을 위해 신을 사랑한다. 신에 대한 진정한 사랑에 빠지면서 신에게서 모든 존재를, 모든 존재에서 신을 본다. 하지만 신과 자신의 차이에 대한 인식은 여전히 남아 있다. 밝고 순수한 성질이라 하더라도 모든 성질은 신과 신봉자를 분리해 인식하게 만들기 때문에 신에 동화되는 데 방해가 된다.

이에 비해 최고 형태의 박띠인 빠라 박띠 또는 니르구나 박띠는 어떤 동기도 없이 신에게 저절로 봉헌을 드리는 박띠다. 이 박띠는 신봉자의 마음이 어떤 방해도 받지 않고 신에게 저절로 향하는 박띠다. 그리고 신에게 봉사하는 것 이외의 다른 것에는 전혀 관심을 기울이지 않는다. 심지어는 신의 세계에 거주하거나, 신의 초능력을 얻거나, 신 가까이 머물거나, 신과 유사한 형상을 취하거나, 신과 합일하는 것조차도 원하지 않는다. 이러한 설명은 어떤 욕망도 부재하는 상태를 시사해준다.

전체 힌두사상이 그렇듯이, 박띠 사상도 신을 인격적인 존재로도 비인격적인 존재로도 파악하기 때문에 신과의 사랑의 관계 또한 인격적으로도 비인격적으로도 인식되고 있음을 알 수 있다. 현 힌두교에서 사구나 박띠가 주류이고 또 박띠는 근본적으로 최고존재로서의 인격신과 그와의 인격적 관계에 대한 믿음을 전제로 하는 것으로 평가되므로, 여기서는 인격적인 관계로 인식하는 사구나 박띠에 국한하여 논의하고자 한다.

박띠의 핵심이 신에 대한 지극한 사랑의 감정이며, 박띠가 신에 대한 사랑을 통해 신과 하나가 되려는 종교형태라고 볼 때, 정서나 감정은 신에 이르는 중요한 수단이라 할 수 있다. 정서 또는 감정에 해당하는 인도어는 '봐아바(bhāva)'다. 박띠에서는 신에 대한 사랑의 감정이 커지면서 사랑에 빠져들어 자신을 잊는 것을 봐아바로 부른다. 신에 대한 사랑이 아주 크게 자라서 마하(大) 봐아바가 되는 것이 신에 대한 최고의 사랑이다. 이 정서 상태에 이르면 신에게서 모든 것의 통일성을 경험하며 모든 존재에서 신을 보고 그들을 신의 일부로 인지하게 된다. 인간이 신에 대해 느끼는 사랑의 감정에 대해 힌두경전들은 여러 가지 봐아바를 언급하고 있는데, 보통 가장 중요한 것으로는 다음과 같은 다섯 가지를 든다(Pandit, 2009: 87).

① 마두라(madhura) 봐아바: 신을 연인으로 사랑하는 감정으로, 성적인 사랑의 측면을 지니는 감각적인 사랑의 형태이자 감정으로 표현된다. 그러나 이 사랑은 몸에 집착하고 자기만족을 추구하는 남녀 간의 지상적 사랑과는 달리 에고가 사라진 신성한 사랑으로, 신봉자인 박따와 신이 분리되어 있는 존재이긴 하나 사랑의 감정을 통해 하나로 느낀다. 끄리슈나에 대한 라다와 같은 고삐들, 그리고 미라바이의 사랑이 대표적인 예다.

② 깐따(kanta) 봐아바: 배우자, 특히 아내가 남편에 대해 갖는 사랑의 감정과 유사한 신에 대한 신자의 감정이다. 『라마야나』에서 남편 라마에 대한 아내 시따의 헌신적인 사랑이 대표적인 예다.

③ 바찰야(vatsalya) 봐아바: 아이들에 대한 부모의 사랑과 유사한 신에 대한 감정으로, 신을 부모의 마음으로 사랑하는 감정이다. 이런 사랑에는 두려움이 없다. 신봉자는 어머니가 지식을 키우듯 신을 돌보고 키우며

신에게 봉사한다. 어린 끄리슈나에 대한 야쇼다의 사랑이 대표적인 예다.

④ 사캬(sakhya) 봐아바: 친구 사이의 우정과 같은 사랑의 형태로 『마하바라따』의 아르주나와 끄리슈나, 그리고 『바가바따 뿌라나』에서 끄리슈나에 대한 수다마의 감정이 좋은 예다. 『마하바라따』에서 아르주나는 끄리슈나와 친구처럼 함께 앉고, 먹고, 이야기를 나누며 걷는다.

⑤ 다스야(dasya) 봐아바: 이 사랑의 감정은 종이 주인에 대해 갖는 헌신적인 사랑의 감정이다. 『라마야나』에서 람에 대한 하누만의 감정이 대표적인 예다. 하누만은 온갖 방법으로 람을 모시고 기쁘게 한다.[18]

이처럼 박띠 전통은, 박띠 정서의 단계와 형태를 구분하고 신에 대한 봉헌과 사랑이 발전적으로 성장해 나가는 것으로 파악한다. 그리고 이러한 성장을 위한 구체적인 실천방법(봉헌행위)으로 크게는 외적인 것과 내적인 것을 제시한다. 외적인 실천행위는, 신의 이름을 지속적으로 낭송하거나, 신을 찬양하는 바잔을 노래하거나, 예배인 뿌자에서 꽃이나 향 등의 공물을 바치는 행위와 같은 의례행위다. 이런 행위들이 신자의 마음속에 사랑의 감정을 깊게 만들고, 이어 내적 실천을 통해 사랑이 점점 심화되면 이기심 없는 사랑의 감정을 느끼면서 전 우주에 퍼져 있는 신의 빛을 보고 최고의 의식상태에 이른다는 것이다(Pandit, 2009: 87).

『바가바따 뿌라나』는 이 두 형태의 실천을 아홉 가지 박띠로 제시한다.[19] 첫 번째는 신의 이름이나 공적 듣기(śravana)로, 이것이 모든 죄를 없애주며 두 번째 박띠인 신의 이름·형상·공적을 낭송하는 끼르딴(kīrtana)으로 이끈다. 신의 이름을 말하는 것만으로도 모든 죄가 씻긴다고 믿는다. 이 듣기와 낭송이 세 번째 박띠인 신에 대해 기억하고 명상하기(smaraṇa)로 이끈다. 예배대상으로 선정한 신에 집중하고 그 신만을 기억한다. 이런 지속적인 기억을 통해 신봉자는 신 실현의 초보 단계에 이른다. 마음이 신의 현존을 의식하려 하고 물질 대상이 일시적이고 덧없는 것임을 명확히 인식한다. 네 번째는 신의 발에 예배드리기(pāda-sevana)다. 연꽃으로 형상화되는 신의 발에 있는 꿀(은총)을 한번 맛본 사람은 세상의 것들에서 결코 즐거움을 찾지 않는다. 이 신성한 은총과의 접촉으로 새로운 영적 지평이 확대되고 세속사에 집착하지 않으며 진정한 마음의 평정을 얻는다. 다섯 번째인 예배(arcana)는 신상에 예배드리는 것으로, 외적 예배보다는 내적 예배를 선호한다. 여섯 번째는 신 앞에 엎드리는 것(vandana)으로, 신에 대해 무조건적으로 복종한다. 이것의 외적 표현이 신상 앞에 신체를 엎드리는 것이다. 일곱 번째는 종속감 또는 겸손함(dāsya)이다. 신에 종속되어 있다는 느낌이며, 절대적 복종의 결과다. 여덟 번째는 우정(sakhya)으로, 신에 대한 신자의 겸손한 태도가 신으로 하여금 은총을 부여하게 해 신을 친근한 친구로 느끼게 해준다. 이는 더 높은 수준의 달성이다. 마지막 아홉 번째는 자기봉헌(Ātma-nivedana)으로 신에게 자신을 바치는 것 또는 전적인 복종이다. 신에게 최고의 사랑과 봉헌을 바치고 전적으로 복종한다. 이 단계에 이르면 모든 차별성이 사라지고 최고의식인 신과 하나가 된다. 그러면 다음에서 이러한 박띠의 정서를 통해 어떻게 최고의 종교적 경지에 이르는지 『바가바따 뿌라나』의 스토리를 통해 살펴보기로 하겠다.

5. 『바가바따 뿌라나』에 나타나는 박띠와 정서

사구나 박띠의 전형으로 인식되는 박띠파는 비슈누와 그의 화신인 람과 끄리슈나를 주요 신앙대상으로 삼는 비슈누파 박띠다. 그리고 이 비슈누파의 문헌인 『바가바드기따』와 『바가바따 뿌라나』는 대표적인 박띠 문헌이자 모든 힌두교도가 중시하는 문헌이다.

『바가바드기따』는 힌두교의 최고목표인 해탈에 이르는 길을 여러 명칭의 요가로 지칭하고 있지만 크게는 갸나(상캬) 요가, 까르마 요가, 그리고 박띠 요가로 제시한다. 따빠샤난다(Tapasyananda, 1982: 177-78)는 이 세 요가를 하나의 요가의 세 측면으로 보고, 세 요가를 묶는 요소가 최고신에게 온 마음을 다해 봉헌하는 경험이라 지적한다. 또 『바가바드기따』의 박띠를, 신의 본성과 신과 신봉자의 진정한 관계를 이해하는 데서 생겨나는 신을 향한 사랑의 감정으로 보고, 박띠 요가를 신에게 자신의 전 존재를 바치고 봉헌의 정신으로 의무를 행하는 것으로 파악한다. 그리고 신에 대한 사랑이 깊어져 자신을 철저하게 버리는 경지에 이르면 최고의 평화와 신의 영원한 거처에 이른다고 본다.

또 빤디뜨(Pandit, 2009: 82-83)는 박띠 요가를 신에 대한 이기심 없는 봉헌, 예배, '자기 버림'의 길로 규정하고, 정서적 경향이 있는 이들에게 박띠 요가가 적합하다고 말한다. 그에 따르면 박띠 신봉자는 먼저 자신의 기질에 맞고 자신이 선호하는 신을 선택한 후에 그 신에게 사랑과 봉헌을 바치는데, 신과 인간을 분리하는 것은 에고이므로 이 영적인 길의 목표는 신에 대한 봉헌과 자기 버림을 통해 자신의 에고를 없애는 것이라 말한다.

『바가바따 뿌라나』는 바이슈나비즘의 핵심 경전으로, 여기서 제시되는 박띠가 바이슈나비즘 박띠의 주요 토대가 되고 있다. 이 문헌에서는 박띠의 다양한 측면과 형태들이 다뤄지며, 특히 비슈누의 화신인 끄리슈나의 박띠가 잘 반영되어 있다.[20] 이 『바가바따 뿌라나』는 신에게 마음을 집중시키는 감정들을 다양하게 제시하는데, 봉헌(헌신적 사랑)과 우정은 물론 애정(sneha), 두려움(bhaya), 성적 욕망(kama), 심지어는 증오(dvesha)의 감정도 신에게 마음을 집중할 수 있게 한다고 보고 있다. 이 문헌에서도 박띠의 핵심이자 최고 형태는 인격신에 대한 이기적 동기 없는 '어떤 것으로도 방해받지 않는 봉헌', 즉 완전한 몰입으로 제시된다. 그러면 이 문헌에 나오는 이들 여러 감정 가운데 증오와 두려움, 그리고 특히 끄리슈나 박띠에서 두드러지는 박띠 감정인 에로틱한 사랑의 감정(마두라 봐아바)이 어떻게 최고의 종교목표에 이르게 하는지 구체적인 신화 사례를 통해 살펴보고, 이 과정에서 정서적 감정이 행하는 기능이나 역할을 힌두 종교문화적 맥락에서 분석해보기로 한다.

1) 증오와 두려움의 감정

『바가바따 뿌라나』의 VII스칸다에서 성자 나라다는 『마하바라따』의 빤다바 형제의 장남 유디슈티라에게 박띠에 대해 다음과 같이 설명한다.

> (우주의 원초적 질료인) 쁘라끄리띠와 (우주적 영혼으로 순수의식인) 뿌루샤를 구분하지 못하는 무지 때문에, 몸과 영혼을 같은 것으로 착각하게 되고 여기서 자신의 존재가 타자와 다르다는 잘못된 이해가 생겨난다. 이로 인해 '나'라는 의식(에고의식, 개별성 인식)이 생기면서 처벌받거나 거친 말을 들었을 때 고통의 감정이 생겨난다. 죽음은 개별성을 구성하는 요소인 몸의 파괴이며 (모든 존재의 영혼인) 신은 모두의 영혼인 한 분이시다. 따라서 절대적인 경지(신의 경지)에 이르면 개별성에 대한 인식이 사라지고(에고의식이 사라지고) 선을 위해 사악한 것을 응징한다. 그러므로 적대감 없는 지속적인 봉헌을 통해 또는 두려움이나 사랑을 통해 마음을 신에게 집중해야 한다. 말벌이 벽 구멍에 가둔 벌레는 증오와 두려움에서 말벌에 대해 골똘히 생각한다. 그래서 끄리슈나에 대한 적의를 마음에 품은 사람은 증오와 두려움을 통해 신에게 지속적으로 명상함으로써 죄를 씻어내고 신을 얻는다. 많은 이들이 사랑, 증오, 두려움, 애정, 봉헌을 통해 신에게 마음을 집중함으로써 모든 부정을 정화한 뒤에 신과 합일을 이룬다.
>
> 고삐는 사랑(성적 욕망), 깜사는 두려움, 끄리슈나의 사촌인 쉬스빨라와 여러 왕은 증오, 브리쉬니는 친족, 빤다바는 우정과 애정, 우리 성자들은 봉헌을 통해 신과 하나가 된다. 위의 어느 하나로 끄리슈나에 마음을 고정시켜야 한다.(*Bhāgavata Purāṇa*, VII.1.23-30)

이 인용 구절의 전반부는 상캬철학에 근거하여, 세상의 모든 존재가 영적 요소(뿌루샤)인 본질의 차원에서는 동일함에도 개별성을 지니는 물질적 차원의 몸을 본질로 착각하여 자신과 대상을 구분하고 그래서 고통을 유발시키는 에고의식이 나타나게 된다고 설명한다. 따라서 에고의식의 제거를 통해 최고의 경지, 즉 신과 하나가 되는 경지에 이르기 위해 박띠를 실천할 것을 제시한다.

저자가 주목하는 부분은, 사랑과 같은 긍정적인 감정뿐만이 아니라 우리가 일반적으로 부정적인 감정으로 여기는 증오나 두려움 같은 감정을 통해서도 최고의 종교목표에 이를 수 있다고 기술하는 부분이다. 다시 말해, 위에서 제시된 각 감정들의 내용이 다르고 심지어는 상반되는 것임에도 불구하고, 그 감정으로 인해 극한으로 신에게 집중하게 되면 신과 궁극적으로 하나가 될 수 있다고 보는 대목이다.

특히 말벌에 대한 벌레의 증오나 두려움 감정의 예는 선뜻 이해가 안 될 수도 있다. 이와 관련하여 산띠데바(Santideva, 1999a: 30)는 두려움이나 증오는 따마스나 라자스 같은 낮은 수준의 성질에서 나오므로 이러한 감정들을 구원을 가능하게 하는 박띠의 한 형태로 제시하는 것은 모순이 있다고 지적하고, 이 문헌이 증오나 두려움으로 구원된 사람들을, 전생에 해방될 자격이 있었지만 결함·죄·저주 등으로 죽었다 재생된 사람들로 설명함으로써 모순을 해결한다고 지적한다.

하지만 저자가 이런 모순의 문제보다도 더 관심을 가지고 주목하는 부분은 마음(또는 정신)의 집중 문제다. 저자는 위의 구절이 강조하려는 요점이 감정의 종류가 아니라 마음(정신)을 집중하는 문제라고 본다. 박띠의 핵심은 신에 대해 마음을 집중하는 것이고, 강렬한 감정은 마음 또는 정신을 집중하게 만드는 도구 역할을 할 수 있다. 그러므로 집중되고 몰입된 감정 또는 정서를 종교적 목표달성의 주요 도구로 제시하는 것이라 할 수 있다. 그런데 신에 대한 정신집중을 통해 마음을 정화시키고('죄를 씻어내고') 신과 하나가 되는 박띠의 과정과 목표는, 고전요가의 핵심 수행과정이나 목표와 다르지 않다. 다만 고전요가가 어려운 수행과정을 통해 목표를 달성하는 것과 달리 박띠는 집중된 감정을 통해 달성하려 한다는 방법상의 차이가 있다.

2) 연인의 열정적 사랑의 감정

『바가바따 뿌라나』(X스칸다 21-22장, 29-33장)에서 다뤄지는 끄리슈나에 대한 고삐(목동 여성)들의 사랑 이야기는, 연인 간의 사랑 감정을 통한 박띠의 대표적인 예이자 사구나 박띠의 신성한 사랑을 가장 잘 보여주는 예다. 앞서 다룬 감정 유형에 따른다면 신을 연인으로 사랑하는 마두라 봐아바다. 21-22장에서는 끄리슈나를 열정적으로 사랑하는 고삐들의 사랑 이야기가 그려지고, 29-33장에서는 신에 대한 사랑의 감정이 최고조에 달하는 박띠라사(bhaktirasa)가 묘사되고 있다.[21] 이 중 박띠라사의 내용을 중심으로, 연인에 대한 에로틱한 사랑으로서의 박띠 감정과 그 기능을 분석해보기로 한다. 편의상 단락을 나누고 번호를 붙여 기술하기로 한다.

(1) 재스민 꽃이 만개한 어느 아름다운 가을 저녁, 끄리슈나는 라사(여기서는 남성 댄서가 여러 여성 무희들과 원을 그리고 움직이며 추는 춤을 의미함)를 하려는 생각으로 피리를 불어 그 아름다운 소리로 목동 여성들인 고삐(gopi)들의 마음을 사로잡았다. 아름다운 피리소리에 매혹된 브라자 마을의 고삐들은 끄리슈나에 대한 사랑의 감정에 사로잡혀 하던 일을 멈추고는(우유를 짜다, 음식을 차리다, 젖을 주다, 남편을 기다리다, 식사를 하다…) 가로막는 남편, 남형제, 남자친척들(즉 가정의 남성들)을 뿌리치고 끄리슈나가 있는 곳으로 달려갔다. 끄리슈나에게 가지 못하고 집 안에 갇힌 고삐들은 눈을 감고 마음으로 끄리슈나에 대해 명상했다. 끄리슈나는 자신에게 다가오는 고삐들에게 사랑스럽게 말했다. "나에 대한 깊은 애정으로 당신들의 마음이 내게 집착되어 왔다면 그건 아주 자연스런 것이오. 모든 존재들이 내게 애정을 가지기 때문이오. 그러나 진심을 다해 남편에게 봉사하고 가족을 돌보고 아이를 키우는 것이 여성의 최고의 의무요. 남편에게 부족한 점이 있어도 도덕적 타락자가 아니라면 천상계를 갈망하는 여성은 그를 버려서는 아니 되오. 정부와의 불륜은 천상계에 이르는 데 장애가 되오. 나에 대한 봉헌은 나에 대해 듣고, 나를 보고, 나에 대해 명상하고, 나의 놀이나 숭고한 행동을 찬양하

는 것에서 생겨나지, 신체적으로 가까이 있는 것이 아니니 집으로 돌아가시오."(*Bhāgavata Purāṇa*, X.29)

여기서 끄리슈나는 박띠를 강조하면서도 이어 전통적인 여성의 의무를 강조하고 신에 대한 사랑이 육체적 사랑이 아닌 정신적 사랑임을 시사하고 있다. 또 끄리슈나는 힌두여성의 전통적 다르마인 남편과 가정에 대한 의무를 강조하며 고삐들에게 돌아가도록 권고하는데, 이는 힌두사회의 전통적인 여성의 역할과 그것을 뛰어넘는 박띠 정신 사이의 갈등을 보여준다. 박띠 운동이 여성해방적 측면도 지닌다는 점에서 이 부분은 여성에 대한 전통적 관념과 박띠 정신 사이의 갈등을 완화하려고 삽입한 것으로 보인다.

(2) 이런 말을 들은 고삐들은 크게 낙담했다. 어떤 고삐들은 끄리슈나를 위해 자신의 욕망을 접었지만, 집착을 버릴 수 없는 고삐들은 원망하며 이렇게 말했다. "모든 즐거운 것들을 버리고 당신의 발바닥에 의지하는 당신의 신봉자에게 그리 가혹한 말씀을 하시다니요. 비슈누께서 산사라(윤회)에서 해방되고자 갈망하는 당신의 신봉자들을 받아들이셨듯이 당신의 신실한 신봉자들을 버리지 말고 받아주세요. 다르마를 잘 아는 이들이 모든 사랑을 당신께 바칩니다. 그런 당신과 함께 있을 수 있을 때 단지 문제의 근원인 남편, 아들, 친지들에게 봉사하는 것이 무슨 의미가 있겠습니까?" 고삐들이 계속해 간청하자 끄리슈나는 자비심에서 그들에게 축복을 내렸다. 끄리슈나는 자신의 주변에 모여 그를 찬양하는 노래를 부르는 고삐들과 함께 숲을 거닐고 향기로운 부드러운 바람이 부는 강에 들어가 노닐었다. 끄리슈나는 팔을 뻗어 그들을 끌어안고 그들의 손, 머리카락, 허리, 허벅지, 가슴을 만지며 농을 걸고 장난스런 눈길과 미소를 주면서 고삐들을 즐겁게 했다. 끄리슈나에게 이런 대접을 받은 고삐들은 각자 자신이 가장 아름다운 여성이라는 자만심에 빠지게 되었다. 이를 본 끄리슈나는 그들의 자만심을 없애고 은총을 내

리기 위해 그곳에서 사라졌다.(*Bhāgavata Purāṇa*, X.29)

(3) 고삐들은 지도자를 잃은 코끼리 떼처럼 크게 낙담하여 끄리슈나를 찾아 온 숲을 헤매며 풀, 나무, 동물들에게 끄리슈나를 보았는지 물었지만 그를 찾을 수가 없었다. 그러다 고삐들은 젊은 여성의 발자국과 함께 난 끄리슈나의 발자국을 발견하고 크게 절망했다. 고삐들은 그 여성 때문에 끄리슈나가 자신들을 버렸다고 생각하고 고통스러워했다. 그리고 발자국을 따라가며 발자국 모양에 따라 두 연인의 행동 내용을 추정해 나갔다. 오랫동안 숲을 찾아 헤매던 고삐들은 야무나 강둑으로 돌아와 끄리슈나가 돌아오길 갈망하면서 그에 대해 명상하며 그의 귀환을 기원하는 노래(봉헌적 찬양인 바잔)를 불렀다.(*Bhāgavata Purāṇa*, X.30-31)

(2)의 인용 구절에서 고삐들은, 세속의 삶에서 여성이나 아내의 의무를 다하는 것보다 신과 가까이 있는 것이 훨씬 더 중요함을 주장한다. 그리고 끄리슈나와 고삐의 사랑놀이는 남녀의 에로틱한 성적 사랑으로 표현된다. 또 고삐들의 자만심에 대한 기술은 신봉자가 신의 사랑을 느낄 때 갖게 되는 자만심(에고이즘)이 신과 하나가 되는 데 장애가 되는 것임을 시사해준다. (2)와 (3)의 인용 구절들은 모두 박띠를 남녀 간의 에로틱한 사랑으로 표현하고 있다. 특히 연인을 잃어버린 여인들의 고통스러움과 그 연인을 찾으려는 간절하고 절실한 열망을 통해 신과 분리된 신봉자의 고통과 신과 다시 만나려는 간절한 열망을 표현하고 있다. 즉 신과 인간의 관계를 사랑이 깊은 연인관계로 표현한다. 여기서도 신에 대해서만 집중해 명상하는 것이 강조된다.

(4) 고삐들이 끄리슈나를 보고 싶은 강한 열망으로 크게 노래 부르고 소리치며 미친 듯이 울부짖자 한가운데서 끄리슈나가 나타났다. 그러자 신과 분리되어서 생겨난 고삐들의 고통이 브라흐만을 실현한 사람(해탈의 경지에 이

른 사람)처럼 사라졌다. 끄리슈나는 우주적 영혼인 뿌루샤처럼 더 밝게 빛났다. 끄리슈나는 고삐들과 야무나 강에서 노닐었다. 그때 고삐들이 끄리슈나에게 왜 어떤 이는 자신들에게 의지하는 이들에게 호의를 보이고 어떤 이들은 그 반대로 행동하는지 물었다. 이에 끄리슈나는 이렇게 대답했다. "서로 사랑하는 사람들은 순전히 자신들의 목적을 얻으려 애쓴다. 즉 사랑의 상호 호혜성은 이기적인 목적을 갖는다. 거기에는 우정도 정의로움도 역할을 하지 못한다. 이런 사랑은 단지 자기이해를 위한 것이다. 그러나 자신을 사랑하지 않는 이들마저도 사랑하는 이는 부모처럼 진정 자애로운 이들이다. 여기에 선의와 순수한 정의로움이 있다. 자신에게 의존하지 않는 이들을 사랑하지 않는 이들이 있다. 그들은 영적 즐거움에 몰입되어 외부세계를 의식하지 않는 성자들, 욕망하는 바가 없어 즐거움을 추구하지 않고 그래서 외부세계를 인식하나 무관심한 이들이다. 나는 아주 자비롭고 모두의 최고의 친구이므로 이 모든 범주에 속하지 않는다. 나는 그들의 사랑과 봉헌에 즉시 반응하지는 않는다(자신을 드러내지 않는다). 그래서 그들은 나에 대해 (돈을 잃은 이가 잃은 돈에 대한 생각에 몰두해 다른 것은 인지하지 못하듯이) 계속 명상하게 된다. 너희들의 나에 대한 강하고 끝없는 봉헌을 보기 위해 내가 사라졌던 것이다."(*Bhāgavata Purāṇa*, X.32)

(4)의 인용문 첫 부분의 끄리슈나를 갈망하는 고삐들의 울부짖음은 신과 만나고자 하는 강렬한 박띠 감정이 밖으로 드러난 것이라 할 수 있다. 박띠 감정이 심화되면 눈물을 흘리고 울부짖거나 머리카락이 곤두서는 등의 현상이 수반되기도 한다. 이런 특징은 특히 끄리슈나 박띠나 벵갈 박띠 전통에서 두드러진다. 또 끄리슈나는 사랑의 세 종류나 형태에 대해 설명하고 자신의 고삐에 대한 사랑은 그 세 형태의 사랑과는 다른 것임을 강조한다. 그리고 자신이 사라진 의도가 자신의 신봉자들(고삐들)이 자신에 집중해 명상하고 지속적으로 봉헌을 드리는지 확인하기 위한 것이었음을 설명하고 있다. 즉 이제까지 끄리슈나가 고삐에게 한 모든 행위는 그들이

자신에게만 집중하도록 만들기 위한 장치였다고 할 수 있다. '오직 신에게만 집중하기'에 대한 강조는 이 문헌뿐 아니라 박띠를 강조하는 문헌과 구절들에서 되풀이해 발견된다.

> (5) 끄리슈나는 자신의 설명을 듣고 고통이 사라져 기뻐하는 고삐들과 함께 라사를 시작했다. 고삐들이 각자 끄리슈나의 손을 잡고 원을 그리며 라사 춤을 추기 시작했다. 끄리슈나는 자신의 신비력으로 고삐들의 수만큼 자신의 형상을 만들어 고삐들 사이사이로 들어갔다. 그리고 그들의 목에 팔을 걸쳤다. 이렇게 하여 각 고삐들이 끄리슈나가 자신에게 가장 가까이 있다고 느끼게 했다(신과의 근접성). 끄리슈나가 라사 춤을 시작하자마자 하늘엔 수백의 천상마차들이 몰려들고 북소리가 나고 꽃비가 내렸다. 천상의 악사인 간다르바와 그들의 배우자들이 끄리슈나를 찬양하는 노래를 부르고 춤을 추었다. 고삐들은 끄리슈나에 대한 사랑으로 매혹되고 끄리슈나와의 접촉으로 전율을 느끼며 달콤한 목소리로 노래를 불렀다. 전 우주가 음악으로 가득 찼다. 끄리슈나는 고삐들을 끌어안고 요염한 몸짓으로 그들을 매혹하며 고삐들과 노닐었다. 고삐들은 끄리슈나와의 접촉으로 생긴 황홀한 기쁨에 너무도 압도되어 장신구가 떨어지자 옷매무새를 다시 고치곤 했다. 이런 식으로 여러 밤을 향유했다.(*Bhāgavata Purāṇa*, X.33)

(5)의 인용문은 모든 신봉자들이 신이 자신에게 가까이 있다고 느끼게 해주는 신과의 근접성이나 연인인 신과의 합일을 통해 황홀경을 경험하는 사랑 신비주의를 보여준다. 여기서 끄리슈나는 모든 고삐들의 연인으로, 신과 여성들의 매혹적이고 황홀한 라사 춤은 신과 하나가 되는 사랑 신비주의의 최고 경지로 그려진다. 즐거움과 기쁨으로 가득 찬 황홀경이 남녀 간 에로틱한 사랑의 감정으로 표현되고, 그것을 강조하는 점이 힌두 사랑 신비주의의 특징이다. 그러나 라사 춤에 대한 힌두적 해석은, 이 춤에 성에 대한 세속적인 욕망은 없으며, 고삐들은 오히려 신에 대해 최고의 영

적 이해를 하게 된다는 것이다. 즉 라사 춤은 모든 세속적 욕망에서 자유로운 신의 신성한 놀이라는 것이다. 이것이 신과 신자 사이의 친밀한 관계를 추구하는 사랑 신비주의의 대표적 예라 할 수 있다(류경희, 2013: 331).

6. 박띠에서 정서의 종교적 기능

앞서 살펴보았듯이, 힌두교의 박띠에는 속성과 형태를 취하지 않는 신에 대한 박띠인 니르구나 박띠도 있기는 하나, 일반적으로 논의되는 박띠는 속성과 형태를 취하는 인격신을 전제로 하는 사구나 박띠다. 사구나 박띠는 추상적이고 관념적인 궁극적 실재 개념보다는 구체적으로 인지하고 경험할 수 있는 최고존재로서의 인격신을 전제로 하는 신앙 형태다. 위에서 다룬 끄리슈나 박띠는 이의 대표적인 예로 특히 남녀의 성적인 사랑으로 묘사되는 에로틱한 사랑 신비주의의 형태를 취한다.

끄리슈나에 대한 고삐의 사랑은 연인에 대한 사랑의 감정으로 묘사되고 표면적으로는 언뜻 부도덕한 사랑으로 보이는 측면도 있다. 이와 관련하여 사르마(Sharma, R. N., 1996: 15)는 끄리슈나에 대한 고삐들의 사랑은 사회적·윤리적 고려를 넘어선다고 지적한다. 신과의 신비한 사랑의 모델인, 끄리슈나와의 사랑에 빠진 고삐는 신에게 자신을 온통 바쳤기 때문에 세상사에 대한 관심이나 바람이 사라지고 죄도 덕도 쌓는 것이 없다고 말한다. 『바가바따 뿌라나』의 화자인 성자 수까는 감각을 초월해 있는 신을 사랑하는 이들이 어찌 행동해야 하는지는 문제가 되지 않으며 늘 신에게 사랑, 분노, 두려움, 애정, 우정을 품는 이는 궁극적으로 신과 하나가 된다고 설명한다(*Bhāgavata Purāṇa*, X.29.13-15). 이런 설명은 신에게 극도로 몰입 또는 몰두한 감정을 통해 에고가 완전히 사라지는 것을 의미하는 것으로 볼 수 있다.

에고의식의 제거 문제는 모든 인도종교와 철학의 핵심적인 관심사다. 힌두교에 따르면 에고는 모든 인간문제의 원인이다. 따라서 이 에고의 제거를 통해 최고의 경지인 해탈에 이르는 것이 인도종교와 철학의 목표이며, 이를 위해 힌두교는 세 가지 해탈에 이르는 길로 갸냐 요가, 까르마 요가, 박띠 요가를 제시해 온 것이다.

박띠의 경우, 신과 인간을 분리하는 것을 에고의식으로 파악한다. 따라서 박띠의 목표는 신에 대한 봉헌과 자기 버림을 통해 자신의 에고를 없애는 것이다. 결국 다른 요가와 마찬가지로 박띠의 궁극적인 목표도 해탈이며, 따라서 박띠도 궁극적으로는 에고의식의 완전한 제거를 추구한다. 왜냐하면 해탈을 위한 수행방법으로서의 모든 요가의 핵심은 정신을 하나에 집중시켜 에고의식에서 벗어나는 것이기 때문이다. 이러한 맥락에서 앞서 살펴본 힌두문헌의 박띠 사례들이 마음을 신에게만 고정시키고 집중하는 것을 되풀이해 강조했다고 볼 수 있다.

이러한 특징에 근거해 볼 때, 박띠의 진정한 목표는 여러 수행법이 추구하는 목표와 마찬가지로 개별성을 인식하는 세속의 물질적 삶을 초월하여 무아적인 명상을 통해 모든 것의 통일성을 인식하는 영적 차원에 이르는 것이라 할 수 있다. 다만 박띠의 차이는 지혜를 통한 방법인 갸냐 요가나 욕망이 없는 행위를 통한 방법인 까르마 요가와 달리 상대적으로 용이한 정서 또는 감정, 보다 구체적으로는 정서적 몰입을 통한 해탈의 방법이라 할 수 있다.[22] 따라서 저자가 보기에 박띠에서 가장 중요한 것은, 신에 대한 감정이 어떤 감정이든 신에 대해 완전히 몰아적인 감정몰입을 하는 것이며, 이는 에고의식을 없애기 위해 하는 수행인 요가적 정신집중과도 같다. 즉 박띠 정신 역시 힌두사상이 모든 문제의 원인으로 파악하는 에고의식을 제거하는 것을 목표로 하고 있음을 알 수 있다.

저자가 또 한 가지 주목하는 점은 정서와 욕망의 관련성이다. 인도종교와 철학파들은 욕망이 인간을 고(苦)의 상태에 묶어두는 근본원인이라고 보고, 욕망을 철저하게 제거의 대상으로 삼아 왔다. 그런데 정서나 감정은 기본적으로 욕망과 밀접히 연관된다. 마음의 상태가 변화하는 것은 근저에 여러 형태의 욕망이 작동하기 때문이다. 따라서 고행주의 전통에서는 변화하는 마음의 상태가 제거의 대상으로 인식되어 왔지만, 박띠에서는 신에 대한 지극한 사랑의 감정이나 그 외에 여러 다양한 감정을 극한으로 이끌어 이를 통해 신과 하나가 되려고 시도한다. 이런 형태의 정서상태에는 강력한 욕망이 개입되어 있다.

박띠 정서에서 욕망이 중요한 위치를 차지한다는 점은 역설이다. 이와 관련하여 신하(Shinha, 1993: 149)는 박띠와 욕망의 관계를 이렇게 설명한다. "박띠는 욕망에서 자유로운 본질을 지닌다. 그러나 모든 욕망의 소멸은 아니다. 신에 대한 모든 욕망과 행위의 성화다. 분화되지 않은 온 마음을 다한 신에 대한 봉헌을 의미한다. 욕망을 모두 버리는 것은 거의 불가능하나 그 과정은 바꿀 수는 있다. 즉 욕망의 방향을 세속 대상에서 신으로 변경하는 것이다."

이러한 설명은 결국 박띠가 궁극적으로는 욕망의 제거를 목표로 삼지만 욕망이 내재된 감정을 신이라는 한 지점에 몰두하게 하여 에고를 잊게 하는 방법이라는 점을 보여준다. 따라서 박띠에서 정서 또는 감정은 그 자체가 목적이 아니라, 신봉자의 전 존재를 전적으로 신에게 몰입하는 과정을 통해 최고의 종교목표에 이르게 하는 수단이라고 할 수 있다. 다시 말해 해탈을 위해 욕망을 버릴 것을 강조하는 고행주의 전통과는 달리 신에 대한 갈망을 해탈의 방법으로 제시하고 있다.

따라서 박띠는 인도종교의 궁극적 목표인 목샤(해탈)가 형이상학적 지식이나 금욕적 수행, 그리고 과도한 의례와 같은 어려운 길이 아니라, 비슈누나 쉬바 등 인격신에 대한 절대적인 봉헌과 사랑이라는 좀 더 수월하고 직접적인 방법을 통해 달성될 수 있도록 제시된 해탈의 길이라 할 수 있다. 이 점에서 박띠는 힌두교가 기존의 사제나 수행자 중심의 종교형태에서 벗어나 대중에게 다가간 형태라 볼 수 있다(류경희, 2011: 151).

기독교에서 프로테스탄티즘의 등장이나 이슬람에서 수피즘의 등장이 보여주듯이, 세계종교사에서 종교적 교리나 의례가 지나치게 이성중심적이거나 의례중심의 형식주의로 흘러 종교의 정서적 요소가 간과될 때, 정서를 중시하는 저항적 종교운동이 등장하곤 했다. 힌두교의 경우도 박띠를 같은 맥락에서 이해할 수 있다. 힌두전통에서 박띠는, 지혜(또는 지식)와 금욕적인 수행을 중시하는 고행주의 전통에 대항하여, 개별 신봉자의 감정이나 정서가 최고의 종교적 목표를 달성할 수 있는 또 다른 방법임을 주장하는 대안적 운동으로 등장했기 때문이다.

4. 인도 여신신화와 여성정체성

1. 힌두 여신신화의 이중적 여성상

종교와 삶이 밀착되어 있는 인도에서, 힌두관념과 가치는 인도사회의 여성관념, 여성정체성, 그리고 여성의 윤리규범을 확립하고 유지시키는 데 중요한 역할을 해 왔다. 특히 가부장사회를 유지해 온 인도사회에서 남편을 신처럼 섬기는 아내 빠띠브라따는 관습화되고 제도화되면서 인도여성의 삶에 막대한 영향을 미쳤다.

하지만 다른 한편으로, 다른 가부장문화와 달리 인도문화에서는 독립적이고 강한 여성관념과 여성상도 풍부하게 발견된다. 이런 강력한 여성상은 사회적으로 제도화되지는 못했지만, 신앙·예술·문학 등 문화와 의식의 차원에서는 중요한 위치를 차지해 왔다. 최근에 서구의 여성주의자들이 힌두여신과 여신신앙에 관심을 기울이는 것도 이러한 강력한 여성상의 존재 때문이다.[23] 이처럼 인도문화에는 이중적인 여성관념 및 여성정체성이 두드러지게 나타난다.

인도문화와 사회는 이 이중적 여성정체성을 종교적·문화적·사회적 매체를 통해 지속적으로 전파·유지·재생산해 왔는데, 신화가 그 대표적인 매체이다. 특히 여신신화의 여신상징체계에 특정 문화가 지향하는 여성 관념과 역할이 잘 반영되어 있다는 점에서, 힌두 여신신화는 인도여성의 정체성을 살펴볼 수 있는 중요한 자료라 할 수 있다. 그런 의미에서 4장[24]에서는 힌두 여신신화를 통해 인도 여성정체성의 이중적 구조와 그 의미를 인도문화적 맥락에서 이해해보려고 한다.

인도는 여신신앙이 풍부하게 현존하고 있는 드문 지역 가운데 하나다. 인도의 여신신앙은, 농경문화적 성격을 갖는 토착 여신신앙이 인도로 유입된 가부장적 성격의 아리아인들의 신앙과 점진적으로 융합되며 형성된 것으로 보인다. 여신신앙은 현재 힌두교 안에서 쉬바파, 비슈누파와 함께 3대 종파의 하나로 중요한 위치를 차지하고 있다.

힌두교도들은 여신을 '데비'로 총칭하고, 우주의 여성적 원리 또는 우주의 생명 에너지로 설명되는 샤띠가 다양한 형상으로 구체화된 존재로 이해한다. 힌두사상에서 샤띠는 우주의 생성·지속·변화를 가능하게 하는 힘, 즉 우주의 창조력과 유지력인 동시에 무시무시한 파괴력이기도 하다. 따라서 경우에 따라 이롭기도 하고 해롭기도 한 힘으로 이해된다. 그런데 힌두전통에서 샤띠는 남성의 통제 아래에 있을 때는 온화하고 이로운 힘이지만, 홀로 존재할 때는 강력하나 파괴적이고 위험한 힘으로 인식된다. 이 양면성은 샤띠의 구체화인 힌두여신들에서도 나타난다. 그래서 힌두여신을 크게는 남신과 결혼하여 남신의 보조 역할을 하는 배우자 여신과, 결혼관계가 약하거나 결혼하지 않은 강력하고 자율적인 독립적 여신으로 구분할 수 있다. 이는 토착여신들이 힌두교로 편입된 정도에 따른 분류로도 볼 수 있고, 힌두여신이 페미니스트인가 아니면 가부장제의 후원자인가를 논하는 데 있어서도 중요한 구분 기준이 된다.

먼저 배우자 여신으로 분류할 수 있는 주요 여신들은, 비슈누의 배우자 락슈미, 비슈누의 화신 라마의 배우자 시따, 쉬바의 배우자인 사띠, 빠르와띠와 움마 등이다. 이들은 대체로 온화하고 아름다운 외모와 가정적이고 자비로운 성격을 지니고 있고, 남신을 돕는 보조적 역할을 한다.

독립적 여신으로 분류할 수 있는 여신들은 주로 강력하며 거친 성격을 지닌 악마 살해자이자, 신봉자와 우주를 보호하는 수호자로서의 여전사들이다. 두르가와 깔리가 이 범주에 속한다. 이러한 독립적 여신은 중세 이후 부상한 여신신앙(Śaktism)에서 특히 강조되었다. 매우 복합적인 성격을 지니는 이 여신들은 윤리적으로 다소 양극적인 성격을 띠어서, 창조적인가 하면 때로는 거칠고 파괴적이며 성적으로 강력한 성격을 지니고 있다(류경희, 1998: 142).

그러나 모든 여신들이 동일한 샥띠가 구체화된 것으로 이해되고 있다는 점에서 여신의 이 두 범주는 별개의 범주라기보다는 상호 연관성을 갖는 범주라고 할 수 있다. 이처럼 힌두문화에서 여신은 온화하고 이로운 존재인가 하면 독립적이고 강력하며 때로는 파괴적인 존재로도 인식되고 있다.

이 여신들 가운데 시따와 두르가(또는 깔리)는 인도 여성정체성의 이중적 구조를 파악할 수 있는 대표적인 여신들이다. 시따는 『라마야나』의 여주인공으로, 인도사회가 이상적 여성상으로 제시해 온 대표적인 인물이다. 『라마야나』에서 시따는 여신 락슈미의 화신으로 서술되고, 실제로도 힌두교도들은 시따를 락슈미의 화신으로 믿고 있다. 두르가나 깔리는 강력한 숭배 대상인 독립적 여신으로, 관련된 문헌은 여신신앙의 대표적 텍스트인 『데비마하뜸야(*Devi-Mahatmya*)』다. 이 문헌의 중심 인물들은 모두 강력한 여신들이고 두르가의 여러 현현으로 설명된다. 이 두 텍스트의 각 주인공인 시따와 두르가를 중심으로 인도 여성정체성의 이중적 구조와 그 의미를 살펴보기로 하자.

2. 『라마야나』의 시따, 가부장적 여성상의 전형

1) 시따의 생애

이 책의 앞부분에서 언급했듯이, 신화는 인도사회가 추구하는 이상적 가치와 행동규범을 제시하고 전파시키는 데 매우 효과적인 역할을 담당해 왔다. 여성정체성과 관련해서도 신화는 인도사회의 이상적 여성모델을 제시하고 그것을 유포·재생산하는 아주 유용한 도구로 활용되어 왔다. 그 대표적인 예가 바로 『라마야나』다. 다음에서 발미끼[25]의 『라마야나』를 텍스트로 사용해[26] 시따가 보여주는 여성성을 들여다보기로 하겠다. 이 문헌에 대한 설명과 줄거리는 이 책의 I부에서 다루었으므로 여기서는 문헌설명은 생략하고 독자의 이해를 위해 시따의 생애를 중심으로 줄거리를 다시 요약해보기로 한다.

신성한 탄생과 결혼 아수라들의 왕 라바나는 오랜 따빠스(고행적 수행)로 브라흐마에게서 강력한 힘을 얻자 오만해져 데바들을 억압하기 시작했다. 이에 비슈누는 악마들로부터 신들을 구하고 세상의 질서를 회복시키기 위해 아요디아의 왕인 다샤라타의 장남 라마로 화신했다. 한편 아이가 없던 미틸라의 왕 자나까는 밭에서 쟁기질을 하다 밭고랑에서 아름다운 여아를 발견했다. 그는 그 아이를 딸로 삼고 이름을 시따(밭고랑)로 지었다. 시따가 성장하자 자나까 왕은 자신이 쉬바에게서 받은 크고 무거운 활의 시위를 당길 수 있는 남성을 시따와 결혼시키겠다고 선언했고, 라마만이 이를 해냄으로써 둘은 결혼하여 행복한 삶을 살았다.

유배와 숲 속 생활 그러나 다샤라타 왕이 라마를 왕위계승자로 정하면서 라마와 시따의 시련이 시작되었다. 셋째 왕비 께이께이가 왕이 자신의 목숨을 구해준 대가로 소원을 들어주겠다고 한 약속을 환기시키며 자신의 아들 바라따를 왕위에 올리고 라마를 14년간 숲으로 보낼 것을 요청했다. 다샤라타 왕은 온갖 설득을 해도 그녀가 뜻을 굽히지 않자 약속을 지키려고 라마를 유배 보내기로 결정했다. 라마도 아버지가 다르마를 지킬 수 있도록 그 결정을 받아들였다. 라마는 어려운 숲 생활을 우려해 자신을 따르려는 시따를 만류했지만, 시따는 아내만이 남편의 모든 운명을 함께 하는 사람이라며 고집을 꺾지 않았다. 이리하여 라마와 시따는 동행을 자처한 또 다른 형제 락슈마나와 함께 숲으로 떠났고 숲 속에서 성자 발미끼를 만나 그의 수행처 근처에 오두막을 짓고 지냈다. 시따는 숲 속 생활이 매우 검소했음에도 남편이 곁에 있어 행복했다. 한편 왕은 라마를 떠나보낸 슬픔으로 세상을 떠나고, 뒤늦게 모든 사실을 알게 된 바라따는 라마를 찾아와 왕위계승을 간청하지만 라마는 약속한 14년의 기간을 지키기 위해 이를 사양했다. 이에 바라따는 아요디아의 통치를 떠맡았지만 늘 라마가 적법한 왕이라고 생각했다.

라바나의 시따 납치와 결혼 강요, 그리고 시따의 저항 한편 악마 라바나는 인도대륙 남단의 섬 랑카(Lanka)를 지배하고 있었다. 그의 여동생이 라마에 매료되어 그를 유혹하다 거절당하자 라바나에게 시따를 납치해 라마의 힘을 약화시키도록 부추겼다. 라바나는 부하를 황금빛 사슴으로 변신시켜 시따 주변에 나타나게 했고, 시따는 이 사슴에 매혹되어 라마에게 잡아달라고 간청을 했다. 이상한 기운을 느낀 라마는 시따를 만류했지만 끈질긴 시따의 간청에 못 이겨 사슴을 잡으러 나갔다. 얼마 후 라마의 비명소리가 들려오자 시따는 락슈마나에게 라마를 구하러 가도록 재촉했다. 그 소리가 라바나 부하의 속임수임을 알아차린 락슈마나는 시따를 설득했지만, 시따는 오히려 락슈마나가 라마를 죽도록 해 자신을 취하려 한다고 거칠게 비난했다. 락슈마나는 어쩔 수 없어 거처 주변에 원 형태로 선을 긋고는 시따에게 어떤 경우에도 그곳을 벗어나지 말도록 당부하고 떠나갔다. 시따가 혼자되자 라바나가 수행자 차림을 하고 시따에게 다가와 말을 걸었다. 수행자를 예우하는 관습에 따라 시따는 그를 맞이하느라 락슈마나가 넘지 말라는 선 밖으로 나가게 되었다. 그러자 라바나는 시따를 납치해 랑카로 데리고 가 시따에게 자신과 결혼해줄 것을 강요했다. 라바나는 자신의 요구를 받아들이지 않으면 살해할 것이라 위협했지만 시따는 온갖 회유와 협박을 완강히 거절하며 라마의 충실한 아내로 남겠다고 선언했다. 한편 락슈마나와 함께 거처로 돌아온 라마는 시따가 사라진 사실을 알고 비탄에 잠겨 시따를 찾아 헤맸다. 그러던 중 형제에게 축출당한 원숭이들의 왕인 수그리바(Sugriva)를 만나 그의 왕위 복귀를 돕고 그 부하들의 도움을 받아 시따를 찾아 나섰다. 남쪽으로 간 원숭이 부대의 대장인 하누만(Hanuman)이 시따가 랑카로 잡혀간 사실을 알아내자, 라마는 시따에게 자신의 메시지를 전하기 위해 하누만을 랑카로 보냈다. 하누만은 랑카로 잠입해 들어가, 온갖 회유와 협박에 지쳐 울며 지내면서도 단호하게 정절을 지키고 있는 시따를 발견했다. 하누만은 시따를 구해낼 것이라는 라마의 말을 전하며 시따를 위로했지만, 시따가 너무도 큰 고통 속에 놓여 있다고 판단하여 시따에게 자신이 직접 그녀를 라마에게로 데려가겠다고 제안했다. 그러나 시따는 남편 이외의 다른 남성의 몸과 접촉하는 것은 충실한 아내가 할 일이 아니며, 아내의 다르마를 저버리느니 차라리 죽음을 택하겠다고 거절했다. 그녀는 라마가 없다면 자신의 삶도 없는 것이므로 죽음도 슬프지 않다고 말했다.

라마와 라바나의 전투와 라마의 승리, 그리고 시따의 시련 하누만의 이야기를 전해들은 라마는 락슈마나와 하누만이 이끄는 부대와 함께 랑카로 가서 라바나의 군대와 대전투를 벌였다. 길고 격렬한 전투 끝에 라마는 라바나를 살해하고 승리를 거두었다. 하지만 시따의 시련은 전투의 승리로 끝나지 않았다. 라마와 아요디아 사람들이 시따의 정조를 의심했기 때문이다. 라마는 전투에서 승리한 후 모두가 모인 자리로 시따를 불러내서는 그녀에게 다른 남자의 팔에 안겼던 아내를 어떻게 받아들일 수 있겠냐며, 자신이 라바나의 군대와 대전투를 벌인 것은 시따가 아니라 가족의 명예와 자신의 용맹을 위해서이므로 자신을 떠나 다른 남성을 택하라고 냉혹하게 말했다. 남편에 대한 자신의 절대적 사랑과 헌신에도 불구하고 정조를 의심받은 시따는 비탄해하며 자신의 정조를 입증하기 위해 락슈마나에게 화장용 불을 마련하도록 했다. 그리고는 "저는 진정 정결하니 우주를 지켜보는 분이신 아그니(Agni) 신이시여 저를 보호하소서."라고 말하며 불로 걸어 들어갔다. 이에 신들이 천상에서 내려왔고, 브라흐마는 라마가 라바나를 물리치기 위해 화신한 비슈누이며 시따는 비슈누의 배우자인 락슈미임을 확인시켜 주었다. 그리고 아그니 신이 불 속에서 나타나 시따의 순결을 선언했다. 그러자 라마는 자신이 시따의 정조를 신뢰하지만 대중 앞에서 시따의 정결함을 입증해 보이기 위해 그리했다고 고백했다.

아요디아로의 귀환과 시련의 되풀이 이후 라마는 유배 기간을 다 마친 후 아요디아로 돌아와 왕이 되었다. 라마의 통치로 아요디아는 평화와 번영을 누렸고, 시따와 라마도 행복한 생활을 보냈다. 그러나 라마는 백성들 사이에서 시따의 정조에 대한 의심이 다시 일고 있다는 것을 알게 되었다. 그는 형제들에게 시따가 앞서 그녀의 정결함을 입증하고 신들이 그녀를 변호해주었을 때에도 자신의 영혼은 휴식을 취하지 못했다고 고백하며 락슈마나에게 시따를 발미끼의 수행처로 데려가도록 명령했다. 숲으로 온 시따는 신이 자신을 고통을 겪도록 만드셨다고 한탄했다. 그러면서도 "저는 순결하고 정직하며 오직 라마에게만 헌신해 왔고 늘 라마에게 좋은 것을 행하며 살아왔습니다. 라마는 비방이 두려워 저를 버렸으므로 저는 라마가 비방을 받지 않도록 행동해야만 합니다."라는 말을 라마에게 전하도록 했다. 숲으로 추방될 당시 임신 중이었던 시따는 숲에서 쌍둥이 아들을 낳았다. 한편 라마가 드리는 말희생제의에 초대를 받은 발미끼가 시따의 두 아들을 데리고 참석하여 아들의 존재를 알게 된 라마는 몹시 가슴 아파하며 발미끼에게 시따를 아요디아로 데려오도록 부탁했다. 시따는 궁정으로 갔는데, 말희생제의에 엄청난 사람들이 모여들었다. 여기서 라마는 의심을 완전히 없애기 위해 모든 사람 앞에서 시따가 불 시련을 통해 그녀의 정결함을 다시 입증하도록 요청했다.

시따의 대지로의 복귀 크게 상심한 시따는 불 시련을 택하는 대신에 "제가 저의 생각, 말, 행동 모두로 라마만을 사랑하고 섬겨 왔다면, 제가 다르마의 길에서 결코 벗어나지 않았다면, 저의 말이 모두 다 진실이라면, 지모신이시여 제게 땅을 열어 쉴 곳을 주옵소서."라고 대지의 여신에게 간청했다. 그러자 지모신이 땅에서 나와 시따를 데리고 땅속으로 사라졌다. 이리하여 시따는 땅에서 태어나 땅으로 돌아갔고, 라마는 자신의 공정치 못함을 깨닫고 슬픔에 빠졌다. 이후 라마는 지상에서의 임무를 끝내고 성스러운 강변에서 몸을 버리고 천상의 집으로 올라갔다.

2) 인도인들의 영원한 여성, 시따

인도인들은 오랜 세기 동안 시따를 예배의 대상이자 이상적 여성모델로 칭송해 왔다. 그녀를 예배와 칭송의 대상으로 만든 본성과 자질은 무엇이고 그것이 보여주는 여성정체성은 무엇일까? 『라마야나』를 연구하는 일부 인도 학자들은 전통적 관점에서 이에 대한 답을 제시한다. 빠르마르(Parmar, 2001: 182-91)는 발미끼의 『라마야나』가 보여주는 시따상이 초인성을 드러낸다고 지적하고, 이 초인성 또는 신성성의 근거로 신비스런 탄생, 비범한 라마와의 결혼, 뛰어난 덕성, 빼어난 신체적 아름다움, 남편에 대한 철두철미한 헌신과 신뢰, 모든 종류의 다르마에 대한 철저한 준수, 어떤 시련도 참아내는 강인한 인내심과 희생정신, 다르마에 위배되는 것에 대한 용기 있는 거부 등을 들고 있다. 그는 시따의 취약점으로 이해될 수 있는 부분조차도 긍정적으로 해석하여 시따를 옹호한다.

한편 스와미(Swami, 2001: 244-48)는 가장 숭고하고 영웅적인 고결함, 흠 없는 정결함, 라마에 대한 헌신 같은 자질을 통해 시따는 끝없는 고통의 삶을 완전한 여성의 삶으로 바꾸었다고 말한다. 그는 시따를 인도가 꿈꿔 온 최고의 여성상징으로 극찬하고, 라바나의 유혹과 협박에 맞서는 시따의 이야기는 불굴의 영웅주의와 비극적 숭고함의 정신을 보여준다고 말한다. 그리고 힌도차(Hindocha, 2001: 212-18)도 시따를 인도 여성성의 살아있는 상징으로 지칭하면서, 시따의 인물 성격이 시대의 요구에 따라 변해왔지만 시따는 시대를 초월해 언제나 이상적인 인도여성이었다고 결론짓는다. 이러한 인도적 맥락을 간과하지 않으면서, 객관적인 입장에서 『라마야나』에 나타나는 몇 가지 중요한 특성을 중심으로 앞서 물었던 질문에 대한 답을 찾아보기로 하겠다.

발미끼의 『라마야나』가 그리고 있는 시따는 자신의 삶을 남편의 삶에 철저하게 정향(定向)시키는 여성이다. 따라서 어떤 상황에서도 남편에게 절대적으로 순종하며 헌신한다. 물론 『라마야나』에서도 아내와 남편 사이의 상호 존중과 충실함, 그리고 헌신이 강조된다. 인도 학자 우빠디아이

(Upadhyay, 2001: 61)도 부부 사이의 절대적 순결 유지와 헌신을『라마야나』의 위대한 주제 가운데 하나로 지적한다. 그렇지만『라마야나』 전체 내용과 전개과정을 놓고 보면 남편에 대한 아내의 절대적 순종과 헌신이 압도적으로 강조되고 있음을 알 수 있다. 특히 어떤 경우와 상황에서도 정조를 지키는 것이 아내의 절대적 의무로 강조되는데, 아내의 정조 문제는『라마야나』의 후반부가 이를 중심으로 전개될 만큼 아주 중요한 주제다.

시따가 악마에게 납치된 기간에 정조를 잃었을 가능성에 대한 의혹은, 신들에 의한 입증에도 불구하고 끈질기게 되풀이해 제기되며 시따의 삶을 혹독하고 가혹한 것으로 만든다. 정조를 잃는 것은 말할 것도 없고 그 가능성을 의심받는 것만으로도 여성은 혹독한 시련을 겪게 됨을 보여준다. 그럼에도 시따는 어떤 곤경에도 남편에게 변함없이 충실한 아내의 모습을 보여준다. 실제로 시따는 인도사회에서 강한 인내와 남편에 대한 철저한 봉헌과 헌신, 그리고 절대적 자기 희생의 상징이다.

아내의 정조 문제는 힌두신화에서 되풀이해 등장하는 아주 중요한 주제다. 어떤 경우와 상황에서도 정조를 지키는 것이 아내의 절대적 의무로 강조된다. 이와 관련하여 저자가 특히 주목하는 부분은,『라마야나』가 정조 문제를 단순히 부부관계의 측면이 아니라 사회와 국가라는 공동체의 측면에서 접근한다는 점이다. 왜냐하면 남편으로서의 라마는 시따의 정조를 대체로 신뢰하지만, 왕으로서의 라마는 통치권이 흔들리지 않도록 백성들의 의혹을 해소시키는 차원에서 시따에게 계속해 시련을 주는 것으로 나타나기 때문이다. 이는 인도사회가 결혼을 남녀 간의 사랑이나 감각적인 즐거움 등 개인의 문제가 아니라 가족 간 또는 카스트 간의 문제, 즉 집단의 문제로 접근하는 것에서도 나타난다. 지금까지도 인도사회는 전반적으로 연애결혼을 부정적으로 인식하고 가족어른들 사이에서 결혼이 결정되는 중매결혼을 주요 결혼형태로 유지해 오고 있다.

시대의 변화에 따라 대도시의 일부 서구화된 젊은이들이 연애결혼을 선호하기도 하지만, 아직도 엘리트 계층의 젊은 여성들까지도 인도의 전

그림Ⅲ.4.1 신부 측 혼전의식, 바라나시

통적 결혼방식을 신뢰하고 있는 것을 저자의 그간 인도경험을 통해 확인할 수 있었다. 여러 해 전 인도 바라나시에서 브라만 계급의 한 엘리트 여성의 혼전의식에 참석해 예비신부와 이야기를 나눈 적이 있다. 그녀는 집안끼리 맺은 중매결혼을 준비하고 있었는데 싱가포르에서 펀드매니저 일을 하고 있는 예비신랑의 얼굴을 결혼하는 날 처음 볼 예정이라 했다. 그녀는 인도에서는 그것이 관습이라 말하면서, 주로 연애결혼을 하는 서구사회의 높은 이혼율과는 달리 이혼율이 매우 낮은 인도식의 중매결혼을 높이 평가했다. 그러면서 자신뿐 아니라 능력 있고 진취적인 많은 여성들도 여전히 결혼은 부모들이 정해주는 중매결혼을 한다고 대답했다. 근래에 변화가 일고 있기는 하지만 이러한 견해는 대도시의 젊은 여성에게서도 쉽게 발견된다. 그만큼 결혼에 대한 전통적 사고가 여전히 강하다.

인도사회에서 여성의 이러한 정조 문제는 집단의 정결도를 유지하는 문제와 연관되어 있다. 즉 여성 전반, 특히 결혼한 여성에게 남편이 아닌 누구와도 성적 접촉을 하지 말도록 금하는 것, 즉 성적 순결성을 엄격하게 지키도록 강조하는 것은, 정결함의 정도에 따라 카스트의 지위가 구분되는 인도사회에서 카스트 집단의 정결도가 그 집단 여성들의 성적 정결도에 의해 유지되며, 그로 인해 카스트의 지위가 유지된다고 믿기 때문이다. 이러한 관념은 당연히 높은 카스트일수록 강하며, 그것은 카스트 간 결혼을 금하고 카스트내혼을 엄격히 지켜 온 이유 중 하나이기도 하다. "아내를 보호하는 것이 남편의 중심 의무이며 이는 여성이 취약한 성이기 때문이기도 하고 아내가 남편 개인과 집안의 명예의 상징이었기 때문"이라고 지적하는 우빠디아이(Upadhyay, 2001: 66)의 말도 이를 뒷받침해 준다. 따라서 정통 힌두 가치관과 규범을 담고 있는 『라마야나』가 이 점을 강조하고 있는 것으로 보인다.

인도인들 사이에서는 목숨을 걸고 자신의 정조를 지키고 자신에게 가해지는 가혹할 정도의 정조검증 시련을 초인적 인내심으로 견뎌내는 시따의 정조수호 의지가 남편 라마에 대한 헌신 및 희생정신과 함께 시따가 지닌 신성의 한 요소로 찬양된다. 그러나 여성의 정조에 대한 『라마야나』의 이러한 강조는, 인도사회가 여성의 성적 정결함을 그 여성이 속한 집단의 명예와 지위를 결정하는 핵심 요소로 인식해 왔고 이를 근거로 남성에게 여성의 성을 통제할 수 있는 권한과 정당성을 부여해 왔음을 보여준다.

3) 여성의 다르마, 빠띠브라따

여성의 성적 순결에 대한 강조와 함께 『라마야나』에서 그려지고 있는 여성의 또 다른 측면은 취약하고 열등한 성(젠더)으로서의 여성이다. 다샤라타 왕의 첫째 부인 꼬우살랴, 라바나의 아내 만도다리 등 몇몇 여성들이 지혜롭고 용기 있는 인물로 그려지기도 하지만, 『라마야나』의 스토리 전개에서 여성은 주로 평화로움을 깨고 위험한 상황과 고통을 불러오는 주요 계기를 만든다. 즉 여성이 부정적인 사건의 발생과 전개의 주요 동인이 되고 있다. 다샤라타 왕의 셋째 왕비인 께이께이는 자신의 아들을 왕세자로 책봉하려는 욕심에서 왕이 자신에게 한 약속을 빌미로, 모든 자격을 갖춘 장자인 라마를 숲으로 유배 보냄으로써 이후 일어나는 모든 고통의 단초를 제공한다. 또 시따는 덕 있고 지혜로운 여성이지만 그녀의 한순간의 미망과 어리석음이 그녀 자신의 납치와 그로 인한 긴 전투의 원인이 되고 있다.

물론 라마야나 이야기가 서두에서, 라마가 악마 라바나를 물리쳐 세상의 질서를 확립하기 위해 비슈누가 화신한 인물로 기술됨으로써, 둘 사이의 전투가 이미 예정되어 있음을 시사하고, 또한 힌두사상의 업 법칙에 따르면 모든 사건의 전개가 예정된 것이기도 하므로 께이께이의 욕심이나 시따의 실수는 단지 이야기 장치에 불과할 수 있다. 그렇다 하더라도 전투에 이르는 과정에서 항상 여성의 욕심과 어리석음이 그 발단을 제공하는 것으로 그려진다는 점은 주목할 필요가 있다. 이는 다샤라타, 라마, 바라따, 락슈마나 등과 같은 주요 남성 등장인물이 언제나 오류 없는 인물들로 그려지는 것과 대비되면서 여성을 취약하고 열등한 존재로 인식하게 만든다.

실제로 인도인들 사이에는, 남성은 의례적으로 정결하고 신체적으로 강하며 정서적으로 성숙한 반면에, 여성은 오염될 가능성이 크고 신체적으로 약하며 성적으로 위험하고 의지력이 결여되어 있다고 보는 관념이 자리 잡고 있다. 인도의 가부장사회는 이러한 여성관념을 토대로 여성에 대한 남성의 보호와 통제를 정당화하고, 남편에 순종하고 헌신하는 아내인 빠띠브라따를 이상적 여성상으로 제시해 왔다.

시따는 빠띠브라따의 전형으로 인도인들의 사랑을 받아 왔다. 『라마야나』 아요디아 칸다(Ayodhya kanda)에서 라마는 "남편은 아내의 신이다."라고 말하고 있고 심지어 안수야(Ansuya)는 숭고한 기질의 아내는 남편이 나쁜 기질을 가지고 있더라도 남편을 최고의 신으로 모셔야 한다고 지적하는데, 시따는 이 견해를 전적으로 지지한다. 때문에 시따는 자신의 정조에 대한 아요디아 사람들의 의심을 해소하기 위해 자신에게 계속해서 정절을 입증토록 하는 라마의 잔인한 요구에도 묵묵히 순종을 하며 온갖 고통을 감내해낸다. 우빠디아이(Upadhyay, 2001: 63)는 모든 고통을 감내하는 영웅적 인내, 라바나의 끈질긴 유혹과 회유에 대한 단호한 거부, 남편에 대한 흔들리지 않는 사랑 등이 시따를 빠띠브라따의 전형이 되게 했다고 말한다. 이렇듯 어떤 상황에서도 남편의 뜻에 따르는 시따의 절대적 헌신은 신으로서의 남편에 대한 헌신이며, 이는 인도 주류 사회가 여성 전반, 특히 상층 계급의 여성에게 적용해 온 가부장적 이데올로기를 반영하는 것이라 할 수 있다.

일부 학자들은 라마에게 마지막으로 정조를 입증할 것을 요구받은 시따가 이 요구를 따르지 않고 자신의 근원인 대지로 돌아간 것을 라마에 대한 불복종으로 해석하기도 한다. 그러나 시따의 이 마지막 선택을 저자는 두 가지 의미로 해석하고 싶다.

첫째, 시따는 자신의 정조에 대한 확실한 입증에도 불구하고 시험이 끊임없이 이어질 것이며, 따라서 지상에서 휴식이란 없을 것으로 판단했을 것이다. 이는 시따가 마지막 불의 시험장에서 대지의 어머니에게 자신에게 휴식할 피난처를 달라고 기원하는 것에서 잘 나타난다.

둘째, 이러한 끊임없는 시험을 계속해야 할 라마의 고통에 대한 배려로 보인다. 남편으로서의 라마는 시따를 사랑하고 그녀의 정조를 믿지만, 왕으로서는 그녀를 시험해야만 한다. 이런 과정에서 라마가 겪어야 할 고통은 충분히 예상할 수 있다. 시따는 대지의 어머니에게 '자신이 남편에게 충실했고 정조를 지킨 것이 진실이라면'이라는 전제를 달아 받아줄 것을 기원하고 대지로 돌아감으로써, 라마의 명예를 회복시킴과 동시에 되풀이될 가능성이 있는 그의 고통을 종식하려 했다고 생각된다. 이 점에서 시따는 강한 인내와 철저한 봉헌과 헌신, 그리고 절대적 자기희생의 상징이라 할 수 있다. 이러한 덕목들은 앞서 다룬 정조를 철저히 지키는 것과 함께 빠띠브라따가 갖춰야 할 덕목이자 의무로 제시된다. 그리고 바로 이러한 덕목들이 시따가 온갖 고통과 시련을 이겨낼 수 있었던 힘의 원천이자 그녀가 신성시되는 근거이기도 하다.

하지만 이러한 덕목들은 철저하게 남편에게 초점이 맞춰진 것으로, 여성의 정체성이 여성 개인이 아닌 오직 남편과의 관계 안에서만 주어진다는 사실을 말해준다. 따라서 여성의 존재의미를 남편과 분리해 생각할 수가 없다. 인도에서 개인의 정체성은 가족이나 카스트 등 집단 내 관계에서 주어지는데(Smith, 2003: 110), 여성의 경우는 남성과의 관계와 취약한 성으로서의 여성이라는 범주 안에서만 주어짐을 알 수 있다.

인도사회가 오랜 세기 동안 빠띠브라따를 이상적 여성상으로 유지·발전시켜 올 수 있었던 토대는 인도사회가 대체적으로 강력한 가부장사회를 유지해 온 데에서 찾을 수 있다. 그리고 『라마야나』는 이런 가부장문화의 산물이다. 미터(Mitter, 1995: 86)는 『라마야나』를, 인도 가부장사회의 수호자인 남성 엘리트(브라만 계급)들의 산물이며 여기서 제시되는 여성의 이상적인 행동규범은 바로 이들의 이상에 부합되는 것이라 규정한다.

기원전 초기 세기(기원전 2세기-기원후 2세기)에 발미끼의 『라마야나』가 나온 이래, 수많은 지방어본과 개작본들이 계속해 만들어져 널리 읽혔고, 이로써 신화는 빠띠브라따상을 유포·유지시키는 유용한 도구로 기능해 왔다. 뿐만 아니라 이러한 여성상은 신앙과 의례, 사회제도와 관습을 통해 고착화되고 여러 대중매체를 통해 문화적으로 끊임없이 재생산되어 왔다. 시대의 변화에 따라 시따를 강력한 여성으로 그리는 본들을 발굴해 새롭게 해석하려는 시도들[27]이 나타나기도 하지만, 순종적 시따상은 현재까지도 대다수 인도여성의 이상적 모델이 되고 있다. 이 점에서 가부장적 여성상을 제시하는 빠띠브라따가 여전히 인도사회의 지배적 여성상으로 자리 잡고 있다고 할 수 있다. 결국 시따에 반영된 인도사회의 이상적 여성정체성은 가부장적 성격을 강하게 띠며, 이러한 가부장성은 인도사회가 오랫동안 유지·발전시켜 온 빠띠브라따 이데올로기를 통해 가장 잘 나타난다.

4) 시따와 『마하바라따』의 다마얀띠

시따에서 볼 수 있듯이, 남편에 대한 아내의 절대적 충실함이 강조되는 것은 사실이지만 그렇다고 이 충실함이 아내에게만 일방적으로 요구되는 것은 아니다. 인도에서 이상적인 결혼과 부부관계에서 가장 강조되는 덕목은 서로에 대한 변함없는 충실함이다. 다음에 다룰, 『마하바라따』에 나오는 날라(Nala)와 다마얀띠(Damayanti) 이야기는 어떤 상황에서도 변하지 않는 부부 간의 충실함이 결혼관계의 가장 중요한 다르마이며, 이러한 덕목은 인간의 운명과 죽음까지도 이길 수 있다는 메시지를 전달한다. 이 이야기는 라마와 시따 이야기와 인물의 성격이나 강조점에서 다소 차이를 보이지만, 기본적으로 유사한 이야기 구조를 지닌다. 먼저 이야기를 살펴본 후 그 사회적·문화적 의미를 살펴보기로 하자.

> 니샤다라는 나라에 날라란 왕이 있었다. 그는 외모가 수려하고 말 다루는 솜씨가 뛰어나고 용감한 데다 덕도 갖춘 왕이었다. 어느 날 날라는 왕궁의 호숫가를 거닐다가 백조들을 발견하고 그 가운데 한 마리를 잡았다. 그 백조가 풀어달라 간청하자 날라는 백조를 풀어주었다. 그러자 백조는 감사의 표시로 인근 비다르바 왕국의 아름다운 공주인 다마얀띠에 대해 상세히 이야기해 주었다. 다마얀띠를 묘사하는 백조의 말을 들으면서 날라는 다마얀띠를 마치 앞에 두고 보는 것 같았다. 그리고 그만 사랑에 빠지고 말았다. 그는 백조에게 자신의 마음을 다마얀띠에게 전해달라고 부탁했다. 백조가 다마얀띠에게 가서 날라의 훌륭함과 사랑을 전해주자 다마얀띠 역시 날라를 사랑하게 되었다.
>
> 다마얀띠의 아버지 비마카 왕은 딸이 결혼할 나이가 되자 신랑선택식(swayamvara)을 열기 위해 남편감이 될 만한 모든 왕들에게 초청장을 보냈다. 날라도 초대를 받고는 다마얀띠를 보게 될 순간을 고대하며 비다르바를 향해 말을 몰았다. 그런데 그때 마침 지구를 여행하고 있던 천상의 장난꾸러기 나라다가 다마얀띠의 신랑선택식 소식을 듣게 되었다. 나라다는 천상으로 돌아가 신들에게 다마얀띠의 아름다움을 극찬하며 그녀의 신랑선택식 소식을 알려주었다. 그러자 인드라, 바루나, 아그니, 야마 신도 다마얀띠에게

사랑을 느껴 식에 참석하기로 마음을 먹었다. 그들은 가장 좋은 옷과 장신구로 치장을 하고는 비다르바로 향했다. 신들이 비다르바로 가는 도중에 날라를 만나게 되었는데, 날라의 수려한 외모와 공손한 태도, 그리고 뛰어난 말다루는 솜씨를 보고는 다마얀띠가 날라를 좋아하게 될 거라는 두려움이 생겼다. 그래서 신들은 계락을 세워 날라를 자신들의 전령으로 보내기로 했다. 신들은 먼저 날라에게 자신들의 명령에 따를 것을 맹세하게 하고, 그에게 다마얀띠 외에는 누구도 볼 수 없는 신비한 옷을 주고 다마얀띠에게 가서 자신들 중 하나를 남편으로 선택해야 한다고 전하도록 했다.

날라는 슬펐지만 신과의 맹세를 지켜야 했으므로 다마얀띠의 궁정으로 갔다. 날라는 궁정의 정원에서 자신이 상상했던 것보다 더 아름다운 다마얀띠를 보자 자신이 가엾게 생각되었다. 그러나 그는 자신이 한 맹세를 지켜야 한다는 의무감으로 사랑의 감정을 억누르고, 그녀에게 신들이 위대하다는 사실과 그들 중 하나를 남편으로 택하면 얻게 될 이점에 대해 말해주었다. 하지만 다마얀띠는 백조에게 날라에 대해 들은 적이 있었기 때문에 날라를 알아차렸다. 날라는 어쩔 수 없어 자초지종을 모두 말해주었다. 그러자 다마얀띠는 "나는 백조가 당신에 대해 내게 말해준 그날 당신을 나의 주인으로 선택했으니, 신들에게 가서 제가 그들의 부나 위대함을 원하지 않으며 날라 왕을 진심과 영혼으로 택해 그와만 결혼할 것이라 전해달라."라고 말했다. 날라는 다마얀띠의 결정을 기뻐하면서도 그녀에게 인간이 아닌 천상의 신들을 선택하라고 조언했다. 또 신들을 불쾌하게 만들면 저주를 받을 수도 있다고 알려주었다. 하지만 신들의 유혹이나 저주의 두려움도 그녀의 결심을 바꿀 수는 없었다. 날라는 자신에 대한 다마얀띠의 사랑을 확인하고 행복했지만, 한편으로는 자신의 임무를 완수할 수 없어 괴로웠다. 그는 돌아가 신들에게 자초지종을 모두 말했다. 정원에서 몸을 감추고 날라가 자신들에게 유리하게 이야기한 것을 모두 들었던 신들은 날라가 맹세를 지킨 것을 칭찬하고 신랑선택식에서 행운이 있도록 빌어주었다.

신랑선택식을 열기 위해 왕궁의 큰 홀에 왕들이 모두 모여 있었고 드디어 다마얀띠가 들어왔다. 학문과 예술의 여신인 사라스와띠가 앞서 걸으며 모여 있는 왕들의 이름과 공적을 차례차례 말해주었다. 다마얀띠는 자신이 선택할 배우자에게 걸어줄 화환을 손에 들고, 다른 왕들에게는 눈길도 주지 않은 채 걷기만 했다. 날라의 차례가 되었는데 다섯 명의 왕이 날라의 모습을 하고 날라의 옷을 입고 있었다. 그중 넷이 신들임을 알아차린 다마얀띠는 마음속으로 신들에게 백조의 말을 들은 이후 날라를 자신의 남편감으로 선택했고, 자신의 결심은 변하지 않을 것이니 그들의 모습을 드러내게 해달라고 기원했다. 신들이 그녀의 기도를 듣고 바닥에 접촉하지 않은 채 앉자 다마얀띠는 날라를 확인하고 그에게 화환을 걸어주었다. 신들은 다마얀띠의 흔들리지 않는 결심을 칭찬하고 날라를 축복해주었다. 아그니 신은 날라에게 나무나 불쏘시개가 없어도 원하는 때마다 불을 만들 수 있는 능력을 주었다. 날라는 결혼하여 자신의 왕국인 니샤다로 돌아갔다.

신들이 천상의 거처로 돌아가는 도중에 신랑선택식에 참석하러 가고 있는 악령, 깔리(쉬바의 부인인 깔리와는 다름)를 만났다. 신들이 신랑선택식이 끝이 났고 날라가 신랑으로 선택되었다고 알려주자, 인간인 날라에게 다마얀띠를 빼앗긴 것에 화가 난 깔리는 날라를 망하게 만들겠다고 선언했다. 깔리는 니샤다로 가서 기회를 기다렸다. 하지만 날라가 종교의식과 의례를 철저히 지켰기 때문에 여러 해를 기다려야만 했다. 그러던 어느 날 날라는 발을 씻지 않고 저녁예배를 드리는 실수를 범했다. 이때를 틈타 깔리는 날라의 몸으로, 또 다른 악마 드바파라는 그의 동생 뿌스까라로 들어갔다. 이에 앞서 깔리는 날라의 남동생 뿌슈까라에게 날라를 패망시키도록 부추겼었다. 뿌슈까라는 날라에게 도박 경쟁을 하자고 도전했고 날라는 자신 안에 있는 악령의 영향으로 그 도전을 받아들였다. 그는 마을, 도시, 그의 영토 등을 잃었음에도 너무 깊게 악령에 사로잡혀 있어 조언자들과 다마얀띠의 만류를 뿌리치며 도박을 계속했다. 다마얀띠는 두 아이들까지도 도박내기로 잃게 되지 않을까 우려하여 아이들을 아버지의 집으로 보냈다. 결국 날라는 모든 것을 잃고 왕국을 떠나게 되었다. 날라는 자신의 운명을 한탄하며 다마얀띠에게 자신은 이제 가치가 없으니 친정으로 가라고 말했다. 하지만 충실한 아내인 다마얀띠는 자신이 있을 곳은 남편 곁이며, 자신이 친정으로 가길 원한다면 같이 가자고 했다. 자존심이 강한 날라는 그 제안을 거절하고 자신은 숲에서 추방자의 삶을 살도록 되어 있다고 말했다. 풍족한 왕궁생활을 해 온 다마얀띠는 숲 속 생활에 공포를 느꼈지만, 남편에 대한 깊은 사랑과 강한 충성심을 가지고 있었기 때문에 자신이 있을 곳은 그의 곁이며 그와 함께 어떤 어려움도 견뎌낼 수 있다고 고집했다.

숲에서 날라와 다마얀띠는 열매와 뿌리들을 모아 허기를 채웠다. 밤이 되어 둘은 나무 밑에서 자기로 했다. 다마얀띠는 지쳐 이내 잠이 들었지만 날라는 잠을 이룰 수가 없었다. 다마얀띠를 숲 속 생활에서 구할 방도를 궁리하다, 다마얀띠가 자신을 찾는 희망을 버리고 어떻게 해서든 아버지의 집으로 가서 행복하게 살기를 바라며 그녀 곁을 떠났다.

아침에 잠이 깬 다마얀띠는 남편이 자신을 버렸다는 사실에 놀라 울면서 미친 듯이 남편을 찾아 헤맸다. 그러나 대답이 없자 남편이 자신을 버렸다는 공포스러운 사실에 울면서 계속 걸었다. 다마얀띠는 야생동물과 그보다 더 거친 사람들과 부딪쳐야 했고, 많은 고난을 겪은 뒤 마침내 체디 왕국에 도착했다. 옷이 찢어지고 머리가 헝클어진 그녀의 모습은 미친 거지 여인 같았다. 그녀가 왕궁 옆을 지나고 있을 때 마침 여왕의 눈에 띄었다. 다마얀띠에게서 훌륭한 예절과 태도를 발견한 여왕은 그녀를 딸의 친구가 되어 왕궁에서 지내도록 해주었다. 한편 날라와 다마얀띠의 추방 사실을 알게 된 비마까 왕은 모든 왕국에 사절을 보내 그들을 찾았고, 체디 왕국에 온 사절이 다마얀띠를 발견하고 함께 비다르바로 돌아왔다.

한편 날라는 다마얀띠를 떠난 후 불로 둘러싸여 있는 뱀과 우연히 만났다. 뱀은 날라에게 자신을 구해달라 간청했고, 날라는 자신의 위험에도 불구하고 그 뱀을 불에서 구해주었다. 그러나 뱀은 구해주자마자 날라를 물어 검은 피부색의 몰골이 흉한 난쟁이로 만들어버렸다. 잘생긴 남자에서 흉측한 모습으로 바뀐 것에 화가 난 날라는 구해준 대가가 어찌 이런 것이냐고 따져 물었다. 그러자 뱀은 망명생활에서 살아남도록 눈에 띄지 않게 가장시킨 것이라고 말하고, 언제든 원하면 본래 모습으로 되돌릴 수 있는 만뜨라를 알려주었다. 날라는 많은 곳을 유랑하다 마침내 코살라(Vrihadaswa)에 이르렀다.

다마얀띠의 아버지는 날라가 있을 만한 모든 왕국에 사절을 보냈지만 그의 모습이 변해 있어 찾을 수가 없었다. 그때 날라는 바후까라는 이름으로 리투파르나 왕의 마부 일을 하고 있었는데, 말 다루는 솜씨가 뛰어나 겨룰 자가 없었다. 이로 인해 그의 명성이 퍼져 그 소식이 다마얀띠에게까지 이르렀다. 그가 날라인지 확신할 수 없던 다마얀띠는 한 브라만을 보내 그 마부에게 "매몰찬 도박꾼인 당신은 나를 숲에 남겨놓고 어디로 도망갔었나요?"라는 질문을 던지고 그 반응을 알아오도록 했다. 신랑선택식에서 날라의 모습을 본 적이 있는 그 브라만은 모습이 다른 바후까를 날라라 생각할 수가 없었지만, 날라를 만나 다마얀띠가 묻도록 한 질문을 물었다. 브라만은 돌아와 다마얀띠에게 그의 반응를 이렇게 전했다. "이 질문을 듣고 바후까는 눈에 띄게 흥분하며, 그가 당신을 떠났을 때 그 도박꾼은 당신 옆에 있었으며 매몰찬 남자는 용서를 구한다고 말했습니다."라고 전했다.

바후까의 대답을 듣고 다마얀띠는 희망이 솟았으나 그가 검은 피부에 흉한 몰골이라는 점 때문에 크게 실망을 하였다. 하지만 말 다루는 뛰어난 솜씨는 날라 이외엔 누구도 지닐 수 없는 비범한 능력이었기 때문에, 바후까의 진짜 신분을 밝히기 위해 다마얀띠는 가장 신뢰하는 전령을 보내 리투파르나 왕에게 '날라의 소재를 모르고 아마도 죽은 것 같아 아버지가 딸의 재혼을 위해 두 번째 신랑선택식을 열 것이니 왕을 초대한다.'는 아버지의 전갈을 보냈다. 리투파르나 왕이 자신의 마부를 동반할 것이라는 기대로 그를 초대한 것이었다. 뿐만 아니라 그의 왕국에서 비하르바까지 하루에 말을 몰 사람이 날라 외에는 없다는 걸 알았기 때문에 그 메시지가 신랑선택식 하루 전에 전달되도록 했다.

다마얀띠의 예상대로 왕은 시간이 촉박하여 바후까에게 부탁을 했고 가장 빠른 말들과 가장 가벼운 마차를 골라 출발했다. 마차는 바람처럼 빠르게 달렸다. 도중에 그들은 열매가 많이 달린 나무와 마주쳤다. 왕은 "땅에 누워 있는 나뭇가지의 잎새와 열매는 위에 있는 나뭇가지의 잎새와 열매들보다 101개(배)나 많다. 두 가지가 5천만 잎새와 열매 2,095개를 가지고 있다."라고 말했다. 바후까가 나뭇가지를 잘라 세어보니 놀랍게도 왕의 계산은 정확했다. 왕은 자신이 주사위도 잘한다고 말했다. 그러자 바후까는 왕에게 주사위 던지는 법을 가르쳐주고 자신의 곡마술을 가져가라고 청했다. 왕은 이에 응해 주사위 던지는 기술을 가르쳐주었다. 날라가 그 기술에 익숙해졌을 때, 깔리가 그의 몸에서 나왔다. 그러나 그의 흉한 모습은 그대로 있었다.

리투파르나의 도착을 고대하며 왕궁 지붕에서 기다리고 있던 다마얀띠는 마치 하늘을 지나듯 빠르게 오고 있는 마차를 보았다. 그녀는 마부가 날라임에 틀림없다고 확신했다. 리투파르나 왕은 도착해서 결혼 준비가 전혀 되어 있지 않은 것을 보고 실망했지만, 바후까는 안도했다. 둘은 두 번째 결혼이라 조용히 치르려고 정상적인 결혼 준비를 하지 않은 것이라고 생각했다. 다마얀띠는 바후까의 진짜 신분을 알고 싶어 견딜 수가 없어서, 신뢰하는 명석한 브라만을 시켜 그와 대화를 하면서 날라라는 이름이 나올 때마다 그가 보이는 태도나 반응을 살피게 했다. 이야기를 나누면서 중간중간 날라의 운명에 대해 들은 이가 없는지 묻자 날라는 눈에 띄게 동요하며 "날라에 대해서는 날라만이 안다."라고 대답했다. 다마얀띠는 또 다른 테스트를 생각해냈다. 주방에서 일하는 이에게 날라에게 요리한 음식은 주지 말고 날음식만 주고 반응을 살펴 알려달라 했다. 그러자 그는, 바후까가 날음식을 주자 어디에선가 불을 만들어 즉시 요리된 음식으로 만들었다고 전했다. 다마얀띠는 요리된 그 음식을 조금 가져오도록 했다. 그 음식을 맛보고 다마얀띠는 그가 날라라고 확신하게 되었다. 그 맛이 그들이 행복한 생활을 할 때 날라가 재미로 만들어주곤 하던 음식의 맛과 꼭 같았기 때문이다. 또 불을 만드는 것은 아그니 신이 날라에게 준 축복이었다. 다마얀띠는 마지막 시험으로 두 아이들을 날라에게 보내고 숨어서 그의 반응을 살폈다. 아이들을 보자 날라는 자신의 감정을 억제할 수 없어 눈물을 흘리며 아이들을 끌어안았다. 다마얀띠도 억제할 수가 없어 그를 만나러 달려갔고, 날라도 더 이상은 자신의 신분을 감출 수가 없었다. 둘은 서로를 찾은 기쁨과 행복으로 눈물을 흘렸다.

날라가 눈물을 흘리면서 다마얀띠에게 어떻게 자신을 잊고 다시 결혼할 생각을 했느냐고 물었고, 다마얀띠는 결혼을 위해 어떤 것을 준비했는지 보여달라고 했다. 다마얀띠는 신들에게 자신이 날라와 헤어져 있는 동안에 날라에게 충실했는지 입증해줄 것을 요청했다. 그러자 날라에 대한 다마얀띠의 충실함과 헌신을 선언하는 천상의 소리가 들려왔다. 천상의 소리를 들은 날라는 뱀이 준 만뜨라를 낭송하고 그의 본래 모습을 되찾았다. 이에 천상에서 날라와 다마얀띠에게 꽃이 뿌려졌다. 리투파르나 왕은 실망했지만 두 사람을 축복해주고 자신의 왕국으로 돌아갔다. 이후 날라는 리투파르나에게서 배운 주사위 기술로 동생 뿌슈까라와의 재대결에서 이겨 잃었던 것을 모두 되찾았다. 관대한 날라는 동생을 용서하고 많은 선물을 주어 그의 도시로 보냈다.(*Mahābhārata*, Gupta, 2002: 63-74에서 재인용)

날라와 다마얀띠는 만나보지도 않은 상태에서 백조의 설명을 통해 사랑에 빠지게 된다. 이 이야기의 서두에 나오는 날라가 구해준 백조는 두 연인 사이에서 사랑의 중개자 역할을 한다. 만나지 않았지만 상상만으로도 사랑에 빠지는 주제는 여러 신화와 전설의 인기 있는 모티브다. 이는 사랑이 근본적으로 대상의 실제 객관적 조건보다도 마음의 작용으로 생겨나는 것임을 보여준다. 이는 다마얀띠가 날라의 흉하게 변한 모습에도 불구하고 사랑하는 마음이 변하지 않는 것에서도 나타난다.

백조가 사랑의 중개자라면 신은 사랑의 방해자가 된다. 신들은 날라와 다마얀띠의 사랑에 개입하여 다마얀띠를 두고 인간인 날라와 사랑 경쟁을 벌인다. 하지만 신의 명령을 따라야 하는 인간으로서 날라는 자신의 사랑을 포기하고 신들의 사랑의 메신저 역할을 한다. 이것이 이 이야기의 첫 번째 반전이다. 그러나 여기서 방해자인 신들은, 힌두 윤리관에 근거해 볼 때, 이 신화가 전하려는 여러 메시지 가운데 하나를 전달하기 위한 도구로 보인다. 즉 맹세 또는 약속을 지키는 일은 자기 이해를 초월해 반드시 지켜야 하는 다르마라는 점을 강조하기 위한 것이다.

맹세나 약속을 지키는 주제는 힌두신화의 주요 주제 중 하나다. 날라는 다마얀띠를 사랑하고 갈망하면서도 신과의 약속을 지키기 위해 오히려 다마얀띠에게 신들을 신랑으로 선택하도록 권고한다. 이는 개인적인 욕망보다도 약속을 지키는 것, 즉 다르마를 지키는 것이 중요하다는 점을 강조하려는 의도로 보인다.

한편 다마얀띠는 신들을 선택할 때의 장점과 선택하지 않을 때의 위험 등을 듣고도 전혀 흔들리지 않고, 날라를 배우자로 삼기로 마음먹은 첫 결심을 단호하게 지키려 한다. 더하여 자기 자신과의 맹세를 (주체적으로) 확고히 지킨, 날라에 대한 다마얀띠의 일편단심은 이후에도 전혀 흔들리지 않는다. 여성과 관련된 대다수 힌두신화에서 남편에 대한 충실함은 빠띠브라따의 가장 중요한 덕목으로 강조된다. 신랑선택식에서 경쟁자로 등장하는 신들이 다마얀띠의 날라에 대한 충실한 사랑과 확고한 결심을 확인하고 두 연인이 결합되도록 축복해주는 이야기 전개는, 신이 두 사람의 다르마에 대한 충실함을 시험하는 도구로 사용되고 있다는 것을 보여준다.

둘 관계의 두 번째 장애는 악령들의 개입이다. 날라를 시기한 악마의 술책으로 날라는 도박으로 모든 것을 잃는데, 내기도박, 수수께끼 등의 모티브는 신화에 자주 등장하는 것으로, 이야기의 전개가 부정적인 방향으로 크게 반전되는 계기를 마련해준다. 이는 숲 속 망명생활로 이어지고 둘은 큰 시련을 겪는다.[28] 남편의 시련에 동참하려는 다마얀띠의 강한 의지는 남편에 대한 아내의 충실함을 보여주려는 의도에서 표현된 것이다. 『라마야나』에서 시따가 라마가 숲으로 추방당할 때, 라마의 적극적인 만류에도 남편의 행불행을 모두 함께하는 것이 아내의 의무라 고집하며 라마의 숲 생활에 참여하는 모티브와 동일하다. 이 주제는 아내의 역할을 다루는 힌두신화에서 자주 나타나는 주제로, 인도사회가 이상적 여성상으로 제시해 온 빠띠브라따의 덕목을 상징한다. 이 신화는 이후 이 주제를 계속해 보여주고 있다.

이 신화의 세 번째 반전은 날라가 아내를 위해 아내가 숲 속 생활을 포기하고 돌아가도록 몰래 아내를 떠난 것이다. 그러나 이러한 상황에서도 다마얀띠는 남편을 포기하지 않고 찾아나서는 고통을 스스로 감수한다. 이어 기술되는 내용은 다마얀띠와 날라의 이별(분리), 이로 인한 다마얀띠와 날라의 시련(영웅의 모험과 유사), 조력자들과의 만남 등으로 영웅신화의 구조를 보여주기도 한다. 한 가지 흥미로운 것은, 날라를 돕는 조력자는 주로 백조나 뱀 등의 동물이며 그들은 일방적 조력이 아닌 날라의 도움에 대한 대가로 도움을 주는 것으로 묘사된다는 점이다. 다마얀띠는 남편을 찾으려는 희망을 결코 포기하지 않고 적극적으로 지혜와 기지를 발휘해 결국은 남편을 찾아 돌아오게 만드는데, 이러한 그녀의 모습은 이상적 빠띠브라따상을 잘 대변해준다.

이 다마얀띠 이야기는 앞서의 시따 이야기와 유사한 부분이 많다. 우선 부부 사이에 지켜야 할 다르마를 강조하고 있다. 약속이나 맹세를 철저하게 지키는 주제는 힌두신화에서 자주 등장하는 주제로, 두 이야기 모두에서 중요하게 나타난다. 부부 간의 충실함을 강조하면서도, 특히 결혼한 여성이 아내로서 지켜야 할 다르마를, 아내가 험난한 시련을 거치면서도 남편에 대해 변치 않는 충실함을 보이는 스토리 구조를 통해 보여준다.

이 이야기에서 다마얀띠는 날라를 보지도 않은 상태에서 남편으로 맞이하겠다는 결심을 하고 그 첫 결심에 따라 신이 아닌 인간 날라를 남편감으로 선택한다. 이 대목은 날라에 대한 다마얀띠의 확고한 자기 결심이 신들의 시기를 이길 수 있음을 보여준다. 또 다마얀띠는 왕인 남편이 모든 것을 잃은 순간에도 그를 포기하지 않고 시련에 동참하려는 강한 의지와 남편이 자신을 버리고 떠난 상황에서도 끈질기게 남편을 찾아나서는, 남편에 대한 변함없는 사랑과 충실함을 보여준다. 다마얀띠의 이러한 모습은, 남편이 어떠한 상황에 놓여 있고 어떠한 요구를 하든 남편을 신뢰하고 남편에게 충실함을 보여야 하는 빠띠브라따의 덕목을 잘 보여준다.

또 시따의 경우만큼 비중 있게 다뤄지고 있지는 않지만, 남편과 떨어져 있는 사이에 아내가 정조를 지켰는지를 확인하는 주제 역시 다뤄지고 있다. 신화의 끝 부분에서 다마얀띠 자신이 날라와 헤어져 있을 때 날라에게 충실했는지의 여부를 신들에게 입증해주도록 요청하는 대목은, 『라마야나』에서처럼 부부가 떨어져 있는 동안에 아내가 남편에게 충실했는지를 입증하는 것이 필요하다는 점을 보여준다. 남편과 아내의 분리와 재결합, 그리고 이와 연관된 여성의 정절입증 주제는 결혼한 여성과 관련된 인도 신화에서 빈번히 나오는 주제다. 인도사회에서 정조를 지키는 것이 빠띠브라따의 가장 중요한 자격요건으로 제시되어 왔기 때문이다.

그러나 시따와 다마얀띠 이야기에서 한 가지 흥미로운 차이점이 발견된다. 시따와 다마얀띠 모두가 빠띠브라따로 그려지고 있기는 하지만, 시따가 대체적으로 매우 순종적인 모습을 보이는 것과는 달리 다마얀띠는 빠띠브라따의 삶을 주체적으로 이끌어간다. 남편을 선택하는 과정, 남편을 적극적이고 끈질기게 찾고 확인하는 과정을 다마얀띠는 상당히 주체적이고 지혜롭게 진행시킨다. 이에 비해 남편인 날라는 신과 한 맹세를 지키기 위해 아내인 다마얀띠를 포기하고, 아내를 위해서이긴 하나 유랑하는 시기에 아내를 떠나는가 하면 이후에도 자신의 신분을 계속해 숨기는 등 상당히 소극적 태도를 보인다.

또 남편에 대한 충실함을 입증하려는 요청이 남편에 의해서가 아니라 아내 쪽에서 스스로 자청하는 형태를 취한 점도 다르다. 이 점에서 다마얀띠 이야기는 전체적으로는 가부장적 여성상을 그리면서도 상대적으로 아내, 곧 여성의 주체적 결단과 행동을 인정하는 비교적 강인하고 주체적인 여성상을 그리고 있다. 이는 라마와 시따의 이야기와는 차이를 보이는 점이다. 이러한 차이는 『라마야나』보다 조금 앞선 시기의 문헌인 『마하바라따』가[29] 가부장화 과정이 진전되는 과도기의 문헌이고 『라마야나』는 가부장제가 정착된 시기의 문헌이라는 점을 추정케 한다.

3. 『데비마하뜸야』의 두르가(깔리), 독립적 여성상

1) 『데비마하뜸야』의 중요성과 내용

인도문화와 사회에 시따로 대변되는 가부장적 여성상이 지배적인 것은 사실이다. 하지만 두르가나 깔리와 같은 독립적이고 강력한 여신에 대한 신앙도 폭넓게 자리 잡고 있다. 힌두신화에서 강력한 여신은 모신이자 악마와 겨뤄 언제나 승리를 거두는 무적의 여전사로 그려지고, 힌두신앙에서는 남신에게 종속되지 않은 독립적인 여신으로 숭배된다. 인도인들은 어린 시절부터 다양한 신화와 신앙, 축제 등을 통해 이 여신들과 아주 친숙해 있다. 이러한 사실은 인도문화가 가부장적 여성상과는 차별되는 독립적 여성상도 지니고 있다는 것을 보여준다.

힌두 신들에 관한 많은 이야기를 담고 있는 주요 자료인 『뿌라나』 가운데, 여신신화가 중심이 되는 문헌으로 『데비 바가바따 뿌라나(*Devi Bhāgavata Purāṇa*)』, 『데비마하뜸야』 등을 꼽을 수 있다. 특히 『데비마하뜸야』는 인도 여신전통에 대해 포괄적으로 설명하고 있는 가장 초기의 범어 문헌이자, 강력한 여신들을 다루고 있는 대표적인 문헌이다. 본래 이 문헌은 『마르깐데야 뿌라나(*Markandeya Purāṇa*)』의 한 부분으로 삽입되어 있지만, 그 자체로 독특한 종교적 중요성을 갖는 독립적인 텍스트로 널리 사용되고 있고(Thakur, 1999: Introduction, xii) 현재까지도 여신신앙 전통에서 중심적인 위치를 차지하고 있다. 5-6세기경에 만들어진 것으로 추정되는[30] 이 문헌의 두드러진 특징은 우주의 궁극적 실재 또는 원리가 여성으로 이해되고 있다는 점이다.[31]

『데비마하뜸야』[32]가 다루고 있는 내용들을 간략히 살펴보면, 먼저 여신의 108명칭이 언급되고[33] 이 많은 명칭들이 한 여신의 여러 형태를 지칭하는 이름들로 제시된다. 또 여신의 형상, 본질, 역할, 예배방법과 예배의 대가로 얻는 것들, 그리고 우주론 등을 서술하고 있다.[34] 그러나 가장 중심적인 주제는 여신과 악마들의 반복되는 긴 전투와 여신의 최종적 승리다. 이 문헌에서 나타나는 여신은 시따와는 달리 독립적이고 강력한 여성성을 보여주는데, 이는 기존의 가부장 체계나 질서와는 상당 부분 상치되는 것으로, 여성에게 내재되어 있는 강력한 힘을 상징한다.

2) 두르가와 깔리, 모신이자 여전사

① 궁극적 실재로서의 모신

『데비마하뜸야』는 우주의 근원적 실재를 여신으로 제시한다. 이 문헌의 본문 격인 '아타 슈리두르가삽따사띠(atha shridurgasaptasati)'의 1장과 4장, 그리고 마무리 부분인 '아타 쁘라단니깜 라하샴(atha pradhannikam rahasyam)'에서 다뤄지는 우주론에서, 궁극적 실재로서의 여신의 본질과 역할이 기술된다. 이 중 1장(1.66-103)에서 창조 이전의 상태가 이렇게 묘사된다.

> 깔빠(1회 우주 존속 기간)의 끝인 우주의 해체 시기에 우주의 모든 존재가 해체되어 활동하지 않는 하나의 에너지 덩어리(우주의 원초적 질료)를 형성하고 있었다. 이때 비슈누가 여신(Yognidra)에게 의지하고 뱀 똬리(잔여 에너지) 위에서 잠을 자고 있었는데, 비슈누의 귀지에서 나온 두 악마가 비슈누의 배꼽에서 나온 연꽃 위에 앉아 있던 창조주 브라흐마를 살해하려 했다. 이에 브라흐마는 모든 것의 주이며 우주의 유지자이자 파괴의 원인이 되는 여신에게 찬양을 드리며 보호자인 하리(Hari, 비슈누)를 깨우도록 간청했다. "당신은 모든 이원성의 접합(sandhya)이시고 높은 본성을 지닌 어머니십니다. 당신은 이 움직임의 세계(우주)를 설계하여 내어놓고 보호하고 끝에는 해체시키십니다. (중략) 당신은 세 구나로 구성된 하나이면서 모든 것의 태어나지 않은 본질이십니다. (중략) 당신은 악의 세력에 강하시고 그들을 파

괴하는 무시무시한 무기들이십니다. 당신은 가장 자비로우시고 아주 장대하십니다. 그리고 모든 것에 당신이 현존하십니다. (중략) 당신은 비슈누와 저와 쉬바가 물리적 존재로 나오게 하셨으므로 찬양받으실 충분한 능력을 가지셨습니다. 오 신성한 여신이시여! (중략) 악마들을 미혹케 하시고 비슈누를 깨우시어 악마들을 살해해주시옵소서." 이 찬양을 받은 여신이 비슈누를 깨웠고 비슈누는 무기로 악마를 살해했다.[35]

이 신화는 비슈누파 창조신화의 기본 구조를 차용한 것으로, 궁극적 실재로서의 비슈누를 여신으로 대체시키고 있다. 위 내용에서 여신은 신들을 포함한 모든 것의 근원이자 본질이며 우주의 창조력, 유지력, 해체력으로, 그리고 악을 파괴하는 강력한 존재로 찬양된다. 비슷한 내용이 4장(4.7-11)에서도 반복해 기술되고 있다. 여기서 여신은 두르가, 암비까(Ambika), 찬디까(Chandika) 등으로 불리고 모든 것의 근원이자 변형이 이루어지기 전의 원초적 본질로, 세 구나를 갖는 존재로, 세 구나로 구성되어 있고 이 세 구나의 진화적 움직임을 통해 주요 세 여신인 마하 락슈미(부), 마하 깔리(힘), 마하 사라스와띠(지혜)로 변형하여 세상을 전개, 유지, 해체시키는 존재로 그려진다. 이 자료의 '아타 쁘라단니깜 라하샴'(4-30)에서도 우주의 근원적 실재로서의 여신을 그리고 있는데, 우주의 전개가 언급되고 있는 점이 차이점이다.

궁극적 실재는 종교사상에 따라 남성으로도 여성으로도 인식된다. 힌두사상은 우주의 근원적 실재를 형상과 속성을 갖지 않는 니르구나 브라흐만과 형상과 속성을 갖는 사구나 브라흐만 모두로 인식한다. 니르구나로서의 신성한 실재는 현상계의 양성적 원리 또는 이원적 원리가 등장하기 이전의 근원적 실재로 성 초월적이다. 반면에 우주로 자신을 드러내는 사구나로서의 신성한 실재는 남성일 수도 여성일 수도 있다. 전통적 힌두사상에서는 이 근원적 실재의 인격화인 주요 힌두 신이 남신인 브라흐마, 비슈누, 쉬바로 표상되고 이들 각각이 우주의 창조, 유지, 해체의 기능을 담당하는 것으로 설명된다. 다만 종파에 따라 비슈누파와 쉬바파에서는 남신인 비슈누와 쉬바가, 그리고 샥따파에서는 여신이 각각 위의 세 기능을 모두 담당하는 것으로 인식되고 있다.

『데비마하뜸야』의 우주론 자체는 일반적 힌두 우주론과 구조가 동일하다. 차이점은 궁극적 실재와 그 인격화가 남신이 아닌 여신으로 이해되고 있다는 점이다. 『데비마하뜸야』에서 여신은 스스로를 우주로 드러내 창조하고 그 우주를 유지, 해체하는 기능을 담당하는 우주의 근원적 실재이자 모체인 어머니로 그려진다. 이를 힌두사상은 우주의 근원적인 에너지이자 파워를 의미하는 샥띠로 지칭하는데, 앞서 인용한 구절에서는 이것이 태초의 '무활동의 에너지 덩어리(우주의 원초적 질료인 쁘라끄리띠)'로 묘사되고 있다. 그리고 모든 여신들은 이 샥띠의 구체화이자 인격화로 설명된다. 또 기존의 주요 남신들이 등장하고 다른 힌두문헌들에서도 나타나는 신화적 모티브나 주제 등이 유사하게 나타나지만, 우주의 전개와 유지와 해체에서 중심적인 역할을 하는 주인공이 여신이라는 점이 다르다. 그렇다면 이러한 사실이 『데비마하뜸야』가 강력한 여성성을 주장하고 있다는 근거로 사용될 수 있을까?

코번(Coburn, 2002: 303)은, 『데비마하뜸야』가 여성적 모티브를 풍부하게 보여주는 것은 사실이지만, 그렇다고 이것이 궁극적 실재를 남성으로 이해하는 것에 대해 대안을 제시하려는 의도를 드러내는 것은 아니라고 말한다. 코번의 이러한 분석은 『데비마하뜸야』를 여성주의적으로 해석하는 것을 경계하는 것일 수도 있다. 물론 『데비마하뜸야』가 명시적으로 이러한 주장을 하고 있는 것은 아니다. 또 궁극적 실재가 모든 현상적 존재가 비롯된 근원적 토대로 성을 초월하는 존재라는 점에서 본다면 코번의 주장은 일면 타당하다. 그러나 『데비마하뜸야』가 명시적이든 함축적이든 전체적으로 여성성에 중요성을 부여하고 그것을 강조하는 대목들이 풍부하고 근원적 실재를 명백히 여신으로 제시하고 있는 점은 그 의미를 검토할 필요가 있다.

먼저 『데비마하뜸야』에서 범어문헌으로는 처음으로, 여신이 우주의 근원적 실재로 제시되고 있는 점을 역사적·문화적인 관점에서 설명해 보기로 하자. 앞서 인도문화의 축인 힌두문화가 인도 토착문화와 외부에서 유입된 아리아인들의 문화가 긴 기간에 걸쳐 대융합을 이뤄 형성되었다고 지적한 바 있다. 이 과정에서 토착 모신신앙에 토대를 두고 있는 여신신앙이, 아리아인들이 그들의 신앙을 확립해 나가는 단계에는 침체되었다가 두 신앙이 융합되는 과정에서 부상하기 시작하여, 5-6세기 무렵부터는 다시 점차 하나의 주요한 종교적 흐름(종파)으로 입지를 굳히게 되었다. 이 흐름, 즉 여신신앙 종파가 샥띠즘 또는 샥따파다. 『데비마하뜸야』가 샥따파의 주요 경전이고 그 작성시기가 이 여신신앙의 부상 시기와 맞물려 있다는 점에서 『데비마하뜸야』를 이러한 역사적·문화적 현상의 산물로 볼 수 있을 것이다.[36]

인도 여신신앙에서 여신은 어머니, 즉 '마따(mata)'로 통칭된다. 특히 두르가나 깔리 같은 강력한 여신들은 우주의 모체로서의 어머니를 상징한다. 그리고 우주의 모체로서의 어머니는 우주의 원초적 에너지이자 우주력인 아디아 샥띠(adya shakti) 또는 원초적 질료 또는 자연 자체를 의미하는 쁘라끄리띠로도 불린다.[37] 그리고 이 쁘라끄리띠를 구성하는 세 구나(속성)가 구체화된 여신들이 마하 락슈미(부), 마하 깔리(힘), 마하 사라스와띠(지혜)다.

또 『데비마하뜸야』는 여신과 신봉자의 관계를 어머니와 지식의 관계로 서술하고 있다. 즉 예배자가 두르가 여신을 세상의 어머니로 지칭하며, 어머니를 자식의 모든 부족함과 죄를 용서하고 자식에게 사랑을 베푸는 자비로운 존재로 찬양한다. 앞서 다룬 『라마야나』의 시따에게서는 모성의 측면이 별달리 언급되지 않고 헌신적인 아내의 측면이 강조되고 있다면, 강력한 여신의 경우는 모성의 측면이 강조되고 모신으로 지칭된다. 여기서 모신은 모든 어려움과 문제의 제거자이자 복지의 부여자이며, 부족하고 나쁜 자식에게마저도 사랑과 자비를 베풀고 죄를 없애주는 자비로운 존재다(*Devi-Mahatmya*, atha devyaparadhaksamapana stotram, 1-2, 3, 9). 부, 힘, 지혜로 표상되는 모신에 나타나는 여성성은 매우 긍정적인 여성성이라 할 수 있다.

결국 궁극적 실재가 여신으로 제시되는 것은 인도 종교사에서 토착 문화에 토대를 두는 여신신앙의 부상과 관련이 있어 보인다. 그리고 이 여신신앙에서 여성성은 우주의 근원적 에너지 또는 파워이자 우주의 원초적 질료이며 자연 그 자체로서 강조되고, 모든 것을 낳고 기르고 보호하는 모성으로 표상되고 있음을 알 수 있다. 그러나 여기서 한 가지 지적해두어야 할 점은, 모성에 대한 강조가 인도문화에 폭넓게 자리 잡고는 있지만 그것이 곧바로 여성의 높은 지위를 담보해준다고 보기는 어렵다는 점이다. 인도인들은 어머니 또는 모성을 여성성이나 남성성과 같은 모든 형태의 이원적 구분을 초월해 있는 근원적 토대로 파악하는 경향이 있기 때문이다. 저자는 이 점을 가부장성이 강한 인도사회에서 여신이 남녀 모두의 폭넓은 신앙대상이 될 수 있었던 이유이자, 풍부한 여신신앙의 존재와 실제 인도여성의 지위 사이의 간극에 대한 설명이 될 수 있을 것으로 본다.

② 무적의 여전사

◎ 여신과 악마의 전쟁신화와 그 상징적 의미

궁극적 실재를 여신으로 기술하는 것 외에 『데비마하뜸야』에서 가장 중요한 신화적 모티브는 여신과 악마의 전쟁과 무적의 여전사로서의 여신이다. 여신과 악마의 전쟁신화는 반복해서 나타나나 그 구조는 동일하다. 신들이 악마들의 위협을 받아 그 권위를 박탈당하고 우주의 질서가 위협받게 되자 여신의 도움을 간청한다. 이에 여신이 여러 형상과 이름의 여신들로 화신하여 악마의 왕과 그 부대를 물리침으로써 신들의 권위와 우주질서를 회복하고, 신들은 여신을 찬양한다. 이런 구조 아래 두 주요 전쟁신화가 나오는데, 첫 번째 신화는 마히샤수르(Mahiṣāsur)와의 전투 이야기다.

그림 Ⅲ.4.2 여전사 두르가, 델리국립박물관

인드라가 지휘하는 데바 부대와 마히샤수르가 통솔하는 아수라 부대 사이에 전쟁이 벌여져 데바가 패배하자, 마히샤수르가 데바에 대한 지배권을 장악했다. 데바들이 쉬바와 비슈누에게 가서 상황을 설명하자 비슈누, 브라흐마, 쉬바 삼신이 크게 분노하여 입에서 거대한 에너지를 뿜었다. 데바들의 몸에서도 거대한 에너지가 나왔고 이 에너지들이 모두 모여 하나의 거대한 에너지 더미가 되었다. 이 에너지가 여성 형태로 바뀌었고 모든 신들이 여신에게 자신들의 무기를 주었다. 이리하여 많은 손에 무기를 쥐고 사자를 탄 여신(두르가)이 크게 포효하자 온 세상이 진동을 했다. 그러자 마히샤수르가 부대를 이끌고 와서 여신과 전투를 벌이기 시작했다. 전투 중에 모신이 내쉰 숨들이 그녀의 군대(모두 여성)가 되어 거대한 악마의 군대를 파괴했다. 이어 주요 악마 부대장들 역시 여신에게 모두 패배하자 악마들의 왕인 마히샤수르가 본래 모습인 버팔로 형태를 하고 와서는 전투 중에 사자, 인간, 코끼리 등으로 변신하며 여신과 겨루었다. 그리고 끝에 다시 버팔로의 형상을 취했다. 그러자 우주의 어머니인 찬디까(두르가가 찬디까, 암비까, 모신 등으로 지칭된다)가 마히샤수르를 목을 잘라 살해했다. 그러자 신들은 천상의 성자들과 함께 여신을 찬양했다.(*Devi-Mahatmya*, atha shridurgasaptasati, 2-3)

두 번째 전쟁신화는 슘바(Śumhbha)와 니슘바(Niśumbha)와 여신 사이의 큰 전투로, 깔리가 주요 여전사로 등장한다.

옛날에 슘바와 니슘바가 인드라로부터 삼계의 통치권과 그 기능들을 빼앗아 모든 신들이 그 권한을 박탈당했다. 그러자 신들은 어려움에 처할 때마다 은총을 주었던 패배하지 않는 여신을 기억해냈다. 신들은 여신을 불러내기 위해 찬가를 낭송하기 시작했다. 신들의 찬양을 받고 강가(갠지스 강)로 내려온 여신 빠르와띠의 몸 기공에서 암비까가 줄줄 흘러나왔다. 슘바와 니슘바의 부하인 찬다(Chanda)와 문다(Munda)가 암비까의 매력적인 모습을 보고 슘바에게 그녀를 차지하라고 권했다. 이에 슘바가 여신에게 부하 수그리바를 보내 자신이 삼계의 최고 지도자임을 전하고 자신과 결혼해 최고의 안락을 누리라는 말을 전했다. 이에 두르가는 "전투에서 나를 정복하고 힘이 나와 같은 이와 결혼할 것이니 슘바와 니슘바가 이리로 와 나를 정복하고 결혼하라."라고 대답했다. 그러자 수그리바는 "두 악마 왕에 대적할 남성이 누가 있는지 말하시오. 모든 신들도 대면할 수 없소. 그런데 어찌 감히 여성인 당신이 홀로 슘바와 니슘바를 대면할 것이오?"라고 말했다. 수그리바에게 여신의 전갈을 들은 악마 왕은 매우 분노하며 악마의 거두인 둠라로차나(Dhumralocana)를 보내 여신을 잡아오도록 했지만, 암비까는 그를 단 한 방의 포효로 재로 만들어버렸다. 이에 악마 군대가 분노해 공격해 왔으나 여신과 여신의 탈것인 사자가 전 군대를 파멸시켰다. 이 패배 소식에 분노한 슘바는 위대한 악마인 찬다와 문다를 다시 보냈다. 찬다와 문다가 이끄는 악마들이 여신에게로 가서 활과 칼로 공격을 하자 암비까가 분노하여 얼굴색이 검게 변했다. 그리고 그녀의 이마에서 무시무시한 형상의 깔리가 나왔다. 깔리는 악마들을 잡아 살해하고는 그들 모두를 게걸스레 먹어 치워 군대 전체가 전멸되었다. 이를 본 찬다와 문다가 깔리를 공격하자 분노한 깔리는 찬다와 문다의 머리를 칼로 잘랐다. 행복의 부여자인 찬디까는 깔리에게 "네가 찬다와 문다를 가져왔으니 이제부터 너는 세상에 차문다로 알려질 것이다."라고 말했다. 악마 왕 슘바는 자신의 강력한 부하들이 살해되자 모든 악마 부대를 이끌고 여신에게로 왔다. 이때 악마의 군대를 파괴하도록 각 신들의 파워가 여성 형태로 그들 몸에서 나와 찬디까에게 갔다. 이들 모신집단이 악마 부대를 물리쳤다. 이에 보다 강력한 악마인 락타비자(Raktabija)가 싸우러 앞으로 나왔는데 여신의 공격을 받은 그의 몸에서 핏방울 하나가 (땅에) 떨어지자 한 악마가 같은 강도로 땅에서 태어났다. 모신집단이 그를 공격해 그가 많은 피를 땅에 떨어뜨릴 때마다 거기서 같은 힘, 같은 형태를 지닌 악마들이 떨어지는 핏방울 수만큼 생겨났다. 신들은 두려움에 휩싸였다. 그런 신들을 보고 찬디까는 깔리에게 "네 입으로 떨어지는 피를 즉시 삼켜라."라고 말했다. 그리하여 찬디까가 락타비자를 여러 무기로 치고 차문다는 그의 피를 마셨다. 심하게 상처를 입고 피가 마른 악마는 결국 살해되었다. 이에 신들은 기뻐하고 모신들은 황홀경 속에 춤을 추었다. 이어 형제 니숨바와 그의 군대가 살해된 것을 보고 분노한 숨바가 "오 사악한 두르가여, 너는 오만해지고 네 힘을 자랑하나 실제론 다른 이들의 힘으로 싸우고 스스로 칭송받는다고 느낀다."라고 말했다. 이에 여신이 "오, 사악한 자여. 움직이는 세계에서 나 홀로이며 나 외의 다른 이는 없다. 보라, 이 모든 나의 나타남들이 내 안에만 거한다. 그런 까닭에 우주의 모든 어머니(모신)들이 여신의 몸으로 들어갔다. 그리고 나서 암비까 홀로였다. 나에게서 많은 것을 전개시키는 내 속성으로 해서 내가 많은 형상을 갖는 것이므로 그 형상들이 내 안으로 들어온 지금 나는 전장에 오직 홀로다. 이를 확신하라."[38]라고 대답했다. 찬디까(암비까)와 숨바 사이에 매우 격렬한 전투가 이어지고, 여신이 창끝으로 숨바의 가슴을 찌르고 그를 땅에 내던져 살해했다. 악마가 죽자 온 세상이 모든 행복과 위대한 평화를 얻었다.(*Devi-Mahatmya*, atha shridurgasaptasati, 5-10)

데바와 아수라 간의 전쟁모티브는 고대 이래 인도신화의 아주 중요한 주제다. 앞서 II부 데바와 아수라 투쟁신화에서 다루었듯이, 양 세력은 우주를 구성하는 상반되는 두 힘을 상징한다. 아이야르(Aiyar, 1997: 258)는 이 양자의 충돌을 우주를 구성하는 양극성 사이의 충돌로 설명한다. 즉 데바와 아수라는 각각 질서와 무질서, 지혜와 무지, 빛과 어둠, 선과 악, 진리와 비진리, 정의와 부정의를 상징한다는 것이다. 힌두사상은 이를 통칭해 '다르마와 아다르마 사이의 충돌'로 표현한다. 말하자면 데바와 아수라의 투쟁을 우주력을 구성하는 두 세력 사이의 투쟁으로 파악하고 있다.

다만 위의 신화들에서는 남신이 아닌 여신들이 아수라와 대적하는 점이 다르다. 이와 관련하여 빠딴에이크(Pattanaik, 2000: 116)는 흥미로운 분석을 제시한다. 여신 두르가를 자연의 상징으로, 악마를 세상을 지배하려는 인간 욕망의 의인화로 본다. 즉 악마 마히샤가 정복할 수 없는 자연인 두르가를 길들이려고 하는 오만함을 보이다 패배한 것은, 인간이 아무리 노력해도 자연을 정복할 수는 없다는 것을 보여준다고 말한다.

위의 분석들은 데바와 아수라 투쟁신화 전반에 걸쳐 적용될 수 있는 것이고, 이 투쟁에서 여신이 주체적인 역할을 하는 것이 갖는 의미를 더 살펴볼 필요가 있다.

✪ 강력한 여성성의 역사적·문화적 의미

앞서 다룬 주제에서, 여신이 궁극적 실재로 인식되고 모성이 강조되는 것이 곧바로 독립적이고 강력한 여성성을 지적한다고 보기는 어렵다고 지적했는데, 여신과 악마의 전쟁 에피소드에서는 강력한 여성성에 대한 강조가 보다 구체적이고 명료하게 제시된다. 『데비마하뜸야』 신화에서 여신은 분명 남신보다 주체적이고 독립적이며 강력하게 그려진다. 브라흐마, 비슈누, 쉬바 등 주요 힌두남신들이 등장하기는 하지만 그 빈도가 극히 미미할 뿐만 아니라, 여신에게 간청하거나 여신을 찬양하고 또 자신들의 에너지와 무기를 모아 여신에게 주는 정도의 역할을 할 뿐이고, 중심적인 역할은 여신이 담당한다. 여신은 그의 신봉자들을 위해 빈곤, 슬픔, 두려움 등 모든 종류의 어려움을 제거해주거나 세상을 위협으로부터 보호해주는 주체적이고 강력한 존재로, 남신에게 의존적이거나 종속적이지 않다. 무엇보다도 강조되는 여신의 역할은 강력한 남신들마저도 물리치지 못하는 악마들을 패배시키는 무적의 여전사다.

그렇다면 『데비마하뜨먀』에 나타나는 강력한 여성성에 대한 강조와 여성우위성의 의미를 어떻게 해석해야 할 것인가? 이것이 과연 해당 사회의 여성지위를 반영하고 여성의 지위 강화를 담보하고 있는가? 두 번째 물음은 6장에서 살펴볼 것이므로 여기서는 첫 번째 물음에 초점을 맞추기로 하겠다. 이 물음에 대한 답을 찾기 위해 앞서 다룬 신화의 상징적 의미해석과 함께 역사적·문화적 의미를 살펴보기로 하자.

밧따차리야(Bhattacharyya, N., 1999: 58-60)는, 두르가나 깔리가 적을 파괴하는 전투적인 전쟁여신으로 묘사되는데 이런 특징은 온화하고 자비로운 배우자 여신들에게는 발견되지 않는 것으로, 이 두 독자적인 흐름이 후에 합쳐지면서 양 측면을 포괄하는 하나의 복합 개념으로 나타난 것이 두르가 개념이라고 주장한다. 즉 『뿌라나』의 여러 여신들이 두르가와 동일시되는 것은, 여신신앙의 전개과정에서 많은 지역 여신들을 하나의 최고여신으로 수용·흡수한 결과로 보고 있다.

실제로 『데비마하뜨먀』에서 여신의 명칭은 108개로 언급되고, 한 문장 안에서도 두세 개의 이름이 한 여신을 지칭하는데 사용되어서 독자가 혼돈스러울 때도 있다. 이러한 여신 명칭 사용법은 수많은 이름으로 불리는 여신들이 동일한 하나의 여신임을 드러내 보이려는 의도적 장치로 생각된다. 하지만 이를 역사적 관점에서 분석해 본다면, 토착기원을 갖는 여신신앙이 부상하고 이를 정통 힌두교로 흡수·수용하는 과정에서 다양한 지역 및 부족 여신들을 하나의 보다 강력한 여신으로 흡수·통합시킨 결과로 보인다. 그 여신이 바로 두르가다.[39]

한편 아이야르(Aiyar, 1997: 259, 349-50)는 상징적 해석과 함께 역사적·문화적 해석도 하고 있다. 먼저 여성주의적 관점에서 여신이 악마들을 이긴 것을, 도전적이고 자기중심적이며 무질서를 가져오는 경향이 있는 남성력에 대해 그것을 완화시키는 여성력이 승리한 것으로 해석한다. 그러면서 인도인들이 『라마야나』의 시따를 이상적 여성상으로 추구해 왔지만 동시에 그와는 다른 패러다임을 제시하는 두르가와 같은 강력한 여성상도

대체로 받아들여 왔다고 지적한다.[40]

또 아이야르(Aiyar, 1997: 230)는 모권을 농경사회와, 가부장제를 목축사회와 연관 지으면서, 목축사회였던 베다 시기의 종교가 가부장적이었다면 『베다』 이전 비아리아인들의 종교에서는 농경문화를 반영하는 모권과 여신신앙이 인기가 있었었고, 지금도 인도가 주로는 농경사회이므로 여신신앙이 여전히 인기가 있다고 분석한다. 즉 인도가 경제적으로 땅의 풍요에 의존해 왔기 때문에 이것이 여신숭배에 중요성을 부여하는 결과를 초래했다는 분석이다. 학자들의 위와 같은 분석은 『데비마하뜸야』에 나타나고 있는 강력한 여성성을 인도의 토착 모신신앙과 연관 짓고 있고, 그 모신신앙을 모권 농경문화의 신앙 형태로 파악하고 있다.

3) 독립적 여신에 대한 여성주의적 해석

여신의 강력함은 문헌뿐 아니라 실제 그림이나 조상에서도 잘 나타난다. 두르가는 다양한 형상으로 묘사되지만 대개는 열 개의 팔과 손을 가지고 있고 각 손에 신들이 준 무기(칼, 고동, 원반, 염주, 종, 술잔, 방패, 화살, 활, 창 등)를 들고 있다. 그녀는 무섭게 포효하는 사자(또는 호랑이)를 타고 악마의 심장 부분을 긴 창으로 찌르고 있는 맹렬한 여전사의 모습으로 그려진다. 그러면서도 인도의 여성 전통의상을 입은 아름다운 얼굴을 한 여성의 모습을 하고 있다.

격렬하고 무시무시한 형상은 깔리에게서 더 잘 나타난다. 깔리는 전쟁터에서 두르가(암비까)의 분노가 구체화되어 나타난 여신으로, 그녀의 형상은 전통적인 신성 이미지와는 많이 다르다. 검은 피부의 나신으로 긴 머리를 풀어헤치고 있고, 내뻗은 붉은 혀로는 피를 마시며, 살해한 악마들의 두개골로 만든 목걸이와 손으로 만든 거들을 걸치고 있고, 손에는 삼지창과 칼을 들고 있는 모습으로 묘사된다.

모한띠(Mohanty, 2004: 41)는 깔리의 이러한 형상을, 관습적인 신 개념에 도전하는 것이자 야생적이고 길들여지지 않은 자연 그 자체를 표상

그림Ⅲ.4.3 깔리

하는 것이라고 해석한다. 그(Mohanty, 2004: 9-14)의 분석에 따르면, '깔리'는 '검은'이란 뜻인데, 깔리의 검은 피부는 흰 피부색이 의미하는 모든 것(길들여짐, 부드러움, 아름다움), 즉 미와 길함에 대한 전통 관념을 거부하는 것이고, 나신은 문화규범으로 구속되지 않는 자연을 의미한다. 풀어헤친 머리는 섹슈얼리티에 대한 은유로, 인도에서 섹슈얼리티는 처녀 때는 완성되어가는 것이고 결혼한 여성에게는 길들여지고 통제되는 것이며 과부에서는 제거되는 것으로, 깔리의 풀어헤친 머리는 그녀의 성이 사회규범에 구속되지 않는다는 것을 시사한다고 주장한다. 또 깔리는 쉬바의 배우자로 간주되기는 하지만 처녀로도 불리는데, 이는 처녀로서의 여신이 어떤 남성에도 종속되지 않는다는 것을 시사한다고 말한다. 그의 이러한 분석은 깔리가 여성과 관련하여 반기존질서 및 반관습을 상징하고 있음을 시사해준다.

무커르지(Mookerjee, 1988: 9)는 '도달할 수 없는(아주 먼)'을 의미하는 '두르가'라는 말이 두르가가 처녀의 자율성을 지닌다는 것, 즉 '어떤 남자에도 속하지 않는다'는 것을 의미하며, 여성의 조건이 억압적일수록 그만큼 더 처녀의 조건이 억압에 대항하는 방어가 되며 극단적일 경우 여성이 여성성 자체를 거부하게 될 것으로 보고 있다. 그는 이제 깔리는 우리가 잃어버린 신성한 여성 정신성을 우리 본성에 회복시키기 위해 다시 파괴해야 할 것이라고 말한다.

모한띠(Mohanty, 2004: 109)는 깔리의 명성이 상당 정도는 18-19세기의 유럽 제국주의와 20세기의 급진적 페미니즘에 기인한다고 보고 있다. 영국 제국주의는 깔리를 부정적으로 이해하여 깔리를 근거로 인도인들을 개종시키고 문명화시킬 필요를 정당화했고,[41] 급진적 페미니스트들은 이 도전적인 여신을 남성지배 통치로부터 해방을 추구하는 여성 집단무의식의 표상으로 받아들이고 있다는 것이다. 그(Mohanty, 2004: 109)는 가부장적 가치에 대한 깔리의 거부가 21세기에 그녀를 페미니즘 운동 내의 강력한 상징으로 만들었다고까지 말한다. 즉 깔리의 비관습적인 형상이 그녀를 많은 전략적 정치담론의 중심인물로 만들었다는 것이다. 그(Mohanty, 2004: 118)에 의하면 깔리는 20세기 이래 인도와 서구의 페미니스트들에게 강력한 보호여신(the patron goddess)이자 여성의 몸과 성, 그리고 분노와 공격을 긍정하는 완전한 상징이 되어 왔는데, 그러한 것들은 남성이 지배하는 사회가 그 체계의 안전을 확보하기 위해 수세기 동안 부정하거나 그 앞에서 침묵을 지켜 왔던 가치들이라는 것이다.

몇몇 학자들의 다음과 같은 분석도 주목할 만하다. 먼저 빠딴에이크(Pattanaik, 2000: 10)는 "시대를 통해 남성은 자신의 주변 세계를 지배하거나 그로부터 도피하고자 해 왔다. 두 시도가 쓸모없게 보일 때 그는 영양과 힘과 무조건적인 사랑을 주는 모신에게로 돌아왔다. 그래서 남성은 있어야 할 것으로서가 아닌 있는 그대로의 세상과 타협할 수 있게 된다. 이것이 샥따 유산이다."라고 지적한다. 마찬가지 맥락에서 무커르지(Mookerjee, 1988: 8)는 여신과 악마와의 투쟁을 악마적 남성력에 대한 여성력의 도전으로 해석한다. 그는 남성문화가 무시하거나 왜곡해 온 방대한 샥따 문헌을 지닌 샥띠(여성력)의 도전이 여성 관점에서 적절하게 제시되어 오지 못했음을 지적하고, 두르가(또는 여신) 신화에서 신들이 자신들의 상황을 스스로 바꾸지 못하고 여신을 만들어내야 한다는 사실은 이원성(dualism)이 만들어내는 막다른 교착상태에서 여성이 유일하게 그 교착상태를 타개하는 요소(융통성의 사용)임을 말해주는 것이라고 지적한다.

그렇다면 이러한 독립적 여성 이미지가 일반 인도여성의 지위를 높이는 데 기여해 왔을까? 미터(Mitter, 1995: 177-78)는 이에 대해 부정적이어서 인도에서 사제, 정치인, 식민지 관리들, 민족적 애국자들 모두가 여성의 능력에 족쇄를 채우면서 여신신앙을 조작해 왔기 때문에 여신신앙이 일반 여성의 지위를 높이는 데 기여하지 못했다고 평가한다.[42]

4. 이중적 여성정체성의 인도문화적 의미

그러면 상충되는 것으로 보이는 이 두 여성정체성이 인도문화에서 각각 강력한 흐름을 형성하고 있으면서도 충돌 없이 공존하고 있는 현상을 어떻게 이해할 것인가? 빠띠브라따로 지칭되는 지극히 가부장적인 여성상이 인도사회와 문화의 지배적 여성상으로 유지되어 오면서도, 인도인들의 신앙과 의식 속에는 독립적이고 강력한 여성상이 폭넓게 자리 잡고 있는 현상은, 인도문화의 맥락에서 들여다보지 않고는 이해하기 힘든 현상이다. 이 맥락에 대한 실제적인 분석은 뒤에서 다룰 예정이므로, 여기에서는 인도문화의 여성성과 여성정체성을 이해하는 데 핵심적인 개념인 샥띠 개념을 통해 설명해보기로 하겠다.

인도문화에서 근원적 실재이자 우주적 생명 에너지로서의 샥띠는, 드러나지 않은 우주의 근원이자 드러난 우주이기도 하고 긍정적으로 작용하는 힘이자 부정적으로 작용하는 힘이기도 하다. 이러한 설명은 근원적 실재로서의 샥띠는 현상계를 구성하는 이원성과 다양성을 포괄함과 동시에 그것을 넘어서 있는 실체임을 시사해준다. 여신은 바로 이러한 우주적 에너지이자 우주력인 샥띠가 인격화 또는 구체화된 존재다. 따라서 인도인들은 배우자 여신과 독립적 여신으로 분류되는 여신의 이원적 범주나 각 범주의 여신들을 대변하는 시따와 두르가가 보여주는 이중적 여성정체성을 분리되거나 상충되는 것으로 받아들이지 않는다.

인도인들은 동일한 여성력(샥띠)이 상황에 따라 다양하고 상이하게 나타나는 것이라고 여긴다. 이는 『데비마하뜸야』에서 궁극적 실재로서의 여신이나 그 여러 화신들을 지칭할 때 두 범주의 여신 명칭이 혼용되는 것에서도 나타난다. 앞서도 설명한 바 있지만 샥따 우주론은, (위대한) 여신들은 원초적 에너지인 아디아 샥띠(adya shakti)의 구체화이며 이 아디아 샥띠가 스스로를 번성함(부), 지혜, 힘을 각각 상징하는 마하 락슈미, 마하 사라스와띠, 마하 깔리(두르가)로 드러냈다고 설명하고 있다. 인도인들은 이 세 요소를 여성성의 세 핵심 요소로 이해한다. 그래서 그들은 모든 여성이 이 세 요소, 즉 번성함을 가져오고 지혜로우며 강력한 힘을 발휘할 수 있는 능력을 지니고 있으며, 상황에 따라 그것들 중 어느 하나를 표면화시켜 드러낸다고 이해한다. 이런 관점에서 본다면 인도인들에게 번성함과 지혜와 연관된 시따와 힘을 상징하는 두르가는 근본적으로 별개의 여신이 아니다.

인도인들의 이러한 사고방식은 인도사상과 문화의 두드러진 특성이라고 할 수 있는 일원론적(또는 통합적) 관점에서 비롯된다. 이 관점은 경험세계의 다양성과 상이성을 동일한 본질이 현상적으로만 상이하게 나타난 것으로 이해하기 때문이다. 코번(Coburn, 2002: 304-06)도 같은 해석을 제시하고 있다. 그는 여신인 궁극적 실재가 초월적이면서 동시에 내재적인 특성을 지니는데 이 초월성과 내재성은 모두 하나인 샥띠, 즉 힘의 나타남이기 때문에 모순되지 않는다고 주장한다. 그럼에도 궁극적 실재가 본래 양극성을 내포하는 것으로 이해되어서 여신이 마하 마야(Maha Maya, 대미망)이자 마하 비디아(Maha Vidya, 대지혜)이고, 아름다우면서 괴기스러우며, 모성적이면서 동시에 호전적인 존재로 이해된다는 것이다. 또 다양한 요소를 하나로 합치는 신학적 통합을 통하여 다양한 여신들을 하나의 여신으로, 다양한 배경을 갖는 신화들을 하나의 여신에 대한 신화들로 간주하고 있다고 지적한다. 이는 일원론적 신학화 과정을 통해 다양한 여신신앙과 신화들을 힌두화한 것으로 볼 수 있다.

그럼에도 인도인들의 실제 삶에서 이 이중적인 여성정체성이 다르게 기능해 왔음을 간과할 수는 없다. 인도사회가 오랫동안 강력한 가부장 사회체계를 유지해 온 만큼 가부장적 여성정체성인 빠띠브라따가 종교적 믿음과 의례, 그리고 사회적 제도와 관습을 통해 확고히 확립되고 전파·유지됨으로써 인도여성이 남성에 종속적인 삶을 살도록 하는 데 중요한 역할을 해 왔다.

다른 한편으로 독립적 여성정체성은 사회적인 측면에서보다는 문화와 정서적인 측면에서 폭넓게 영향을 미쳐 온 것으로 보인다. 인도인들의 종교적 삶이나 인도의 예술 분야에서 강력한 여성 이미지를 아주 손쉽게 만날 수 있다. 이러한 문화적 토대는 인도사회가 자율적이고 강력한 여성정체성을 필요로 할 때마다 깔리나 두르가 같은 여신상징을 쉽게 활용할 수 있게 함으로써 집단적 목적을 추구하는 데 중요한 기여를 해 왔다.

예를 들어 인도가 영국의 식민지배 아래에서 민족운동을 전개할 때, 깔리는 억압받는 모국과 그 해방을 상징하는 바라뜨 마따(Bharat Mata, 어머니 인디아)로 변형되어 사용되었고, 근래에는 힌두근본주의 여성 조직들이 강한 인도를 건설하는 데 필요한 강력한 여성성을 확립하기 위해 두르가를 상징으로 사용하고 있다.[43] 그리고 깔리는 인도 국내외 페미니스트의 주목을 받고 있다. 모한띠(Mohanty, 2004: 109)는 가부장적 가치들에 대한 깔리의 저항이 그녀를 페미니스트 운동의 강력한 상징으로 만들었다고 지적한다. 이러한 예들은 두르가나 깔리가 현재에도 강력하고 독립적인 여성정체성으로 기능하는 살아 있는 상징임을 시사해준다. 동시에 시따는 시대의 변화 속에서도 여전히 대부분 인도여성들의 가장 이상적인 여성상으로 남아 있다. 이러한 제반 사항들을 고려해볼 때, 인도의 이중적 여성정체성은 종교상징과 인도인들의 의식의 차원에서는 상충되는 것으로 나타나지 않으나, 역사적이고 실제적인 측면에서는 상충되는 기능을 해 온 것으로 파악된다. 이러한 모순적 측면을 빠딴에이크는 다음과 같이 설명한다.

인도사회에서 남성은 여성 없이는 가정을 이루거나 가계를 이을 수 없고 종교의례를 적절히 행할 수 없다고 믿어지고, 여신이 힘과 부와 지혜의 원천으로 인식되는 등 여성의 신성성이 늘 인지되어 왔다. 그럼에도 여성의 자유를 제약하려는 온갖 시도가 이루어졌다. 남편에 대한 충실함과 아내의 성적 정결함을 여성의 최고 덕목이자 가정의 행복을 보장해주는 것으로 강조해 왔고, 따라서 여성은 남편 사후에도 재혼을 할 수 없었고 더 나아가 남편과 함께 화장될 경우 여신으로 숭배되었다. 또 힌두여성은 결정권·재산소유권·교육권을 가지고 있지 못했고, 신성에 에워싸여 베일 뒤에 감춰진 채 안뜰에 갇혀 있었다. 따라서 여성숭배와 여성억압이라는 이 모순이 힌두 모신신앙에 있는 최대 비극인지도 모른다.(Pattanaik, 2000: 9-10)

5. 과부화장제 사띠와 신화의 사회적 기능

1. 18세의 과부, 루쁘 깐와르의 사띠

인도에서 가부장적 여성상인 빠띠브라따는 여성과 관련된 여러 규율과 규범, 그리고 관습이 만들어지는 근거가 되어 왔다. 그 규범과 관습들을 모두 부정적으로 평가할 수는 없지만, 그중에는 여성의 삶을 고통스러운 것으로 만드는 것들이 적지 않았다. 그 극단적 사례가 과부화장제인 사띠다. 사띠는 관련 신화, 종교적 믿음, 그리고 실제 사띠를 행한 여성들의 이야기를 통해 인도여성의 삶에 큰 영향을 미쳤다. 다음은 근래에 가장 커다란 이슈를 낳았던 사띠 사건에 관한 이야기다.

> 인도 서북부에 위치한 라자스탄 주의 데오랄라 마을, 18세의 어린 과부인 루쁘 깐와르가 병으로 사망한 남편의 화장의례에서 남편의 시신과 함께 화장될 준비를 하고 있었다. 전통 화장법에 따라 야외 장소에 장작더미를 쌓아놓고, 그 위에 남편의 시신을 놓았다. 그리고 루쁘가 남편의 시신 옆에 앉아 힌두교도들의 신성한 예배문인 가야뜨리 만뜨라(Gāyatrī Mantra)[44]를 낭송했다. 그러는 사이에 그녀의 시동생이 장작더미에 불을 붙였고 루쁘는 만뜨라를 계속 낭송하며 의연하게 화장되었다.(Leslie, 1992: 180-81)

이 장면은 인도사회에서 커다란 이슈가 되었던, 1987년 9월 4일에 있었던 사띠의 현장을 묘사한 것이다. 사띠(때로 '수띠'로도 불렸음)는 남편이 사망하면 과부가 된 아내를 남편의 시신과 함께 화장하는 풍습으로, 근대 이후에 법으로 금지되었지만 현재까지도 간헐적으로 행해지고 있다. 루쁘의 사띠를 보려고 수천 명의 사람들이 모여들었는데, 그중에는 신화 속에서 여신이나 여성인물들이 행하던 사띠를 현실에서 실천하는 모습을 보여주려고 딸을 데리고 참석한 어머니들도 많았다고 한다. 놀라운 것은 루쁘가 결혼한 지 8개월밖에 되지 않았고 시집식구들의 권고가 없었는데도 스스로 사띠를 행했다는 점이다.

이 사건으로 데오랄라 마을의 행정담당관과 관련자들이 파면되고 루쁘의 시아버지와 시동생이 구속되었다. 그러나 시아버지와 시동생은 루쁘가 스스로 사띠를 결심하고 실행한 점이 참작되어 풀려났다. 한편 사띠를 행한 루쁘가 신격화되면서 데오랄라 마을은 많은 순례자들이 찾는 성지가 되어 경제적인 효과를 보기도 했다.

공개적으로 행해진 루쁘의 사띠는 당시 많은 관심과 논란을 불러일으켰다. 이 사건이 있은 후, 인도사회에서 사띠에 관한 격렬한 논쟁이 일어났다. 인도의 도시 거주자들과 서구인들은 루쁘의 사띠를 비난했지만 루쁘의 가족과 그 지역공동체의 반응은 달랐다. 또 일부 언론이 강제성과 사띠로 인한 경제적 이득을 주장하기도 했지만, 대부분의 보도는 자발성의 문제에 관심을 기울이고 여성에 대한 종교적 이데올로기의 영향을 이 사건의 가장 큰 이유로 들었다(Leslie, 1992: 182).

사띠 논쟁의 초점은 루쁘의 사띠가 자기 신념에 따른 자발적인 행위냐 아니면 관련 이해집단이 의도적으로 계획하여 강요한 행위냐에 모아졌다. 사띠에 반대하는 여성단체들은 루쁘의 사띠가 시집식구들의 계획 아래 강요된 것이라고 주장했다. 그리고 배후에는 전통관습을 되살려 정치세력을 확대하려는 힌두근본주의 집단의 의도가 깔려 있다고 주장했다. 그들은 루쁘의 신부지참금이 많았고 남편이 오랜 우울증을 앓은 점, 그리고 루쁘의 시집식구들이 루쁘의 부모에게 사띠 계획을 알리지 않은 점 등을 이러한 주장의 근거로 들었다.

데오랄라 지방에서는 과부가 자녀가 없으면 지참금을 가지고 친정으로 되돌아가게 되어 있었다. 그래서 시집식구들이 지참금을 잃지 않으려 했을 것이고 또 사띠가 전통적으로 과부의 숭고한 행위로 찬양되어 왔기 때문에, 아들의 죽음으로 인한 오염을 씻고 가문의 명예를 살리려는 의도에서 루쁘에게 사띠를 설득했다는 것이다. 또 루쁘의 시집과 친정이 모두 부유하고 지식을 갖춘 집안인 데다가 루쁘와 남편도 교육을 받은 사람이었기 때문에 맹목적인 신앙에 따라 행한 사띠도 아니라고 주장했다.

여성주의자들은 자발성과 무관하게 어떤 경우의 사띠도 금지하는 법률제정을 요구하며 시위를 벌였다. 그들은 사띠 문제의 핵심이 자발성의 문제에 있는 것이 아니라 사띠에 있는 비인간적인 야만성의 문제에 있다고 보고, 아무리 자발적이라 하더라도 사띠는 불법이므로 사띠를 방조한 마을 사람들과 가족들을 처벌해야 한다고 주장했다. 이렇게 되자 라자스탄 주 의회는 사띠를 고무하거나 사띠에 참여하는 것을 금지하는 법률을 제정했다.

그러나 사건은 여기에서 멈추지 않고 흥미로운 방향으로 전개되었다. 여성주의자들의 시위에 뒤이어 사띠를 지지하는 보다 커다란 시위가 이어졌다. 그리고 루쁘를 기리는 사당 건립을 위한 상당한 모금액이 모이기까지 했다. 사띠 옹호론자들은, 사띠는 인도사회가 이상적인 여성으로 인식해 온, 남편을 신처럼 공경하는 빠띠브라따의 의무를 행하는 전통적인 관습이라고 주장했다. 특히 힌두근본주의자들은 자기 신념에 따라 자발적으로 행하는 것을 법으로 막는 것은 잘못이라며 강하게 반발했다. 그들은 루쁘가 결혼 전에도 사띠를 숭고한 행위로 여겼고, 루쁘의 사띠 장소에 많은 여성들이 모인 것도 여성들이 루쁘의 사띠를 덕 있는 아내가 따라야 할 숭고한 행위로 받아들였기 때문이라고 주장했다.

인도인들의 이 낯선 관습은 언뜻 이해하기가 어렵다. 야만적인 것으로 비춰지기까지 한다. 하지만 다른 문화의 관습을 제대로 이해하기 위해서는 성급한 판단을 잠시 뒤로하고 그러한 관행이 실천되게 된 배경을 먼저 살펴보는 것이 바람직하다.

2. 사띠의 역사적 배경

사띠는 기원전 3-4세기경의 일부 문헌에 종교적 의무로 나타난다. 그러나 강제적인 것은 아니었다. 사띠 관행에 관해 역사적 연구를 한 레슬리(Leslie, 1992: 175)에 따르면, 사띠는 『마하바라따』에서 처음 언급되고, 510년부터 전 인도에서 사띠를 행한 여성을 기념하는 돌('sati stone')이 발견되었다. 그러다 700년에서 1100년 사이에 북인도와 카슈미르 지역에서 사띠가 여성 자신과 남편의 악업을 없앨 수 있다는 믿음이 퍼지면서 빈번하게 행해졌다. 사띠를 행한 여성들을 비문을 세워 찬양하고 사띠 장소가 순례지가 되는 풍습도 생겨났다.

사띠는 원래 끄샤뜨리아 계급의 관행이었지만, 1000년경에는 브라만 계급도 받아들였고 10세기 이후에는 남인도까지 퍼져 나갔다. 특히 인도 서북부의 라자스탄 지방에서 사띠가 가장 많이 행해졌는데, 대부분 왕족이나 끄샤뜨리아 출신의 여성들이 사띠를 실천했다. 13세기 이후에는 다른 낮은 카스트 출신의 여성들도 사띠를 행했고, 벵갈 지역에서는 브라만 여성들이 많이 행했다. 사띠가 종교적으로 중시되기 시작한 것은 1500년경부터인데, 이때부터 이 의식의 자세한 과정이 묘사되기 시작했다.

레슬리(Leslie, 1992: 175-76)는 무슬림 시기에 라즈뿌뜨(rajput)들 사이에서 남편이 전쟁에서 사망할 것으로 예상되는 아내들이 스스로 사띠를 행했다고 지적하고(이런 형태의 사띠를 자우하르(jauhar)라 부름) 중세 때 이 관행이 확산된 것을 당시 힌두 과부들이 겪었던 힘겨운 삶 때문으로 보고 있다. 그리고 벵갈 지역 브라만들 사이에서 특히 1680-1830년 사이에 사띠가 증가한 이유를, 당시 이 지역에 과부가 유산을 물려받을 권한이 있었던 것에서 찾고 있다.

무슬림이 인도를 지배하던 시기에, 사띠를 근절시키기 위한 노력의 일환으로 지역관리의 허가를 받게 하거나 가임기가 되면 금지하는 등의 제재 조치가 취해졌다. 하지만 사띠는 계속 늘어났다. 그러다 영국이 인도를 식민지배하면서 사띠는 법적으로 폐지되었다. 그러나 완전히 근절되지는 않아서 특히 라자스탄 주에서 오랫동안 지속되어 왔고, 드물지만 최근까지도 앞서의 사례처럼 사띠 관행이 지속되고 있다.

그렇다면 인도인들이 사띠를 이토록 오랫동안 지속시켜 온 요인은 무엇이고 왜 사띠를 행해 온 것일까? 이 물음을 풀기 위해서는 역사적 배경과 함께 이 관습에 영향을 미친 종교적 관념과 믿음을 이해할 필요가 있다. 그리고 이 종교적 관념과 믿음이 신화적 스토리에 담겨 전파·유지되어 왔다는 점에서, 신화적 배경을 먼저 살펴볼 필요가 있다.

3. 사띠의 신화적 배경

엄밀히 말하면 사띠는 여성에 대한 최고의 찬사로, '좋은 여성 또는 길한 여성'을 의미하고 관습적으로는 사띠 행위를 의미한다(Sharma, A., 1988: 75).[45] 이 두 의미의 사띠와 관련된 이야기들이 여러 힌두문헌에서 자주 등장한다. 『마하바라따』의 빤두의 아내 마드리(Mādrī), 『라마야나』의 베다바띠, 『쉬바 뿌라나』의 사띠, 『비슈누 뿌라나』의 끄리슈나의 여덟 부인 등이 사띠를 행한 대표적인 사례들이다. 이 가운데 사띠란 말이 유래된 것으로 추정되는 쉬바와 그의 첫 아내인 사띠에 관한 이야기를 살펴보기로 하자. 『쉬바 뿌라나』에 나오는 내용을 소개하기로 한다.

1) 쉬바 신과 그의 아내 사띠 이야기

(우주의 근원적 실재인 브라흐만으로서의) 쉬바는 자신의 창조 에너지이자 우주의 여성적 원리인 샥띠와 결합하여 스스로를 창조, 유지, 파괴 임무를 행하는 브라흐마, 비슈누, 루드라(쉬바) 신으로 드러냈다. 창조주 브라흐마는 닥샤를 비롯한 아들들과 딸들을 창조하고, 그의 마음에서 나온 사랑의 신 까마에게 모든 남과 여를 사로잡아 영원한 창조를 수행할 임무를 주었다. 그런

데 쉬바가 히말라야로 가서 세상사에 초연한 채 요가에만 몰두하고 있어 브라흐마는 더 이상 창조를 진행시킬 수 없었다. 그래서 우주의 여성 에너지인 샥띠에게 구체적인 여성으로 나타나 쉬바의 고행을 깨고 그와 결혼해줄 것을 간청했다. 그리하여 샥띠는 닥샤의 딸 사띠로 태어나게 되었다.

성장한 사띠는 쉬바를 남편으로 얻고 싶은 갈망으로 고행을 하고 있었다. 이때 브라흐마와 비슈누는 쉬바를 찾아가 자신들이 창조와 유지의 임무를 수행하기 위해 결혼을 했으므로 쉬바도 결혼을 해야 한다고 간청했다. 그러나 쉬바는 결혼은 절대적인 지식(해탈)을 추구하고 있는 자신에게는 굴레라며 거절했다. 그래도 신들이 계속해 간청하자, 우주의 이로움을 위하여 사띠가 자신이 요기일 때는 요기니(여성 수행자)가 되고 사랑을 원할 때는 사랑스런 여인이 되어야 한다는 조건을 붙여 승낙을 했다. 그 후 그들은 25신년(神年) 동안 즐거운 결혼생활을 보냈다.

그러나 쉬바와 사띠의 아버지 닥샤 사이에 반목이 생겨났다. 닥샤는 중요한 종교행사인 희생제의를 드리는 행사를 하면서 브라흐마와 비슈누, 그리고 다른 신들을 모두 초청하면서도 쉬바와 사띠를 초대하지 않았다. 이에 사띠는 남편인 쉬바를 초대하도록 하기 위해 아버지가 있는 곳으로 갔다. 그곳에서 사띠는 아버지 닥샤가 희생제물을 모든 신들에게 나누어주면서도 남편의 몫은 전혀 마련하지 않은 것을 보고는 그곳에 모인 모든 참석자들을 비난했다. 그리고 아버지 닥샤가 남편 쉬바를 모욕한 것에 분노하여 닥샤의 희생제의 불 제단에 뛰어들어 자살을 하고 자신의 근원인 샥띠로 돌아갔다. 이 소식을 들은 쉬바가 매우 분노하여 비라바드라를 만들어내어 닥샤의 희생제의를 파괴했다. 사띠는 후에 빠르와띠로 다시 태어나 쉬바의 두 번째 아내가 되었다.(*Śiva Purāṇa*, Rudra Saṁhitā, II)

이 신화의 일차적인 의도는 결혼의 중요성을 강조하는 것이다. 신화가 만들어질 당시, 세속의 삶을 벗어나 해탈을 추구하는 수행자의 삶이 선호되고 있었다. 인도사회는 이러한 사회 분위기를 바꾸고 사람들에게 세속의 삶을 중요하게 인식시킬 필요가 있었다. 이를 위해 신들의 결혼 이야기를 많이 활용하고, 결혼하여 가정을 꾸리는 것을 중요한 사회적 의무로 강조했다. 또한 인도사회가 그리는 이상적인 가정을 형성하고 유지하기 위해 부부, 특히 아내가 지켜야 할 규범들을 신화상의 인물들을 통해 제시해 왔다. 과부화장제 사띠도 그중 하나다.

위의 신화에서 쉬바의 아내 사띠는 아버지가 여는 중요한 종교행사에 남편이 초대받지 못하고 남편의 몫이 마련되지 않은 것에 강력하게 항의한다. 그리고 남편의 명예를 지키기 위해 스스로 화장된다. 남편에게 충실하고 헌신적인 이러한 여신의 행위는 인도사회에서 덕 있는 아내가 따라야 할 모범적인 행위로 인식되었다. 일부 학자들은 '사띠'라는 말이 위의 신화에서 유래되었다고 주장하기도 하는데, 그렇다 하더라도 사띠 관행은 이 문헌보다 앞선 문헌에서도 나타난다. 한 예로 『라마야나』에서도 사띠의 사례들이 나타난다. 이 대서사시에 한 브라만 성자의 딸인 베다바띠가 악마 라바나에게 모욕을 당하자 그에게 저주를 내리고 불에 들어가 죽은 후 다른 생에 시따로 태어나는 이야기가 다음과 같이 그려지고 있다.

2) 베다바띠 이야기

> 지상을 배회하던 악마의 왕 라바나는 히말라야의 한 숲에 도착해 주변을 둘러보았다. 그러다 금욕적인 수행을 하고 있는 한 여성을 발견하고는 이렇게 말했다. "오 아름다운 분이시여, 여기서 무엇을 하고 있는 것인가요? 그런 고행은 당신의 젊음에 어울리지 않습니다. 당신의 아름다움을 망칠 것입니다. 당신의 비길 데 없는 아름다움은 뭇 남성의 마음에 욕망을 솟구치게 합니다. 당신의 남편은 누구인가요? 그는 대단한 행운아입니다."
>
> 이에 베다바띠는 자신의 부모와 미래의 남편에 대한 맹세를 이야기해 주었다. "존함이 구샤드와자인 저의 아버님은 브리하스빠띠의 아들로 뛰어난 지성과 위대한 영혼을 지니신 분으로, 언제나 『베다』를 낭송하셨습니다. 저는 『베다』의 화신으로 태어났고, 그래서 제 이름이 베다바띠로 알려지게

되었습니다. 신들이 아버지를 찾아와 저와의 결혼을 청하였지만 누구에게도 저를 주지 않으셨습니다. 신들의 주인이자 삼계의 지배자이신 비슈누를 아버지의 사윗감으로 생각하셨기 때문입니다. 이에 자신의 강한 힘을 자랑스레 여기는 다이띠야들의 왕인 샴부가 화가 나서 밤에 주무시고 계신 아버지를 살해했습니다. 그래서 덕이 크신 어머님이 매우 절망하여 자신의 팔에 아버지의 시신을 안고는 불 속으로 들어가 함께 화장되셨습니다. 그 이후 저는 아버님의 뜻을 지키기 위해 마음속에 비슈누를 남편으로 맞이하겠다는 맹세를 굳게 지녀 왔습니다. 그래서 고행(따빠스)을 열심히 행하고 있는 것입니다. 비슈누만이 저의 남편입니다."

그러자 라바나는 "고행으로 원하는 바를 얻으려 하는 당신의 노력은 나이 든 여성에게나 적합합니다. 사슴의 눈을 가지고 있고 온갖 좋은 자질을 지닌 당신은 이같이 말해서는 안됩니다. 당신의 젊음은 사라집니다. 나는 랑카(현 스리랑카)의 왕입니다. 나의 아내가 되어 감각적인 즐거움을 향유하세요. 도대체 당신이 말하는 비슈누가 누구입니까? 그는 용맹스러움이나 금욕적 수행, 힘과 즐거움 어느 면에서나 나와 견줄 수가 없습니다."라고 말했다. 이에 베다바띠는 비슈누를 모욕한 것에 분노하며 "그렇게 말하지 마세요, 그렇게 말하지 마세요, 비슈누는 삼계의 주인이시며 모두의 존경을 받는 분이시오."라고 단호하게 말했다.

그러자 라바나는 베다바띠의 머리채를 휘어잡았다. 분노한 그녀는 자신의 손을 칼로 바꾸어 잡힌 머리채를 잘랐다. 그리고 서둘러 생명을 끊기 위해 불을 피웠다. 불꽃이 마치 그녀의 분노처럼 타오르자 "당신은 나를 모욕했소. 어리석고 무지한 인간 같으니, 나는 더 이상 살고 싶은 생각이 없소. 그러니 당신이 보는 앞에서 불 속으로 들어갈 것이오. 당신이 나를 모욕했으니 나는 당신을 파괴하기 위해 다시 태어날 것이오. 여성이 죄 있는 남성을 살해하는 것이 가능하지 않기 때문이오. 성스런 불에 나를 바친다면 덕 있는 분의 신실한 딸로 다시 태어날 것이오." 이렇게 말하고 불로 걸어 들어갔다. 그러자 천상에서 꽃비가 사방으로 떨어져 내렸다.

> 베다바띠는 연꽃에서 다시 나타났다. 그러자 라바나는 그녀를 잡고 집으로 데려가 자신의 신하에게 보여주었다. 그녀를 본 신하는 이 여성의 맵시 있는 신체가 폐하의 집에 머물면 그녀는 당신의 파괴자가 될 것이라 말했다. 이 말을 들은 라바나는 그녀를 바다에 던져버렸다. 해변에 도달해 그녀는 희생제의터 중앙에 이르렀다. 자나까 왕이 쟁기로 그곳을 팠을 때 어린 여자아이가 땅에서 올라왔다. 그 아이가 바로 다시 태어난 베다바띠로 자나까 왕이 딸로 삼아 이름을 시따로 지었고 이후 비슈누의 화신인 라마의 아내 시따가 되었다.(*Rāmāyaṇa*, Uttara Kāṇda, 17.15)[46]

위의 두 신화에서 두 유형의 사띠가 나타난다. 사띠와 베다바띠의 사띠와 베다바띠 어머니의 사띠다. 어머니의 사띠는 남편이 억울하게 죽은 뒤에 과부로서 행한 사띠고, 사띠와 베다바띠의 사띠는 남편 또는 미래의 남편과 자신을 모욕한 것에 분노하여 행한 사띠다. 두 경우의 사띠 모두에 남편과 자신의 명예를 지키려는 의도가 담겨 있다. 즉 두 신화에서 사띠는 강제적인 행위가 아니라 여성 스스로의 자발적인 덕행으로 그려지고 있다. 여기에는 사띠를 결혼한 여성, 특히 과부의 신실한 덕행으로 인식시키려는, 신화를 만든 사람 혹은 집단의 의도가 담겨 있는 것으로 보인다.

전통적으로 인도사회에서 과부에 대한 인식은 아주 부정적이었다. 남편을 먼저 떠나보낸 과부는 자기 악업의 결과로 남편을 먼저 보낸 부정한 여성으로 인식되었다. 과부 당사자뿐 아니라 그의 가족, 친족, 공동체도 함께 비난을 받았다(Sharma, A., 1988: 75). 그러나 사띠는 과부가 자신과 남편의 악업을 모두 씻고 자신의 보다 나은 내생과 남편의 해탈을 얻을 수 있는 성스러운 행위로 인식되어, 사띠를 행한 여성은 여신처럼 추앙받고 그녀를 위한 사당이 세워졌다.

또 힌두신화에서는 미혼여성이 마음으로 맹세한 남편감이나 부모가 정해준 남편감을 얻기 위해 고행을 하고 그에 대한 절대적인 신뢰와 지조를 보이고 있는데, 이 역시 결혼과 관련된 인도신화의 주요한 주제이자 실제 인도 미혼여성들이 오랫동안 지켜 온 관습이다. 이 관습은 신화에서도 나타나듯이 고행을 하고 맹세를 끝까지 지키는 것이 자신이 바라는 남편감을 얻게 해준다는 믿음에 근거하고 있다. 그리고 신화에 담긴 이러한 관행과 믿음 뒤에는 인도문화와 사회가 견지해 온 여성관이 자리하고 있다. 그러므로 이 여성관을 알아야 사띠 풍습이 행해지고 이를 뒷받침하는 신화가 계속해 전파·유지된 이유를 이해할 수 있다.

사띠가 강제적인 것이 아니라 과부의 선택에 따른 것으로 나타나고, 때론 과부가 사띠를 하지 않거나 사띠를 지지하지 않는 관점도 나타나 힌두전통 안에서도 이 관행에 대한 논쟁이 있었음을 보여준다(Leslie, 1992: 76; Sharma, A., 1988: 32). 하지만 주목해야 할 점은 그 선택이 이상적이고 덕있는 아내의 행동으로 찬양된다는 점이다. 그렇다면 왜 여성에게 이와 같은 과도한 의무가 주어진 것일까?

4. 여성, 정결하지 않은 존재 그리고 사띠

정결하고 정결하지 않은 것을 엄격히 구분하는 문화에서, 여성은 대체로 부정한 존재로 인식되어 왔다. 의례적으로 정결한 정도에 따라 사회계급을 나눠 온 인도에서도 유사한 여성관념이 여성의 지위에 큰 영향을 미쳤다. 인도사회의 전통적인 남녀 관념에서 여성은 오염되기 쉬워 의례에 부적절하고 신체적으로 약하고 성적으로 위험하며 의지력이 결여된 존재고, 남성은 정결하여 의례를 행하기에 적절하고 신체적으로 강하고 정서적으로 성숙한 존재다.

인도사회는 위와 같은 여성 관념을 근거로 여성에게 많은 금기사항들을 부과하고 종교의례와 사회관행을 통하여 여성의 낮은 지위를 유지시켜 왔다. 대표적인 것들로는 월경이나 출산과 관련된 오염금기 의례, 남편을 신처럼 섬기는 충실한 아내인 빠띠브라따, 조혼, 과부화장제인 사띠, 과부의 재혼을 금지하는 관행 등이 있다. 특히 이상적 여성상인 빠띠브라따는 가부장적 사회구조를 효과적으로 유지시키는 데 큰 기여를 해 왔다. 사띠 역시 빠띠브라따가 따르도록 권장된 중요한 덕목으로, 과부를 부정하게 보는 태도와 관련이 있다.

인도인들은 월경과 출산 시기에 있는 여성, 그리고 과부를 특히 부정하다고 여겨 왔다. 그래서 월경이나 출산 기간 중에 있는 여성과 접촉하는 것을 기피해 왔고, 과부의 경우는 철저하게 접촉을 피했다. 여성이 과부가 되는 것은 그 여성이 쌓은 과거 나쁜 업보의 결과라 여겨 과부를 불길하게 생각했다.

앞서 여성 관련 글에서 힌두사회가 이상적으로 제시해 온 여성상인 빠띠브라따에 대해 다루었듯이, 인도에서 여성은 가정사를 잘 돌보고 무엇보다 남편을 신처럼 여기며 어떤 경우와 상황에서도 남편에게 헌신하는 것을 여성의 의무(strī-dharma)로 교육받으며 자랐다. 남편에 대한 봉헌과 헌신이 뿐야(punya, 덕)가 되어 남편의 장수와 번영을 가져온다고 믿었다(Sharma, A., 1988: 77). 그래서 남편이 먼저 죽는 것이, 아내가 자신의 다르마를 제대로 수행하지 못한 악업의 결과로 간주되었다.

따라서 남편이 죽어 과부가 되면 선택할 수 있는 것은, 여생을 고행자처럼 살면서 과거의 죄를 속죄하는 삶을 살거나 아니면 남편과 자신을 위해 선업을 쌓는 행위로 권장된 사띠를 택했다. 『가루다 뿌라나』에 따르면, 과부의 사띠는 큰 뿐야(덕)를 낳아 천상에서 오랜 시간을 보낼 수 있게 해주며 심지어는 남편이 무슨 죄를 지었든 그를 지옥에서 구한다고 한다. 그래서 사띠는 임신한 경우를 제외하고는 권장되었다.

한 문헌(*Śukra*, 4.4.28-29)은 사띠에 대해 이렇게 기술하고 있다. "죽은 남편을 따를지 세상에서 살아갈지는 과부의 선택에 맡겨라. 세상에서 살아나갈 경우 신들을 숭배하고 남편에 대해 기억하며 여러 가지 고행을 해야 한다."(Sharma, A., 1988: 32에서 재인용) 즉 사띠를 행해 죽은 남편을 따를 것인지 삶을 계속 이어갈 것인지는 과부가 선택하게 되어 있었다. 삶을 이어갈 경우 앞서 언급했듯이 금욕적인 삶을 살도록 되어 있었는데, 자식이 있을 경우 자식들을 키우는 일, 신에 대한 신실한 예배, 남편을 늘 기억하는 일에 몰두하고 일상생활에서도 엄격한 금욕의 규칙을 지켰다. 예를 들면 삭발을 했고 하루 한 끼의 식사를 했으며 무색 옷만을 입고 장신구나 화장을 금했다. 함부로 밖으로 나다닐 수도 없었고, 결혼식이나 축제에 결코 참가해서도 안 되었다. 물론 재혼은 허용되지 않았다. 하지만 현재는 이러한 규율들이 완화되고 있다.

여러 해 전에 델리에서 만났던 남부 브라만 출신의 도서관 사서인 여성은 결혼과 과부에 대한 인도인들의 전통적인 견해를 이렇게 말해주었다. "인도에서는 결혼이 일종의 사회규범으로 중시되어서 인도인들은 결혼하지 않으면 여러 가지 문제가 생기는 것으로 여긴다. 또 결혼한 여성이 길한 존재라면 과부는 부정하고 불길한 대상이며, 특히 폐경기 이전의 과부는 두려운 대상으로 천시되어 왔다. 남편이 살아 있는 경우는 여성의 성이 남편의 통제 아래 있기 때문에 금기시되지 않지만, 과부의 경우는 성적인 능력과 아이를 생산할 능력이 있음에도 그것을 통제할 남편이 없기 때문에 여성의 정결도에 의존하는 그 집단의 남성 지위에 위협적인 존재로 인식되기 때문이다." 따라서 인도사회는 엄격한 규정을 부과해 과부의 정절을 지키려 했다는 것이다(류경희, 2004: 35). 극단적인 예가 바로 과부화장제인 사띠다.

이처럼 인도에서는 전통적으로 여성의 운명이 남편에게 달려 있었다. 그런 만큼 과부가 되는 것은 여성의 삶에서 가장 비극적인 사건이었다고 할 수 있다. 따라서 여성들이 남편의 안녕과 장수를 기원하는 의례(브라뜨)와 관행들이 다양하게 발전해 왔다. 지금도 많은 여성들이 이러한 전통적 의례와 관행들을 실천하고 있다.

5. 자발적 사띠의 '자발성'은 진정한 자발성인가?

외부인의 관점으로는 이해하거나 수용하기 힘든 이 사띠 관습을 어떤 관점에서 바라보고 분석할 것인가?[47] 힌두신화와 문화의 상관관계를 이해하는 것이 이 글의 일차적인 목표이므로, 우선은 이 관습을 인도문화와 사회의 맥락에서 분석해보기로 하겠다. 우리는 앞서 인도에서 신화는 힌두신앙과 세계관, 그리고 사회적·문화적 가치와 윤리규범 등을 설명하고 전파하는 역할을 해 왔다는 점을 여러 차례 강조해 왔다. 더 나아가 힌두신화는, 인도사회와 문화가 지향하는 가치와 규범들을 신성화하여 인도인들의 삶 속에 뿌리내리게 하는 데 잘 활용되어 왔다. 사띠와 앞서 다룬 카스트제도는 좋은 예다.

사띠는 끄샤뜨리아 전사 계급의 집단에서, 남편이 전쟁에서 사망했거나 사망할 것으로 예상되는 아내들이 적군에 의해 입을 폐해를 사전에 방지하기 위해 행하던 관행이었는데, 점차 브라만 계급의 여성들에게까지 퍼진 것으로 보인다. 이 관행이 강력한 힘을 발휘하며 지속되어 올 수 있었던 주 요인을, 이 관행에 신성성을 부여한 데서 찾을 수 있다.

힌두 전통사회에서 남편을 앞서 보낸 것은 아내의 악업의 결과로 인식되어 과부는 부덕하고 부정한 여성으로 낙인찍혔고 이후에는 고통스러운 고행의 삶을 살아야 했다. 이러한 고통스러운 삶을 반전시킬 수 있는 대안이 바로 사띠였다. 사띠를 행한 여성은 자신의 악업은 물론 남편의 악업도 없애 그를 구원하는 최고의 덕 있는 여성이 되어 친정과 시댁 양가의 명예를 높일 수 있었다. 이러한 종교적 배경이 강제성을 뛰어넘어 자발성을 이끌어낼 수 있었을 것이다. 또한 신화는 인도사회가 이상적인 여성상으로 제시해 온 빠띠브라따의 행동규범을 가장 극단적으로 보여주는 사띠를 구체적인 이야기 형태로 제시함으로써 사띠에 대한 믿음을 공고히 하고 그것을 확산시키는 데 기여했다고 판단된다.

여기서 사띠의 자발성과 강제성 논쟁에 대해 생각해보기로 하자. 과부가 된 여성이 속한 집단이 직·간접적 압력을 가해 그 여성이 사띠를 했다면 그것은 당연히 강제에 의한 사띠라 할 수 있다. 그러나 강제적인 것이 아니라 행위자 자신의 자발적 선택으로 이루어졌을 경우 특정 관점을 토대로 쉽게 비판할 수는 없다.

그런데 이 자발적 선택에도 두 가지 유형이 있을 수 있다. 하나는 종교적·개인적 신념에 근거한 선택이다. 이런 선택은 종교적 신앙에 따른, 특히 구원의 문제와 연결되는 선택으로, 신앙과 신념에 근거한 일종의 자살이라 할 수 있다. 이 신앙적 자살이 일반적인 자살과 다른 점은 그것이 행위자의 구원문제와 연결된다는 점이다. 사띠가 과부 자신의 악업을 씻어내고 자신의 악업 때문에 세상을 먼저 떠난 남편을 구원할 수 있는 길로 인식되었기 때문이다. 다른 하나는 과부가 살아야 할 고행적 삶보다 사띠가 오히려 낫다는 판단에 따른 선택이다. 이 경우 진정한 자발성으로 보기는 어렵다. 과부에게 전통적·사회적으로 부과된 제약 속에서 어쩔 수 없는 선택일 수 있으므로 이는 간접적 강제성을 띤다고 할 수 있다.

그러나 앞서 논의한, 종교적 신념에 의한 자발적 선택의 경우에 대해서도 '과연 이것이 진정한 자발성인가?' 하는 물음이 제기될 수 있다. 인도 사람들은 어린 시절부터 부모, 친족, 카스트집단, 수많은 종교행사 등을 통해 여러 신화적 이야기와 실제 사례들을 들으면서 자라 왔다. 여성들은 특히 이러한 과정을 통해 빠띠브라따를 이상적인 여성상이자 삶의 모델로 삼으며 성장해 왔다. 여성과 관련된 사회의 제반 규범과 관습들은 궁극적으로 이 빠띠브라따와 연결되어 있다.

사띠는 이런 빠띠브라따의 최고봉이다. 사띠가 악업을 씻고 구원될 수 있는 길로 제시되는 것은 진정한 종교적 동기에서라기보다는 사실상 사회적 필요에 의해 규정된 것이라 할 수 있다. 다시 말해 자발적 사띠는 표면적으로는 종교적 동기에서 비롯되는 자발적인 종교적 자살로 나타나지만,[48] 그 이면에는 행위자가 인식하지 못한다 하더라도 사회적·관습적으로 주어진 규범과 가치관에 이끌린 측면이 있으므로 강제성이 존재한다고 볼 수 있다. 이 점에서 자발적 사띠 역시 사회적 타살이라 할 수 있다.

레슬리(Leslie, 1992: 190)는, 과부들이 사띠를 자신과 남편, 그리고 가족을 구원할 수 있는 덕행으로 또 고행적 삶에 비해 쉽고 안전한 길로 인식하여 구원의 차원에서 사띠를 의식적으로 선택했다는 뜨리얌바까의 해석과 주장을 언급하고, 그것에 대해 비판적인 견해를 제시한다. 루쁘 깐와르가 의연하게 사띠를 행한 것은 현대판 전설이며, 이것이 전파되어 새로운 사띠신화가 만들어지면 그녀의 죽음을 둘러싼 진실을 잘 모르게 될 수도 있다. 하지만 그녀의 사띠 현장이 말해주는 것은 그녀가 과부가 되지 않으려고 자발적으로 사띠를 선택했다는 것, 사띠를 행함으로써 남편과 양가 가족들을 구원한다고 인식했다는 것, 그녀가 속한 공동체가 그녀를 여신처럼 숭배할 것이란 점이라고 지적하고, 그녀가 사띠 외에 다른 대안을 발견할 수 없었던 것은 비극이며, 이는 대부분의 여성들에게 선택 자체가 허구(fiction)이기 때문이라고 말한다.

여기서 한 가지 의문이 제기될 수 있다. 그렇다면 자이나교나 힌두교에서, 일부 수행자가 해탈을 위해 선택하는 종교적 자살이나 신앙을 지키기 위한 순교와 같은 죽음도 진정한 자발적 죽음이 아닌 것인가? 이 물음은 근본적으로 인간의 근원적 열망 중 하나인 구원의 문제와 연결되는 것으로, 구원의 문제를 어떤 관점에서 보느냐에 따라 답이 달라질 수 있다. 이 문제는 개인의 주관적 신념과 가치에 근거하는 것이므로, 개인적인 차원에서는 비판의 대상이 될 수 없다. 그러나 사회의 관점에서는, 해당 사회가 지향하는 가치에 부합하느냐 않느냐에 따라 수용과 비판이 갈릴 수 있다.

사띠의 경우는 표면적으로는 개인의 주관적 가치와 신념에 따른 자발적 선택으로 나타날 수도 있다. 그러나 본질적으로는 사회적 필요에 의해 부과된 관습으로 판단된다. 즉 사회적 가치를 유지하기 위해 필요한 관행에 종교적 구원 관념을 덧붙임으로써 강력한 실천동기를 부여한 것이다. 사띠가 오랜 지속성을 유지할 수 있었던 이유도 여기에 있었다고 생각한다. 이 점에서 사띠는 인간의 본질적인 종교적 열망을 사회적 필요에 따라 조작·사용한 사회적 이데올로기의 산물이라 하지 않을 수 없다. 그리고 인도사회의 지배계층은 이러한 왜곡된 이데올로기가 대중 사이에 친숙하게 스며들 수 있도록 하는 데 신화를 유용하게 활용해 온 것이다. 신화와 종교의 진정한 기능과 오용에 대해 생각해보지 않을 수 없는 대목이다.

6. 독립적 여신신앙의 신화와 실제

1. 여신과 여성

특정 문화의 여신신화가 제시하는 여신의 이미지는 그 문화가 이상적으로 지향하는 여성상 또는 여성정체성과 밀접한 연관성을 갖는다. 특히 신화가 살아서 기능하고 있는 문화라면 그러한 여성상은 그 지역 여성의 삶에 어떠한 형태로든 영향을 미치기 마련이다. 인도는 이러한 사례가 발견되는 대표적인 지역이다.

앞의 4장에서 인도에서 숭배되고 있는 힌두여신들을 남신에 종속적인 배우자 여신과 강력하고 자율적인 독립적 여신으로 구분하고, 신화분석을 통하여 각 범주의 여신들이 종속적 여성정체성과 독립적 여성정체성을 대변한다고 밝힌 바 있다. 그리고 시따로 대변되는 가부장적 성격의 여성정체성인 빠띠브라따가 인도사회의 이상적 여성상으로 추구되어 왔고, 관련 종교의례나 사회관습을 통하여 인도여성들의 삶에 막대한 영향을 미쳤다고 분석했다. 이어 5장에서, 신화가 인도사회가 추구해 온 남성종속적인 여성규범을 어떻게 담아내고 있고 그러한 신화적 여성상이 인도여성의 삶에 실제적으로 어떻게 작용해 왔는가를 과부화장제인 사띠를 통해 살펴보았다.

6장에서는, 인도의 독립적 여신인 두르가와 깔리신앙을 중심으로 강력한 여신이미지가 제시하는 독립적 여성정체성이 인도인들의 실제의식에 어떻게 반영되어 있고 여성지위와는 어떤 연관성을 갖는지 현지조사 연구를 통해 밝혀보려고 한다. 구체적으로 다룰 주제는 두르가와 깔리신앙의 양태, 여신의 강력함에 대한 인식과 여성성의 연관성, 여신숭배의 목적 등이다. 이러한 주제들에 대한 고찰을 통하여 과연 강력한 여신신앙과 여성의 실질적인 지위 사이에 어떤 상관관계가 있는가 하는 문제를 살펴볼 것이다. 그리고 이와 관련하여 서구의 일부 페미니스트들이 인도의 독립적 여신 깔리에 주목하는 예에서 알 수 있듯이, 페미니스트 운동이 추구하는 여성상을 확립하기 위하여 서구 문화권에서는 찾기 힘든 여신이미지를 다른 문화에서 차용해 사용하는 접근이 과연 효용성을 가질 수 있는가 하는 문제도 검토해볼 것이다.[49]

현지조사 연구는 주로 참여 및 관찰, 그리고 인터뷰 방법을 사용했다. 인도의 방대함을 고려할 때 조사지역과 인터뷰 대상 선정에 한계가 있으나 가능한 한 대표성을 띠는 지역과 장소 및 대상자를 선택하여 독립적 여신신앙의 주요 경향성을 파악하려 했다. 따라서 두르가신앙은 북인도 웃따르쁘라데시 주, 깔리신앙은 동인도 벵갈 지역이 신앙 중심지인 만큼 현지조사지로 두르가의 주요 성지 중 한 곳인 바라나시와 깔리신앙의 주요 성지 꼴까따(옛 캘커타)를 선정했다. 바라나시에서는 북인도의 주요 두르가 사원 중 하나인 두르가 만디르(Durga Mandir)와 바라나시의 벵갈인 공동체가 개최하는 깔리축제를 참여·관찰하고 사제, 일반 신도, 축제 참여자들과 인터뷰를 했고, 꼴까따에서는 깔리신앙의 중심지인 깔리가트(Kalighat) 깔리사원과 다크쉬네스와르(Dakshineswar) 깔리사원에서 신앙 양태를 관찰하고 사제 및 일반 신도들과 인터뷰를 했다. 또 전문적이고 객관적인 지식과 정보를 얻기 위한 관련 학자들과의 인터뷰, 젊은이들의 변화된 의식을 파악하기 위한 남녀 대학생들과의 그룹 인터뷰도 실시하였다. 끝으로 여성 연구단체를 방문하여 객관적이고 여성주의적인 입장의 관련 자료를 수집해 참고자료로 사용하였다.[50]

2. 독립적 여신신앙과 여성

1) 독립적 여신, 두르가와 깔리신앙

⊙ 두르가와 깔리

현재 인도에서는 인도 전역에서 숭배되는 주요 여신들과 수많은 지역여신들이 숭배되고 있다. 힌두교도들은 여신, 즉 데비를 우주력 또는 우주의 에너지인 샤띠가 인격화된 존재로 파악한다. 이 샤띠가 온화하고 부드러운 형태로 나타난 여신들이 락슈미, 빠르와띠, 시따와 같은 배우자 여신이고, 강력하고 때로는 무시무시한 형상으로 나타난 여신들이 두르가나 깔리와 같은 독립적 여신이다. 깔리나 두르가는 대개 쉬바의 아내로 인식되지만, 쉬바와는 별도로 독자적인 숭배대상이 되고 있다. 이는 배우자 여신들이 남신들이 숭배될 때 보조적으로 함께 숭배되는 것과는 다른 점이다.

대부분의 학자들은, 이 독립적 여신들이 아리아인들이 인도로 들어오기 이전의 토착 인도인들의 지모신신앙에 기원을 두며, 정통 힌두남신의 배우자 형태로 정통 힌두교에 흡수·수용된 것으로 보고 있다. 현 힌두교에서 이 여신들은 이름과 형상은 다르지만 동일한 본질을 지니는 것으로 인식되고 있다. 다만 지역별 선호도나 비중의 차이는 존재한다.

그림Ⅲ.6.1 한 작은 두르가사원 지성소의 두르가상, 바라나시

두르가는 인도 전역에서 여러 이름과 형태로 숭배되는데, 특히 북인도에서 두르가라는 이름으로 숭배된다. 힌두교

도들은 두르가를 독자적인 사원이나 각 가정의 개별 사당에서 의례를 통해 숭배한다. 그리고 매년 가을이면 두르가나 깔리신앙이 중시되는 북인도와 벵갈 지역에서 9일간 치러지는 두르가 뿌자(Durga Puja)를 통해 여신에 대한 신앙을 확인하고 공동체적 단합을 다진다.

그림 Ⅲ.6.2 바라나시 마니까르니까 가트 위에 있는 깔리사당

두르가의 또 다른 형태인 깔리여신은 인도 전역, 특히 서벵갈에서 보다 많이 숭배되는 강력한 신으로, 여신(또는 모신) 신앙인 샥띠즘의 주요 여신이자 딴뜨라(Tantra)의 신앙대상이다. 벵갈 사람들에게 깔리는 어떤 목적으로도 숭배될 수 있는 존재로 인식되어 빈부·남녀노소·카스트를 불문하고 숭배대상이 되어 왔다(Chatterji, 2006: 53).

깔리는 가장 일반적으로는 남쪽을 향하고 있는 검은 깔리인 닥쉬나 깔리(Dakshnakali) 형태로 숭배된다. 대개 검은색으로 표현되는 깔리상은 옷을 입지 않은 채 긴 머리를 풀어헤치고 있고, 악마들의 잘린 50개의 머리로 된 목걸이와 허리에 팔로 만들어진 거들을 걸치고 있다. 또 세 개의 눈(과거, 현재, 미래를 의미)과 네 개의 손을 가지고 있고 누워 있는 쉬바 위에서 있다. 신화에서 깔리는, 두르가가 악마와 싸우면서 크게 분노했을 때 그녀의 이마에서 나타나 신들의 적인 악마를 물리치고 승리하는 강력한 여전사로 묘사된다.

두르가와 깔리 모두 우주를 낳은 모체이자 남신들이 물리치지 못하는 강력한 악마를 물리치고 우주의 질서를 지키는 여전사로 신봉되고 있다. 이들 두 여신의 중심 신앙 지역을 방문하여 먼저 사원과 신앙 형태를 관찰하고, 신자들을 중심으로 독립적 여신신앙의 실제 양상을 관찰하였다.

✪ 두르가와 깔리신앙의 중심지와 사원구조

인도에는 샥띠삐타(śakti-pitha)라 불리는 여신신앙 성지들이 전국에 퍼져 있다. 문헌에 따라 그 수를 108 또는 51 등[51]으로 다양하게 언급하고 있지만, 대체로 벵골과 아쌈 주를 중심으로 하는 동인도가 독립적 여신신앙의 중심지로 알려져 있다. 그중에서도 서벵골의 꼴까따[52]와 아쌈의 깜야까(Kamyaka)가 유명한데, 이 중 현재 깔리신앙의 주요 중심지는 꼴까따 깔리가트에 있는 깔리사원이다. 그리고 근래에는 꼴까따 근교 다크쉬네스와르의 깔리사원도 중심지로 부상하고 있다.

힌두신화에 의하면 쉬바 신의 아내인 사띠가 자신의 아버지가 쉬바를 모욕한 것에 항의하여 남편의 명예를 위해 희생제의용 불에 뛰어들어 죽게 되자, 분노한 쉬바가 사띠의 시신을 어깨에 메고 미친 듯이 세계를 방랑하며 돌아다녔다. 우주의 질서가 깨질 위험에 처하게 되자, 세상의 질서를 유지시키는 신인 비슈누가 사띠의 시신을 조각내어 지상으로 뿌렸다. 바로 이 사띠의 시신 조각이 떨어졌다고 믿어지는 51장소가 현재의 주요 샥띠삐타이고, 이 중 깔리가트는 사띠의 오른쪽 네 발가락이 떨어진 장소로 믿어지는 곳이다. 이곳에 오랜 역사를 갖는 깔리사원이 있고, 매일 수많은 참배자들의 발길이 이어지고 있다. 다크쉬네스와르의 깔리사원은 비교적 최근에(19세기) 세워진 사원이기는 하나 근대 인도의 유명한 성자 라마끄리슈나(Ramakrishna)와의 연관성 때문에 주요한 성지로 부각되어 온 곳이다.

두르가는 북인도, 그중에서도 웃따르쁘라데시 주에서 주로 숭배된다. 이 주에 속하는 바라나시는 힌두교의 대표적 성지이자 쉬바의 도시이긴 하나, 여신신앙의 주요 중심지 중 한 곳이기도 하다. 바라나시에 있는

그림 Ⅲ.6.3 깔리가트 깔리사원, 꼴까따

그림 Ⅲ.6.4 두르가 만디르(사원), 바라나시

그림 Ⅲ.6.5 두르가 만디르 정문 위, '아디 샥띠 마 두르가(원초적 샥띠인 어머니 두르가)' 표시

주요 여신사원으로는 두르가 사원, 마하 깔리(Maha Kali)사원, 바게슈와리 마하 사라스와띠(Vageshwari Maha Saraswati)사원 등이 있고, 이 외에도 사띠의 눈이 떨어진 장소로 믿어지는 비살락시(Visalaksi) 샥띠삐타가 있다. 이 가운데 두르가 여신에게 바쳐진 가장 유명한 사원 중 하나이자 바라나시에서 가장 붐비는 사원 중 하나가 두르가 만디르(사원)다. 힌두문헌인 『뿌라나』에는 이 사원이 두르가가 악마를 살해한 후 휴식을 취한 장소로 언급되고 있다.

독립적 여신신앙의 특징을 먼저 사원 구조에서 살펴보았다. 깔리가트 깔리사원의 구조를 보면, 사원 중앙에 깔리 여신상을 모셔놓은 중앙 성소가 있고, 그 앞에 참배객들이 개별적·집단적으로 명상·의례·찬팅 등을 하는 큰 홀과 깔리에게 희생제의를 드리는 제단이 연이어 놓여 있고 장방형의 외곽에 관련 힌두 신들(Shiva, Radha, Krishna, Brahma, 세 다른 여신 등)을 모신 사당들이 둘러싸듯 위치해 있다. 다크쉬네스와르사원도 핵심 구조는 동일하다. 차이가 있다면 특히 사원 회랑 네 면 중 한 면이 쉬바의 상징인 링가를 모신 사당들로 채워져 있다는 점과 사원의 규모가 매우 큰 것, 그리고 라마끄리슈나 등 이 사원과 관련된 인물들의 사당이 주변에 마련되어 있다는 점 등이다.

바라나시의 두르가사원의 구조도 핵심 요소는 유사하다. 외곽의 입구에 들어서면 본 사원 앞에 희생제의 드리는 제단이 가운데 있고, 오른쪽으론 쉬바 링가, 왼편으론 라다와 끄리슈나사당과 쉬바사당이 있다. 안의 본 사원으로 들어가는 출입문 위 벽에는 두르가가 근원 샥띠임을 묘사하는 구절(Ma Durga Adi Shakti, 어머니 두르가 근원 샥띠)이 새겨져 있고, 사원 안으로 들어가면 중앙에 두르가상을 모셔놓은 중앙 성소가 있다. 그리고 장방형으로 된 주변 회랑에 여신 락슈미, 깔리, 사라스와띠사당과 남신 비슈누와 가네쉬사당이 놓여 있다.

대체로 힌두사원은 그 사원이 중심 신으로 모시는 신상을 중앙 성소에 안치한다. 따라서 사원의 명칭은 중앙 성소에 모셔진 신의 이름을 따서 붙여지는 것이 일반적이다. 또 주변에 그 신과 연관되는 여러 신이나 신적 존재들의 사당들을 배치하는데, 여기서 주목할 점은 이러한 사원의 구조가 특정 신을 주신으로 모시면서도, 힌두교의 다양한 신들과 종파들이 상호 밀접히 연관되며 더 나아가 본질적으로 하나라는 가르침을 강조하고 있다는 점이다. 위에서 다룬 여신사원의 경우도 위의 힌두사원의 일반적 특징을 그대로 보여주고 있다. 그럼에도 이 장에서 다루는 주제와 관련하여 다음과 같은 몇 가지 차별화되는 점들을 발견할 수 있었다.

독립적 여신의 사원 구조에서 여신은 독립적인 숭배대상으로 사원의 중앙 성소에 모셔지고 또 이러한 형태의 사원 수가 적지 않은 반면에, 배우자 여신들은 독자적 숭배대상이 되거나 사당을 갖는 경우가 극히 드물고 남신과 쌍을 이뤄 남신의 사원에서 함께 숭배된다. 또 여러 여신들의 사당을 주변에 함께 배치시켜 많은 여신들이 하나의 샥띠가 서로 다른 모습으로 인격화된 것이라는 신화적·교리적 가르침을 시각적으로 제시한다. 그리고 남편인 쉬바의 중요성이 특별히 강조되고 있지 않다. 이런 사실들은 Ⅲ부 4장의 신화분석에서 파악해낸 내용들, 즉 배우자 여신이 남신 신앙에 흡수된 채 부차적 지위만을 누리고 있다면 독립적인 여신은 강력하고 독자적인 신앙의 대상이 되고 있다는 점을 실제적으로 확인시켜준다.

두르가나 깔리사원의 하루 의례절차는 다른 힌두사원 의례와 크게 다르지 않다. 다만 바치는 공물에 차이가 있어서 보통 정통 힌두남신이나 그 배우자 여신에게는 생풀, 야채, 과일 등의 채식성 공물이나 가공하지 않은 우유, 정제하지 않은 설탕을 입힌 기름기가 풍부한 음식 등을 바치지만, 두르가나 깔리에게는 경우에 따라 가금류, 염소, 버팔로 등의 수컷 동물 희생제물을 바친다. 그리고 무혈 희생제의가 유혈 희생제의를 대체한 곳에서는 코코넛, 호박, 조롱박 등을 사용하는 상징적 희생제의가 행해진다.

깔리가트 깔리사원의 정규 사원의례에서는 희생제의를 드리지는 않는다. 사제인 바네르지 씨의 설명에 따르면 하루 네 차례 사원의례가 행해지는데, 아침 5시에 사원 문을 연 다음 여신을 깨우고 과일이나 스위트 등을 제물로 바친다. 오후 2시가 되면 사원 문을 닫고 예배를 드린 후 라이스 커리, 채식 등을 점심으로 바치고[53] 저녁 7시면 아르띠 뿌자(Arti Puja)를 드리고 스위트를 바친다. 그리고 밤이 되면 저녁을 바치고 신상에 옷을 입힌 후 기도를 드리고 여신이 잠자리에 들도록 청한 후 사당의 문을 잠근다. 이러한 하루 의례 과정은 두르가사원의 경우도 마찬가지다.

하루 네 번 드리는 이러한 의례에서 깔리여신에게 바치는 제물은 철저히 채식이다. 그리고 깔리나 두르가여신 사원을 찾는 대부분 신자들의 의례절차도 매우 간단하다. 신상이 모셔져 있는 중앙 성소로 가서 사제를 통해 공물을 바치고 신상을 직접 보며 예배를 드리는 다르샨을 한다. 이것이 사원예배의 가장 핵심적인 절차다. 선호에 따라 주변에 위치한 여러 신들의 사당에도 들러 예배를 드린다. 그리고 대부분의 일반 신자들은 공물로 유혈 희생제물의 대체물인 코코넛을 많이 선호한다.

다른 지역의 여신사원의 경우도 살생에 대한 윤리적 비판이 커져 희생동물이 코코넛과 같은 상징적 대용물로 바뀌었고, 희생제의는 큰 축제 때에만 경우에 따라 행해진다. 바라나시의 두르가사원의 경우가 이런 예이다. 두르가사원에서 예전에는 특히 토요일이 희생제의를 드리는 날이었

그림 Ⅲ.6.6 깔리사원 앞 가게에서 코코넛과 붉은 꽃을 팔고 있다

그림 Ⅲ.6.7 다크쉬네스와르 깔리사원의 희생제의 제단, 꼴까따 근교

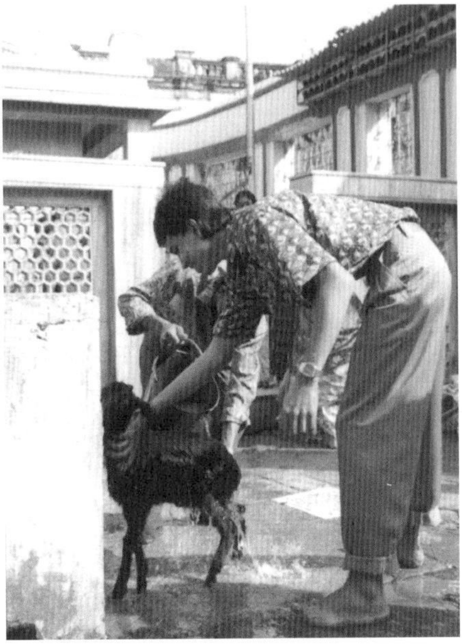

그림 Ⅲ.6.8 희생제물 염소, 깔리가트 깔리사원, 꼴까따

지만 현재는 두르가 뿌자와 같은 중요 의례일에만 숫염소 희생제의를 드리고[54] 보통은 상징적 살해 행위로 대체하고 있다. 이의 가장 일반적인 형태는 신자들이 바친 코코넛을 사제가 깨는 행위다. 코코넛은 머리를 상징한다. 이러한 사례는 그간의 현지조사에서도 여러 지역의 여신사원에서 쉽게 발견할 수 있었다. 바라나시의 대표적 성지순례 코스인 빤챠끄로쉬(Panchakroshi) 코스 중에 있는 여신사원과 바라나시 근교의 여신신앙 중심지인 빈디아찰(Vindhyachal)의 여러 여신사원에서, 참배객들이 코코넛을 바치면 사제가 그 코코넛을 깨서 여신상에 바치고 일부를 신의 축복을 상징하는 쁘라사드(prasad)로 신자에게 주는 모습을 쉽게 발견할 수 있었다. 바르드와즈(Bhardwaj, 2003: 227)는 유혈 희생제의가 사라진 이런 여신사원들은 토착여신의 힌두화(범어화) 과정을 연구할 수 있는 좋은 곳이라고 지적한다.

2003년에 인도정부가 종교적 근거로 행하는 동물 희생제의 관행을 중지시켰다고는 하나(Chatterji, 2006: 62) 벵골과 일부 지방에서는 이 관행이 지속되고 있다. 깔리가트 깔리사원이 이런 경우이다. 현지조사 때, 기본적인 사원의례 외에 희생동물을 바치려는 숭배자들이 많아 사원 마당의 희생제의 제단에서는 일부 신자들이 의뢰해서 드리는 희생제의가 하루에 수십 차례 이어졌다. 이 사원에서 6년째 희생동물의 머리를 자르는 일을 맡고 있는 라주에 의하면, 보통 하루에 30마리 정도의 염소 희생제의를 치르고, 큰 축제인 두르가 뿌자 때는 500마리 정도, 깔리 뿌자 때는 1,000마리 정도의 염소를 제물로 바친다고 한다. 그리고 많은 참배객들이 희생제의를 드리는 제단에서 상징적 희생제의를 드리는 모습을 볼 수 있었는데, 그것은 속죄양 동물의 목을 자를 때 사용하는 U 자형의 도구에 자신의 머리나 이마를 대었다가 성수를 뿌리고 옆에 불을 태운 재를 U 자 밑에 문지르는 행위였다. 이는 속죄양을 대신해 희생제의를 상징적으로 하는 행위로 볼 수 있다.

이러한 현상은 독립적 여신신앙에서 희생제의 관행이 강력한 윤리화 과정으로도 사라지지 않을 만큼 핵심적인 요소임을 입증해준다. 따라서 희생제물을 바치는 희생제의를 다른 힌두 신과 관련된 의례와 두르가나 깔리와 같은 독립적 여신과 관련된 의례의 두드러진 차이로 볼 수 있다. 일반적으로 희생제의를 풍요를 기원하는 의례로 파악하기도 한다. 차떼르지(Chatterji, 2006: 62)는 희생제의는 본래 아리아인 이전 토착민들의 식물과 농경의 신이었던 깔리가 풍요신이 되었음을 시사한다고 주장한다. 제물로 수컷을 바치고 암컷을 바치지 않는 관행은, 암컷을 죽이는 일이 생명 부여자를 살해하는 것이자 여신의 생식력, 즉 생명 자체를 파괴하는 것으로 이해되기 때문에 생긴 것이다(Pattanaik, 2000: 94).

그러나 희생제의의 풍요의례로서의 의미는 여러 문화권에 적용할 수 있는 보다 보편적인 의미라 할 수 있다. 이 보편적 의미에 덧붙여 인도문화적 맥락에서 발견되는 의미를 더 들여다볼 필요가 있다. 힌두신화와 현지조사에 근거해 볼 때, 이 관행은 악을 제거하려는 열망과 관련된다. 독립적 여신을 다룬 신화에서 남신도 물리치지 못하는 강력한 악마들을 여신이 물리치는 스토리가 반복해서 나타나는데, 다음에서 다루겠지만 깔리나 두르가가 힌두교도들의 사랑을 받는 것은 그들이 세계와 삶의 모든 부정적인 측면을 상징하는 악마들을 살해하는 강력한 신이기 때문이다. 따라서 여신숭배자들이 실제적이든 상징적이든 희생제물의 살해를 통해 기원하는 것은, 자신들이 없애고자 하는 온갖 종류의 악을 제거하는 것이라고 볼 수 있다. 그리고 이 점이 여신을 강력한 존재로 인식하는 주요 토대 가운데 하나로 파악된다.

2) 여신의 강력함에 대한 인식과 여성성의 연관성

지금까지 두르가와 깔리의 사원과 의례에 대한 관찰을 통하여 인도에 실재하는 독자적 여신신앙과 여신의 강력함에 대한 믿음을 확인할 수 있었다. 그렇다면 이러한 믿음은 여성의 실제 삶과는 어떤 연관성을 갖는 것일까? 인도에 강력한 여신신앙이 풍부하다는 사실을 힌두여성들의 지위와 연관 지어 생각해볼 수 있는 것일까? 이러한 물음에 대한 답을 여신이 강력한 존재로 인식되는 주요 세 요인, 즉 샥띠, 모성, 여전사 개념에 대한 관련자들의 인식을 분석함으로써 찾아보기로 한다.

◎ 여신과 여신의 근원인 샥띠에 대한 인식

4장에서 신화분석을 통해 두르가나 깔리가 강력한 신으로 인식되는 근거를 만물의 근원으로서의 모성과 강력한 악마를 물리치는(즉 모든 악을 물리치는) 여전사 개념에서 찾았다. 그리고 이 두 측면은 여신이 샥띠, 즉 우주의 근원적 에너지이자 파워의 인격화로 이해되는 데서 비롯한다고 분석한 바 있다. 이 분석 결과의 타당성을 사제, 일반 신자, 관련 학자 등의 인터뷰 대상자들을 통해 확인해보았다.

먼저 여신의 본성 및 인도 여신신앙의 핵심 사상에 대한 실제 인식을 파악하기 위해 관련 학자 및 사제들과 인터뷰를 가졌다. 인도 여신신앙(샥띠즘) 연구의 대가인 무코빠댜이(G. G. Mukhopadhay) 박사, 그리고 샤르마(D. P. S. Sharma) 박사와 꼴까따에서 이 주제에 대해 논의할 기회를 가졌는데, 그들 설명의 핵심 내용을 요약하면 다음과 같다.

> 힌두사상에 따르면 우주는 남성원리인 쉬바와 여성원리인 샥띠로 구성되어 있다. 이 둘은 한 실재의 두 측면이므로 나눠지는 것은 아니다. 즉 남녀원리

는 결코 분리되는 것이 아니다. 쉬바는 우주의 근원적 원리, 즉 드러나지 않는 세계원리(초월적 의식)로 역동적 파워인 샥띠를 통해서만 작동할 수 있다.[55] 이 둘의 접촉으로 파워인 샥띠가 구체적 형상으로 드러난 것이 이 세계다. 따라서 원시 모계사회에서 어머니를 통해서만이 아버지를 알 수 있는 것과 같이, 여신 즉 우주력인 샥띠를 통해서만이 신, 즉 근원원리에 이를 수 있다.

꼴까따에서 만난 여성 학자인 안젤리 무커르지(A. Mukerji) 교수도, 우주의 근원적 실재에서 에너지가 나오고 에너지에서 물질이, 물질에서 형상이 나온다고 설명하고 샥띠를 에너지로 규정했다. 그리고 이 모든 물질적 존재의 근원으로서의 에너지인 샥띠를 근원적 실재(순수의식인 브라흐만)의 여성 부분이라 표현했다.

그림 Ⅲ.6.9 라마끄리슈나 미션 문화연구소의 무커르지 교수(왼쪽)와 샤르마 교수(오른쪽)

그림 Ⅲ.6.10 쉬바와 샥띠 결합상 (Adha Shiva-Adha Shakti), 나식

관련 학자들의 철학적이고 우주론적인 설명에 근거해 보면, 우주의 근원적 실재는 남녀의 두 원리로 구성되어 있고, 우주는 이 두 원리의 결합으로 작동한다. 샥띠는 이 근원실재의 여성적 측면, 즉 우주의 여성원리로 그 본질이 우주의 근원에너지 또는 근원물질이며, 모든 존재의 근원이자 생산자인 어머니에 비유되어 이해되고 있음을 알 수 있다.

다음으로는 깔리신앙 집단 내의 성직자의 인식과 견해를 알아보기 위해 깔리가트 깔리사원에서 순례사제 일을 맡고 있는 바네르지 씨[56]와 세 차례에 걸쳐 인터뷰를 가졌다. 그도 여신신앙의 형이상학체계에 대해서는 학자들과 같은 설명을 했다. 그러나 샥띠를 여성성에 국한시키지 않고 남녀의 양성성을 초월하는 개념으로 파악하는 점이 다소 달랐다. 그는 "샥띠는 파워로, 각각 힘·지혜·부의 파워를 상징하는 세 여신인 마하 깔리, 마하 사라스와띠, 마하 락슈미로 구체화되고 모든 존재는 이 세 파워를 지니며 이 세 요소를 다 갖출 때 삶의 완성이 이루어진다."라고 말했다.

일부 학자들이 샥띠를 여성력 또는 우주의 여성원리로 해석하는 것에 대해서는 "상당히 옳은 이해이긴 하나, 샥띠는 우주력 또는 우주에너지이므로 남녀에너지 모두를 포함하고, 따라서 남성도 샥띠를 지닌다. 샥띠의 완전한 의미는 파워(에너지)이지, 남녀원리는 아니다. 다만 일반인들이 샥띠를 여성력으로 믿는데, 이는 믿음일 뿐 이해는 아니다."라고 지적했다. 샤띠가 남녀를 초월하는 개념이라는 관점은 인도 모성 개념이 독특성을 띠게 되는 이유로 보인다.[57] 그리고 이러한 이해는 샤띠즘의 대표적 텍스트인 『데비마하뜸야』에서 샤띠로서의 여신이 현상계의 이원성을 낳은 근원실재로 기술되고 있는 것과 맞닿아 있다. 궁극적 실재로서의 여신은 우주의 이원성이 등장하기 이전의 근원적 존재이므로 남성도 여성도 중성도 아니고 형태와 속성도 지니지 않는 존재로 서술된다.[58]

한편 일반 신도들에게는 철학적 개념인 샤띠보다는 두르가나 깔리에 대한 인식을 중점적으로 질문해보았는데, 일부 전문지식을 제시하는 사람들을 제외한 대부분의 일반인들은 여신신앙의 철학적 사상에 대해서는 잘 알고 있지 못했다. 그럼에도 불구하고 학력이나 성별, 나이, 카스트와 무관하게 모든 인터뷰 대상자들이 여신신앙과 관련된 핵심 내용은 잘 파악하고 있었다. 꼴까따의 두 사원과 바라나시의 두르가사원에서 인터뷰했던 일반 신도들[59]이 두르가나 깔리에 대해 설명한 공통 내용을 정리하면 '샤띠는 파워이며 여신들은 이 샤띠가 구체화된 존재다. 따라서 깔리와 두르가는 이름과 형태만 다를 뿐, 본질은 같은 하나의 신이다. 그리고 깔리와 두르가는 악의 세력을 물리치고 자신들을 보호해주는 강력한 힘을 지닌 여신이자 모두의 어머니'[60]라는 것이다. 힌두교도들은 여신에게 의례를 드리거나 찬양할 때 "오, 당신 자신을 모성의 구체화이자 힘의 구체화이며 평화의 구체화로 드러내시는 우주의 여신이시여, 당신께 경배드립니다. 경배드립니다. 경배드립니다."[61]라는 만뜨라를 반복해 낭송하거나 노래하는데, 이 구절에도 모성적 여신 개념을 포함한 샤띠 개념의 핵심이 담겨 있다.

✪ 모성 개념에 대한 인식과 모성 강조의 의미

앞서의 서술에서 확인할 수 있듯이 인도 여신신앙에서 샤띠 개념의 핵심 요소가 되고 있는 것은 모성 및 모신 개념이다. 독립적 여신을 기술하는 여신신화에서 가장 중요하게 제시되는 것은 만물의 근원적 실재로서의 여신이다. 신화는 여신의 이 측면을 모든 것을 낳고 기르며 영양을 주는 모성 개념과 연관 지어 설명한다. 실제로 인도에서 모든 여신은 어머니를 의미하는 '마따(mata)' 또는 '마(ma)'로 불린다. 여신신앙뿐 아니라 인도문화에서도 모성 개념은 아주 중요한 위치를 차지한다. 인도의 땅을 모신으로 상징화하거나, '조국'이 아니라 '모국'으로 부르는 것에서도 잘 나타난다. 깔리사원에서 만난 노인인 시타람 씨는 마따는 모든 것을 낳고 기르는 어머니라 했고, 사원 주변을 지키고 있는 젊은 경찰인 나라얀 찬드라 씨는 두르가는 모두의 어머니이고 힌두사회에서 어머니는 매우 중요하며 최고의 단어라고 했다.

이와 관련하여 저자가 주목했던 점은, 인도문화에서 모성 개념이 중시되기는 하지만 이 개념은 다른 문화에서처럼 여성성에 국한되는 것이 아니라 남녀의 이원성 모두를 포괄하거나 초월하는 개념으로 보인다는 점과, 이 점이 인도에서 여신신앙이 강력하면서도 여성의 높은 지위로 연결되지 않는 이유 중 하나로 파악된다는 점이다. 실제로 인도 여신신앙의 모신 개념은 반드시 결혼을 전제로 하거나 아이 출산과 관련된 개념은 아니다. 치뜨고빼까르(Chitgopekar, 2002: 26-28)는 인도 여신신앙의 풍부함과 긴 역사를 지적하고, 인도에서 모성 개념이 꼭 아이 출산과 관련되는 것은 아님을 지적한다. 그는 인도의 경우 여신은 주로 데비(여신) 또는 마따(어머니)로 지칭되지 둘을 붙여 부르지는 않으며, 또 밀교의례에서 의례에 참여한 여성들을 어머니, 딸, 아내, 여형제 구분 없이 모두 어머니로 부른다는 점을 지적하고 여성성과 모성을 동의어로 간주할 필요는 없다고 말한다.

그렇다면 인도 여신신앙에서 그토록 강조되는 모성 개념은 어떤 의미를 담고 있는 것일까? 깔리가트사원 사제인 바네르지 씨는 이 사원의 목욕장소(kund)의 신화적 기원에 대해 말해주었는데, 물속에서 빛이 나와 내려가 보니 발 모양의 돌에서 빛이 나왔고 이를 사띠의 발가락이 떨어진 것으로 믿고 목욕장소를 세웠다 한다. 앞서도 언급했듯이 여신 사띠의 신체 조각들이 떨어진 곳으로 믿어지는 곳들이 여신성지가 되었고, 아쌈 주의 깜야꺄는 사띠의 여근이 떨어진 곳으로 중요한 성지가 되고 있다. 이러한

그림Ⅲ.6.11 깔리가트 깔리사원 사제인 바네르지 씨와 사원 앞 꾼드

여신성지와 관련된 기원신화나 이에 대한 믿음은 인도문화가 땅을 여신의 몸체로 상징화하고 독립적 여신을 지모신으로 이해하고 있다는 점을 보여준다.

또 주목할 점은 사제인 바네르지 씨와 학자들 모두 인도문화가 모성을 강조하는 이유를, 초기 모권 및 모계사회(matriarchal society)와 연관시켜 설명하고 있다는 점이다. 바네르지 씨는 낳고 먹이고 양육하는 모성과 인류사회가 초기부터 모계사회였던 점을 이유로 들었다. 일처다부제였던 모계사회에서는 어머니가 모든 것을 통제하는 사회의 최고 존재였는데 깔리나 두르가가 그런 어머니라는 것이다. 무코빠댜이 박사도 같은 견해를 제시하고, 덧붙여 인도 모든 곳에서 어머니가 먼저이고 부부인 남녀 신을 지칭할 때도 언제나 여신을 먼저 언급하는 것에서 나타나듯이 어머니가 중시된다는 점을 강조했다. 무커르지 교수 역시, 남녀 공동 노동이 요구되는 원시 농경사회에서 여성이 어머니가 되면 지니게 되는 풍요력을 중시했다고 지적하고, 남인도에서는 여성의 지위가 높은 곳이 여전히 있으며, 케랄라 주의 나이야르 부족은 무슬림으로 개종하여 무슬림사회인데도 여전히 모권 및 모계사회를 유지하고 있는 사례를 제시했다. 차떼르지(Chatterji, 2006: 62)도 아리아인들이 인도문화에 가부장적인 신들을 들여왔지만 오리사의 샤바라(Shabara) 같은 여러 모계부족들은 여전히 깔리를 숭배하고 있다는 점을 지적한다.

이와 관련하여 치뜨고뻬까르(Chitgopekar, 2002: 26)는, 야코펜(J. K. Bachofen)의 *Mother Right*가 학계에 큰 영향을 미치긴 했지만, 여신이 숭배되고 여성이 생명 부여자로 존경받던 선사시대에 대해 지속적인 논쟁이 있어 왔고 지금은 일부 학자들이 이 가설을 입증할 증거가 없는 신화적 이론으로 결론내리고 있다고 지적한다. 또 이 신화가 여성을, 영양을 공급하고 직관적이며 자연에 가깝다는 전형적인 여성 관념에 가두고 있다는 일부 페미니스트 학자들의 주장을 언급하기도 한다.

그럼에도 무커르지 교수의 설명과 실제로 인도 몇몇 지역의 일부 부족들 사이에 여전히 존속되고 있는 모권 및 모계사회의 존재는, 위의 반박이론을 인도에 적용시키기에는 문제가 있다는 생각을 하게 한다. 일단은 이런저런 평가를 벗어나서, 인도에서 모성에 대한 강조는 분명 모든 것을 낳고 기르는 땅 또는 자연의 속성이나 기능과 밀접히 연관되고 있음을 신화를 통해서도 실제 인도인들의 자기 이해를 통해서도 확인할 수 있었다. 한 예로 사제인 바네르지 씨는 인도문화와 사회에서 자연력을 상징하는 모성의 속성인 생산력과 양육력을 존중하는 의식이 어머니를 중시하게 만들었다고 지적한다. 이 모성 개념은 남녀의 양성성 이전의 모든 종류와 형태의 생성과 양육을 의미하는 보다 근원적인 개념으로 이해할 수 있다. 다만 바네르지 씨는 힌두문화가 모성에 중요성을 부여하는 경향이 여성지위 향상에 기여해 왔다고 생각하느냐는 질문에 대해, 시대상황이 변하면서 여성지위가 낮아졌다는 점은 시인했다. 한편 아이야르(Aiyar, 1997: 235)

는 가정에서 아내와 딸이 이차적 지위를 지녔던 것과는 달리 모성은 높게 평가된 이유를 여성의 낮은 지위에 대한 보상감 때문으로 분석한다.

위의 고찰에 근거해 볼 때 인도의 초기 사회형태는 지모신 개념과 모성 개념이 중요한 의미를 지니는 원시 농경사회로, 여성의 지위가 (상대적으로) 높았을 것으로 추정해볼 수 있다. 그러나 가부장문화를 지닌 아리아인들의 문화가 유입되어 인도사회가 아리안화, 즉 가부장화되면서 여성의 사회적 지위는 낮아지고 모신으로서의 여신과 모성의 중요성은 가부장사회의 틀 안에서 신앙과 문화의 영역 안에서만 잔존하게 된 것으로 보인다. 이러한 해석 가능성은 다음에 다룰 내용에서도 그 근거를 발견할 수 있다. 결론적으로 두르가나 깔리가 신화에서나 실제 신앙에서 강력한 여신으로 인식되고는 있으나 그 강력함이 곧바로 또는 의식적으로 실제 여성이나 여성성과 관련지어 인식되고 있는 것은 아니라고 판단된다. 다시 말해 힌두 여신신앙에서 여신의 강력함은 신으로서의 강력함일 뿐 실제 여성의 강력함과 직결되는 것이라고 볼 수는 없다.

◎ 여전사로서의 여신의 강력함에 대한 인식과 의미

모성과 함께 여신이 지닌 강력함의 근거로 인식되는 것이 바로 악마를 물리치는 여전사로서의 여신이미지다. 이 주제와 관련하여 현지조사 연구에서 주목했던 문제는, 여신신화와 신앙에서 여신의 힘이나 능력이 남신의 힘이나 능력보다 강력한 것으로 묘사되고 있는데 이것이 실제로 여성의 강력함에 대한 인식으로 연결되고 있는가 하는 점이다.

여신의 독자성과 중요성이 문헌상으로 나타나기 시작한 『데비마하뜸야』에서 여신은 강력함과 자율성을 지니는 존재로 묘사된다. 인터뷰 대상자들이 모두 두르가나 깔리가 남신이 물리치지 못하는 악마들을 물리치는 무적의 여전사로 기술되는 신화적 스토리를 잘 알고 있었다. 그리고 일반 신도들은 그들 신앙의 근거를 여신의 이러한 강력함에 대한 믿음에 두고 있었다. 이와 관련하여 여신신화에서 왜 여신만이 강력한 악마를 물리칠 수 있으며, 이를 여성이 남성보다 우월하다는 의미로 해석할 수 있는지의 여부를 확인해보았다.

샤르마 박사는 보호 및 방어자로서의 어머니 개념을 사용해 설명했다. 샥띠인 어머니의 파워는 완전하고 무한한 근원 파워여서, 어머니는 보호해주는 힘이자 보호자다. 하지만 어머니에게서 태어난 남성은 자신의 파워를 어머니에게서 받은 것이므로 그의 파워는 한계적이어서 악마와 겨룰 수는 있으나 성공할 수가 없다는 것이다. 그는 이러한 관념은 샥따철학에만 국한된 것이 아니라 일반적인 것이라고 주장했다.

무커르지 교수도 마찬가지로 우리가 위급상황에서 언제나 아버지가 아닌 어머니를 찾고 필요로 하는 것은 어머니가 보호자이기 때문이며, 그래서 남신이 아닌 여신이 악마를 살해한다고 설명했다. 사제인 바네르지 씨 역시 어머니는 자식을 낳는 생산력과 먹이고 키우고(양육능력) 보호하는 능력을 지닌 존재로 깔리나 두르가가 그런 어머니의 상징이며, 그것은 동물세계에서도 새끼를 낳아 먹이고 보호하고 기르는 존재는 수컷이 아니라 암컷인 것과 같다고 했다. 이것이 어머니인 여신이 아버지인 남신보다 강력한 이유라고 했다. 즉 낳고 기르고 보호해주는 모성의 속성 때문에 여신이 세계를 지키기 위해 악마를 살해한다는 것이다.

깔리의 대표적인 신상은 쉬바가 깔리 밑에 누워 있고 깔리는 쉬바의 가슴에 발을 얹고 서 있는 모습으로 그려진다. 이 형상은 다음과 같은 신화에 근거하고 있다. 깔리가 모든 악마를 물리치고 승리의 기쁨에 취해 몰아적 춤을 추자 우주가 흔들렸다. 누구도 그녀가 춤을 멈추도록 하지 못하자, 남편인 쉬바가 땅바닥에 시신처럼 누웠다. 그런데도 깔리는 의식하지 못한 채 쉬바의 몸 위에 발을 얹고 춤을 추다 후에 이를 알아채고는 부끄러움에 혀를 내밀며 춤을 멈추었다.

이 형상을 일부 여성주의자들은 여신 또는 여성의 우월성을 의미하는 것으로 해석하기도 한다. 그러나 이 형상의 의미에 대해 앞에 언급한 두 학자는 형이상학적인 측면에서 설명했다. 그들은 실재의 본성이 무활동적이며, 활동하는 것은 샥띠임을 상징하는 것이라 했다. 실재는 드러난 세계 배후에 늘 무활동인 채로 남아 있으며, 이 실재로 우리를 이끄는 것은 활동성을 띠는 샥띠(어머니)라는 것이다. 샥띠가 없다면 쉬바는 시신과 같다는, 인도에서 유명한 말로 설명했다. 이는 분명 샥띠의 중요성을 말하고 있는 것이다. 그러나 이러한 언급은 인도문화에서 일반적으로 샥띠 또는 여신의 우월성을 의미하는 것이 아니라 기능상의 차이를 설명하는 것이라는 점을 지적해둘 필요가 있다. 사제인 바네르지 씨는 오히려 쉬바만이 깔리를 제어할 수 있다는 것을 의미한다고 해석했다. 뿐만 아니라 일반 신도들도 극히 일부를 제외하면 남신을 능가하는 여전사로서의 여신의 강력함을 여신이 남신보다 우월하다는 의미로 받아들이지 않았다. 꼴까따의 두 깔리사원과 바라나시의 두르가사원에서 여성들과 일부 남성들을 대상으로 인터뷰를 했는데, 대부분 위의 신화나 신상 묘사에 대해 깔리나 두르가가 쉬바보다 강력하다는 의미로 해석하지 않고 둘 모두 강력하다는 반응을 보였다.

요컨대 여신의 신화적·신앙적 강력함이 반드시 여신이 남신보다 강력하다는 의미로 이해되고 있는 것은 아니라고 할 수 있다. 이러한 인도 내 이해에 근거한다면, 일부 여성주의자들이 이 현상을 여성 파워가 남성 파워보다 강력함을 의미하는 것이라고 해석하는 것은 인도적 맥락을 고려하지 않은 피상적인 해석이라 할 수 있다. 그럼에도 여기서 한 가지 고려할 점이 있다. 사상과 신앙을 주도해 오고 일반 신자 및 일반인들의 이해와 실천을 이끄는 이들이 남성이라는 사실이다. 다시 말해 일반 신자들의 인식이 여신신앙을 주도한 남성들에 의해 영향을 받아 왔다는 점이다. 이 점을 고려해볼 때, 신화적 설명이나 신앙적 믿음과 실제 인식 사이의 간극은 인도에서 오랜 역사를 갖는 강력한 여신신앙이 인도가 가부장사회와 문화로 점차 나아가면서 가부장적 가치관에 근거해 재해석되거나 채색된 결과로 보인다.

여러 학자들의 견해도 저자의 이런 분석을 뒷받침해 준다. 한 예로 치뜨고뻬까르(Chitgopekar, 2002: 14-18)는 브라만 전통이 토착여신을 힌두남신과 결혼시킴으로써 모권적 삶에서 가부장적 삶으로의 전이를 용이하게 했고, 그들을 샥띠, 마야(maya), 쁘라끄리띠 같은 전통 관념을 통해 신학화함으로써 대전통의 종교 권위를 유지하면서 소전통을 수용할 수 있었다고 지적한다. 이 점은 인도문화가 여성을 자연적 모성과 연관 지어 그 중요성을 강조하지만 실제 사회 삶에서의 인도여성의 지위는 낮지 않느냐는 질문에 대한 사제 바네르지 씨의 대답에서도 확인할 수 있었다. 그는 초기 인도사회에서는 여신의 지위가 높았지만 시간이 지나 남신이 강력해지면서 어머니를 통제하기 시작했고 여신의 역할을 가정 안으로 국한시켰다고 했다. 남성들이 여성 파워를 통제하려는 의도에서 여성을 낮게 평가하게 되었다는 해석이다. 이러한 해석은 지역과 종파에 따라서는 여신을 남신보다 강력하게 인식하는 경우가 인도에 현존한다는 사실로도 뒷받침된다.

3) 여신숭배의 목적

여신신앙과 여성의 관계를 살펴볼 수 있는 또 다른 주제는 힌두교도들이 여신을 숭배하는 목적이다. 사원 참배자들의 개별 목적을 직접 알아보기에 앞서, 깔리사원의 사제인 바네르지 씨에게 일반인들이 깔리사원을 찾아오고 깔리를 숭배하는 이유를 먼저 물어보았다. 그는 정신적 예배자들의 경우는 습관적으로 또는 신을 알현하는 행위인 다르샨을 하기 위해 오고, 다른 대부분의 예배자들은 질병치료, 사업번창, 고통에서의 해방 등 각자가 지닌 문제에서 벗어나게 해달라고 기원하기 위해 온다고 했다. 깔리사원이 깔리의 파워가 집중되어 있는 곳이므로, 매일 이런 이들의 방문이 계속되고 있다는 것이다. 그러나 신에게 명상을 통해 다가가려 하는 이들은 우리 (마음) 안에 있는 악, 곧 나쁜 것들을 물리칠 수 있는 힘을 얻기 위해, 그리고 사회의 이익을 위해 모든 악마들을 살해하는 여신 깔리를 숭배한다고 했다.

다음으로 사원을 방문한 일반 신자들의 구체적인 목적을 알아보았다. 꼴까따의 두 깔리사원의 경우, 예배 목적은 각자의 바라는 바에 따라 다양했고 남녀 차가 크지 않았다. 구체적으로는 가정과 가족을 위해(새로 태어난 아이에게 깔리의 축복을 기원하기 위해, 아이를 위한 문단 의식을 하기 위해, 남편을 위해, 결혼과 가족의 평온을 위해), 남편이나 가족의 건강 또는 질병치료를 위해(다리 저는 아들이 걸을 수 있도록 기원하기 위해, 손자 건강을 위해, 아픈 남편을 치유하기 위해), 영적 목적을 위해(영적 에너지를 키우려, 마음의 만족과 평화를 위해), 공동체를 위해(이 땅에 평화가 오도록 하기 위해, 모든 종류의 사회악으로부터 우리를 구원해달라고 하기 위해), 그리고 기타 삶의 성공을 위해, 원하는 직업을 얻기 위해, 부모님의 결혼기념일을 축복하기 위해, 좋은 학업성취를 위해 여신사원을 방문해 예배를 드린다고 대답했다. 이 밖에 특별한 목적보다는 모든 것을 빌러 왔다고 대답하는 이들도 많았다.

차떼르지(Chatterji, 2006: 53-58)도 벵갈 사람들에게 깔리는 어떤 목적을 위해서도 숭배될 수 있는 여신이라고 지적하고 있다. 또 여신의 능력은 여신이 지닌 창조하고 생명을 부여하며 보호해주는 능력에서 비롯되며, 이러한 여신의 능력에 대한 믿음이 순례자들로 하여금 현생에서의 여신의 도움과 보다 나은 내생을 기원하기 위해 여신성지를 찾게 한다는 것이다. 신자들은 여신에게 영적으로나 물질적으로 필요한 것들을 구하는데, 대부분의 순례자들이 여신숭배에서 이끌어내려 하는 것이 바로 창조자·부여자, 보호자로서의 측면이라는 것이다. 실제로 꼴까따의 깔리사원을 방문한 일반 신자들은 모두 깔리가 '인간을 위한 최고의 도움자'이며 모든 이들이 원하는 소원을 다 들어주고 인간의 모든 문제를 해결할 수 있다는 믿음을 보여주었다. 따라서 그들이 기원하는 바는 매우 다양했으며, 숭배의 목적은 남신을 예배할 때의 목적과 그다지 다르지 않았다.

두르가사원의 경우도 마찬가지다. 이 사원의 사제는, 사원을 찾는 남녀 방문자 수는 비슷하고 그들은 저마다 다양한 목적을 가지고 방문한다고 했다. 실제로 여러 차례 사원 안에 머무르며 관찰한 결과도 남녀의 수나 예배의 목적에 차이가 별로 없었다. 12세 소년은 공부를 잘하게 해달라고 빌기 위해 왔고, 30대의 한 남성은 두르가여신이 평화로움을 주므로 마음의 평온을 느끼기 위해 사원을 자주 찾는다고 했다. 남편과 동행한 30대 여성은 가정의 복지와 안녕, 그리고 행운을 기원하기 위해 시간이 날 때마다 사원을 방문하고 있었고, 사원을 정규적으로 자주 찾는 또 다른 여성은 축복을 받기 위해 온다고 했다. 특히 그녀는 강한 여성력의 상징인 샥띠를 파워로 인식하고 있었고, 자신에게도 샥띠가 있다고 하면서도 두르가보다 남신인 쉬바가 더 강하다고 여기고 있었다. 가정주부인 또 다른 여성은 두르가 예배에 특히 더 좋은 화·토요일에 매주 방문하여 아이들을 보호해주고 가난에서 벗어나 부유하게 해달라고 기원한다고 했다.

바라나시의 두르가사원에서도 꼴까따의 깔리사원에서와 마찬가지로 사원 방문이나 예배의 목적이 특별히 여성과 관련되지는 않았다. 일반적으로 자신들이 얻고자 하는 바를 기원하기 위해 예배를 드리러 왔다. 다만 두 사원 모두에서 결혼한 여성의 경우 가정의 안녕과 남편이나 자식의 안전을 기원하는 특징을 찾을 수 있었는데, 이러한 측면은 여성의 모성에 의존하는 것으로 볼 수 있다. 그러나 앞서 살펴보았듯이, 전반적으로는 깔리나 두르가를 숭배하는 이유가 그들이 특별히 여신이어서가 아니라 인간의 모든 소원을 들어주고 문제를 해결해주는 신이기 때문임을 알 수 있다. 이에 근거한다면 숭배의 목적과 관련해서는 힌두교도들에게 남신이냐 여신이냐의 구분은 그다지 중요한 의미를 갖는 것은 아니라고 할 수 있다.

독립적인 여신은 개인의례의 형태로 숭배되기도 하지만 집단적 예배형태를 통해 숭배되기도 한다. 깔리 뿌자나 두르가 뿌자가 대표적인 예다. 이러한 집단예배는 일종의 축제형태로 매우 큰 규모로 치러지는데 북인도에서는 두르가 뿌자가, 벵갈 지방에서는 깔리 뿌자가 유명하다. 저자가 참여·관찰한 것은 바라나시의 벵갈인 공동체가 주도한 깔리 뿌자로, 상당히 큰 규모의 뿌자였다. 바라나시 벵갈리톨라 지역의 벵갈인 공동체인 나브상그(Nava Sangh)에서 조직한 깔리 뿌자(2006년 10-11월)를 참여·관찰하였는데, 축제를 위해 특별히 마련한 임시 사당에 거대한 깔리상을 만들어 안

그림Ⅲ.6.12 깔리 뿌자, 임시 깔리사당의 깔리상, 바라나시

치해놓고 5일간에 걸쳐 다양한 의례 및 행사들이 진행되었다. 이 뿌자는 매년 공동체 축제 형식으로 치러지는데, 축제 기간 자체는 5일이었지만 축제를 준비하고 치르는 과정, 즉 준비(거대한 신상 제작, 임시사당 준비, 기부금 모금, 많은 음식 준비 등), 축제 진행, 마무리, 사후 처리에 이르는 과정은 매우 길다. 이러한 과정을 함께 준비하고 경축하는 과정에서 깔리 뿌자는 참여자들로 하여금 벵갈인 공동체가 공유하는 깔리신앙을 주기적으로 재확인하게 하고 그 공동체를 하나로 묶는 기능을 하는 것으로 보였다. 또 일상에서 벗어나 집단적으로 즐기는 놀이의 측면도 발견할 수 있었다. 이러한 기능들은 축제의 일반적인 기능과 크게 다르지 않다.

그런데 이 축제 의례에서 특별히 여성과 관련되는 절차가 있어 주목해보았다. 힌두교도들은 축제 때 관련 신상을 만들어 예배드리고 축제 기간이 끝나면 그 신상을 강으로 행렬해 가져가서는 강물에 잠그는데, 이 깔리축제의 경우 한 가지 눈길을 끈 것은 행렬 직전에 여성들만 참여하는 의식이 진행된 점이다. 여성들이 줄을 지어 차례로 깔리 신상에 여러 종류의 예물을 바치고 얼굴, 특히 이마 가운데에 붉은 색의 찬단(chandan)을 문질러 발랐다. 혹 이 의식이 여성의 강력함과 연관성을 갖는 의식이 아닐까 싶어 이 축제에 참여했던 여성들을 다시 방문해 이야기를 들어보았다. 예상과는 달리 결혼한 여성만이 참여하여 남편의 건강과 장수를 기원하는 의례라고 했다. 무커르지 교수에 따르면 여신상의 이마에 붉은 색의 찬단을 찍어주는 행위는 남편의 좋은 건강을 기원하며 하는 것이라고 했다.

남편의 건강과 장수는 대부부의 힌두 여성의례의 핵심적 목적으로, 사띠 부분에서 알 수 있었듯이 여기에는 남편의 존재가 여성의 지위와 운명에 절대적인 힌두사회의 가부장적 여성 관념과 가치가 작용하고 있다. 따라서 강력하고 독립적인 여신 관련 의례에서도 이러한 가부장적 여성 관념이 그대로 반영되고 있음을 알 수 있다. 이러한 사실에 비춰볼 때, 집단적 의례이자 축제 형태로 치러지는 깔리 뿌자나 두르가 뿌자의 목적 역시 풍요와 공동체의 통합을 기원하고 놀이로서 특별히 즐기는 기회를 갖는 것이며, 다른 힌두축제들과 크게 차별화되거나 여성의 강력함에 대한 인식이나 여성의 권한증대와 특별히 관련되는 것은 아니라고 할 수 있다.

3. 독립적 여신신앙과 인도여성의 지위

지금까지 독립적 여신에 대한 인도인들의 실제 인식, 여신의 강력함의 근거로 제시되는 몇 가지 요소들, 그리고 숭배 목적을 중심으로 인도에서 여신신앙이 여성과 갖는 상관관계를 살펴보았다. 현지조사 지역인 꼴까따와 바라나시에서 남녀 모두 독립적 여신의 강력함을 분명하게 인식하고 있었다. 하지만 이러한 인식은 독립적 여신이 인간의 여러 문제들을 해결해주고 온갖 위험으로부터 인간을 보호해주는 존재라는 믿음에서 비롯하는 것일 뿐, 여성의 강력함이나 독립성에 대한 인식으로 연결되고 있지는 않았다. 이런 연구결과는 독립적 여신과 여성지위의 관계를 묻는 이어진 연구에서도 확인할 수 있었다.

관련 주제로 인터뷰를 했던 꼴까따의 캘커타 대학 여학생들, 바라나시의 베나레스 힌두 대학 남학생들[62], 그리고 기타 인도의 남녀 젊은이들은, 시따로 대변되는 빠띠브라따를 인도사회의 이상적 여성상으로 인식하고 있었고 자신들이 동의하든 동의하지 않든 남성에 종속적인 여성정체성이 여전히 인도사회의 이상적 여성상으로 자리 잡고 있다는 사실을 인정했다. 치뜨고뻬까르(Chitgopekar, 2002: 22-24)는 인도사회에 뿌리 깊은 성차별적 남녀정체성이 여러 세기 동안 수용되고, 규범화되어 오면서 이에 따르는 남녀의 역할과 행동규범 등이 주어졌고 특히 인도사회에서 종교는 롤모델 제공에 주요한 역할을 해 왔다고 지적한다. 신화로 대변되는 종교적 내러티브가 롤모델을 제공하여 젠더정체성을 구축해 왔고, 이에 따른 여성의 종속적 지위는 브라만 전통의 법전에서 제도화되고 국가력에 의해 강화되었다는 것이다. 이러한 사실은, 인도문화에서 독립적 여신신앙이 오랫동안 존재해 왔고 현재도 풍부하게 자리 잡고 있지만 여성의 사회적 롤모델로 기능해 온 것은 남성에 순종적이고 의존적인 종속적 여성정체성임을 보여준다.

인도여성의 낮은 사회적 지위는 '여신신화와 신앙에서 여신은 때로는 남신보다 더 강력한 존재이고 그 강력함이 숭배의 대상이 되고 있지만 실제 삶에서 여성의 지위는 대체로 낮지 않은가?' 하는 저자의 질문에 대한 대답에서도 확인할 수 있었다. 사제인 바네르지 씨는 과거에는 여성의 지위가 낮지 않았다고 강조하면서도 현재의 상황은 그렇다고 인정했고, 무커르지 교수도 남인도 일부 지역 등 부분적으로 모권·모계사회의 요소를 여전히 지니고 있는 지역이 있어 인도 전체가 가부장사회라고 할 수는 없지만 북인도는 전적으로 가부장사회라는 점에 동의했다. 그러면서 여신

숭배가 인도여성의 권익증진에 기여할 것으로는 보지 않았다. 그보다는 남성들의 지배의식이 변해야 하고, 또 남성에게만 의존하는 삶을 살아가는 여성 자신에게도 책임이 있다고 지적했다.

일반 남녀 인터뷰 대상자 대부분도 인도여성의 낮은 사회적 지위를 시인했다. 두르가사원에서 만난 30대 남성은 두르가를 우주의 어머니로 인식하면서도 현재 인도에서 25% 정도의 남녀평등 비율을 제외하면 남성의 사회적 지위가 높다고 지적했다. 깔리사원에서 만난 여학생은 깔리가 강력한 여신이어서 인도여성의 지위를 향상시키는 데 역할을 할 수 있다는 일부 주장에 대해, 그럴 수도 있겠지만 사람들이 그런 목적으로 사원을 찾는 것 같지는 않다고 말하고, 실제 삶에선 여성의 지위가 높지 않으며 자신은 여성을 낮게 여기는 생각에 동의하지 않는다고 했다. 또 대학원과 대학을 다니고 있는 두 자매는, 신화나 신앙에서는 여신이 강력하지만 실제 삶에서 여성은 2급 존재이고 인도에서 가부장적 여성상을 대변하는 시따는 남성사회의 희생자라고까지 표현했다.

독립적 여신이 주요 숭배대상인 샥띠즘이나 이와 밀접히 연관되는 딴뜨리즘(Tantrism) 모두, 적어도 그들의 신학체계와 공동체 안에서는 우주의 여성원리와 그것의 구체적 실재인 여성을 존중한다. 밧따차리야(Bhattacharyya, N., 1992: 108-21)는 여성성을 존중하고 중시하는 것이 딴뜨라의 주요 특징이라 지적하고, 여성원리로서의 최고존재 개념, 여신의 우위성 개념, 여성과 모신의 동일시, 여성 관련 여러 상징, 성과 여성성기 의례 강조, 종교적 삶에서의 여성의 지도적 역할 등을 사례로 든다. 그는 이러한 특징을 (원시) 모계사회와 연관 지어 설명하고 있다. 인도의 초기 농업경제단계에서 모계사회가 존재했고, 이 요소가 인도문화에 생존하고 있으며, 모계사회에서는 사제보다 여사제, 여신이 남신보다 우위에 있었다는 것이다. 밀교에서도 여성이 구루 역할을 할 권리를 지녀서 고대 여사제 전통을 유지하고 있다고 보고 있다.

그러나 사란(Saran, 1994: 5)은 그의 저서 *Tantra, Hedonism in Indian*

*Culture*에서, 딴뜨라 전통에서 많은 여성수행자를 언급하고 심지어는 여성구루도 언급하지만 여성이 중심적 역할을 담당하는 것은 밀교의례에서 남성의 의례파트너일 때뿐이라고 지적한다. 그래서 밀교에서의 여성의 중요한 역할은 의례 맥락에서만 타당할 뿐이며, 여기서 다시 밀교의 해방적 도덕폐기론은 여성의 사회적 열등성을 함축하고 있다고 말한다. 결국 강력한 여신 개념이나 신앙이 적어도 신학적인 측면이나 의례에서 여성에게 중요한 지위를 부여하고 있다고 하더라도, 이러한 측면이 종교사상이나 종교공동체 내부에서만 기능하고 있고 사회화 단계에까지는 이르지 못한 까닭에, 그것은 브라흐만 가부장사회 안에서 제한적이거나 왜곡된 형태로 존속되고 있다고 할 수 있다.

물론 변화의 기류를 찾아볼 수 없었던 것은 아니다. 바라나시 벵갈리 톨라에서 인터뷰했던 30대 고학력의 가정주부는, 시대가 변하면서 빠띠브라따 관념도 변화하고 있다는 점을 지적하고 이제는 남편과 아내의 관계가 주종의 관계가 아니라 상호 관계로 변해가고 있다고 말했다. 하지만 그녀는 아무리 능력이 뛰어나고 사회적 커리어를 가질 수 있다 해도 아이들과 가정을 위해서라면 그 모두를 희생할 각오가 되어 있다고 말하면서 이것이 대부분의 인도여성의 견해임을 분명히 했다. 이는 가정의 가치를 최우선적 가치로 받아들이는 전통적 여성관을 보여준다.

따라서 이러한 현지조사 결과를 근거로 할 때, 적어도 현 시점에서 인도의 독립적 여신신앙과 그것이 제공하는 강력한 여성정체성이 인도여성의 사회적 삶과 갖는 관계는 매우 약하며, 인도여성의 독립적인 의식을 고취하고 사회적 지위를 향상시키는 데 기여해 왔다고 보기는 어렵다. 앞서도 언급했지만 인도인들은 여신을 남신과 특별히 구분해 인식하지 않고 있고, 그들에게 중요한 것은 남녀의 구분이 아니라 인간을 보호하고 인간의 문제를 해결할 수 있는 신들의 능력이기 때문이다. 이러한 인도적 상황을 고려해볼 때, 독립적 여신 문제를 여성지위 문제와 연결해 이해하고 해석하는 것이 과연 적절한 접근방법인지 의문을 갖게 된다.

서구 페미니스트들은 한 공동체의 숭배대상이 여신이면 그 사회의 여성들이 일반적으로 높은 지위를 공유한다고 믿었다. 여신이미지가 긍정적 여성성을 구축할 것이란 논리 때문이다. 그들은 강한 여신숭배와 여성에게 권한을 부여하는 것 사이에는 명백한 관련성이 있다고 가정했다(Chitgopekar, 2002: 31-32). 그러나 앞서의 연구는 인도의 경우 강력한 여신관념과 여신숭배를 발전시켜 왔지만 그것이 곧바로 일반 여성들의 사회적 지위 증진과 연결되는 것은 아님을 보여준다.

인도의 젠더 정치를 연구한 치뜨고뻬까르(Chitgopekar, 2002: 34-36)는 '인도여신들이 인도여성을 위한 능력 있는 모델이나 상징적 자원으로 봉사할 수 있을까?' 하는 질문을 던지고, 어떤 수준에서는 여성이 자신을 샥띠와 연관 짓는 것에서 개인적 만족을 이끌어낼 수도 있지만, 힌두사상에서 폭력과 여성성의 연관은 깔리나 두르가신화뿐 아니라 그 여신들에 바쳐지는 유혈 희생제의에서도 나타난다는 견해를 지적하며 모신전통과 연관된 샥띠 개념은 너무 많이 폭력과 연관된다고 언급한다. 여신의 폭력적 이미지는 아마도 만연한 남성폭력을 감추는 장치인지도 모른다는 것이다. 또 일부 종교사가들은 강력한 여신이미지가 실제의 반영이기보다는 젠더 관계에 대한 하나의 비전을 구체화한 것으로 보고 있고, 인도에서 여신숭배가 여성들의 특별 영역은 아니며, 최근 연구에 따르면 남성들이 더 큰 역할을 한 것이 분명해 보인다고 지적한다.

이러한 점들을 고려해보면, 서구의 급진적 페미니스트들이 페미니즘 운동의 목적을 달성하기 위하여 서구문화에는 없는 강력한 여신상징이나 신화를 다른 문화의 신화에서 빌려오거나 새롭게 창조하려고 시도하는 것은 상당한 한계를 갖는 것으로 판단된다. 이와 관련하여 오플래허티(2007: 389)는, 서구 기독교권의 페미니스트들이 유대교와 기독교의 남성 일변도의 신을 대체하기 위해 새로운 여신신화를 창조하려고 노력하는 것에 대해 다음과 같이 지적한다. "물론 인간 역사에 여신들은 존재해 왔다. 그러나 여신들의 신화는 우리에게 문제를 부과한다. 대개 그 여신들은 현대 페미니스트들이 만일 그 여신들을 좀 더 잘 알게 되면 자신들의 삶의 모델로 삼고 싶어 할 그런 종류의 존재는 아니다. 그들은 여성을 위한 실제 정치적 파워와는 거의 아무런 상관이 없다. 그리고 무엇보다도 그들은 우리의 여신이 아니다. 물론, 누군가 다른 사람의 신화를 빌리는 것, 외국신화를 자신의 사적 세계관의 일부로 채택하는 것은 확실히 가능하다. 그러나 다른 사람들을 위해 사용할 목적에서 신화를 만들어내는 것은 전혀 다른 작업이고, 내가 언급할 여러 이유들로 해서 내가 불신하는 것이다."

급진적 페미니스트들이 선호하는 깔리가 대표적인 예라 할 수 있다. 앞서 살펴보았듯이 강력한 여신신앙과 신화가 생생하게 살아 있는 인도에서도 깔리나 두르가와 여성지위 사이에 연관성이 약하다면 깔리신앙의 역사적·문화적 토대가 존재하지 않는 깔리상징의 차용이 과연 얼마나 영향력을 발휘할 수 있을지 의문이다.

물론 저자가 선행 연구에서, 인도의 근·현대사에서 두르가나 깔리와 같은 강력한 여성상이 제한적이나마 여성지위 향상을 위해 상징적으로 활용되어 온 사례나 앞으로의 그러한 가능성에 대해 언급한 바가 있다.[63] 인도가 영국의 식민통치에 맞서 종교적 색채의 민족주의 운동을 전개시킬 때 대중의 정서에 호소하여 여성들의 힘을 독립운동에 활용하기 위한 도구로 깔리나 두르가 등의 모신상징이 사용되기도 했고, 일부 학자들은 남성지배 사회인 인도사회에서 독립 이후 인디라 간디와 같이 정치·행정·기타 전문직 분야에서 여성들이 놀랄 만한 역할을 수행해 오고 이러한 여성들의 역할을 남성들이 관용적으로 수용하는 까닭을 독립적 여신신앙의 문화적 유산에서 찾기도 한다. 워들리(Wadley, 1996: 23)는 여성으로서 강력한 지도력을 보였던 전 총리 인드라 간디를 인도에서 여성의 지위가 변화할 수 있는 가능성을 보여주는 한 예로 지적하면서, 독립적인 여신으로서의 여성 개념을 여성의 본성과 역할을 변화시킬 수 있는, 힌두 믿음 안에 존재하는 이데올로기로 파악한다.

물론 인도의 독립적 여신신앙의 살아 있는 유산이 이러한 문화적 유산을 지니지 못한 문화권에서보다는 여성의 지위 향상을 위해 유용하게 활용될 수 있는 가능성과 잠재력을 갖는다는 점은 인정한다. 그러나 이런 사례는 대부분 극히 일부 여성에 국한되는 것이고 강력한 여신상징은 인도민족주의 또는 힌두근본주의 집단과 같은 보수적 집단의 집단적 목적을 위해 사용되어 온 측면이 강하다. 인도사회와 문화는 전통적으로 여성을 정체성의 중요한 표지로 간주해 왔고, 여성을 민족의 어머니이자 민족의 재생산자로 표상함으로써 무엇보다 모성을 여성의 중심 역할로 강조해 왔다(류경희, 2003b: 23). 즉 오히려 가부장적 사회구조를 공고히 하는 데 주안점을 두었다고 할 수 있고, 현지조사 결과도 이러한 분석을 뒷받침해 준다.

또 이 문제와 관련하여 현지조사 결과는, 여신신화나 신앙에 대한 연구가 신화텍스트 및 2차 자료 분석에만 국한될 경우 그것의 사회적·문화적 맥락을 간과함으로써 실제와는 상당히 다른 왜곡된 이해나 해석을 낳을 수도 있다는 점을 보여주었다. 인도의 경우 강력한 여신신화와 신앙이 일반 인도여성의 사회적 지위와 직접적인 연관성을 지니는 것으로 나타나지 않기 때문이다. 이는 신화가 시공을 초월해 인류가 공유하는 물음과 그에 대한 다양한 답변들을 담고 있다는 점에서 텍스트 자체만을 연구하는 것도 충분한 의미를 갖겠으나, 이러한 차원을 넘어서서 신화의 살아 있는 역동성과 실제 영향력을 파악하고자 한다면 텍스트와 더불어 해당 문화와 사회의 맥락을 파악할 수 있는 실제 상황에 대한 이해가 필요하다는 점을 확인시켜준다.

7. 인도의 축제와 신화

1. 인도의 축제, 신화적 사건의 재연

오래전 연구차 인도에 처음 갔을 때다. 힌두성지인 바라나시에 머물고 있었는데, 지루함을 느끼지 못할 만큼 주변의 모든 것들이 신기하고 흥미로웠다. 그런데 한 가지, 너무 많은 축제가 계속 이어지는 모습은 이해하기 어려웠다. 어떻게 며칠이 멀다 하고 축제를 계속 치르는지 의아했고, 심지어는 '이렇게 놀기만 하고 일할 시간이 적으니 가난할 수밖에 없는 건 아닐까?' 하는 의문이 들기까지 했다. 하지만 이것은 낯선 문화와 처음으로 대면한 외부자의 지극히 표면적인 이해였다. 인도인들의 삶을 좀 더 알아가면서 축제가 그들 삶에서 차지하는 의미와 중요성을 점차 이해할 수 있었다.

인도에서 축제는, 전통사상과 규범을 보존·전승하고 공동체를 통합하는 역할을 훌륭히 해 왔다. 또한 대부분의 축제는 신화적 사건들을 주기적으로 재연하는 행사로, 신화가 인도인들의 삶과 문화에서 여전히 살아서 기능하고 있다는 점을 잘 보여준다. 인도는 공식적으로는 종교국가가 아니다. 그래서 힌두교뿐 아니라 이슬람, 시크교, 불교, 자이나교, 기독교 등 주요 종교들의 축제가 모두 경축된다. 하지만 힌두교도의 수가 인구의 80%가 넘다 보니 실질적으로는 힌두축제가 절대 다수다. 힌두축제는 대부분 많은 신과 영웅과 성자들의 탄생, 신이나 영웅들과 관련된 신화적 사건들, 특히 신이 악마를 이긴 사건들을 경축하는 행사이고 많은 경우 계절의 변화나 농사절기와도 관련된다.

힌두축제가 신화적 사건을 기념하고 경축하는 행사다 보니 축제 때 힌두교도들은 축제와 관련된 신화적 사건들을 낭송하거나 연극적으로 재연하곤 한다. 그러나 같은 축제라 하더라도 종파나 지역에 따라 다소 차이가 나서, 동일 신화의 변형된 형태나 경우에 따라서는 다른 신화적 사건을 경축하기도 한다. 대체로 성스러운 강이나 물에서 목욕의례를 하고 깨끗한 새 옷을 갈아입고 나서 집안의 사당이나 사원에서 종교의례를 행한 다음 노래와 춤으로 흥겹게 경축한다(류경희, 2013: 279-80). 축제를 치르는 과정은 종교적 의례 과정이자 신화적 사건에 담긴 힌두 사상·가치·규범 등을 환기하여 재확인하는 과정이라고 할 수 있다.

많은 축제들 가운데 전국적 규모로 경축되는 4대 축제는 모두 힌두 축제다. 남성이 여성의 보호자 역할을 약속하며 의남매 관계를 맺는 락샤 반단(Raksha Bandhan), 풍요숭배인 모신신앙과 관련되는 더쉐라(Dashera 또는 두르가 뿌자), 일종의 신년제로 부나 풍요의 기원과 관련되는 디왈리(또는 디빠왈리(Deepawali)), 그리고 봄축제로 색의 축제이자 야단스러움의 축제이기도 한 홀리(Holi)다.

락샤 반단은 주로 북부와 서부 인도에서 양력으로 7월이나 8월경에 열리는 축제다. 이 축제에서 여성이 색깔 있는 반단(견사)을 남자 친척이나 친구들의 손목에 매준다. 이러한 행위는 남매관계를 맺는 것을 의미하고, 이 반단을 받은 남성은 그 여성의 생명·명예·가족을 보호하겠다는 맹세를 하고 그 맹세를 지키게 되어 있다. 인도사에 이와 관련된 이야기와 사건들이 풍부하게 나타난다. 이 축제는 신들과 악마들이 전투를 하고 있을 때, 인드라 신의 아내가 악마 왕의 손목에 반단을 매주어 그를 남형제로 만듦으로써 남편이 승리하게 해주었다는 신화에서 유래되었다.

더쉐라(두르가 뿌자)는 양력으로 9월이나 10월경에 경축되는 축제로, 인도인들의 큰 사랑을 받고 있는 대서사시 『라마야나』의 영웅 라마가 악마 라바나를 물리친 신화적 사건을 경축하는 축제다. 라마는 힌두교도들이 가장 사랑하는 신들 가운데 하나로, 축제 기간에 라마의 승리 이야기인 '람릴라(Ramlila)'가 전통 연극으로 공연되기도 한다.

또 이 축제는 두르가 뿌자로 불리며 모신 두르가에게 특별한 예배를 드린다. 라마가 전투에서 승리하기 위해 두르가여신에게 특별한 예배를 드렸고 그녀의 도움으로 승리할 수 있었다고 전해지기 때문이다. 이 측면은 종교사적으로는 인도 토착민들의 대표적 신앙 형태인 모신신앙과 관련되는 것으로, 이 축제가 풍요를 기원하는 계절축제(가을)에 뿌리를 두고 있음을 보여준다. 특히 모신신앙의 중심지인 벵갈(특히 꼴까따)에서 두르가 뿌자로 불리며 가장 큰 축제로 경축되고 있다.

디왈리(디빠왈리)는 힌두력으로 까르띠끄 달(양력 10월이나 11월)에 행해지는 아름다운 등불축제로, 가장 인기 있는 힌두축제다. 이 축제도 『라마야나』와 관련된다. 추방당했던 왕자 라마가 악마 라바나를 물리치고 긴 망명생활 끝에 그의 아내 시따와 함께 아요디아에 있는 왕국으로 돌아오게 되는데, 이때 사람들이 밤에 아요디아 시에 불을 밝혀 그의 귀환을 경축한 이야기에서 유래되었다. 그래서 이 축제 때 사람들은 집 주위에 작은 기름 등불을 줄지어 밝혀놓는다. 또한 디왈리는 일종의 신년제로 부나 풍요의 기원과 관련되어서, 일부 지역에서는 신년축제로도 행해진다. 이때 비슈누의 부인으로 부와 풍요의 여신인 락슈미에게 한 해의 부와 풍요를 기원한다. 이 외에도 종파와 지역에 따라 여러 다른 신화적 사건들이 이때 경축된다.

홀리는 힌두력으로 봄 수확기인 팔군달(양력 2월 말이나 3월 초) 만월(滿月)일부터 2일간 열리는 봄축제다. 봄이 오는 것을 경축하는 정화와 갱생의 의례이면서 동시에 봄 수확에 대한 감사제 성격의 풍요의례이기도 하다. 축제 기간은 지역 차가 있어 2일에서 1주일 이상 지속되는 등 다양하나 보통은 2일간 치러진다. 이 축제 역시 선한 힘(신)이 악한 세력을 물리친 신화적 사건을 경축하는 축제다. 이 축제의 두드러진 특징은, 특히 북부에서 대단히 야단스럽고도 즐거운 화려한 색의 축제로 경축되고, 축제 기간에 카스트와 성의 역할이 전도되며, 성적 금기가 해제되는 등 기존 질서 체계가 잠정적으로 해체되는 난장적인 요소가 강하다는 것이다.

전통적으로 락샤반단은 특히 브라만 계급, 더쉐라는 끄샤뜨리아 계급, 디왈리는 대부분 바이샤 계급, 홀리는 슈드라 계급의 축제였지만 지금은 모든 계급에 걸쳐 경축되고 있다. 이들 축제는 나름대로 독특한 성격을 지니지만, 모두 계절축제이고 데바와 아수라 사이의 투쟁과 데바의 승리를 경축하는 신화적 사건들을 경축한다. 이렇게 인도의 주요 축제는 신과 악마가 겨뤄 신이 승리하는 신화적 사건을 경축하는 경우가 많다.

주요 4대 축제에 대해서는 이 정도의 개략 소개로 마무리하고, 여기서는 인도인들의 종교의식과 문화, 그리고 그것의 신화와의 연관성을 이해하는 데 중요한 축제 하나를 다뤄볼까 한다. 그것은 인류 최대의 축제로 지칭되곤 하는 꿈브멜라(Kumbh Mela) 축제다. 이 축제는 인도인들의 종교의식과 문화에서 강, 특히 강가 강이 왜 그토록 오랫동안 사랑을 받으며 숭배의 대상이 되어 왔는지 이해할 수 있게 해준다.

2. 꿈브멜라 축제와 신화

1) 꿈브멜라 축제

꿈브멜라는 종파·지역·언어·문화·관습·카스트 등의 모든 차이를 초월하여 수백에서 수천만 명에 이르는 순례자들이 한곳에 모여 종교행사를 치르는 '인류 최대의 축제'다. 인도의 4개 도시인 알라하바드(본래 명칭은 쁘라야그(Prayag)), 하리드와르(Haridwar), 나식(Nasik), 우자인(Ujjain)에서 3년 또는 6년마다 돌아가며 열리고 가장 중요한 마하 꿈브멜라(Maha Kumbh Mela)는 12년마다 알라하바드에서 열린다.

이 축제에는 여러 종파의 수행자(산야신과 사두), 히말라야 깊은 산중에서 수행하는 요가수행자, 나가사두, 여성사두, 인도 전역에서 온 다양한 카스트와 계층의 힌두교도와 인도 밖의 힌두교도, 그리고 인도와 세계 각지에서 관심을 가지고 모여든 일반인이 참여한다.

그림 Ⅲ.7.1 알라하바드의 상감(강가와 야무나 강물의 합류장소)

최근의 마하 꿈브멜라는 인도 중북부에 위치한 알라하바드에서 2001년에는 44일간에 걸쳐, 2013년에는 55일간에 걸쳐 열렸고 수천만 명이 참여했다. 꿈브멜라 관련 인도정부 공식 홈페이지[64] 기록에 의하면 축제 기간 중 가장 중요한 목욕의례일에 강가와 야무나 강이 합쳐지는 강변에 모인 사람들의 수는 2001년에는 2,760만 명, 12년 뒤인 2013년에는 3,050만 명이고, 전체 축제 기간에 모인 사람들의 수를 합산하면—일부 중복되는 수가 있겠지만—2001년은 7천만이 넘고 2013년은 약 9천만 정도다.[65]

한 꿈브멜라 관련 사이트의 글[66]은 세계 어느 곳에서도 한 장소에 이런 거대한 규모의 사람들이 모여 한 달 이상 지속하는 행사는 찾아볼 수 없을 것이라며 여러 종교와 카스트의 사람들이 참여하고 있어 다양한 언어, 문화전통, 의상, 음식, 삶의 방식 등이 발견된다는 점에서 행사장소는 마치 작은 인도와 같다고 쓰고 있다.

이 축제에서는 목욕의례, 사원참배, 종교교리 및 사상을 가르치거나 토론하는 일, 희생제의인 야겨, 베다낭송, 경전해설, 신화적 이야기에 근거한 춤, 기도, 성자들의 가르침, 성자들의 행렬, 음악연주, 기타 다양한 종교·문화 행사와 만날 수 있다. 이런 모든 행사 가운데 핵심은 축제 기간 중 가장 신성한 시간에 하는 목욕의례다. 이 목욕의례 이외의 다른 활동은 부수적인 것이라 할 수 있다. 특히 마하 꿈브멜라 축제에서 강가와 야무나 강이 합쳐지는 상감(sangam)에서 하는 목욕의례가 가장 신성시된다. 강물에서 목욕의례를 하기 위해 이렇듯 수많은 사람들이 한 장소에 모이는 것은, 이 축제가 인도인들에게 의미하는 바를 알지 못한다면 이해하기 어려운 현상이다.

꿈브멜라는 종교·문화 축제로 초기에는 소규모였다고 한다. 그러다 12세기부터 성장했고[67] 사람들의 참여가 늘어 규모가 커지면서 정부와 행정 부처가 편의를 위해 예산을 책정하고 편의시설, 음식, 안전시설 등을 제공해 왔다.[68]

꿈브멜라의 역사적 기원과 관련해서는 현재도 꿈브멜라에 참석하고 있는 대표적 수행자 집단인 나가 수행자들의 선조들이 기원전 3464년 마그 뿌르니마(Magh Purnima) 동지에 쁘라야그에서 이 축제를 했고, 기원전 1302년에는 죠띠스 마하리쉬(Jyotish Maharshi)가 포스 뿌르니마(Posh Purnima)에 했다는 기록이 있다.[69] 중국 승려 현장의 기록에도 하르슈바르단(Harshvardhan) 통치 기간(606-645년)에 쁘라야그에서 힌두들이 모인 행사가 언급되고, 후에 아디 샹까라차리아(Adi Shankaracharya)가 여러 파의 수행자들을 재조직하고 꿈브멜라를 통해 힌두 다르마를 전파시켰으며 자이나교와 시크교도들도 참여한 것으로 나타난다.[70]

하지만 이 축제가 힌두교도들에게 강력한 힘을 미치게 된 것은, 인도인들의 삶과 문화에 큰 영향을 미친 문헌들(『마하바라따』, 『라마야나』, 여러 『뿌라나』 등)이 언급하고 있는 신화적 설명에 대한 믿음 때문이다. 그 설명은 강가 강의 신성한 기원에 대한 신화와 우주가 창조될 무렵 신들과 악마들이 함께 대양을 저어 불멸의 생명수를 얻은 후 그것을 쟁취하기 위해 투쟁한 이야기인 우유대양젓기 신화(the Samudra Manthan)의 설명이다.

힌두교도들은 신화적 믿음에 근거하여, 강가 강물은 신들이 사는 천상에서 내려온 생명수로 강가 강물로 목욕을 하는 것만으로도 자신이 쌓은 오염 또는 죄가 정화되며 궁극적으로는 윤회의 사슬에서 해방될 수 있다고 믿어 왔다. 특히 꿈브멜라가 열리는 시기의 상감의 물은 불멸의 생명수인 아므리따라 믿어진다. 따라서 이 축제를 이해하기 위해서는 최소한 두 개의 신화 즉 천상의 강가 하강신화와 우유대양젓기 신화를 알아야 한다. 강가 기원신화는 강가 강이 신성시되는 이유를 보여주고, 우유대양젓기 신화는 강과 연관된 꿈브멜라 축제의 기원을 이야기해준다.

과학이 놀라운 발전을 보이고 있는 21세기에, 힌두신화와 축제를 통해 만나게 되는 인도인들의 신화적 사고와 삶은 때로는 경이로움과 신비로 다가오며, 살아 있는 신화가 갖는 힘을 보여준다.

2) 강가의 기원신화와 신성성

강가와 관련된 신화는 여러 문헌에 나타나는데, 여기서는 『라마야나』본을 사용해 가장 잘 알려진 강가의 하강신화를 정리해보기로 한다. 『라마야나』 발라칸다(Bala Kanda, canto 35-44)에 강가의 기원, 즉 하강에 대한 이야기가 나오고, 이어서 우유대양을 젓는 이야기가 나온다. 이 중 강가의 기원에 대한 이야기를 먼저 살펴보자.

✪ 강가의 기원

람(라마)과 그의 형제 락슈만(락슈마나)은 성자 비스와미뜨라의 요청으로 수행자들의 수행을 방해하는 락샤사(아수라)들을 퇴치하러 숲으로 갔다. 그곳에서 락샤사들을 살해하고 비스와미뜨라와 함께 자나까 왕의 왕국이 있는 미틸라를 향했다. 도중에 일행이 강가의 강둑에 이르자 '강 중에 최고인 강가'를 보고 모두 기뻐했다. 그들은 경전규정에 따라 목욕의례와 다른 관련

의례들을 하고는 기쁜 마음으로 강둑에 앉았다. 이때 람과 락슈만이 성자 비스와미뜨라에게 강가의 기원과 그 흐름에 대해 물었다. "스승님, 강가에 대해 듣고 싶습니다. 강가는 천상과 지상, 지하 세 곳을 흐릅니다. 강가가 어떻게 이 삼계를 흘러 바다에서 만나는지요?" 이 물음에 비스와미뜨라는 강가의 기원에 대한 이야기를 해주었다.(*Rāmāyaṇa*, Bala Kanda, 35.11)

"(인도의 최북단에) 산의 왕이자 미네랄의 보고인 위대한 히말라야가 있다. 그 히말라야의 두 딸이 태어났는데 그 미모를 겨룰 자가 없었다. 그들의 어머니는 메루(Meru) 산의 딸로, (히말라야를 다스리는 신인) 히마반(Himavān)의 아내가 된 매력적이고 사랑스러운 메나(Menā)였다. 첫째 딸이 강가이고 둘째 딸이 움마였다. 신들은 강가를 통해 자신들이 원하는 바를 얻기 위하여 후에 천상, 지상, 지하로 흐르게 될 강가를 달라고 히마반에게 요청했다. 히마반은 삼계의 안녕과 복지를 위해 세상을 정화할 수 있고 (공중이나 지하라 하더라도) 자신의 길을 자신의 의사에 따라 개척해 나갈 수 있는 강가를 주었다. 그 선물을 받고 신들은 매우 만족해했다. 다른 딸인 움마는 처녀로 남아 고귀한 맹세를 지키면서 (쉬바에 대해 명상하는) 고행을 실천했다. 히마반은 고행을 하여 우주의 칭송을 받는 움마를, 겨룰 자가 없는 (파괴의 신인) 루드라(쉬바의 다른 이름)에게 주었다. 이것이 강가의 기원이다. 이제부터는 어떻게 세 흐름으로 흐르게 되었는지에 대해 듣거라. 강가는 움직이는 존재들이 움직일 수 있는 공간을 주는 하늘로 올라갔다. 그리고 은하수 형태로 보이는 천상의 흐름인 마나끼니(Manākinī)의 모습으로 신들의 영역인 천상으로 올라갔다. 그리고 나서 마지막으로 세상의 죄를 없애줄 수 있는 지상의 물줄기 모습을 취했다."(*Rāmāyaṇa*, Bala Kanda, 35.13-23)

이 신화적 설명에 따르면 강가의 최초 기원은 산이다. 산이 물줄기의 근원인 것은 자연에 대한 관찰로 쉽게 이해할 수 있다. 이를 단지 신화적으로 묘사하여 히말라야 산의 왕인 히마반과 메루 산의 딸인 메나 사이에서 태어난 딸로 이야기한다. 그리고 강가를 삼계의 안녕과 복지를 위해 세상을 정화할 수 있는 것으로 설명하고, 또 강가 물줄기가 하늘과 천상과 지상으로 갈라져 흐른다고 설명함으로써 강가를 신성화하고 있다.

강가가 신성시되는 진정한 토대는 그것이 천상에서 지상으로 내려온 물이라는 믿음이다. 다음에서 다룰 내용(Bala Kanda, canto 38-44)이 바로 강가가 천상에서 지상으로 내려오게 되는 과정이다.

> 옛날에 아요디아를 다스리던 사가라(Sagara)라는 왕이 있었다. 람의 선조인 그는 자식이 없어 자식을 얻기 위해 두 아내(비다르바 왕의 딸인 첫째 부인 께쉬니와 성자 께샤빠의 딸인 둘째 부인 수마띠)와 함께 히말라야에 가서 고행을 했다. 그가 100년 동안의 고행을 완수하자 이에 만족한 성자 브리구(브라흐마의 마음에서 태어난 아들)가 이렇게 축복을 내렸다. "많은 선한 아들을 낳을 것이고 비할 데 없는 명성을 얻게 될 것이다. 한 아내는 너의 종족을 보존할 아들을 낳을 것이고 다른 아내는 6만 명의 아들을 낳을 것이다." 이에 두 부인이 누가 어떤 아들을 낳게 될지 물으니 브리구는 "한 아들은 종족을 영속시키고 다른 아들들은 강력하고 명성을 얻어 큰 사랑을 얻을 것이니, 어떤 축복을 선택하겠느냐?"라고 되물었다. 께쉬니가 한 아들을, 수마띠가 6만 명의 아들을 선택했다. 왕은 두 아내와 수도로 돌아왔다.
>
> 아이를 낳을 때가 되어 께쉬니는 아사만자(Asamañja)를 낳았고, 수마띠는 조롱박 모양의 태아를 낳아 그것이 쪼개지며 6만 아들들이 나타났다. 이들을 기히가 가득 찬 단지에 넣어 키웠다. 그들이 성장하여 잘생긴 용모와 용맹을 갖춘 6만 아들들로 왕 옆에 섰다. 하지만 첫 아들인 아사만자는 매일 어린아이들을 쫓아가 잡아서는 사라유 강물에 빠뜨리고 물에 빠진 그들을 보고 웃어대곤 했다. 그러자 왕은 이런 악행을 하여 신실한 이들에게 고통을 주고 시민들을 해치려고 하는 그를 추방했다. (한편) 그의 친절하고 용감한 아들인 앙슈만(Aṃśumān)은 백성들의 사랑을 받았다. 많은 시간이 지난 후 사가라 왕은 사제의 도움을 받아 희생제의를 드릴 결심을 하고 준비를 했다.(*Rāmāyaṇa*, Bala Kanda, canto 38)

이어 인드라가 사가라 왕이 희생제의를 위해 풀어놓은 말을 훔쳐가자 6만 아들들이 그 말을 찾아 나서고, 이에 두려워진 신들이 브라흐마에게 가 도움을 청하는 이야기가 이어진다.

> 사가라 왕은 좋은 희생제의 장소로 추천되는 히말라야와 빈드야 산맥 사이에서 희생제의를 드리기로 했다. 앙슈만이 희생제의용 말을 풀어놓고 그 말이 자유로이 다니는 동안 따라가며 지키는 역할을 맡기로 했다. 그런데 사가라 왕이 희생제의 드리는 일로 분주한 틈을 타서 인드라가 괴물 같은 모습을 하고 희생제의용 말을 훔쳐 갔다. 사제들이 희생제의 과정에서 생긴 이런 문제가 불의 재앙을 가져올 것이니 말을 찾아와야 한다고 말하자, 왕은 6만 아들들에게 말을 가져간 도둑을 잡아오도록 명령했다. 지구를 다 뒤져 찾고 그래도 찾지 못하면 말을 찾을 때까지 땅을 파 찾으라고 지시하고 자신과 손자, 사제들은 말이 보일 때까지 기다리겠다고 말했다.
>
> 6만 아들들은 땅을 다 뒤져도 말을 찾지 못하자 강한 팔로 땅을 파기 시작했다. 그러자 땅속에 있던 나가, 악마, 괴물, 기타 생명체들이 크게 고함을 쳤다. 아들들이 넓은 지역의 땅을 파자 신들과 나가와 악마들이 모두 브라흐마에게 가서 도움을 청했다.(*Rāmāyaṇa*, Bala Kanda, canto 39)
>
> 신들의 말을 들은 브라흐마가 이렇게 대답했다. "지모신은 비슈누의 배우자(락슈미)로, 전 지구가 그녀에게 속해 있으니 비슈누 신이 (그의 요가력으로) 까삘라의 모습을 하고 지구를 보호할 것이다. 사가라의 아들들은 까삘라의 분노의 불로 재가 될 것이다. (매 깔빠, 즉 우주마다) 지구를 파내는 일은 다양하게 발생하는 것이고 사가라 아들들의 파괴는 비전을 지닌 이들이 예견한 것이다. 그러니 슬퍼할 이유는 없다. 이 대답을 듣고 33신들[71]이 기뻐하며 돌아갔다.
>
> 6만 명의 왕자들이 사방에서 지구를 파들어 가서 동서남북 사방 각 부분을 머리로 떠받치고 있는 거대한 코끼리들을 만났다. 계속 파고 내려가다 성자 까삘라의 모습을 한 비슈누와 그에게서 멀지 않은 곳에서 풀을 뜯

고 있는 말을 발견했다. 왕자들은 그가 말을 훔쳐 희생제의를 방해한 도둑이라고 여겨 무기를 들고 그에게 달려들었다. 이에 분노한 까삘라가 '훔(hum)' (모욕의 표현)이라 말하자 왕자들이 모두 잿더미가 되었다.(*Rāmāyaṇa*, Bala Kanda, canto 40)

브라흐마의 대답 내용과 그의 예견대로 사가라의 아들들이 성자 까삘라의 저주로 파괴된 것은 업 사상을 신화적으로 표현한 것으로, 모든 사건들이 업에 의해 그리되도록 예정되어 있다는 것을 시사한다. 그렇기 때문에 브라흐마는 사가라 아들들의 죽음을 슬퍼하지 말라고 말하고 있다. 그리고 저주는 예정된 업보가 나타나게 하는 매개라고 볼 수 있다.

윤리적 관점에서 본다면 말을 훔친 인드라가 잘못한 것임에도, 불행을 당하는 쪽은 사가라 왕의 아들들이다. 이 의아함을 해소시켜주는 것은 이에 대한 브라흐마의 설명이다. 즉 이 모든 일의 진행이 예정되어 있었다는 것이다. 이는 세상사를 지배하는 업의 법칙에 따라 일어나도록 예정된 것이라는 설명이고, 이 사건에 등장하는 인물들은 일이 법칙에 따라 진행되도록 하는 매개체들이라 할 수 있다.

이어 사가라 왕의 명령으로 손자 앙슈만이 자신의 삼촌들이 파놓은 지하통로로 라사딸라로 가서 말을 데려오고 왕에게 삼촌들의 이야기를 전하는 내용이 다뤄진다.

오랫동안 아들들이 돌아오지 않자 사가라 왕은 손자에게 삼촌들을 찾고 말을 찾아 희생제의를 완수할 수 있게 되기 전까지는 돌아오지 말도록 명령하고, 지하세계의 존재들이 강력하고 거대하므로 활과 칼을 가져가도록 했다. 손자 앙슈만은 자신의 작은아버지들이 파놓은 지하통로를 통해 지하로 내려가 삼촌들이 만났던 코끼리들을 만났고 그들에게서 작은아버지들에게 일어난 일들을 모두 알게 되었다. 그는 작은아버지들이 잿더미가 된 곳에 이르렀다. 그는 큰 고통으로 울부짖으며 큰 슬픔에 잠겼다. 그리고 가까운 곳에서 풀을 뜯고 있는 말을 발견했다. 그는 돌아가신 삼촌들에게 물을 바치고 싶었지만 근처에서 물을 찾을 수가 없었다. 그는 사방으로 꿰뚫어 볼 수 있는 비전을 넓혀 가루다를 보았다. 가루다는 이렇게 말했다. "이 죽음은 삼계를 위한 것이다(신성한 강가가 지상으로 내려오게 되는 계기가 될 것이다). 측량 불가한 영광스러움을 지닌 성자 까삘라가 이 왕자들을 태워 죽인 것이니 그들에게 지상의 물을 주어서는 아니 된다. 히마반의 딸인 강가 강의 물을 주거라. (전 세계를 정화할 수 있는) 강가가 그들을 씻을 때, 강가 물에 적셔진 이 잿더미가 6만 왕자들의 영혼을 천상으로 데려갈 것이다." 이 말을 들은 (아주 강력하면서도 위대한 수행자이기도 한[72]) 손자는 재빨리 할아버지에게 돌아가 자초지종을 전했다. 왕은 이 놀라운 이야기를 듣고 나서 경전 규정에 따라 희생제의를 최고의 정성을 들여 마치고 수도로 돌아왔다. 하지만 강가 물을 지상으로 내려오게 할 방도를 찾을 수가 없었다. 아무런 결론도 내지 못한 채 30,000년을 통치한 뒤 그 왕은 천상으로 올라갔다.(*Rāmāyaṇa*, Bala Kanda, canto 41)

이어 앙슈만의 손자인 바기라타(Bagiratha)가 강가를 지상에 내려오게 만들려고 고행을 성공적으로 실천하자, 브라흐마가 바기라타에게 축복을 주어 쉬바가 강가를 그의 머리에 받아 지상에 떨어지도록 하는 이야기와. 강가 물이 지상으로 내려오자 바기라타가 그 물로 재가 된 조상들을 구원하고 왕국으로 귀환하는 이야기가 전개된다. 이 이야기의 가장 핵심적인 부분은 강가 강물과의 접촉이나 목욕의례가 지닌 정화력과 구원력에 대한 기술이다.

사가라가 세상을 뜨고 손자인 앙슈만이 위대한 지도자가 되었다. 앙슈만은 아들 딜리빠에게 왕위를 물려주고, 히말라야 정상에서 강가를 지상에 내려오게 하기 위해 극심한 고행을 했다. 그는 320만 년 동안 고행하여 강가는 얻지 못했으나 천상을 얻었다. 딜리빠가 어찌해야 강가를 지상에 내려오

그림Ⅲ.7.2 히말라야 강고뜨리에 있는 강가 여신사원

게 하여 자신의 선조를 구원할지 걱정하며 고민에 빠져 있을 때 아들 바기라타가 태어났다. 딜리빠는 3만 년을 통치하고 병으로 죽음에 이르게 되자 바기라타에게 왕위를 물려주고 자신이 쌓은 공덕으로 인드라로까(인드라의 거처)에 이르렀다. 바기라타는 자식이 없어 자식을 낳기 위해 또 강가를 지상에 내려오게 하기 위해 히말라야에 가서 긴 고행을 했다. 감각을 완전히 통제하고 자신을 다섯 개의 불, 즉 사방의 불과 위의 태양에 노출시키고 한 달에 한 번만 먹었다. 이렇게 1,000년이 지나갔지만 여전히 극심한 고행을 계속했다. 모든 피조물의 지배자인 브라흐마가 그에게 원하는 축복을 물었다. 그러자 바기라타는 "사가라의 모든 아들들이 제게서 물을 받도록 해주십시오. 그들의 재가 강가 물에 적셔질 때 영원한 천상을 얻도록 해주십시오. 그리고 저희 종족이 끊어지지 않게 아들을 원합니다."라고 대답했다. 이에 브라흐마는 강가가 땅에 내려올 때 땅은 강가의 낙하를 견뎌낼 수 없고 쉬바만

이 그 힘을 감당할 수 있다고 대답했다.(*Rāmāyaṇa*, Bala Kanda, canto 42)

쉬바는 자신의 머리로 강가의 낙하를 받기로 하락했다. 그런데 강가가 자신이 빠딸라(지하세계)로 잘 들어갈 수 있다고 말하자 강가의 자만심에 화가 난 샹까라(쉬바)가 강가를 자신의 땋은 머리카락 속에 감추기로 마음먹었다. 그래서 강가는 노력에도 불구하고 땅에 이를 수 없었다. 이를 본 바기라타는 또다시 최고의 고행을 했다. 쉬바는 이에 크게 만족하여 강가가 (히말라야에 있는 호수인) 빈두사라로 떨어지게 했다. 강이 풀려나오는 동안에 일곱 물줄기로 갈라지고, 이 중 즐거운 물줄기인 세 물줄기는 동쪽으로, 축복의 물인 세 물줄기는 서쪽으로 흐르고, 일곱 번째의 물은 바기라타의 마차를 따랐다. 이렇게 강가가 땅으로 내려왔다. (이어 강가가 낙하하는 장대한 광경과 지상을 흐르는 여러 모습 묘사)

그림 Ⅲ.7.3 강고뜨리, 강가 여신사원 앞 바기라타사당

강가는 샹까라(쉬바)의 머리로 떨어져 지상으로 떨어졌다. (접촉하면 죄를 없애주는) 투명하고 맑은 물이 밝게 빛났다. 그곳에서 리시, 간다르바, 지상 거주자들의 주인들이 그 물을 만져 정화되고, 저주로 천상에서 지상으로 떨어진 이들은 강가에서 목욕하여 그 죄를 씻었다. 물을 만져 죄를 씻은, 그리고 덕을 더 쌓은 이는 다시 한 번 천상에 이르고 각자의 영역으로 돌아간다. 바기라타가 마차를 몰고 강가가 그 뒤를 따랐다. 강 중에 최고이고 모든 죄를 제거할 수 있는 강가는 바기라타가 마차를 모는 방향을 따라 흘렀

다. 그리고 기적을 행하는 희생제의를 해 오던 자흐누의 희생제의터를 침수시켰다. 그러자 자흐누는 강가의 자만에 분노를 느껴 강가 물을 모두 마셔버렸다. 그것은 진정으로 가장 큰 기적이었다. 놀란 신, 간다르바, 리시들이 인간 중 최고인 자흐누에게 영광을 돌리고 강가를 그의 딸이 되게 하여 그가 강가를 뿜어내도록 설득했다. 이에 만족된 그 성자는 강가를 자신의 귀를 통해 뿜어냈다. 그래서 강가를 자흐누의 딸로 말하고 '자흐나비'라는 이름으로 부른다. 강가는 다시 바기라타를 뒤따라 (바기라타의 선조들의 잿더미가 있는) 라사딸라에 이르렀다. 바기라타는 자신의 선조들이 재가 된 것을 보고 지치고 슬퍼 실신했다. 가장 신성한 강가 물이 그 잿더미를 씻어 사가라의 아들들의 죄를 씻어내자 그들(의 영혼)이 천상에 올랐다.(*Rāmāyaṇa*, Bala Kanda, canto 43)

선조들의 재가 강가 물로 씻겨졌을 때 브라흐마가 바기라타 왕에게 이렇게 말했다. "사가라 왕의 6만 아들들이 구원되어 신과 같이 천상에 올랐다. 지상에 대양의 물이 존재하는 한 사가라의 아들들은 신처럼 천상에 머물 것이다. 강가는 당신의 가장 큰 딸이 되어 바기라티로 알려질 것이다. 강가는 또한 (천상·지상·지하) 세 영역을 흐르므로 '뜨리빠타가'로 불릴 것이다." 이어 브라흐마는 강가를 천상에서 지상으로 내려오게 한 바기라타의 위대한 공적을 칭찬하고 강가 물에 목욕하도록 권하며 이렇게 말했다. "당신은 비록 순결하나 (다른 강들이 모든 시기에 목욕하기에는 부적합하지만) 일 년 내내 목욕하기 적합한 강가 물에서 목욕하시오. 그 공덕의 보상을 받을 것이오. 당신의 선조께 강물을 바치시오. 당신과 함께 모두가 잘될 것이오. 나는 이제 내 거처로 돌아갈 테니 당신도 당신의 수도로 돌아가시오. 오, 인간의 보호자여." 바기라타는 규정된 의례절차에 따라 선조들에게 신성한 강물을 바친 뒤 수도로 돌아왔고, 백성들은 크게 기뻐했으며 그들의 슬픔과 불안이 사라졌다.(*Rāmāyaṇa*, Bala Kanda, canto 44)

이렇게 강가의 하강에 관한 이야기를 전한 비스와미뜨라는 이야기를 마무리하면서 강가의 하강과 관련된 이야기를 듣거나 다른 이들에게 하는 이들은 죄가 완전히 소멸되고 부·명예·장수·아들·천상의 삶과 같이 자신이 바라는 바를 얻게 된다고 기술한다(*Rāmāyaṇa*, Bala Kanda, canto 44). 인도인들에게 강이 가지는 중요성이 이처럼 신화화되고 인격화되어서 그 중요성이 더욱 부각되고 있는 점은 참 흥미롭다.

3) 우유대양을 저어 불멸의 생명수를 얻는 신화와 꿈브멜라 축제

꿈브멜라 축제의 보다 직접적인 기원신화는 '우유대양을 저어 불멸의 생명수를 얻는 신화'다. 이 신화는 주요 힌두 신화텍스트 모두에서 기술되는 중요한 신화다. 『라마야나』에서는 방금 위에서 다룬 강가 하강 이야기에 이어 나오는데, 전체 스토리가 『마하바라따』본에 비해 많이 축약되어 있다. 그리고 상세 내용은 문헌들마다 다소 차이가 있다. 이 신화를 이 책의 데바와 아수라 투쟁신화를 다루는 부분에서 다룬 바가 있지만, 여기서는 이해의 편의를 위해 『마하바라따』본과 몇몇 『뿌라나』본의 이야기들을 정리하여 전체 스토리를 편집해보았다.

> (창조주인) 브라흐마는 자신의 무릎에서 아들인 마하데바(쉬바)를 낳고, 마하데바에서 두르바사(Durvasa)라는 성자가 나왔다. 두르바사는 수행을 통해 비범한 능력을 얻게 되었다. 그는 세상 주변을 배회하다 한 아름다운 여성의 손에 있는 향기로운 화환(말라)을 발견하고는 그 여성에게 화환을 달라고 청했다. 그 화환을 받은 두르바사는 그것을 머리에 얹고 여기저기 배회하다 데바들의 왕인 인드라를 만났다. 그는 존경의 표시로 그 화환을 인드라에게 바쳤다. 그런데 인드라가 화환을 받아서 자신이 타고 있던 코끼리의 머리에 걸어주자 코끼리가 그 향기에 놀라 코를 드는 바람에 화환이 그만 땅에 떨어졌다.
>
> 인드라가 자신을 모욕했다고 생각한 성자 두르바사는 분노하여 인드라에게 저주를 내리려 했다. 실수를 깨달은 인드라가 코끼리에서 내려와 용서를 구했지만 다른 성자와 달리 두르바사는 저주를 거둬들이지 않았다. 그

저주로 부와 풍요의 여신인 락슈미가 인드라의 거처에서 사라져 삼계에 식물들이 마르고 성자들은 희생제의를 드리지 못하고 사람들은 이기적이 되어갔다. 이로 인해 신들의 힘이 약해지자 아수라들이 신들을 공격했다. 이에 신들이 자신들의 지도자로 아그니를 뽑아 브라흐마에게 도움을 청했다. 하지만 브라흐마는 자신은 도울 수 없으니 유지의 신인 비슈누에게 도움을 청하도록 조언했다.

신들이 비슈누에게 가 도움을 청하자 비슈누는 세상에서 자라는 모든 종류의 풀과 식물을 모아 우유바다에 넣고 우유로 된 대양을 휘저어 불멸의 생명수인 아므리따를 얻는 것이 주도권을 찾을 수 있는 유일한 길이라고 말했다. 신들이 자신들의 힘만으로는 어렵다는 고충을 말하자 비슈누는 악마들의 도움을 받으라고 조언했다. 그래서 신들은 악마들과 아므리따를 얻으면 반반씩 나누어 갖기로 조약을 맺었다.(*Vishnu Purana*, Debroy, et al. 2003: 11-13)

신들은 모든 기는 생명체(creeper)들이 있고 압사라와 같은 낀나라(kinnara)의 휴식처이자 야자나(yajana)의 높이와 깊이를 가지고 있는 (히말라야에서 가장 높은 산인 마하메루(Mahameru)인) 만다라 산을 젓는 막대로 사용하기 위해 뽑아내려 했다. 신들이 온갖 노력을 들여도 뽑을 수 없자 신들은 브라흐마와 함께 있는 비슈누에게 가서 자신들을 위해 만다라 산을 뽑아달라 청했다. 그 청을 받아들여 비슈누는 브라흐마와 함께 뱀들의 왕인 안안따에게 가서 그 산을 뽑도록 시켰다. 안안따는 모든 숲과 숲 속에 있는 모든 것들이 함께 있는 산을 뽑았다.

신들이 만다라 산을 가지고 대양으로 가서 대양에게 아므리따를 얻기 위해 당신의 물을 저을 것이라 말하니, 물의 신이 "당신들이 내 몫의 불멸수를 준다면 휘저어지는 힘겨움을 참아낼 것이다."라고 말했다. 신들이 이에 동의하고 신과 악마들이 힘을 합쳐 대양을 젓기 시작했다. 그런데 산이 가라앉기 시작하자 신들은 아수라와 함께 비슈누에게 산의 버팀대가 되어달라 청했다. 비슈누는 그 청을 받아들여 거북이인 꾸르마 모습을 하고 바닷속으로 들어가 그 산의 받침대 역할을 하기로 했다.

그래서 인드라가 바다 기슭에서 만다라 산을 누르고 만다라 산을 젓는 막대로, 바수끼를 젓는 줄로 삼아 대양을 젓기 시작했다. 다나바(danava), 나가(naga) 왕, 위대한 아수라들도 모두 함께 저었다. 아수라들은 바수끼의 입에, 신들은 나라야나가 있는 곳인 꼬리에 서 있었다. 바수끼의 머리를 잡아 위아래로 반복해 흔들자 바수끼의 입에서 연기와 맹렬한 바람이 계속해서 나왔다. 그 연기가 번개가 이는 거대한 구름이 되고 비가 되어 젓는 일로 지친 신들 위로 쏟아져 내렸다. 산꼭대기에서는 꽃들이 신과 아수라 위로 쏟아져 내렸다. 바다에서 거대한 소리가 일었다. 다양한 종의 바닷속 수생동물들이 거대한 산으로 분쇄되어 파괴되었다. 젓는 막대 역할을 하는 산으로 계속 저으니 산의 나무들이 그곳에 서식하는 새들과 함께 바다로 떨어졌다. 서로 부딪쳐 생긴 불이 산을 에워싸고 산에 있는 모든 동물들을 태워버렸다. 그러자 인드라가 비로 불을 잠재웠다.

다양한 나무에서 나온 수액과 여러 약효가 있는 액이 바닷물로 흘러들었다. 신들은 이 넥타 같은 강렬한 액체와 나무에서 흘러나온 우유와 금의 에센스로 불멸하게 되었다. 그러자 대양 물 전체가 가장 좋은 여러 주스와 섞인 우유가 되었다. 그리고 우유에서 기히(ghee, 정제우유)가 나왔다. 그러자 신들은 브라흐마에게 "나라야나를 빼고 우리 모두 지쳤는데 아직 아므리따는 없고 젓는 일이 오래 진행되고 있습니다."라고 말했다. 그러자 브라흐마는 나라야나에게 신들에게 힘을 주도록 청하니, 나라야나는 이 일에 참여한 모든 이들에게 힘을 줄 것이니 깔라아사 대양을 힘차게 저으라고 말했다. 이 말을 들은 신과 악마들이 힘차게 저었다.

그러자 대양에서 달이, 기히에서 (비슈누의 아내가 되는) 락슈미, 수라, 흰 말이 나왔고 보석 까우스뚜바(Kaustubha)가 기히에서 나와 빛을 내며 나라야나의 가슴으로 들어갔다. 슈리(락슈미), 수라, 말, 달이 마음으로 변하여 태양 길을 통해 신들에게 갔다. 그리고 나서 단완따리가 아므리따가 든 하얀 단지를 들고 나왔다. 이 놀라운 광경을 보고 다나바(아수라)들이 서로 제 것이라 소리를 치며 가져갔다. 이어 거대한 코끼리인 아이라와따가 나오고 이어 강력한 휘저음 때문에 독(Kalakuta)이 나와 갑자기 온 세상을 감싸고 연기를 뿜어내는 불처럼 탔다. 그 냄새로 삼계가 정신을 잃었다. 쉬바가 그것을 목에 담았다. 그래서 쉬바가 '푸른 목을 지닌 이(Nilakantha)'로 불리게 되었다. 그러자 나라야나가 아름다운 여성 모히니 모습을 하고 다나바들에게 갔다. 그들이 그녀의 아름다움에 매료되어 그녀의 마음을 사려고 아므리따를 그녀에게 주었다.(*Mahabharata*, Dange, 1997: 233-38에서 재인용)

모히니는 아수라들에게 바닥에 최고 생명수가 있으므로 데바들에게는 생명수 단지 위의 것을 먼저 마시게 한다면 아수라들에게는 바닥의 것을 주겠다고 약속하여 안심시키고, 데바들이 생명수를 마시게 해주었다. 그런데 악마 중 하나가 사실을 간파하고 신들 사이에 뛰어들어 모히니가 신들 입에 부어주고 있는 아므리따를 마시기 시작했다. 하지만 달과 해의 신이 악마를 알아차리고 비슈누에게 그의 머리를 재빨리 베도록 경고했다. 비슈누는 아므리따를 마시고 있던 악마의 머리를 자신의 원반으로 잘랐다. 하지만 아므리따가 그의 목에 있어 그는 죽지 않았다. 그의 잘린 몸의 두 부분은 살아 있었다. 머리 부분은 라후(Rahu, 용의 머리)로, 몸체 부분은 께뚜(Ketu, 용의 꼬리)로 알려지게 되었다. 태양과 달에 대한 복수로 이후 라후가 월식 때 달을 삼키고 께뚜가 일식 때 태양을 삼킨다고 믿어진다. 아므리따를 마신 신들은 다시 강력해져서 비슈누와 함께 악마들을 물리쳤다. 신들이 아므리따를 마신 후 인드라의 아들인 자이안뜨(Jayant)가 아므리따 단지를 악마들로부터 안전하게 지키려고 그것을 신들의 거처인 히말라야로 가져갔다. 가지고 날아가는 동안 네 장소에서 휴식을 취했는데, 아므리따 단지를 가지고 내려가는 동안 그 네 곳에 몇 방울이 떨어졌고, 그것이 강이 되어 흐르게 되었다. 그래서 일정한 별자리 아래에서 이 네 곳의 강에서 목욕을 하거나 물을 마시면 불멸을 얻고 최소한 죄 없는 장수를 얻는다.(Chaturvedi, 1996c: 17-18)

이러한 신화적 설명에 근거하여 아므리따가 떨어진 네 곳, 즉 앞서 언급한 네 도시의 강변에서 꿈브멜라 축제가 열리게 된 것이다. 따라서 꿈브멜라, 특히 12년마다 열리는 마하 꿈브멜라는 직접적으로는 이 우유대양젓기 신화에 근거하는 축제라 할 수 있다.

3. 강가, 생명력·정화력·구원의 원천

인류 문화사에서 강은 중요한 위치를 차지한다. 강은 인간의 삶에 중요한 영향을 미치는 만큼 자주 숭배의 대상이 되어 왔고, 여러 지역의 강 유역에서는 문명이 형성되어 발전해 왔다. 인도에서도 인더스 강을 중심으로 고대 인더스문명이 발생했고 강가 강을 중심으로는 힌두문명이 형성되어 현재까지 지속되고 있다. 그리고 인도만큼 강을 신성시해 온 문화를 찾아보기 힘들 만큼 인도인들은 고대에서 현재까지 강을 신성시하며 여신으로 숭배해 왔다. 인도에 있는 강들 가운데 강가(갠지스)와 그 지류인 야무나 등 일곱 강이 신성시되는데, 특히 강가는 가장 신성시되며 야무나와 함께 독자적인 여신으로 신봉되고 있다.

강가가 인도인들의 정서와 문화에 미친 영향은 실로 크다. 그런 만큼 강가는 인도인들에게 아주 특별한 의미를 지니는 강이다. 인도인들에게 강가는 천상에서 유래된 성스러운 물줄기이자 모든 것을 받아들여 용해시키는 인도문화의 상징이기도 하다. 힌두교도들이 강가에 바치는 깊은 사랑과 봉헌이 경이롭게 느껴졌던 적이 많다. 꿈브멜라는 이것을 극대화시켜 보여주는 축제로 보인다. 신화에 따르면 꿈브멜라 축제 시점에 강가, 야무나, 그리고 신화상의 강인 사라스와띠의 강물이 합쳐진다고 한다.

꿈브멜라 축제의 기원신화라 할 수 있는 우유대양젓기 신화에서 저자가 주목하는 핵심 상징어는 '아므리따'와 '우유바다'다. 힌두사상에 따르면 우주는 창조, 해체, 재창조의 순환과정을 밟는다. 그런데 우주가 해체되었다고 해서 모든 것이 소멸되는 것은 아니다. 우주가 재생성될 수 있게 해주는 생명의 씨앗이 남게 된다. 불멸의 생명수인 아므리따는 바로 이것을 상징한다. 아므리따는 생명의 근원이자 생명의 성장과 보존에 필수적인 요소다. 그렇기 때문에 우주의 순환법칙에 따라 우주해체의 기간이 끝나고 우주가 다시 생성될 때, 우주해체 후 잠재적으로 존재하고 있던 생명의 싹(기원), 즉 아므리따를 되살리려는 노력이 이루어지는 것이다. 이 노력을 이전에 존재했던 우주의 모든 존재, 즉 데바와 아수라(신과 악마), 그리고 자연이 함께 힘을 합쳐 하게 되는데, 그것이 바로 대양을 저어 생명수를 얻어내려는 시도다.

또 이 신화에서 '우유바다'의 인도문화적 의미를 주목할 필요가 있다. 우유바다는 생명의 핵심 요소인 아므리따, 즉 생명의 씨앗을 담고 있는 것으로, 생명을 낳고 기르는 토대라고 할 수 있다. 인도문화에서 우유와 우유제품이 정결한 음식으로 중시되고 다양한 우유제품이 발전되어 있는 것도 이러한 관념과 관련이 있다. 암소가 중시되는 가장 중요한 이유 중의 하나도 암소가 우유를 생산한다는 점에 있다.

따라서 우유바다와 아므리따는 모든 생명체의 새로운 존재가능성을 담고 있는 모체를 상징한다고 볼 수 있다. 이러한 아므리따와 우유바다는 본질적으로 물이다. 아므리따와 우유바다로 상징되는 물은 생명의 근원이자 생명의 성장과 보존에 필수적인 요소다. 인도문화에서 강이 어머니로 상징화되며 중요성을 띠는 것이라든가 의례에서 물이 중시되는 것도 이것으로 설명된다. 그래서인지 고대인도의 사상가들은 창조의 다섯 요소 가운데 물을 가장 중요하게 생각했다. 비슈누가 물과 관련되는 것도 그가 주요 신이 된 이유일 것이다.

신화의 설명처럼 힌두교도들에게 특히 강가는 생명력과 정화력의 원천이다. 뿐만 아니라 천상을 흐르다 지상으로 하강하는 물줄기인 만큼 천상과 지상을 연결해주는 장소이기도 하다. 다시 말해 천상으로 이르게 하는 물줄기라 할 수 있다. 이는 천상과 지상을 연결하는 통로 역할을 하는 우주목이나 사다리와 유사한 의미를 갖는 신화적 상징이다. 그래서 강가는

그림 Ⅲ.7.4 하리드와르의 강가 강

때로 '천상에 이르는 계단'으로 불리기도 한다. 힌두문화에서 계단이나 다리는 초월을 상징하는 말이다. 또한 강가는 인도종교의 핵심 개념인 끝없는 생과 사의 흐름인 윤회를 상징하고, 강의 '피안'은 윤회를 벗어난 해탈의 경지를 의미한다. 실제로 힌두교도들 사이에는 강가 물에 몸을 담그면 죄를 씻을 수 있고 강가에서 죽음을 맞이하면 천상이나 해탈에 이를 수 있다는 믿음이 여전히 강하게 남아 있다. 그렇기 때문에 인도에서 강가 강이 생명력과 구원을 가져다주는 여신 마더 강가(Mother Ganga)로 불리며 큰 사랑과 숭배를 받아 온 것은 지극히 자연스러운 현상이다(류경희, 2003a: 88).

또 강가가 신성시되다 보니 강가의 흐름을 따라 주요 지점에 성지가 형성되었다. 발원지인 히말라야의 강고뜨리(Gangotri, 보다 정확하게는 고묵)에는 강가사원과 그 앞에 강가하강을 위해 긴 고행을 한 신화상의 왕인 바기라타사당이 놓여 있다. 강가가 평야 지역으로 접어드는 지점에도 하리

그림Ⅲ.7.5 바라나시의 강가 강

드와르(또는 하르드와르)라는 주요 힌두성지가 조성되었다. 이곳은 꿈브멜라가 열리는 네 도시 중 한 곳이다. 그리고 강가와 야무나 강이 합류하는 지점을 중심으로 형성된 도시가 지금의 알라하바드(옛 쁘라야그(Prayag))로, 바로 이곳에서 12년마다 마하 꿈브멜라가 열린다. 상감이라 부르는 강가와 야무나 강이 합류하는 곳이 특히 신성시되어, 지금도 수많은 힌두교도들이 길일이면 이곳에서 목욕의례를 하기 위해 전국에서 모여든다.

강가가 히말라야에서부터 남쪽으로 흐르다가 유일하게 그 물줄기를 북쪽으로 트는 지점이 바로 중요한 힌두성지인 바라나시(옛 카시)다. 성지로서의 바라나시의 중요성은 '힌두교의 메카', '힌두문화의 창', '힌두 최대의 성지'와 같은 별칭에서도 잘 나타난다. 바라나시는 힌두 종교·사상·학문·예술의 중심지로 역시 강가 강을 중심으로 도시가 형성되었고, 순례자들은 바라나시 강가에서 몸을 씻는 것만으로도 죄를 씻을 수 있다고 믿어 목욕의례만을 목적으로 이 성지를 찾기도 한다. 그러나 무엇보다 힌두교도들에게 바라나시가 중시되는 이유는, 죽어서 바라나시 강가 강변의 화장터(마니까르니까 가트)에서 화장되면 천상으로 가거나 해탈을 얻거나 최소한 보다 나은 내생을 얻을 수 있다는 믿음에 있다. 힌두교도들은 죽음을 바라나시에서 맞이하는 것을 생애 마지막 열망으로 지니고 있다.

힌두교에서는 이러한 성지를 순례장소인 '띠르타'라 부른다. 앞서 설명한 강가 강의 물줄기를 따라 형성된 성지의 의미를 고려할 때, 띠르타는 고통스러운 윤회의 강을 건너 강 저편의 피안, 즉 신들의 거처인 천상계나 윤회로부터 완전히 자유로운 해탈의 경지로 보다 수월하고 안전하게 '건너가는 장소'를 의미한다고 할 수 있다. 그러나 보다 일반적이고 대중적인 차원에서 보면, 힌두교도들은 강가가 모든 오염과 악을 씻어내는 강한 정화력을 지닌다는 믿음에 근거하여 현세에서의 고통 없는 행복한 삶을 위해 강가를 찾는다(류경희, 2003a: 89).

4. 축제와 삶

우유대양젓기 신화에도 나오지만 신(데바)과 악마(아수라) 사이에서 일어나는 끊임없는 투쟁과 신의 승리 주제는 힌두신화와 축제의 중심 주제다. 신과 악마, 선과 악, 생명과 죽음, 밝음과 어둠 사이의 투쟁은 비단 우주나 사회적 차원에서만 일어나는 것이 아니다. 일상의 삶과 우리 내면에서도 일어난다. 긍정과 부정, 성공과 실패, 희망과 절망, 즐거움과 슬픔 등 서로 상반되는 것들이 교차하며 일어난다. 특히 우리는 부정적이거나 모순적인 상황들과 훨씬 더 자주 조우하게 된다. 부정의와 불평등함, 실패와 낙담과 좌절, 슬픔과 고통스러움, 두려움 같은 다양한 모습의 적들과 끊임없이 대면한다.

데바와 아수라 사이의 끊임없는 투쟁과 데바의 궁극적 승리는 이러한 상황을 영웅적으로 극복하는 것을 상징하기도 한다. 그래서인지 이 영웅적 해결을 경축하는 인도인들의 축제는 삶을 긍정하는 문화로 다가온다. 예전에 끄리슈나가 사악한 왕 깜사를 물리친 신화적 사건을 경축하는 홀리 축제 영상물을 본 적이 있다. 그 영상물에서 "끄리슈나가 악마를 이길 수 있었던 것은, 기쁨과 즐거움을 늘 곁에 두었기 때문이다."라는 내레이션이 나온다. 홀리 축제와 관련된 신화나 인도인들의 설명에서 나온 말로 생각된다.

이 구절은 우리가 삶에서 겪는 힘겨운 상황들을 진정으로 이겨낼 수 있는 것이 과연 무엇일까에 대해 생각하게 만든다. 끄리슈나가 악마를 이길 수 있었던 것을, 그의 비범한 힘이나 의지 때문이라기보다도 즐거움과 기쁨 때문이라 이해하고 표현하는 것, 그 저변에 놓인 지혜가 느껴진다. 신화 속에서 끄리슈나가 보여주는 유쾌함과 장난스러움, 그리고 사랑의 즐거움과 환희를, 악과 고통을 이길 수 있는 원동력으로 본 것이다.

사실 생각해보면 한탄을 한다거나 불평을 해댄다거나 끝 모르는 고민을 한다고 해서 우리가 부닥치는 난관들이 사라지거나 극복되는 것 같지는 않다. 고통을 이길 수 있는 진정한 힘은, 삶을 긍정하는 것에서, 삶을 기쁨과 즐거움으로 받아들이는 태도에서 나오는 것 같다. 그런 면에서 인도사람들이 자발적으로 축제에 참여하여 삶과 자연의 신성함을 찬양하고 자연스레 즐기는 모습들이 부럽지 않을 수 없다. 신화적 사건들에 담긴 전통가치와 규범을 되새기고 전승시키는 축제의 기능을 떠나, 삶의 즐거움을 향유하는 모습으로 느껴진다. 그들의 축제가 딱히 화려하거나 세련되거나 멋진 외양을 보여주는 것은 아니다. 그렇다 하더라고 축제 속에 담긴 신화적 사유와 신앙, 전통적 가치와 규범, 그리고 참여하는 사람들과 그들의 공동체가 살아 있다는 느낌을 준다. 소박하지만 그 살아 있음의 생생함이 아름답게 느껴진다.

주

1 빠리아는 슈드라보다 낮은 계급으로, 인도 전역에서 노예로 취급되며, 경작할 땅도 갖지 못하고 다른 카스트에 고용되어 극심한 노동을 하나 최저의 임금을 받는다. 그들은 브라만 주거지의 길을 건널 수 없고 그들과는 어떠한 형태의 접촉도 피해야 한다. 그들과 접촉한 이들은 오염을 없애는 정화의례를 거치지 않으면 절대로 다른 이들과 접촉할 수 없다. 이 계급 관련 관행은 남인도와 서인도 지역이 가장 강하고 북부는 덜하다. 마이소르 북부 지역에서는 다른 슈드라 계급이 이들과 어느 정도 접촉하는 것을 허용한다(Dubois, 2006: 53-57).

2 아후자(Ahuja, 1993: 232)는 다른 지역의 계급제도와 인도의 카스트를 구분해주는 것이 바로 카스트제도를 뒷받침하고 있는 종교원리들이라고 제시한다.

3 아후자(Ahuja, 1993: 266-67)는 카스트의 기원에 대한 여러 주장들을 수용하여 카스트 형성요인을 제시한다. 그것은 외부에서 유입된 아라아인들이 원주민들에 대해 인종적 우월감을 유지하려 한 것, 직업상의 구분, 의례상의 정과 부정 구분 관념, 그리고 기타 몇몇 요인들이다.

4 이 책 II부 4장의 카스트의 기원신화 부분 참조.

5 부족·지역·직업상의 연합으로 인해 많은 자띠가 생겨나면서 의례, 음식, 생활 및 사고방식에서 상호교류가 경직되었다(Venugopal, 1998: 83-84).

6 그의 대답을 들으면서 어찌 보면 끝없는 사랑과 봉헌 자체가 대가인지도 모른다는 생각이 들었다.

7 이후 다룬 이 장의 내용은 저자의 논문「힌두교와 정서: 박띠에서 정서의 의미와 기능」(2014,『종교연구』제74집 1호)의 내용을 보완·정리한 것이다.

8 이 글에서는 정서와 감정을 같은 의미로 혼용하려고 한다.

9 람 박띠는 또 사구나 박띠와 니르구나 박띠로 나뉜다.

10 또 나라다는 그의 책『나라다 박띠 수뜨라』에서 "신을 사랑하는 이는 원하는 것도 어떤 슬픔도 없다. 자기 목적을 위한 어떤 미움이나 시기도 없다. 봉헌을 통해 평화를 얻고 언제나 영적으로 행복하다."라고 말한다. 박띠 요가의 최고 측면에서 봉헌자는 신의 뜻에 따르기 위해 완전히 자기를 버리며『바가바드기따』를 포함한 모든 박띠 문헌이 이 자기 버림을 강조한다는 것이다(Sehgal, 1999: 278에서 재인용).

11 인도에서 가장 오래된 문헌인『베다』기원,『베다』이전 비아리안 기원, 그리고 이슬람이나 기독교의 영향 등이 주장된다. K. Daya, et al. *Bhakti, A Contemporary Discussion*(New Delhi: Indian Council of Philosophical Research, 2000), 33-36 참조. 신하(Shinha, 1993: 146)도, 힌두교에서 박띠의 기원은 확실치 않으며 일부 이슬람이나 기독교의 영향을 주장하는 견해도 있으나 인도 내에서는 인도 자체에서 성장한 신앙 형태로 받아들인다고 주장한다.

12 신하(Sinha, 1993: 146) 역시 유사한 견해를 제시해서, 박띠의 흔적은 신들에게 바치는『베다』찬가에서 발견되며 이것이 일부 유신론적 성격의『우빠니샤드』에서 발전하고 서사시와『뿌라나』, 그리고 이후 봉헌적 문헌들은『우빠니샤드』의 비인격적인 브라흐만을 인격적 신인 이슈와라로 바꾸었다고 주장한다.

13 대부분 낮은 카스트에 속했던 알바르들은 카스트와 아슈라마 다르마(삶의 네 단계 의무)에 반대했

다. 신비가이자 유랑하는 음유시인들이었던 그들은 따밀어로 된 찬가집인 『쁘라반담(*Prabandham*)』을 집성했고, 이것이 최초의 박띠 텍스트다.

14 라마누자는 베다 전통과 따밀 전통, 베단따와 박띠, 그리고 바르나(카스트)에 근거한 사회 구분과 박띠의 종파적 오리엔테이션 사이의 갈등을 해소하기 위해 노력했다(Iraqi, 2009: 103-04).

15 박띠에 대한 강조와 모든 계층에게 종교를 개방하는 이러한 개혁적 조치는 위계적인 계급제도, 특히 브라만에 대한 강력한 저항의 한 방법이었다고 할 수 있다. 대중들에게 순수한 마음과 행위로 신과 직접적으로 교통할 수 있는 의례형태를 제공해줌으로써 종교수행에서 의례를 통해 무지한 대중을 착취하던 브라만 사제의 필요성을 제거할 수 있게 해주었고, 브라만이 비브라만을 구루로 수용한다든가 남성이 여성을 구루로 수용하는 것을 통해 일부 여성과 슈드라 계급이 종교공동체의 지도자 역할을 담당할 수 있게 했다. 이러한 개혁적인 조치들로 해서 대중, 특히 여성과 불가촉천민이 이 운동에 가담하게 되었고 그 결과 그들의 지위를 개선시킬 수 있었다. 이러한 변화는 종교관념과 의례형태의 변화가 낮은 계층과 여성의 지위향상에 영향을 미친 결과로 볼 수 있다.

16 박띠 운동은 이슬람, 특히 이슬람 신비주의인 수피즘과 영향을 주고받았다. 이는 수피즘과 인도의 일부 사상이 유사성을 지녔기에 가능한 것이었다. 수피즘 안에서도 범신론적 경향을 띠는 흐름이 인도 베단따사상의 범신론적이면서도 일원론적인 관점과 유사했고, 궁극적인 목표인 신과 하나가 되는 합일의 경지에 이르는 방법으로 사용되는 헌신적이고 순수한 사랑이 바이슈나비즘의 박띠와 별반 다르지 않았다. 이러한 유사성은 수피즘과 박띠의 상호교류 및 발전과 함께 이슬람이 보다 용이하게 인도에 뿌리를 내리는 데 기여하기도 했다. 한편 간접적이긴 하나 이슬람 통치라는 정치적인 변화가 박띠 운동에 영향을 미친 점 역시 간과할 수 없다. 무슬림들이 들어옴에 따라 기존의 통치세력이었던 라즈뿌뜨와 그들과 결탁하고 있던 사제계급의 지위도 약화되었다. 다른 한편 장인 및 상인계급이 다시 일어나게 되는데, 그들은 이슬람 통치 이전 침체된 경제제도와 사회통념에 반대했고, 이 반응이 박띠 운동의 주요 원천이 되었다.

17 이 세 유형의 박띠에 대해서는 *The Bhāgavata Purāṇa*, 3.29.8-10에서 상세히 설명하고 있다. Shinha(1993: 152-53)와 Santideva(1999a: 29-30), 그리고 Pandit(2009: 85-86) 참조.

18 세갈(Sehgal, 1999: 278)은 이 다섯 가지에 자식의 부모에 대한 사랑, 즉 샨따 봐아바(shanta bhãva)를 첨가해 여섯 가지로 제시한다. 즉 샨따는 '평화로운'이란 뜻으로 샨따 봐아바에서 산따 박따(박띠 수행자)의 가슴은 사랑과 기쁨으로 충만하게 되며 『마하바라따』의 비슈마가 대표적 예라 지적한다.

19 이 아홉 가지 박띠 형태에 대해서는 *The Bhāgavata Purāṇa*, Part I(1976: 62-63)과 Santideva(1999a: 32-35) 참조.

20 특히 이 『뿌라나』의 II스칸다와 XI스칸다에서 박띠가 집중적으로 다뤄진다. 한편 『라마야나』에 나타나는 박띠는 비슈누의 화신인 람에 대한 박띠로 좀 더 발전된 형태의 인격신에 대한 봉헌을 보여준다(Sharma, R. N., 1996: 19).

21 샤르마(Sharma, R. N., 1996: 18)는 이런 봉헌의 감정은 천상(스와르가), 진리 세계(사띠야 로까) 같은 더 높은 영역에서도 발견되지 않는다고 지적한다.

22 한편 빤디뜨(Pandit, 2009: 83)는 박띠를 가장 쉬운 길이라 설명하거나 이해하는 것에 이의를 제기한다. 그는 신을 즐겁게 하기 위해 공물을 바치는 등의 외적 예배행위만으로는 목표에 이를 수 없으며, 신의 뜻에 자신의 자아를 완전히 버려야 가능한데, 세속인에게 자기 버림은 영혼의 7대 악, 즉 육욕(kama), 집착(moha), 에고의식(ahankara), 분노(krodha), 질투(matsarya), 자만(mada), 탐욕(lobha)과의 투쟁이기 때문에 어렵다고 지적한다.

23 이런 견해를 제시하는 학자들이 많다. 한 예로 스미스(Smith, 2003: 105-06)는 최근 출간된 책에서 서구인들에게 인도여성의 지위는 매우 열악한 것으로 인식되어 왔지만, 힌두교에서 여신이 차지하는 중요성은 다른 기성종교들과 비교되는 가장 두드러진 특징으로, 여성운동을 통해 젠더에 대한 혁

명적 인식 전환이 이루어진 현재, 페미니즘의 한 강력한 흐름이 힌두여신을 모든 여성들을 위한 롤 모델과 영감을 이끌어낼 수 있는 자원으로 환영하고 있다고 지적한다.

24 III부의 제4장은 저자의 논문 「인도 여신신화와 여성정체성: 여성정체성의 이중적 구조와 그 인도문화적 의미」(2006, 『종교연구』 45집)에 추가 항목(2절의 4) 항목)을 첨가하여 이 책의 내용에 적합하게 정리·보완한 것이다.

25 『라마야나』의 저자로 알려져 있는 발미끼는 전설상의 시인으로 이 이야기의 화자이자 등장인물 중 한 사람이다.

26 텍스트로 사용할 원전은 *Srimad Valmiki-Ramayana*(with Sanskrit text and English translation, Part 1-3, 3 vols., Gorakpur: Gita Press, 1992(1969))이다.

27 그러나 이런 경향을 비판하는 인사들도 적지 않다. 예를 들어 메타(Mehta, 2001: 204)는 시따를 모든 힌두 여성들의 진정한 위대함을 구체화시킨 인물로 칭송하면서, 오늘날 여성들이 남녀평등권을 쟁취하기 위해 투쟁하는 것과 서구사회의 감각에 이끌리는 삶을 비판하고 힌두 이상에 근거해 사는 여성의 지위가 더 높다고 주장한다.

28 이 부분에 힌두사상이나 의례 관념과 관련된 소주제들도 포함되어 있다. 깔리가 날라를 패망시키려 하나 날라의 철저한 의례준수로 기회를 잡지 못하다 의례의 실수가 나타나자 곧바로 공격해 날라를 패망시키는 것은, 힌두교에서 종교적 수행의 공덕은 신이나 악마도 어쩌지 못하며 의례상의 실수(오염)는 재앙적 결과를 초래한다는 믿음을 보여준다.

29 최종결집은 『마하바라따』가 『라마야나』보다 뒤지만 최초 형성 시기는 앞선다.

30 이 문헌의 집성 시기에 대해서는 학자들 사이에 이견이 있다. 타꾸르(Thakur, 1999: Introduction, xii)는 4세기 무렵으로 보는데, 5-6세기로 보는 견해가 보다 일반적이다. 예컨대 코번(Coburn, 2002: 1)이나 아이야르(Aiyar, 1997: 244)등이 5-6세기로 본다.

31 이 점에 대해서는 학자들의 견해가 대체로 일치한다. 코번(Coburn, 2002: 303)은 『데비마하뜸야』가 이전 문헌들과 차별화되는 중요한 특징으로 궁극적 실재가 여성으로 이해된다는 점을 들고 있고, 아이야르(Aiyar, 1997: 244)도 『데비마하뜸야』가 5세기 말에서 6세기 초에 집성되었을 것이라는 추정과 함께 신성을 여성으로 다루는 점이 독특하다고 지적한다.

32 텍스트로 사용할 원전은 *DEVIMAHATMYA, the glory of Goddess*(M. K. Thakur commentary, 1999, Delhi: Worldview)이다.

33 주요 이름으로는 마하 락슈미(Maha Lakshmi), 마하 사라스와띠(Maha Saraswati), 마하 깔리(Maha Kali), 두르가, 찬디까(Chandika), 암비까(Ambika), 깔리, 가우리(Gauri) 등이 있다.

34 앞서 다룬 『라마야나』가 각 개인의 종교적·사회적 의무인 다르마를 최우선적 가치로 강조하는 윤리적 색채가 강한 문헌이라면, 『데비마하뜸야』는 전적으로 여신신앙과 관련된 문헌이고, 그 기원 내용을 보면 현세적 복을 추구하는 성격이 강하게 나타난다.

35 남신인 비슈누가 악마를 살해한 것은 『데비마하뜸야』에서 유일한 것이고 그것도 여신의 일깨움을 받아 가능한 것으로 기술된다. 『데비마하뜸야』의 나머지 부분에서 악마와의 전투에서 남신의 역할은 간청과 찬양 등 간접적인 것에 머물 뿐이다.

36 두르가신앙을 본격적으로 분석한 아이야르(Aiyar, 1997: 244) 역시 『데비마하뜸야』를, 토착신앙에 더 큰 토대를 두는 여신신앙이 범어화를 통해 정통 힌두교에 받아들여진 증거로 보고 있다. 또 인도 모신 연구를 한 밧따차리야(Bhattacharyya, N., 1999: 222)는 종교와 사회체계가 밀접한 연관성을 갖는다는 입장에서 모신과 밀교적 샥띠즘을 설명하면서, 세계 종교사의 어느 곳에서도 샥띠즘만큼 그렇게 완전하게 여성원리에 정향된 종교를 발견할 수 없으며, 샥띠즘이 모권적 사회체계에 토대를 두고 있는 농경문화인들의 주요 종교적 특징인 원시 모신숭배를 직접 계승하고 있다고 지적한다.

37 빠딴에이크(Pattanaik, 2000: 5)는, 샥띠로서의 여신은 우주적 에너지이며 존재의 측정 불가한 미혹

인 마야(maya)이고 또 지상적 존재에 대한 책임을 맡고 있는 어머니 자연인 쁘라끄리띠라고 설명한다. 즉 데비는 브라흐마가 세상을 창조하기 위해 사용하는 에너지인 샥띠, 비슈누가 그 질서를 유지하는 자연인 쁘라끄리띠, 쉬바가 해방을 위해 깨려고 하는 미망인 마야와 동일시된다고 설명한다.

38 여기서 악마들은 두르가의 여러 나타남들을 별개의 존재로 이해하는데, 이에 대해 여신은 다양성이 하나의 근원에서 나오고 그곳으로 돌아감을 강조해 설명하고 있다. 즉 힌두사상의 한 특징인 일원론적 사유를 제시하고 있다. 차이점은 그 근원적 실재나 원리가 여성으로 제시되고 있는 점이다.

39 『데비마하뜸야』에서 많이 언급되는 주요 여신의 명칭을 그 빈도 수에 따라 지적해보면 찬디까, 암비까, 깔리, 두르가, 가우리 등이다. 그러나 실제 신앙에서는 두르가신앙이 가장 강력하며 보다 널리 퍼져 있고, 그 다음이 깔리신앙이다.

40 또 신화에서의 여신의 우월한 지위를 신들의 적자생존 이론을 사용해 설명하기도 한다. 베다 신들의 지위가 약화되고 인도가 계속해 외부 침입을 받으면서 베다 신들의 승리에 대한 믿음도 약화되었는데, 이러한 역사적 사실이 신화에 반영되었다고 보고 있다. 시대 환경이 강력한 적들에 늘 승리하는 풍요 여신에게 적합했음에 틀림없고, 따라서 여신신화에서 신들은 결코 전투에 참여하지 않고 여신을 찬양하는 단순한 관람자 노릇을 할 뿐이라는 것이다. 이런 맥락에서 그는 두르가의 아수라와의 전투가 여신신앙이 정통 힌두교에 자신의 자리를 갖기 위해 치른 전투였다고 해석한다(Aiyar, 1997: 226-27).

41 가장 유명한 것은 19세기에 동인도회사가 깔리를 강도단의 구원자로 선전한 것이다(Mohanty, 2004: 109).

42 이 글은 주로 신화의 텍스트 분석에 근거한 것이므로 강력한 여성정체성이 인도 사회와 문화, 그리고 실제 여성의 삶에 미쳐 온 실질적 영향에 대해서는 6장에서 현지조사 연구를 주로 사용하여 다룰 것이다.

43 이 부분에 대해서는 김주희 외, 『인도여성, 신화와 현실』(한국외국어대학교 출판부, 2005)의 3부 2장 '힌두근본주의 운동의 정체성 전략과 여성' 참조.

44 가야뜨리 만뜨라는 모든 힌두종파들이 수용하는 중요한 만뜨라다. 이 만뜨라는 사비뜨리(태양신) 만뜨라로도 알려져 있다. 본래 가야뜨리는 유명한 베다 찬가의 하나에 붙여진 이름이었지만 후에 여신으로 인격화되어 (사라스와띠 외에) 브라흐마의 또 다른 배우자가 되었다. 가야뜨리는 『베다』의 어머니로 불리며 신성한 지식을 얻는 열쇠를 지닌 존재로 믿어진다. 가야뜨리 찬가는 본래 태양, 즉 수리야 신에게 바치는 찬가로, 지상에 태양의 축복을 내려주길 기원하는 간단한 찬가였다. 그러나 후에 신비한 우주력을 지니는 주문으로 간주되었다. 그 내용은 "신성한 태양신(수리야, 사비뜨리)의 영광스러운 빛에 대해 명상합니다. 빛의 주이시어 저희의 마음을 비추어 주옵소서." 이 만뜨라의 음절들이 『베다』의 지식(내용)을 담고 있는 것으로 믿어져, 브라만에게는 아침저녁으로 낭송하는 것이 의무로 주어졌다.

45 사띠(satī)란 말의 뜻은 본래 '좋은 여성'을 의미해서, 여성에 대한 최고의 찬사로 '사띠 빠르와띠'라고 하면 '최고의 여성 빠르와띠'를 의미한다. 그러나 관습적으로는 사띠 행위를 의미한다(Sharma A., 1988: 75).

46 베다바띠는 시따로 다시 태어나 앞서의 라마야나 이야기에서 살펴보았듯이 남편 라마를 통해 라바나를 살해함으로써 복수를 한다.

47 샤르마(Sharma, A., 1988: 84)는 사띠를 바라보는 전통 힌두교의 관점과 역사학·심리학·사회학과 페미니즘 등의 현대적 관점 두 관점이 있다는 걸 지적하고, 이 두 관점을 동시에 유지하는 것은 어렵지만 두 관점에서 이끌어낸 입체적 시각이 사띠의 의미와 사띠가 보기와는 달리 복합적인 현상이라는 점을 이해하는 데 도움을 줄 것이라고 주장한다.

48 18세기 범어자료인 *The Stridharmapaddhati*의 저자인 뜨리암바까(Tryambaka)는 사띠에 우호적인

입장을 취하면서, 힌두전통에서 자살은 일반적으로 금지되나 예외가 적용되는 부가규율이 있으며 고행자의 종교적 자살, 사띠, 군인의 전장에서의 용감한 죽음 등이 그 예이며 이러한 죽음은 실제로는 자살이 아니라고 주장한다(Leslie, 1992: 184에서 재인용).

49 이 장의 이후 글은 저자의 논문「인도의 독립적 여신신앙과 여성: 신화와 실제」(2007, 『인도연구』 제12권 2호, 한국인도학회)를 이 책의 내용에 맞도록 정리·보완한 것이다.

50 본격적인 현지조사는 2006년 10-11월과 2007년 2월에 걸쳐 이루어졌고, 저자가 인도를 지속적으로 방문하면서 축적한 기존 지식과 이해도 주요한 자료로 활용하였다.

51 108은 문헌에서 언급되는 여신의 수 108과 같은 수이고, 51은 여신 사띠의 시신이 분해되어 지상에 떨어진 장소의 수이다(Tate, 2006: 175).

52 꼴까따란 지역명은 여신 깔리의 땅이란 뜻의 깔리끄셰뜨라(Kalikshetra)에서 유래한 깔리까따(Kalikata)라는 마을 이름에 토대를 둔다고 알려져 있다. 이것의 영어식 발음이 캘커타(Calcutta)이고 이 이름을 2001년 주 정부가 영국의 잔재를 제거하기 위해 벵갈어 발음인 꼴까따로 바꾸었다.

53 사제인 바네르지 씨는 깔리는 철저한 채식주의자이며 사람들이 고기를 바치는 대상은 깔리가 아닌 다키니(Dakini, 깔리의 동반자인 여성 주술사)와 요기니(Yogini, 주술력을 지닌 존재)라고 주장했다.

54 현지조사 시에 깔리 뿌자에 참여했을 때 두르가사원 앞에서 행해진 염소 희생제의를 관찰하였다.

55 두 학자 모두 샥띠가 없다면 쉬바는 움직이지 않는 시신과 다름이 없으며, 이러한 인식이 인도문화에서 한 쌍인 남녀 신을 부를 때 항상 여신 이름을 앞세우는(시따-람, 라다-끄리슈나, 락슈마-나라야나 등) 이유라는 점을 강조하고, 이렇게 남녀 신이 꼭 쌍을 이루고 나타난다는 점을 인도 종교문화의 두드러진 특징으로 들었다.

56 그는 70대 노인으로 주요 사제직인 뿌로히뜨(prohit)를 포함해 32년 동안 사제 역할을 해 왔다.

57 이에 대해서는 뒤에서 다룰 예정이다.

58 『데비마하뜸야』의 본문 격인 13장으로 구성된 '아타 슈리 두르가삽따사띠(atha shridurgasaptasati)'의 1장과 4장, 그리고 마무리 부분인 '아타 쁘라단니깜 라하샴(atha pradhannikam rahasyam)'에서 언급되는 우주론에서 다뤄지고 있다.

59 주로 꼴까따(캘커타)와 인근 지역, 그리고 델리, 비하르 등 기타 지역에서 온 10대에서 70대에 이르는 남녀 신자 30여 명, 바라나시의 경우는 10대에서 40대에 이르는 남녀 신자 20명 등 총 50명을 대상으로 두르가, 깔리, 샥띠에 대한 인식과 숭배의 목적, 여성지위와의 연관성 등을 물었다.

60 좀 더 구체적인 대답 내용은 다음과 같다. (1) 깔리 인식: 여신이다(여)/ 여신(부부)/ 깔리와 두르가는 모두의 어머니(여)/ 깔리와 두르가는 본질은 같고 형상만 다른 여신, 악의 세력을 물리치려 이 땅에 옴(남매)/ 깔리는 태양 에너지의 일부(남)/ 마하 두르가(여)/ 우리들의 여신(여)/ 샥띠는 마하 깔리(여)/ 깔리는 영원한 에너지인 샥띠의 한 형태(남)/ 모든 신은 하나, 이름과 형태만 다름, 깔리나 두르가는 모든 이의 어머니(남)/ 깔리는 힘의 여신(여)/ 샥띠의 구체화이자 우리 자신(여)/ 매우 강력한 여신(여) (2) 두르가와 깔리 관계 인식: 같은 여신, 단지 형상만 다름, 깔리는 매우 강력한 여신. 그러나 이것이 남편인 쉬바보다 강하다는 의미는 아니고 똑같이 강력, 많은 사람들이 깔리가 쉬바보다 강력하다 믿지만 나는 아님(여)/ 여신, 샥띠는 파워, 두르가와 깔리는 본질은 같고 모습만 다름, 깔리와 쉬바 모두 강력(남)/ 매우 강력한 여신, 샥띠는 매우 강력, 깔리는 두르가의 여형제(여)/ 샥띠는 힘, 깔리도 힘의 여신, 두르가와 깔리는 같은 여신, 깔리는 모든 악을 물리치고 우리를 보호해 주는 강력한 여신(자매).

61 범어로 된 이 찬가를 로마자 발음 표기로 적으면 다음과 같다.

yaa devi sarvabhuuteshhu maatrirupena sansthitah
yaa devi sarvabhuuteshhu shaktirupena sansthitah
yaa devi sarvabhuuteshhu shaantirupena sansthitah

Namastasyaih Namastasyaih Namastasyaih namo namah.

62 신자이거나 비신자인 캘커타대학 여자 대학원생 20명과 베나레스 힌두대학 남자 대학생 5명에게 개인적으로 이상적으로 생각하는 여성상이 누구이고 일반적으로 받아들여지는 이상적 여성상은 누구인지를 물었다.

63 류경희(1998: 150-53; 2003b: 1-28) 참조.

64 http://kumbhmelaallahabad.gov.in/english/kumbh_at_glance.html

65 정부 공식 홈페이지상의 2011년과 2013년 주요 종교행사 참가 인원 수 비교 자료는 아래와 같다. 'Estimated Pilgrims during Kumbh 2013'(http://kumbhmelaallahabad.gov.in/english/kumbh_at_glance.html)

	2001 꿈브		2013 꿈브	
목욕의례일	날짜	참가 인원	날짜	참가 인원
Makar Sankranti	2001. 1. 14.	1,000만	2013. 1. 14.	1,100만
Paush Purnima	2001. 1. 9.	500만	2013. 1. 27.	550만
Mauni Amawasya	2001. 1. 24.	2,760만	2013. 2. 10.	3,050만
Vasant Panchami	2001. 1. 29.	1,750만	2013. 2. 15.	1,930만
Maghi Purnima	2001. 2. 8.	1,500만	2013. 2. 25.	1,650만
Maha Shivratri	2001. 2. 21.	500만	2013. 3. 10.	550만

66 'Kumbh Mela 2001'(http://www.swaminarayan.org/festivals/kumbhmela/index.htm)

67 http://kumbhmelaallahabad.gov.in

68 웃따르쁘라데시 주 정부는 2001 꿈브멜라 축제를 성공적으로 치르기 위해 공식 웹사이트를 포함하여 15억 루삐(Rs. 1.5 billion)의 예산을 책정했고, 비힌두교도들에 의한 테러를 막기 위해 상당한 보안세력을 배치하기도 했다. 'Kumbh Mela 2001'(http://www.swaminarayan.org/festivals/kumbhmela/index.htm)

69 'Kumbh Mela 2001'(http://www.swaminarayan.org/festivals/kumbhmela/index.htm)

70 'Kumbh Mela 2001'(http://www.swaminarayan.org/festivals/kumbhmela/index.htm)

71 8바수, 11루드라, 12아디띠야, 2아슈위니꾸마라.

72 많은 경우 왕자들이 이런 특징을 지닌다. 인도사회가 그리는 이상적 통치자상으로 보인다.

결론

이 책은, 신화가 인간실존의 보편적인 측면과 함께 문화적 다양성을 이해할 수 있는 주요 도구가 될 수 있다는 관점에서 출발했다. 따라서 신화의 보편적 측면에 편중된 연구의 문제를 지적하고, 신화의 다양성과 보편성 두 측면을 함께 고려하는 연구, 특히 신화를 사회적·문화적 맥락과 연계하는 연구가 필요하다는 견해를 제시했다. 그리고 이러한 관점과 견해를, 인도 힌두신화연구를 통해 제시하려 했다.

또한 주로 텍스트연구에 국한되어 있는 기존 신화연구의 한계를 지적하고, 신화와 문화를 연계하여 신화의 사회적·문화적 기능을 파악할 수 있는 연구를 제안했다. 그리고 그 가능성을 인도의 주요 사회적·문화적 관습과 제도를 신화와 연계하는 연구를 통해 제시하고, 신화가 단순히 과거의 유산이 아니라 현재에도 중요한 의미를 지닐 수 있는 살아 있는 문화자원임을 확인하려 했다. 따라서 이 책은 신화 일반에 대한 학문적 연구의 틀 안에서 특정 지역신화인 인도신화를 연구한 저술이라 할 수 있다.

또한 인도신화연구와 관련해서도, 국내외 기존연구가 주로 자료집의 성격을 띠거나 부분적인 주제에 국한되어 있다는 한계를 인식하고, 인도 힌두신화를 구조적이면서 종합적으로 조망할 수 있는 연구를 시도해보고자 했다. 이러한 점들이, 이 책이 신화 일반이나 인도신화와 관련된 기존연구를 넘어서 새롭게 시도한 부분들이다.

저자의 이러한 학문적 관심을 토대로 이 책이 구체적으로 목적한 바는 두 가지였다. 첫째는, 학문적 신화연구라는 큰 틀 안에서 특정 지역신화인 인도 힌두신화를, 인도사상과 문화의 맥락에서 구조적이고 종합적으로 파악하는 것이었다. 즉 인도신화를 인도적(힌두적) 패러다임으로 이해·분석하여 인도인들의 세계관과 가치관을 이해하고, 이를 통해 인도적 사유와 인도문화의 특성을 파악하는 것이었다. 이 목적을 위해 I부에서 독자적인 힌두신화체계를 구성하고, 이를 토대로 II부에서 힌두 세계관에 따라 분류한 주제별 관련 신화들을 신화의 보편적 측면을 고려하면서 인도의 사상과 사회적·문화적 맥락에서 분석하여 힌두신화의 세계관과 윤리관을 밝혔다.

둘째는, 주로 문헌신화 연구에 머무는 기존 신화연구의 한계를 지적하고, 신화가 문화이해의 유효한 도구가 될 수 있다는 점을 제시하기 위해, 힌두신화를 현재 살아 있는 인도의 사회·문화 관습과 관련지어 다루는 것이었다. 인도는 신화가 문화에 미치는 영향이 커서 주요 관습과 제도가 신화와 밀접히 연관되어 있을 뿐만 아니라, 지금도 신화가 살아 있는 지역인 만큼 좋은 사례라 판단했다. 이 두 번째 목적을 위해, III부에서 인도의 사회·문화 관습들과 신화를 연계 지어 연구함으로써, 살아 있는 신화의 기능을 살펴보고 신화를 통한 문화이해를 시도했다.

위와 같은 목적을 구체적으로 담아내기 위해, 책의 내용을 서문과 I-III부, 그리고 결론과 에필로그의 여섯 부분으로 구성했다. 서문에서는 신화와 인도신화에 대한 기존의 연구를 검토한 후, 저자의 입장에서 한계와 문제로 인식되는 점들을 지적하고 이 책의 목적과 연구방법, 다룰 내용을 개괄했다. 기존 신화연구의 한계로 지적한 점은 크게는 두 가지다. 일반 신화연구와 관련해서는, 기존연구의 일반적인 경향이 신화의 사회적·문화적 다양성보다는 보편적인 측면에 편중되어 있어, 문화적 다양성이 지니는 풍성하고 다채로운 사유와 의미가 소홀하게 다뤄지고 있는 점을 지적했다. 그리고 신화의 보편적 측면과 함께, 신화의 다양성과 특수성을 함께 고려하거나 더 나아가 보다 중시하는 연구의 필요성을 주장하고, 이를 인도 힌두신화연구에 적용시키겠다고 밝혔다. 따라서 이 책이 II부에서 다룬 주요 주제들, 특히 우주창조론, 신체계, 선과 악 등의 주제들을 가능한 범위 안에서 신화 일반 또는 세계신화와 관련지으며 힌두사상과 문화의 맥락에서 분석하려 했다.

인도 힌두신화연구와 관련해서는 기존의 관련 저술이 극히 일부의 분석적 연구를 제외하고는 대부분 자료집 성격의 책이고 특히 체계적이고 구조적으로 조망할 수 있는 분석적인 연구가 거의 부재함을 지적하고, 이러한 연구를 위해 독자적으로 힌두신화체계를 구성하여 이를 토대로 힌두신화의 분석을 시도했다. 또 보편적 관점에서의 신화연구의 경우, 사회적·문화적 배경을 충분히 고려하지 못하는 데서 오는 한계와 오류를 지적하고, 힌두신화를 힌두 세계관과 가치관, 그리고 사회적·문화적 배경을 토대로 분석할 것임을 밝혔다.

I부 인도 힌두 신화자료와 신화체계에서는 힌두신화의 핵심 주제들과 관련 신화들을 연계성을 갖는 하나의 체계로 구성하여 II부 연구의 토대를 마련하려 했다. 이를 위해 먼저 인도인들이 사용해 온 신화개념을 검토하고 인도인들의 주요 신화텍스트들을 역사적 전개에 따라 살펴본 후, 이 가운데 현 힌두신화 이해에 필요한 핵심 텍스트를 분석대상으로 설정했다. 이어 이들 문헌에 공통적으로 나타나는 주제와 등장인물들을 중심으로 힌두신화의 주요 주제들을 선정하고, 이를 힌두 세계관과 윤리관이 반영된 하나의 연계적 신화체계로 구성했다. 이는 수많은 개별신화들을 더 큰 범주의 신화체계에 위치시켜 이해하려는 시도였다. 장별 구체적 내용은 다음과 같다.

1장에서는 특정 지역신화를 잘 이해하려면 그 지역의 신화개념을 먼저 이해하는 것이 필요하다는 관점에서 인도의 신화개념을 살펴보았다.

'신화'에 해당하는 인도용어로 '이띠하사'와 '뿌라나'를 제시하고, 그 의미를 '먼 과거에 발생한 사건들에 관한 오래된 이야기'인 '성화된 역사' 또는 '성스러운 역사'로 정리했다. 그리고 인도에서 신화는 역사와 엄격히 구분되는 개념이 아니라는 점에서, 신화와 역사를 별개의 개념으로 간주하는 서구적 신화개념과는 차이가 있음을 지적했다. 또한 신화는 힌두교의 세계관과 힌두사회의 규범들을 이야기 형태로 표현하고 있다는 점을 지적했다.

2장에서는 이 책이 다루는 연구범위와 대상을 전체 힌두신화의 맥락에서 보다 분명하게 이해할 수 있도록, 힌두 신화텍스트와 신화체계의 역사적 전개과정을 개괄했다. 주요 힌두 신화텍스트를 전기와 후기로 나누어 텍스트의 역사적 전개에 따른 신화체계의 변화를 다루고, 이 가운데 현 인도종교와 신화의 주요 자료인 후기 힌두 신화텍스트(『라마야나』, 『마하바라따』(『바가바드기따』 포함), 그리고 『뿌라나』)를 연구대상으로 정해 각 텍스트를 개괄·소개하고 줄거리를 요약·정리했다.

3장에서는 II부에서 다룰 힌두신화의 주제선정 기준과 주제분류 및 분석방법을 다루었다. 힌두신화는 양이 방대하고 주제도 매우 다양하면서도 주요 핵심 주제와 신화소들이 변형된 형태로 반복해서 나타나는 특징을 보였다. 이러한 특징을 방대하고 다양한 인도신화를 구조적으로 파악할 수 있게 하는 중요 열쇠로 판단했다. 따라서 연구대상 텍스트인 두 서사시와 여러 『뿌라나』 문헌에서 공통적이고 반복적으로 나타나는 주요 공동 주제들을 추출한 뒤에, 힌두 세계관과 윤리관을 반영하는 별도의 신화체계를 구성하여 이에 따라 대·중·소주제로 분류했다. 즉 가장 근원적인 주제에서 시작하여 거기서 파생되는 핵심 주제들을 순차적으로 분류하고 범주화해서 하나의 연결된 신화체계를 구성했다. 즉 대주제로 힌두 신체계인 일원론적 다신론체계, 그리고 우주창조론과 순환적 우주관을 설정하고 이들 대주제에 포함되는 여러 주제들을 분류했다. 중주제는 대주제를 토대로 나타나는 주제들로, 우주와 사회의 윤리규범인 다르마, 인간의 삶과 죽음과 사후세계, 그리고 삶의 궁극적 목표인 해탈과 해탈에 이르는 길을 설정했다. 그리고 이들 중주제에 속하는 여러 관련 주제들을 소주제로 설정·분류했다. 이러한 시도는 복잡하고 다양한 인도신화를 구조적이면서도 종합적으로 파악하고 설명하려는 목적에서 이루어졌다.

Ⅱ부 인도 힌두신화와 세계관에서는 Ⅰ부에서 구성한 힌두신화체계를 토대로, 힌두 세계관과 가치관을 구성하는 주요 주제들을 관련 신화분석을 통해 다루었다. 신화분석은 신화의 보편적 측면을 고려하면서 인도신화의 사상적·사회적·문화적 배경을 토대로 이루어졌다. 이를 통해 신화에 반영되어 있는 힌두 세계관과 가치관의 핵심 내용, 그리고 그것의 인도 사회·문화적 의미와 특성을 파악하려 했다.

1장에서는 첫 번째 대주제로 힌두교의 신체계를 다루었다. 종교 및 신화적 세계관은 세상의 근원실재나 신을 어떻게 이해했느냐에 따라 그 내용이 달라진다고 보기 때문이다. 신화 전반의 신체계에 대한 배경지식을 바탕으로 힌두 신체계를 이해하기 위해, 먼저 세계신화에 나타나는 주요 신체계를 다신론, (유)일신론, 일원론의 세 유형으로 분류해 설명하고, 힌두 신체계를 이 세 유형이 혼합되어 있는 일원론적 다신론으로 제시했다. 그리고 이 혼합적 신체계를 구성하는 주요 개념과 사상들, 즉 하나의 궁극적 실재 개념인 브라흐만, 이 브라흐만의 인격화인 이슈와라, 이 이슈와라가 우주를 창조, 유지, 해체하는 역할을 맡기 위해 기능적으로 삼분된 삼신일체 개념인 뜨리무르띠, 신의 화신 개념인 아바따라, 그리고 이슈와라의 남성 및 여성적 원리의 구체화인 남신과 여신 개념 등을 연계 지어 설명했다. 그리고 이러한 신체계가 힌두신화 속에서 어떻게 구체적으로 표현되고 있는지 살펴보았다. 이어서 힌두신화에 등장하는 주요 신들의 특성과 관련 신화를 다루고 이들 신을 숭배하는 방법인 힌두의례를 간략히 소개했다.

2장에서는 두 번째 대주제로 설정한 우주창조론과 우주관을 다루었다. 여기서도 1장에서와 마찬가지로 힌두 우주창조론의 성격과 특성을 좀 더 명확하게 파악하기 위해, 세계신화에 나타나는 우주창조론의 유형을 먼저 간략히 다룬 후 힌두 우주창조 신화를 다루었다. 신체계와 마찬가지로 우주창조 신화에서도 세계신화에 나타나는 주요 창조 유형들이 복합적으로 나타났다. 그리고 우주창조의 동일 구조와 관념이, 여러 텍스트에서 변형된 형태로 반복해서 나타나는 특징을 보였다. 또한 태초의 묘사가 우주의 대해체 상태에서 시작하는 것은 힌두 창조신화의 특징으로, 힌두사상의 순환적 우주관 또는 시간관을 반영하는 것이라 분석했다.

신화분석을 통해 힌두 우주창조 신화의 특성을 다음과 같이 이끌어 냈다. 힌두 우주창조 신화에 반영된 우주창조론은 창조주 브라흐마의 몸체로부터 우주가 전개되어 나오는 일종의 전개론으로, 이러한 형태의 우주창조론은 세계 여러 지역의 우주창조 신화에서 발견되는, 신적 존재의 몸에서 우주가 전개되어 나오는 우주창조 신화의 계보에 속한다. 그리고 이 신화적 모티브가 힌두 신화사를 통해 변형된 형태로 지속되어 왔다. 이러한 분석을 토대로 힌두 우주창조론을, 파생적 우주전개론에 양성결합 원리에 의한 창조론이 결합된 형태로 규정했다.

이어 창조신화에 나타나는 순환적 시간관과 네 유가를 다루었다. 이 시간관에 따르면 우주는 창조, 유지, 해체의 과정을 끊임없이 되풀이한다. 즉 힌두사상에서 특정 시간 단위의 시작과 끝은 있지만 시간 자체는 시작도 끝도 없는 무한히 이어지는 흐름이며, 모든 인도 정신전통의 목적인 목샤는 이러한 시간으로부터의 해방을 의미한다고 분석했다.

3장에서 다룬 중주제는 우주와 사회를 지배하는 윤리규범으로서의 다르마다. 고대로부터 인도전통은 우주나 사회의 모든 구성원들이 상호 의존적으로 연계되어 있다는 인식을 토대로 사회구성원, 더 나아가 자연 속의 모든 존재가 각자의 본분과 역할을 수행할 것을 강조해 왔다. 이러한 인도인들의 가치관과 윤리규범을 담고 있는 사상이 다르마사상이다. 그런 만큼 다르마는 힌두 세계관 이해에 핵심적인 개념이자 힌두신화의 가장 중요한 주제 가운데 하나다. 힌두신화는 이러한 다르마의 중요성를 가르치고 전파하는 데 중요한 역할을 해 왔다. 따라서 구체적인 신화를 통해 힌두 다르마사상과 그 안에 담긴 윤리적 가치관을 살펴보았다.

우선 다르마의 의미를, 자연과 사회 모두의 이면에 있는 신성한 법칙으로 우주적 차원에서는 우주통합과 유지의 법칙이고 사회적 측면에서는 사회를 통합하고 유지하는 도덕규범이자 의무로 규정하고, 각 측면의 다르마를 관련 신화분석을 통해 제시했다. 특히 두 서사시의 핵심 주제가 사회적·윤리적 규범으로서의 다르마라는 점에서 『라마야나』와 『마하바라따』, 그리고 『바가바드기따』 항목으로 나누어 다루었다. 이 중 현 힌두교의 가장 중요한 문헌으로 지칭되는 『바가바드기따』를 좀 더 비중 있게 다루었는데, 『바가바드기따』는 특히 자기에게 주어진 본분으로서의 의무인 스와다르마사상을 통해 다르마사상을 강조하는 것을 발견할 수 있었다. 이처럼 힌두신화가 현실 삶의 가장 중요한 가치로 다르마를 제시하는 것에서 개인보다는 집단을 최우선시하는 힌두 가치관과 윤리관을 읽어낼 수 있었다.

4장에서는 다르마 주제의 소주제로, 인도전통이 다르마 가운데 가장 핵심적인 것으로 중시해 온, 그래서 힌두신화에서 자주 등장하는 바르나아슈라마 다르마를 다루었다. 인도사회는 사회구성원을 네 범주의 바르나(카스트)로 구분하여 각 계급별로 규정된 의무를 수행하도록 규정해 왔고, 또 해탈추구가 사회에 위협이 되지 않도록 삶의 네 단계인 아슈라마를 거쳐 해탈을 추구하도록 권장해 왔다. 신화에서 다뤄지는 이 두 형태의 다르마를 살펴보고 그 안에 담긴 인도사회의 윤리관을 분석했다.

바르나 다르마에서는 바르나의 기원을 설명하는 동일 신화소가 여러 신화텍스트에서 변형된 형태로 반복해 나타나는 점을 확인하고, 이 신화소에 반영된 힌두사회의 사회관을 유기적 사회관으로 분석했다. 그리고 힌두문헌들이 네 카스트의 의무를 상당히 구체적으로 기술하고 있고, 상세 내용에서는 다소 차이를 보이지만 핵심 내용은 동일하게 기술하고 있는 점도 확인할 수 있었다. 결론적으로 카스트를, 사회의 통합과 유지를 위해 사회구성원이 해야 할 역할을 계급별로 할당하고, 극히 예외적인 상황을 제외하고 카스트 간 접촉과 교류를 금하는 닫힌 사회체계로 규정했다.

서사시와 『뿌라나』에는 위에서 다룬 카스트의 기원이나 의무 외에도 카스트와 관련된 다양한 규범, 논쟁, 그리고 재해석 시도 등이 담긴 이야기나 대화가 많이 등장한다. 이러한 주제들에 대한 신화상의 기술을 통해 당시 인도사회에 카스트 결정의 토대를 출생으로 볼 것인가 아니면 자격이나 자질로 볼 것인가 하는 것에 대한 논쟁이 존재했음을 확인할 수 있었다.

아슈라마 다르마는 힌두사회가 이상적으로 추구해 온 삶의 형태다. 힌두전통은 삶의 네 가치(까마, 다르마, 아르타, 목샤)를 삶의 네 단계(학생기, 가장기, 임처기, 수행자기)를 밟아 추구하도록 규정하고 권장해 왔다. 신화가 이러한 삶의 형태와 그 구체적인 행위규범을 어떻게 제시하고 있는지 몇몇 『뿌라나』 문헌의 기술을 통해 살펴보았다. 그 결과, 힌두신화에서 바르나아슈라마 다르마가 강조되고 반복적으로 등장하는 것은, 이 다르마가 중요한 사회적 의미를 갖기 때문임을 확인할 수 있었다. 따라서 인도전통이 카스트와 삶의 네 가치와 단계를 강조하게 된 것은, 세속을 초탈하는 해탈의 추구가 사회의 유지와 통합에 위협이 되지 않도록 하기 위한 것이며, 바르나아슈라마 다르마는 개인의 사회화와 영성화를 단계적으로 추구케 하려는 장치로 볼 수 있다고 지적했다. 또한 인도전통이 이 윤리체계를 신화를 통해 전파·확산시키려는 의도를 보여준다는 점도 지적했다.

5장에서는 인도 신화사에서 지속적으로 나타나는 데바와 아수라의 투쟁 주제가 힌두사상과 전통에서 선과 악이 의미하는 바를 이해할 수 있는 핵심적인 주제라 보고, 데바(신)와 아수라(악마) 투쟁신화를 통해 힌두사상의 선악 개념을 파악하려 했다. 신과 악마 또는 선과 악의 투쟁은 세계신화의 보편적 주제이나 지역에 따라 양자의 관계나 개념, 그리고 투쟁의 의미는 다를 수 있음을 지적하고, 인도의 데바와 아수라 투쟁신화에 나타나는 두 집단의 관계구도의 특성을 다음과 같이 제시했다. 양자 간 투쟁이 어느 한쪽의 최종적 승리 없이 계속 반복되고, 두 세력이 대립관계이기는 하나 기원이 같고 때로는 협력관계를 맺기도 하며, 데바가 교활하고 아수라가 선하기도 하다는 것이다. 이러한 관계구도는 절대적 선악 개념과 악의 완전한 제거를 제시하는 관점과는 다름을 지적하고, 힌두사상과 윤리의 맥락에서 이에 대한 이해를 시도했다. 먼저 데바와 아수라를 상호 대립세력인 신과 반신으로 규정한 후, 데바와 아수라 간 투쟁의 세 가지 상징적 의미와 교활한 데바와 선한 아수라 주제를 중심으로 관련 신화를 힌두 세계관과 윤리관을 바탕으로 분석했다. 이를 토대로 힌두사상이 제시하는 선과 악 개념을 다음과 같이 제시했다.

첫째, 데바와 아수라는 우주와 삶을 구성하는 상반되는 두 세력을 상징하므로, 우주와 삶의 순환과정에서 양자 간 세력균형의 변화는 존재하나 어느 하나의 완전한 부재는 가능하지 않다. 또 양자 간 투쟁은 우주와 삶이 존속하는 한 필연적이며 우주와 삶이 순환하므로 양자 간 투쟁 역시 반복된다. 투쟁의 반복은 순환적 우주관을 반영한다.

둘째, 우주와 자연과 인간 자체가 데바와 아수라로 상징되는 상반되는 두 세력으로 구성되고 또 양 세력이 대립관계에 있기는 하나, 둘 사이의 투쟁을 본질적으로 엄격히 대립되는 선과 악의 투쟁이라고 볼 수는 없다. 이 대립되는 두 힘을 윤리적인 측면에서 설명한다면 기능적 측면에서 차이를 보이는 상대적인 선과 악으로 볼 수 있다. 데바와 아수라가 같은 기원을 갖는다는 것은 데바와 아수라가 본질적으로 엄격히 구분되는 선과 악은 아니라는 점을 시사한다. 또 힌두 세계관에 따르면 불완전한 현상세계에서 절대 선과 절대 악은 존재할 수 없다. 따라서 힌두사상에서 선과 악은 어디까지나 상대적인 개념이다. 또 선과 악을 구분하는 기준인 우주와 사회의 규범인 다르마 역시 시대·계급·성별에 따라 변화한다. 따라서 힌두 윤리관을 본질적 차원이 아닌 기능적 차원의 선악 개념에 토대를 두는 상대적 윤리관이자 최고의 윤리적 가치를 다르마의 수호, 즉 전체 공동체의 보존과 유지에 둔다는 점에서 집단중심적 윤리관으로 규정했다.

6장과 7장에서는 인간과 삶, 그리고 죽음과 사후에 대한 인도인들의 신화적 이해를 다루었다. 인간의 기원, 본성, 존재조건과 운명, 행위규범, 그리고 죽음과 사후세계 등에 대한 물음들은 인류가 오랫동안 답을 찾으려 애써 온 물음들이다. 따라서 세계신화와 종교의 가장 중심적인 주제가 되어 왔다. Ⅱ부의 6장과 7장에서 이 물음들에 대해 힌두신화와 사상이 제시하는 답을 살펴보았다.

6장에서는 먼저 인간이 태어나고 현 존재조건으로 살아가게 된 이유에 대해, 인도신화와 종교는 인간은 업의 결과로 태어나고 삶은 업보에 따라 무한히 윤회한다는, 업(까르마)과 윤회(산사라) 사상으로 설명한다는 점을 지적하고, 신화가 이 사상을 어떻게 담아내고 있는지 여러 『뿌라나』 문헌에 나오는 신화를 통해 다루었다. 이 과정에서 인도에서 신화가 비유적 이야기 형태를 빌어 힌두사상을 쉽게 이해시키는 도구 역할을 해 왔음을 확인할 수 있었다.

이어 인간의 본질과 업과 윤회의 관계를 다루었다. 힌두사상과 신화에서 인간은 신체와 마음으로 구성된 몸과 영혼에 해당하는 아뜨만으로 이루어져 있다고 이해되고, 아뜨만은 모든 개별존재의 본질이 되는 보편요소로 설명된다. 따라서 모든 생명체의 본질은 동일하며 차이는 몸의 차이이며 개별 생명체의 영혼(아뜨만)은 해탈에 이르기 전까지는 업보에 따라 계속해 윤회한다고 설명한다. 신화는 윤회하는 존재의 위계나 재생의 조건을 결정짓는 업보의 종류에 대해서도 아주 구체적으로 기술하고 있다는 점도 확인할 수 있었다.

또한 힌두신화는 업을 자주 운명과 연관 지어 설명한다. 따라서 업과 운명의 관계를 별도의 항목으로 다루었다. 업과 윤회사상에서 업의 결과인 업보는 고정되어 있어 바꿀 수 없는 것으로 제시된다. 업은 근본적으로 우주의 엄격한 법칙으로 작동하는 것이므로, 삶의 과정에서 발생하는 여러 사건들이 업보에 의해 예정되어 있다고 이해되기 때문이다. 저자는 이러한 측면의 업보가 그리스신화의 '신탁' 개념과 상당히 유사하다고 보았고, 이 운명으로서의 업보 개념을 『라마야나』 스토리의 몇 가지 삽화를 통해 설명했다.

또한 힌두신화에 자주 등장하는 저주 주제를 『마하바라따』와 『뿌라나』에 나오는 신화들을 통해 업보 관념과 연관 지어 분석했다. 그리고 결론으로 힌두신화에서 저주와 관련된 이야기들은 세상만사가 업보에 따라 철저하게 짜인 각본대로 운영된다는 관념을 담고 있다고 지적하고, 그리스신화의 '신탁' 개념과의 유사점과 차이점을 지적했다.

7장에서는 죽음과 사후에 대한 신화적 이해를 다루었다. 이 주제는 세계신화에 공통되는 주제다. 여러 문화에서 죽음의 기원이나 사후세계에 대한 다양한 믿음들이 존재해 왔고 그 믿음의 내용을 담은 신화가 만들어졌다. 따라서 먼저 죽음의 기원에 대한 세계 여러 지역신화의 설명을 유형화시켜 설명하고 이에 견주어 인도인들의 죽음 기원신화를 다루었다. 이어서 이를 토대로 힌두신화에 반영된 죽음관과 사후관을 다루었다. 『마하바라따』에 나오는 죽음 창조신화를 통해 인도인들의 죽음 인식을 분석하고, 죽음이 우주의 질서체계에 따른 불가피한 것이자 업과 윤회의 결과로 제시되고 있음을 밝혔다.

사후 인간의 운명에 대한 궁금증 역시 인간의 가장 큰 관심사 가운데 하나다. 인류는 다양한 형태와 방식으로 사후 인간의 운명을 상상하고 추정하며 나름의 대답을 찾아 왔다. 그것이 사후관이다. 힌두교의 사후관은 무엇이고 그것이 신화에서 어떻게 그려지고 있는지 살펴보았다. 먼저 힌두사상의 생사에 대한 인식을 설명했다. 힌두사상은 태어남과 죽음을 하나의 '생명 에너지(우주력, 우주의식)'의 두 측면, 즉 생명 에너지가 드러나고 드러나지 않은 상태로 인식한다는 점을 언급했다. 그러므로 죽음은 생명 에너지가 보이지 않는 상태로 변하는(전이되는) 것이자 비물질 상태로 존재하게 되는 것을 의미한다고 지적했다.

이어 힌두신화에서 묘사되는 사후세계를 통해 인도인들의 사후관을 읽어내려 했다. 힌두사상을 포함한 인도사상은 삶과 죽음을 대립하는 것으로 보지 않으며, 인도인들에게 사후세계는 죽은 이의 영혼이 재생하기 전에 거치는 장소를 의미한다는 점을 지적하고, 『뿌라나』에서 이러한 관념이 어떻게 구체적으로 설명되는지 살펴보았다. 그리고 이를 토대로 인도인들의 사후관을, 재생 관념에 낙원과 지옥 관념이 결합되어 있고, 죽은 후에 1차적으로 생전의 행위 결과에 따라 상벌을 받으며, 궁극적으로는 업보에 따른 재생조건을 통해 보다 결정적인 상벌이 주어지는 형태로 파악했다. 여기서 낙원이나 지옥은 재생되기 이전까지 머무는 중간 장소의 의미만을 지닌다고 분석했다.

8장에서는 이 책의 마지막 중주제인 '인도인들의 삶의 목표인 해탈'과 이 주제에 속한 소주제로, '해탈을 달성하는 방법인 수행'과 '해탈을 추구하는 삶을 사는 수행자', 그리고 '수행을 방해하는 신과 여성' 주제를 다루었다. 이를 통해 인도신화가 여러 수행자와 그들의 수행 이야기를 통해 인도종교와 문화가 최고의 영적 가치로 추구해 온 해탈의 의미와 상태, 그것을 달성하는 구체적인 방법 등을 이야기나 대화 또는 설명 형태로 제시하고 있음을 알 수 있었다.

인도종교와 철학들은 인간의 자유롭지 못한 실존상황을 인간이 해결해야 할 본질적인 문제로 진단해 왔다. 그리고 이러한 제약적인 존재상황에서 자유로워지는 해탈을 최고의 가치로 제시하고, 이 이상을 달성하는 방법으로 욕망을 버리는 삶을 제시해 왔다. 이러한 해탈의 경지에 이르기 위해 하는 것이 금욕적 수행이며, 수행의 삶을 사는 이들을 '사두(수행자)'라 부른다. 신화가 그리는 수행자의 삶은, 해탈을 달성하는 방법을 구체적으로 보여주었다. 수행의 초기 단계가 되는 삶의 세 번째 단계가 극심한 고행과 함께 종교적 의무를 지속하는 과정임을 알 수 있었는데, 이것을 몸과 마음이 만들어내는 감각적·심리적 욕망을 극복하기 위한 것으로 분석했다. 수행의 마지막 단계 역시 신체적·심리적 욕망을 통제하는 것을 가장 중요한 의무로 제시하고 있고 이것이 요가수행의 핵심 요소임을 파악했다. 그리고 삶의 네 번째 단계에 들어선 수행자(산야신)의 중요한 특징이 모든 종교적·사회적 의무에서 자유롭게 되어 오직 해탈만을 추구하며 수행하는 것임을 알 수 있었다.

이 장에서는 또 수행과 관련하여 반복해 나타나는, 신들의 왕인 인드라가 수행하는 성자를 두려워하여 천상의 무희인 아름다운 압사라를 보내 수행을 방해하는 주제에 주목하고, 이 주제의 이야기들이 담고 있는 두 가지 중요한 관념을 이끌어냈다. 하나는 금욕적 수행(따빠스)이 강력한 파워를 만들어낼 수 있으며, 이 파워는 인드라와 같은 하위 신의 파워를 능가할 수 있다는 관념이다. 그래서 힌두신화에는 극심한 수행을 통해 얻은 성자의 강력한 힘을 묘사하는 이야기가 많다. 또 여기에서 인간이 수행을 통해 해탈의 경지에 이르면 비슈누나 쉬바 신과 같은 완전한 존재가 될 수 있다는 관념도 자리하고 있다. 다른 하나는 본능적 욕망을 극복하는 것이 최고 경지에 도달하는 주요 방법이며 강력하고 오랜 수행도 감각적인 욕망(보다 구체적으로는 성적인 욕망)에 쉽게 무너진다는 관념이다. 인도전통이 가장 강력한 욕망으로 인식해 온 것은 성적 욕망이고 여성을 세속적인 것, 특히 성적 욕망의 상징으로 활용해 옴으로써 인도에서 여성의 지위를 낮추는 데 영향을 미치기도 했다는 견해를 제시했다.

Ⅱ부의 마지막 장인 9장에서는 힌두전통이 제시해 온 해탈에 이르는 세 가지 길을 다루었다. 8장에서 수행과 수행자 주제를 다루면서 해탈에 이르는 핵심 방법을 설명했으므로, 여기서는 구체적인 해탈의 길인 갸냐 요가(지혜의 요가), 까르마 요가(행위의 요가), 박띠 요가의 핵심 내용을 설명했다. 그리고 이 세 가지 해탈의 길들이 방법상의 차이만 있을 뿐 그 핵심 본질은 모두 에고이즘의 제거, 다시 말해 자기중심성이나 자기의식을 제거하여 욕망을 제거하고 이를 통해 해탈의 경지에 이르게 하려는 것이라고 지적했다.

이 책의 두 번째 주요 특징은, 신화연구를 텍스트연구로 국한하지 않고 신화를 실제 문화를 연구하고 이해하는 주요 도구로 사용했다는 점이다. 이는 신화와 문화가 밀접히 연관된다는 인식에서 출발했다. 특히 인도와 같이 주요 관습과 제도가 신화와 밀접히 연관되어 있는 곳의 경우, 신화가 문화이해의 유용한 도구가 될 수 있다는 점을 제시해보고 싶었다. 따라서 Ⅲ부 문화 속에 살아 있는 신화에서 인도문화와 사회의 주요 관습과 제도들을 신화와 연관 지어 다루었다. 특히 신화의 사회적·문화적 기능에 초점을 맞추었다.

1장에서는 다른 문화의 제도나 관습을 이해하려 할 때 문화적 차이로 인한 이해의 장벽이 존재하므로 그 제도나 관습의 사회적·문화적 배경을 이해하는 것이 필요하다는 점을 제시하고, 이와 관련하여 각 지역신화가 그 지역의 문화와 사회의 특성을 담고 있는 귀중한 정보원이라는 점에서 문화이해의 주요 통로가 될 수 있다고 주장했다. 특히 신화가 살아 있는 인도의 경우, 신화가 인도전통을 보존하고 사회체계를 유지하는 데 필요한 사상·가치관·사회규범을 쉬운 이야기 형태로 대중들에게 전달하는 역할을 해 왔다는 점에서, 힌두신화는 인도사회와 문화를 이해할 수 있는 좋은 통로가 될 수 있다고 주장했다. 이런 주장을 입증하기 위해 이후 장들에서 인도사회와 문화를 이해하는 데 중요한 관습과 제도를 다루었다.

2장에서는 인도의 위계적 계급제도인 카스트제도를 다루었다. 사회제도로서의 카스트를 설명하고, 인도인들의 종교적·신화적 사유가 이 제도에 미친 영향을 살펴보았다. 카스트가 다른 지역의 계급제도와 차별화되는 점을, 오랜 지속성과 종교원리들에 토대를 두는 것으로 보고, 카스트를 정당화해 온 신화적·종교적 원리들을 다루었다.

첫 번째 원리로 든 것은 카스트의 기원을 신화 및 종교적으로 신성화하는 것이다. II부 1장에서 다루었듯이, 고대 이래로 힌두 우주창조 신화는 태초에 창조주의 몸체 여러 부분에서 우주만물과 사회제도인 카스트가 나온 것으로 기술해 왔다. 이러한 신화적 설명에서, 카스트를 인간의 산물이 아니라 우주가 신적 몸체에서 생성되듯이 사회조직도 자연법칙에 따라 결정된 것으로 제시하며 사회제도에 신성성을 부여하려는 의도를 읽어냈다. 그리고 이러한 관념에 근거한다면, 카스트는 인간의 필요에 따라 만들거나 수정하거나 없앨 수 있는 것이 아니라 우주가 존재하는 한 필연적으로 존재하는, 세상을 구성하는 필수요소가 된다고 분석했다.

또 창조주 몸의 각 부분이 전 우주와 사회를 구성하고 있다는 신화적 사유에는 모든 존재가 근원적 통일성을 지니며 우주와 사회는 하나의 유기체라는 인식이 담겨 있다고 분석했다. 이러한 인식은 이 세계와 사회가 하나의 질서체계인 다르마에 의해 지배된다는 관점과 관련되며, 이 다르마로서의 카스트는 인도사회에서 가장 우선시되는 사회적 규범이었다. 따라서 인도전통이 신화를 통해 카스트의 신성한 기원과 의무를 지속적으로 강조해 왔고, 이를 통해 신화는 카스트를 설명하고 강조하는 기능을 훌륭히 해 왔다는 점을 지적했다.

두 번째 원리로 제시한 것은 종교의례와 관련되는 것으로, 정결하고 정결하지 못한 것을 구분하는 관념이다. 카스트는 이 의례적 관념을 사회조직에도 그대로 반영하여 사회계급을 구분하는 기준으로 사용해 왔다. 브라만 계급이 가장 정결하고 아래 계급으로 갈수록 정결도가 떨어진다고 믿는다. 이 정과 부정을 구분하는 관념을 근거로 카스트 간 접촉을 철저히 금지하고 음식 공유와 결혼 등을 자기 카스트 범위 안으로 제한했다. 그만큼 이 원리는 인도문화와 사회를 규정해 온 매우 강력한 원리라 할 수 있다.

'그렇다면 정결하고 부정하다는 규정은 도대체 무엇에 근거하는 것일까?' 하는 의문에서 세 번째 원리로, 카스트제도를 도덕적으로 정당화하는 중요한 토대인 업과 윤회사상을 제시했다. 이 이론에 따르면 모든 존재의 존재 여건이나 삶에서 일어나는 모든 일들이 각자가 쌓은 자기 업의 결과이므로 각 카스트 역시 자기 업의 결과로 설명된다. 이는 카스트의 궁극적인 결정요인을 자신의 업보로 제시하는 것으로, 모든 원인이 결국은 당사자에게 돌아가도록 하는 설명체계라고 분석했다. 그렇다면 좋고 나쁜 업보를 가르는 기준은 무엇일까? 저자는 이 기준을 우주 및 사회윤리규범인 다르마의 준수 여부로 파악했다. 여기서 다르마규율을 잘 지키는 것의 핵심은 자기 카스트의 규범과 규율을 철저히 지키는 것이다. 따라서 업이 카스트의 결정요인이라면 다르마 규범의 준수 여부는 선업과 악업의 결정요인이라 파악했고, 이러한 설명은 사회체계를 종교적 구원의 문제와 결합한 것이라 분석했다.

이와 같은 분석을 통해, 삶이 종교 및 신화와 밀착되어 있는 인도에서 카스트제도는 단순한 사회제도로 그치지 않고 종교적 관념들로 강력하게 뒷받침되면서 신성하고 도덕적으로 정당한 보편적 규범으로 자리 잡아왔고, 이는 종교적·신화적 관념이 사회제도에 신성성과 도덕적 정당성을 부여하는 사례로 볼 수 있다고 결론지었다. 이어 고대에서 현재에 이르기까지 카스트제도의 역사적 전개를 개괄하고 현 상황을 기술했다. 오늘날 인도에서 카스트가 변화와 와해의 과정을 밟고 있는 것은 사실이지만, 다른 한편 할당제로 인한 논쟁과 충돌, 카스트 집단 간 충돌로 인한 유혈사태의 지속적 발생, 정치 영역에서의 카스티즘의 강화 등으로 현재에도 인도사회가 해결해야 할 큰 과제로 남아 있다고 분석했다.

3장에서는 박띠에서 정서의 의미와 기능을 다루었다. 박띠는 현 힌두교, 특히 인격신에 대한 정서적 신앙이 중심이 되는 대중 힌두교의 주요 형태로, 현 힌두교의 주요 문헌들의 핵심 요소 중 하나다. 따라서 인도의 현재 종교문화를 이해하기 위해서는 박띠에 대한 이해가 필요하다 판단되어 주제로 선정했다. 박띠의 핵심은 신에 대한 헌신적인 사랑을 통해 신에게 다가가는 것으로, 박띠에서 정서는 최고의 종교 목표를 달성하는 데 핵심적인 역할을 한다.

이 장에서는 박띠의 여러 유형 가운데 특히 정서의 측면이 강한 비슈누파의 끄리슈나 박띠에 초점을 맞추어 힌두교와 정서의 관계를 관련 신화를 통해 분석했다. 먼저 박띠를 개괄·소개하고, 이를 토대로 『바가바따뿌라나』의 신화스토리에 반영된 박띠 정서를, 증오와 두려움의 감정과 연인의 열정적 사랑의 감정으로 나누어 다루었다. 이를 토대로 박띠 신앙에서 정서가 행하는 종교적 기능을 힌두 종교문화적 맥락에서 분석했다.

힌두사상에 따르면 에고는 모든 인간 문제의 원인이며, 에고를 제거하여 최고의 경지인 해탈에 이르는 것이 인도종교와 철학의 목표다. 이를 위해 힌두교는 세 가지 해탈에 이르는 길로 갸나 요가, 까르마 요가, 박띠 요가를 제시해 온 것이다. 박띠는 신과 인간을 분리하는 것을 에고의식으로 파악하고, 신에 대한 봉헌과 자기버림을 통해 에고를 없애는 것을 목표로 삼는다. 따라서 여러 박띠 사례들이 마음을 신에게만 고정시키고 집중하는 것을 되풀이해 강조했다고 보았고, 박띠는 지혜를 통한 방법인 갸냐 요가나 욕망이 없는 행위를 통한 방법인 까르마 요가와 달리 상대적으로 용이한 정서 또는 감정, 보다 구체적으로는 정서적 몰입을 통한 해탈의 방법이라 분석했다.

또 한 가지 주목한 점은 정서와 욕망의 관련성이다. 인도종교와 철학파들은 욕망이 인간을 고(苦)의 상태에 속박시키는 근본 원인이라고 보고 욕망을 철저하게 제거의 대상으로 삼아 왔다. 그런데 정서나 감정은 기본적으로 욕망과 밀접히 연관된다. 끄리슈나 박띠는 신에 대한 지극한 사랑의 감정이나 그 외에 여러 다양한 감정을 극한으로 이끌어 이를 통해 신과 하나가 되려고 시도하는데, 이런 형태의 정서상태에는 강력한 욕망이 개입되어 있다고 보았다. 이와 관련하여 박띠가 궁극적으로는 욕망의 제거를 목표로 삼지만 욕망이 내재된 감정을 신이라는 한 지점에 몰두하게 하여 에고를 잊게 하는 방법이라 파악했다. 따라서 박띠에서 정서 또는 감정은 그 자체가 목적이 아니라 신봉자의 전 존재를 전적으로 신에게 몰입하는 과정을 통해 최고의 종교 목표에 이르게 하는 수단이라고 보았다. 그리고 힌두전통에서 박띠는 지혜(또는 지식)와 금욕적인 수행을 중시하는 고행주의 전통에 대항하여 개별 신봉자의 감정이나 정서가 최고의 종교적 목표를 달성할 수 있는 또 다른 방법임을 주장하며 대안적 운동으로 등장한 것으로 분석했다.

4장에서 6장에 걸쳐서는 신화와 여성의 관계를 집중적으로 다루었다. 여성 관련 주제가 신화의 주요 주제이고 인도의 경우 특히 신화가 여성의 삶에 미친 영향이 크기 때문이다. 4장에서는 힌두 여신신화에 반영된 인도문화의 이중적 여성정체성을 다루었다. 『라마야나』의 시따와 『마하바라따』의 다마얀띠를 통해 인도인들의 이상적 여성상으로 가부장적 여성상의 전형을 보여주는 빠띠브라따를, 『데비마하뜨먀』의 두르가(깔리)를 통해서는 강력하고 독립적인 여성상을 파악할 수 있었다. 상반되는 이 두 여성상을 신화분석을 통해 제시하고 이 두 여성상에 반영된 인도문화의 이중적 여성정체성의 인도문화적 의미를 분석했다.

인도인들의 이상적 여성상인 빠띠브라따(남편을 신처럼 모시는 아내)의 전형인 『라마야나』의 시따를 통해, 신화가 인도사회의 이상적 여성상을 제시하고 그것을 유포·재생산하는 아주 유효한 도구로 활용되어 왔음을 확인할 수 있었다. 그리고 인도사회가 빠띠브라따를 이상적 여성상으로 유지·발전시켜 올 수 있었던 토대를 인도 주류사회가 강력한 가부장사회를 유지해 온 사실에서 찾았다. 그리고 『라마야나』는 이런 가부장문화의 수호자인 남성 엘리트 계급(브라만 계급)의 산물임을 지적했다. 이어 다룬 『마하바라따』의 다마얀띠도 시따와 마찬가지로 빠띠브라따로 그려지고 있다. 하지만 시따가 대체적으로 순종적인 모습을 보이는 것과는 달리 다마얀띠는 빠띠브라따의 삶을 상당히 주체적으로 이끌어간다. 이러한 차이는 『마하바라따』가 가부장화 과정이 진전되는 과도기의 문헌이고, 『라마야나』는 가부장제가 정착된 시기의 문헌이라는 점을 추정케 한다고 지적했다.

시따로 대변되는 가부장적 여성상이 인도문화와 사회에 지배적인 것은 사실이지만, 인도문화에 두르가나 깔리와 같은 독립적이고 강력한 여신에 대한 신앙이 폭넓게 자리 잡고 있는 현상에 주목하고 힌두 여신파의 주요 문헌인 『데비마하뜨먀』에 반영된 독립적 여성정체성을 분석했다. 이 여성정체성의 핵심적인 두 요소로 우주의 근원실재로서의 모신과 무적의 여전사 개념을 제시했다. 우주의 근원실재를 우주의 근원적 에너지이자 우주의 원초적 질료이며 자연 자체를 상징하는 모신으로 제시하는 것을, 인도문화가 오랫동안 중시해 온 모든 것을 낳고 기르고 보호하는 모성 관념과 연관 지어 분석했다.

그러나 이러한 모성 관념이 곧바로 여성의 높은 지위를 담보해준다고 보기는 어렵다는 점을 지적하고, 그 이유로 인도인들이 모성을 여성성의 일부가 아니라 여성성이나 남성성과 같은 모든 형태의 이원적 구분을 초월하는 근원적 토대로 파악하는 경향을 들었다. 그리고 이 점을 가부장성이 강한 인도사회에서 여신이 남녀 모두의 폭넓은 신앙대상이 될 수 있었던 이유이자 풍부한 여신신앙의 존재와 인도여성의 실제 지위 사이의 간극에 대한 설명이 될 수 있을 것으로 보았다.

무적의 여전사 개념과 관련해서는, 그 상징적 의미와 역사적·문화적 의미를 분석하고 여전사 개념이 강력한 여성성을 보다 구체적이고 명료하게 제시하고 있다고 보았다. 이어 독립적 여신에 대한 여성주의적 관점에서의 해석을 다루었다. 그럼에도 이러한 강력한 여성상이 일반 인도여성의 지위를 높이는 데는 기여하지 못했다는 점을 지적했다.

끝으로 이중적 여성정체성의 인도문화적 의미를 힌두사상의 샥띠 개념으로 설명했다. 샥띠는 우주적 에너지이자 우주력으로, 현상계를 구성하는 이원성과 다양성을 포괄함과 동시에 그것을 넘어서 있는 실체다. 그리고 여신은 바로 이 샥띠가 인격화 또는 구체화된 존재다. 따라서 인도인들에게는 여신의 이원적 범주나 그것이 보여주는 여성정체성의 이중적인 구조가 분리되거나 상충되는 것이 아님을 지적했다. 인도인들은 동일한 여성력(샥띠)이 상황에 따라 다양하고 상이하게 나타난다고 보기 때문에 시따와 두르가가 근본적으로 별개의 여신이 아니라고 생각한다. 인도인들의 이러한 사고방식은 인도사상과 문화의 두드러진 특성인, 다양성과 상이성을 동일한 본질이 형상적으로만 상이하게 나타난 것으로 이해하는 일원론적(또는 통합적) 관점에서 비롯된다는 점을 지적했다.

그럼에도 인도인들의 실제 삶에서 이 이중적인 여성정체성이 다르게 기능해 온 점을 지적했다. 우선 인도사회가 오랫동안 강력한 가부장적 사회체계를 유지해 온 만큼 가부장적 여성정체성인 빠띠브라따 이데올로기를 종교적 믿음과 의례, 그리고 사회적 제도와 관습을 통해 확고히 확립하고 전파·유지시켜 옴으로써 가부장적 여성정체성은 인도여성이 남성에 종속적인 삶을 살도록 하는 데 중요한 역할을 해 왔다고 지적했다. 다른 한편으로 독립적 여성정체성이 사회적인 측면에서보다는 문화와 정서적인 측면에서 폭넓게 영향을 미쳐 온 점을 몇 가지 사례를 들어 제시하고, 이러한 문화적 토대가 인도사회가 강력한 여성정체성을 필요로 할 때마다 깔리나 두르가와 같은 여신상징을 쉽게 활용할 수 있게 함으로써 집단적 목적을 추구하는 데 중요한 기여를 해 왔다고 분석했다. 끝으로 이러한 제반사항들을 고려해볼 때 인도의 이중적 여성정체성은 종교상징과 인도인들의 의식의 차원에서는 상충되는 것으로 나타나지 않으나, 역사적이고 실제적인 측면에서는 상충되는 기능을 해 온 것으로 파악했다.

5장에서는 인도사회의 폐습 중 하나인 과부화장제 사띠와 그 신화적 배경을 다뤘다. 인도문화와 사회에서 빠띠브라따는 여성과 관련된 긍·부정적인 규범과 관습이 형성되는 근거가 되어 왔다. 남편이 사망하면 과부가 남편의 시신과 함께 화장되는 풍습인 사띠는 부정적인 관습 중 하나라고 할 수 있다. 이 장에서는 사띠의 실제 사례와 신화, 그리고 관련 종교관념과 역사적 배경에 대한 연구를 통해 사띠가 관련 신화 및 종교적 믿음과 실제 사띠를 행한 여성들의 이야기를 통해 여성의 삶에 큰 영향을 미쳐왔음을 확인할 수 있었다.

인도사회는 여성을 남성에 비해 정결하지 못한 존재로 규정하는 여성 관념을 근거로, 여성에게 많은 금기사항들을 부과하고 종교의례와 사회관행들을 통하여 여성의 낮은 지위를 유지시켜 왔다. 특히 과부는 악업의 결과로 남편을 먼저 떠나보낸 부정한 여성으로 인식되었고, 사띠는 과부가 자신과 남편의 악업을 모두 씻고 자신의 보다 나은 내생과 남편의 해탈을 얻을 수 있는 성스러운 행위로 권장되었다. 따라서 사띠는 신화에서 남편과 여성 자신의 명예를 지키는 덕행으로 자주 등장한다. 역사적으로는 끄샤뜨리아 전사 계급의 관습이던 사띠가 점차 브라만 계급의 여성들에게까지 퍼졌는데, 이 관행에 신성성을 부여한 것이 주요 요인 중 하나로 보인다. 신화는 빠띠브라따의 행동규범을 가장 극단적으로 보여주는 사띠를 구체적인 이야기로 제시함으로써 사띠에 대한 믿음을 공고히 하고 그것을 확산시키는 데 기여했다고 판단된다. 여기서도 카스트제도의 경우와 마찬가지로 신화가 인도사회와 문화가 지향하는 가치와 규범들을 신성화시켜 인도인들의 삶 속에 뿌리내리게 하는 수단으로 활용되어 왔음을 확인할 수 있었다.

이와 관련하여 중요한 논점이라 생각되는 사띠의 자발성과 강제성의 문제를 논의했다. 인도사회에서 사띠 관련 논쟁의 핵심 논점은 사띠가 자기 신념에 따른 자발적인 행위냐 아니면 관련 이해집단이 의도적으로 계획하여 강요한 행위냐 하는 문제였다. 이 중 자발적인 경우에 생각해볼 수 있는 여러 측면을 중립적인 입장에서 다루고 다음과 같이 결론을 내렸다. 사띠가 표면적으로는 개인의 주관적 가치와 신념에 따른 자발적 선택으로 나타날 수도 있으나, 본질적으로는 사회적 가치를 유지하기 위해 필요한 관행에 종교적 구원 관념을 덧붙임으로써 강력한 실천동기를 부여한 것이며, 이 점에서 사띠는 인간의 본질적인 종교적 열망을 사회적 필요에 따라 조작하여 사용한 사회적 이데올로기의 산물이라고 결론내렸다. 그리고 신화는 이러한 왜곡된 이데올로기가 대중 사이에 친숙하게 스며들 수 있도록 하는 데 유용하게 활용되어 왔다고 보았다.

6장에서는 인도의 독립적 여신인 두르가와 깔리신앙을 중심으로, 강력한 여신이미지가 제시하는 독립적 여성정체성을 힌두교도들이 실제로 어떻게 인식하고 있고 그것이 여성지위와는 어떤 연관성을 갖는지 현지조사 연구를 통해 다루었다. 먼저 인도 현지의 두르가와 깔리신앙를 조사하여 두 여신에 대한 독자적 숭배를 확인할 수 있었다. 이어 여신의 강력함에 대한 힌두교도들의 인식과 여성성의 연관성을 파악하기 위해 여러 계급과 연령의 남녀를 대상으로 조사했다. 그 결과 조사대상자의 대부분이 신화에서 묘사되고 있는 독립적 여신의 강력함을 분명하게 인식하고 있었지만, 그러한 인식은 독립적 여신이 인간의 여러 문제들을 해결해주고 온갖 위험으로부터 인간을 보호해주는 존재라는 믿음에서 비롯되는 것일 뿐, 그것이 곧바로 일반 여성의 강력함이나 독립성에 대한 인식으로 연결되지는 않는다는 사실을 확인했다. 그들에게 중요한 것은 남녀의 구분이 아니라 인간을 보호하고 인간의 문제를 해결할 수 있는 독립적 여신의 능력임을 파악할 수 있었다.

이어 여신신앙과 여성의 관계를 살펴볼 수 있는 또 다른 주제로 여신 숭배의 목적을 조사했다. 힌두교도들은 다양한 형태의 기원과 문제해결을 위해 여신들에게 예배를 드렸다. 그런데 깔리나 두르가와 같은 여신들이 특별히 여신이어서가 아니라 인간의 소원을 들어주고 문제를 해결해주는 신이라는 점에서 숭배되고 있음을 알 수 있었다. 즉 힌두교도들에게 남신이냐 여신이냐의 구분이 그다지 중요하지는 않다는 점에서, 여성의 강력함에 대한 인식이 여성 권한의 증대와 특별히 관련되지는 않는다고 판단했다.

이러한 현지조사 결과를 근거로, 적어도 현 시점에서 인도의 독립적 여신신앙과 그것이 제공하는 강력한 여성정체성이 인도여성의 사회적 삶과 갖는 관계는 매우 약하며 인도여성의 독립적 의식을 고취하고 사회적 지위를 향상시키는 데 기여해 왔다고 보기는 어렵다고 결론지었다. 그리고 그 주요 이유로 인도사회에서 여성의 사회적 롤모델로 기능해 온 것은 가부장적 여성정체성이고, 독립적 여성정체성은 신앙의 차원에서만 작용해 온 점을 들었다.

마지막으로 이러한 인도적 상황을 고려해볼 때 최근 서구의 일부 페미니스트들이 강력한 여신상징이나 신화를 여성문제와 연결 지어 해석하고 활용하는 것이 과연 적절한 접근방법인지에 대해 의문을 제기하고 논의했다. 즉 서구의 급진적 페미니스트들이 페미니즘 운동의 목적을 달성하기 위하여 서구문화에는 없는 강력한 여신상징이나 신화를 다른 문화의 신화에서 빌려오거나 새롭게 창조하려고 시도하는 것은 상당한 한계를 갖는다고 지적했다. 또 이 문제와 관련하여 신화나 신앙에 대한 연구가 신화텍스트 및 2차 자료 분석에만 국한될 경우 그것의 사회적·문화적 맥락을 간과함으로써 실제와는 상당히 다른 왜곡된 이해와 해석을 낳을 수 있는 위험을 지적하고, 신화의 살아 있는 역동성과 실제 영향력을 파악하고자 한다면 텍스트와 더불어 현장에서의 참여관찰 연구가 필요하다는 점을 지적했다.

7장에서는 인도의 축제와 신화의 관련성을 다루었다. 인도의 대부분의 축제는 힌두축제다. 인도에서 힌두축제는 신화적 사건을 기념하고 경축하는 행사로 치러지고 전통사상과 가치, 그리고 규범을 보존·유지하고 공동체를 단합시키는 역할을 훌륭히 해 왔다. 축제 때 힌두교도들은 축제와 관련된 신화적 사건들을 낭송하거나 연극적으로 재연하곤 한다. 이에 따라 인도의 축제를 신화적 사건의 재연으로 규정했다. 그리고 축제를 치르는 과정을 신화적 사건에 담긴 힌두사상·가치·규범 등을 재확인하는 과정으로 파악했다. 인도문화에서 축제와 신화의 이러한 관계를 구체적으로 제시하기 위한 사례 신화로 인류 최대의 축제로 지칭되곤 하는 꿈브멜라 축제를 다루었다. 이 축제는 인도인들의 종교의식과 문화에서 강, 특히 강가 강이 왜 그토록 오랫동안 사랑을 받으며 숭배의 대상이 되어 왔는지를 이해할 수 있는 축제다.

꿈브멜라는 종파·지역·언어·문화·관습·카스트 등의 모든 차이를 초월하여 수백에서 수천만 명에 이르는 순례자들이 한곳에 모여 종교행사를 치르는 축제로, 이 축제가 인도인들에게 의미하는 바를 알지 못하면 이해하기 어려운 현상이다. 이 축제가 힌두교도들에게 발휘할 수 있는 힘의 원천은, 강가 강이 천상에서 내려왔고 생명력과 정화력을 지닌다는 믿음이다. 즉 강가의 신성한 기원과 구원력에 대한 믿음이다. 그리고 이러한 믿음의 기원을 강가 기원신화와 우유대양젓기 신화에서 발견할 수 있었다.

힌두교도들은 신화적 믿음에 근거하여, 강가 강물은 신들이 사는 천상에서 내려온 생명수로 강가 강물로 목욕을 하는 것만으로도 자신이 쌓은 오염이나 죄가 정화되며 궁극적으로는 윤회의 사슬에서 해방될 수 있다고 믿어 왔다. 특히 꿈브멜라가 열리는 시기의 강물은 불멸의 생명수인 아므리따라 믿어진다. 따라서 이 축제를 이해하기 위해서는 천상의 강가 하강신화와 우유대양젓기 신화를 이해할 필요가 있다고 지적했다. 강가 기원신화는 강가 강이 신성시되는 이유를 보여주고 우유대양젓기 신화는 강과 연관된 꿈브멜라 축제의 기원을 이야기해주기 때문이다.

과학이 놀라운 발전을 보이고 있는 21세기에 힌두신화와 축제를 통해 만나게 되는 인도인들의 살아 있는 신화적 사고와 삶은 때로는 경이로움과 신비로 다가오며 살아 있는 신화가 갖는 힘을 보여준다는 점을 알 수 있었다. 또한 인도인들의 축제는 삶에 풍취와 즐거움을 줄 뿐만 아니라 참여자들을 같은 종교적·문화적 가치를 공유하는 공동체의 일원으로 묶어주는 중요한 관습임을 확인할 수 있었다. 이 점에서 축제는 중요한 사회적·문화적 의미를 지니며, 신화는 이러한 축제의 토대로 기능하고 있다고 보았다.

지금까지 이 연구의 핵심 내용과 결과를 간략히 정리해보았다. 연구를 마무리하면서 이 연구가 목표했던 것, 즉 신화의 보편적 측면보다는 다양성에 주안점을 두어 인도 힌두신화를 종합적이면서도 체계적으로 파악하고 신화와 문화를 연계하는 연구의 가능성을 시도해보는 것을 만족스럽게 달성했다고 말하기는 어렵다. 워낙 큰 목표였기도 했지만 무엇보다 저자의 역량이 부족했기 때문이다. 그럼에도 불구하고 시도를 해보고 싶었고 얻은 결과가 적다고 할 수는 없을 것 같다.

연구를 통해 확인할 수 있었던 것은 누군가에게는 신기한 이야기에 불과할 수도 있을 신화가 지니는 중요한 의미와 힘이었다. 신화 속에는, 이 세계와 이 세계에 존재하는 여러 현상과 존재에 대해 인류가 나름의 방식과 논리로 파악해 온 세계관이 담겨 있고, 인류가 놓인 조건 아래서 어떻게 살아가야 할 것인가에 대해 성찰한 가치관과 윤리관, 그리고 삶의 방식과 목표도 담겨 있다.

그러나 이러한 세계관과 가치관, 그리고 삶의 목표가 모든 곳에서 동일하지는 않다. 이러한 상이성과 다양성은 신화가 형성된 사회적·문화적 배경의 차이에서 비롯된다. 따라서 신화의 기본 구조나 틀이 유사할 수는 있지만 그 구조나 틀을 채우고 있는 내용은 다양할 수밖에 없다. 이것이 이 책이 신화의 보편적 측면을 기본적으로 고려하면서도 다양성에 보다 주목한 이유이기도 하다. 신화의 진정한 매력은 동일한 신화적 관심과 의문 자체보다는 그것에 대한 다양한 설명과 이해에 있다고 보기 때문이었다.

인도 힌두신화는 '인도식'의 이해와 설명을 제시해주었다. 인도인들의 신화적 세계이해와 인간의 본질과 삶에 대한 이해, 그리고 이러한 이해를 토대로 한 삶의 목표와 윤리관은 단순히 관념의 차원에서만 머무는 것이 아니었다. 종교적·사회적·문화적 관습과 제도를 만들어내면서 인도인들의 삶과 문화에 영향을 미쳤다.

이처럼 신화는 인류의 관념적 사유와 성찰의 산물이자 인간의 삶과 문화와 직결되는 것이기도 하다. 인도의 사례에서 알 수 있었듯이 신화가 살아서 기능하는 지역의 경우 이 연관성은 두드러지게 나타난다. 신화연구가 신화적 사유와 관념, 그리고 그것의 내용을 이해하는 차원을 넘어서서 그것이 어떻게 구체적으로 문화 속에서 구현되고 있는지 파악하는 지점까지 이를 수 있다면 훨씬 더 유의미한 연구가 될 수 있으리라 생각한다. 이것이 이 연구가 신화를 문화와 연관 지어 연구할 필요성을 제안한 이유이기도 하다.

끝으로 이 책이 신화와 관련된 기존연구들과 차별화되는 몇 가지 특징과 관련된 기대효과를 간략히 언급해둘까 한다. 먼저, 이 책의 신화에 대한 관점이나 접근법은 신화의 문화초월적인 보편적 측면보다는 문화적 측면, 즉 신화의 문화적 다양성과 상이성에 초점을 맞추고 있다. 이 점에서 이 저술은 신화의 보편적 측면에 치중해 온 20세기 중반 이후의 신화연구 경향과는 방향을 달리하며, 관련 학계가 신화의 사회적·문화적 맥락과 의미의 다양성에 주목하도록 하는 데 일조할 수 있을 것으로 기대한다. 이는 학문적 편중을 바로잡는 기회도 제공해줄 것이다.

둘째, 주로 텍스트 중심의 연구에 한정되어 있는 신화연구를 문화현상과 연계 지어 연구한 것은 신화가 문화이해의 중요한 도구가 될 수 있다는 사실을 환기시켜줄 것이다. 신화 역시 문화의 산물이며 따라서 그 문화의 맥락에서 이해되고 분석되어야 하고, 특히 살아 있는 신화의 경우 그것이 문화와 맺어지는 관계를 살펴볼 필요가 있다. 인도의 주요 관습과 신화의 밀접한 관계는 신화가 문화이해에 유효한 도구임을 입증해줄 것으로 기대한다.

셋째, 이 저술이 인도 힌두신화를 인도적 패러다임으로 이해한 것은, 서구적 관점에서 이루어진 인도신화연구의 문제점을 제기하고 서구 학자들이 잘못 이해하고 분석한 인도신화에 대한 왜곡된 이해를 수정하는 계기를 마련할 것이다.

넷째, 독자적으로 새롭게 정립한 인도 힌두신화체계는 복잡한 힌두신화를 전체 힌두신화체계 안에서 체계적으로 분류·이해·분석할 수 있는 이론 틀이 될 수 있을 것이다.

끝으로 이 연구가 인도신화는 물론 신화 일반에 대한 분석적인 연구서가 극히 부족한 국내 관련 학계에 새로운 관점과 방법과 자료를 제공하게 되기를 기대해본다.

신화는 여전히 유효하다

Ⅲ부 6장에서 다룬, 꿈브멜라가 열리는 네 도시는 모두 강을 끼고 형성되어 있다. 하리드와르는 강가, 알라하바드는 강가와 야무나, 나식과 우자인도 강을 끼고 있다. 꿈브멜라나 마하 꿈브멜라 때는 아니지만 이 도시들을 모두 방문하여 꿈브멜라가 열리는 장소를 들러본 적이 있다. 특히 알라하바드에서 마하 꿈브멜라가 열렸던(2001년) 다음 해인 2002년에 알라하바드를 방문했을 때가 특별히 기억에 남는다. 때마침 학문과 예술의 여신인 사라스와띠를 기리는 봄축제인 바산뜨빤차미 축제 기간이어서 목욕의례를 하기 위해 엄청난 인파가 모여 있었다. 마하 꿈브멜라 때의 거대한 인파를 조금은 상상할 수 있었다. 신성한 강에서 목욕의례를 하기 위해 인도 각지에서 힘겹게 먼 길을 찾아온 힌두교도들을 바라보면서 이전에 출간한 작은 힌두신화 책에 다음과 같이 쓴 적이 있다.

> 신성하다고 믿는 물에서, 아주 짧은 시간 목욕의례를 하기 위해 인도 전역에서 힘겹고 먼 길을 찾아드는 그들을 바라보면서 과연 종교적 믿음과 행위란 무엇인가에 대해 생각해보았다. 그들에게 있어 강, 특히 두 강(강가와 야무나 강)이 합류하는 지점은 너무도 중요한 의미를 지니고 있었다. 그들에게 신화는 살아 있는 것이었고, 그들은 신화적 삶을 살고 있었다. 오늘날의 이성과 과학의 합리적 관점에서 바라본다면 이러한 신앙은 단순한 미신일 수도 있다. 실제로 참여자의 절대 다수가 낮은 계층의 가난한 사람들로 보였고 그곳 알라하바드대학에서 만난 인류학과 교수 역시 이러한 믿음과 신앙행위를 무

지의 소산이라고 설명했다. 신화적 이야기와 그것에 대한 믿음이 단순히 상상의 산물이거나 허구일 수도 있다. 그리고 사실과 실제의 문제는 아주 중요하다. 그러나 우리가 또한 간과하지 말아야 할 점은, 신화적 상상과 그것에 대한 믿음과 행위를 통해 이루어지는 삶의 모습 자체, 그리고 그러한 삶이 내포하는 의미와 기능의 문제이다. 모름지기 종교란 초월에의 지향 아니겠는가. 그리고 이것 역시 실제로 존재하는 하나의 사실이기 때문이다.(류경희, 2003a: 93-94)

과연 어떤 관점과 사고, 그리고 태도가 우리에게 더 행복한 삶을 가져다주는 것일까? 물론 행복의 잣대는 주관적이다. 그리고 무지는 우리가 벗어나야 할 대상이다. 하지만 객관적이고 합리적인 지식이 반드시 우리를 행복하게 만들고 구원해주는 것은 아닌 것 같다. 인류는 오랜 옛날부터 행복과 구원을 갈망해 왔다. 그러한 인간의 갈망은, 자신이 놓인 현실의 상황을 벗어나게 해주리라고 여겨지는 일정한 방향을 향한다. 그 방향은 현세적일 수도 초월적일 수도 있고 양자를 종합한 것일 수도 있다.

하지만 모두가 드러나고 확인된 객관적 사실로서의 현실을 뛰어넘는, 또 다른 세계를 갈구한다. 그 영역은 객관적으로 검증되거나 확인된 영역이 아닌, 주관적 경험과 인식에 근거한 세계일 수도 있다. 신화는 이러한 영역의 세계를 이야기 형태로 그려 왔다. 따라서 신화 속에서 우리가 읽어내야 하는 것은, 인간의 열망이 그 세계와 영역을 어떻게, 어떠한 방식으로 추구해 왔는가 하는 것이다. 그 속에서 우리가 찾는, 보다 행복해지는 길을 발견하게 될지도 모르기 때문이다.

한때 신화는 사실이 아닌 가공의 이야기이거나 허무맹랑한 거짓 이야기로 치부되었다.[1] 그리고 지금도 이러한 견해가 적지 않게 유지되고 있

1 오플래허티(2007: 70-74)는 그녀의 책 『다른 사람들의 신화』(2007)에서, 서양에서 '신화'라는 말이 '거짓말'을 의미하는 것으로 격하되기 시작한 것은 플라톤에서부터라고 보고 있다. 플라톤은 신화를

다. 합리성에 토대를 두는 과학적 사유와는 달리 신화적 사유는 자유롭고 초논리적인 성격을 띠기 때문이다. 하지만 이성 중심의 합리적 사고가 여러 문제를 불러오고 이에 대한 성찰이 이루어지면서, 현대인들의 지적 관심이 감성과 상상을 중시하는 신화로 향하고 있다. 과학의 시대인 오늘날 신화가 다시 관심의 대상으로 떠오르고 있는 것이다.

과학적 사고가 인류에게 중요한 역할을 해 온 사실을 부인할 수는 없다. 또 앞으로도 여러 면에서 긍정적으로 기여할 수 있으리라고 기대한다. 그럼에도 때로는 모순적이고 아직도 신비의 영역이 남아 있는 삶과 우주의 수수께끼를 풀기에는 과학적 사고는 여전히 한계를 보인다. 객관적이고 사실적인 정보나 지식만으로 삶을 살아갈 수 있는 것은 아닌 듯하다. 우리에게는 삶에 대해 바람직한 관점과 태도를 갖출 수 있는 지혜가 여전히 필요하다. 이 점에서, 삶과 세계에 대한 여러 시대와 문화의 지혜로운 성찰과 실천을 담고 있는 신화는 오늘날의 우리에게도 여전히 유효하다.

사실인 역사(로고스)와는 대조되는 꾸며낸 이야기로 여겨 부정적으로 평가했다. 그녀는 플라톤을, 한편으로는 호머와 헤시오도스의 신화를 사람들을 현혹시키는 나쁜 모사(模寫, copy)로 규정함으로써 호머와 헤시오도스의 신화를 해체시킨 최초의 탈신화학자로, 다른 한편으로는 신화의 필요성을 인정해서 고대신화의 주제를 변형시켜 합리적인 신화, 즉 이치에 맞고 논리적이며 '있음 직한' 신화(에르신화와 에로스신화, 그리고 우주창조 신화)로 만든, 신화를 재신화화한 사람으로 평가한다.

참고문헌

✪ 힌두신화 원전

The Hymns of The Rigveda, vol. 2, 1926, trans., Griffith, R. T. H., Benares: Lazarus and Co.

The Bṛhādaraṇyaka Upaniṣad, 1993, com., Śankaracarya, trans., Madhavananda, Calcutta: Advaita Ashrama.

Chandogya Upaniṣad, 1992, com., Śankaracarya, trans., Gambhirananda, Calcutta: Advaita Ashrama.

Śrīmad Vālmiki-Rāmāyaṇa(with Sanskrit text and English Translation), vol. 1-3(Part 1-3), 1992(1969), Gorakpur: Gita Press.

Ramayana, 1989, Chidbhavananda, S.S., Tirupparaitturai: Sri Ramakrishna Tapovanam.

Mahabharata, The Philosophy of Humanity for the Use of College Students, 1987(1973), Chidbhavananda, S., Tirupparaitturai: Sri Ramakrishna Tapovanam.

The Mahabharata, Epic of The Bharatas, 1944, Dutt, R. C., Bombay: JAICO Publishing House.

Śrīmad Bhagavadgītā, 1992(1969), trans & com., Goyandka, J., Gorakpur: Gita Press.

The Bhagavadgītā, 1976(1948), trans., Radhakrishnan, S., London: George Allen & Unwin.

Bhagavadgītā As It Is, 1976(1975), trans & com., Prabhupada, S., New York: The Bhakti Vedanta Book Trust.

The Bhagavadgita, 1902(1991), trans., Besant, A., Madras: The Theosophical Publishing House.

The Bhāgavata Purāṇa, Part I-III, 1976, trans., Tagare, G. V., Delhi: Motilal Banarsidass.

The Bhāgavata Purāṇa, Part VI-V, 1978, trans., Tagare, G. V., Delhi: Motilal Banarsidass.

The Śiva Purāṇa, 1977, trans.(from Sanskrit to English), A Board of Scholars, Ancient Indian Tradition and Mythology Series, vol. 1-4, ed. Shastri, J. L., Delhi: Motilal Banarsidass.

The Skanda Purāṇa, vol. 58(1996), vol. 59(1997), trans., Tagare, G. V., Delhi: Motilal Banarsidass.

The Bhagavata Purana, 2000(1991), ed., Debroy, D. & B. Debroy, Dehli: Books for All.

The Shiva Purana, 1996(1991), ed., Debroy, D. & B. Debroy, Delhi: Books for All.

The Matsya Purana, 1995(1992), ed., Debroy, D. & B. Debroy, Delhi: Books for All.

The Vishnu Purana, 2003(1991), ed., Debroy, D. & B. Debroy, Delhi: Books for All.

The Garuda Purana, 1995(1991), ed., Debroy, D. & B. Debroy, Dehli: Books for All.

The Agni Purana, 1996(1991), ed., Debroy, D. & B. Debroy, Dehli: Books for All.

The Vayu Purana, 1995(1992), ed., Debroy, D. & B. Debroy, Dehli: Books for All.

The Kurma Purana, 1995(1992), ed., Debroy, D. & B. Debroy, Dehli: Books for All.

The Narada Purana, 2003(1991), ed., Debroy, D. & B. Debroy, Delhi: Books for All.

Great Epics of India: Purana(다이제스트시리즈 1-19)(*The Brahma Purana, The Padma Purana, The Vishnu Purana, The Shiva Purana, The Bhagavata Purana, The Narada Purana, The Markandeya Purana, The Agni Purana, The Bhavishya Purana, The Brahmavaivarta Purana, The Vamana Purana, The Kurma Purana, The Matsya Purana, The Garuda Purana, The Brahmanda Purana,*

The Vayu Purana), 1991-92, ed., Debroy, D. & B. Debroy, Dehli: Books for All.
DEVIMAHATMYA, the glory of Goddess, 1999, com., Thakur, M. K., Delhi: Worldview.

✪ 2차 문헌

김재영, 2003,「칼 구스타프 융의 신화이론」, 서울대학교종교문제연구소 편,『신화와 역사』, 서울대학교종교문제연구소.

김주희·김우조·류경희, 2005,『인도여성: 신화와 현실』, 한국외국어대학교출판부.

류경희, 2014,「힌두교와 정서: 박띠에서 정서의 의미와 기능」,『종교연구』제74집 1호, 한국종교학회.

______, 2013,『인도의 종교와 종교문화』, 서울대학교출판문화원.

______, 2012a,「쉬바파『뿌라나』에 나타나는 종교사상과 의례의 성격」,『남아시아연구』제17권 3호, 한국외국어대학교 인도연구소(옛 남아시아연구소).

______, 2012b, *Indian Mythology—Tales, Symbols, and Rituals from the Heart of the Subcontinent*에 대한 서평,『인문논총』제67집, 서울대학교 인문학연구원.

______, 2011,「비슈누파『뿌라나』에 나타나는 종교사상과 의례의 성격」,『남아시아연구』제17권 1호, 한국외국어대학교 인도연구소(옛 남아시아연구소).

______, 2009,「힌두 종교문헌의 역사적 전개와 그 종교사적 의의」,『남아시아연구』제15권 1호, 한국외국어대학교 인도연구소(옛 남아시아연구소).

______, 2007,「인도의 독립적 여신신앙과 여성: 신화와 실제」,『인도연구』제12권 2호, 한국인도학회.

______, 2006,「인도 여신신화와 여성정체성—여성정체성의 이중적 구조와 그 인도 문화적 의미」,『종교연구』제45집, 한국종교학회.

______, 2004,「인도의 가부장적 여성관념과 오염타부 의례 및 사회관습」,『종교학연구』제23집, 한국종교학연구회.

______, 2003a,『인도신화의 계보』, 살림.

______, 2003b,「힌두근본주의 운동의 정체성 정책과 여성」,『인도연구』제8권 1호, 한국인도학회.

______, 2002,「인도종교연구—연구사와 과제」,『종교연구』29집, 한국종교학회.

______, 1998,「인도문화의 이중적 여성상과 힌두 여신상징체계」,『종교와 문화』제4호, 서울대학교종교문제연구소.

노스, J. B., 윤이흠 역, 1986,『世界宗教史』上, 현음사.

링컨, 브루스, 김윤성·최화선·홍윤희 옮김, 2009,『신화 이론화하기』, 이학사.

발리, 니켈, 고양성 옮김, 2001,『죽음의 얼굴』, 예문.

샌다즈, N. K., 이현주 역, 1989(1978),『길가메시 서사시』, 범우사.

스트렌스키, 이반, 이용주 옮김, 2008,『20세기 신화이론』, 이학사.

엘리아데, 미르치아, 심재중 옮김, 2003,『영원회귀의 신화』, 이학사.

오플래허티, 웬디 도니거, 류경희 옮김, 2007,『다른 사람들의 신화—잃어버린 신화의 회복을 위한 타자의 신화 이해하기』, 청년사.

융, 칼 구스타브, 이부영 외 역, 2000(1983),『인간과 무의식의 상징』, 집문당.

캠벨, 조지프, 이윤기 옮김, 1996(1989),『세계의 영웅신화』, 대원사.

헤시오도스, 천병희 옮김, 2009,『신들의 계보』, 도서출판숲.

Ahuja, R., 1993, *Indian Social System,* Jaipur: Rawat Publication.

Aiyar, I. S., 1997, *Durga as Mahisasuramardini: A Dynamic Myth of Goddess*, New Delhi: Gyan Publishing House.

Arora, U. P., 1981, *Motifs in Indian Mythology — Their Greek and Other Parallels*, New Delhi: Munshiram Manoharlal.

Baaren, Th. P. van, 1987, "Death", M. Eliade, ed., *The Encyclopedia of Religion*, vol. 4, New York: Macmillan Publishing Company.

Bhandarkar, R. G., 1965, *Vaisnavism Saivism and Minor Religious Systems*, Varanasi: Indological Books House.

Bhardwaj, S. M., 2003, *Hindu Places of Pilgrimage in India: A study in Cultural Geography*, New Delhi: Munshiram Manoharal(1st ed. 1973, by University of California Press).

Bhattacharya, S., 1988, *The Indian Theogony*, Dehli: Motilal Banarsidass.

Bhattacharyya, H. ed., 1993(1956), *The Cultural Heritage of India*, vol. 4(Religion), Calcutta: The Ramakrishna Mission Institute of Culture.

______, 1982(1962), *The Cultural Heritage of India*, vol. 2, Calcutta: The Ramakrishna Mission Institute of Culture.

Bhattacharyya, N. N., 2001, *A Dictionary of Indian Mythology*, New Delhi: Munshiram Manoharlal.

______, 1999, *The Indian Mother Goddess*, New Delhi: Manohar.

______, 1992, *History of the Tantric Religion*, New Delhi: Manohar.

Bolle, K. W., 1987, "Myth: An Overview", M. Eliade, ed., *The Encyclopedia of Religion*, vol. 10, New York: Macmillan Publishing Company.

Bowes, P., 1977, *Hindu Religious Tradition*, London: Routledge & Kegan Paul.

Bunce, F. W., 2000(1998), *An Encyclopaedia of Hindu Deities, Demi-Gods, Godlings, Demons and Heroes*, vol. 1, New Delhi: D. K. Printworld.

Caldwell, S., 1999, *Oh Terrifying Mother: Sexuality, Violence and Worship of the Goddess Kali*, New Delhi: Oxford University Press.

Chakravarti, M., 2002(1986), *The Concept of Rudra-Shiva Through the Ages*, Delhi: Motilal Banarsidass.

Chakravarti, P. C., 1999, *Doctrine of Shakti in Indian Literature*, Patna: Eastern Books House.

Chatterji, S. A., 2006, *The Goddess Kali of Kolkata*, New Delhi: UBSPD.

Chaturvedi, B. K., 1996a, *Brahmā*, Delhi: Books for All.

______, 1996b, *Saraswati*, Delhi: Books for All.

______, 1996c, *Vishnu*, Delhi: Books for All.

Chitgopekar, N., 2002, "Indian Goddesses: Persevering and Antinomian Presences" in Nilima Chitgopekar, ed., *Invoking Goddesses: Gender Politics in Indian Religion*, New Delhi: Shakti Books.

Coburn, T. B., 2002(1984), *Devi Mahatmya, the Crystalization of the Goddess Tradition*, Delhi: Motilal Banarsidass.

Coomaraswamy, A. K. and the Sister Nivedita, 1967, *Myths of the Hindus & Buddhists,* New York: Dover Publications.

Corrigan, J., 2004, *Religion and Emotion*, New York: Oxford University Press.

______, 2002, *Business of the Heart*, Berkeley: University of California Press.

Dandekar, R. N., 1979, *Insights into Hinduism*, Delhi: Ajanta Publication.

Dange, S. A., 2002, *Myths from the Mahabharata*, vol. 3, New Delhi: Aryan Books International.

______, 2001, *Myths from the Mahabharata*, vol. 2 New Delhi: Aryan Books International.
______, 1997, *Myths from the Mahabharata*, vol. 1, New Delhi: Aryan Books International.
______, 1996, *Towards Understanding Hindu Myth*, New Delhi: Aryan Books International.
Dasgupta, S., 1969, *History of Indian Philosophy*, London: Cambridge University Press.
Daya, K. et al. 2000, *Bhakti, A Contemporary Discussion*, New Delhi: Indian Council of Philosophical Research.
Devaraja, N. K., 1988, *Humanism in Indian Thought*, New Delhi: Indus Publishing Company.
Dimmitt C. & J. A. B. van Buitenen, ed. & trans., 1978, *Classical Hindu Mythology,* Philadelphia: Temple University Press.
Dubois, A. J. A., 2006, *Hindu Manners, Customs & Ceremonies*, Delhi: Winsome Books India.
Editors of Hinduism Today, 2007, *What is Hinduism?*, Hawaii: Himalayan Academy.
Frawley, D., 1992, *From the River of Heaven*, Delhi: Motilal Banarsidass.
Ghosh, S., 1989, *Hindu Concept of Life and Death*, New Delhi: Munshiram Manoharlal.
Gopalan, S., 1979, *Hindu Social Philosophy*, New Delhi: Wiley Eastern Limited.
Gupta, S. M., 2002, *Indian Mythology — Myth and Legend*, Delhi: B.R. Publishing Corporation.
Hathaway, N., 2001, *The Friendly Guide to Mythology*, London: Penguin.
Heimann, B., 1964, *Facets of Indian Thought*, New York: Schoken Books.
Hiltebeitel, A. & K. M. Erndl, eds., 2000, *Is The Goddess a Feminist? The Politics of South Asian Goddesses*, Sheifield: Sheffield Academic Press.
Hindocha, H., 2001, "Characteristation of Sita and Rama as Human Beings in Sanskrit Literature", J. K. Dodiya, ed., *Critical Perspectives on the Ramayana*, New Delhi: Sarup & Sons.
Hopkins, E. W., 1986(1915), *Epic Mythology*, New Delhi: Motilal Banarsidass.
Iraqi, S., 2009, *Bhakti Movement in Medieval India, Social and Political Perspectives*, New Delhi: Manohar.
Jena, S., 2003, *A Study of Selected Puranic Legends*, Delhi: Bharatiya Kala Prakashan.
Jhingran, S., 1989, *Aspects of Hindu Morality*, Delhi: Motilal Banarsidass.
Kapoor, S., 2003, *Sacred Sanskrit Literature*, vol. 1-3, New Delhi: Cosmo Publication.
Khan, B., 1983(1963), *The Concept of Dharma in Valmiki Ramayana*, New Delhi: Munshiram Manoharal.
Kinsley, D., 1988, *Hindu Goddess*, Berkeley: University of California Press.
Krishnamachariar, M., 2004(1937), *History of Classical Sanskrit Literature*, Dehli: Motilal Banarsidass.
Lad, A. K., 1967, *Comparative Study on The Concept of Liberation in Indian Philpsophy*, Gwalior: Shri Krishna Printing Press.
Leslie, J. ed., 1992, "Sutee or Sati: Victim or Victor?" in J. Leslie, *Roles and Rituals for Hindu Women*, Delhi: Motilal Banarsidass.
Macdonell, A., 1965(1929), *A Practical Sanskrit Dictionary*, London: Oxford University Press.
Mahadevan, T. M. P., 1956, *Outlines of Hinduism*, Bombay: Chetana Limited.
MecDermott, R., 2003, *Encountering Kali: In the Margins, At the Center, In the West*, Berkeley: Univeristy of California Press.
Mehta, S. D., 2001, "the Portrayal of the Character of Sita in the Ramayana" in J. K. Dodiya, ed., *Critical Perspective on the Ramayana*, New Delhi: Sarup & Sons.
Mistree, K. P., 1982, *Zoroastrianism — An Ethic Perspective*, Bombay.
Mitter, S. S., 1995, *Dharma's Daughters: Contemporary Indian Women and Hindu Culture*, New

Brunswick: Rutgers University Press.
Mohanty, S., 2004, *The Book of Kali*, New Delhi: Viking.
Mookerjee, A., 1998, *Ritual Art of India*, Rochester: Inner Traditions.
______, 1988. *Kali: The Faminine Force*, Rochester: Destiny Books.
Mukhopadhyay, R., 2007, *Indian Mythology*, New Delhi: Saurabh.
Nath, V., 2001, *Purana and Acculturation*, New Delhi: Munshiram Manoharal.
______, 2009, *The Puranic World*, New Delhi: Manohar.
O'Flaherty, W. D., trans, & ed., 1975, *Hindu Myth*, Penguin.
______, 1980(1976), *The Origins of Evil in Hindu Mythology*, Berkeley: University of California Press.
Olivelle, P., 2009, *Dharma*, Delhi: Motilal Banarsidass.
Pande, G. C., 1990, *Foundations of Indian Culture*, vol. 1, Delhi: Motilal Banarsidass.
Pandit, B., 2009(2001), *The Hindu Mind*, New Delhi: New Age Books.
Parmar, A. K. 2001, "Sita: The Great Divine Character", J. K. Dodiya, ed., *Critical Perspectives on the Ramayana*, New Delhi: Sarup & Sons.
Pattanaik, D., 2003, *Indian Mythology: Tales, Symbols and Rituals*, Rochester: Inner Traditions.
______, 2000, *Devi the Mother Goddess: An Introduction*, Mumbai: Feffers and Simons.
Purthi, R. K., 2007(2005), *Introduction to Purana*, New Delhi: UBSPD.
Radice, W., 2002(2001), ed., *Myths and Legends of India*, New Delhi: Viking.
Raghavachar, S. S., 2000(1987), *The Philosophy of Bhakti And The Significance of Hindu Image Worship*, Calcutta: The Ramakrishna Mission Institute of Culture.
Raghavan, V., 1979, *Festivals, Sports and Pastimes of India*, Ahmedabad: B. J. Institute of Learning and Research.
Ranchan, S., 2001, *Durga Rahasya: A Key to the Eternal Feminine*, New Delhi: Munshiram Manoharlal.
Santideva, S., 1999a, *Encyclopaedia of Indian Mysticism*, vol. 2(Hindu Mystics and Mysticism), New Delhi: Cosmo Publication.
______, 1999b, *Encyclopaedia of Indian Mysticism*, vol. 9(Traditions of Mysticism in Bengal), New Delhi: Cosmo Publication.
Saran, P., 1994, *Tantra, Hedonism in Indian Culture*, New Delhi: D.K.
Sehgal, S., 1999, *Encyclopaedia of Hinduism*, vol. 1, New Delhi: Sarup & Sons.
Sharma, A., 1988, *Sati, Historical and Phenomenological Eassays*, Delhi: Motilal Banarsidass.
Sharma, B., 2001, *The Book of Devi*, New Delhi: Viking,
Sharma, R. N., 1996, *Bhakti in the Vaiṣṇava Rasa-Śāstra*, Delhi: Pratibha Prakashan.
Sheridan, D. P., 1986, *The Advaitic Theism of the Bhagavata Purana*, Dehli: Motilal Banarsidass.
Shinha, J., 1993(1956), "Bhagavata Religion: The Cult of Bhakti", H. Bhattacharyya, ed., *The Cultural Heritage of India*, vol. 4(Religion), Calcutta: The Ramakrishna Mission Institute of Culture.
Singh, B., 1984, *Hindu Ethics*, New Delhi: Arnold-Heinemann.
Smith, D., 2003, *Hinduism and Modernity*, Oxford: Blackwell Publishing.
Swami, 2001, "Sita: India's Ideal of Perfected Womanhood", J. K. Dodiya, ed., *Critical Perspectives on the Ramayana*, New Delhi: Sarup & Sons.
Tapasyananda, S., 1982(1962), "The Religion of The Bhagavad-Gita", H. Bhattacharyya, ed., *The Cultural Heritage of India*, vol. 2, Calcutta: The Ramakrishna Mission Institute of Culture.

Tate, K., 2006, *Sacred Places of Goddess*, San Francisco: Consortium of Collective Consciousness.
Thompson, R. L., 2007, *The Cosmology of the Bhāgavata Purāṇa*, Delhi: Motilal Banarsidass.
Upadhyay, R. N., 2001, "Husband-Wife Relationship in Valmiki's Ramayana", J. K. Dodiya, ed., *Critical Perspectives on the Ramayana*, New Delhi: Sarup & Sons.
Varshney, D. C., 1990, *Myths and Symbols in Hindu Mythology*, Columbia: South Asia Books.
Venugopal, C. N., 1998, *Religion And Indian Society*, New Delhi: Gyan Publishing House.
Wadley, S., 1996, "Women and Hindu Tradition" in R. Ghadially, ed., *Women in Indian Society*, New Delhi: Sage Publication.
Wilkins, W. J., 1994(1882), *Hindu Mythology*, New Delhi: Rupa & Co.
Williams, M., 1990(1890), *A Sanskrit-English Dictionary*, Delhi: Motilal Banarsidass.
Winternitz, M., 2003, *A History of Indian Literature: A New Authoritative English Tanslation*, vol. 1, Delhi: Motilal Banarsidass.
______, 1962, *A History of Indian Literature*, Calcutta: University of Calcutta.

◎ 인터넷 자료

'Estimated Pilgrims during Kumbh 2013'(http://kumbhmelaallahabad.gov.in/english/kumbh_at_glance.html)
'Kumbh Mela 2001'(http://www.swaminarayan.org/festivals/kumbhmela/index.htm)
http://kumbhmelaallahabad.gov.in

찾아보기

ㄴ

ㄷ

ㄹ

ㅁ

ㅂ

ㅇ

ㅊ

ㅎ

Hindu Mythology and Culture of India

Ryu Kyoung Hee

This book was started with the view that myth can be a good tool to understand both the general aspects of human existence and its cultural diversities. Therefore this book points to the limits of studies concerning only or mainly to the general aspects of myth and basing only on textual sources. This book presents an approach to the study of myth which can understand its world view, value system and meaning within its various socio-cultural contexts with considering general aspects of it. This book shows an possibility of this kind of study through the study of Hindu mythology and culture of India. So this book is a study about Indian mythology within the scope of general mythology.

So far, the study of Indian mythology remains at the stage of gathering and categorizing materials or analyzing several topics of Hindu myths. It is very difficult to find a structural and synthetical study of Indian mythology. This book tries to overview and understand the structure of Hindu mythology system and interpret main themes of Hindu mythology within the contexts of its world view and culture.

With this kinds of academic concerns, this book has two purposes. One is to understand Indian mythology structurally and synthetically in the contexts of Hindu thought and culture. That is to understand world view and value system of Indian people and the characteristics of Indian thoughts and culture. For this purpose, this book constructs its own structure of Hindu mythology and categorizes main themes according to it in Part I. And it reveals Hindu thoughts and ethics contained in those themes by interpreting myths in the contexts of Hindu world view and culture in Part II.

The other purpose is to show that myth can be a good tool to understand culture by dealing with Hindu myths relating to several socio-cultural customs of India. India is a good example to observe the socio-cultural function of myth because Hindu myth has affected to Indian culture and society and myth is still alive in India. For this purpose, this book deals with caste system, bhakti, some women's topics and religious festivals connected with myths in Part III.

류경희

한국외국어대학교 인도어과를 졸업하고 서울대학교 종교학과에서 인도종교(힌두교) 관련 주제로 석사와 박사 학위를 받았다. 인도 베나레스 힌두대학교(BHU) 철학·종교학과에서 2년간 방문학자로 힌두교 관련 주제를 연구했고 이후 인도 현지조사연구와 문헌연구를 접목한 연구를 토대로 힌두사상과 문화와 관련된 다수의 논문과 저서를 지속적으로 발표해 왔다.

한국외국어대학교 남아시아연구소(현 인도연구소) 연구교수, HK연구원을 역임했고 서울대학교, 한신대학교, 서강대학교 등에서 인도종교와 신화 관련 강의를 오랫동안 해 왔다. 현재는 귀촌하여 자급자족의 삶을 살며 때때로 저술 작업을 하고 있다.

주요 저서로는 『인생교과서 간디』(공저), 『인도의 종교와 종교문화』, 『인도신화의 계보』, 『요가, 초월을 향한 지향』, 『인도여성: 신화와 현실』(공저), 『세계평화개념사』(공저), 『나를 찾아 인도로 떠나다』 외 다수가 있고 역서로는 W. D. 오플래허티의 『다른 사람들의 신화』, J. G. 아라푸라의 『불안과 평정으로서의 종교』 등이 있다.